MANUEL PRATIQUE
DU
BIBLIOTHÉCAIRE

Bibliothèques publiques, Bibliothèques universitaires
Bibliothèques privées

SUIVI :

1° D'un Lexique des termes du Livre
2° Des Lois, Décrets, etc., concernant les Bibliothèques Universitaires,
de 1837 à 1894

Avec un plan, 64 figures et de nombreux tableaux

PAR

ALBERT MAIRE

Ancien Élève de l'École des Hautes-Études,
Sous-Bibliothécaire à la Sorbonne

PARIS
ALPHONSE PICARD ET FILS, ÉDITEURS
Libraire des Archives Nationales et de la Société de l'École des Chartes
82, rue Bonaparte, 82

1896

TOUS DROITS RÉSERVÉS

MANUEL PRATIQUE

DU

BIBLIOTHÉCAIRE

L'auteur et les éditeurs déclarent réserver leurs droits de reproduction et de traduction en France et dans tous les pays étrangers, y compris la Suède et la Norvège.

Ce volume a été déposé au Ministère de l'Intérieur (section de la librairie) en décembre 1895.

Mâcon, Protat frères, imprimeurs.

MANUEL PRATIQUE

DU

BIBLIOTHÉCAIRE

Bibliothèques publiques, Bibliothèques universitaires
Bibliothèques privées

SUIVI :

1° D'un Lexique des termes du Livre
2° Des Lois, Décrets, etc., concernant les Bibliothèques Universitaires,
de 1837 à 1894

Avec un plan, 64 figures et de nombreux tableaux

PAR

ALBERT MAIRE

Ancien Élève de l'École des Hautes-Études,
Sous-Bibliothécaire à la Sorbonne

PARIS
ALPHONSE PICARD ET FILS, ÉDITEURS
Libraire des Archives Nationales et de la Société de l'École des Chartes
82, rue Bonaparte, 82
—
1896

A MON MAITRE

Monsieur Emile CHATELAIN

HOMMAGE DE RESPECTUEUSE RECONNAISSANCE

Albert MAIRE

PRÉFACE

Ce manuel n'a aucune prétention à l'érudition, nous nous empressons de le dire. Aussi ne doit-on pas s'attendre à y trouver l'exposé, le développement et la critique de toutes les opinions, de tous les systèmes plus ou moins philosophiques émis jusqu'à ce jour au sujet de la bibliographie théorique. Le plan seul indique le but didactique que nous nous sommes proposé, nous inspirant de la lecture et de l'application des meilleurs traités techniques sur cette matière, d'une pratique matérielle de quinze années et tout spécialement des fortes leçons que nous puisons dans la fréquentation et les conseils des plus érudits bibliographes qui sont à la tête des principales bibliothèques de Paris.

Au début de ce travail, alors que le manuscrit s'élaborait, notre intention était de résumer dans l'introduction historique l'état matériel des bibliothèques de France et de l'étranger ; les résultats de notre enquête, poursuivie pendant plus de trois mois, nous ont obligé à modifier ce projet ; de là l'introduction historique telle que nous la donnons.

Nous devons beaucoup à nos confrères de Paris, particulièrement à ceux de la Bibliothèque de l'Université ; leur obligeance et leurs conseils nous ont été précieux. En ce qui concerne les bibliothèques universitaires, M. Prieur, bibliothécaire des facultés de Besançon, a bien voulu nous abandonner toutes les notes qu'il avait groupées avec beaucoup de soin ; elles nous ont été utiles, comme on en jugera dans le cours de ce manuel.

M. Passier, chef de bureau au Ministère de l'Instruction publique nous a éclairé sur plus d'un point touchant les bibliothèques publiques et communales. Nous nommerons encore : M. Paul Viollet, membre de l'Institut et bibliothécaire de la Faculté de droit ; M. Lavoix, administrateur de la Bibliothèque Sainte-Geneviève ; M. Ch. Mortet, conservateur de la même bibliothèque ; M. Blanchet, conservateur adjoint à la Bibliothèque Nationale ; M. le Dr Hahn, bibliothécaire de la Faculté de médecine ; M. le Dr Dorveaux, bibliothécaire de l'École Supérieure de pharmacie ; M. Deniker, bibliothécaire du Muséum d'histoire naturelle, qui tous nous ont fourni les renseignements nécessaires sur le fonctionnement de chacune de ces bibliothèques.

Que toutes les personnes nommées agréent nos remerciements pour leur collaboration à une œuvre que nous avons essayé de rendre aussi utile que possible.

Ce livre s'adresse donc aux jeunes en bibliographie, aux zélés qui ont plus d'ardeur que de pratique, aussi aux praticiens curieux de trouver réunies et ordonnées les règles et les lois qui régissent l'organisation et la bonne tenue d'une bibliothèque. Enfin les amateurs soucieux de classer leurs richesses personnelles, afin de les consulter et de les conserver avec plus de fruit, trouveront dans ce manuel des notes et des conseils qui pourront leur être précieux.

Albert MAIRE.

Paris, ce 4 novembre 1895.

TABLE DES CHAPITRES

INTRODUCTION HISTORIQUE 1
Les bibliothèques. — Le personnel

Chapitre I. — DES EXAMENS PROFESSIONNELS 33
Des aptitudes à remplir les fonctions de bibliothécaire. — Exigences nécessaires. — Du choix des municipalités. — De la nécessité d'un examen professionnel. — Les examens en France : dans les diverses bibliothèques de Paris, à la Bibliothèque Nationale. — Du certificat d'aptitude aux fonctions de bibliothécaire universitaire. — Des titres universitaires exigés. — Des connaissances nécessaires pour s'y présenter. — Du stage. — L'examen écrit ; le classement des ouvrages ; l'épreuve orale. — Les examens ou concours dans les divers pays d'Europe et aux États-Unis.

Chapitre II. — LA BIBLIOTHÈQUE. — LE LOCAL 43
Des desiderata dans la construction et la situation de l'immeuble. — Intérêt qu'on apporte de nos jours à cette question. — De la manière dont sont logées les bibliothèques en France. — Criterium de cette installation. — Constitution et disposition des bibliothèques municipales. — De la composition et de la disposition des bibliothèques universitaires. — Des locaux nécessaires pour constituer une bibliothèque universitaire complète. — De la construction d'une grande bibliothèque. — Disposition et construction de l'immeuble. — Un plan-modèle avec la disposition des divers services administratifs et actifs. — Sa protection contre les accidents extérieurs. — L'aération ; la ventilation ; l'éclairage ; les salles de lectures et de prêt ; les magasins ; les collections rares et les réserves. — Les bibliothèques particulières.

Chapitre III. — LE MOBILIER DES BIBLIOTHÈQUES 57
Dispositions générales des anciennes bibliothèques. — En quoi consiste, d'une manière générale, le mobilier de toute bibliothèque. — Des rayonnages en bois ou métalliques ; le rayon fixe ; le rayon mobile à crémaillères et à clavettes. — De la travée, de l'épi. — Procédés de fixation. — Des mesures de

sécurité à prendre en posant les rayons. — Le mobilier d'un amateur. — Du mobilier accessoire : les comptoirs pour livres in-plano ou atlantiques, pour cartes géographiques, etc. — Les casiers pour les périodiques. — Les meubles pour catalogues sur fiches, leur diverses formes, leur usage. — Les reliures factices pour catalogue méthodique. — Les monte-charges, les échelles, les escabeaux, les tables, les planchettes indicatrices, les cartons pour brochures, les encriers, les appui-livres.

Chapitre IV. — DES LIVRES 81

Origine des dépôts. — Provenance des livres : Dons : de l'Etat, des municipalités et des particuliers. — Acquisitions : par budget, par rentes. — Du procédé administratif des acquisitions dans les bibliothèques universitaires. — Registre des demandes d'acquisition. — Part de la commission et du bibliothécaire. — Division des achats : ouvrages nouveaux, suites, périodiques. — Mode d'achat en France et à l'étranger : commission, prix net, prix fort. — Livres d'occasion. — Les ventes publiques. — Les recherches. — Les défets. — Collationnement des livres achetés. — Conditions. — Fraudes diverses. — Echanges universitaires et internationaux : Origine des échanges. — Mode d'échange dans les grandes bibliothèques. — Création de l'échange universitaire. — Universités qui y ont adhéré. — Procédé et mode d'échange. — Résultat des échanges. — Responsabilité du bibliothécaire et du secrétaire d'Académie. — Instruction relative au service des échanges. — Les livres en eux-mêmes. — Soins de conservation. — Leurs ennemis : les insectes, la poussière, l'humidité, la chaleur. — Aérage des salles. — Battage des livres. — Surveillance contre les diverses détériorations. — Les livres précieux, soins à leur donner. — Réserve à constituer. — La conservation des manuscrits. — La reliure.

Chapitre V. — DE LA MISE EN PLACE DES VOLUMES.. 107

La division des ouvrages par formats. — Mise en place sur les tablettes par matières, par hauteur. — Avantage et inconvénient des deux systèmes. — Procédés d'inscriptions diverses. — L'estampillage. — Le registre inventaire. — Le registre des suites et celui des périodiques.

Chapitre VI. — DES CATALOGUES 117

Des catalogues en général. — Des fiches ou cartes. — Le catalogue alphabétique ; sa nécessité ; son exécution. — De la rédaction des cartes. — Exemples — Du nom d'auteur ou du mot principal à mettre en vedette. — Des difficultés qui se présentent dans le maintien d'un ordre alphabétique ; règles à suivre. — Cartes de renvois et de rappels. — Du catalogage des incunables ; mazarinades ; collections ; mélanges. — Dissertations et programmes étrangers. — Factums. — Catalogue d'une bibliothèque particulière. — Mise en place des fiches. — Les périodiques. — Les suites d'ouvrages. — Le catalogue méthodique. — Catalogue analytique. — Catalogue des doubles. — Manuscrits. — Autographes. — Des cartes géographiques. — Les estampes. — Catalogues de libraires et journaux bibliographiques.

Chapitre VII. — DES SYSTÈMES BIBLIOGRAPHIQUES. 181

Résumé historique des divers classements de livres au point de vue méthodique. — Le classement des connaissances humaines par les philosophes. — Les systèmes des libraires et des bibliographes. — Objections concernant ces divers systèmes. — De l'utilité actuelle d'un système simple adopté universellement dans toutes les bibliothèques. — De l'opportunité de soulever cette question dans un congrès bibliographique international. — Le répertoire bibliographique des sciences mathématiques : de sa confusion et de sa partialité. — Analyse et critique de la table systématique de Brunet. — Quelques systèmes bibliographiques spéciaux. — Les cadres de classement en usage dans les principales bibliothèques de Paris.

Chapitre VIII. — SERVICE INTÉRIEUR. BUDGET ET COMPTABILITÉ. BARÈMES............................. 249

Service de lecture. Bulletin de demandes. — Leur emploi. — Communication des livres. — Consultation des manuels et ouvrages de références. — Soins à apporter dans le maniement du livre. — Manière de consulter les atlas, les plans, les in-folio, les livres précieux. — Prêt à domicile. — Systèmes d'inscription : registres ; cartes. — Statistique. — Les registres de la bibliothèque. — Reliure. — Nettoyage de la bibliothèque. — Calendrier du bibliothécaire.

Le budget et la comptabilité. — Généralités. — Budget de l'État. — Budget municipal. — Service des envois ministériels. — Procédé de comptabilité pour les bibliothèques municipales. — Procédé de comptabilité pour les bibliothèques universitaires. — Personnel : matériel ; achat de livres ; autres chapitres du budget. — Règles pratiques de comptabilité.

Barèmes du bibliothécaire. — Construction de rayonnages. — Reliure des livres. — Papeterie.

LEXIQUE DES TERMES DU LIVRE. — Matières du Livre. — Typographie. — Gravure et Illustration. — Reliure, etc. 277

APPENDICE. — Règlements concernant les bibliothèques universitaires. — Documents relatifs aux bibliothèques universitaires. — Règlements relatifs aux facultés de Paris. — Modèles des bulletins de lecture des principales bibliothèques de Paris.... 405

ERRATUM

Pages

3, note 8 : *Oppid.*,	lisez : *Opp. id.*
22, ligne 16 : Le Clerq,	lisez : Le Clerc.
23, note 2 : Siddell,	lisez : Liddell.
38, ligne 22 : qualicatifs,	lisez : qualificatifs.
39, » 26 : Botfield Cantabrigae,	lisez : Botfield, Cantabrigae.
44, sommaire, ligne 4 : blibliothèques,	lisez : bibliothèques.
46, ligne 4 : Flechter,	lisez : Fletcher.
54, » 22 : in folios,	lisez : in-folio.
57, Sommaire, ligne 3 : crémaillère,	lisez : crémaillères.
79, fig. 55,	lizez : 55 *bis*.
79, fig. 56,	lisez : 56 *bis*.
81, Sommaire, ligne 4 : acquisition,	lisez : acquisitions.
81, ligne de pied : bibliothécaire,	lisez : bibliothécaire.
91, fig. 55 : grecqne,	lisez : grecque.
93, fig. 57,	lisez : 57 *bis*.
93, fig. 58,	lisez : 58 *bis*.
94, fig. 59,	lisez : 59 *bis*.
94, ligne 1 : *anobium, eruditus,*	lisez : *anobium eruditum.*
112, fig. 61 : —	lisez : 61 *bis*.
112, fig. 62 : vu,	lisez : vue.
117, sommaire, ligne 5 : cataloguage,	lisez : catalogage.
139, ligne 4 : cataloguage,	lisez : catalogage.
139, note 1, ligne 6 : Christ Golh,	lisez : Christ. Goth.
140, note 1 : *Anteitung,*	lisez : *Anleitung.*
157, ligne 18 : exemples qui nous paraissent,	lisez : exemples nous paraissent.
160, » 12 : I. 1, 2, 3., à supprimer	
179, » 33 : Bookseller (the) e newspapers,	lisez : Bookseller (the) a newspapers.
259, » 20 : Un copie de lettre,	lisez : Copie de lettres.
279, » 37 : *Folg,*	lisez : *folg.*
280, » 1 : *Lwbg.*,	lisez : *Lwbd.*
id. » 13 : *uf, uff,*	lisez : *u. f, u. ff.*
id. » 14 : *Ubers,*	lisez : *übers, uebers.*
id. » 18 : *Quadrat,*	lisez : *quer.*
id. » 20 ; *reducet,*	lisez : *reduced.*
id. » 22 : *roy. (fol.),*	lisez : *roy. fol.*
id. » 23 : *half, calf.*,	lisez : *half calf.*
308, » 7 : alphabetum tironianus,	lisez : alphabetum tironianum.
363, » 7 : Midoux et Malton,	lisez : Midoux et Matton.
id. » 6 : archaologia,	lisez : archaeologia.
id. » 9 : 1846,	lisez : 1868.
375, » 2 : Midoux et Malton,	lisez : Midoux et Matton.
id. » 4 1846,	lisez : 1868.

INTRODUCTION HISTORIQUE

LES BIBLIOTHÈQUES. — LE PERSONNEL

1

LES BIBLIOTHÈQUES

On appelle bibliothèque — Βιβλιοθήκη ou ἀποθήκη Βιβλίων *Bibliotheca* — un local servant à contenir une collection plus ou moins grande de livres qui sont destinés à être communiqués ou consultés ; par extension, on nomme aussi bibliothèque tout meuble, fixe ou mobile, de forme élevée ou basse, dans lequel on renferme les livres : *armaria*[1], *loculamenta*[2], *foruli*[3], *nidi*[4].

Antiquité. — Les bibliothèques de l'antiquité nous sont vaguement connues par des fragments de descriptions ou des citations seulement[5]. Diodore de Sicile nomme celle d'Osymandyas[6]. A Thèbes, il devait en exister aussi, si l'on en croit Champollion et Wilkinson[7], qui auraient découvert les appartements dans lesquels on déposait les livres. Judas Macchabée avait fait faire des extraits d'ouvrages renfermés dans la bibliothèque de Néhémias[8].

---

1. Pline : *Epist.*, liv. II, let. 17. — Sidoine Apollinaire : *Epist.*, II, 9.
2. Sénèque : *Tranquil anim.*, § 9.
3. Juvénal : Sat. III, vers 219.
4. Martial : *Epig.* I, liv. 118 ; *ibid.* VII, liv. 17.
5. Cf. Daremberg (Ch.) et Saglio (Edm.) : *Dictionnaire des antiquités grecques et romaines*, art. *Bibliotheca*, par E. Saglio, I, p. 707.
6. Diodore de Sicile : liv. I, § 47-49.
7. Wilkinson : *Manners and Customs of the ancient Egyptians...* London, 1837, in-8°, I, pp. 111-116.
8. Macchabée : chap. II, liv. 13 ; chap. XI, liv. 25

A Ninive, on écrivait sur des briques plates et carrées, sur des cylindres, et le tout était gardé. Selon Menant[1], la bibliothèque de cette ville était belle et riche. Assur-bani-pal aurait constitué une bibliothèque au moyen de briques cuites[2]. En Chaldée, les observations astronomiques consignées sur des briques étaient soigneusement conservées[3].

Ce n'est qu'à Athènes et à Rome que les bibliothèques ont pris un certain développement, mais les historiens grecs n'en font pour ainsi dire nulle mention. Aulu-Gelle[4] cite celle de Pisistrate, Athénée en parle aussi, et cite de plus celles de Polycrate de Samos, de l'archonte Euclide, de Nicocrate de Cypre et d'Aristote[5] Dans Plutarque[6], on trouve des renseignements sur la bibliothèque de Pergame, fondée par les rois de la famille d'Attale. Au moment où Antoine la fit transporter à Rome, elle comptait, paraît-il, 200.000 unités (ἁπλᾶ).

Les plus célèbres de toute l'antiquité, celles d'Alexandrie, étaient au nombre de deux ; celle du Musée, dans le quartier du Bruchium, fut détruite par l'incendie allumé par les soldats de César[7]. Aulu-Gelle l'estimait à plus de 700.000 volumes.

La seconde, placée au Sérapéum, fut détruite avec ce monument par ordre de Théodose en 391. L'usage de la plupart de ces bibliothèques était public ; il existait même, deux siècles avant notre ère, des bibliothèques municipales, selon Polybe, qui dit[8] « qu'on peut s'adonner sans péril ni peine aux recherches qui ne demandent que des livres, pourvu qu'on se fixe dans une ville bien pourvue de documents ou que l'on ait une bibliothèque dans son voisinage[9] ».

---

1. Menant (J) : *La bibliothèque du palais de Ninive*, Paris, Leroux, 1880, in-18, p. 30 sq.
2. Oppert ; *Rapport à M. le Ministre de l'Instruction publique*. (Archives des missions scientifiques et littéraires, 1re série, t. 5 (1856), p. 177).
3. Pline : *Hist. nat.*, liv. VII, chap. 56.
4. *Noct. attic.*, VI, 17.
5. *Memor.*, IV, 12 ; VI, 164.
6. *Ant.*, 56.
7. Cf. Ritschl : *Die Alexandrinischen Bibliotheken..*, Breslau, 1838, in-8°, 8 sq. — Parthey : *Das Alexandrinische Museum*, Berlin, 1838, in-8°, pp. 36 et 64.
8. *Reliq. lib.* XII, § 27.
9. On trouve mention de bibliothèques dans Egger ; *Callimaque et les origines de la bibliographie*. — Le Bas : *Voyage archéologique*, partie II, p. 845.

Nous possédons plus de renseignements sur les bibliothèques de Rome, mais la majeure partie de ces collections provenaient des conquêtes en Orient. Ainsi Lucullus avait rapporté d'Asie la riche bibliothèque des rois de Pont qu'il rendit accessible à tout le monde [1]. César avait eu l'intention de doter Rome d'une bibliothèque publique [2], la mort l'en empêcha. Octave, une fois empereur, donna suite à cette idée et créa l'Octavienne et la Palatine; la première comprenait presque par moitié des ouvrages grecs et latins [3]. Enfin on comptait vers le milieu du IVe siècle vingt-huit bibliothèques publiques à Rome [4].

De même que les payens, les premiers chrétiens ont eu souci de rassembler des livres, surtout les ouvrages de piété, la Bible, les écrits des Pères et même certains des écrivains anciens. Eusèbe rapporte [5] qu'Alexandre, évêque de Jérusalem, fonda une bibliothèque dans laquelle il trouva de grandes ressources. Saint Pamphile, qu'on peut considérer à juste titre comme un bibliophile éclairé, avait formé une riche collection de livres qu'il donna à l'église de Césarée [6]; elle renfermait, d'après l'estimation d'Isidore de Séville, 30.000 volumes [7].

L'Eglise d'Afrique possédait aussi des bibliothèques dans lesquelles les fidèles trouvaient bien des ressources; celles de Cirtha et d'Hippone se faisaient particulièrement remarquer [8]. Dioclétien fut un grand destructeur des bibliothèques chrétiennes; il les fit détruire lors des persécutions qu'il ordonna. Il nous faut nommer encore celles de saint Jérôme, de Florentius, de Ruricus, évêque de Limoges; de Lupus, évêque de Périgueux, et de Ferreolus [9].

Bien plus, chaque église devait avoir sa bibliothèque qui, selon

---

partie V. Inscript. 1618. — Géraud : *Essai sur les livres dans l'antiquité, particulièrement chez les Romains*, Paris, Techener, 1840, in-8°.

1. Plutarque : *Lucullus*, § 42. — Isidore *Or.*, VI, § 5, 1.
2. Suétone : *Illustr. gramm.*, § 21.
3. Martial : *Epig.* VI, liv. 16.
4. Jordan : *Topographie d. Stadt Rom.* Berlin, 1871-85, t. II, p. 18.
5. Eusèbe : *Hist. eccles.*, VI, 39.
6. Saint Jérôme : *Epist. ad Marcellin. Opp.*, t. II, col. 711. — Ibid. : *De vir. illustr.*, III; *Epist. ad Marcellin.* loc. cit.
7. Isidore de Séville : *Etymol.*, VI, 6.
8. Saint Augustin ; *De heraesibus, ad Quodvultdeum*, 88; *Oppid.*, VIII, col. 27.
9. Saint Jérôme : *Epist.*, VI. — Sidoine Apollinaire : *Epist.*, V, 15. — Ibid. : VIII, 112. — Ibid. : *Epist.*, 11, 9.

saint Paulin [1], devait se trouver dans un des *Secretaria* qui s'ouvrait à la gauche de l'abside.

Mais peu de ces collections réunies par les premiers chrétiens nous sont parvenues, les persécutions des empereurs amenant leur destruction. Léon l'Isaurien fit détruire au viiie siècle la bibliothèque fondée à Constantinople par Constantin; elle comprenait, dit-on, plus de 100.000 volumes.

Moyen-Age. — Pendant la période troublée du Moyen-Age, la vie intellectuelle ne subsistait pour ainsi dire plus que dans les monastères. Grâce à des règles rigides établies par les fondateurs mêmes, les moines étaient astreints ou à recueillir des livres et à les lire, ou à les copier pour les propager. Saint Pacôme, le fondateur des ordres monastiques au ive siècle, avait expressément mis dans sa règle [2] que chaque maison devrait avoir une bibliothèque qui serait administrée par l'économe et son second. A Saint-Martin-de-Tours, les religieux étaient tous occupés à la copie des livres : *Ars ibi, exceptis scriptoribus, nulla habebatur* [3]. C'est aux soins pris par certaines communautés religieuses de réunir et collectionner les livres, que nous devons plusieurs traités des auteurs anciens [4].

Le monastère de Corbie, célèbre entre tous, avait une riche bibliothèque et, à partir du xie siècle, chaque novice en faisant sa profession de foi devait y laisser un livre. L'inventaire des livres de cette abbaye, fait au xiie siècle, existe toujours; il se trouvait dans le cabinet de S. Th. Phillips qui l'a publié à un petit nombre d'exemplaires [5]. Citons encore les abbayes de Reichenau [6], Saint-Gall, Spanheim qui possédaient à la fin du xve siècle plus de 100 manuscrits en langue grecque, du Mont-Cassin [7], de Fleury-sur-Loire, dont l'origine

---

1. *Epist.*, XXII, 16.
2. *X et Vita*, n. XXXVIII.
3. Sulpice Sévère : *Vita b. Martini*, § X.
4. Le monastère de Corbie avait sauvé les cinq livres des Annales de Tacite; à Moissac, en Quercy, on a retrouvé le traité de Lactance : *Sur la mort des persécuteurs.*
5. Edwards l'a inséré dans son ouvrage : *Memoirs of Libraries*, I, 279.
6. Vogel : *Die Bibliothek d. Benedictiner-Abtei Reichenau*, [Serapeum, t. III, 1842, in-8°, p. 1 sq.]
7. *Archives des missions scientifiques et littéraires*, 1re série, t. I, 1850, p. 384 sq.

remonte au vi⁰ siècle¹, de Cluny² et de Saint-Riquier. Un certain nombre d'inventaires de bibliothèques monachales nous sont parvenus et dénotent de leur importance³. Dans un article substantiel publié dans la Bibliothèque de l'Ecole des Chartes⁴, M. L. Delisle fournit de curieux renseignements sur la composition de la bibliothèque de la cathédrale de Rouen, d'après un inventaire du xii⁰ siècle, sur le prêt des livres faits dans l'abbaye de Saint-Ouen pendant les années 1372, 1373, 1378. Dans ce prêt on voit figurer : des Pères de l'Eglise, un *De Officis* de Cicéron, le *Liber architroum*, Julius Florus, *Météores translatées en franchies*⁵.

La bibliothèque, que les papes avaient fondée pendant leur résidence à Avignon, au xiv⁰ siècle, est une des plus complètes qu'on ait réunies. Elle renfermait plus de 2.000 volumes, en langues latine et grecque, mais ne contenait aucun ouvrage en langue vulgaire. Le premier inventaire, qui a été dressé par Jean Surel, date de 1369⁶.

Ce n'est qu'à partir de Charlemagne qu'on peut, d'une façon certaine, constater la réunion d'une collection de livres. Par la fondation des *écoles palatines*⁷, par l'appel de savants qu'il sut grouper autour de lui, il provoqua une sorte de renaissance des lettres en France⁸. Louis le Débonnaire et Charles le Chauve continuèrent ses traditions et eurent leurs copistes et leurs enlumineurs. On sait que le célèbre évangéliaire de Charles le Chauve, remarquable par la richesse de ses ornements, se trouve aujourd'hui à la Bibliothèque Nationale⁹. Mais c'est Louis IX qui constitua véritablement la première bibliothèque royale ; il faisait copier les manuscrits de l'Ancien et du Nouveau Testament, qu'il savait exister dans les couvents, ainsi que les ouvrages des saints

---

1. Rapport sur la mission de M. de Certain à Rome, en 1854-55, pour rechercher les manuscrits de la bibliothèque de Fleury. (*Archives des missions scientifiques et littéraires*, 1ʳᵉ série, t. V, 1856, p. 49-63, 117-128.)
2. Mabillon : *Acta Sanctor. ord. Bened.*, VII, 771.
3. Cf. Becker : *Catalogi bibliothecarum antiqui*, Bonn, 1885, in-8°.
4. C. I. (1849), pp. 216-231 : *Documents sur les livres et les bibliothèques au Moyen-Age*.
5. Ibid., p. 226.
6. Faucon (M.) : *La bibliothèque des papes d'Avignon*, Paris, 1880, I, p. XIII sq.
7. D. Bouquet : *Rerum Gallicarum scriptores*, V, p. 621.
8. Eginhard rapporte qu'il disposa de ses livres en faveur des pauvres.
9. N° 8850 du fonds latin.

Pères. La bibliothèque était placée près de la Sainte-Chapelle et le roi prenait plaisir à y venir travailler. Craignant que ses livres ne fussent dispersés après sa mort, il les partagea de son vivant entre les Jacobins de Paris et de Compiègne, les Cordeliers de Paris et les moines de Royaumont[1].

Pour l'histoire des bibliothèques étrangères, nous nous contenterons de renvoyer le lecteur aux ouvrages spéciaux[2] et nous dirons en quelques pages le développement des bibliothèques en France.

Charles V, dont le penchant pour l'étude des lettres et des sciences était grand, qui passait tous ses loisirs à étudier, fut le vrai fondateur de la bibliothèque royale. Voici comment s'exprime Christine de Pisan au sujet de cette bibliothèque : « Ne dirons-nous encore de la sagece du roy Charles, la grant amour qu'il avoit à l'estude et à la science? Et qu'il soit ainsi, bien le remontroit par la belle assemblée de notables livres et belle librairie qu'il avoit de tous les plus notables volumes qui par souverains auteurs aient esté compilés[3]. » Il était parvenu à réunir, dans la tour de la Fauconnerie, qui porta depuis le nom de « Tour de la Librairie », une collection de 937 volumes[4]. Le catalogue en fut dressé en 1373 par Gilles Malet[5], valet de chambre du roi, à qui il en avait confié la

---

1. Franklin : *Les anciennes bibliothèques de Paris*, I.
2. Lomeierus (Joh.) : *De Bibliothecis liber singularis*, Zutphaniæ, H. Beeren, 1669, in-12. — Le Gallois : *Traité des plus belles bibliothèques de l'Europe*, Paris, 1680, in-12. — Namur : *Histoire des bibliothèques de Belgique*. Bruxelles, 1840-42, 3 vol. in-8°. — Voisin : *Documents pour servir à l'histoire des bibliothèques en Belgique*, Gand, 1840, in-8°. — Rhees (W.-J.) : *Manual of libraries, societies and institutions in the U. S. and british provinces of North America...* Philadelphia, 1861, in-8°. — Fletcher William I. : *Public Libraries in America*, Boston, 1894, in-8°, fig. — Edwards (E.) : *Memoirs of libraries, including a handbook of library Economy*, London, 1859, 2 vol. in-8°, fig.; — Id. : *Libraries and fonders of Libraries*, London, 1864, in-8°. — Graesel. *Grundzüge der Bibliothekslehre*..... Leipzig, 1890 p. in-8°. — Schwenke (Paul) : *Adressbuch des deutschen Bibliotheken*, Leipzig, 1893, in-8°. — Statistica delle biblioteche : *Parte Iᵉ, Biblioteche dello stato, delle provincie, dei comuni ed altri enti morali*- Roma, tipog. nazion., 1893-1894, 2 vol. in-8°. Ministero di agricoltura, indus, tria e commercio (direzione generale della statistica). — Celesia Em. : *La biblioteca universitaria di Genova*, Genova, 1884, in-8°, 610.
3. *Le livre des fais du sage roy Charles*, troisième partie, chapitre XII.
4. Cf. Delisle (Léop.) : *Cabinet des manuscrits de la Bibliothèque Nationale*, Paris, 1868, in-fol., I, p. 27 sq.
5. Ces catalogues ou inventaires de la Librairie du Louvre étaient au

garde. Ces livres, amassés à grand'peine, furent en partie dispersés, en partie vendus au duc de Bedford (22 juin 1425).

Période moderne. — Jusqu'à Louis XII, les rois n'ont augmenté que de fort peu la bibliothèque du Louvre. Charles VIII avait cependant rapporté d'Italie quelques manuscrits de la bibliothèque des rois de Naples. Louis XII et François Ier y ajoutèrent les manuscrits des collections des Visconti et des Sforze. Les ouvrages renfermés au Louvre furent transportés à Blois et ajoutés à ceux que le duc d'Orléans y avait amassés, mais François Ier, qui habitait de préférence Fontainebleau, y fit installer tous les livres qui étaient à Blois [1]. Pour la conservation de cette bibliothèque, il institua en 1522 la charge de maître de la librairie française : Guillaume Budé en fut le premier titulaire [2]. Charles IX fit transporter définitivement à Paris, par les soins de Gosselin, les collections de Fontainebleau ; de ce moment, elle ne quitta plus la capitale [3].

Les collections de la bibliothèque du roi allèrent toujours en s'augmentant. Sous Louis XIV, elle acquit le legs des frères Dupuy en 1652 (9.000 imprimés, 200 manuscrits). En 1667, l'abbé de Marolles vendit au roi sa fameuse collection d'estampes. En 1732, le comte de Seignelay vendit 300.000 livres tous ses manuscrits. Pendant la période révolutionnaire, enfin, cette bibliothèque prit un développement extraordinaire, grâce aux dons de l'Etat et aux livres des dépôts littéraires [4].

nombre de deux ; le premier, A, est contenu dans le manuscrit français 2700, fol. 2 à 37 ; le second, B, est un rouleau portant le numéro 397 de la collection Baluze.

1. Cf. Michelant : *Catalogue de la bibliothèque de François Ier à Blois.* (Bibl. Ec. d. Ch. E., V, 76.)
2. Il avait sous ses ordres les gardes de la librairie et les libraires, ainsi que les relieurs du roi.
3. La Bibliothèque royale fut logée d'abord au collège de Clermont, puis dans une salle du cloître des Cordeliers (Henri IV). Sous Louis XIII, elle fut transportée rue de la Harpe. En 1666, Colbert l'installa dans une de ses maisons, rue Vivienne, qu'elle n'a plus quittée depuis.
4. Pour son histoire détaillée, consulter : Le Prince : *Essai historique sur la Bibliothèque du roi*, 1782, in-12, et la réédition et l'augmentation de cet ouvrage par A. Paris. — Franklin : *Précis de l'histoire de la Bibliothèque du roi*, Paris, 1875, 2e édit., in-8°. — Les rapports des conservateurs et particulièrement ceux de M. L. Delisle. — Couderc : art. Bibliothèque Nationale ;

Parmi les bibliothèques de Paris, fort nombreuses avant la Révolution[1], nous citerons les suivantes :

dans : *Grande Encyclopédie*, Paris, Ladmirault, in-4°. — Cf. aussi : Pierret E. — Essai d'une bibliographie historique de la Bibliothèque Nationale, in *Revue des Bibliothèques*, II, 1892, p. 289 sq.

1. Franklin, dans les trois volumes qu'il a publiés sur ces bibliothèques (1867-1873), a fait l'historique des suivantes :

TOME Ier : Eglise cathédrale de Notre-Dame. — Abbaye de Sainte-Geneviève. — Prieuré de Saint-Martin-des-Champs. — Abbaye de Saint-Germain-des-Prés. — Abbaye de Saint-Victor. — Mathurins. — Jacobins de la rue Saint-Jacques. — Sainte-Catherine du Val des Ecoliers. — Cordeliers. — Collège des Bernardins. — Sainte-Chapelle-du-Palais. — Collège de Sorbonne. — Collège des Prémontrés. — Monastère des Chartreux. — Prieuré de Sainte-Croix de la Bretonnerie. — Collège du Trésorier. — Collège de Cluny. — Collège d'Harcourt. — Collège des Cholets. — Couvent des Grands-Augustins. — Collège du Cardinal Lemoine. — Collège de Navarre. — Collège de Laon. — Collège de Montaigu. — Collège de Narbonne. — Collège de Cornouailles. — Collège du Plessis. — Collège des Ecossais. — Collège de Presles.

TOME II : Carmes de la place Maubert. — Faculté de Médecine. — Collège de Tours. — Collège d'Autun. — Collège de Chanac ou de Saint-Michel. — Célestins. — Collège de Justice. — Collège de Boissy. — Bibliothèque du Roi. — Collège de la Marche. — Collège de maître Gervais. — Collège de Fortet. — Collège de Séez. — Capucins de la rue Saint-Honoré. — Collège Louis-le-Grand. — Collège des Grassins. — Maison professe des Jésuites. — Feuillants de la rue Saint-Honoré. — Pénitents de Picpus. — Frères de la Charité. — Récollets. — Augustins déchaussés. — Carmes déchaussés. — Jacobins de la rue Saint-Honoré. — Minimes de la place Royale. — Oratoire. — Petits-Augustins. — Congrégation de la Merci. — Capucins de la rue Saint-Jacques. — Blancs-Manteaux. — Séminaire de l'Oratoire. — Bénédictins anglais. — Capucins du Marais. — Séminaire Saint-Firmin. — Eglise Sainte-Marguerite. — Congrégation de la Doctrine chrétienne.

TOME III. — Pénitents de Nazareth. — Carmes de la rue des Billettes. — Barnabites. — Lazaristes. — Noviciat des Jacobins. — Feuillants de la rue d'Enfer. — Théatins. — Séminaire de Saint-Sulpice. — Institution de l'Oratoire. — Collège Mazarin. — Prémontrés réformés. — Séminaire des Missions étrangères. — Ordre des Avocats. — Ancienne bibliothèque de l'Hôtel de Ville. — Université. — Mont-Valérien. — Eglise Saint-Laurent. — Prieuré de Saint-Denis de la Chartre. — Garde-Meuble. — Séminaire Saint-Marcel. — Eglise Saint-André-des-Arts. — Eglise Saint-Eustache. — Collège de Bayeux. — Collège de Marmoutiers. — Collège des Lombards. — Collège de Lisieux. — Collège des Aides. — Collège de Dorman-Beauvais. — Collège de Dainville. — Collège de Sainte-Barbe. — Minimes de Passy et de Vincennes. — Grand-Conseil. — Collège de la Merci. — Pairs de France. — Châtelet. — Noviciat des Jésuites. — Séminaire de Saint-Nicolas-du-Chardonnet. — Congrégation de la Propagation de la Foi. — Carmes déchaussés de Charenton. — Académie

La bibliothèque de l'église cathédrale de Notre-Dame, qui existait déjà en 1215 et comprenait, en 1787, 12.000 volumes[1] ; l'abbaye de Sainte-Geneviève fait remonter sa bibliothèque au XIIe siècle, et son inventaire accusait, en 1790, 2.013 manuscrits et 58.107 volumes ; la bibliothèque du prieuré de Saint-Martin-des-Champs était déjà fondée au XIIIe siècle, mais ne renfermait que 9.264 volumes imprimés, au lieu de 40.000 selon le catalogue. L'abbaye de Saint-Germain-des-Prés avait eu sa première bibliothèque brûlée par les Normands ; après la réforme de ce couvent par Guillaume Briçonnet, en 1513, la bibliothèque fut installée dans les nouvelles constructions en 1655 ; elle contenait, au moment de l'incendie qui

française. — Séminaire des Trente-Trois. — Séminaire Saint-Charles. — Hospice des Incurables. — Pénitents de Belleville. — Académie des Sciences. — Eudistes. — Académie d'Architecture. — Prêtres de Saint-François-de-Sales. — Séminaire Saint-Louis. — Séminaire du Saint-Esprit. — Frères de l'Enfant-Jésus. — Ecole royale militaire. — Hôpital Sainte-Catherine. — Abbaye de Saint-André-des-Champs. — Filles-Dieu. — Cordelières. — Carmélites de la rue d'Enfer. — Capucines. — Ursulines de la rue Saint-Jacques. — Hospitalières de Saint-Gervais. — Bénédictines de Notre-Dame-de-Grâce. — Religieuses de Sainte-Elisabeth. — Carmélites de la Sainte-Mère-de-Dieu. — Religieuses de la Visitation de Sainte-Marie. — Filles du Calvaire. — Annonciat des Célestes. — Bénédictines du Val-de-Grâce. — Feuillantines. — Religieuses de l'Assomption-de-Notre-Dame. — Ursulines de la rue Sainte-Avoye. — Religieuses de la Visitation de Sainte-Marie. — Abbaye de Notre-Dame-de-Port-Royal. — Filles de Saint-Thomas-d'Aquin. — Filles de la Croix. — Recollettes de Sainte-Claire. — Hospitalières de la Charité-Notre-Dame. — Nouvelles Catholiques. — Religieuses de la Conception de Notre-Dame. — Filles de Sainte-Cécile. — Chanoinesses du Saint-Sépulcre-de-Jérusalem. — Filles de Sainte-Geneviève. — Filles du Calvaire (au Marais). — Bénédictines anglaises. — Chanoinesses de Notre-Dame-de-la-Victoire de Lépante. — Filles de Saint-Joseph. — Bénédictines de l'Adoration perpétuelle (rue Canette). — Filles de la Congrégation de Notre-Dame. — Bénédictines de Notre-Dame-de-Bon-Secours. — Filles de Notre-Dame-de-la-Miséricorde. — Bénédictines de la Présentation Notre-Dame. — Cisterciennes de Notre-Dame-aux-Bois. — Prieuré des Bénédictines réformées. — Bénédictines de l'Adoration perpétuelle. — Hospitalières de la Miséricorde de Jésus. — Filles de l'Union chrétienne. — Communauté de Sainte-Aure. — Filles pénitentes du Sauveur. — Hospitalières de Saint-Thomas-de-Villeneuve. — Filles de l'Enfant-Jésus. — Filles du Bon-Pasteur. — Filles pénitentes de Sainte-Valère. — Sœurs de Charité de la paroisse Saint-André-des-Arts.

1. Elle était régie avec beaucoup de sévérité ; c'est ainsi qu'en 1689, Bossuet, évêque de Meaux, se vit refuser le prêt d'un manuscrit. (*Intermédiaire des Chercheurs et Curieux*, XIX, p. 542.)

la détruisit une deuxième fois (19 août 1794), 49.387 volumes et 7.072 manuscrits. Le relevé des ouvrages de l'abbaye de Saint-Victor, en 1790, accuse 34.000 volumes imprimés, 170 volumes de cartes géographiques, 170 volumes d'estampes et 1.800 manuscrits. Les Jacobins de la rue Saint-Jacques possédaient 14.000 imprimés et 250 manuscrits. Le monastère des Chartreux, dont la bibliothèque datait du XIIe siècle, avait, en 1790, 10.976 volumes. La bibliothèque de la Faculté de médecine remonte à 1391 et renfermait 15.000 volumes ; celle du Collège de Sorbonne demeura intacte jusqu'en 1795, le relevé de 1790 accuse 25.367 imprimés et 2.199 manuscrits [1].

Le nombre des bibliothèques existantes à Paris est sensiblement inférieur à celui du siècle précédent, mais elles se sont enrichies des dépouilles des anciennes et se sont accrues en manuscrits et en imprimés ; voici un état approximatif de leur contenu pour les principales :

Bibliothèque Nationale
- Imprimés 2.015.606
- Manuscrits 101.992
- Cartes et plans 250.000
- Estampes 250.000
- Médailles 150.000

La Bibliothèque de l'Université se subdivise en cinq sections séparées et comprend :

1° Bibliothèque de l'Université de France (Faculté des Sciences et des Lettres, à la Sorbonne) :
- Ouvrages imprimés 200.000
- Manuscrits .... 1.580   } 202.679
- Incunables (1450-1550) 1.099

2° La Faculté de théologie 5.070
3° La Faculté de droit 50.585
4° La Faculté de médecine 120.000
5° L'École supérieure de pharmacie 15.048

Les 5 sections réunies forment un ensemble de 393.382 volumes [2].

Les autres bibliothèques donnent les chiffres suivants :

---

1. Franklin : *Les anciennes bibliothèques de Paris*, 1867-1873, in-4°.
2. Dans ces chiffres, ne sont pas compris, bien entendu, les registres et volumes manuscrits constituant les Archives.

Bibliothèque de l'Arsenal. — Imprimés, 480.000 ; brochures, 80.000 ; manuscrits, 10.000 ; estampes, 200.000.

Bibliothèque de Sainte-Geneviève. — Imprimés, 120,000 ; manuscrits, 2.392.

Bibliothèque Mazarine. — Imprimés, 300.000 ; manuscrits, 5.800 ; incunables, 1.000.

Bibliothèque de l'Institut. — Imprimés, 200.000.

Ville de Paris (Musée Carnavalet)[1]. — Imprimés, 90.000 ; manuscrits, 2.000 ; estampes, 50.000 ; médailles, 20.000.

Bibliothèque de l'École normale supérieure. — Imprimés, 77.000.

École des langues orientales vivantes. — Imprimés, 20.900 ; brochures, 4.450 ; manuscrits, 630 ; cartes, 220.

École nationale des Chartes. — Imprimés, 8.000 ; fac-similés, 947.

Muséum d'histoire naturelle. — Imprimés, 140.850 ; manuscrits, 2.050 ; dessins originaux, 18.598 ; cartes, 3.500.

Observatoire. — Imprimés, 12.600[2].

Les bibliothèques du Sénat, de la Chambre des députés, du Conseil d'État, de l'Institut, des lycées de Paris, du Musée pédagogique, ainsi que les bibliothèques populaires au nombre de 72[3] pour les vingt arrondissements de Paris, sont de création moderne[4].

L'histoire de la fondation et du développement des *bibliothèques communales* de France n'a pas encore été l'objet d'un ouvrage spécial ; il existe des monographies partielles et des notes à ce sujet dans les introductions des catalogues imprimés. On ne peut cependant faire remonter leur origine au delà du XVIIe siècle, époque où de généreux légataires ont donné à leurs villes natales leurs collections de livres et d'objets d'art[5]. De plus, la majeure partie de ces bibliothèques a été constituée par les ouvrages provenant des dépôts

---

1. Pour son histoire, cf. Tisserand : *La première bibliothèque de l'Hôtel de Ville de Paris* (1760-1797), Paris, 1873, in-4°.
2. La plupart de ces chiffres sont pris dans la *Minerva*, de Kukula et Trübner, 3ᵉ année (1894), Strasbourg, 1894, petit in-8°.
3. D'après le tableau officiel publié le 1ᵉʳ janvier 1895.
4. Cf. Richou : *Traité de l'administration des bibliothèques publiques*, Paris, Paul Dupont, 1885, in-8°, p. 205 sq.
5. Ainsi, pour la bibliothèque d'Abbeville, fondée par Charles Sanson en 1685 ; pour Aix-en-Provence, qui reçut les collections Tournon et Méjanes en 1705 ; pour Besançon, par l'abbé Boisot, en 1696, etc.

littéraires, en vertu de l'arrêté consulaire du 28 janvier 1803, livres saisis lors de la suppression des communautés religieuses.

En réalité, les bibliothèques communales ont été définitivement fondées en France au commencement du xixe siècle.

L'État, en concédant ses livres aux communes, n'a nullement cédé ses droits de propriété sur eux, et les règlements pour leur conservation, ainsi que les inspections qui ont lieu annuellement, sont provoqués par lui[1].

Dans le tableau suivant, nous donnons la liste des plus importantes bibliothèques de France, avec la date de leur fondation et le nombre d'ouvrages imprimés et manuscrits qu'elles possèdent[2].

Nous n'osons affirmer que les chiffres de ces tableaux soient d'une exactitude absolue, parce qu'ils n'émanent pas tous de source

---

1. Cf. Ulysse Robert : *Recueil des lois, décrets, ordonnances, arrêtés, circulaires, etc., concernant les bibliothèques publiques, communales, universitaires et populaires...*, Paris, H. Champion, 1883, in-8°.

2. Parmi les nombreux ouvrages et articles bibliographiques qu'il nous est impossible de citer ici, nous donnons les titres des suivants :
Révilloud (C.-J.) : *L'ancienne académie delphinale et la bibliothèque publique de Grenoble*, Grenoble, 1864, in-8°. — Niepce (L.) : *Les bibliothèques anciennes et modernes de Lyon*, Lyon, 1875, in-8°. — Gergerès : *Histoire et description de la bibliothèque publique de la ville de Bordeaux*, Bordeaux, 1864, in-8°. — Jarry (L.) : *La librairie de l'Université d'Orléans*, Orléans, 1874, in-8°. — Le Glay (Dr A.-G.) : *Mémoires sur les bibliothèques publiques et les principales bibliothèques du département du Nord*, Lille, 1841, in-8°. — Delisle (L.) : *Notice sur les manuscrits disparus de la bibliothèque de Tours*, Paris, 1883, in-4°. — Pressac : *Histoire de la bibliothèque de la ville de Poitiers depuis son origine jusqu'en 1844*, Poitiers, 1844, in-8°. — Ravaisson (F.) : *Rapport au Ministre de l'Instruction publique sur les bibliothèques des départements de l'Ouest*, Paris, 1841, in-8°. — Reuss : *Les bibliothèques publiques de Strasbourg incendiées dans la nuit du 24 août 1870*, Paris, 1872, in-8°. — Gariel : *La bibliothèque de Grenoble (1772-1878), Origine, Organisation*, Paris, 1878, in-8°. — Lapierre : *Lettre sur les catalogues de la bibliothèque de la ville de Toulouse* (Bulletin du bibliophile, 1884, pp. 553-555). — Rouard : *Notice sur la bibliothèque d'Aix, dite de Méjanes, précédée d'un Essai sur l'histoire littéraire de cette ville*, Aix, 1831, in-8°. — Lhuilier (Th.) : *La bibliothèque et les bibliothécaires du château de Fontainebleau*, Meaux, 1878, in-8°. — Pécheur (L'abbé L.-V.) : *Histoire des bibliothèques publiques du département de l'Aisne*, Laon et Saint-Quentin, 1884, in-8°. — Thiaucourt : *Les bibliothèques de Strasbourg et de Nancy*, Nancy, 1893, in-8°. — La Borderie : *Livres et bibliothèques de Bretagne* (Bibl. Éc. des Ch., E. III, p. 29), etc., etc.

INTRODUCTION HISTORIQUE

NOMS DES VILLES.	NOMS DES FONDATEURS.	DATE de FONDATION.	NOMBRE des VOLUMES IMPRIMÉS.	NOMBRE des MANUSCRITS.	NOMBRE des INCUNABLES.	NOMBRE des ESTAMPES.	NOMBRE des CARTES.	OBSERVATIONS
Abbeville.....	Charles Sanson.	1685	40.000	235	41			
Agen	»	»	25.000	22	12			
Aix-en-Provence...	Tournon, Mejanes.	1705 etc.	150.000	1.230	200			Ms. modernes.
Ajaccio........	»	1800	37.170	201	31			
Albi	Archevêques et l'amiral de Rochegude.	»	33.000	130	264			
Alençon.......	»	»	23.000	192	22			
Alger.........	»	1835	33.000	1.988	»			
— * Bib. Univ..	»	»	76.105	»	»			
Amiens.......	»	»	80.030	1.058	200			
Angers........	Alain de la Rue.	1376	51.600	1.870	132			
Angoulême.....	»	»	22.460	»	5			
Arles.........	»	1823	23.000	425	5			
Arras.........	»	»	40.360	1.231	238			
Auxerre.......	»	»	75.000	245	101			
Avignon.......	E. Calvet.	1810	117.000	3.300	696			
Avranches.....	»	»	15.457	254	10			
Beaune........	»	»	50.000	»	»			
Besançon*.....	Abbé Boisot.	1696	40.000	1.900	1.000			
— * Bib. Un.	»	»	20.000	»	»			
Blois..........	De Themines.	»	39.000	44	38			
Bordeaux......	Académie.	1738	160.000	1.500	300			
— * Bib. Univ.	»	»	21.294	»	»			
			65.000	»	»			
Boulogne-sur-Mer	Révolution.	»	64.500	305	75			
Bourg.........	—		30.000	57	200			antér. à 1520.
Bourges.......	»	vers 1466	30.000	407	320			
Brest.........	Révolution.	»	46.000	45	10			
Caen*........	Intendant Foucault.	XVIIIe s.	90.000	620	100			
— * Bib. Univ...	»	»	37.120	»	»			
Cambrai.......	Révolution.	»	40.000	1.398	454			
Carcassone.....	Révolution.	»	36.600	389	37			
Carpentras.....	Michel Anglici, évêque.	1452-74	42.000	1.076	206			
Châlons-s.-Marne..	Révolution.	»	65.000	513	86			
Chalon-s.-Saône...	»	»	25.700	»	»			
Chambéry	Abbé de Millarede.	1786	39.000	78	29			
Charleville	Révolution.	»	23.500	557	150			
Chartres.......	»	»	80.300	1.771	115			
Chaumont.....	»	»	35.000	219	342			
Clermont-Ferrand.	Mathieu de la Porte.	fin XVe s.	46.573	646	40			10.000 diss.
— * Bib. Un.	»	»	24.887	»	»			
Dijon	P. Fevret.	1701	100.000	1.558	206	529 vol.		
— * Bib. Univ..	»	»	41.284	»	»			
Dôle..........	»	»	40.000	»	»			
Douai.........	Bibl. publique.	»	80.000	1.693	297			
	Bibl. de la ville.	»	44.000	»	»			
Epernay	Révolution.	»	27.300	99	15			

NOMS DES VILLES.	NOMS DES FONDATEURS.	DATE de FONDATION.	NOMBRE des VOLUMES IMPRIMÉS.	NOMBRE des MANUSCRITS.	NOMBRE des INCUNABLES.	NOMBRE des ESTAMPES.	NOMBRE des CARTES.	OBSERVATIONS.
Epinal	Révolution.	»	37.630	233	118			
Grenoble		1772	169.072	2.090	542			1.800 autog.
Laon	Révolution.	»	26.566	668	34			
La Rochelle	Consistoire Réformé.	1604	46.186	1.000	14			
Laval	»	»	32.600	196	77			
Le Havre	Révolution.	»	44.300	401	32			
Le Mans*	—	»	53.231	493	229			
Lille*	—	»	100.000	511	298			
— Bib. Univ.			50.000	»	»			
Limoges	—	»	30.000	40	26			
Lyon	(Palais des arts et Académie).	1527	90.000	»	»			
— * Bib. Univ...	»		35.266	»	»			7.541 diss.
Marseille*	»	1799	105.000	1.657	134			2.500 cartes.
— Bib. Univ.								
Montauban	»		22.697	»	»			
— * Bib. Un.	»							
Montpellier	»	1803	120.000	90	40			
— * Bib. Un.	Ec. Méd.	»	50.000	»	»			
Nancy	Stanislas.	1750	87.600	1.188	192			
— * Bib. Univ..	»		43.037					
Nantes	»	1753	102.172	2.231	141			
Nevers	Révolution.	»	25.408	80	29			
Nice	Abbé Massa.	1786	90.000	130	300			
Nimes	J.-T. Seguier.	1778	65.000	400	58			
Niort	J. de Dieu, René Bion.	1771	44.000	127	66			
Orléans	»	»	53.000	»	»			
Pau	Révolution.	»	46.868	40	20			
Perpignan	Marl de Mailly.	1759	33.500	121	74			
Poitiers	Révolution.	»	65.000	550	200			
Quimper	»	»	30.000	»	»			
Reims	Révolution.	»	100.000	1.700	172			
Rennes	»	1733	68.000	598	103			
Rouen	»	»	132.000	3.800	400			
St-Brieuc	»		30.500	118	72			
St-Etienne	Cardinal de Villeroi.	1678	35.000	250	4			
St-Omer	»	»	20.000	912	124			
Soissons	Révolution.	»	50.000	275	»			
Toulouse	Archevêque de Brienne.	1782	100.000	950	284			
— Bib. Univ.			40.000					
Tours	Révolution.	1651	100.000	1.743	420			
Troyes	J. Hennequin.	»	110.000	2.828	525			
Valenciennes	Révolution.	»	27.000	1.088	80			
Verdun	—	»	40.000	400	124			
Versailles	»	»	112.000	1.196	208			

officielle[1]. Comme on peut le voir, les richesses intellectuelles de la France sont encore grandes; dans ce nombre ne figurent ni les bibliothèques spéciales de corps savants ni celles de particuliers.

Il est à peu près certain que le prêt des livres existait bien longtemps avant que les bibliothèques fussent publiques. On cite souvent le cas de Louis XI demandant à la Faculté de médecine de Paris la communication d'un manuscrit de Rasès, médecin arabe, dont il désirait avoir une copie. Il ne put l'obtenir qu'en donnant un gage de douze marcs d'argent et après que Malingre, bourgeois de Paris, eut fourni une caution de cent écus d'or[2].

A propos de la bibliothèque du collège de Sorbonne qui possédait, en 1290, 1.017 volumes d'après un catalogue méthodique de cette époque, Etienne, archidiacre de Cantorbery, dit dans son testament daté du 28 octobre 1215 :

« Je veux et je prescris que mes livres de théologie soient remis au chancelier de Paris, lequel, dans une intention pieuse, les prêtera aux écoliers pauvres étudiant la théologie à Paris, qui manqueraient des livres nécessaires à leurs travaux; je veux que le chancelier en exercice réclame ces livres à la fin de chaque année et, les ayant recouvrés, les prête de nouveau, pour l'année suivante, aux écoliers pauvres qui lui sembleront en avoir besoin[3]. »

Un règlement particulier régissait le prêt des livres du couvent de Saint-Bernard, à Paris[4]. A l'abbaye de Saint-Ouen le prêt existait aussi, comme on l'a vu.

Nous n'insisterons pas davantage sur le prêt des livres.

D'après M. Franklin, la plupart des bibliothèques étaient généralement publiques aux XIIIe et XIVe siècles, c'est-à-dire qu'elles

---

1. La majeure partie est extraite de la *Minerva*, de Kukula, années 1893 et 1894; l'autre partie, pour les villes de Marseille, Besançon, Lille, Caen, Lyon, Alger, Poitiers, Montpellier, Dijon, Bordeaux, Clermont-Ferrand (B. U.), Le Mans dont les noms sont suivis d'un astérisque, les chiffres nous sont fournis par les réponses au questionnaire que nous avons envoyé.

2. Du Boulay : *Historia universitatis parisiensis*, t. V, p. 885. — Dans la plupart des abbayes le prêt existait pour les religieux.

3. Voir Franklin : *Les anciennes bibliothèques de Paris*, t. I, p. 283, et notre chapitre « Service intérieur », où nous reproduisons *in-extenso* ce règlement.

4. Ludovic Lalanne : *Curiosités bibliographiques*, Paris, Delahaye, 1857, in-16, p. 162.

étaient accessibles à tous les travailleurs sérieux. C'est **Mazarin** qui le premier, en 1644, ouvrit aux érudits et même au public sa bibliothèque ; celle de Saint-Victor admit les savants à partir de 1652 ; celle du roi ne fut publique qu'en 1737. La bibliothèque du Collège royal à Toulouse fut aussi ouverte en 1786 ; voici les dates d'ouverture de quelques autres : celle de l'église Sainte-Marguerite en 1738 ; Saint-Germain-des-Prés en 1745 ; la Faculté de médecine en 1746 ; l'abbaye de Sainte-Geneviève en 1759 ; l'Hôtel-de-Ville en 1763 ; la bibliothèque de l'Université en 1770.

La révolution qui s'opéra à la fin du xviiie siècle dans toute la société eut un retentissement plus intense dans le clergé et les communautés religieuses. Par la suppression de ces dernières, leurs biens furent saisis en vertu du décret du 2 novembre 1789, promulgué par la Constituante, et mis « à la disposition de la nation » ; tous ces biens étaient transformés en propriété publique. Leurs mobiliers, leurs collections d'objets d'arts et les livres furent confisqués ; les livres furent versés dans des dépôts spéciaux. Voici comment s'exprime le décret du 14 novembre 1789, en ce qui concerne les communautés religieuses :

« Dans tous les monastères et chapitres où il existe des bibliothèques.... lesdits monastères et chapitres seront tenus de déposer aux greffes des sièges royaux ou des municipalités les plus voisines, des états et des catalogues des livres qui se trouveront dans lesdites bibliothèques.... d'y désigner particulièrement les manuscrits, d'affirmer lesdits états véritables, de se constituer gardiens des livres et manuscrits compris auxdits états, enfin d'affirmer qu'ils n'ont point connaissance qu'il a été soustrait aucun des livres et manuscrits qui étaient dans lesdites bibliothèques et archives. »

Nous ne nous arrêterons pas sur l'élaboration et la publication des règlements et décrets relatifs aux bibliothèques pendant cette période de troubles où la stabilité de l'administration était illusoire, où les passions mal contenues, faussement dirigées, détruisaient souvent aveuglément ce qu'il aurait fallu préserver. Notons cependant que la Convention, sur la proposition de Romme, député du Puy-de-Dôme et président du comité d'instruction, décréta, le 4 brumaire an II (25 octobre 1793), la défense de détruire et d'altérer des livres et objets d'art sous le futile prétexte qu'ils rappelaient des « signes extérieurs de la Féodalité ». Le décret de l'Assemblée nationale d'octobre 1790 ordonnait déjà à tous les directeurs de districts ou préposés de dresser le catalogue des livres provenant des communautés religieuses. Les instructions pour procéder à la confection de ces catalogues datent du 15 mai 1791 ; elles sont longues et appuyées par de nombreux exemples, mais, malgré cela et en dépit des circulaires postérieures [1], les catalogues ne se faisaient pas et l'État dut abandonner l'idée de posséder un inventaire général de toutes les richesses bibliographiques et artistiques de la France.

D'après les rapports présentés à la Constituante par les Comités, réunis dans la séance du 30 septembre 1791, le nombre des volumes saisis dans 162 maisons religieuses, s'élevait à 808.000. On ouvrit à Paris huit grands dépôts littéraires dans lesquels ces livres furent placés, pour être, de là, répartis dans les diverses bibliothèques : 1° à Saint-Louis-la-Culture, rue Saint-Antoine ; 2° à la maison des Capucins, rue Saint-Honoré ; 3° aux élèves de la Patrie ou de la Pitié ; 4° au couvent des Cordeliers, rue de l'École-de-Médecine ; 5° à l'hôtel de Jugné, rue de Thorigny ; 6° rue de Lille ; 7° rue Saint-Marc, à l'hôtel de Montmorency-Luxembourg ; 8° à la Franciade, abbaye de Saint-Denis, pour les livres confisqués hors Paris. Les bibliothèques ecclésiastiques furent placées dans les trois premiers dépôts ; les cinq autres reçurent les livres des émigrés et ceux provenant de la liste civile.

Ainsi, à Paris seul, 1.100 bibliothèques avaient fourni 1.800.000 volumes ; en province plus de 6.000.000 de volumes avaient été centralisés dans les dépôts des districts.

Après bien des tâtonnements, bien des vicissitudes qui dispersaient insensiblement la meilleure part de ces dépôts, il arriva que, pour éviter la destruction de ce qui restait, une commission de neuf membres de l'Institut, nommée par le conseil des Cinq-Cents, décida de former dans chaque chef-lieu de département un dépôt littéraire unique après que chaque établissement scientifique de la région aura fait choix des ouvrages qui pourraient lui convenir. Aussi ces établissements profitèrent-ils de cette autorisation; Ameilhon, devenu conservateur de l'Arsenal, y puisa plus de 30.000 volumes ; Le Blond en prit 50.000 pour la Mazarine ; les bibliothécaires du

---

1. Voyez à l'appendice l'énoncé et la date des décrets.

Directoire, du Corps législatif, de l'Institut, du Muséum d'histoire naturelle, les bibliothèques administratives des ministères, du Conservatoire des arts et métiers usèrent aussi de cette permission et augmentèrent ainsi leurs richesses [1].

En province plusieurs évêques obtinrent que des livres leur fussent concédés pour leurs séminaires.

L'organisation des bibliothèques des Écoles centrales, telle que le prescrivaient les titres II et IV du décret du 3 brumaire an IV (25 octobre 1795), ne fut pas accomplie ; le principe fut voté, mais jamais exécuté ; l'arrêté consulaire du 28 janvier 1803 règle définitivement le sort de ces livres ; ils furent mis à la disposition des communes à charge de les entretenir, de les conserver et de payer les traitements des conservateurs. De ce moment là datent réellement les bibliothèques communales publiques. Ce nouveau fonds de livres qui constituait dans bien des communes le noyau de la bibliothèque, fut progressivement augmenté par les achats faits au moyen d'un budget spécial, par les dons des particuliers et encore par l'envoi des ouvrages souscrits par les ministères ou par ceux du dépôt légal.

Par une circulaire de 1833 (22 novembre), l'État recommande aux municipalités et aux conservateurs des bibliothèques l'exécution des catalogues ; elle donne des détails assez complets sur la manière de procéder. L'ordonnance du 22 février 1839 réorganise les bibliothèques publiques et contient les articles suivants concernant spécialement les collections de province :

« Art. 37. — Les catalogues de toutes les bibliothèques appelées à participer aux distributions de livres, pour lesquelles sont et demeurent affectés les ouvrages provenant soit du dépôt légal, soit des souscriptions, devront être adressés au ministère de l'Instruction publique, et y constituer le Grand-Livre des bibliothèques de France, lequel sera tenu à la disposition de tout bibliographe, littérateur ou savant.

« Art. 38. — Il sera établi par notre Ministre de l'Instruction publique, dans toutes les villes qui possèdent une bibliothèque,

---

[1]. Cf. Labiche (J.-B.) : *Notice sur les dépôts littéraires et la révolution bibliographique de la fin du dernier siècle, d'après les manuscrits de la bibliothèque de l'Arsenal*, Paris, A. Parent, 1880, in-8°, 120 pp.

sous la présidence du maire, un comité d'inspection de la bibliothèque et d'achat de livres, qui déterminera l'emploi des fonds consacrés aux acquisitions, la confection des catalogues, les conditions des échanges proposés. Tous les ans, à l'époque des vacances, l'état des acquisitions sera adressé à notre Ministre de l'Instruction publique, pour être annexé au Grand-Livre des bibliothèques de France. »

Récemment enfin, en 1886, M. Léopold Delisle a publié des instructions fort détaillées sur la manière de classer et d'organiser les bibliothèques publiques.

On ne peut guère faire remonter la création des bibliothèques universitaires avant 1855 ; il existe bien une circulaire ministérielle de juillet 1837 prescrivant aux recteurs l'envoi des catalogues des bibliothèques des établissements universitaires, tels que facultés, collèges et écoles normales supérieures. Mais ces bibliothèques ne paraissent pas avoir été constituées et organisées d'une façon régulière ; aucune réglementation n'existait avant le 18 mars 1855. Seule la bibliothèque universitaire de Rennes fonctionnait et se trouvait bien organisée à ce moment. C'est seulement à cette date, nous le répétons, qu'il faut rapporter la réelle organisation des bibliothèques universitaires qui portaient alors le titre de bibliothèques de l'Académie [1].

---

1. Voici le texte de cet arrêté :
« Le ministre secrétaire d'État au département de l'Instruction publique et des Cultes,
« Considérant que la loi du 14 juin 1834 a eu pour but de réunir en un seul corps, sous l'autorité rectorale, les établissements d'enseignement de chaque académie ;
« Considérant que former une seule bibliothèque des bibliothèques spéciales des facultés diverses, c'est à la fois associer les travaux des maîtres et faciliter les études des élèves, généraliser les ressources et introduire dans tout le service plus d'ordre et plus d'économie,
  « ARRÊTE :
« ARTICLE 1er. — A l'avenir, dans les académies dont le chef-lieu réunit plusieurs facultés, les bibliothèques spéciales de ces divers établissements forment une seule bibliothèque, qui prend le nom de *Bibliothèque de l'Académie*.
« ART. 2. — La Bibliothèque de l'Académie est placée sous la haute surveillance du Recteur, qui statue, par des arrêtés, sur les jours et heures d'ouverture,

En mars 1867, M. Duruy recommande aux recteurs de transmettre un état précis de tous les inventaires et de remplir un questionnaire à cet usage ; nous y relevons cette note concernant les livres :

« Comment est organisé le service des prêts pour les livres et objets de collections ? La durée des prêts est-elle invariablement déterminée ? Existe-t-il un livre spécial constatant la sortie ou la rentrée des livres ou objets prêtés ? »

La même année 1867, le Ministre envoie aux recteurs une circulaire concernant le mode d'acquisition des livres.

Il n'y a qu'une vingtaine d'années cependant que ces bibliothèques ont été mises sérieusement en évidence, développées dans leurs divers services et enfin pourvues d'un personnel spécial.

Par le droit de dix francs que tout étudiant devait verser en prenant sa première inscription annuelle, le ministre obtenait des ressources inattendues qui permettaient de créer un budget spécial en même temps que les élèves des diverses Facultés acquerraient un droit plus imprescriptible de fréquenter la bibliothèque et d'emprunter ses livres.

Cet impôt du livre, si nous pouvons nous exprimer ainsi, date du 31 décembre 1873.

Depuis ce moment, les divers ministres qui se sont succédé ont eu à cœur de développer ce moyen d'enseignement et l'ont réglementé insensiblement jusqu'à arriver à la constitution de la bibliothèque telle qu'elle existe de nos jours.

---

sur la tenue des catalogues, le prêt et la rentrée des livres, et généralement sur tous les détails du régime intérieur de ladite bibliothèque.

« Art. 3. — Les dépenses des bibliothèques des académies sont prélevées sur les ressources spéciales de l'enseignement supérieur.

« Art. 4. — Le ministre arrête, chaque année, le budget particulier de ces bibliothèques.

« Art. 5. — Le Recteur règle, en comité de perfectionnement, dans les limites des crédits ouverts à cet effet, les acquisitions à faire, de telle sorte que les diverses sections de la Bibliothèque de l'Académie reçoivent des accroissements proportionnés à leur importance et à leurs besoins.

« Art. 6. — Les dispositions qui précèdent ne sont point applicables à l'Académie de Paris ; néanmoins, la bibliothèque de la Sorbonne prendra désormais le titre de *Bibliothèque de l'Académie de Paris*.

« Fait à Paris, le 18 mars 1855.

« H. Fortoul ».

Nous achèverons en disant que l'avenir de la science, son développement réel et son expansion dépendent en grande partie de la bonne organisation des bibliothèques universitaires, de leur augmentation et leur extension judicieuse, comme on peut le constater dans les pays étrangers, l'Allemagne, l'Italie et les Etats-Unis [1].

BIBLIOTHÈQUES PRIVÉES. — Elles ne peuvent être omises dans cette étude, car plusieurs d'entre elles ont acquis un renom et une célébrité remarquables. Il n'est pas question ici des amateurs de la Grèce et de Rome, mais des modernes et des contemporains qui ont possédé des livres. Ces amateurs se groupaient entre eux, formaient des sociétés et provoquaient la publication d'œuvres devenues rares [2]. Leurs livres n'étaient pas perdus ; bien souvent ils léguaient leur bibliothèque à leur pays ou à leur ville natale ; si ces livres étaient vendus, l'Etat ou quelque bibliothèque publique rachetait les plus précieux [3].

Leur histoire comprendrait la biographie particulière de chaque amateur, ce qui sortirait de notre étude. Il existe d'ailleurs des descriptions de bibliothèques de ce genre : on en trouve dans les anciens inventaires.

Dès le Moyen-Age, le goût des livres s'était emparé de certains esprits d'élite. Nicolas, le prévost official d'Angers, mort en 1372, possédait une bibliothèque [4]. Celle du duc de Berry était célèbre. La bibliothèque du château de la Ferté-en-Ponthieu possédait au XIVe siècle, 46 volumes [5]. Isabeau de Bavière aimait les beaux

---

1. Cf. *Bulletin de l'Instruction publique*, 1874, p. 250. — Bien que paru en 1874, ce rapport présente trop d'intérêt au point de vue de l'organisation des bibliothèques pour que nous n'engagions nos lecteurs à le lire.
2. Plusieurs villes de France possèdent des sociétés bibliographiques. A Paris, la Société des bibliophiles français fut fondée en 1820 par MM. de Morel-Vindé, de Châteaugiron, Malartic, Pixérécourt. En 1859, se fonda la Société des bibliophiles de Touraine ; en Angleterre, la plus célèbre d'entre elles est le Roxburghe-Club, fondé en 1812, à la suite de l'achat, à la vente Roxburghe, d'un Boccace de 1471, acheté par lord Blandford au prix de 52.000 livres sterling. Les bibliophiles flamands datent de 1839, etc. Cf. Gustave Brunet : *Dictionnaire de bibliologie catholique* (Collection de l'*Encyclopédie théologique*, publiée par l'abbé Migne), Paris, 1860, gr. in-8°, lettre S.
3. Les grandes bibliothèques de Paris et de l'étranger suivent attentivement toutes les ventes de quelque importance.
4. *Bibliothèque de l'École des Chartes*, C. III, p. 221 sq.
5. *Ibid.*, C. III, pp. 559-562.

livres; elle reçut en hommage, de Christine de Pisan, plusieurs de ses ouvrages. Dans l'un d'eux, conservé au British Museum, une miniature représente Christine à genoux offrant un livre à la reine [1]. Le grand Condé avait une fort belle bibliothèque à Chantilly, la duchesse du Maine à Sceaux, le comte de Provence à Brunoy, etc. [2]. La bibliothèque de Kenelm Digby était aussi fort remarquable [3].

Parmi d'autres amateurs, en dehors des célébrités connues, Grolier, Maioli, Canevarius, etc., nous nommerons le cardinal Georges d'Amboise, ministre de Louis XII, le cardinal Robert de Belarmin; J.-B. Boisot, prieur de la Loge, fondateur de la bibliothèque de Besançon; J.-F.-P. Caumartin, évêque de Blois, dont la bibliothèque renfermait près de 9.000 ouvrages et 350 manuscrits; Jacques Bongars, conseiller de Henri IV; Etienne, chevalier de Melun [4]; de Soleinne, dont la bibliothèque n'était composée que d'ouvrages dramatiques [5]; Victor Le Clerq, qui a légué sa riche bibliothèque à l'Université de Paris; Victor Cousin, qui a donné la sienne à la Sorbonne, mais sous la condition qu'elle reste séparée; de nos jours, le duc d'Aumale, le baron Pichon, le baron de Rothschild, etc. [6].

1. *Bulletin du Bibliophile*, 13e série, 1858 p. 663 sq. — *Magasin pittoresque*, 1857, p. 367. — Leroux de Lincy : *Bibliothèque de Condé* (*Bulletin du Bibliophile*, 14e série, pp. 371-392). — Sauval : *Antiquités de Paris*.

2. Dinaux : *Coup d'œil rétrospectif sur les anciennes bibliothèques des châteaux* (*Bulletin du Bibliophile*, 1859, pp. 371-392).

3. Chatelain (E.) : *Quelques épaves de la bibliothèque de Kenelm Digby*. (*Revue des bibliothèques*, I, 1891, p. 77; III, 1893, p. 11.)

4. Cf. Guigard (J.) : *Nouvel Armorial du Bibliophile*, Paris, Rondeau, 1890, 2 vol. gr. in-8°.

5. Ce catalogue, rédigé par P.-L. Jacob, bibliophile (Paul Lacroix), en 1843-1844, 5 volumes in-8°, est une véritable bibliographie dramatique.

6. Dont le catalogue, rédigé par un de nos plus savants bibliographes, M. Picot, offre des descriptions tout à fait remarquables de livres précieux et introuvables ; 3 tomes ont déjà paru.

II

LE PERSONNEL

C'est à Ninive qu'on trouve pour la première fois un titre donné au fonctionnaire chargé de la garde des livres. Celui qui remplissait cette charge dans le palais d'Assur-bani-pal est appelé Nisu-Duppisati [1]. Βιβλιοφύλαξ [2] désignait en Grèce celui qui conservait les livres. Démétrius de Phalère, Eratosthène, Zénodote d'Ephèse, Aristarque, Aristophane de Bysance et Callimaque [3] ont été tour à tour chargés de la conservation des ouvrages du Musée d'Alexandrie. Ce dernier dressa un catalogue de cette bibliothèque en 120 tableaux [πίνακες] dont quelques fragments nous sont parvenus [4].

On les désignait à Rome sous les noms de : *a bibliotheca bibliothecarius* [5]; presque toujours ils étaient choisis parmi les esclaves affranchis de la classe des *librarii*. Denys d'Alexandrie, rhéteur, dirigea la bibliothèque impériale à Rome sous Néron et Trajan [6]. Hadrien avait choisi Lucius Julius Vestinus, son ancien

---

1. Ménant : *La Bibliothèque du Palais de Ninive*, p. 32. — Voir aussi : D' Bruto Teloni, *Compte rendu de l'ouvrage de « Garbelli (Filippi) : Le biblioteche in Italia all' epoca romana...*, Milano, Hoepli, 1894, in-8°. » (*Rivista delle Biblioteche*, vol. IV, p. 185.)
2. Cf. note de la p. 1 de Egger : *Callimaque considéré comme bibliographe*, etc. Selon le lexique grec de Siddell, ce mot se trouverait dans *Tzetzes : Hist.* 7. 964, c'est-à-dire au xᵉ siècle seulement.
3. Egger : *Op. cit.* ; p. 1, note. (*Annuaire de l'Association pour l'encouragement des études grecques en France*, 1876, Paris, in-8°.)
4. Cf. Birt (Th.) : *Das antike Buchwesen in seinem Verhältniss zur Litteratur*, Berlin, W. Hertz, 1882, in-8°. — *Callimachi quæ supersunt, recensuit* Blomfield, London, 1815, in-8°. — Nicolai (Rud.) : *Griechische Litteraturgeschichte*, Magdeburg, 1873-1878, in-8°, t. II. pp. 126-129. — Wachsmuth : *Beiträge zur Griechischen Nationalgrammatiken. II. Die Pinakographische Thätigkeit des Kallimakos* (*Philologus*, 1860, p. 653 sq.).
5. Fronton et M. Aurel. — *Epist.* IV, 5. — Isidore : *Gloss.*
6. Suidæ, *Lexicon*, éd. Bernhardy. I. col. 1394, lignes 6-12.

précepteur [1]. Melissus remplissait ces fonctions à l'Octavienne, Hyginus et Julius Félix à la Palatine.

Saint Pacôme avait spécifié dans sa règle que la bibliothèque de chaque couvent serait confiée aux soins de l'économe ou de son second. Ils prenaient le titre d'*armarius* ou de *bibliothecarius*; ils remplissaient aussi les fonctions de copistes ou *librarii*.

Louis le Débonnaire eut successivement Ebbon et Garward comme *librarii*; Hilduin, abbé de Saint-Bertin, était celui de Charles le Chauve.

Gilles Mallet est le premier garde de la bibliothèque du Roi; après lui vinrent Ant. des Essarts, Jean Maulin, Garnier de Saint-Yon, Robert Gaguin. Budé eut le titre officiel de grand maître de la librairie; ses successeurs furent Pierre de Chastelain, Jacques Amyot, J.-A. de Thou, etc., jusqu'à Armand-Jérôme Bignon qui fut le dernier bibliothécaire de la bibliothèque royale.

Gabriel Naudé et Etienne Baluze, bibliothécaires tous deux, se sont particulièrement illustrés dans l'érudition.

Nous serions entraîné trop loin en voulant signaler tous les bibliothécaires de notre siècle qui ont acquis une célébrité.

Le bibliothécaire est le gardien du dépôt qui lui est confié; son devoir strict est de le conserver, de le développer dans la mesure du budget qui lui est attribué et des dons qu'il reçoit et de faire profiter le public des livres qu'il renferme.

Mais pour qu'il puisse remplir ces différentes conditions, il devra posséder non seulement les connaissances bibliographiques utiles à son état, mais avoir acquis une érudition assez variée, avoir quelques données tout au moins des diverses branches de la science moderne.

Pourquoi nous étendre sur les qualités demandées à un bibliothécaire; il suffit de citer nos prédécesseurs :

« ... J'estime qu'il seroit à propos de faire premièrement choix et élection de quelque honneste homme docte et bien entendu en faict de Livres pour lui donner avec la charge et les appoinctements requis le tiltre et la qualité de Bibliothécaire, suivant que nous voyons avoir été practiqué an toutes les plus fameuses Librairies où beaucoup de galands hommes se sont toujours tenus bien honorez

---

1. Letronne : *Recherches pour servir à l'histoire de l'Egypte pendant la domination des Grecs et des Romains, tirées des inscriptions grecques et latines...* Paris, Boulland-Tardieu, 1823, in-8°, p. 251.

d'avoir cette charge, et l'ont rendue plus illustre et recommandable par leur grande doctrine et capacité...[1] »

« Un bibliothécaire vraiment digne de ce nom doit avoir exploré d'avance toutes les régions de l'empire des lettres, pour servir plus tard de guide et d'indicateur fidèle à tous ceux qui veulent le parcourir. — Il ne sera étranger à aucune des parties de la science : lettres sacrées et profanes, beaux-arts, sciences exactes, tout lui sera familier. Travailleur assidu et infatigable, profondément dévoué aux lettres, son but unique et permanent sera d'en assurer l'avancement...

« Le gardien d'un dépôt littéraire doit se défendre principalement de cette disposition malheureuse qui le rendrait, comme le démon de la Fable, jaloux des trésors dont la surveillance lui est dévolue, et qui le porterait à dérober aux regards du public des richesses qui n'avaient été réunies que dans la vue d'être mises à sa disposition...[2] »

« ... Enfin le bibliothécaire imbu des connaissances aussi variées qu'étendues, que ses fonctions exigent, après avoir établi l'ordre que nous n'avons fait qu'ébaucher, dans sa collection scientifique, doit chaque jour se mettre sous les yeux les devoirs importants que la philosophie et le patriotisme lui imposent.

« Il se doit au public et surtout à la foule de vrais amateurs, qui trouveront en lui une bibliothèque parlante ; qui tireront plus de secours de sa vaste et complaisante érudition que de ses registres d'ordre, de ses tables alphabétiques, de ses séries numérotées.

« Il se doit à une jeunesse curieuse et avide d'instruction, pour qui il sera un guide sûr et affable, qui la conduira vers les sources les plus pures et les plus abordables[3]. »

A tous les conseils contenus dans les ouvrages techniques[4] nous ajouterons les suivants :

1. Gab. Naudé : *Advis pour dresser une bibliothèque*, réimprimé sur la 2ᵉ édition (Paris, 1644), Paris, Liseux, 1876, p. in-12, p. 105 sq.).
2. Cotton des Houssayes (J.-B.) : *Oratio habita in Comitiis generalibus, Soc. Sorbonicæ die 23 december 1780, Parisiis*, 1781, in-12, d'après la traduction française par... Gratel-Duplessis, Paris, 1857, in-8°, pp. 10-11.
3. Parent : *Essai sur la bibliographie et sur les talents du bibliothécaire*, Paris, an IX, in-8°.
4. Namur : *Manuel du Bibliothécaire*, Bruxelles, 1834, in-8° (*Des connaissances requises dans un bibliothécaire et des devoirs qu'il a à remplir*), p. 19

S'il est nouvellement promu, il s'initiera peu à peu au fonctionnement de son dépôt ; il se tiendra au courant de ce qui se faisait avant lui et satisfera — de suite — à toutes les exigences de sa charge : communication et prêt d'ouvrages, mise à jour des catalogues, des registres, bonne tenue de la comptabilité, achat des livres, situations statistiques, etc. Au bout d'un certain temps, plus ou moins long, selon l'importance de la bibliothèque, il pourra améliorer les services défectueux, mais en restant toujours dans l'ordre et dans l'esprit des règlements. Comme toute recherche a pour base les catalogues et leur bonne exécution, que le bibliothécaire ne redoute pas de s'y appliquer et de les améliorer constamment ; il doit prouver qu'il possède toutes les qualités de science et d'administration en se rendant utile, indispensable même. Les rapports avec le public doivent être bienveillants, réservés et sobres.

Outre ces qualités générales, les bibliothécaires universitaires et ceux des bibliothèques privées ont certaines obligations particulières, doivent faire preuve de certaines qualités plus spéciales.

Le bibliothécaire universitaire. — Il n'a pas affaire à un public mélangé, mais se trouve en présence de professeurs de facultés et de lycées, de personnes jouissant d'une autorisation spéciale et d'étudiants. C'est une élite intellectuelle avec laquelle il doit compter : il a donc besoin, plus que tout autre, de retenue, de tact et d'une grande activité. Il est chargé de la police intérieure de la bibliothèque [1] ; or, sous ce terme on entend non seulement la surveillance et la conservation des livres confiés à ce fonctionnaire, mais encore toutes les mesures propres à assurer le bon fonctionnement de la bibliothèque. Ses devoirs [2] peuvent se résumer ainsi :

1° Conserver avec la fidélité la plus scrupuleuse le dépôt dont il est constitué le gardien responsable ;

---

sq. — Petzhold (G.) : *Manuale del bibliotecario*, tradotto per cura di G. Biagi e G. Fumagalli, Milano, 1894, p. in-8°, Introduzione, pp. 8-21. — Gräsel : *Grundzüge der Bibliothekslehre...*, Leipzig, 1890, p. in-8°, chap. II, p. 90 sq.

1. Article 3 du règlement du 23 août 1879.
2. § II de l'Instruction générale relative au service des bibliothèques universitaires (4 mai 1878).

2° Mettre les professeurs et les élèves à même d'user de ce dépôt avec toute la liberté que comporte cette responsabilité.

Les obligations principales de son service sont :

1° Surveiller et entretenir le dépôt confié à ses soins ;
2° Assurer le bon fonctionnement de ce dépôt ;
3° Rédiger et mettre à jour les catalogues ;
4° Tenir soigneusement les divers registres : d'entrée-d'inventaire, de périodiques, de reliure, de prêt, de statistique, etc. ;
5° Veiller à la bonne exécution des services de lecture et du prêt des livres ;
6° Procéder au service des échanges en temps voulu ; classer et cataloguer les dissertations étrangères aussitôt leur entrée ;
7° Tenir une statistique très exacte de la rentrée et de la sortie des ouvrages, de la fréquentation et de l'accroissement de la bibliothèque ;
8° Tenir la comptabilité avec ordre, avec la possibilité de justifier de toutes les dépenses.

Voilà les devoirs généraux du bibliothécaire ; mais, de plus, il doit constamment avoir souci de l'augmentation normale de son dépôt et pour cela avoir deux buts :

1° Écarter sans merci toute acquisition de livres d'un intérêt secondaire ou à l'usage du grand public ;
2° Porter tous ses efforts à grouper dans son dépôt — dans la mesure financière possible — les grands ouvrages de fonds, les grandes collections et surtout les périodiques techniques qui répondent d'une manière immédiate aux besoins et aux enseignements des facultés.

LE BIBLIOTHÉCAIRE DES BIBLIOTHÈQUES MUNICIPALES ET PUBLIQUES. — Autre est le service de ce fonctionnaire qui a affaire à un public différent, moins érudit que celui qui fréquente les bibliothèques universitaires. Les demandes d'ouvrages sont plus uniformes, on y vient pour lire sur place, particulièrement des revues ; le prêt est presque nul. Ses loisirs sont donc plus grands, il peut s'occuper davantage de ses catalogues, de leur amélioration incessante.

Il devra se tenir à la disposition de la commission de la bibliothèque instituée, pouvoir répondre à toutes les questions qu'elle serait en droit de lui poser : ordre de service, marche des catalogues, fonctionnement de la bibliothèque, demandes de propositions d'ouvrages, etc. Mais selon nous il ne doit compte qu'au maire ou à l'un de ses délégués de la gestion financière de la bibliothèque.

Son attention doit aussi se porter sur le développement des *collections locales* et de tous les ouvrages qui concernent *le pays* à quelque point de vue que ce soit. C'est dans l'abondance de cette partie du dépôt que réside la *vraie richesse* d'une bibliothèque communale.

LE BIBLIOTHÉCAIRE D'UNE BIBLIOTHÈQUE PARTICULIÈRE. — Ce n'est pas un fonctionnaire dans le sens propre du mot. Il est aux gages du propriétaire de la bibliothèque et doit suivre ses goûts, même ses caprices. Mais ses connaissances bibliographiques seront appréciées si tout en tenant sa bibliothèque en ordre et ses catalogues à jour, il sait faire profiter de toutes les bonnes occasions l'amateur, s'il achète avec discernement, si son goût artistique lui vient en aide pour obtenir des reliures élégantes, un mobilier luxueux et approprié à la bibliothèque dont il a la conservation. Comme le goût est très variable, différent d'un amateur à un autre, on ne peut adopter de règles fixes pour l'organisation, le classement et le catalogage de ces sortes de collections [1].

LE SOUS-BIBLIOTHÉCAIRE. — Ce fonctionnaire, qui peut être appelé un jour à commander en chef, doit se soucier de connaître toutes les parties du dépôt où il est attaché. Rien de ce qui incombe à un bibliothécaire ne doit rester ignoré pour lui afin qu'il puisse le suppléer le cas échéant. En outre il doit exécuter avec tout le soin désirable le service dont il est chargé, être affable et bienveillant envers le public et obéir strictement à son chef.

Les sous-bibliothécaires universitaires se trouvent appelés à diriger une section éloignée ou séparée de la bibliothèque centrale. Dans ce cas ils ont à se préoccuper de tout; ils doivent faire preuve de connaissances suffisantes dans la gestion qui leur incombe. Une certaine initiative leur est laissée, mais ils doivent faire approuver par le bibliothécaire en chef toutes les décisions qu'ils croiraient devoir prendre dans l'intérêt du service. Quant aux pièces de statis-

---

[1]. Nous devons dire qu'il n'existe, pour ainsi dire, pas de bibliothécaire d'amateurs, car ils s'occupent généralement eux-mêmes de leurs livres.

tique et de comptabilité elles sont toutes contresignées par le bibliothécaire en chef.

Personnel subalterne. — Les surveillants ou garçons de salle doivent obéissance complète à leurs chefs. Ils sont chargés d'abord des soins de propreté et de l'entretien matériel de la bibliothèque, doivent battre les livres aux époques déterminées. Ils font le service des salles soit en cherchant les volumes demandés par les lecteurs, soit en surveillant ; la mise en place des volumes doit être faite après chaque séance ; enfin les plus intelligents et ceux qui ont une belle écriture peuvent être adjoints pour la copie des cartes du catalogue. Selon la règlementation des bibliothèques, le service peut varier. Pour les surveillants nommés dans les bibliothèques universitaires, leurs devoirs sont très précis et exposés avec soin dans les articles 37 et 38 de l'arrêté du 23 août 1879[1].

Recrutement du personnel. — Les personnes qui doivent occuper les fonctions de bibliothécaire sont choisies avec plus de discernement qu'il y a une cinquantaine d'années, et même plus récemment. Il est vrai que le choix des administrations municipales se portait presque toujours sur des personnes érudites : d'anciens professeurs, des hommes de lettres, mais dont les connaissances spéciales n'étaient pas toujours suffisantes. Il arrivait donc que le fonctionnaire, au lieu de s'occuper de son dépôt, de s'y intéresser, considérait sa place comme une sinécure rémunératrice lui permettant de se livrer tout à loisir à ses travaux littéraires ou scientifiques. Il abandonnait à des subalternes les travaux de la bibliothèque, le soin des catalogues et l'ordre dans les salles ; il en résultait au bout d'un certain temps un désordre sérieux, un trouble dans tout le service qui ne pouvait que s'augmenter graduellement. Ces faits ont dû frapper l'administration supérieure, et, dès 1839, Villemain avait voulu que les bibliothécaires fussent nommés par le ministre[2]. Devant les protestations

1. Voir à l'appendice le règlement du 23 août 1879.
2. D'après l'article 19 de l'ordonnance du 31 décembre 1846, il devait être accordé aux anciens élèves de l'École des Chartes une place sur trois vacances dans les bibliothèques publiques du royaume. Les bibliothécaires et employés des bibliothèques municipales devaient être choisis soit parmi les anciens élèves de l'École des Chartes, soit parmi des membres de l'Université ou des

des municipalités, on dut abandonner cette idée, et le maire de la commune nomme lui-même le bibliothécaire après avoir soumis son choix au ministre ; il choisit le plus souvent le candidat proposé par le ministre. Ce choix est assez judicieux, car il se porte de préférence sur des archivistes-paléographes [1], sortant de l'École des Chartes où ils sont initiés au maniement des livres, des grandes collections historiques et bibliographiques, où ils ont suivi même un cours de bibliographie. Il en résulte qu'ils possèdent déjà les éléments de ces sciences et sont généralement aptes à bien remplir leurs fonctions. Quelquefois même on fait subir aux candidats une sorte d'examen technique qui permet de justifier de leurs aptitudes.

A Paris, le recrutement se fait différemment. Après leurs études classiques, les jeunes gens font un stage plus ou moins long dans les bibliothèques et ne passent sous-bibliothécaires qu'au bout de quelques années [2]. A la Bibliothèque Nationale on prend de préférence d'anciens élèves de l'École des Chartes, qui subissent un examen de passage chaque fois qu'ils désirent monter de quelque grade [3]. Si nous n'avons rien dit des aspirants aux bibliothèques universitaires, c'est qu'ils se trouvent placés sous un régime spécial et qu'après un stage variant de six mois à un an, ils sont obligés de passer un concours en vue d'acquérir le titre de bibliothécaire universitaire, justifié par le certificat d'aptitude à ces fonctions [4].

DE L'ADMINISTRATION CENTRALE ET DES COMMISSIONS DES BIBLIOTHÈQUES. — L'administration générale des bibliothèques est centralisée au ministère de l'Instruction publique. En ce qui touche les bibliothèques communales, c'est au troisième bureau du secrétariat de la comptabilité que se traitent les affaires et les inspections.

L'influence de ce bureau se fait surtout sentir sur les grandes

---

habitants de la cité qui auraient publié des travaux d'érudition, ou encore parmi les employés de mairie ayant dix ans de services. Mais jamais cet article ne fut appliqué et, comme nous le disions au début du chapitre, l'arbitraire régnait bien souvent.

1. Préparés comme ils le sont de nos jours, les archivistes paléographes sont à même de rendre de réels services.
2. Décret du 17 juin 1885, en ce qui concerne la Bibliothèque Nationale.
3. Voir au chapitre III le programme de l'examen spécial.
4. Institué par la Commission centrale des bibliothèques universitaires, d'après le règlement du 23 août 1879. (Voir à l'appendice.)

bibliothèques de Paris : la Nationale, Sainte-Geneviève, la Mazarine, l'Arsenal et la Bibliothèque nationale d'Alger.

Cette influence n'existe pas moins en province, où, grâce à sa persuasion ferme et pleine de tact, on a obtenu des améliorations très sensibles dans les divers services de ces bibliothèques.

Ces bibliothèques se gèrent elles-mêmes sous la haute surveillance du maire [1] et d'un comité d'achat choisi parmi les personnes les plus recommandables et les plus érudites de la région [2]. Les instructions sur le classement et le catalogage des ouvrages émanent du ministère qui est assisté par une commission des bibliothèques nationales et municipales composée de vingt et un membres qui élaborent les règlements et prend connaissance des rapports des inspecteurs généraux.

En 1841 (2 septembre), il a été institué une commission permanente de cinq membres chargée de procéder à la confection du catalogue général des manuscrits [3]. Il existe en outre deux commissions consultatives, la première de vingt-huit membres chargée des bibliothèques populaires communales et libres; la seconde s'occupe des bibliothèques scolaires et pédagogiques ; elle comprend trente et un membres et dépend du cinquième bureau de l'enseignement primaire.

Les bibliothèques universitaires dépendent de l'enseignement supérieur, quatrième bureau.

La commission centrale des bibliothèques universitaires. — En instituant, par arrêté du 31 juin 1879, une commission centrale des bibliothèques universitaires, le ministre de l'Instruction publique a transformé de fond en comble l'organisation des bibliothèques des Facultés qui, avant l'instruction du 4 mai 1878 et l'arrêté du 23 août 1879, n'étaient gérées que par des professeurs de Facultés et

---

1. « Le maire est chargé de la conservation et de l'administration des propriétés de la commune et de la *surveillance des établissements communaux.* » — Loi du 18 juillet 1837.

2. Ordonnance du 22 février 1839. — Rappel des devoirs et de la responsabilité de la Commission dans la circulaire du 28 juin 1886.

3. Le premier volume de ce catalogue parut en 1849, le septième en 1885 ; ils embrassent dix-neuf bibliothèques. Le plan primitif fut abandonné cette même année ; au lieu d'être in-4° (Collection des documents inédits sur l'histoire de France), on adopta le format in-8° ; jusqu'ici 25 volumes ont paru.

n'avaient aucun fonctionnaire spécial qui en fut chargé, tout en se trouvant sous la haute direction du recteur.

Comprenant que les bibliothèques de Facultés, soumises à un régime arbitraire dissimulé sous la surveillance du Recteur, ne pourraient jamais présenter l'uniformité de classement, de description et d'installation tels que l'exigeaient alors les besoins de l'enseignement supérieur, sans qu'un fonctionnaire spécial fût investi du titre de *bibliothécaire*, la commission centrale commença par créer ces fonctionnaires, par donner corps à une chose vers laquelle on aspirait et dont le besoin se faisait sentir.

Ces bibliothécaires furent choisis un peu partout au début; dans l'enseignement comme au dehors. Les seules conditions exigées des candidats étaient : le titre de bachelier et un an de stage dans une bibliothèque; les candidats sortant de certaines hautes écoles étaient dispensés d'une partie du stage.

Un concours préliminaire, ne comprenant que des compositions techniques, justifiait amplement des connaissances indispensables à ces fonctionnaires.

Cette commission n'a jamais perdu de vue, depuis, la bonne gestion des bibliothèques, aidant puissamment les nouveaux fonctionnaires et améliorant peu à peu les règlements dont certains passages pouvaient paraître défectueux.

Grâce à cette commission aussi, une nouvelle source d'accroissement a été ouverte aux bibliothèques : nous voulons parler des échanges internationaux. Ils font affluer dans nos bibliothèques une moyenne annuelle de plus de 1.600 dissertations et écrits académiques qui rendent de réels services à tous les travailleurs. On verra plus loin le développement qu'a pris ce service depuis 1882, première date de son fonctionnement.

Récemment encore, la commission centrale a fait adopter par le ministre, en décembre 1893, un programme net et précis fournissant à tous les candidats la matière d'études qui peuvent leur servir.

Nous laissons de côté le rôle de la commission de la bibliothèque. Dans l'appendice on trouvera des renseignements sur son fonctionnement.

CHAPITRE I

DES EXAMENS PROFESSIONNELS

Des aptitudes à remplir les fonctions de bibliothécaire. — Exigences nécessaires. — Du choix des municipalités. — De la nécessité d'un examen professionnel. — Les examens en France : dans les diverses bibliothèques de Paris, à la Bibliothèque Nationale. — Du certificat d'aptitude aux fonctions de bibliothécaire universitaire. — Des titres universitaires exigés. — Des connaissances nécessaires pour s'y présenter. — Du stage. — L'examen écrit; le classement des ouvrages; l'épreuve orale. — Les examens ou concours dans les divers pays d'Europe et aux Etats-Unis.

Pendant plus de la première moitié de notre siècle on n'a pas paru se douter de la nécessité de faire subir aux personnes qui aspiraient à entrer dans les bibliothèques un examen, aussi sommaire fût-il, qui justifiât de certaines capacités bibliographiques et d'aptitudes spéciales à bien remplir les emplois qu'on leur confiait, et cela malgré les avis de bibliographes expérimentés [1].

Aujourd'hui la plupart des bibliothécaires des communes sont pris parmi les anciens élèves de l'Ecole des Chartes qui ont obtenu le diplôme d'archiviste-paléographe. Par leurs connaissances des documents et des manuscrits, par l'étude approfondie de la paléographie, ils présentent déjà des garanties sérieuses de savoir bibliographique. Le classement de livres leur est rendu familier depuis qu'un cours de bibliographie et de classement de bibliothèques et d'archives a été institué, et aussi par le maniement journalier des grandes collections historiques dont ils ont un besoin constant [2].

---

1. Graesel a résumé dans le *Grunzüge der Bibliothekslehre*, I, 2, § 1, les opinions des principaux bibliographes sur cette question.
2. Il est aussi facile, aujourd'hui, aux jeunes gens désireux d'acquérir des notions de bibliographie, de les obtenir en suivant le cours de bibliographie qui est institué à la Sorbonne depuis 1893.

Ce cours est complété par des conférences pratiques qui ont lieu soit au Ministère de l'Instruction publique, en ce qui touche les archives, soit à la Bibliothèque nationale ou à celle de Sainte-Geneviève pour le classement des livres.

On exige aujourd'hui des diplômes pour être admis comme stagiaire dans une bibliothèque. Le stage est au minimum d'une année ; c'est ainsi que se recrutent les bibliothèques de l'État : Arsenal, Mazarine et Sainte-Geneviève.

Il en est autrement pour la Bibliothèque Nationale, d'après le décret ministériel du 17 juin 1885 ; on n'y est admis comme stagiaire qu'après avoir subi un examen particulier. De plus, chaque fois qu'on désire passer à un poste supérieur, on se trouve obligé de subir un nouveau concours[1]. Les conditions nécessaires pour se présenter à cet examen ne sont pas indiquées dans le programme.

---

1. *Programme de l'examen des candidats au titre de stagiaire et au titre de sous-bibliothécaire dans les divers départements de la Bibliothèque Nationale.*

DÉPARTEMENT DES IMPRIMÉS

PROGRAMME DE L'EXAMEN DES CANDIDATS

I. — Au titre de stagiaire.

1° Cataloguer une vingtaine d'ouvrages ou de pièces, parmi lesquels des incunables, des livres imprimés en grec, en latin et dans les principales langues européennes, notamment en allemand ;

2° Dégager des titres de ces ouvrages les mots caractéristiques qui peuvent entrer dans un répertoire alphabétique par noms de matières. Ce répertoire sera établi d'après les principes suivis pour la table par noms de matières des ouvrages portés au *Bulletin des publications françaises*, que la Bibliothèque fait imprimer chaque mois. Tous les noms à mettre en rubrique seront ramenés aux formes françaises ;

3° Analyser une préface écrite en latin ou dans une langue étrangère vivante, pour rendre un compte sommaire des circonstances indiquées dans cette préface sur la composition et la publication de l'ouvrage ;

4° Répondre par écrit à des questions posées sur le plan et l'usage des principaux ouvrages de bibliographie ancienne et moderne, française et étrangère.

II. — Au titre de sous-bibliothécaire.

1° Cataloguer une dizaine d'ouvrages ou de pièces, parmi lesquels des incunables, des livres imprimés en grec, en latin et dans les principales langues européennes, notamment en allemand. Indiquer la division bibliographique à laquelle chacun de ces articles doit être rattaché, suivant les usages admis à la Bibliothèque ;

2° Trouver à l'aide des bibliographies et des différents répertoires du dépar-

BIBLIOTHÈQUES UNIVERSITAIRES. — Le premier examen professionnel eut lieu le 27 octobre 1879, à la bibliothèque de l'Arsenal. Les candidats n'étaient soumis alors à aucune obligation spéciale comme âge et comme titre. Depuis l'année 1882, le Ministre a fixé pour tous les candidats au certificat d'aptitude une limite d'âge. Ils ne peuvent se présenter avant 21 ans révolus, ni après 35 ans passés. A l'origine, cet article n'existait pas, et les bibliothécaires trop avancés en âge éprouvaient certaines difficultés inhérentes aux habitudes de travail et de méthode prises par eux.

Tout ceci est évité aujourd'hui par l'obligation imposée au candidat d'un âge déterminé d'abord, ensuite par un stage d'un an dans une bibliothèque de faculté et des titres universitaires[1]

tement des imprimés une dizaine d'ouvrages demandés d'une façon plus ou moins régulière par des lecteurs fréquentant la salle de travail ;

3° Répondre par écrit à des questions posées pour s'assurer que le candidat connait les systèmes de classement employé à la Bibliothèque Nationale, qu'il est familier avec les principaux ouvrages bibliographiques, qu'il a des notions sur l'histoire de l'imprimerie, qu'il sait apprécier les particularités importantes à remarquer dans un livre (condition exceptionnelle des exemplaires, reliure, *ex libris*, annotations manuscrites).

DÉPARTEMENT DES MANUSCRITS
PROGRAMME DE L'EXAMEN DES CANDIDATS
I. — Au titre de stagiaire.

1° Copier quelques textes manuscrits ;
2° Rédiger la notice de quatre ou cinq manuscrits ;
3° Répondre à des questions de chronologie et de diplomatique ;
4° Résumer une notice ou dissertation écrite en latin ou dans une langue vivante étrangère et portant sur un point de paléographie ou d'histoire littéraire.

II. — Au titre de sous-bibliothécaire.

1° Rédiger la notice de quatre ou cinq manuscrits :
2° Répondre par écrit à des questions posées sur des points de paléographie, de bibliographie des manuscrits et d'histoire des bibliothèques ;
3° Montrer qu'on est familier avec les systèmes de classement et les catalogues employés à la Bibliothèque depuis le XVIIᵉ siècle et dans les principaux établissements dont la Bibliothèque a recueilli les manuscrits.

(Cf. *Bulletin de l'Instruction publique*, 1885, n° du 10 octobre.)

---

1. Exception est faite cependant pour tout fonctionnaire qui justifierait de trois ans de service actif dans une bibliothèque de l'Etat ; il se trouverait par ce fait dispensé du stage.

D'une manière générale, tout candidat doit être au courant de la plupart des sciences accessoires de la bibliographie, et posséder des notions étendues sur cette dernière ; mais il ne faut pas se faire d'illusions sur les fonctions dont il sera chargé un jour ou l'autre ; les connaissances théoriques et techniques, très utiles dans un examen, ne confèrent nullement les aptitudes nécessaires pour diriger une bibliothèque. C'est par le stage seul qu'il les acquerra, stage effectif pendant lequel il aura été employé aux divers services d'une bibliothèque et aura manipulé les livres sous toutes leurs formes.

La partie matérielle de l'usage de la bibliothèque ne doit pas être dédaignée ; aussi le candidat fera-t-il bien d'étudier les termes techniques des divers métiers et industries concourant à la confection matérielle d'une bibliothèque. En outre, il serait bon qu'il sût reconnaître diverses essences de bois utiles à la construction du mobilier des bibliothèques : chêne, frêne, noyer, sapin, pin, peuplier.

Dans une bibliothèque, les services sont nombreux : réception des ouvrages, *catalogage* et inventaire, timbrage, mise sur les rayons des livres, prêt, distribution des ouvrages sur place, contrôle des périodiques et des suites, échanges universitaires, comptabilité, rapports administratifs, lecture des catalogues d'ouvrages neufs et d'occasion, exécution des catalogues et leur bonne tenue à jour, etc. C'est plus qu'un candidat ne peut apprendre dans un an de stage.

En se présentant au concours, il tirera plus de profit de la fréquentation d'une bibliothèque et de la manipulation des livres que de la lecture des traités techniques. Cela ne veut pas dire néanmoins qu'il doit négliger ces lectures, ne serait-ce que pour connaître l'histoire du livre et son développement jusqu'à nos jours.

Malgré les instructions spéciales concernant les bibliothèques universitaires, le futur bibliothécaire ne doit pas ignorer les divers classements adoptés par ses prédécesseurs, ni rejeter ce qu'il y a de bon dans leurs systèmes et leurs opinions.

Puisque nous parlons spécialement des candidats aux bibliothèques universitaires, nous croyons devoir nous arrêter un instant sur l'exigence de la Commission centrale relativement aux langues étrangères. L'allemand a toujours été obligatoire, et les candidats se voyaient souvent évincés pour n'avoir que des notions vagues sur cette langue. Cela tient à ce qu'une bibliothèque universitaire renferme presque toujours au moins un quart, sinon plus, d'ouvrages en langue allemande. — Le livre de Graesel [1] est maintenant choisi pour l'explication et la lecture à livre ouvert; on ne pouvait mieux faire, son livre étant, jusqu'à présent, le meilleur traité de « Bibliothéconomie ».

La connaissance des autres langues étrangères sera aussi très appréciée parce qu'à la suite des échanges universitaires, les pays qui entrent en relation avec nous sont de plus en plus nombreux.

Depuis l'année 1883 on exige des candidats le certificat d'un médecin délégué par le Recteur, constatant leur bonne conformation physique et leurs aptitudes à un service actif.

L'article 4 de l'arrêté relatif à l'examen indique de quoi il se compose.

L'épreuve écrite, la première de toutes, mais la plus courte, ne doit pas être, comme le pensent certains candidats, une composition de longue haleine, démontrant au moyen d'un style brillant, bien travaillé, qu'on est en possession absolue de la langue française. Cette épreuve, pour laquelle on n'accorde généralement qu'une heure ou une heure et demie, embrasse toujours une question de bibliographie générale ou d'administration. Le candidat doit faire preuve de rapidité de conception, de précision et de grande clarté d'exposition, sans toutefois négliger la netteté du style, mais en évitant avec soin de se jeter dans des digressions qui le porteraient à côté de la question. — La brièveté et la clarté, voilà les qualités vers lesquelles il doit tendre; en un mot, c'est une épreuve démontrant qu'il est capable de rédiger un rapport technique dans la forme voulue.

La composition suivante est de beaucoup la plus importante, mais nombre de candidats ont échoué en ne la prenant pas assez au sérieux. Elle se compose, comme il est dit, du classement de quinze ouvrages choisis avec soin par la Commission. Ce classement com-

---

1. *Grundzüge der Bibliothekslehre mit bibliographischen und erläuternden Anmerkungen. Neubearbeitung von* D^r. J. Petzholdt *Katechismus der Bibliothekenlehre* von D^r. Arnim Graesel, Leipzig, J.-J. Weber, 1890, p. in-8°, 33 figures et 11 tableaux.

porte : 1° l'inscription au registre-inventaire ; 2° la confection des cartes alphabétiques et méthodiques ; 3° celle des cartes de renvoi, s'il y a lieu ; 4° la numérotation des ouvrages ; 5° le classement des cartes.

Les ouvrages choisis étant de différentes époques, quelques-uns écrits en latin et en allemand plus particulièrement, comprenant aussi des dissertations académiques des xviie et xviiie siècles, on se trouve forcément en présence de difficultés bibliographiques. Là est l'écueil pour les candidats qui n'auraient jamais *rédigé de cartes* ou *travaillé dans une bibliothèque*.

Les cartes du catalogue alphabétique doivent présenter les caractères suivants : une écriture droite et lisible d'abord ; le nom d'auteur suivi des prénoms, entre parenthèses, en lettres un peu fortes ; le corps du titre, abrégé convenablement, doit être bien saillant ; enfin le nom de ville, d'éditeur, la date, le format, le nombre de volumes et de planches, la reliure s'il y a lieu, doivent aussi y figurer [1]. Pour les dissertations, il faut apporter une certaine attention et ne pas confondre les auteurs avec les assesseurs et présidents de thèse, ou encore avec les personnes auxquelles la thèse est dédiée.

Les cartes du catalogue méthodique exécutées, selon les instructions, ne doivent cependant pas être surchargées. En transcrivant le titre dans son entier, on ne doit ni donner tous les titres et qualificatifs de l'auteur, ni les dédicaces, à moins de nécessité absolue. Quant au classement, il ne faut pas accumuler sur les cartes les divisions et subdivisions infinies du système méthodique ; ce serait aller à l'encontre du but ; il suffit d'indiquer l'une des cinq grandes divisions de Brunet, avec la section dans laquelle l'ouvrage devra figurer [2].

Aussi pour être certain que les cartes seront bien faites, le candidat devra parcourir et feuilleter le livre à classer, jeter un coup d'œil sur la préface s'il y a lieu [3] et aussi dans l'intérieur même du

---

1. On peut y ajouter toutes les particularités bibliographiques que présenterait l'ouvrage.
2. Voir au chapitre suivant, *modèles de cartes*.
3. En lisant les préfaces des ouvrages à classer, on trouve souvent des détails d'histoire littéraire précieux permettant d'apprécier le livre avec plus de méthode, surtout au xvie siècle, l'auteur de la préface ayant intérêt à exposer clairement le sujet qu'il traite ou à indiquer les modifications apportées à un texte primitif qu'il réédite. C'est ainsi que Botfield a publié à Cambridge, en

livre afin de ne laisser échapper aucun titre nouveau si parfois deux ou plusieurs ouvrages se trouvaient réunis ensemble. L'importance des formats factices a sa raison d'être, puisqu'il faudra indiquer sur le registre-inventaire ou la feuille qui lui en tient lieu, l'ouvrage dans son format de classement. Le titre, comme on le sait, doit tenir dans une seule ligne, d'où l'obligation de faire des abréviations nécessaires [1].

Nous ne pouvons trop conseiller au candidat de bien se pénétrer de l'instruction du 4 mai 1878, surtout en ce qui touche au *cataloguage* et au classement des ouvrages.

La troisième et dernière partie de l'examen est l'épreuve orale. Elle permet au jury d'apprécier rapidement les connaissances techniques du candidat; une interrogation sur les langues vivantes fait aussi partie de cette épreuve.

Le nouveau programme (*30 décembre 1893*) renferme la substance de toutes les matières que le candidat doit posséder et sur lesquelles on peut l'interroger [2].

On peut appliquer ce que nous venons de dire aux stagiaires de toutes les bibliothèques, et les recommandations sur la manière de faire les cartes et de remplir les registres peuvent être utiles à tous.

Ce n'est pas en France que les examens spéciaux ont été inaugurés. Cette lacune, que signalaient depuis longtemps les bibliothé-

---

1861, un curieux recueil des préfaces des principales éditions des classiques et auteurs anciens parus entre les xv⁰ et xvii⁰ siècles. Le titre en est : *Præfationes et epistolæ, editionibus principibus auctorum veterum præpositæ curante Beriah Botfield Cantabrigiæ*, 1861, in-4°, 674 p.

Pour citer au hasard un exemple, nous nommerons le suivant : *Les histoires et chroniques du monde, tirées tant du gros volume de Ian Zonoras, auteur Byzantin, que de plusieurs autres bons et anciens scripteurs hébrieux et grecs, et mises de leurs primes et naïfues langues hébraïques et grecques en langage françois*, etc., etc., par Ian de Maumont, traducteur et recueilleur d'icelles..., à Paris, de l'imprimerie de Michel de Vascosan, M. D. LXI, in-folio. Cet ouvrage renferme une « Epître » (*A la Royne mère du Roy*) de 6 p., un « Avertissement », 1 p., et « Aux lecteurs », 3 p. Dans l' « Avertissement », Jean Maumont explique dans quelles éditions il a puisé pour faire son travail, et dans la note « Aux lecteurs », il expose comment il a traduit et interprété Zonare.

1. Voir les exemples donnés au chapitre VI.
2. Voir aux notes les titres des compositions écrites données depuis la fondation de l'examen.

caires sérieux[1], était comblée en Autriche dès 1862. A cette date on élabora un projet d'examen que devait passer tout candidat aux fonctions de bibliothécaire. Les matières sur lesquelles on interrogeait ne comprenaient pas seulement les notions de bibliographie, mais encore l'encyclopédie des sciences, l'histoire littéraire, la paléographie, etc. Dans le programme de réorganisation de l'Institut pour l'avancement des sciences historiques en Autriche, à l'Université de Vienne, il est indiqué que tous les élèves de troisième année qui en suivraient les cours seraient initiés à la bibliographie et au classement des diverses bibliothèques.

Il existe pour ainsi dire deux modes de recrutement des bibliothèques en Allemagne. A l'exception de l'Université de Gœttingue, où il est fait un cours de bibliographie historique, et de quelque autre où les élèves sont bien préparés, dans toutes les bibliothèques de l'Allemagne, la Prusse exceptée, on recrute le personnel dans le corps des volontaires (*volontäre*) qui viennent bénévolement travailler et se préparer à ces délicates fonctions.

En Prusse, il est institué, depuis un peu plus d'un an, un examen spécial pour les aspirants bibliothécaires aux bibliothèques royales et des Universités de la Prusse seulement ; d'après la circulaire du 15 décembre 1893, le candidat doit remplir les conditions suivantes : Il est astreint à faire un stage de deux ans dans une bibliothèque royale ou universitaire. Pour y être admis on exige de lui : 1º le certificat de maturité[2] ; 2º la constatation qu'il a passé avec succès le premier examen dans l'une des sciences suivantes : théologie, droit, médecine ou autre examen analogue ; 3º qu'il possède le titre de docteur ou de licencié ; 4º fournir un certificat justifiant de sa bonne conduite ; 5º une attestation médicale justifiant ses aptitudes physiques au sous-bibliothécariat ; 6º prouver qu'il possède des moyens d'existence suffisants pour toute la durée du stage. En outre on exige qu'il soit en règle avec l'administration militaire.

La deuxième année de son stage peut s'accomplir à la bibliothèque de Gœttingue, si le candidat désire y suivre les cours de

---

1. Ebert, Schrettinger, Petzholdt, etc.
2. « Erlass betreffend die Befähigung zum vissenschaflichen Bibliotheksdienst bei der königl. Bibliothek zu Berlin und den königl. Universitäts-Bibliotheken, » § 1. (*Centralblatt fur Bibliothekswesen*, XI, 1894, pp. 77-79.)

sciences auxiliaires à la bibliographie (*Studium der Bibliotheks-hülfswissenschaften*).

Disons enfin que l'examen se passe devant une commission composée d'un président et de deux membres nommés par le ministre. L'examen est purement oral et le candidat doit justifier de connaissances en langues vivantes. S'il échoue, il ne peut se représenter qu'une seule fois.

En Angleterre, les grandes bibliothèques dépendant des Universités ou des municipalités et non de l'État, celui-ci ne s'immisce en rien dans leur recrutement et accorde la plus grande latitude à ce sujet à l'administration de ces bibliothèques. Aussi l'Association des bibliothécaires de la Grande-Bretagne a-t-elle provoqué la création d'un certificat professionnel (*certificate of proficiency*); il date de 1877. Les examens se passent deux fois par an, dans l'une des grandes villes du Royaume-Uni : Londres, Cambridge, Oxford, etc. L'Association a créé en outre, pour le développement de l'instruction des candidats, des excursions dans les grandes bibliothèques afin d'y étudier les systèmes bibliographiques en vigueur [1]. Les candidats, à l'opposé des nôtres, ne sont interrogés que sur les sciences, les lettres, l'histoire littéraire et fort peu sur la bibliographie technique [2].

Toutes autres sont les bibliothèques d'Amérique, qui, formées pour l'usage du peuple plus particulièrement, comprennent beaucoup plus d'ouvrages de vulgarisation et de lecture courante que de collections savantes, — *exception faite pour les bibliothèques d'Universités et de collèges*. — Le public est nombreux et lit beaucoup. Les examens se ressentent de ce caractère des dépôts, et les exigences du jury également. On a créé en 1887, au Columbia Collège (New-York), un cours sur l'administration des bibliothèques (*School of library economy*), cours suivis surtout par les femmes qui se destinent aux fonctions de bibliothécaires [3].

---

1. On nomme ces excursions : « Summer scholl for students of librarianship. »
2. *Library association Year book*, 1893, in-8°, p. 25.
3. *Year book*, 1893, p. 40.

L'Italie a suivi le mouvement général, et, en vertu d'un décret du 28 octobre 1885 [1], les examens pour le poste de bibliothécaire sont devenus obligatoires. Antérieurement, les deux grandes bibliothèques nationales, celles de Rome et de Florence, recrutaient elles-mêmes leur personnel parmi les volontaires qui se présentaient. Le programme des examens a paru le 20 février 1886 [2].

Nous croyons ne pas devoir insister davantage sur les examens des bibliothèques ; il existe déjà dans la *Rivista delle Biblioteche*, anno I, 1, 1888, p. 4, un excellent article sur cette question écrit par le Dr G. Biagi, bibliothécaire de la Marucelliana : *Gli esami per i bibliotecari*; d'autre part, M. V. Mortet a également publié dans la *Revue des Bibliothèques* une notice sur le même sujet [3].

---

1. Regolamento per le Biblioteche pubbliche governative, approvato con Regio Decreto, n. 3464 (série 3ª), del 28 ottobre 1885, e modificato con Regi Decreti, n. 6483 (série 3ª), del 25 ottobre 1889 e n. 165 del 25 gennaio 1893. (Titolo V, p. LX). — Cf. Petzholdt : *Manuale del bibliotecario*, tradotto sulla terza edizione tedesca per cura di Guido Biagi e Giuseppe Fumagalli. Milano, U. Hoepli, 1894, p. in-8º, appendice, II, p. XI sq.

2. Voy. *Centralblatt für Bibliothekswesen*, III, pp. 40-41.

3. V. Mortet : « Les examens professionnels de bibliothécaire en France et à l'étranger et le récent arrêté relatif aux bibliothèques universitaires de Prusse. (*Revue des bibliothèques*, V, 1895, pp. 65-82.)

CHAPITRE II

LA BIBLIOTHÈQUE

LE LOCAL

Des desiderata dans la construction et la situation de l'immeuble. — Intérêt qu'on apporte de nos jours à cette question. — De la manière dont sont logées les bibliothèques en France. — Criterium de cette installation. — Constitution et disposition des blibliothèques municipales. — De la composition et de la disposition des bibliothèques universitaires. — Des locaux nécessaires pour constituer une bibliothèque universitaire complète. — De la construction d'une grande bibliothèque. — Disposition et construction de l'immeuble. — Un plan-modèle avec la disposition des divers services administratifs et actifs. — Sa protection contre les accidents extérieurs. — L'aération; la ventilation; l'éclairage: les salles de lecture et de prêt; les magasins; les collections rares et les réserves. — Les bibliothèques particulières.

Si tous ceux qui ont écrit sur les bibliothèques se sont complu à traiter, quelquefois avec longueur, des locaux et de leurs dispositions spéciales, il est hors de doute que l'étude de cette question joue un rôle capital et dans la conservation des collections et dans le bon fonctionnement des divers services. On constate souvent, malheureusement, que le personnel des bibliothèques n'est pas toujours apte à se rendre compte de la bonne disposition des locaux; il lui faut un usage et une pratique assez longs pour juger des avantages et des inconvénients de son dépôt.

Cette question est cependant à l'ordre du jour; non seulement les administrations des divers États s'y sont intéressées, mais les gens spéciaux, les architectes, le public lui-même, tous cherchent les moyens de satisfaire aux divers désiderata exigés. On trouve dans tous les traités de bibliothéconomie, depuis Gabriel Naudé jusqu'à nos jours, quelques pages consacrées à cette importante question.

Plusieurs heureuses tentatives ont été faites dans ce sens, tant en

France qu'à l'étranger [1], il nous reste cependant beaucoup à faire, non pour atteindre à la perfection, mais pour que nos bibliothèques de France soient aménagées convenablement.

A l'exception de quelques grandes villes de France dont les municipalités ont tenu à honneur de posséder une bibliothèque indépendante et bien construite, la majorité des villes logent leurs livres dans des bâtiments administratifs où quelques salles ont été affectées à l'usage de la bibliothèque [2].

Il est encore vrai qu'à première vue, nos collections littéraires paraissent moins nombreuses si l'on s'en rapporte à certaines statistiques [3], et cependant ces collections, dont quelques-unes fort riches, sont disséminées un peu partout. Par contre la Bibliothèque Nationale reçoit à peu près toutes les publications qui paraissent en France et les centralise dans un seul dépôt [4]. Il nous faut signaler une autre cause du manque de développement de nos bibliothèques : c'est qu'elles ne reçoivent que fort peu de dons personnels, le grand public s'en désintéresse trop et le budget que lui accorde la municipalité est souvent si exigu, qu'il suffit à peine à l'achat de quelques revues et ouvrages locaux et à l'entretien du matériel [5].

On peut diviser l'ensemble des bibliothèques françaises, au point de vue du local, en trois grandes catégories, en y comprenant même les bibliothèques universitaires :

---

1. A Londres, le British Museum, qui est un modèle dans ce genre ; la bibliothèque de l'Université de Halle, en Allemagne, la nouvelle bibliothèque de Wolfenbüttel, la bibliothèque de Leipzig, celle de Munich, la nouvelle de Strasbourg ; en Italie, celle de Florence ; aux Etats-Unis, les bibliothèques de Chicago, de Philadelphie, celle du Congrès à Washington, terminée seulement en 1893, présentent toutes des améliorations notables sur les anciennes constructions.

2. En France, 197 bibliothèques sont logées dans l'Hôtel de Ville. (*Annuaire des bibliothèques et des archives*, 1894; Paris, 1895, in-12.)

3. Celles publiées par la *Minerva*, par exemple.

4. Cette centralisation est poussée peut-être un peu loin en ce qui concerne les publications françaises, et l'on devrait apporter la même sollicitude pour les grandes publications et collections étrangères, qui y font parfois défaut.

5. Le budget moyen de nos bibliothèques municipales n'excède pas 1.200 à 1.500 francs par an, les grandes villes, telles que Lyon, Marseille, Bordeaux, etc., n'étant pas comprises dans cette moyenne.

1º Affectation à la bibliothèque d'une ou plusieurs salles d'un bâtiment occupé par des services administratifs ; il en est ainsi des bibliothèques logées dans les mairies, musées et autres monuments publics ; parmi les bibliothèques universitaires dans ce cas, nous citerons celles de Besançon, Clermont, Montauban, Aix, Toulouse, Marseille, Grenoble, etc. ;

2º Logement dans un bâtiment partagé avec d'autres administrations ou services, telles les bibliothèques de l'Institut, de la Mazarine, de l'Université, de la Faculté de droit, de la Faculté de médecine, de l'École supérieure de pharmacie, du Muséum d'histoire naturelle et presque toutes celles de province.

3º Appropriation d'un local déjà existant séparé et isolé de tout autre service administratif, ainsi les Bibliothèques nationales et de l'Arsenal.

4º Un bâtiment construit exprès et isolé. C'est la règle en Allemagne, en Angleterre et en Amérique et l'exception en France (Sainte-Geneviève).

Pourquoi exposer ici les inconvénients sans nombre qui résultent des deux premières dispositions où l'on n'est maître ni de l'orientation de la bibliothèque, ni de son éclairage, ni de la préservation des collections contre les accidents de toutes sortes. D'abord le bibliothécaire dans ce cas doit lutter contre des risques d'incendie et de destruction des livres par l'humidité, plus nombreux qu'ailleurs. En outre, l'organisation matérielle ne peut jamais être parfaite ni complète parce que les locaux n'ont pas été construits à cet usage.

Nous n'avons ni la prétention, ni la place, dans ce traité didactique de décrire, même sommairement, les constructions et les aménagements des grandes bibliothèques d'Europe ou d'Amérique : ce serait du reste nous écarter de notre but[1].

---

[1]. On peut consulter fructueusement pour cette partie les travaux suivants : Pascal (J.-L.) : *Les bibliothèques et les facultés de médecine en Angleterre*, Paris, Ducher, 1884, in-folio. (Extrait de la *Revue générale de l'architecture et des travaux publics*.) Graesel : *Grundzüge der Bibliothekslehre*, Leipzig, Weber, 1890, in-8º. — Petzholdt : *Manuale del bibliotecario*, tradotto sulla

Ne pouvant étudier successivement l'organisation et l'installation de chaque ordre de bibliothèque, nous nous attacherons à décrire soigneusement la création et l'aménagement d'une bibliothèque universitaire composée de toutes les sections, qui, à part certaines parties, bien minimes, répondent à tous les desiderata qu'on peut et doit exiger d'une bibliothèque complète, surtout en province.

Dans les bibliothèques municipales, disons-le tout de suite, il existe deux genres d'ouvrages qui sont rares dans celles des Universités : ce sont les livres de vulgarisation et ceux qui traitent d'histoire locale. A cette exception près, elles renferment souvent les mêmes ouvrages que les bibliothèques universitaires, mais moins nombreux et moins riches en éditions variées.

Il nous semble utile, avant d'aborder la question du local, de résumer la composition des bibliothèques des Universités françaises ; on se rendra mieux compte des conditions d'installation nécessaires.

LE FONDS DES BIBLIOTHÈQUES UNIVERSITAIRES. — Le premier fonds dont elles ont été composées a été constitué de trois manières différentes, quelquefois par la combinaison des trois. Certaines villes, centres d'académie, se sont imposé quelques sacrifices pécuniaires, particulièrement au moment de la réorganisation des Facultés. Elles ont donné soit une collection d'ouvrages, premier noyau d'une bibliothèque, soit simplement une somme d'argent, inscrite au budget municipal, qui servait à l'achat de livres. Ensuite sont venus les envois du bureau des souscriptions ministérielles ; enfin la bibliothèque s'accroissait toutes les années au moyen d'un budget annuel[1].

Par son institution, la Bibliothèque universitaire, qui a repris son véritable nom depuis 1861, doit rendre service aux professeurs des

---

terza edizione tedesca per cura di G. Biagi e G. Fumagalli. Milano, Hoepli, 1894, p. in-8°. — Flechter ; *Public Libraries in America*, Boston, Roberts brothers,1894, p. in-8°. (Columbian Knowledge Series edited by Prof. Todd, II.)

1. A ce propos, disons qu'il peut arriver, par suite de relevé d'inventaire ou de transfert d'une faculté dans une autre ville, que la commune réclamât, comme étant sa propriété, des ouvrages concédés par elle ou acquis avec ses deniers. Cette revendication doit être considérée comme non avenue, parce que la ville a fait abandon entier à l'Etat en donnant ou payant des livres ; le nouveau détenteur n'est donc plus redevable envers celui qui a donné à l'origine.

diverses Facultés en leur offrant, avec tous les livres de référence qu'il est possible de grouper, toutes les collections et les grands ouvrages nécessaires à la préparation de leurs cours; elle sert aussi aux étudiants et élèves de Facultés qui, plus que tous autres, doivent pouvoir jouir le plus largement possible de l'usage des livres, et enfin à tous les membres de l'Université, professeurs de lycée et de collège, préparant leurs grades ou des travaux particuliers.

Aussi la composition de la Bibliothèque universitaire est-elle assez uniforme dans les différents centres; elle comprend généralement les grandes divisions suivantes :

1º Les manuels, dictionnaires et ouvrages de référence servant à la préparation des licences et des agrégations ;

2º Les grandes collections et les ouvrages de suite dans les diverses branches des sciences et des lettres ;

3º Les journaux et périodiques de science et de littérature pure à l'exclusion de tout ce qui touche à la vulgarisation[1] ;

4º Les collections de thèses françaises et étrangères, les écrits académiques et les *programmes des gymnases et collèges* de l'Allemagne, de l'Autriche et de la Suisse ;

5º Quelquefois un fonds d'ouvrages élémentaires, en nombreux exemplaires, qui servent à l'interrogation et à l'explication des textes des divers baccalauréats[2].

Enfin, dans chaque chef-lieu d'académie, il a été créé, en vertu de l'arrêté du 12 mai 1880, un dépôt d'ouvrages se composant surtout de livres nécessaires à la préparation aux examens (*licence et agrégation*). Ce dépôt, auquel on a donné le nom de BIBLIOTHÈQUE CIRCULANTE, se trouve sous la garde du secrétaire d'académie qui a la charge de la conservation, des catalogues et de la communication de ces livres. Elle est exclusivement à l'usage des jeunes gens

---

1. En disant « à l'exclusion », nous entendons seulement que les fonds consacrés aux achats de livres ne doivent pas servir à acquérir des ouvrages ou des revues de vulgarisation. Au contraire, il faudra toujours être très reconnaissant envers les donateurs qui offriraient à la bibliothèque ces sortes d'ouvrages, plus d'une lacune serait ainsi comblée.

2. Pour cette catégorie d'ouvrages, il se présente ce cas : c'est qu'étant acquis sur les fonds du secrétariat des facultés et non des bibliothèques, ils se trouvent généralement déposés au secrétariat. Le rôle du bibliothécaire se borne donc à la prise de possession en les inscrivant sur le registre-inventaire.

habitant en dehors du centre académique et qui se préparent à un examen. Ils ont le droit d'emprunter ces livres pour un délai déterminé (15 jours).

Maintenant que le lecteur a quelque idée de la vraie composition d'une bibliothèque universitaire, nous pouvons exposer plus à l'aise comment devrait être comprise la construction des locaux.

Un bâtiment très luxueux d'apparence peut présenter des défectuosités graves dans les détails[1].

Il est donc indispensable que l'architecte, avant même d'établir ses plans, consulte le conservateur de la bibliothèque pour s'entendre et être bien d'accord avec lui sur les points suivants :

1º Le développement des rayonnages à établir en tenant compte d'une réserve pour l'avenir au moins égale au total des livres de la bibliothèque ;

2º La quantité de places pour les lecteurs ;

3º Les dispositions d'éclairage, d'aérage, de chauffage ;

4º L'installation des services accessoires qui doivent toujours être placés à proximité de la salle de lecture et des magasins, en sorte que le fonctionnement se fasse rapidement et avec *le moindre personnel possible*.

Une bibliothèque universitaire complète, c'est-à-dire comprenant quatre sections, doit se diviser de la manière suivante :

1º Une salle de lecture pour les étudiants ;
2º Une salle de lecture pour les professeurs ;
3º Une pièce pour le prêt des livres ;
4º Une salle pour les périodiques ;
5º Une salle pour les thèses françaises ;
6º Une salle pour les thèses étrangères et les programmes[2] ;

---

1. Lire dans William F. Poole : *La construction des bibliothèques publiques* (trad. dans la *Revue des bibliothèques*, III, 1893, p. 278), les critiques qu'il adresse sur la manière de construire les bibliothèques, particulièrement aux États-Unis. Ces critiques peuvent aussi s'appliquer à la France, pour ne citer que la Bibliothèque Nationale, où les recherches sont souvent difficiles dans les magasins à cause de l'obscurité qui y règne.

Voyez aussi V. Mortet : *Note sur la nouvelle installation de la bibliothèque universitaire de Bordeaux* (Section des Sciences et des Lettres), Paris, 1887, brochure in-8º.

2. Les numéros 5 et 6 peuvent être réunis en une seule salle, sans inconvénient.

7° Un grand magasin logeant les collections et les livres qui ne sont pas à la disposition du public ;

8° Une salle de manipulations ;

9° Le cabinet du bibliothécaire ;

10° Plusieurs grandes pièces pour les accroissements.

L'énumération des salles que nous venons d'indiquer-là suffit pour une bibliothèque universitaire, dût-elle renfermer plus de 200.000 volumes.

La salle de lecture pourrait se trouver sur un des flancs des bâtiments avec deux ou trois couloirs de dégagement qui aboutiraient d'une part au cabinet du conservateur, à la salle de manipulations et aux diverses salles de services, d'autre part à un escalier de service qui donnerait sur une cour intérieure. Le public serait ainsi isolé, tandis que le conservateur serait maître de son personnel et accéderait facilement partout. Un pareil arrangement ne peut se faire à la légère ; tant de circonstances peuvent créer des obstacles : le manque de terrain, un voisinage dangereux, une situation défectueuse, etc. Aussi n'osons-nous trop insister sur la manière de construire avantageusement une bibliothèque.

Nous dirons toutefois que les critiques qu'adresse M. William F. Poole, dans son article cité dans la note de la page 48, sont pour la plupart applicables à nos bibliothèques françaises. Les architectes s'engouent de salles élevées à dôme, à coupole, avec jour perpendiculaire, sous prétexte de l'air nécessaire pour une grande quantité de lecteurs[1]. Et cependant les inconvénients de ce système sont nombreux : perte de place en hauteur, obligation de loger des livres en hauteur aussi, variation trop grande de température entre le sol et les plafonds. Si, au contraire, on veut utiliser les parois pour y loger des livres, on se trouve dans la nécessité de créer une série de galeries, comme cela existe à la Bibliothèque universitaire de Bordeaux, dont le service est très fatiguant et fort long. Enfin tous les ouvrages placés dans ces régions supérieures se détériorent, le cuir des reliures se corrode et se brûle ; le papier lui-même devient friable, cassant et perd ses qualités essentielles : la résistance et la

1. Nous citerons à Paris : la Bibliothèque Nationale, celle de Sainte-Geneviève, la bibliothèque de l'Ecole supérieure de Pharmacie et celle du Museum, qui présentent des inconvénients encore plus graves. La nouvelle bibliothèque universitaire de Bordeaux offre aussi ce désagrément.

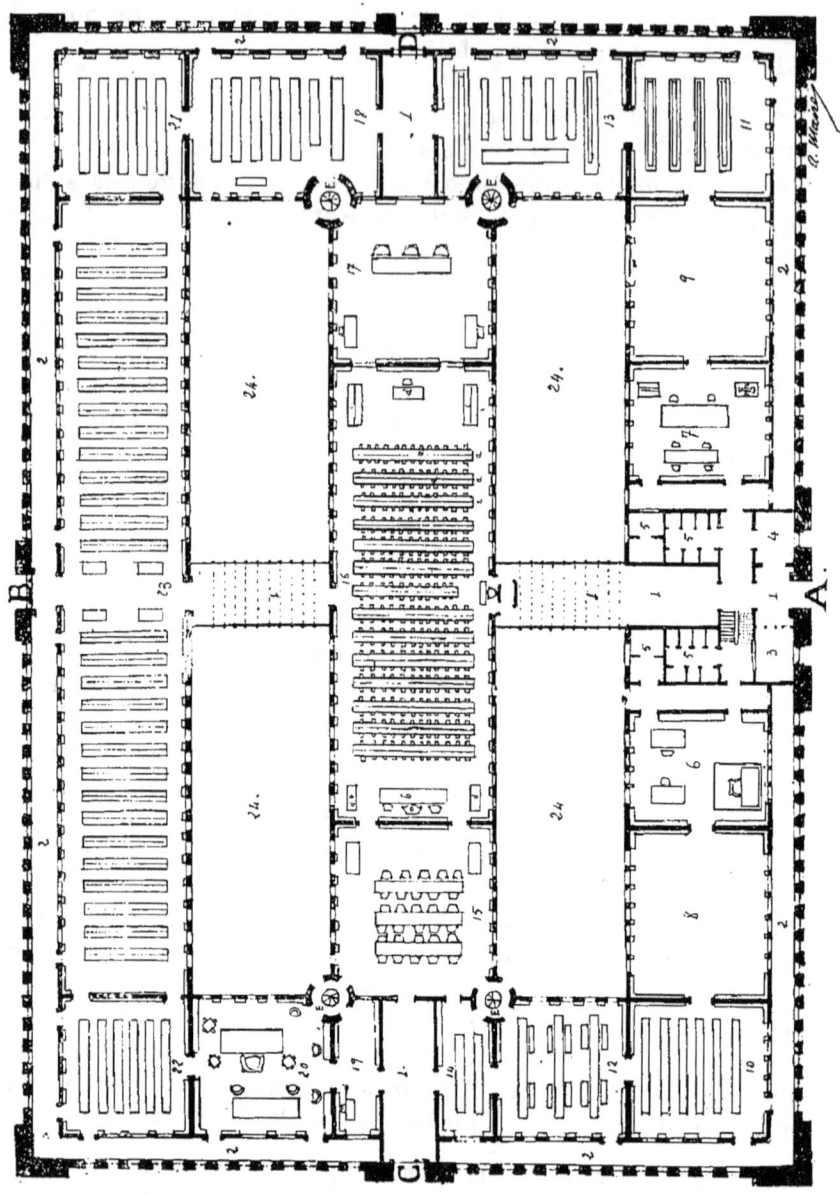

Fig. 1.

Fig. 1.

PLAN MODÈLE

POUR MONTRER LA DISPOSITION DES SERVICES, DES SALLES DE LECTURE ET D'UN MAGASIN D'UNE GRANDE BIBLIOTHÈQUE.

LÉGENDE

A. Entrée de la bibliothèque pour le public, couloir d'attente.
B, C, D. Portes d'entrée interdites au public.
1. Sous le pointillé, galerie vitrée menant à la salle de travail.
1. Galerie vitrée derrière la salle de travail.
1, 1. Autres entrées interdites au public.
2, 2, 2, 2, 2, 2, 2, 2. Couloir enveloppant tous les services de la bibliothèque et la séparant de la façade extérieure.
3. Concierge.
4. Vestiaire.
5, 5, 5, 5. Water-closets.
6. Secrétariat.
7. Salle de réparation et de cartonnage.
8 et 9. Salles de réserves.
10. Incunables.
11. Estampes.
12. Salle de manipulation et service des catalogues.
13. Cartes géographiques et plans. Ouvrages in planos.
14. Réception des ouvrages.
15. Salle de travail réservée pour consulter les manuscrits et les raretés.
16. Grande salle de travail.
17. Salle du prêt des livres.
18. Salle des périodiques.
19. Huissier et cabinet d'attente du conservateur.
20. Cabinet du conservateur.
21. Salle des thèses et des dissertations.
22. Salle des manuscrits.
23. Grand magasin de livres.
24, 24, 24, 24. Cours intérieures.
E, E, E, E. Escaliers de service.
a, a, a, a... Tables de travail.
b. Les bibliothécaires.
c. Les catalogues.
d. Les surveillants.
Les ouvrages de référence sont disposés sur tout le pourtour de la salle.

durée. Il faudrait donc éviter le système des salles de lecture et des magasins très élevés.

Pour une bibliothèque destinée à centraliser les richesses de toute une région, qui doit contenir les plus grandes collections possibles, et dont l'accroissement est destiné à se développer constamment, qui en outre est fréquentée par de nombreux lecteurs, en un mot, pour une grande bibliothèque dont la construction est projetée, on peut adopter un système mixte, surtout si l'on possède une grande superficie de terrain et si l'on peut orienter les bâtiments d'une manière logique et selon les nécessités climatériques du pays.

D'après le plan modèle que nous donnons (fig. 1), l'ensemble du monument formerait un quadrilatère au milieu duquel on établirait un bâtiment s'appuyant sur les deux corps latéraux.

Il existerait de la sorte deux cours intérieures, partagées au milieu par la galerie vitrée donnant accès à la grande salle de lecture. Ce plan ne comprend, naturellement, que l'étage qui doit renfermer, en plus des services administratifs, les salles de lecture et de prêt et une partie seulement des magasins et des réserves, tous les autres magasins se trouvant transportés dans les étages supérieurs. La particularité toute spéciale de ce plan consiste surtout dans la double enveloppe de murs qui entoure les bâtiments. Les services divers, les réserves et les magasins — puisque les salles de lecture sont tout à fait au centre et par conséquent en dehors absolument de tout bruit gênant — sont renfermés et isolés au moyen du premier mur donnant à l'extérieur, construit en matériaux extrêmement solides et résistants, et formant tampon pour ainsi dire.

Cette façade extérieure sert à deux fins : d'abord à isoler les services, puis à donner un supplément de clarté qu'on n'aurait pas osé prendre sur la façade du bâtiment lui-même. D'étages en étages, de larges corridors existent sur tout le pourtour des bâtiments, assurant une surveillance facile au personnel et donnant accès et dans les services et dans les magasins.

Les salles de lecture, placées au centre du monument, permettent d'éviter le bruit venant du 'dehors. Toute entrée se trouve contrôlée par le concierge placé en permanence dans une loge vitrée; en face du vestiaire. Les divisions adoptées dans la disposition de l'usage des pièces ont leur raison d'être. Il est utile qu'on accède facilement au secrétariat et à l'atelier de réparation d'une part, et, de l'autre, le contrôle d'entrée devant être fait, les fournisseurs, les étrangers ou les lecteurs ayant besoin de se rendre au secrétariat sont immédiatement reconnus. Les incunables, les raretés, les manuscrits et les dissertations et thèses sont placés dans les angles pour les isoler davantage. Le dépôt de livres est accessible sans peine aux fonctionnaires et surveillants par la galerie vitrée placée sur la face opposée à l'entrée. Les escaliers sont placés dans l'intérieur du quadrilatère pour abréger les recherches aux étages supérieurs. Le conservateur, quoique isolé dans son cabinet, a un accès facile par la salle de lecture réservée dans tous les autres services et dans la grande salle. Le plan paraît répondre à la plupart des desiderata de sécurité pour les livres et de rapidité pour le service.

L'éclairage du monument est combiné de telle sorte que le jour est pris dans toutes les pièces sur les deux parois opposées, sauf pour les pièces d'angle où le jour pénètre par les murs se coupant à angle droit. Le mur extérieur, qui peut être élevé jusqu'au sommet de l'édifice, est percé de baies distantes de deux en deux mètres, la hauteur de la base de la baie étant à trois mètres au moins au dessus du sol. Les couloirs sont donc largement éclairés. Ces ouvertures sont tronconiques, la partie étroite donnant à l'extérieur : la lumière et l'air pénètrent avec un angle assez ouvert. Les murs qui font face à ceux-ci sont eux-mêmes percés de fenêtres qui reçoivent le jour par le couloir. Le vrai jour provient des ouvertures sur les cours et donnent une lumière suffisante à tous les points de vue.

Les grandes baies ont toutes deux mètres de largeur sur trois mètres de hauteur. Celles des salles de lecture ont la même largeur, mais leur hauteur est plus grande afin que le jour se répande largement au centre des pièces.

Dans les salles de travail, de prêt et de lecture, le parquet serait fait en mosaïque ou en ciment de manière à intercepter toute humidité ; il serait recouvert d'un épais linoleum (10 à 15 millimètres d'épaisseur) qui amortirait le bruit. Celui des magasins et des salles de raretés serait recouvert de tôle striée. Au lieu d'employer du bois pour les portes et leurs chambranles, pour les fenêtres et les impostes, on pourrait en faire l'installation en métal, fonte ou tôle forte ; les plafonds seraient posés sur des fers à T reliés par de forts fils de fer et de petites voûtes en briques.

Cela donnerait aux diverses pièces une plus grande solidité d'assise et permettrait de faire supporter aux étages supérieurs la charge des rayonnages et des livres.

Les pièces étant de grande dimension, leur élévation doit être proportionnée, mais on pourrait les faire uniformément de dix mètres, hauteur indispensable dans la salle de lecture. L'étage supérieur ne serait pas trop élevé et l'air serait en quantité suffisante pour le nombre de personnes fréquentant la salle.

Les magasins de livres, ainsi que les salles de thèses, des incunables, des manuscrits et des estampes ne devront pas avoir au delà de trois mètres d'élévation; les fenêtres, montant jusqu'au dernier étage, seront coupées par les plafonds et s'ouvriront par section. Pour les pièces d'angles du rez-de-chaussée et les salles de réserve, on les divisera en trois hauteurs pour atteindre les dix mètres du plafond et rendre le premier étage à un niveau égal. Des escaliers intérieurs communiqueraient d'un étage à l'autre. Les autres magasins, même le grand du rez-de-chaussée, n'auront, comme nous l'avons dit, que trois mètres de hauteur, de manière à prendre les livres sans échelle et sans escabeau. Nous condamnons absolument l'emploi d'une barre d'appui circulant le long des rayons dans le bas et qui permettrait d'y poser le pied pour atteindre le dernier rayon. Les in-folios sont difficiles à placer et à retirer, et des chutes sont à redouter.

Les parois des salles seront crépies et recouvertes d'une couche de ciment sur lequel on pourra mettre un enduit éloignant toute humidité.

Terminons l'énumération de l'extérieur : des volets en tôle cannelée seront appliqués à chaque fenêtre avec une fermeture automatique mais sans aucune complication. Au moindre danger, on les rabattrait et la bibliothèque se trouverait entièrement isolée. Toutes les portes extérieures seront en métal : bordure et ornement en fonte ou en bronze, les panneaux en tôle très épaisse.

Une série de postes à incendie seraient établis dans le couloir, surtout aux angles du bâtiment; on placerait aussi des bouches à eau dans l'intérieur des magasins et des diverses salles.

On doit pourvoir largement les salles de monte-charges permettant de descendre les livres de tous les étages. Il faudrait en installer quatre dans la grande salle de lecture, un dans la petite et un dans celle du prêt. Dans tous les magasins on en poserait quelques-uns de grande taille qui pourraient contenir un certain nombre de volumes in-folio. Il n'a pas été possible de les indiquer sur le plan. Au besoin, des wagonnets fixés au plafond et glissant au moyen de galets sur des rails aériens amèneraient les livres encore plus rapidement.

Si les crédits accordés à la construction d'une bibliothèque le permettent, on fera bien d'exiger que les corps de rayonnages, les travées, les tablettes soient en métal, en tôle émaillée. Les montants pourraient être en ardoise, mais sans grande économie, car le poids de l'ardoise excéderait de beaucoup celui de la tôle[1]. Aussi vaudrait-il mieux se servir de plaques de tôle et ménager les tablettes mobiles en tôle entre ces montants. Ils seraient réunis dans le bas et dans le haut par une tringle rigide vissée à chaque montant; l'immobilité absolue serait ainsi obtenue.

Par l'emploi des calorifères à vapeur, on peut se réserver la mise en œuvre de la vapeur non utilisée pour le chauffage, soit pour l'éclairage, soit pour l'actionnement des monte-charges et des wagonnets. Aussi grand que soit le bâtiment, on peut installer à un point unique le lieu de chauffe et établir ainsi une canalisation dans toutes les parties de la bibliothèque. Il suffit de mettre le long des parois des salles de travail et même des magasins une série de bouches de chaleur qu'on peut ouvrir et fermer à volonté.

Il est utile, dans nos pays un peu froids et humides, de pouvoir donner une élévation de température dans les dépôts de livres, ne serait-ce qu'au point de vue de leur conservation.

L'aération des bâtiments d'une bibliothèque et en particulier des salles de lecture est trop importante pour la laisser de côté. L'air expiré par les lecteurs, s'ils sont nombreux, est toxique et devrait être rejeté au plus vite hors des salles pour être remplacé par de l'air frais.

Des courants d'air simultanément froid et chaud sont indispensables. On les obtient en plaçant, dans la partie inférieure des parois, des ouvertures mobiles par où l'air pénètre, tandis que les impostes

---

1. On serait obligé de donner à l'ardoise une épaisseur proportionnée à la hauteur et à la charge que ces montants devraient soutenir. Il en résulterait un excès de poids mort plus nuisible qu'utile pour l'assise des planchers. Voir pour les détails de construction le chapitre suivant.

des fenêtres sont garnies dans leur partie supérieure de vitrés ou panneaux perforés laissant échapper l'air chaud et malsain. Dans tous les cas, on ne doit jamais négliger de provoquer l'aération des salles de bibliothèque, même des magasins, par tous les moyens possibles.

Il reste à résoudre la question d'éclairage, capitale dans une bibliothèque *fréquentée le soir*.

En principe, les magasins ne doivent jamais être éclairés, au moins au gaz, mais on emploie dans certaines bibliothèques des lanternes fermées de toutes parts, ou des lampes à huile végétale pour la recherche des livres.

Le gaz, tel qu'il est fourni, offre les inconvénients suivants : 1° déperdition de matière chauffante et éclairante; 2° dégagement de vapeurs humides chargées de principes sulfureux qui à la longue entraînent la dessiccation des reliures et du papier et affectent les dorures des titres; 3° lumière trop jaune et souvent fuligineuse si l'épuration n'est pas complète. On obvie à ces divers inconvénients en brûlant toutes les particules gazeuses dans un courant oxygéné et en corrigeant l'absence de lumière de la flamme chaude par son passage dans une matière blanche, manchon en amiante, ou manchon en métal infusible. C'est sur ces données qu'est basé le système Auer qui a obtenu tant de succès depuis son invention. La lumière est totalement blanche, l'économie réalisée est de plus de 30 0/0 ; quant aux vapeurs sulfureuses et oxydantes, elles se dégagent bien moins.

L'éclairage par excellence est obtenu par l'électricité; comme nous le disions plus haut, la chaudière du calorifère peut actionner un dynamo d'une force déterminée produisant l'électricité nécessaire à l'éclairage, au fonctionnement des téléphones ainsi que pour la traction des monte-charges et des wagonnets. Les lampes électriques devront être de petite dimension, mais assez nombreuses dans les salles; elles peuvent aussi être placées dans les magasins où l'allumage et l'extinction se feraient instantanément aussitôt la recherche faite[1].

---

1. C'est ainsi qu'est installée la bibliothèque de la **Faculté de médecine de Paris**. Des lampes électriques existent de distance en distance. L'employé, ayant une recherche à faire, établit le circuit instantanément, puis, le livre trouvé, éteint sa lampe aussitôt.

CHAPITRE III

LE MOBILIER DES BIBLIOTHÈQUES

Dispositions générales des anciennes bibliothèques. — En quoi consiste, d'une manière générale, le mobilier de toute bibliothèque. — Des rayonnages en bois ou métalliques; le rayon fixe; le rayon mobile à crémaillère et à clavettes — De la travée, de l'épi. — Procédés defixation. — Des mesures de sécurité à prendre en posant les rayons. — Le mobilier d'un amateur. — Du mobilier accessoire : les comptoirs pour livres in-planos ou atlantiques, pour cartes géographiques, etc. — Les casiers pour les périodiques. — Les meubles pour catalogues sur fiches, leurs diverses formes, leur usage. — Les reliures factices pour catalogue méthodique. — Les monte-charges, les échelles, les escabeaux, les tables, les planchettes indicatrices, les cartons pour brochures, les encriers, les appui-livres.

Dans la plupart des bibliothèques anciennes, les livres étaient placés sur des pupitres, à plat, comme l'indiquent les reliures sur lesquelles le titre est poussé sur le plat antérieur. Ces livres étaient maintenus sur les pupitres par une chaîne métallique assez longue fixée dans une tringle au moyen d'un anneau qui permettait le déplacement du livre dans le sens horizontal (fig. 2).

Il nous en est resté quelques exemples d'après les gravures conservées au cabinet des estampes de la Bibliothèque Nationale (*Ad. 148* et *Hd. 109*), et aussi par les gravures représentant l'intérieur des bibliothèques, notamment celle de la Laurentienne[1].

Fig. 2. Un livre enchaîné, d'après un fragment de la Laurentienne.

1. D'Agincourt : *Architecture*, pl. LIX, 17, 18, et pl. LX, 11, 12, 19.

Vers le milieu du xvie siècle, cependant, et même avant, les livres étaient placés debout sur des rayons, le dos visible. Une curieuse marque typographique du xviie siècle nous fait voir l'intérieur de la bibliothèque d'Amsterdam à cette époque. C'est l'imprimeur Louis Spillebout qui l'avait adoptée [1]. Celle de Leyde présente les livres debout aussi, mais le dos à l'intérieur et la gouttière en avant [2]. Enfin, d'après une peinture de Vittore Carpaccio donnant l'intérieur de la bibliothèque d'un cardinal au xvie siècle, on remarque que tout le mobilier : rayons, supports, siège, table, est en fer forgé et boulonné [3].

Mais ce qui nous intéresse ici, c'est le mobilier des bibliothèques modernes dans tous ses détails et la description de la forme et de l'usage de chaque meuble. Il s'agit de connaître aussi bien l'aménagement d'une grande bibliothèque que celle d'un cabinet d'amateur en passant par nos bibliothèques universitaires où des améliorations sensibles se font tous les jours.

Certains dépôts de province ont utilisé des mobiliers d'anciennes bibliothèques de couvents ou de riches particuliers ; leur installation présente un ensemble luxueux et très décoratif. Tel est le cas pour la bibliothèque de Clermont-Ferrand dont les magasins ont des rayonnages en bois sculpté du xviie siècle, avec fermeture moderne en treillis.

Comme nous le disions dans le précédent chapitre, il serait bon d'installer, dans une grande et luxueuse bibliothèque, tous les corps de rayonnages en métal. Par son emploi on assure aux collections une grande garantie contre tout risque d'incendie et les soins de propreté sont plus rapides et plus sûrs.

On devrait rigoureusement faire les montants en marbre ou en ardoise, mais comme la force de résistance doit être proportionnée

---

1. *Marques typographiques des imprimeurs et libraires qui ont exercé dans les Pays-Bas et marques typographiques des imprimeurs et libraires belges établis à l'étranger*, Gand, C. Vyt, 1894, t. I (Amsterdam).

2. Gravure signée « *J.-C. Wondanus delin. et And. Cloucq bibliopol. divulgavit* », 1610.

3. Reproduction en chromolithographie faite par F. Frich, à Berlin, en 1887, pour l'*Arundel Society*. On peut encore consulter, pour la bibliographie iconographique des anciennes bibliothèques, ce mot dans le dictionnaire de Guenebault, Paris, 1843, 2 volumes gr. in-8°.

au poids dont on les charge, de distance en distance, le diamètre du montant deviendrait trop épais, et donnerait lieu à un poids mort inutile et dangereux contre lequel il faudrait prendre de nouvelles précautions[1]. L'emploi de la tôle de fer pour les montants et pour les tablettes nous paraît plus pratique (fig. 3). Elle pourrait être émaillée en blanc, ce qui éclaircirait davantage les magasins et permettrait l'enlèvement de la poussière avec plus de facilité.

Les montants seraient formés de deux plaques de tôle réunies entre elles par des fers à potence sur lesquels elles seraient vissées (fig. 3, 4, 5, 6). Comme on le voit, dans les deux figures 4, 5 ainsi que dans le plan (fig. 6), le fer à potence de la partie antérieure présente une surface bombée imitant une baguette, tandis que la partie postérieure est plate.

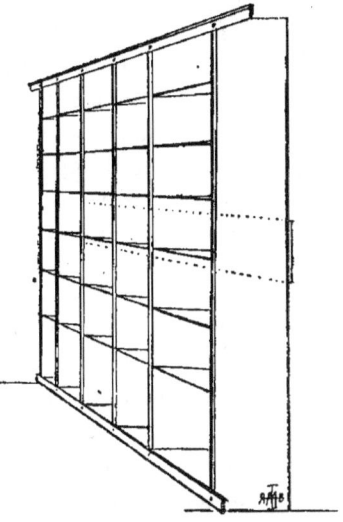

Fig. 3. Ensemble de rayonnage monté tout en tôle.

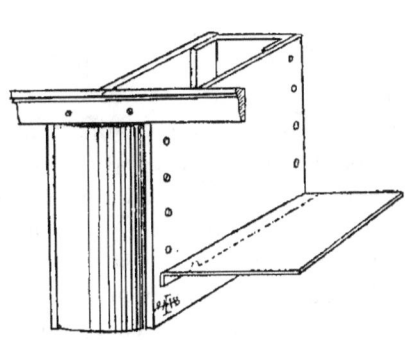

Fig. 4.
Vue en profil du haut des plaques d'assemblage et des fers à T, ainsi que d'une tablette.

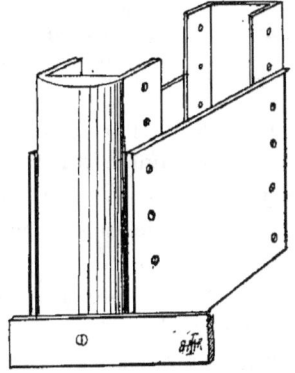

Fig. 5.
Vue en profil du bas des plaques d'assemblage, ainsi que de la plinthe.

1. Il nous semble aussi que les clavettes fixées à même le marbre ou l'ardoise amèneraient l'écaillement de la pierre et peut-être une brisure ; on se verrait obligé d'appliquer sur chaque côté du bord du montant une bande métallique percée de trous, d'où complication et poids inutiles.

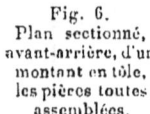

Il serait bon que ces plaques de tôle pour montants eussent une épaisseur d'au moins 5 millimètres afin que les clavettes qui y seront fixées tiennent suffisamment[1].

Les bibliothèques d'un ordre plus modeste ont un aménagement moins dispendieux. Pour une bibliothèque en construction, surtout pour celle des Facultés, il faut chercher à établir un mobilier dans les meilleures conditions possibles de sécurité, de solidité, de bon marché en même temps que d'un usage facile.

Fig. 6.
Plan sectionné, avant-arrière, d'un montant en tôle, les pièces toutes assemblées.

La base du mobilier dans toute bibliothèque est le rayonnage; or il existe tantôt en bois, tantôt en métal, quelquefois les deux alliés ensemble comme à la Bibliothèque Nationale, par exemple[2]. On doit se contenter, pour l'aménagement d'une bibliothèque universitaire, du bois, et le choix se portera de préférence sur les essences dures, si les ressources du budget le permettent : chêne ou noyer; sinon, sur du bois résineux : pin ou pitchpin. Les rayonnages sont de deux sortes : fixés contre et tout le long du mur ou posés en épis dans les salles, parallèlement entre eux, mais en sorte que la lumière leur arrive dans les meilleures conditions possibles. Comme on ne peut la donner de face, on s'organisera de manière à ce qu'elle pénètre parallèlement aux épis (fig. 7).

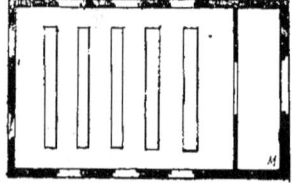

Fig. 7. Plan d'une bibliothèque où les rayonnages sont posés en épis.

Le rayonnage *a* du dessin suivant (fig. 8), étant adossé au mur et faisant corps avec lui, ne nécessite pas une vérification préalable de la solidité des planchers. Il n'en est pas de même du rayonnage *b* qui repose en plein milieu des salles et fait supporter aux planchers et aux plafonds inférieurs un poids considérable. Aussi si ce fait doit se présenter dans des pièces de construction ancienne, où les poutres de soutènement sont en bois, il serait utile de faire visiter les divers

---

1. L'emploi du métal peut être poussé plus loin même; ainsi tous les meubles dont il sera traité dans ce chapitre pourraient aussi être faits en métal. L'inconvénient serait leur lourdeur et la difficulté de leur déplacement.

2. Les montants, tout au moins une partie, sont en fer enveloppés de panneaux de bois.

locaux par un architecte, et au besoin, faire consolider les plafonds inférieurs par des colonnes en fonte.

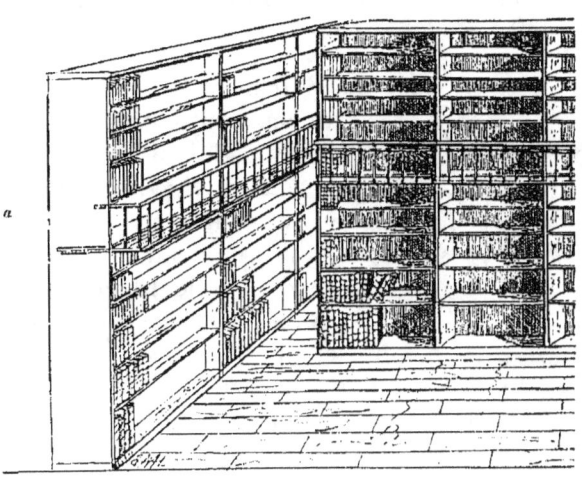

Fig. 8. *a*. Corps de rayonnage avec galerie. — *b*. Corps de rayonnage placé en épis.

Le corps du rayonnage, quel qu'il soit, se compose : 1° de montants ; 2° de tablettes fixes ou mobiles ; 3° d'une légère plinthe dans le bas, et 4° d'une corniche ou saillie dans le haut (fig. 9).

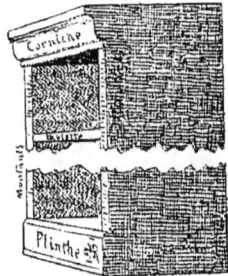

Fig. 9. Composition du corps de rayonnage.

Les montants forment séparation dans le corps du rayonnage ; on les espace généralement à un mètre les uns des autres, et les planchettes qui sont posées dans cet intervalle forment une travée ; on comprend que les montants extrêmes, qui ne supportent des tablettes que d'un seul côté, soient plus épais que ceux des séparations intérieures. Il existe un autre mode de montants plus économique que les premiers, nous en parlerons plus loin.

Les tablettes posées dans l'intervalle des rayons sont fixes ou mobiles. La mobilité s'obtient par la pose des tablettes sur des crémaillères ou sur des clavettes insérées dans des ouvertures rondes de distance en distance. Les rayons mobiles n'ont pour ainsi dire plus leur raison d'être dans une bibliothèque universitaire et même dans la plupart de nos bibliothèques de France où les livres sont posés selon leur hauteur et non selon l'ordre matériel pur ; il nous faut cependant en dire quelques mots.

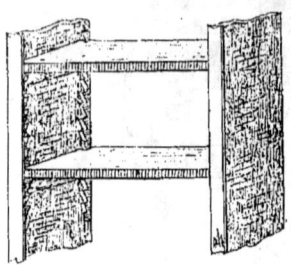

Fig. 10. Tablettes établies sur crémaillères.

Le système à crémaillère (fig. 10) fut fort en honneur autrefois, il subsiste encore dans bien des bibliothèques ; voici en quoi repose son principe : de chaque côté intérieur des montants est fixée une latte de bois taillée en dents de scie de telle sorte que les dents soient bien vis-à-vis les unes des autres ; on place des tasseaux dont les bouts taillés en biseau s'encastrent exactement dans les crans de la crémaillère, sur ces tasseaux on place les tablettes dont tout l'appui repose sur eux (fig. 11, 12).

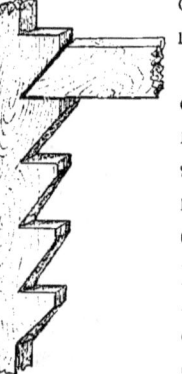

Fig. 11. Crémaillère avec l'encastrement du tasseau.

Fig. 12. Tasseau.

Le seul avantage du système est le déplacement des planchettes qu'on peut hausser ou baisser en réglant les tasseaux ; les inconvénients sont les suivants : 1° par manque de précision, l'ouvrier néglige de placer les crémaillères bien parallèles entre elles, si bien que les crans ne correspondent plus exactement et qu'on se voit obligé de hausser les tasseaux au moyen de cales ; 2° les places des coins des montants sont difficilement utilisables, car les volumes un peu minces sont masqués par la crémaillère ; 3° enfin, la cherté relative du procédé, puisque le mètre courant de crémaillère, une fois posée, revient à 1 franc environ, plus le prix des tasseaux ; or il existe pour chaque travée de 3 mètres de hauteur 12 mètres de crémaillères et 18 tasseaux si l'on compte une moyenne de 3 tablettes par mètre de hauteur.

Le système des clavettes est plus pratique que celui des crémaillères, mais le prix de revient peut en être plus élevé ; il est à peu près égal, si elles sont faites en fer forgé ou estampées, tandis que si on les fait en bronze elles reviennent plus cher, la pièce étant coulée, limée et tournée dans sa partie pivotante. Mais pour que les clavettes remplissent bien leur rôle, il est utile que les montants aient une épaisseur égale à un peu plus de la longueur de deux pivots de clavettes, afin qu'après les avoir fixées dans les ouvertures elles ne se chassent pas mutuellement (fig. 17). On évite cet inconvénient, si les montants sont un peu minces, par une deuxième rangée d'ouvertures percées parallèlement à la première. Pour que les ouvertures qui y seront percées n'affaiblissent pas trop le bois, il vaudrait même mieux, si les montants sont en pin ou sapin, y ajouter un encadrement en chêne dans lequel on percerait les trous. Ces ouvertures peuvent être espacées de 3 en 3 centimètres. Pour soutenir une tablette, il faut 4 clavettes (fig. 13).

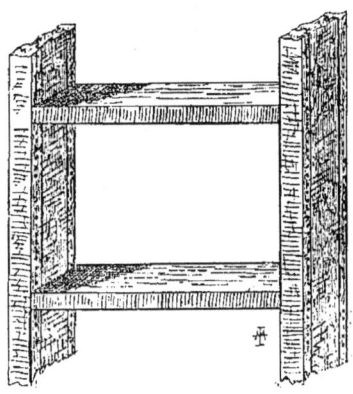

Fig. 13. Section de rayonnage dont les tablettes sont soutenues par des clavettes.

On devrait ménager à l'endroit où portera la tablette, sur les clavettes, une échancrure d'un diamètre plus large que la tête de la clavette, de sorte que la tablette se pose bien d'aplomb (fig. 14); on évite deux inconvénients ainsi : une saillie du rebord de la clavette qui peut accrocher la tête des livres, et l'instabilité des tablettes qui pourraient basculer lorsqu'on en déplace des livres, surtout si la tablette a peu de largeur.

Pour les bibliothèques universitaires, nous préconiserions, nous l'avons dit, le système des rayons fixes. En effet, en outre de la grande économie qui résulte de leur construction, ils permettent de donner à l'ensemble du rayonnage une grande solidité. C'est ainsi qu'il suffit, si l'on établit des rayons le long d'un mur plein, de disposer les deux montants

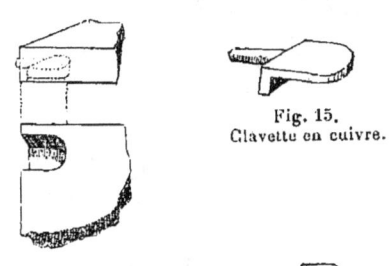

Fig. 14. Section d'angle de tablette vue de profil et en dessous pour montrer l'évidement ménagé pour l'appui de la tête de la clavette.

Fig. 15. Clavette en cuivre.

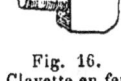

Fig. 16. Clavette en fer estampé.

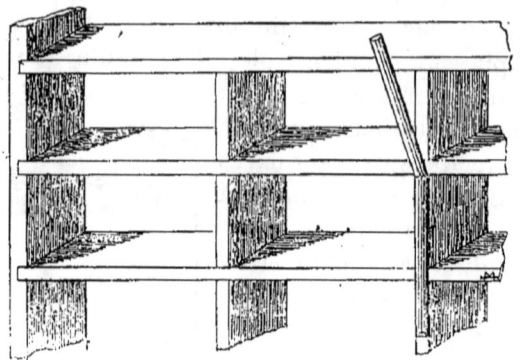

Fig. 18. Fragment de rayonnage fixe où les montants intérieurs ne servent qu'à consolider les tablettes formée de planches d'une seule pièce. — Baguette en partie brisée pour montrer le raccord.

extrêmes, un au milieu au besoin ; dans ces montants seront encastrés, au moyen d'une mortaise, les rayons sur toute la longueur, d'après les distances convenues ; on consolidera ces rayons avec des planchettes qui en auront exactement la hauteur et qu'on fixera à même (fig. 18).

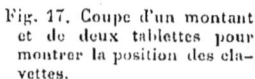

Fig. 17. Coupe d'un montant et de deux tablettes pour montrer la position des clavettes.

Afin de déguiser les intersections des planchettes et la vue des mortaises on peut clouer tout le long des montants et des séparations des baguettes arrondies ayant le diamètre exact de l'épaisseur de la planche (fig. 19). Une bande clouée le long des montants et qui déborderait sur les côtés serait défectueuse, les livres du fond se trouvant dissimulés (fig. 20).

Sur les travers des montants on pourrait installer des tablettes mobiles s'élevant et s'abaissant au moyen d'une tringle coulissant dans les crans d'une crémaillère (fig. 21, 22, 23).

Ce que nous avons dit pour les rayonnages des murs peut aussi s'appliquer à ceux qui sont placés en épis dans les salles ; les montants extrêmes posés, ils se soutiendront et feront corps à mesure que les diverses pièces seront ajustées.

Les dimensions et les profondeurs des rayonnages doivent être définies nettement, selon l'usage qu'on veut en faire. Il faut que le livre, placé sur le rayon, joue librement, c'est-à-dire qu'il existe

LE MOBILIER DES BIBLIOTHÈQUES

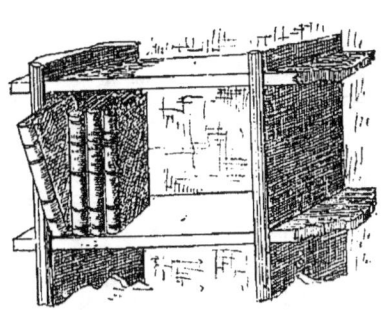

Fig. 19. Baguette affleurant les montants et permettant de retirer les livres sans difficulté.

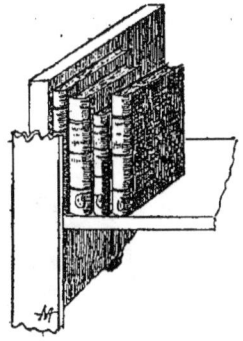

Fig. 20. Section de rayonnage avec planchette mince clouée sur le montant et dissimulant un livre du fond. — Système défectueux.

au moins 2 centimètres en plus que sa hauteur ; on doit pouvoir le retirer sans trop déplacer les volumes voisins. C'est avec le doigt qu'on amènerait la tête du livre si le tassement ne permet pas de desserrer un peu les volumes, afin de le prendre par le milieu du dos, comme cela devrait se faire, car en le retirant par le haut (fig. 24) on abîme sensiblement la coiffe et la reliure en souffre.

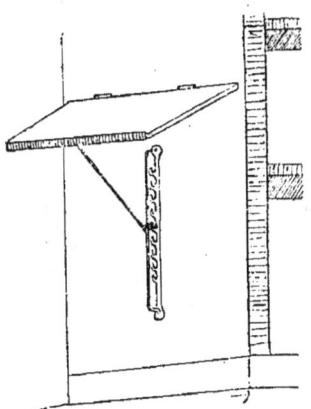

Fig. 21. Tablette mobile sur charnière, pouvant s'élever et s'abaisser au moyen de la tige rigide qui s'encastre dans une crémaillère appliquée en plein panneau d'un montant de rayonnage.

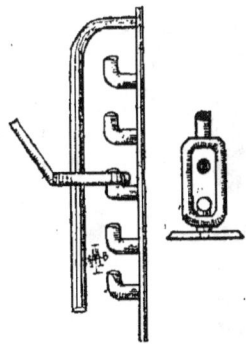

Fig. 22 et 23. Détails de la crémaillère, ainsi que de l'anneau de la tige se rapportant à la tablette mobile, vus de profil et en plan.

Nous donnons comme vide au dessus du livre 2 centimètres. On peut les appliquer aux trois ou quatre divisions de formats. Ainsi la partie inférieure des rayons, renfermant les in-folio, aurait 50 centi-

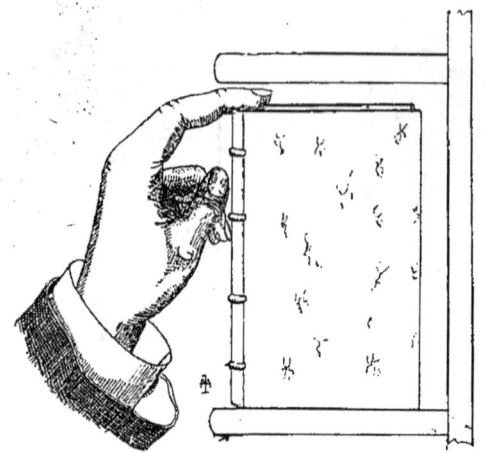
Fig. 24. Manière de prendre un livre sur un rayon avec le doigt.

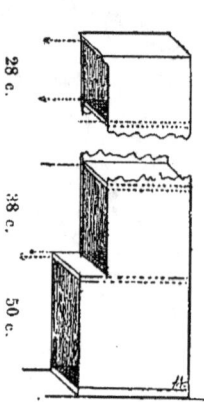
Fig. 25. Espacement des rayons

mètres en hauteur; pour les in-4°, on réserverait 38 centimètres; pour les in-8°, 28 centimètres, et les in-12, si cette division existe, 20 centimètres (fig. 25).

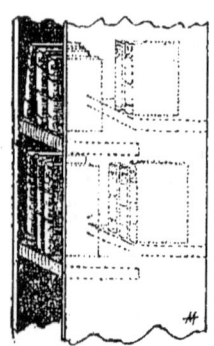
Fig. 26. Coupe de rayonnage pour montrer la disposition à prendre pour un deuxième rang de livres à caser dans le fond.

Il arrive, dans les dépôts un peu resserrés, qu'on est obligé de recourir à l'installation de deux rangées de livres sur le même rayon; on fera bien dans ce cas de surélever légèrement la tablette du fond afin de rendre lisible la cote ou le numéro de classement porté en tête du livre (fig. 26). Cependant l'installation de deux rangées d'ouvrages sur le même rayon est absolument défectueuse; on doit l'éviter et n'y recourir qu'en cas de nécessité absolue.

L'amateur soucieux du soin et de la conservation de ses livres peut appliquer, selon ses moyens, ce que nous venons de dire sur la construction des divers rayonnages. Il pourrait aussi les installer dans d'élégantes armoires en bois précieux fermées aux moyen de larges baies à vitres, dont les fonds et les dessus des tablettes seraient garnis de velours ou de peluche. L'application des clavettes serait bien préférable aux crémaillères, comme élégance et comme solidité. Enfin, la partie inférieure de ces armoires ou corps de bibliothèque, étant fermée par des portes à panneaux en bois, servirait à l'usage qui lui plairait.

Nous ne pouvons passer sous silence les meubles pivotants appelés *bibliothèques tournantes*, le système Terquem en particulier. On peut y loger beaucoup d'ouvrages, de divers formats, — les ouvrages de références, les dictionnaires, les bibliographies, par exemple, — et comme le maniement en est commode, le bibliothécaire ou l'amateur aurait sous sa main et sans aucun dérangement les livres d'un usage quotidien.

En dehors des rayonnages, il existe dans toute bibliothèque une série de meubles accessoires dont la construction et l'installation doivent être observées de près. Ils seront étudiés dans l'ordre suivant : les comptoirs pour grands in-folio et in-plano reliés ; — les comptoirs pour atlas en cartons et les gravures, cartes et plans en feuilles séparées ; — les casiers pour périodiques ; — les meubles pour cartes géographiques collées sur toile et roulées sur baguettes ; — les meubles pour catalogues : boîtes simples, comptoirs, casiers ; — les meubles pour les registres ; — les armoires pour les livres de réserve ; — les échelles et les escabeaux ; — les monte-charges ; — les tables de travail et les chaises ; — les planchettes indicatrices ; — les tables à atlas et in-folio, les pupitres, les encriers ; — les cartons pour brochures.

Les *comptoirs* pour loger les in-folio reliés comprennent généralement un corps de mobilier ne s'élevant pas à plus de la hauteur du coude d'un homme debout (fig. 27), en sorte qu'on puisse appuyer sur la table supérieure le volume qu'on retire des casiers. On adoptera de préférence la division en casiers espacés de 8 à 10 centimètres, où les volumes sont placés debout, afin de pouvoir les retirer plus facilement et aussi pour éviter qu'ils se couchent les uns sur les autres, ce qui arriverait si le casier n'était pas absolument rempli. La hauteur de la case dispo-

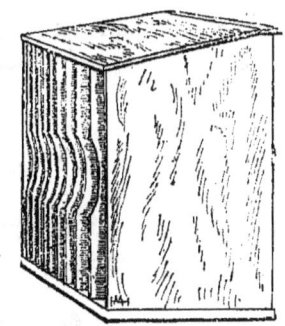

Fig. 27. Modèle de meuble pour loger les très grands in-folio.

nible pour loger les volumes ne devra pas être moindre d'un mètre, ce qui, avec la plinthe et le dessus, donnera une hauteur moyenne de 1 m. 15 c. sur le devant, et 1 m. 25 c. à 1 m. 30 c. sur le fond. La table supérieure est légèrement inclinée, avec une arête sur le bord antérieur ; les livres ainsi placés ne tombent pas. On peut, si l'on veut, utiliser les deux faces du casier, mais il serait préférable d'en avoir plusieurs qu'on adosserait si toutefois l'emplacement et l'éclairage le permettent.

La forme extérieure du meuble pour planches de gravures séparées, atlas en feuilles, cartes, cartons, serait à peu de chose près la même ; il y aurait une série de tiroirs horizontaux, mesurant 5 à 10 centimètres de hauteur, dans lesquels on coucherait à plat les cartes et planches (fig. 28). Pour maintenir les feuilles qui auraient

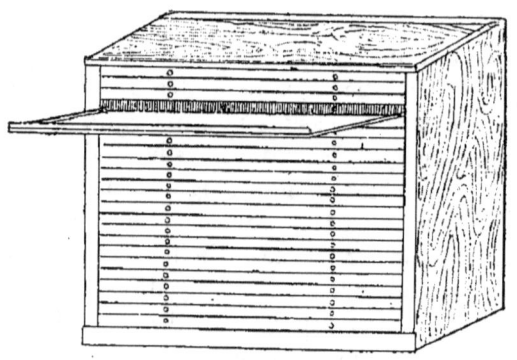

Fig. 28. Modèle de meuble pour les estampes, planches et cartes séparées.

été roulées, on peut établir, sur les bords des tiroirs, de légers ressorts métalliques qui s'emboîteraient exactement dans la rainure (fig. 29).

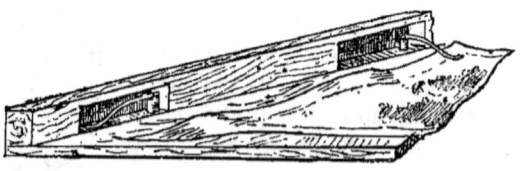

Fig. 29. Section de tiroir du meuble précédent pour montrer les ressorts placés sous les rebords et destinés à maintenir rigides les planches en feuilles.

Pour les périodiques en cours de publication et qui doivent toujours se trouver sous la main du personnel, afin d'être communiqués rapidement, le plus simple est de les loger dans un casier comprenant une série de divisions suffisantes pour les besoins de l'avenir (fig. 30) ; on peut adapter sur les bords une étiquette mobile portant le titre de la revue.

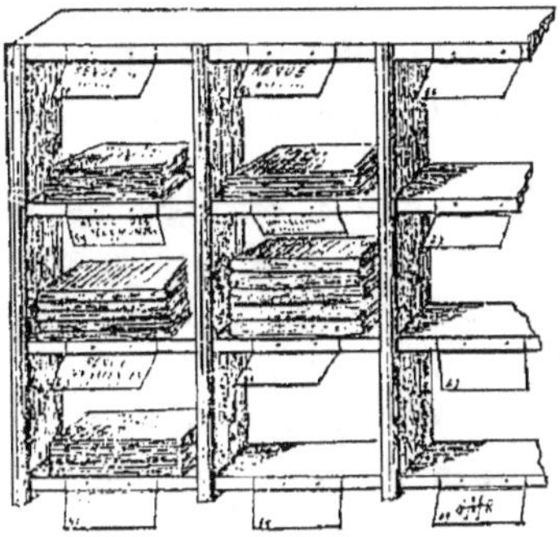

Il nous reste à dire comment on placera les cartes géographiques.

Dans un grand dépôt, qui en renferme un nombre considérable, on ne peut, pour ainsi dire, adopter aucune règle fixe.

Fig. 30. Casiers pour périodiques (section) avec cartons mobiles indicateurs.

C'est ainsi qu'à la Bibliothèque Nationale de Paris elles ont été tour à tour montées sur toiles et sur rouleaux, puis montées sur toile avec pliures multiples et enfin simplement collées sur toile, laissées dans leur entier, sauf certaines exceptions, et placées dans des cartons. Vouloir faire monter toutes les cartes sur baguettes est chose absolument impraticable, puisque certaines d'entre elles mesurent plus de 5 mètres de longueur. Le mieux est de les mettre en cartons après qu'elles auront été collées sur toile, et le carton prendra rang, une fois qu'il sera rempli, à son numéro d'ordre dans des meubles à tiroirs mobiles.

Mais comme, dans une bibliothèque universitaire, le nombre des cartes n'est pas grand, on peut faire deux choses : celles qui ne sont pas d'un usage courant et qui affectent un format unique peuvent être collées sur toile, pliées et mises dans des cartons spéciaux et d'une hauteur déterminée ; en un mot on les considérerait comme des livres.

Au contraire, les cartes qui doivent servir pour les cours publics ou privés seraient fixées sur baguettes ; pour les conserver et les avoir plus rapidement sous la main, on pourrait imaginer un meuble spécial dans lequel elles seraient placées.

Il serait utile que ce meuble fût construit de telle sorte qu'on pût, sans déplacer la carte, la consulter rapidement. Or un pupitre, surmonté de tringles rigides avec crans dans lesquels seraient appuyés les axes de la carte, répondrait assez bien à ce desideratum si toutes les cartes avaient uniformément la même dimension une fois collées, ce qui n'a pas lieu. Il serait donc préférable d'étendre les cartes roulées dans un cadre à casiers de la forme qu'on voudra lui donner. On pourrait encore les poser sur crochets mobiles fixés contre une paroi ou dans un cadre.

Le meuble le plus important et le plus nécessaire dans une bibliothèque après les rayonnages, est celui qui est destiné à loger les catalogues sur cartes ou fiches ; le nombre des modèles existant est varié, mais ou les uns sont trop coûteux, ou les autres sont presque impraticables[1]. Dans l'instruction du 5 mai 1878, on donne la description suivante de la boîte à catalogues :

« La boîte, en bois léger, mesurant environ 25 centimètres sur 25 centimètres, est à trois compartiments, contenant chacun une rangée de cartes ayant une saillie d'environ 3 centimètres au dessus des parois. Au fond de chaque compartiment une lame d'acier, formant ressort, maintient les cartes au repos dans la verticale, mais cède en permettant un effort suffisant si on veut les consulter. Sur cette boîte une grille à charnières et à fermeture forme couvercle ; elle est formée par trois tringlettes s'abattant à volonté chacune sur le milieu d'une rangée de cartes, et suffisant à les empêcher de sortir sans un effort extérieur. La fermeture doit être combinée de façon que la boîte se ferme par la chute du couvercle et s'ouvre aussi promptement que possible. »

Ce système n'est malheureusement pas d'un usage pratique, surtout avec les tringles rabattues extérieurement qui gênent pour le maniement des cartes (fig. 31). En outre, les ressorts placés dans chaque compartiment, touchant le dos des cartes, les usent insensiblement et les percent. Il est préférable de se servir de boîtes divisées en compartiments dans la base desquels circule une tringle

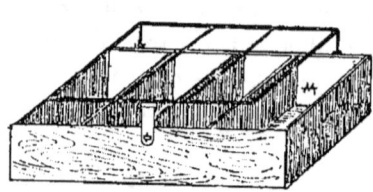

Fig. 31. Boîte à fiches avec tringles se rabattant à l'extérieur.

---

1. Le *système Bonnange* est assez en usage en France, mais surtout dans les administrations ; son prix élevé ne permet guère de l'employer dans une grande bibliothèque. En Amérique, on se sert de meubles portatifs de petite dimension, renfermant une série de tiroirs qui contiennent les cartes.

mobile qui peut être fixée au moyen d'un rebord en bois monté sur charnières et fermant à clé (fig. 32).

Pour placer les fiches, on enlève la tringle qu'on remet après coup en la faisant passer au travers des ouvertures faites au bas des fiches.

Les cartes, disposées ainsi dans des boîtes placées sur une table, paraissent résumer le summum d'économie possible (fig. 33). Mais un catalogue ainsi

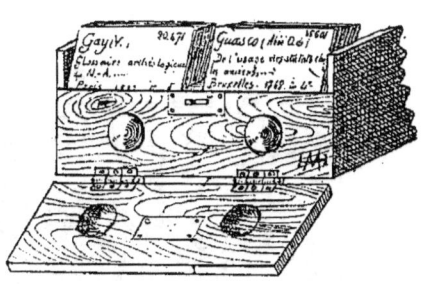

Fig. 32 Boîte à fiches avec tringles, fermeture rabattue.

logé demande une grande étendue en surface. S'il a l'avantage de pouvoir être consulté par plusieurs personnes à la fois, il offre l'inconvénient de se salir rapidement, les cartes se couvrant de poussière. Notre préférence se porterait sur un meuble à tiroirs superposés, dans lesquels les cartes seraient placées avec des tringles mobiles et retenues sur le devant par un rebord à charnières se rabattant et se fixant soit avec une serrure, soit avec des crochets (fig. 34).

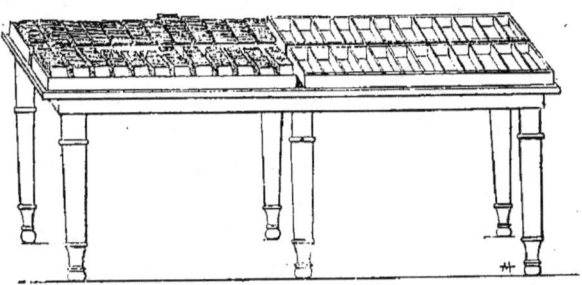

Fig. 33. Table sur laquelle sont posées les boîtes à compartiments pour catalogues

Il serait réservé dans le bas du meuble une hauteur de 60 centimètres qui serait aménagée en casiers pour les registres-inventaires et autres (fig. 34). Chacun de ces tiroirs renfermerait trois ou quatre rangées de cartes sur une profondeur de 40 centimètres, ce qui donnerait un total de 2.250 cartes par tiroir ou 53.500 cartes à raison de trois rangs par tiroir ; si la bibliothèque est importante et prend un rapide développement, un seul meuble ne suffira pas. Dans le cas où les cartes seraient de plus grand format que celles adoptées généralement, il faudrait simplement diminuer le nombre de tiroirs ainsi que celui des divisions. A propos de la disposition des cartes

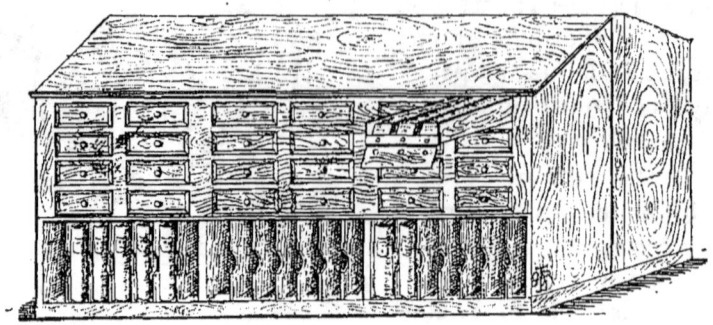

Fig. 34. Meuble pour catalogue sur fiches. — dans le bas casiers pour registres.

dans les tiroirs, il serait bon que les fiches débordassent de quelques centimètres les rebords du tiroir ; ensuite qu'il y eût en hauteur assez de place pour y mettre des fiches vedettes qui, à leur tour, surpasseraient les premières (fig. 35).

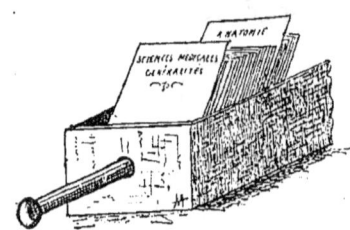

Fig. 35. Compartiment séparé avec tringle, pour montrer son insertion dans le bas des fiches.

A la Bibliothèque Nationale, où les fiches sont de très petites dimensions, 6 centimètres sur 9 centimètres, elles sont placées dans un meuble à tiroirs mobiles dont chacun en contient environ 1.200 (fig. 36). Elles ne sont pas maintenues par des tringles ou des traverses quelconques ; seulement chaque séparation se ferme au moyen d'une jalousie à lattes mobiles se mouvant dans des glissières et qui doit s'élever et s'abaisser par un contrepoids placé dans le fond du meuble. Il paraît assez pratique, mais selon nous les fiches devraient être immobilisées par une tringle[1].

---

1. Ces catalogues sur cartes mobiles, dont nous décrivons le meuble, ne sont pas à l'usage du public ; l'administration seule s'en est réservé l'emploi. Ceux qui sont à la disposition du public se trouvent placés dans deux corps de rayonnages, divisés en un nombre infini de casiers, de sorte qu'on peut placer dans chaque casier un seul registre à reliure mobile, contenant les fiches en papier bulle, sur lesquelles on transcrit les titres d'ouvrages, ou bien on les colle, s'ils sont extraits d'un catalogue ou d'une bibliographie.

On pourrait combiner un système de meuble intermédiaire permettant de retirer les tiroirs et de consulter les fiches sans fatigue. Il faut toujours tenir compte, dans une bibliothèque, que plusieurs personnes consultent ou désirent consulter en même temps le catalogue et souvent la même lettre, d'où la nécessité de pouvoir les distraire facilement.

Pour simplifier, il suffirait de faire construire un meuble à casiers dans lesquels on logerait des boîtes mobiles en bois renfermant les fiches (fig. 37). Voici comment ce catalogue pourrait être construit.

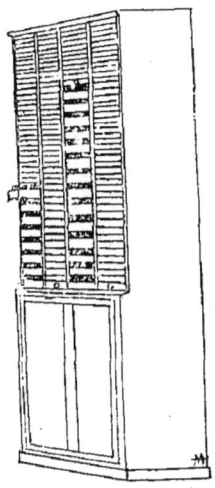

Fig. 36. Meuble à loger les tiroirs à fiches avec volet à lattes mobiles (en usage à la Bibliothèque nationale).

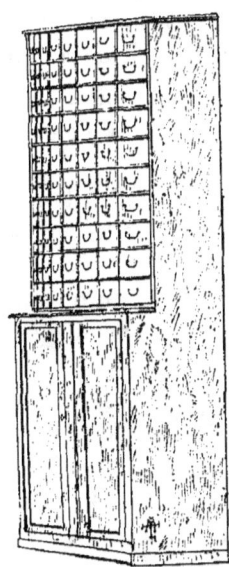

Fig. 37. Meuble à tiroirs mobiles pour loger les catalogues sur fiches.

La partie supérieure serait consacrée aux casiers qui auraient exactement la largeur des boîtes ; ils pourraient être aussi nombreux que possible ; le bas du meuble serait aussi réservé aux registres. C'est certainement le meuble qui permet de loger le plus de cartes dans le plus petit espace donné ; en effet, dans un mètre de largeur on peut loger 10 rangs de boîtes renfermant chacune de 500 à 600 cartes, si ces boîtes ont 40 centimètres de longueur et 10 centimètres sur la hauteur, ce qui donne un total de 80 boîtes représentant 48.000 cartes par mètre de longueur [1]. Si nous paraissons nous étendre longuement sur les meubles à catalogues, c'est qu'ils sont de première nécessité et qu'avec un catalogue bien organisé et soigneusement arrangé la bibliothèque est d'un usage plus aisé.

Nous nous permettrons une remarque à propos des fiches de catalogues méthodiques, des incunables et des imprimés. L'usage de grandes fiches serait peut-être plus utile, afin d'y mettre les détails du titre et tous les renseignements bibliographiques nécessaires sur le livre décrit. Aussi conseillerions-nous des fiches de grandes dimensions : 18 centimètres sur 12 à 15 centimètres, en carte bulle forte, qui seraient fixées dans une reliure mobile ou même dans des boîtes ou tiroirs, en adoptant l'ordre que l'on voudrait.

Il existe, selon nous, deux systèmes de reliure mobile praticables. Le premier consiste en deux cartons rendus flexibles par une bande de toile appliquée sur les bords. Ces cartons sont traversés par deux tiges en cuivre maintenues par deux baguettes de cuivre ; l'un des côtés de la tige offre un rivet ; l'autre, sur lequel on adapte un écrou, est terminé en pas de vis. C'est entre ces cartons que s'appliquent les fiches dont l'un des bords présente deux échancrures correspondant à l'emplacement des tiges. Il suffit, comme on le comprend, de

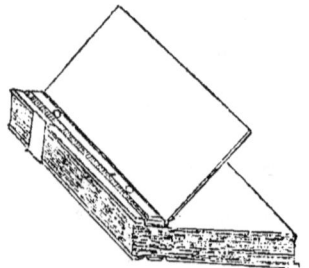

Fig. 38. Système de reliure mobile pour fiches de grande dimension.

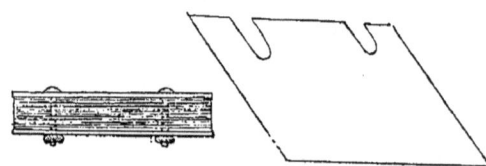

Fig. 39. Le même, vu de dos, pour montrer les tiges transversales terminées d'une part en rivet, et recouvertes de l'écrou, de l'autre.

Fig. 40. Grande fiche avec échancrures pour loger les 2 tiges.

resserrer ou desserrer l'écrou pour donner du jeu et intercaler de nouvelles fiches (fig. 38, 39, 40).

1. Ce système existe à la bibliothèque de la Faculté de médecine de Paris, mais comme les cartes ne sont pas fixées par une tringle, elles ne présentent aucune garantie de stabilité sérieuse. Nous devons ajouter cependant que le catalogue est en cours de réfection, sur des fiches plus grandes et logées dans des meubles à tiroirs avec tringles en bois.

Un autre système créé en Italie par M. Staderini mérite également d'être noté. C'est en partie le système ci-dessus, seulement la tige est terminée par un pivot ovale percé de deux trous dans lesquels on ajuste une clé pour mettre ce pivot au point et retirer la plaque métallique qui s'applique par dessous. Les cartes sont percées de deux trous et une fois prises dans la tige, on remet la plaque, et au moyen de la clé on tourne le pivot en angle droit.

Il suffit, pour l'installation des registres, de casiers qu'on établira avec le plus d'économie possible dans les endroits du bureau qui offrent quelque place avantageuse. Comme nous le montrions dans la description des meubles à fiches pour les catalogues, la partie inférieure est la place tout indiquée pour y loger les registres.

Les ouvrages réservés, soit par leur rareté ou la richesse de leurs reliures, peuvent être placés dans des armoires vitrées ou des vitrines élevées sur pieds, si toutefois l'installation de la bibliothèque le permet[1].

Il nous reste, avant de passer au mobilier accessoire, à parler des monte-charges. Lorsque les magasins se trouvent à un étage différent des salles de lecture, il est en effet utile de pouvoir se procurer le livre dans le plus bref délai possible. Le système le plus simple, si l'on n'a pas à son service la vapeur ou l'électricité, c'est d'appliquer à un plafond une poulie à gorge dans laquelle sera engrenée une corde aux deux bouts de laquelle seront des boîtes spéciales que l'on pourra faire monter et descendre à la main et presque sans efforts (fig. 41, 42). Ces monte-charges seront dissimulés dans un retrait du mur ou dans une sorte de caisse oblon-

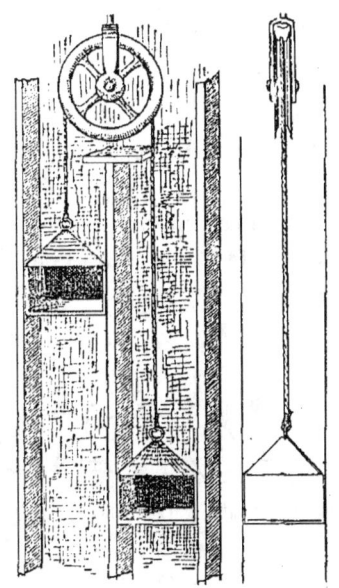

Fig. 41. Section de monte-charge à double boîte. Système le plus élémentaire. Vu de face.

Fig. 42. Le même vu de profil pour montrer la gorge de la poulie sur laquelle s'engrène la roue.

---

1. Intorno a un nuovo sistema di legatura meccanica per cataloghi. *Notizia* di Giulia Sacconi. (*Rivista delle Biblioteche*, t. III, p. 89.) Néanmoins ce système présente deux inconvénients assez graves à nos yeux ; d'abord le percement de

gue dont les parois serviront pour ainsi dire de glissière aux boîtes [1].

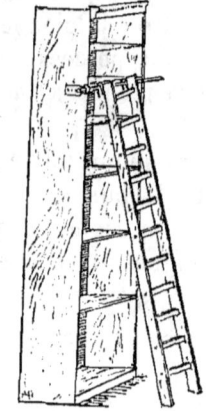

Fig. 43. Échelle crochetée contre la barre d'un rayonnage.

Passons maintenant au mobilier accessoire de la bibliothèque ; il comprend les échelles, escabeaux, tables, chaises, bureaux, pupitres, cartons divers, reliure mobile, etc.

Dans une bibliothèque neuve et telle que le plan précédent l'indique, les échelles et escabeaux n'existent plus ; mais, là où les échelles sont nécessaires, il est bon qu'elles soient faites en bois léger, sapin ou pin ; les échelons seront posés dans le sens de leur épaisseur afin d'éviter l'usure (fig. 43). Au sommet de l'échelle sera fixé de chaque côté un crochet à environ 10 ou 15 centimètres du bout. Ces crochets servent à deux fins : d'une part à adapter l'échelle à la tringle fixée le long des rayons lorsqu'on fait une recherche, de l'autre à suspendre l'échelle contre un panneau à une tringle plus élevée que la première.

Nous recommanderions les échelles en bambou qui à une grande flexibilité et une grande légèreté allient une réelle solidité.

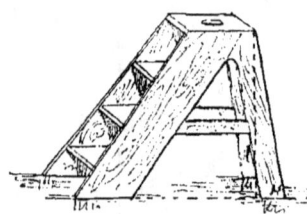

Fig. 44. Escabeau avec pieds à angle sortant. Il serait vicieux s'il était fait selon le tracé du pointillé.

Les escabeaux à plusieurs échelons doivent être le moins lourds possible ; il est utile que les pieds opposés à ceux des marches soient inclinés à un angle de quelques degrés, car s'ils étaient à angle droit avec le parquet, il arriverait qu'une personne placée au sommet perdrait facilement l'équilibre (fig. 44).

Les tables en usage à la Bibliothèque Nationale présentent les détails suivants : au milieu existe une séparation formant saillie,

la fiche qui oblige à retirer les plaques et même les autres fiches si l'on procède à une intercalation, ensuite l'obligation de se servir d'une clé qui peut s'égarer.

1. A la bibliothèque de la Faculté de médecine de Paris, les monte-charges se composent d'un squelette en fil de fer fort, sur lequel on a placé un filet. Ces monte-charges de petite dimension sont placés dans la salle de lecture et roulent sur deux poulies fixées, l'une au plafond, l'autre au parquet. A celle du parquet, est appliqué un système amortisseur pour arrêter le filet.

bombée au dessus ; cette séparation est en bois avec, de distance en distance, un évasement à rebord pour y déposer les plumes ; les encriers en porcelaine, de forme ovale allongée, sont placés dans une niche ménagée dans la saillie contre laquelle est également fixée une plaque en émail portant le numéro de la place. Au dessous, à une hauteur de 25 à 30 centimètres du sol, circulent tout le long des tables des tubes métalliques au travers desquels passe la vapeur chaude (fig. 45).

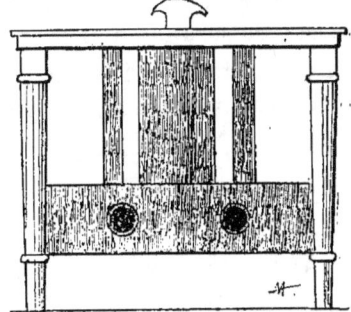

Fig. 45. Vue en coupe d'une table de la Bibliothèque nationale pour montrer les deux tubes conducteurs de la chaleur.

On peut faire les tables plus simplement, mais il faudrait cependant qu'elles soient assez larges pour que deux personnes soient à l'aise, l'une vis-à-vis de l'autre ; ensuite, que chaque place soit numérotée, et, dans le cas où les encriers ne seraient pas fixes, leur ménager un abri afin d'éviter les accidents. La largeur de la table doit être au moins de un mètre pour deux places : c'est là un minimum.

Nous engagerions fort chaque bibliothécaire à avoir une ou deux tables *système Féret*, qui sont construites de telle sorte qu'on peut y travailler assis ou debout ; elles peuvent servir pour consulter aisément les grands in-folio, les atlas, grâce à son système de bascule ; leur prix élevé seul s'oppose souvent à cette acquisition. Aussi, pour les crédits modestes, nous recommandons une table à plateau s'ouvrant au moyen de fortes charnières (fig. 46). Un rebord existe du côté de la charnière ; avec deux cales de dimension assez grande, qu'on pousse de chaque côté en soulevant le plateau, on obtient son immobilité et

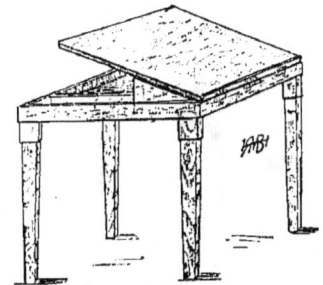

Fig. 46. Table avec plateau à charnière pouvant servir de pupitre.

l'on a un pupitre ayant une pente suffisante pour qu'on puisse consulter sans fatigue les atlas et les in-folio. Deux ou trois de ces tables remplacent avec avantage les pupitres encombrants et peu commodes dont on se sert généralement dans les bibliothèques.

Les chaises les plus pratiques sont celles qui ont le siège fait en plaquettes de bois mince telle qu'on en fait aujourd'hui ; l'usure en est nulle et, si les pieds et le dossier sont suffisamment solides, la résistance sera longue.

Les planchettes indicatrices ou fantômes servent, comme on le sait, à remplacer sur les rayons les ouvrages enlevés pour une cause quelconque : prêt, reliure ou disparition. Dans toutes les bibliothèques universitaires, elles sont en usage et comportent trois grandeurs différentes selon les trois formats (fig. 47, 48, 49). Leur forme doit être aussi simple que possible, mais on peut, sur une de leurs faces, ménager une rainure dans laquelle on glisserait une carte portant l'inscription voulue. Si elles sont pleines, on se contente d'y coller au moyen de pains à cacheter un morceau de papier qui remplace la carte. Dans tous les cas, elles doivent toujours porter au dos une étiquette reproduisant la cote du livre déplacé. Le n° 49 représente le système utilisé à la bibliothèque de la Faculté de droit. La planchette porte une entaille profonde de plusieurs centimètres dans laquelle on loge une carte.

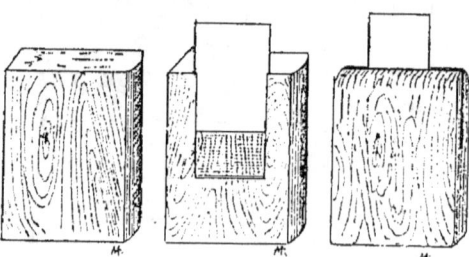

Fig. 47, 48, 49. Planchettes indicatrices ou fantômes.
47. Modèle ordinaire.
48. Modèle avec rainure médiane pour glisser une carte.
49. Modèle avec fente sur le dessus.

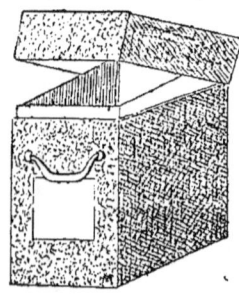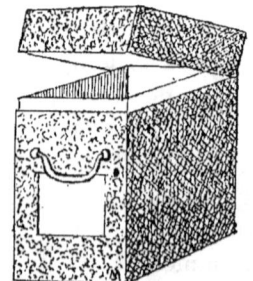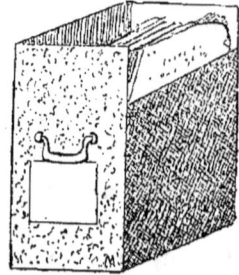

Fig. 50, 51, 52. Modèle de cartons.

On se sert encore, dans tous les dépôts, de boîtes en carton pour conserver les brochures. Leur forme est aussi variée que possible, mais il est utile que ces cartons soient solides et de formats différents : nous donnons ici trois modèles (fig. 50, 51, 52). Le plus pratique nous paraît être le n° 52 ; il est moins coûteux que les deux autres, sans couvercle ; mais en y appliquant un couvercle à charnière en toile épaisse, rabattue par derrière, on aurait à peu près résolu le problème du carton, car, avec ce système, on peut consulter les brochures sans avoir besoin de les retirer.

Un mot maintenant des encriers en usage dans les bibliothèques. Il arrive trop souvent qu'un lecteur étourdi renverse l'encrier sur la table ou même sur les livres, si ceux-ci n'ont pas une base plus large que le haut. On devrait se servir d'encriers fixés dans la table et fermant par un couvercle. A leur défaut, on pourrait utiliser les encriers inversables ou les encriers à siphon, mais ces derniers

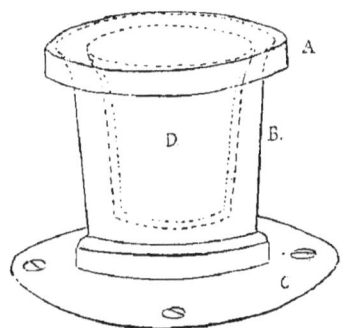

Fig. 53. Modèle d'encrier en tôle vernissée, visé sur la table avec couvercle en tôle, et godet en verre ou émail s'enlevant librement. (Employé à la Bibliothèque de l'Ecole supérieure de pharmacie de Paris).

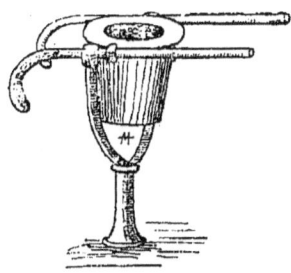

Fig. 54. Encrier fixé entre deux barres de fer servant de séparation médiane des tables ; il se compose d'une partie tronconique en tôle dans laquelle on met un godet garni d'encre qu'on ne peut retirer une fois le couvercle rabattu. (En usage à la Bibliothèque de la Faculté de médecine de Paris).

sont trop coûteux et se détériorent facilement. Nous donnons les modèles en usage à la Faculté de médecine de Paris et à l'École supérieure de pharmacie (fig. 53, 54, 55). Tous les deux, comme on

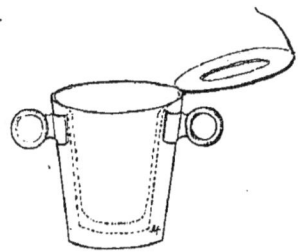

Fig. 55. Détails de l'encrier ci-dessus.

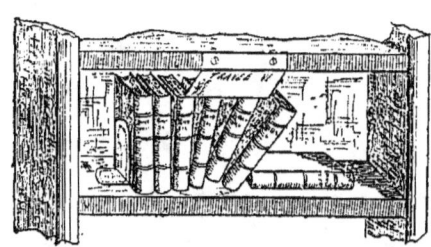

Fig. 56. Position des livres dans une tablette avec appui-livre et sans appui-livre.

le voit, sont fixés sur la table, le premier entre deux tringles de fer placées au milieu de la table, le second vissé par sa plaque sur la table même.

Il ne faut rien dédaigner du petit mobilier des bibliothèques ; c'est pourquoi nous terminons par l'appui-livre (fig. 56), qui ne tend pas à se répandre beaucoup dans nos grandes bibliothèques françaises ; on ne peut cependant refuser de reconnaître son utilité. Les livres, surtout ceux qui sont reliés, sont mieux conservés par la position normale qu'ils occupent dans les rayons, leur affaissement sur le côté entraînant une forme vicieuse prise par la reliure.

CHAPITRE IV

DES LIVRES

Origine des dépôts. — Provenance des livres : DONS : de l'Etat, des municipalités et des particuliers. — ACQUISITIONS : par budget, par rentes. — Du procédé administratif des acquisitions dans les bibliothèques universitaires. — Registre des demandes d'acquisition. — Part de la Commission et du bibliothécaire. — Division des achats : ouvrages nouveaux, suites, périodiques. — Mode d'achat en France et à l'étranger : commission, prix net, prix fort. — Livres d'occasion. — Les ventes publiques. — Les recherches. — Les défets. — Collationnement des livres achetés. — Conditions. — Fraudes diverses. — ÉCHANGES UNIVERSITAIRES ET INTERNATIONAUX : Origine des échanges. — Mode d'échange dans les grandes bibliothèques. — Création de l'échange universitaire. — Universités qui y ont adhéré. — Procédé et mode d'échange. — Résultat des échanges. — Responsabilité du bibliothécaire et du secrétaire de l'Académie. — Instruction relative au service des échanges. — Les livres en eux-mêmes. — Soins de conservation. — Leurs ennemis : les insectes, la poussière, l'humidité, la chaleur. — Aérage des salles. — Battage des livres. — Surveillance contre les diverses détériorations. — Les livres précieux, soins à leur donner. — Réserve à constituer. — La conservation des manuscrits. — La reliure.

La formation et l'accroissement des dépôts présentent une telle importance qu'il est indispensable de nous arrêter ici quelques temps. C'est une question de vie pour une bibliothèque que son accroissement se fasse dans des conditions déterminées et normales. Le fonds premier de la plupart de nos bibliothèques municipales, comme nous l'avons vu dans l'introduction, a pour origine soit une donation généreuse, soit le transfert par l'Etat des dépôts littéraires et de ceux des écoles centrales. Depuis cette époque, jusqu'à nos jours, l'accroissement s'est effectué par dons et par acquisitions.

Dons. — Dans toutes les bibliothèques, y compris celles des Universités, les dons sont de trois sortes : 1° envoi des ouvrages et revues souscrits par le Ministère de l'Instruction publique (service des souscriptions) ; 2° envoi des ouvrages reçus par le dépôt légal et qui ne sont pas destinés à la Bibliothèque nationale ou à quelque autre grande bibliothèques (service du dépôt légal) ; 3° dons de particuliers, soit de collections complètes, soit d'ouvrages séparés.

Les deux premières catégories de dons ne remontent pas très haut ; le dépôt légal dont l'origine date de 1536 a été reconstitué complètement en 1818 ; les souscriptions ministérielles, instituées assez récemment, ne sont en somme qu'une tradition d'ancienne générosité des princes, des seigneurs et des riches personnages à l'égard des auteurs qui les encourageaient en soutenant la publication de leurs œuvres.

Les dons sont moins fréquents dans les bibliothèques universitaires de province que dans les autres dépôts. Il n'en est pas ainsi à la bibliothèque de l'Université de France qui s'est surtout enrichie dans cette deuxième partie du siècle. Les collections Peccot, Le Clerc et d'autres dons particuliers lui ont été attribués. En outre les Universités étrangères et particulièrement celles d'Amérique et des colonies anglaises envoient assez régulièrement leurs diverses publications. La bibliothèque de Victor Cousin a été laissée à la Sorbonne, mais avec l'obligation de former un dépôt à part qui ne s'accroît plus que très peu.

Les ouvrages donnés doivent être inscrits sous une mention spéciale soit sur le registre d'entrée-inventaire, soit sur un registre réservé à cet usage ; il est toujours prudent de connaître la source et l'origine d'un livre et d'une collection. Dans cette inscription, on spécifiera surtout le nom du donateur, la date de la remise du livre ou toute autre mention qui sera jugée utile.

Acquisitions. — Les acquisitions sont en général peu nombreuses dans les dépôts communaux de France ; à l'exception de quelques grandes villes qui consacrent un budget spécial au développement de leurs dépôts, les autres bibliothèques voient leur budget absorbé en grande partie par l'entretien du matériel, la reliure des livres, l'achat de quelques revues. Et cependant il est important que le bibliothécaire apporte tous ses soins à accroître les collections locales ; aucune occasion ne doit être dédaignée, et ce fonctionnaire ne doit pas hésiter à employer — dans la limite du possible — une partie du budget à l'accroissement de ses collections. Le but de ces bibliothèques est tracé d'avance : Fonder si cela n'existe pas déjà, développer s'il existe, un noyau, une série renfermant les ouvrages et les collections de revues propres au pays, traitant de son histoire sous toutes les formes. C'est ce qui sera la caractéristique distinctive de toutes nos bibliothèques provinciales. Nous devons dire cependant, à leur louange, que plusieurs d'entre elles sont fort riches en ces sortes d'ouvrages : Lyon, Avignon, Clermont-Ferrand, Aix-en-Provence, Marseille, etc., etc. Mais il faut bien reconnaître que la majeure partie de leur accroissement provient de dons ministériels.

Les bibliothèques universitaires, au contraire, qui reçoivent peu de livres proportionnellement, ont un budget propre, alloué par les Facultés, et qui leur sert pour leur entretien et pour l'accroissement des collections. Cependant il se trouve encore ne point suffire aux besoins réels des divers enseignements. Sans préjuger de ses moyens, l'État devrait réagir dans cet ordre et tâcher que le matériel, le mobilier, les instruments de la science soient plus généreusement acquis. Le livre est, entre tous les instruments, le plus nécessaire et le plus utile de tous ; son rôle est puissant et immédiat et, si nous osons bien exprimer notre pensée, c'est à cette grande facilité d'acheter tous les livres nécessaires par les universités étrangères que certaines sciences sont parvenues dans ces pays à un développement brillant qui n'est pas encore atteint chez nous.

Tout budget consacré aux livres se divise forcément en plusieurs parties : Achat de livres ; abonnement aux revues ; reliure. Toute demande d'acquisition nouvelle, dans les bibliothèques municipales est soumise par le bibliothécaire à la commission de surveillance et d'achat qui généralement laisse une grande initiative au bibliothécaire.

Dans les bibliothèques universitaires, les acquisitions s'effectuent de la manière suivante : Pour établir un contrôle des livres demandés, la Commission a créé depuis 1886 un type de registre appelé : *Registre de demandes*[1]. Sur ce registre, toute personne, autorisée

---

1. Voir à l'appendice.

à fréquenter la bibliothèque, est tenue d'inscrire ses demandes. En outre, chaque professeur remet au bibliothécaire, au début de l'année, une liste de propositions de livres qui est soumise, ainsi que les demandes faites sur le registre, à la Commission de la bibliothèque. Comme il arrive toujours que les demandes d'acquisitions excèdent les ressources du budget, le rôle du bibliothécaire est de faire ressortir devant la Commission les besoins immédiats, et de prélever de suite et avant tout la somme nécessaire pour acheter les suites commencées ainsi que les abonnements de journaux. Ensuite il réservera le quart du crédit total qui ne devra dans aucun cas être touché. — Ces trois points bien arrêtés, les demandes d'achats seront examinées et approuvées s'il y a lieu.

Les bibliothécaires doivent se préoccuper en temps voulu des abonnements à renouveler. Il est urgent, après avoir pris l'opinion de la commission sur la nécessité de la suppression de certains journaux, que la liste de renouvellement soit transmise aux éditeurs ou au libraire chargé de les faire dans les premiers jours de décembre.

Les modes d'achats sont assez variés. A Paris, les bibliothécaires ont toute facilité pour s'adresser directement aux éditeurs français et aux commissionnaires qui représentent les libraires étrangers. En province, au contraire, le bibliothécaire peut procéder de trois manières : 1° s'adresser à un libraire local qui, moyennant une commission déterminée, se chargera de la fourniture de tous les livres français et étrangers ; 2° avoir un représentant à Paris — libraire ou commissionnaire — qui, pour une commission moindre que celle du libraire local, fournirait aussi tous les ouvrages ; 3° enfin la combinaison la plus sûre, mais qui occasionnerait du travail et quelques dépenses supplémentaires au bibliothécaire, serait de s'adresser directement aux éditeurs sans aucun intermédiaire et sans commissionnaire. Ajoutons que ce dernier mode, fort pratique pour les ouvrages commandés ferme, ne peut être préconisé en province pour les ouvrages à l'examen. L'intermédiaire d'un libraire local est toujours utile dans ce cas, parce qu'il évite plus de frais ; et aussi parce que le bibliothécaire trouve directement certaines garanties qui peuvent dégager sa responsabilité en cas de non observation de convention ou de traité.

Il ne peut pas se faire en province et surtout dans les bibliothèques municipales, comme cela a lieu à Paris, d'envois d'ouvrages à examiner faits par les libraires ou les commissionnaires, et cependant ce système a une utilité incontestable ; il tient le bibliothécaire en haleine, lui permet de constater, de visu, l'apparition des ouvrages nouveaux ainsi que des rééditions ; il peut juger et choisir en connaissance de cause ce qui convient et lui paraît le plus utile pour l'enseignement et pour les professeurs. Dans les bibliothèques universitaires, plus que partout ailleurs, cela devrait avoir lieu.

Ces envois hebdomadaires peuvent se faire ainsi :

Le libraire ferait deux catégories d'envois : le premier comprenant les ouvrages commandés, les suites et les périodiques ; le second ne renfermant que les ouvrages à examen. Chaque paquet serait accompagné d'une facture, dite provisoire, contenant les détails des livres et les prix. L'examen des livres proposés devra se faire le jour même de l'envoi afin que le bibliothécaire puisse soumettre à l'approbation de la commission de la bibliothèque, le lendemain encore, les ouvrages qu'il a réservés et jugés bons. Les ouvrages refusés sont biffés sur la facture au crayon bleu et les paquets sont reformés et réexpédiés. C'est en cela que consiste la manière intelligente de choisir et d'acheter des livres.

Il est bien entendu que les ouvrages à suite, les périodiques et les ouvrages commandés doivent être immédiatement inscrits et catalogués ; on doit en faire autant pour les ouvrages réservés dès que la commission a donné son assentiment.

Comment se vendent les livres ? C'est une question qui paraît si simple qu'elle n'a pas toujours été traitée, et cependant un bibliothécaire, soucieux des intérêts de son dépôt, doit savoir acheter avec discernement, sur prix de catalogues et sans aucune hésitation.

Les ouvrages neufs, français ou étrangers, sont vendus à Paris avec une remise qui peut aller de 10 à 20 0/0. Voici comment : tous les ouvrages traitant de littérature, d'histoire, de géographie, de philologie, d'archéologie, de droit et autres sciences accessoires sont cédés par l'éditeur propre avec 20 0/0 de remise ; en général les ouvrages scientifiques et médicaux ne sont vendus qu'avec remise de 15 0/0 au maximum de leur prix ; les périodiques sont vendus à prix nets, l'éditeur n'accordant que 2 à 5 0/0 aux commissionnaires. Pour les ouvrages étrangers, qui sont centralisés chez les dépositaires à Paris, on ne peut obtenir une remise supérieure à 10 0/0 ; certains livres même, ainsi que tous les périodiques, sont à prix net.

En indiquant les remises accordées sur les ouvrages neufs, remises faites à Paris et pour Paris, nous voulions démontrer qu'avec les frais d'emballage et de port la remise n'est plus que de 10 à 15 0/0 en province et souvent l'ouvrage revient au prix net. Il n'en est pas moins vrai que le bibliothécaire doit bien spécifier que les ouvrages lui parviennent ou franco de port avec la remise d'usage, ou en port dû avec la remise complète et telle qu'elle se fait à Paris. Il en est autrement pour les ouvrages épuisés et d'occasion qui figurent dans les catalogues de libraires qui ont cette spécialité. Certains ouvrages modernes, abstraction faite des anciens, mais épuisés et non réédités, ont atteint des prix très élevés[1], d'autres sont vendus à leur ancien cours et même au dessous. Les prix des ouvrages anciens, antérieurs à notre siècle, ont, au contraire, subi des fluctuations variées, surtout pour les ouvrages de science et de littérature générale. On ne peut plus se baser sur les prix que Brunet indique. Par suite d'études d'un nouvel ordre certains ouvrages anciens ont subi une augmentation réelle ; le goût et la mode des amateurs ont aussi influé sur le prix des livres. La remise moyenne que l'on obtient sur ces ouvrages est de 10 0/0 sur les prix portés aux catalogues.

Les bibliothécaires ne doivent pas dédaigner les catalogues de livres d'occasion, français et étrangers ; ils y puiseront la pratique du prix des livres, de ses fluctuations et seront à même de profiter des occasions qui leur paraîtraient bonnes.

Les bibliothécaires ont peut-être plus rarement l'occasion d'acheter des ouvrages dans les grandes ventes. Certaines collections cependant, telles que les anciennes thèses, les périodiques, certains fonds littéraires peuvent se rencontrer dans une de ces ventes et leur acquisition présenter un réel intérêt. Il est donc utile de tenter la chance si les ressources du budget le permettent ; mais il serait préférable encore de confier ces sortes de commissions à des libraires experts qui suivent assidûment les ventes, qui en ont la pratique et l'expérience ; si avec cela on fixe un prix extrême, on sera

---

1. Nous nommerons : Delisle (Léopold) : *Etude sur la condition de la classe agricole et l'état de l'agriculture en Normandie au M. A.*, Evreux, Herissey, 1851, in-8°, que l'on ne trouve plus à moins de 60 francs.

presque assuré d'obtenir l'ouvrage dans de meilleures conditions qu'en se présentant soi-même.

Disons que tout bibliothécaire, soucieux du développement de sa bibliothèque dans des conditions financières normales, doit se donner la tâche de parcourir les principaux catalogues des libraires d'occasion, de France et de l'étranger ; il sera certain d'être toujours au courant des bonnes occasions qui pourraient lui convenir et il s'instruira sur les prix des livres. La prudence lui recommande aussi, en acquérant des ouvrages épuisés, soit dans les ventes, soit d'après les catalogues, de faire des réserves et de n'accepter l'ouvrage que complet. Le collationnement a dû être fait au préalable, mais il fera bien de le refaire pour s'éviter toute surprise désagréable.

Enfin nous terminerons en engageant le bibliothécaire à se mettre en garde contre certaines fraudes employées par des libraires ou des éditeurs peu consciencieux qui, au moyen d'une annonce pompeuse ou sans note dans leurs catalogues, vendent des ouvrages défectueux. Ces défectuosités peuvent être les suivantes :

1º Indication d'une nouvelle édition d'un ouvrage, alors que rien n'est changé au texte et que seuls les titres et les couvertures ont été réimprimés ;

2º Ouvrage défectueux comme état, étant court de marge, trop rogné, maculé ou piqué, et cela sans que le catalogue indique cet état ;

3º Enfin, des ouvrages où il manque des pages, des gravures, des planches, des cartes ;

4º Collection dépareillée, incomplète ou mal agencée.

ÉCHANGES INTERNATIONAUX. — Ces échanges résultent de la nécessité où se trouve un pays de connaître et de posséder autant que possible les ouvrages d'érudition, les thèses parues dans un autre pays. Le budget de la bibliothèque ne suffirait pas à se procurer tous les livres qui s'impriment en dehors de la France ; ensuite une certaine catégorie est assez difficile à avoir en raison du tirage minime qu'on en a fait ou d'un caractère particulier que présentent les livres : tels les écrits académiques, les thèses de doctorat, les dissertations inaugurales, et les publications faites directement par un Etat, une administration ou une école supérieure.

Cette idée d'échange international, exclue de la pratique pendant le xviii siècle et le début du nôtre, avait été en honneur et appliquée antérieurement. Ainsi, en 1694, la bibliothèque du roi échangeait ses livres doubles contre ceux qui s'imprimaient à l'étranger ; en 1697, le père Bouvet emporta en Chine un recueil bien complet d'estampes remis par le roi en échange de 149 livres en langue chinoise.

C'est à un Français, M. Vattemare, que revient l'honneur d'avoir ouvert à nouveau ce champ des échanges internationaux. Médecin militaire d'abord, artiste dramatique ensuite, doublé d'un érudit et d'un curieux, M. Vattemare parcourut toute l'Europe ainsi que l'Amérique où il fut très apprécié par tous ceux qui l'ont approché. C'est en 1832 que cette idée d'échange entre nations naquit chez M. Vattemare ; il y consacra toute son énergie, toute sa force de volonté. Non seulement il fit adopter son idée en Amérique, aux Etats-Unis, mais les principaux Etats du monde : l'Angleterre, les Pays-Bas, l'Espagne, la Suisse, le Gouvernement pontifical, l'Italie, la Turquie, la Perse, les Indes, adhérèrent pleinement à ses projets. Il eut à vaincre beaucoup de résistance, surtout en France où, en dehors de quelques spécialistes et d'hommes intelligents, on ne concevait pas la nécessité de ce service. Dans ses trente et un ans de courses, de pérégrinations à travers le monde et de labeur sans merci, il avait cependant provoqué un mouvement d'échange de plus de 300.000 volumes, sans compter les médailles, les objets d'art et d'histoire naturelle. Malheureusement sa mort, survenue en 1864, suspendit et interrompit tout le service qu'il avait créé ; les modestes fonds inscrits au budget furent supprimés. L'idée première n'en était pas moins née et avait reçu un commencement d'exécution. En 1867, l'Etat reprit cette idée à son compte et lui donna une sanction officielle en créant un bureau spécial, chargé de ce service. Les événements politiques qui se sont précipités à partir de cette date retardèrent son fonctionnement normal et, en 1875 seulement, M. de Vatteville forma sur l'ordre du Ministre une commission centrale pour établir les principes d'organisation et de fonctionnement des échanges internationaux [1].

Pendant que chez nous cette idée passait à travers des fluctuations

---

1. Eriksen (W.) : *Les échanges internationaux, littéraires et scientifiques...* Paris, Picard, 1880, in-8°.

variées, nos voisins, qui avaient reconnu l'utilité pratique qu'on en pouvait retirer pour la science, l'avaient exécutée dès l'origine et échangeaient d'université à université, de pays à pays, leurs productions et leurs thèses.

Depuis que le service d'échanges internationaux est rétabli, on l'a centralisé dans un des bureaux du Secrétariat et de la Comptabilité, et grâce à lui la Bibliothèque Nationale ainsi que d'autres établissements de Paris ont vu certains de leurs fonds s'enrichir.

Les bibliothèques universitaires ne participent au service d'échange que depuis l'année 1882 sous le titre d'échanges universitaires. Par la conclusion d'un traité, il résulte pour les Universités françaises comme pour les Universités étrangères une série d'obligations pour assurer ce service. C'est ainsi que, par l'arrêté du 30 avril 1882, le ministre oblige chaque candidat à verser un nombre déterminé d'exemplaires de thèses pour le service des échanges. Les circulaires du 17 et du 31 mai 1882 expliquent les motifs de cet échange ainsi que sa nécessité.

Jusqu'à ce jour trente-huit Universités et corps savants[1] ont adhéré au service, et le résultat a été d'enrichir nos bibliothèques de plus de 20.000 brochures et écrits académiques. Il est vrai que ces dons représentant un aussi grand nombre de brochures sont largement compensés par l'envoi de nos thèses françaises traitant des sujets complets et formant des ouvrages très importants. Il incombe au bibliothécaire de rassembler, dans le courant de l'année, le nombre d'exemplaires des thèses et écrits égal à celui des villes qui échangent, puis d'en faire des paquets avec l'adresse de l'Université destinatrice. Ces paquets sont envoyés en un ballot à la maison Hachette les premiers jours du mois de novembre. La répartition de thèses étrangères a lieu dans les premiers mois de l'année suivante. Voici comment on doit libeller l'envoi :

---

1. Au 31 décembre 1894, l'état des échanges est le suivant :
Les universités, académies et corps savants faisant les échanges sont : Bâle, Berlin, Bonn, Breslau, Copenhague, Dorpat, Erlangen, Fribourg, Gand, Genève, Giessen, Gœttingen, Greifswald, Groningue, Halle, Heidelberg, Iéna, Innsbruck, Kiel, Kœnigsberg, Leipzig, Liège, Leyde, Lund, Marbourg, Munich, Munster, Oxford, Rostock, Strasbourg, Tubingen, Upsal, Utrecht, Wurtzbourg, Zurich, Berne, Florence, Baltimore (John Hopkins University).

Envoi de la Bibliothèque Universitaire de LYON a la Bibliothèque Universitaire de BERLIN

C'est là le rôle du bibliothécaire dans les échanges; les autres envois incombent aux secrétaires des Facultés. Nous n'insisterons pas davantage. La circulaire ministérielle placée à la fin[1] de ce volume fera mieux comprendre ce service.

Les livres sont de deux sortes : manuscrits et imprimés. Il n'entre pas dans notre cadre de donner ici la définition de ces deux mots, ils sont connus et l'on trouvera dans le lexique des détails suffisamment étendus pour expliquer les formes différentes du livre et du manuscrit; mais il faut que le bibliothécaire sache comment s'y prendre pour les loger, les cataloguer, les inventorier et les mettre à la disposition du public. Enfin, il faut aussi indiquer les précautions à prendre pour assurer leur conservation.

Nous nous arrêterons particulièrement aux soins exigés par les livres au point de vue matériel, aux moyens de les préserver de toute détérioration et aussi à leur conservation par la reliure.

On avait cru pendant longtemps qu'en mettant le livre à l'abri de l'air on le protégeait complètement. C'est là une erreur dont on est revenu, et si l'on se trouve forcé de préserver derrière une vitrine des livres rares ou précieux, il est utile tout au moins de renouveler l'air de ces vitrines, d'en retirer les livres, de les ouvrir en les feuilletant afin de les aérer également. Ceux qui se trouvent sur les rayons doivent être battus vigoureusement, après que les tranches auront été essuyées avec un linge très légèrement humide s'ils sont reliés. Ce battage est absolument nécessaire, la poussière accumulée pénètre dans l'intérieur des livres et les abîme beaucoup.

La manipulation journalière des livres par des lecteurs à divers degrés de bonne santé entraîne un danger d'un autre ordre, mais que, jusqu'à ces temps derniers, on n'avait nullement soupçonné. Le livre devient insensiblement un propagateur des maladies conta-

1. Cf. Appendice.

gieuses de tout ordre : diphtérie, variole, érysipèle, tuberculose, etc., sans que nous nous en doutions. Notre confrère, M. Prieur, qui depuis longtemps poursuit des recherches sur ce côté inconnu du rôle du livre, a appelé notre attention là dessus en nous engageant à signaler, à côté du mal, le remède, qui a été trouvé et employé par M. Miquel [1].

1. Le formol (formaldéhyde, aldéhyde formique, trioxyméthylène) a été employé par M. Miquel à la désinfection des livres. Pour éviter tout accident d'intoxication chez les personnes qui manipulent cet agent, voici comment il procède :

Il dispose dans une armoire ou une caisse fermée dépourvue d'étagère un cadre en fer ou en bois grillagé. Sur ce cadre, placé horizontalement au milieu de l'armoire, on dispose des livres de champ, les bords libres des feuilles tournés en bas, et, au dessous du cadre, on assujettit une bande de toile de 0 m. 15 à 0 m. 20 de largeur sur une longueur à peu près égale à celle de l'armoire. Cette toile doit pouvoir s'enrouler sur deux petits mandrins en bois, dont une extrémité dépasse la toile, et qui peuvent s'engager dans deux pitons, de façon que cette dernière soit maintenue déployée et horizontale.

Pour opérer une désinfection, les livres une fois placés comme il vient d'être dit, la bande de toile étant enroulée sur un seul mandrin est plongée en entier dans un bocal, contenant une solution aqueuse commerciale d'aldéhyde formique, de densité égale environ à 1,075, dans laquelle on a fait dissoudre du chlorure de calcium. La bande, une fois immergée dans le liquide, on l'enroule lentement sur le second mandrin libre, de façon à l'humecter dans toutes ses parties, puis, on la laisse un instant s'égoutter, on la déroule rapidement et on la place dans l'armoire au dessous des livres.

Les portes de l'armoire fermées, l'air qu'elle renferme se remplit immédiatement de vapeurs microbicides à odeur très vive. Au bout de 24 heures, toutes les bactéries, tant pathogènes que vulgaires, faiblement résistantes comme réfractaires à l'action des hautes températures et des antiseptiques puissants, sont anéanties. En un mot, les livres sont entièrement stérilisés.

Le prix de revient du litre de liquide antiseptique, qu'on peut préparer à l'avance, est actuellement de 7 francs. Avec un litre de ce liquide, on peut, dans une armoire de 1/2 à 3/4 de mètre cube, effectuer au moins 20 à 30 désinfections. Ce moyen s'applique aux tissus, aux fourrures, aux peaux, aux objets d'art et autres de petit volume.

(*Journal de pharmacie et de chimie*, n° du 15 février 1895, pp. 192-193, 15° année, 6° série, t. I, n° 4.)

Qu'on nous permette de conclure en disant que, dans l'état actuel de la question, le remède n'est d'aucun usage dans une grande bibliothèque, sauf pour certains cas isolés, c'est-à-dire s'il s'agit de désinfecter quelques volumes qui ont été rendus par une personne malade. Dans le cas ordinaire, on ne serait pas à la moitié de la désinfection des livres d'une bibliothèque que les

Il y a d'autres dangers que nous devons signaler et auxquels il faut aussi porter remède le plus rapidement possible. Les livres qui se trouvent dans des salles du rez-de-chaussée ou même dans des étages supérieurs, sont sujets à se moisir si l'exposition en est au nord. On sait quels ravages font ces *cryptogames* imperceptibles : les *chœtomium*, le *stachybotris*, le *penicillium glaucum* et l'*aspergillus glaucus*, qui attaquent la couverture ou la tranche du livre, pénètrent dans l'intérieur sous forme de taches grises passant au violet et au vert pâle. Le papier tombe miette à miette, s'effrite en poussière et le livre est perdu. Le parchemin n'est pas plus à l'abri de ces parasites dangereux que le papier, et souvent on trouve des manuscrits absolument perdus[1].

Le remède, dès qu'on s'aperçoit de cet inconvénient, doit être employé rapidement. Il faudra retirer le livre attaqué des rayons, l'essuyer soigneusement et enlever toutes les taches de moisissure; on en aérera l'intérieur en l'ouvrant le plus possible et même en le laissant exposé au soleil, jusqu'à ce que toute l'humidité ait disparu. On devra défaire le rayonnage, gratter soigneusement la peinture, faire cimenter le mur pour obtenir une surface unie, après quoi laver toute la surface du mur avec de l'huile de lin très chaude en y passant même plusieurs couches. Lorsque le tout sera bien sec, on pourra appliquer telle couche de peinture que l'on voudra, et alors seulement on rétablira le rayonnage.

Cependant, avant de replacer les corps de rayons, nous enga-

premiers auraient le temps de se contaminer déjà. De plus, comment procéder avec un appareil dont la description ci-dessus nous démontre sa petitesse, puisqu'on ne peut guère y mettre plus de 10 volumes à la fois, et qu'il faut laisser passer 24 heures avant de les retirer de l'étuve. Enfin, si le prix du liquide désinfectant revient à 7 francs le litre et qu'on désinfecte avec cette quantité 300 volumes (ce qui est un maximum absolu), on aura une dépense de plus de 2.200 francs pour une bibliothèque dépassant 250.000 volumes. Non, nous répétons encore une fois qu'on ne peut mettre ce système en pratique que dans les hôpitaux, où c'est indispensable, et dans certains cas particuliers.

1. Il nous souvient d'avoir vu, en 1879, dans l'hôpital Sainte-Marthe, d'Avignon, dont nous étions chargé de classer les Archives, des manuscrits sur parchemin et sur papier totalement abîmés et tombant en miettes sous l'influence d'une humidité prolongée. Ils étaient non seulement illisibles, mais perdus, tellement la détérioration était grande.

gerions à mettre contre le mur des panneaux en bois placés le plus économiquement possible. Sur ces panneaux seraient montés les rayons. Il suffirait de clouer contre les montants des planches ajustées les unes contre les autres par une mortaise et blanchies à la varlope. Les livres seraient de la sorte absolument isolés du mur.

Dans les salles humides et chaudes il existe des ennemis plus dangereux que la moisissure. Ce sont les insectes. Dans les bibliothèques qui ne sont pas suffisamment surveillées, certains coléoptères, lepidoptères et même des diptères se nourrissent à leur dépens. Ils s'attaquent de préférence aux vieux livres dont les papiers sont bien secs et dont les reliures sont soignées. Il est curieux d'observer que les volumes brochés sont moins fréquemment atteints par les insectes. Ils pénètrent dans l'intérieur du livre presque toujours de la même manière ; ils s'introduisent en perçant une ouverture circulaire dans le dos de la reliure ou dans le haut de la tranche, puis creusent une galerie affectant des méandres et des arabesques sans nombre, montant, descendant, pivotant sur place pour élargir le trou. Les insectes y déposent leurs œufs, puis y meurent ; les larves qui naissent se nourrissent aux dépens du livre en rongeant le papier ; (Fig. 57, 58) leurs diverses métamorphoses s'accomplissent dans le livre et enfin

Fig. 57 Etat d'un livre abimé par les insectes.

Fig. 58. Le même ouvert pour montrer les piqûres des feuillets.

l'insecte parfait reprend son vol en se creusant une galerie de sortie pour revenir reprendre un nouveau travail l'année suivante. Ces insectes sont pour la plupart des coléoptères dont voici les noms :

l'*anobium pertinax*; l'*anobium eruditus*; l'*anobium paniceum*; l'*œcophora pseudo-spretella*; *blatta germanica*, vulgairement *croton bug*, et, parmi les aptères, le *lepisma*.

Ce qui paraît surtout les attirer est l'odeur de la colle de farine. On sait en effet que les anciennes reliures dont les plats étaient en bois sont collées de cette manière, tandis que nos relieurs modernes emploient pour la plupart une colle renfermant de l'alun ou d'autre matière qui la rend imputrescible. En outre nos papiers modernes sont rarement de chiffons purs; on y mêle du kaolin, du talc afin de leur donner du poids et de l'épaisseur, aussi nos livres courent moins de chance de destruction par les insectes[1].

Le seul remède contre le piquage des livres est de les battre assez violemment, de les feuilleter page par page et de retirer les insectes si on les découvre; et encore ces opérations ne sont pas toujours efficaces.

L'excès de chaleur, surtout celle causée par les calorifères et les poêles, amène des inconvénients d'un autre ordre. La reliure des livres et le papier subissent une dessiccation lente mais profonde qui désorganise les divers tissus et amène une désagrégation du livre. D'autre part, si ceux-ci ne sont pas assez isolés du foyer calorique, ils subiront un échauffement assez rapide et assez violent pour brûler lentement et se carboniser le long des bords et dans les marges. (Fig. 59).

Fig. 59. Apparence extérieure des livres qui ont souffert d'une chaleur intense et continue; la partie noire des plats et des tranches est la partie carbonisée.

Les livres placés dans les rayons supérieurs subissent tous ces désagréments à cause de l'air surchauffé qui s'accumule au plafond s'il ne peut s'écouler par des ouvertures ménagées exprès; un autre inconvénient assez grave provient du gaz. Les vapeurs sulfureuses et l'humidité chaude qui s'échappent des becs — quel-

---

1. Nous ne parlons que de cette cause de destruction, car il en est d'autres plus redoutables peut-être que les insectes et l'humidité, c'est la mauvaise qualité de certains papiers qui ne pourront jamais durer longtemps. Déjà l'on en trouve des exemples dans bien des bibliothèques.

quefois trop ouverts — corrodent le cuir des reliures, noircissent l'or des titres et des ornements.

Mais à cela il y a remède. Lorsque la bibliothèque est chauffée par un calorifère, on pourrait utiliser la chaleur des foyers à la production de l'électricité pour l'éclairage. Il faut seulement veiller à ce que les fils n'aient aucun contact avec un corps inflammable et que la tension électrique ne soit pas trop forte et ne puisse amener la fusion du cuivre comme cela s'est vu parfois.

Dans le cas où le gaz seul est utilisable on pourrait en modifier la flamme par son passage au travers de corps dépurateurs ou par l'emploi des becs Auer[1].

Voilà les quelques conseils que nous avons cru utile de donner sur la conservation et la protection matérielle du livre.

Les livres rares par leur édition, curieux par leurs planches ou précieux par leur reliure, doivent naturellement être traités avec soin. Il y en a dans toutes les bibliothèques. Aussi, en les cataloguant comme les ouvrages ordinaires, le bibliothécaire les retirera des rayons en les remplaçant par des planchettes sur lesquelles sera indiquée l'armoire ou le meuble où le livre a été transféré. On pourra, si la place ne manque pas dans la bibliothèque, faire construire une vitrine ou un meuble vitré où tous les livres rares seront rangés. Il en sera de même pour les manuscrits précieux ou ornés de miniatures, les incunables de grande valeur.

Les incunables et les manuscrits ordinaires devront être placés dans une salle à part où le public ne pénétrerait pas.

Les soins à leur donner sont les mêmes que pour les ouvrages reliés, mais en y apportant encore plus de précaution et d'attention.

Les atlas de planches en cours de publication, les ouvrages de prix qui paraissent d'une manière périodique devront également être renfermés dans une armoire.

L'air sec et pur est encore le meilleur conservateur des livres. Aussi doit-on aérer les magasins et les salles renfermant les livres et cela au moins une fois par jour, pendant plusieurs heures. En raison de la saison et de l'orientation de la bibliothèque cette aération ne peut se faire à des heures déterminées. On établira alors des courants

---

1. Voyez, pour plus de détails, le chapitre III « Eclairage ».

d'air aussi actifs que possible circulant au travers des épis et des rayons. Il est bien entendu que les salles publiques et de lecture seront aérées régulièrement tous les jours avant les séances, été comme hiver. C'est une mesure hygiénique élémentaire.

La reliure des livres dans une bibliothèque est une chose trop importante pour qu'on la néglige; nous croyons devoir donner ici, après l'avoir modifié et corrigé, l'article que nous avons fait paraître dans la *Revue des Bibliothèques*, en 1893, p. 497 sq.

On peut dans toutes les bibliothèques diviser les ouvrages en trois grandes catégories :

1º Les dictionnaires et les ouvrages de références;

2º Les collections et les périodiques;

3º Les ouvrages séparés comprenant un ou plusieurs volumes.

Exceptionnellement, on peut encore citer : les atlas géographiques ou avec planches, les journaux de très grands formats, les collections d'estampes, de manuscrits ou de musique.

Les dictionnaires, consultés au hasard, rapidement, sans les égards dus aux autres livres, réclament une reliure solide et facile à manier.

La deuxième catégorie est sujette à servir fréquemment dans l'année ou pendant les quelques années qui suivront son apparition, pour les périodiques particulièrement; enfin, d'autre part, le nombre des volumes est assez considérable, ces sortes d'ouvrages demandent donc une reliure uniforme et solide tout à la fois.

Les ouvrages séparés, composés de un à quelques volumes, doivent exiger, eux aussi, une enveloppe appropriée au service qu'on leur demande.

Il existe encore, dans la plupart des bibliothèques, un certain ordre d'ouvrages ou de collections : plaquettes, brochures, tirages à part, programmes, etc., qui, vu leur peu de valeur ou l'exiguïté de leur format ou de leur épaisseur, peuvent être simplement cartonnés ou reliés à la Bradel.

Mais avant de passer à la description de la reliure, il faut dire que tout bibliothécaire consciencieux ne donnera jamais, à moins de force majeure absolue, des livres neufs à relier avant qu'ils aient passé quelque temps à la bibliothèque. — On ne doit donner à la reliure les livres qu'*un an après leur impression*[1]. — Il faut, autant que possible, couper le livre, avant de le livrer, afin d'amener l'encre d'impression à une sécheresse suffisante. Bien des ouvrages, même anciens, maculent toujours aussitôt qu'ils sont pressés. Un relieur intelligent, recevant des ouvrages neufs, doit toujours se méfier du maculage et l'éviter en intercalant entre chaque feuillet une mince feuille de papier qui préserve le livre.[2]

Comme il est indispensable de contrôler chacune des opérations successives par lesquelles passe un livre jusqu'à son achèvement complet, il faut se baser sur l'examen attentif de l'intérieur et de l'extérieur de la reliure, et se fier aussi — jusqu'à un certain point — à la bonne foi du relieur. Il résulte de cet examen que la reliure doit présenter les principales qualités suivantes, qualités il est vrai de forme, qui n'excluent pas d'ailleurs celles de fond dont nous parlerons :

L'ensemble du livre doit être bien battu ; — les gardes intérieures doivent être cousues et non collées contre le titre ; — la couture doit être faite avec soin, à trois ficelles au moins, à cinq au plus, pour les formats moyens et petits ; — les marges doivent être ménagées le plus possible ; le pliage et la couture ne doivent pas produire d'irrégularités de marges, et le livre ne doit être rogné que très peu et bien d'équerre ; — les cartons des plats ne doivent être ni trop gros ni trop minces, en carton pâte et non en carton paille ; — le livre doit fermer sans bâiller ; — les bords du carton doivent franchement déborder en tête et en queue ; il en est de même pour la gouttière, mais sans exagération ; — la peau employée doit être de bonne qualité, quelle que soit la matière choisie. La proportion de la largeur de peau, sur les plats, pour les demi-reliures, doit être d'un cinquième à un quart, selon le format du volume ; — des tranchefiles authentiques ou des cartes et non des comètes doivent être exigées ; —

---

1. On est arrivé de nos jours, pourtant, à imprimer des ouvrages, dont l'encre sèche presque instantanément. C'est à une mauvaise qualité d'encre qu'il faut bien souvent attribuer les maculatures.

2. Cette opération entraîne des frais supplémentaires, puisqu'il entre à peu près un quart de papier en plus dans le volume. Aussi le relieur ne le fait que sur la demande du client.

MANUEL DU BIBLIOTHÉCAIRE

les titres courts et simples doivent être poussés nets et bien d'aplomb.

Afin de mieux faire saisir au lecteur l'importance de ces divers desiderata, il est utile de savoir comment procède le relieur.

Un ouvrier reçoit un lot de livres brochés dans un état plus ou moins satisfaisant. Il prend chaque volume l'un après l'autre, enlève la couverture, et s'assure si elle tient au dos avec de la colle de pâte ou de la colle forte. Dans le premier cas, le travail est simple et les cahiers se détachent un à un, à mesure que la couture du brochage est défaite. Mais, pour les volumes collés à la colle forte, l'opération est plus compliquée : le papier est cassant, les cahiers adhèrent fortement les uns aux autres. Alors l'ouvrier enduit de colle de pâte le dos des volumes en répétant cette opération quatre ou cinq fois, jusqu'à ce que la colle forte soit bien amollie ; ensuite les cahiers se séparent sans peine.

Si l'ouvrage n'est pas coupé, on déplie chaque feuille d'impression en entier, après avoir retiré les cartes, les gravures et les planches hors texte. L'ouvrage ainsi disposé est donné à une plieuse. Celle-ci replie soigneusement chaque feuille, afin que les pages tombent bien d'aplomb et que les filets de têtes, les chiffres des pages se trouvent bien en face les uns des autres. Pour les livres coupés, on se contente de défaire le pli central et de replier avec soin.

Un autre ouvrier, assis devant un bloc de pierre (du calcaire à grain très fin, généralement[1]), tenant un gros marteau à manche court et frappant avec une certaine symétrie sur des cahiers détachés d'un livre qu'il tient de la main gauche, prend plusieurs cahiers à la fois, selon le format et l'épaisseur du papier, les bat en partant du centre pour arriver à la périphérie. Le livre est ainsi aminci ; il a perdu de son épaisseur, mais le papier a gagné en souplesse. Chez la plupart des relieurs de Paris ce travail se fait aujourd'hui mécaniquement ; les livres sont passés, par 5 ou 6 cahiers, sous un laminoir spécial qui remplace avantageusement le marteau[2]. Il revient ensuite à un ouvrier ou plutôt à une ouvrière, qui replace les planches et les

---

1. Les pierres à battre en usage à Paris au XVIIIe siècle et au début de celui-ci étaient extraites des carrières d'Arcueil. M. Bosquet dit, dans son traité, p. 38, que le bloc à battre est en granit ; c'est, au contraire, un calcaire appelé liais. (De Lapparent : *Géologie*, 3e édition, p. 1234.)

2. « Nous différons à ce sujet d'avis avec M. Cartier, cependant, beaucoup de relieurs ont abandonné cette vieille et excellente méthode pour la remplacer

cartes dans leur ordre et à leurs pages respectives, après les avoir numérotées, si elles ne le sont pas. Pour les gravures hors texte, le relieur applique bien souvent sur leur bord un léger papier de soie fixé à la colle. Ce papier protège d'une part la gravure et empêche qu'elle ne macule sur la page opposée.

Le livre battu et rassemblé, chaque cahier est retourné l'un après l'autre, les gravures soigneusement examinées, la pagination vérifiée.

L'ouvrier reprend alors le livre pour y placer les gardes blanches qui ne doivent pas être collées, mais cousues à part et rapportées, s'il est utile, sur onglets. Ensuite on le met dans un étau en fer, le dos légèrement débordant. Au moyen d'une scie à main, l'ouvrier entaille les plis du dos sur une profondeur d'un millimètre à peu près ; ces entailles sont au nombre de trois à cinq, selon le format du volume, et doivent servir à recevoir la ficelle sur laquelle les livres seront cousus ; c'est ce qu'on nomme *grecquer*. Il fait aussi un léger cran en tête et en queue destiné à recevoir les chaînettes qui maintiendront les cahiers au même niveau. Pour les ouvrages demandant une reliure très solide, on applique les ficelles au dos sans faire de traits de scie ; la couture sera faite sur nerfs.

Il y a, en effet, trois sortes de coutures principales[1] : sur grecques, sur nerfs, sur rubans. Pour la couture sur grecques (fig. 55), l'ouvrière prend un, deux et même trois cahiers si le papier est mince ou les cahiers peu épais. Elle fait partir le fil de la chaînette de tête du premier cahier, elle suit la pliure intérieure pour ressortir à la première ficelle que le fil contourne, le

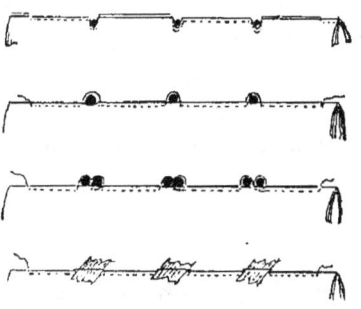

Fig. 55. Schéma de la couture sur grecque.
Fig. 56. Schéma de la couture sur simple nerf.
Fig. 57. Schéma de la couture sur double nerf.
Fig. 58. Schéma de la couture sur parchemin.

---

par le laminage, procédé infiniment plus expéditif, mais inintelligent, parce qu'il réduit le volume à l'état de bloc lourd et informe. » *De la décoration extérieure des livres*, p. 3, ligne 23 et suivantes.

1. Nous ne dirons rien de la couture ou plutôt de l'assemblage des cahiers au moyen des fils de métal. Ce procédé, créé en Allemagne, utilisé pendant quelque temps, est un procédé expéditif, mais désastreux pour le livre. On peut cependant l'employer pour le brochage de plaquettes très minces.

deuxième cahier est appliqué et le fil reprend la deuxième ficelle, et ainsi de suite jusqu'à la chaînette de queue [1].

La couture sur nerfs est simple ou double (fig. 56 et 57). Sur le simple nerf, l'ouvrière enroule le fil une ou deux fois avant de passer à l'intérieur ; pour le double nerf, elle enroule successivement la ficelle sur chaque nerf, en venant de l'intérieur du volume à l'extérieur.

Tout livre imprimé sur parchemin, vélin ou sur papier rigide tel que : papier vélin, whatman, japon, doit être cousu sur nerfs afin de ménager la brisure du dos. Au contraire, tout livre imprimé sur papier à la forme ou papier souple à la machine peut être relié sur grecques.

La couture sur ruban est à peu près la même que la couture sur nerfs, mais le fil sera passé deux fois sur le ruban, ce qui le rend plus solide. Au lieu de ruban, on emploie des bandes de parchemin lorsque l'ouvrage a besoin d'une solidité extrême ; c'est ce qu'on appelle reliure hollandaise. Le fil au lieu d'être piqué dans le parchemin, l'embrasse en entier et se trouve piqué en travers (fig. 58). Après la couture certains relieurs, ce sont les consciencieux, ajoutent au dos du livre un bande de papier très mince. Elle est double, maintenue d'une part sur la garde intérieure et en onglet, de l'autre sur la garde extérieure et le rebord du carton. Sa destination est de donner une plus grande solidité à la couverture.

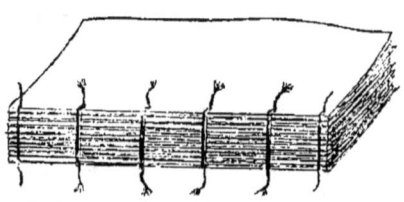

Fig. 59. Un livre sortant de la couture: vu de dos.

Le livre est cousu (fig. 59) ; il nous reste à montrer maintenant comment on procède pour donner au dos la forme arrondie qu'il doit avoir et enfin comment on met les cartons en place.

L'ouvrier reprend le livre et passe sur le dos une couche de colle forte ; puis sans attendre qu'elle soit totalement sèche, il aplanit le dos et le polit un peu avec la partie étroite du marteau ou panne. Après cela, il divise les fils de la ficelle de manière à les effilocher. Enfin il ébarbe le livre pour enlever toutes les inégalités de papier en haut et en bas.

Pour arrondir le dos du livre l'ouvrier le place horizontalement et,

---

1. La reliure sur grecques est d'origine française ; les Allemands l'ont adoptée au dernier siècle en l'appelant « franzband ».

le maintenant d'une main, il frappe de telle sorte que les bords se rabaissent tandis que le milieu reste élevé. Le côté opposé à la couture prendra une forme concave à laquelle on donne le nom de gouttière. Le dos arrondi, on place le livre dans l'étau, le dos en l'air, et avec la panne du marteau, on rabat les cahiers extrêmes de chaque côté sans toucher à ceux du milieu, les côtés rabattus laissent un espace dans lequel sera logé le carton, c'est ce qui porte le nom de mors.

Les cartons, avant d'être placés, sont affinés; on y colle sur la tranche, du côté qui doit toucher le mors, une légère bande de papier, puis on introduit les ficelles, dont les fils ont été réunis et collés en pointe, dans les trous en commençant par la partie extérieure des plats et en revenant dans l'intérieur pour les faire ressortir à l'extérieur où les bouts de ficelles sont rabattus ; les trous ne sont pas parallèles, mais le second est un peu au dessus du premier.

Comme on le voit (fig. 60) le carton fixé et ouvert n'affleure pas la garde blanche, mais laisse voir près d'un centimètre d'ouverture

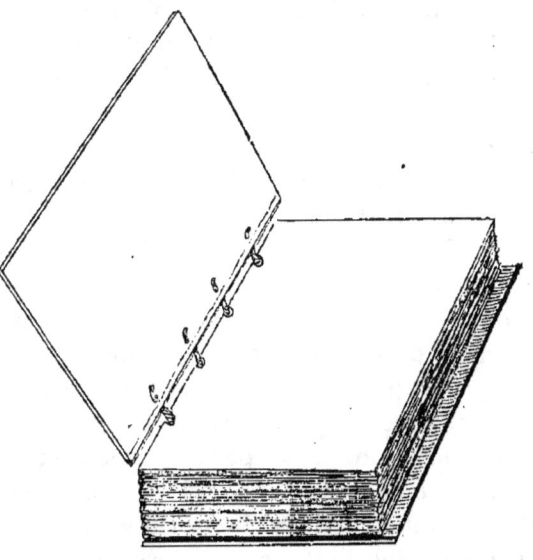

Fig. 60. Les cartons mis en place, l'un d'eux ouvert pour montrer la manière de placer les ficelles.

entre elle et lui. Cet espace est nécessaire pour faire jouer le carton de bas en haut et inversement au moment de son rognage.

On place ensuite les gardes de couleur en les collant seulement contre l'intérieur du mors ; elles doivent un peu déborder de chaque côté du livre. La garde blanche est posée ensuite et sur le tout on place une large bande de papier, *la sauvegarde*, collée très légèrement.

Là s'arrêtent les premières opérations. Les livres sont mis ensuite en paquets. On prend de 12 à 15 volumes qu'on place chacun entre des ais de bois appelés « *entre-deux* », terminés en haut et en bas de la charge par des planchettes plus fortes et plus épaisses. Le tout est mis en presse et doit y rester au moins quarante-huit heures. L'inconvénient de cette mise en paquet consiste en ce que les planchettes n'ayant pas la largeur des volumes, ceux-ci bâillent en sortant de presse. Il est donc préférable, comme cela se pratique chez les bons relieurs, de mettre les livres dans une presse horizontale en les séparant par des planchettes assez larges qui peuvent recouvrir entièrement le livre. Une fois en paquet, les dos sont recouverts d'une forte couche de colle de pâte, renouvelée plusieurs fois, puis frottés soigneusement au moyen d'un frottoir en buis ou en os. L'ouvrier colle ensuite au dos une bande de toile mince qu'on laisse bien sécher, le livre étant entre deux ais. Une fois séchée, on coupe le surplus de cette bande et l'on recouvre le dos du livre d'une couche de colle forte. Si le livre est grecqué, on colle sur le dos la bande de mousseline ; mais s'il est cousu sur ruban, on la remplace par une bande de peau amincie, on n'applique alors rien au dos des livres cousus sur nerfs. Après un nouveau séchage sous presse, les dos sont frottés à nouveau, puis reçoivent une couche de colle forte très claire. Les livres sont enfin retirés de la presse, les mors sont dégagés, tout excédent de mousseline et de papier est enlevé, ils vont être rognés. La tête et la queue seules du livre doivent être rognées d'une manière bien droite, mais légèrement, avec soin, pour ne pas trop enlever de matière. La queue ou bas du livre, qui ne doit être ni dorée ni jaspée, sera simplement ébarbée. La dorure et la marbrure sont faites par des spécialistes à Paris ; c'est toujours le contraire en province, où le relieur exécute les reliures dans tous leurs détails. Après la dorure qui revient polie tandis que la marbrure ne l'est pas, les tranchefiles sont placées en tête et en queue. Elles sont généralement cousues à même au moyen de fils de soie de différentes nuances ; ceci fait, les cartons sont rognés en haut et en bas, selon la hauteur du livre. Par économie, on remplace les tranchefiles par des comètes qui sont collées au lieu d'être cousues. Pour donner une certaine élégance aux volumes cousus sur grecques, on met au dos une bande de papier sur laquelle on applique de distance en distance une mince lanière de cuir ou même un morceau de carton. C'est sur cette bande, ou carte, que la peau est directement posée, et les saillies situées au dessus des petites lanières imiteront les nervures ; ce sont donc de faux nerfs.

Il ne reste plus qu'à recouvrir le livre. Le volume recouvert de sa peau, puis séché, est prêt à être doré sur le dos et à recevoir le titre.

Le travail du doreur est délicat et difficile. Sans entrer dans des détails techniques trop longs et trop minutieux, qu'il nous suffise de dire que le titre doit être aussi simple que possible, sans longueur ni prétention, que tout ornement inutile doit être banni et qu'enfin, pour les collections seulement, le relieur devra rechercher les fers qui se rapprochent le plus du modèle.

Après la dorure, le relieur recouvre les coins du carton d'un morceau de peau ou de parchemin afin de donner à cette partie une résistance suffisante. Alors seulement il amincit ou pare la peau aux mors et aux coins pour éviter que le papier collé sur les plats produise quelque saillie. Les plats sont ensuite recouverts de papier choisi, les gardes en couleurs sont collées intérieurement, puis séchées ; enfin on les polit avec un fer chaud.

Ici se termine le travail essentiel du relieur. Les livres, une fois secs, sont mis en presse entre des feuilles de zinc afin d'en glacer les plats ; on en place même entre les feuilles de garde pour le même motif. Le dernier vernis est passé sur la peau au moment de la livraison (fig. 61).

Ce que nous venons de dire de la reliure et des opérations multiples qu'elle comporte, s'applique d'une manière générale à tous les genres de reliures, qu'il s'agisse de cartonnages en plein papier, en toile ou à la Bradel. Elles diffèrent seulement à la fin lorsque le livre va recevoir les cartons ; c'est en cela surtout que la différence a lieu

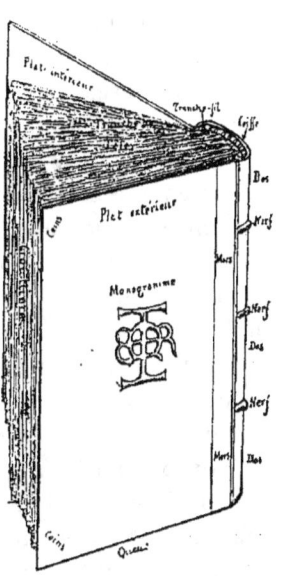

Fig. 61. Livre relié vu de profil et par les plats pour l'explication des divers termes.

pour les cartonnages et les reliures. Dans ces dernières, comme on l'a vu, les ficelles ou les rubans de la couture sont piqués dans le carton même, dans la plupart des cartonnages, on se contente de coller les ficelles ou les rubans contre les cartons en les recouvrant après coup de gardes plus ou moins solides. On peut encore appeler cela un emboîtage.

Les cartonnages en papier doivent se faire le moins possible, eu égard à leur peu de résistance ; la peau de veau doit être bannie des bibliothèques, sa préparation moderne est défectueuse, et ce cuir, étant sujet à durcir et à se sécher avec le temps, devient cassant[1].

Les atlas doivent généralement être montés sur onglets en toile avant d'être reliés ; c'est le meilleur moyen de protection et de conservation.

Pour les journaux de très grand format ainsi que les ouvrages de même genre, mais imprimés sur papier très mince, souple et facile à manier on peut employer la reliure dite *arraphique*. Elle consiste, après avoir grecqué les dos comme d'habitude, à y glisser les ficelles puis à passer sur tout le dos, le livre étant mis à l'étau, quelques couches de colle forte. Les ficelles seront très adhérentes, les cahiers ne risquent pas de se détacher ; on peut recouvrir le volume, mais il ouvre cependant moins bien qu'une reliure.

Les matières diverses employées à recouvrir les livres présentent chacune ses avantages et ses inconvénients.

Le parchemin, assez peu usité de nos jours, est mal préparé actuellement et est inférieur aux anciens parchemins ; son prix de revient est assez élevé en France. Aussi n'emploie-t-on une reliure en parchemin que pour certains ouvrages rares, ou méritant une reliure solide, à la hollandaise. Mais l'inconvénient capital du parchemin est dans sa sensibilité hygrométrique. Sous l'influence de la chaleur il se dessèche et se raccornit, sous celle des temps humides il redevient lâche et mou.

Les toiles employées pour la reliure sont de diverses sortes : calicot, percale, percaline, toile unie ou à tablier, etc., toutes formées des matières textiles suivantes : coton, lin, chanvre, jute, phormion, ramie, mais rarement de laine ou de soie [2].

Ces toiles subissent un apprêt particulier en vue de l'usage auquel on les destine. Cet apprêt, outre la teinture dont on les charge, les rend parfois cassantes. A certaines toiles on fait subir un estampage

---

1. Peu de reliures en veau sont restées intactes ; elles réclament beaucoup de soin et une manipulation délicate. La plupart des collections et ouvrages anglais du siècle dernier et du début de celui-ci sont reliés en veau, mais nous parviennent avec les dos brisés ou raccommodés.

2. Le calicot, la percale, la percaline sont des tissus fabriqués avec du coton, mais avec des fils et un apprêt différents. — La toile est en lin ou en chanvre.

imitant les grains du chagrin ou même une série de lignes géométriques. Ces divers ornements nuisent beaucoup à la solidité de la toile et servent surtout de trompe-l'œil ; la fibre étant si souvent manipulée perd sa souplesse, la trame se brise alors et les défauts se dissimulent dans le dessin.

Les toiles unies sont donc les meilleures à l'usage et, autant que possible, il est bon de les employer noires ou écrues, sans couleur, à cause des mordants qui diminuent la solidité de leur texture.

Les cuirs. Leur nature est plus difficile à reconnaître une fois qu'ils ont été préparés pour la reliure. Par des procédés industriels très pratiqués aujourd'hui, on est arrivé à scier les bonnes peaux en deux et même trois parties afin d'en tirer un plus grand bénéfice[1]. La partie supérieure de la peau ou fleur est encore bonne, puisque le grain a sa contexture naturelle et que les cellules sont soudées et fermées à cette partie. Les autres sections de la peau sont préparées et par une impression habilement faite, en les passant entre des cylindres chauffés, on leur donne un grain factice, agréable à l'œil, mais qui n'est qu'illusoire, aussi une peau ainsi préparée s'éraille et se feutre rapidement. La solidité de la reliure est alors compromise.

Pour les peaux pleines qui peuvent être utilisées, elles se divisent en *basane*, *chagrin* et *peau de truie*. Le cuir de Russie et le maroquin du Levant sont réservés pour les reliures de luxe.[2]

— Le jute est une fibre textile formée par l'aloès et les feuilles de l'ananas. — Le phormion ou lin de la Nouvelle-Zélande a beaucoup d'apparence et plaît à l'œil, malheureusement son usage n'est pas long. L'humidité et la grande chaleur le blanchissent et en désagrègent les cellules ; le tissu se réduit en étoupe. — La ramie, originaire de l'Asie : Chine et Japon, est d'introduction assez récente en Europe (1815 pour la France). Elle produit des tissus assez solides et qui rivalisent, comme chatoiement, avec la soie. Ces tissus étaient connus dès le XVIe siècle ; les Hollandais faisaient grand commerce de ces étoffes, mais nous ignorons si ce tissu est utilisé dans la reliure des livres. On se sert quelquefois de la soie pour la reliure des livres de luxe, mais plus souvent pour les gardes intérieures.

1. Cet usage existait déjà au XVIIIe siècle, particulièrement pour les cuirs de bœuf et de vache. Voy. Art de refendre les cuirs (3 pl.). *Encyclopédie de Diderot*, 2e édition, Paris, Panckoucke, 1810. *Recueil de planches*, t. VIII.

2. Le maroquin du Levant n'est que de la chèvre forte dont le grain se forme naturellement et proportionnellement à son épaisseur. Le cuir de Russie est remarquable par son parfum. Sa préparation est un peu différente de celle du cuir ordinaire.

La basane ou peau de mouton, tannée simplement, est la peau bon marché par excellence ; c'est celle qu'on emploie de préférence pour les reliures les plus usuelles. Souple, légère, peut-être un peu spongieuse, sa résistance est assez grande surtout si elle n'est pas sciée, si un bon vernis la recouvre et si elle a été bien brunie. Ses qualités sont réelles ; mais elle a certains défauts. Ce cuir, dont les pores sont lâches et assez ouverts, peut subir quelques transformations nuisibles. Sous l'influence d'une chaleur excessive ou exposée aux rayons du soleil, la basane, comme le veau, subit une rapide dessiccation, et devient cassante. Placée dans un lieu humide, cette peau se moisit et se recouvre d'une végétation parasite qui altère sa contexture en la rendant très spongieuse. Les basanes sont aussi chagrinées artificiellement avec des grains de dimensions différentes, mais sans qu'elles acquièrent pour cela plus de solidité.

Chagrin. La couverture, par excellence, pour tout livre de fatigue, est la peau de chèvre maroquinée vulgairement appelée *chagrin*. A une extrême solidité, ce cuir joint une grande souplesse et une parfaite résistance à une longue manipulation. Aussi faut-il le recommander spécialement ; car, malgré l'apparence élevée du prix de reliure avec cette peau, on réalisera encore une réelle économie si le livre a été battu et bien cousu, son usage étant bien plus durable que celui de la basane.

La peau de truie, anciennement bien mieux préparée que de nos jours, et d'une solidité merveilleuse comme on peut le constater dans les reliures des XVIe et XVIIe siècles[1], époque où elle était en grand usage, tend aujourd'hui à perdre pied de plus en plus dans la reliure ; du reste, elle devient cassante et, comme elle est très chère, elle demeure d'un usage plus rare.

Si, en France, les reliures de luxe sont toujours hors de pair, nos ouvriers relieurs n'ont plus souci, à l'exception de quelques maisons de Paris, d'atteindre, dans la reliure ordinaire, les qualités qui permettent l'usage journalier du livre et assurent sa conservation. Ces défauts se retrouvent à divers degrés dans les reliures étrangères à bon marché.

---

1. Les reliures en peau de truie gaufrées, telles que l'Allemagne les produisait aux XVIe et XVIIe siècles sont parfaitement conservées.

CHAPITRE V

LA MISE EN PLACE DES VOLUMES

La division des ouvrages par formats. — Mise en place sur les tablettes par matières, par hauteur. — Avantage et inconvénient des deux systèmes.— Procédés d'inscriptions diverses. — L'estampillage.— Le registre inventaire. — Le registre des suites et celui des périodiques.

Il y a peu de temps encore, on procédait avec la plus grande liberté lorsqu'il s'agissait de disposer les livres sur les rayons, de les classer et les inventorier. De méthode, il n'en existait pas; chacun obéissant à ses goûts et à ses tendances, choisissait le système qui lui paraissait le meilleur. Les uns en créaient de toutes pièces, d'autres adoptaient celui de Brunet, d'aucuns enfin admettaient une classification rationnelle et intervertissaient ou arrangeaient l'ordre de Brunet. Discuter de l'opportunité de l'une ou l'autre méthode, ou en souhaiter une qui remplisse toutes les conditions désirées nous paraît aussi difficile qu'irréalisable.

Nous ne voulons pas ici faire une étude critique des systèmes adoptés dans les diverses bibliothèques relatifs à l'arrangement des livres sur les rayons, mais aujourd'hui, en France particulièrement, l'ordre tiré de la hauteur des livres paraît dominer. C'est-à-dire que l'on divise chaque série et section scientifique en plusieurs parties, ces parties répondent aux formats des livres et par ce fait à leur hauteur.

Dans certains cas, il peut exister un rapport relatif entre les cotes placées sur les volumes, portées sur les catalogues méthodiques et le placement du livre lui-même sur le rayon. C'est la concordance des catalogues avec la topographie des livres en un mot. On a aussi adopté dans beaucoup de bibliothèques une division alphabétique pour chaque série scientifique ou même plusieurs lettres pour la même science si ses divisions sont nombreuses; ainsi à la bibliothèque de l'Institut les lettres A à K se rapportent à l'ensemble des sciences théologiques; de plus les subdivisions de chaque série portent toutes un exposant : lettre ou chiffre, suivi encore d'un autre chiffre répondant à la position topographique du volume. Il résulte de ce système que la cote du livre est très surchargée et qu'il faut un grand effort de mémoire pour s'en souvenir. Prenons un exemple : DALECHAMP (JACQUES) : *Histoire générale des plantes* traduite. par Jean des Moulins, Lyon, 1658, 2 vol. in-fol. Si la lettre M désigne d'une manière générale les sciences, N les sciences naturelles, et b la botanique, l'étiquette sera ainsi libellée : M^{Nb} 248 le numéro 248 porté au bas indique le numéro du catalogue méthodique d'une part et le classement du livre sur le rayon; si cet ouvrage est en double ou en triple, on se verra forcé d'ajouter à la suite du numéro une lettre ou un chiffre : 248^b 248^c ou 248^2 248^3.

On voit d'ici la complication qu'entraîne un pareil système. Bien souvent aussi, il n'existe aucun rapport entre les lettres ou les chiffres systématiques et la classe scientifique du livre, d'où il peut résulter une grande confusion.

Il nous paraît difficile d'adopter une corrélation logique et absolue entre le système bibliographique choisi et la position des livres sur les rayons. Il est illogique de vouloir placer les ouvrages systématiquement sur les tablettes, d'abord parce qu'ils demandent des divisions extrêmes et ensuite parce qu'un grand nombre de livres anciens renferment sous une même reliure plusieurs ouvrages ou même une série de brochures n'ayant aucun rapport scientifique entre eux et, constituent, par ce fait un recueil factice; on se trouve donc forcé de créer une section supplémentaire : *mélanges* ou *divers*.

L'inconvénient de cette multiplicité de cotes d'une part, de leur défectuosité de l'autre a frappé depuis longtemps les bibliographes.

Au commencement du siècle, un bibliothécaire de la Bibliothèque Impériale de Saint-Pétersbourg, M. Soboltschikoff, a signalé d'une manière frappante les inconvénients qui résultaient de ces cotes sans bases rationnelles. Au lieu de prendre pour point de départ le système méthodique lui-même, qui obligeait à mettre les livres sur le rayon avec une division par sciences, puis par sections, et enfin par matières dans chaque section — ce qui nécessitait aussi de grands vides, des espaces énormes ou des intercalations sans nombre dans une bibliothèque dont l'accroissement était progressif et constant, — il proposait un système nouveau qui renversait absolument l'ancien sous le rapport de la position des ouvrages sur les rayons.

Soboltschikoff proposait de diviser les ouvrages par formats : in-folio, in-quarto, in-octavo. Les salles étaient désignées par des lettres : de A à Z, avec répétition de lettres s'il y avait plus de 25 salles : Aa à Zz. Les travées ou corps de rayons étaient divisées en chiffres romains en partant par la gauche, les rayons étaient numérotés et les livres ou ouvrages portaient aussi un numéro. Pour l'ouvrage suivant : Fletcher (Wil. I.) : *Public libraries in America*, Boston, Roberts brothers, 1894, pet. in-8°, fig., portant la cote suivante :

$$F \; IV \frac{8}{17} \quad \text{ou} \quad IV \frac{F}{17}\frac{8}{}$$

ou savait que l'ouvrage se trouvait dans la sixième salle, quatrième travée, rayon huitième, ouvrage dix-septième. Mais ce système, tout en étant préférable à l'ancien, pêche encore par la cote et la numérotation.

Les bibliothécaires municipaux ne peuvent plus invoquer aujourd'hui l'ignorance où ils sont sur des instructions et des traités de la mise en ordre des livres d'une bibliothèque. Sans compter les traités bibliographiques et les nombreux articles de revues publiées jusqu'à ce jour [1], M. Léopold Delisle a publié, en 1889, dans le

---

1. Voici les titres de quelques-uns : Jewet (Charles C.) : *Smithsonian Report. On the construction of catalogues of libraries and their publication by means of separate, stereotyped titles. With rules and examples*, second edition, Washington, 1853, in-8°, XII, 96 p. — Dziatzko (Dr Carl) : *Instruction für die Ordnung der Titel im Alphabetischen Zettelkatalog der Königlischen und Universitäts-Bibliothek zu Breslau*, Berlin, 1886, in-8°. — *Ins-*

Bulletin des bibliothèques et des archives, des instructions spéciales qui sont un guide excellent pour les fonctionnaires des bibliothèques [1].

Pour les bibliothèques universitaires, il en est autrement. La commission centrale des bibliothèques a franchement innové et créé un système qui peut être critiqué par les personnes incompétentes en bibliographie, mais présentant une logique et une sûreté dans le classement des livres qui en garantit non seulement l'inscription sur l'inventaire, la simplification des catalogues, mais aussi la facilité des recherches. En créant ce système nouveau, elle n'a pas voulu bouleverser les classements antérieurs. Il est dit dans cette circulaire que le bibliothécaire devra, au contraire, respecter le classement primitif, mais il l'arrêtera à son arrivée ; il devra considérer les livres nouvellement entrés comme un fonds nouveau et il les cataloguera conformément aux règlements en usage.

Exception est faite cependant pour la bibliothèque de l'Université de France où les ouvrages continuent à être classés suivant le système bibliographique adopté par M. Lebas et modifié peu à peu en raison de l'accroissement des séries scientifiques de la bibliothèque [2].

truction für die Herstellung der Zettel des alphabetischen Katalogs. Burg, 1892, in-8°. — Fumagalli (Giuseppe) : *Cataloghi di biblioteche e indici bibliografici...* Firenze, 1887, in-8°, xix, 199 p.

1. Delisle (Léopold) : *Instructions élémentaires et techniques pour la mise et le maintien en ordre des livres d'une bibliothèque.* (Bulletin des bibliothèques et des archives, VI, 1889, p. 113, sq. in-8°,) tiré à part en 1890, Lille, Danel, in-8°, 76 p.

2. Ce système peut se résumer ainsi : Adoption de 6 formats dans chaque série et subdivision scientifique : *très grand folio, grand folio, folio, in-quarto, in-octavo, in-douze.* La base du classement sur les rayons repose sur le catalogue méthodique fait sur registre. Les livres, à leur entrée, sont inscrits soit au registre d'acquisition, soit au registre des dons, suivant leur provenance, sous un numéro d'ordre qui se suit jour par jour. Le livre est coté et timbré de deux manières : au bas du titre, le timbre d'acquisition ou de dons avec le numéro au centre ; au tiers du titre, le timbre de la bibliothèque de l'Université, répété à la page 100 et à la dernière page du livre ; au haut du titre, la cote que porte le livre au catalogue méthodique est écrite à l'encre. Enfin, les cartes sont faites au nom de l'auteur avec l'indication de la cote et le numéro d'entrée [*]. S'il y a des planches dans l'ouvrage, elles sont estampillées avec un petit timbre. Nous avons reporté au chapitre « *Systèmes bibliographiques* » le cadre de classement méthodique de cette bibliothèque

[*] Au catalogue alphabétique, nous donnons quelques spécimens de fiches telles qu'elles sont faites à la bibliothèque de l'Université.

Voici en résumé l'expression même de l'Instruction générale du 4 mai 1878 : l'ensemble des livres de la bibliothèque est divisé en trois formats bien distincts : les in-folio, comprenant tous les ouvrages au-dessus de 35 centimètres ; les in-quarto, embrassant ceux qui vont de 25 centimètres à 35 centimètres et enfin les in-octavo ou tous les ouvrages inférieurs à 25 centimètres.

L'Instruction n'admettant aucune cote systématique, précise la division, l'inscription et la mise en place des ouvrages suivant un ordre numérique au fur et à mesure de l'entrée du livre à la bibliothèque, abstraction faite de sa matière et de son contenu. Ainsi, les in-folio ou grands formats seront rangés dans les numéros 1 à 10.000 par exemple, les moyens formats, de 10.001 à 40.000, et les petits formats de 40.001 et au-delà. Avec cette latitude de numéros, le bibliothécaire ne risque pas d'être pris au dépourvu ; il existe entre ces trois formats assez de marge numérique pour faire face pendant de longues années aux entrées d'ouvrages. Il faut dire aussi que ces bibliothèques n'ont guère plus de vingt ans d'organisation, mais elles se développent constamment et continueront dans cette voie.

Pour le classement des suites et des périodiques, indiqué aussi dans l'Instruction générale, p. 29, tout bibliothécaire intelligent comprendra que ces sortes d'ouvrages doivent avoir un numéro provisoire en attendant leur achèvement. On peut donc adopter les mêmes séries de chiffres que ceux donnés ci-dessus en les faisant précéder de la lettre P (*provisoire*).

Ce classement numérique exige la création et la tenue de trois registres[1] correspondant aux trois formats, ainsi qu'un registre supplémentaire assez gros, renfermant les trois formats des ouvrages à classement provisoire. Par le détail de la manipulation que subit le livre depuis son entrée jusqu'à sa mise en rayon, on comprendra mieux l'usage de ces registres.

Dans la plupart des bibliothèques, les ouvrages sont placés dans les rayons en partant de la gauche de l'entrée des salles ; dans les bibliothèques universitaires, c'est obligatoire (fig. 61). Chaque travée forme un tout, de bas en haut, comprenant les trois formats : la première tablette réservée aux in-folio ; les deuxième, troisième et quatrième, s'il le faut, seront pour les in-quarto ; les autres

---

[1]. Instruction du 4 mai 1878, article II.

tablettes, depuis la quatrième ou la cinquième jusqu'en haut, logeront les in-octavo. Les livres seront placés dans les rayons en partant de la gauche (fig. 62) et ainsi de suite jusqu'en haut. Une pan-

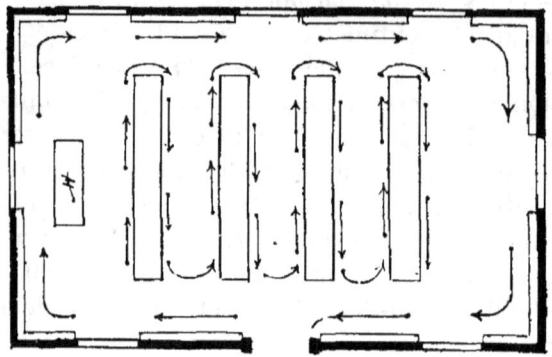

Fig. 61. Plan d'un magasin pour montrer l'ordre de disposition des livres dans les rayonnages et dans les épis.

carte mobile (fig. 63) pourra être placée entre chaque travée ou au milieu d'elle ; on y inscrira les numéros extrêmes de chaque format.

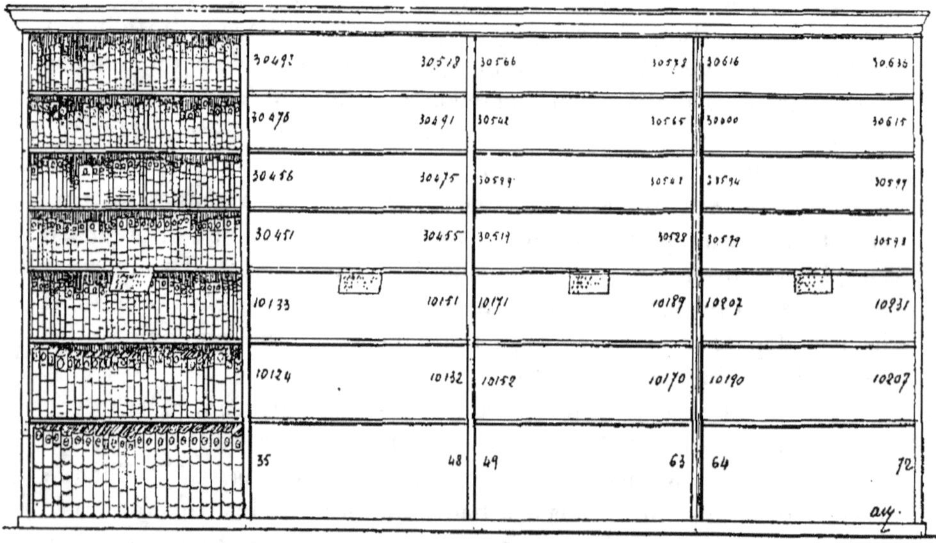

Fig. 62. Vu d'un rayonnage à quatre travées indiquant la disposition des livres par travées et rayons.

Si dans la salle, il existe des épis, on les remplira après que tout le pourtour de la salle sera garni, mais toujours en commençant par la gauche.

Comme tout ouvrage doit être mis à la disposition des lecteurs le plus rapidement possible, le bibliothécaire, aussitôt qu'un livre nouveau entre à la bibliothèque, doit en prendre possession par la marque de propriété qui est le cachet. Il s'applique sur le titre, au tiers de sa hauteur environ, et, s'il n'y en a pas, à la première page d'impression ; de plus, on le répète à la page 99 et à la dernière page du volume[1]. En l'appliquant, il faut avoir soin de ne pas maculer le papier. Ce timbre peut être en cuivre ou en caoutchouc ; ces derniers sont plus souples, ne déchirent pas le papier, mais ne permettent que l'usage de l'encre d'aniline : rouge, bleue ou violette. La gravure doit en être simple et sans surcharge inutile[2]. L'ancienne encre grasse noire était préférable bien souvent parce que le cachet était indélébile, tandis que la lumière affaiblit et fait disparaître insensiblement les encres d'aniline.

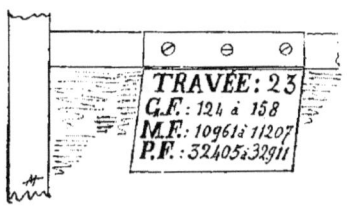

Fig. 63. Pancarte mobile placée au milieu d'une travée.

Le livre étant timbré, il est inscrit immédiatement au registre d'entrée-inventaire, selon le format auquel il se rapporte. Nous donnons quelques modèles d'inscription sur le registre, en nous basant sur l'article III, § 3, de l'instruction qui exige que le titre soit mis sur une seule ligne.

Dans le tableau suivant, nous avons modifié la disposition du registre, de manière à y faire figurer les dates de factures, les noms des fournisseurs, les prix et les ordonnancements des ouvrages.

---

1. Au moins dans les bibliothèques universitaires.
2. L'inscription peut-être disposée de la manière suivante.

BIBLIOTHÈQUE UNIVERSITAIRE

DE

LYON

Modèle de livre d'entrée des ouvrages pour une bibliothèque municipale.

NUMÉRO D'ORDRE.	DATE.	TITRE DU LIVRE.	ORIGINE NOM DU VENDEUR ou du Donateur.	PRIX.
207	1890, 4 fev.	BARTHÉLEMY (Ed. de). — *Monuments hist. du département de la Marne.* Châlons-sur-Marne, 1889, in-8°.....	*Picard.*	»
208	id.	CASTAN (A). — *La Bibliothèque de l'abbaye de St-Claude*... Besançon, 1889, in-8°...	id.	»
209	1890, 5 mars	PAZZIS (M). — *Mémoire statistique sur le départ. de Vaucluse.* Carpentras, 1808, in-4°.	id.	»
210	id.	POGGENDORF (J.-C). — *Geschichte der Physik*............ Leipzig, 1879, in-8°..	*don de M. X.*	»
211	id.	HEATH (R. S). — *A treatise on geometrical Optics*......... Cambridge, 1887, in-8°..	*Picard.*	»
212	1890, 12 avril	EDWARDS (Ev.). — *Libraries and founders of libraries*..... London, 1864, in-8°....	*don de M. Z.*	»

Spécimen de registre d'entrée-inventaire — Grand Format

NUMÉROS	TITRES DES OUVRAGES.	VOLUMES	RELIURE	OBSERVATIONS	DATE D'ENTRÉE	ABSENTS AUX RÉCOLEMENTS.				
						1894	1895	1896	1897	1898
37	WRONSKI (H). *Nouvelle Théorie des marées* ... *Paris 1886, fol*	1	d. t. v.	ouvr. posth.	15 déc. 93					
38	VIETA (F). *Opus restitutæ* ... *Parisiis 1614, fol*	1	d. m. br.	edit. prin.	id.					
39	GLAISHER (J). *Factor table f. the fourth million*. ... *London, 1879, g. 4°*	3	c. t. v.	don de M. X.	8 janv. 94					

Spécimen de registre d'entrée-inventaire — Moyen Format

NUMÉROS	TITRES DES OUVRAGES.	VOLUMES	RELIURE	OBSERVATIONS	DATE D'ENTRÉE	ABSENTS AUX RÉCOLEMENTS.				
						1894	1895	1896	1897	1898
10.127	VELAIN, *Dn géolog. de la presqu'île d'Aden*. ... *Paris, 1878, 4°*	1	d. r. ch.b.	Thèse, 27 pl.ht.	8 nov. 79					
10.128	KENNGOTT. *Handwörterbuch d. Mineralogie*. ... *Breslau, 1883, 8°*	2	"	"	4 mai 84					
10.129	GOSSELET, *L'Ardenne*. ... *Paris, 1888, 4°*	1	d. r. ch.p.	don Min. I. P	9 juin 88					
10.130										
10.131										
10.132										

Spécimen de registre d'entrée-inventaire — Petit Format

NUMÉROS	TITRES DES OUVRAGES.	VOLUMES	RELIURE	OBSERVATIONS	DATE D'ENTRÉE	ABSENTS AUX RÉCOLEMENTS.				
						1894	1895	1896	1897	1898
32.506	JANNETAZ (Ed.). *Les roches* ... *Paris, 1884, p. 8°*	1	cart.		2 janv. 85					
32.507	STOFFAES. *C. de mathématiques supres* ... *Paris, 1894, 8°*	1			4 janv. 92					
32.508	KURULA, TRÜBNER. *Minerva, 1893-94* ... *Strasbourg 1894, 8°*	1	c. t. bl.		id.					
32.509	BRIDEL (L.). *Le droit des femmes* ... *Paris, 1893, 12°*	1			id.					
32.510	CARUS. *Conscience du moi, trad. Monod*... *Paris, 1893, 12°*	1	c. p. v.		id.					
32.511	MONTAIGNE. *Essais, édit. J. V. Le Clerc* ... *Paris, 1836, 8°*	2	d.v.ch.bt.		id.					
32.512	VIRGILIO MARON. *La Eneida,traduc. p. A. Guiteras.* *Barcelona 1883, 8°*	1	c. pn. bt.	fig. de Waguelin, titre r.et n.	3 avril 94					
32.513	CATULLUS. *edited. S. G. Owen.* ... *London, 1893, 8°*	1			id.					

Cette opération étant faite, on reportera le numéro de l'inventaire au-dessus du titre de l'ouvrage, mais dans l'angle intérieur, afin qu'il ne disparaisse pas si l'ouvrage doit subir un rognage à la reliure.

Le bibliothécaire comprendra toute l'importance de la bonne tenue de ce registre ; c'est la base de tout contrôle de la présence et de l'absence des livres. En un mot, c'est le registre fondamental de la bibliothèque, c'est l'expression de sa richesse ; il en est la clé, pour ainsi dire.

Les bibliothèques municipales et autres doivent, elles aussi, posséder un livre d'entrée, mais il peut varier au gré des bibliothécaires. Dans les instructions de M. L. Delisle, il en existe un modèle dont nous reproduisons le cadre, p. 116, avec quelques inscriptions. Les ouvrages y sont portés sans distinction de format, mais avec un numéro d'ordre qui se suit ; il y a ensuite la date d'entrée, les titres des livres, l'origine, le nom du vendeur ou du donateur, et enfin le prix.

Spécimen du Registre Entrée-Inventaire (modifié)   Grand Format   P. 116-117

NUMÉROS.	NOMS DES AUTEURS.	TITRES DES OUVRAGES.	NOMBRE de VOLUMES.	RELIURE.	NOM DU FOURNISSEUR OU DU DONATEUR.	DATE de la FACTURE.	PRIX.	OBSERVATIONS.	ABSENTS AUX RÉCOLEMENTS.						

Spécimen du Registre Entrée-Inventaire (modifié)   Moyen Format

Spécimen du Registre Entrée-Inventaire (modifié)   Petit Format

CHAPITRE VI

DES CATALOGUES

Des catalogues en général. — Des fiches ou cartes. — Le catalogue alphabétique ; sa nécessité ; son exécution. — De la rédaction des cartes. — Exemples. — Du nom d'auteur ou du mot principal à mettre en vedette. — Des difficultés qui se présentent dans le maintien d'un ordre alphabétique ; règles à suivre. — Cartes de renvois et de rappels. — Du catalogage des incunables ; mazarinades ; collections ; mélanges. — Dissertations et programmes étrangers. — Factums. — Catalogue d'une bibliothèque particulière. — Mise en place des fiches. — Les périodiques. — Les suites d'ouvrages. — Le catalogue méthodique. — Catalogue analytique. — Catalogue des doubles. — Manuscrits. — Autographes. — Des cartes géographiques. — Les estampes. — Catalogues de libraires et journaux bibliographiques.

Dans toute bibliothèque, il faut un catalogue ; c'est un répertoire par auteurs ou par matières, qui a pour but de permettre la recherche de l'ouvrage demandé et d'indiquer dans quelle partie de la bibliothèque il se trouve.

Ces répertoires peuvent se faire sur registre à feuillets fixes, avec des vides pour l'intercalation d'autres titres d'ouvrages, sur feuillets mobiles ou encore sur des fiches ou des cartes séparées, groupées entre elles dans un ordre déterminé et placées dans des boîtes ou des meubles spéciaux.

En Allemagne, on serait plutôt porté vers les catalogues sur registres ; en France, les cartes paraissent être préférées.

Chacun de ces systèmes a ses défenseurs et ses détracteurs. Un registre se feuillette facilement et rapidement ; il n'y a ni peine ni déplacement pour le lecteur. Mais, d'un autre côté, pour éviter les surcharges et les renvois inévitables après le remplissage de certaines pages, qui tous deux entraîneraient bien vite à de graves confusions, on se voit forcé d'annuler les registres et de les faire transcrire à nouveau. Ceci ne peut avoir lieu que si le conservateur a sous ses ordres un personnel suffisant pour pouvoir en immobiliser une partie à ce travail ; le catalogue sur feuillets mobiles présente à peu près les mêmes inconvénients, mais on remplace plus aisément un feuillet.

Le catalogue sur cartes demande, pour être logé, un certain développement de place, soit en étendue, soit en mobilier.

Catalogue alphabétique. — La rédaction du catalogue alphabétique exige beaucoup de soins et de méthode ; il doit être exécuté sur un plan bien arrêté, dont on ne doit jamais s'écarter sous peine d'être entraîné à commettre de graves erreurs. Quant à sa rédaction, il faut rester dans le cadre des règles bibliographiques généralement admises.

C'est le plus important des catalogues d'une bibliothèque, celui qui est consulté sous toutes ses formes et à tous les instants. Il devra être fait sur fiches, d'une épaisseur moyenne, mais de bonne qualité de papier. Un papier épais, d'une seule pâte, à teinte légèrement crème ou bleutée, conviendrait bien ; ces fiches se saliraient moins sous l'influence de la lumière, de la poussière et surtout de la manipulation. Leur dimension peut varier selon la place qu'elles doivent occuper ou encore selon le développement qu'on veut donner à la transcription du titre. Il ne faut cependant pas qu'elles soient trop petites ou trop grandes ; dans le premier cas, le rédacteur se verra obligé d'employer une écriture fine et ténue, ce qui nuira à la bonne lecture de la carte ; d'autre part, les grandes cartes tiennent de la place au détriment de la quantité. Les mesures moyennes varient de 8 centimètres de largeur sur 12 centimètres de hauteur, ou 10 à 12 centimètres de largeur sur 14 à 18 centimètres de hauteur. Nous adopterions de préférence ces dernières dimensions, comme permettant d'exécuter une carte très lisible, avec une écriture moyenne et aussi complète qu'on peut le désirer.

Il serait utile, croyons-nous, qu'on adoptât des fiches de grandeur uniforme pour toutes les bibliothèques ; on pourrait, par ce moyen, y coller les titres imprimés sur papier pelure que certains éditeurs américains ont soin de mettre à la fin de chaque ouvrage qu'ils publient. Il est à regretter que cette heureuse inauguration ne soit pas universellement adoptée [1].

Nous donnons à titre de renseignement, les chiffres des dimensions des fiches adoptées dans les principales bibliothèques de Paris.

BIBLIOTHÈQUES.	Hauteur.	Largeur.	Genre de papier.	OBSERVATIONS.
	m/m	m/m		
Nationale	90	60	pap. teint.	pl. régl.
Sainte-Geneviève	88	70	cart. bl.	—
De l'Arsenal	90	60	brist.	—
Mazarine	240	195	pap. souple.	perc. m. ongl. 60 m
De l'Institut	91	62	cart. bl.	pleines.
Du Muséum	109	81	—	perc. tr. rd. régl.
De l'Université de France (Sorbonne)	67	100	—	perc. tr. rd.
De la Faculté de médecine	110	81	bristol bl.	perc. tr. ov. ● régl.
De la Faculté de droit	104	76	pap. crème.	perc tr. ov. ● régl
De la Faculté de théologie protestante.	79	112	cart. bl.	perc. tr. ov. ●
De l'École supérieure de pharmacie.	110	80	cart. lég. t.	perc. tr. rd. régl.
De la Ville de Paris (Musée Carnavalet)	104	60	bristol bl.	pleines.
	90	60		

Les fiches doivent être rédigées ainsi :

En haut de la carte, sur la gauche, on inscrira en caractères gras et très lisibles le nom de l'auteur s'il est nommé, ou des auteurs s'il y en a moins de quatre [2]. Les prénoms seront placés après, entre parenthèses, séparés les uns des autres par un tiret. Une ou deux lignes au-dessous, selon leur espacement, on transcrira le titre de l'ouvrage sans rien en changer et tel qu'il est imprimé [3]. Cependant, il doit être abrégé dans les formes voulues, c'est-à-dire dégagé de tout ce qui n'est pas, à proprement parler, le titre.

On se reportera au commencement de la ligne pour transcrire le

---

1. Ce moyen a été adopté en France et en Allemagne pour faciliter le classement des Dissertations étrangères. La Bibliothèque Nationale fait imprimer annuellement le catalogue des dissertations qu'elle reçoit et un tirage est fait sur papier pelure avec impression d'un seul côté. En Allemagne, on fait de même pour le *Jahres-Verzeichniss der an den deutschen Universitäten erschienenen Schriften...* qui paraît depuis 1889.

2. On va jusqu'à cinq à la Bibliothèque Nationale; à celle du Muséum d'histoire naturelle, on s'arrête à trois, ce qui nous paraît suffisant. Les noms des auteurs peuvent être écrits les uns au dessous des autres.

3. Pour les livres rares, les éditions princeps, les incunables, il serait bon de séparer chaque mot terminant une ligne de titre par une ou deux barres verticales (voy. p. 124).

nom de lieu, le nom de l'éditeur, la date, le nombre de volumes et le format ; si l'ouvrage renferme des gravures hors texte ou curieuses à un autre point de vue, il faudra les signaler; on fera même bien d'en donner le nombre s'il s'agit d'un atlas, d'un album ou de planches précieuses. Enfin, si l'ouvrage est relié, on l'indiquera aussi par les abréviations d'usage. Les notes marginales, les signatures curieuses, les ex-libris, les armes des reliures doivent être notés en caractères plus fins, au-dessous du titre.

Lorsque le nom de lieu ou la date ne figurent pas sur le titre, on doit l'indiquer sous cette forme : *S.-L.-N.-D. (sans lieu ni date)* ; si cependant la date se trouve au bas d'une dédicace, d'une préface, ou à la fin de l'ouvrage, il faut la porter sur la fiche, mais entre parenthèses : *(1895)*. A l'exception des incunables, on fera bien de transcrire la date en chiffres arabes, si elle se trouve en chiffres romains sur le titre.

Pour les ouvrages anonymes, on doit rechercher si le nom de l'auteur se trouve dans la lettre dédicatoire, ou à la fin de la préface, ou dans le corps du privilège. Si l'auteur se fait connaître ou s'il est connu et indiqué par une note manuscrite, on agira pour cet usage comme à l'ordinaire, en ayant soin de mettre le nom entre crochets ou de le faire suivre d'un point d'interrogation. A la Bibliothèque Nationale, si ce cas se présente, on met à la fin du titre le mot : [*signé....*]

Les ouvrages pseudonymes sont inscrits sous le vrai nom de l'auteur, avec un renvoi au pseudonyme ; cependant, exception est faite pour certains auteurs qui sont plus connus sous leur pseudonyme.

[VOLTAIRE]. — *De la paix perpétuelle*, proposée par le docteur Goodheart (Voltaire), traduction de M. Chambon, *S.-L.-N.-D.* (1769), in-8°. — Renvoi à **Chambon**.

[DROSNAY (ARTHUR DE)]. — *Les petits mystères de l'Académie française, révélations d'un envieux*, par Arthur de Drosnay, Paris, imp. Ed. Proux, 1844, in-8°. — Renvoi à **Barba (A.)**.

[DEROMANI (RICHARD)]. — *Le carabinage et la matoiserie soldatesque*, Paris, Monstrœil, 1616, in-8°. — Renvoi à **Drachier d'Amorini**.

[SALMASIUS (CLAUDIUS)]. — *Diatriba de mutuo, non esse alienationem adversùs Ccoprianum quemdam juris doctorem* (Cyprianum Regnerum, Jurisconsultum Batavum), Lugdini Batavorum, 1640, in-8°. — Renvoi à **Massalia de Sancto Lupo (Alix)**.

Les titres en langues étrangères doivent être transcrits tels qu'ils sont écrits, si les caractères sont en lettres romaines, en maintenant surtout les signes diacritiques placés sur certaines lettres, mais ils seront classés dans l'ordre des lettres telles qu'elles se suivent. Pour les noms russes, on les transcrit généralement selon la prononciation allemande, c'est une faute en français; il ne faudrait pas mettre *w* pour *v*, *sch* pour *ch*, etc.

Szanisló Béla — *Kertész* György — *Szentkiralyi* Akos.

Dobsewicz — Dochtorowicz — Druzbacki — Druzbicki — Dworski — Eynarowicz — Gizycki,

Qu'on pourrait écrire :

Dobszevicz — Dochtorovicz — Druzbaki — Druzbiki — Dvorski — Eynarovicz — Gizyki.

L'ortographe des noms russes adoptée dans la *Minerva*, nous paraît bonne :

Eremčev (Pavel Vladimirovič) — *Karpinskij (Aleksandr Petrovič)* *Cvětkov (Sergej Sergěevič)* — *Lukaševič (Silviuš Silvestrovič)*, etc.[1]

Pour les titres en langues orientales ou étrangères de l'Europe, il serait indispensable d'en donner une traduction sommaire. Les noms d'auteurs, composés généralement de plusieurs mots, pourraient être placés à chacun des mots de ce nom ; il en résulte la nécessité de faire de nombreuses cartes de renvoi :

Batoutah (Ibn) — Ben Gannach (*Jona*) Ben *Maïmoun* — *Rájárám* Shastri Bodas — *Káshináth* Pándurang Parab — *Rámánujácharya* — *Ibrahim* Abdelmessik — *Rinzaburō* Shida — *Toyokichi* Takamatsu — *Genkichi* Wakayama — *Jinichirō* Shimoyama.

Ces mots sont classés au nom en italique, mais il serait utile de faire des renvois aux autres.

---

1. Pour l'impression des titres, on peut remplacer les lettres à signes diacritiques par des lettres en italique si l'imprimeur n'en possède pas.

Enfin, pour la rédaction des titres d'une grande longueur, comme on les faisait aux xviᵉ, xviiᵉ et xviiiᵉ siècles, on devra les abréger beaucoup. Certains de ces titres ont plus de vingt lignes. Il en est de même des dissertations et des programmes allemands et étrangers.

SPÉCIMENS DE TITRES DÉVELOPPÉS ET RÉDUITS DANS UNE FICHE.

Titre in extenso.

[CRESPIN (Jean)].

L'estat || de l'Eglise, avec || le discovrs des || temps depvis les apo-|| stres iusques au présent. || Augmenté et reueu tellement en ceste dernière edition que ce qui || conserne le siege Romain, et autres Royaumes depuis l'Egli-|| se primitive iusques à ceux qui regnent auiourdhuy, y est en || brieues Annales proposé, || par || Iean Taffin [Crespin (Jean)], Ministre de la parolle de Dieu || de l'eglise Françoise à Flessingues. || Item vn traité de la religion et republique des Juifs, depuis le re-|| tour de l'exil de Babylone, iusques au dernier saccagement de Ierusalem. ||

A Bergues svr le Zoom || *Par Jacques Canin. Anno MD.C.V, in-8⁰, rel. parch.*

Titre à mettre sur la fiche.

[CRESPIN (Jean)].

L'estat de l'Eglise, avec le discours des temps depuis les apostres jusques à présent. Augmenté et reueu... en cette dernière édition... par Jean Taffin... Item un traité de la religion et république des Juifs...

A Bergues svr le Zoom, par Jacques Canin... 1605, in-8⁰, rel. parch.

Titre in extenso.

MARTYROLOGE.

Le || Martyrologe || romain. || Distribué pour tous les iours de l'année, || suiuant la nouuelle réformation || du Calendrier. || Mis en lumière par le commandement des Papes Grégoire XIII et

Urbain VIII. || Fidèlement traduit de nouueau par le R. P. Philippe Labbe, || de la Compagnie de Iesus. || Auec vn recueil d'vn grand nombre de fautes par luy remarquées || dans les impressions précédentes. || Enrichy || en cette dernière édition du Martyrologe des Saincts et Sainctes || de France, auec des tables necessaires, suiuant leurs iours, leurs qualitez, || le lieu de leur célébrité, etc. Et autres particularitez remarquables || qui sont, tant à la fin du liure, qu'en suite de l'Epistre au Lecteur. ||

A Paris, || *chez Mathvrin Hénavlt, rue S. Iacques,* || *à l'Ange Gardien, près le Collège des Jésuites.* || *M DC XLIII.* || *Auec priuilege du Roy et Approbation.* || *In-4º.*

Titre à mettre sur la fiche.

MARTYROLOGE (le).

Le Martyrologe romain, distribué pour tous les jours de l'année suiuant la nouuelle réformation du Calendrier... fidèlement traduit... par le R.-P. Ph. Labbe de la Compagnie de Jésus. Avec un recueil d'un grand nombre de fautes par lui remarquées dans les éditions précédentes. Enrichi... du Martyrologe des Saincts et Sainctes de France.

A Paris, chez Mathurin Henault, 1643, in-4º.

Titre in extenso.

VICTOR (Hierosme).

Tesoro || de las tres lengvas || española, francesa y || italiana. Thresor des || trois langves, || espagnole, françoise et italienne. || Auquel est contenue l'explication de toutes les trois respectiuement || l'une par l'autre : Diuisé en trois parties. || Le tout recueïlli des plus **celebres** Auteurs qui iusques ici ont || escrit aux trois langues, espagnolle, françoise et italienne, || par Hierosme Victor Bolonnois. || **Dernière** édition reueüe et augmentée en plusieurs endroits.

A Geneve, de l'imprimerie de Iaques Crespin, MDCXLIV, gr. in-8º, rel. parch.

Titre à mettre sur la fiche.

VICTOR (Hierosme).

Tesoro de las tres lengvas española, francesa y italiana..., dernière édition revue et augmentée...

A Genève, Iaques Crespin, 1644, gr. in-8°, rel. parch.
(Titre en espagnol et en français.)

Titre in extenso.

L'ALOUËTE (François de).

Traité ‖ des nobles et ‖ des vertvs dont ils sont ‖ formés : leur charge, vocation, ‖ rang et degré : des Marques, généalogies et diverses ‖ espèces d'iceus : De l'origine des Fiefs et des ‖ Armoiries. ‖ Auec vne histoire et description généalogique de la très-illustre et très- ‖ ancienne Maison de Couci et de ses alliances. ‖ Le tout distribué en Quatre liures. ‖ par François de l'Alouëte, bailli de la Comté de Vertu.

Horat, liu. I, des Serm. Satyr. 6. ‖ La vraie Noblesse n'est point au Sang et Parentage, mais en la vertu. ‖

A Paris, ‖ *chez Robert Le Manier, ruë neufve Nostre-Dame, à l'image* ‖ *S. Jean-Baptiste : et en sa boutique au Palais, en la gallerie* ‖ *par où on va à la Chancellerie.* ‖ *M.D.LXXVII. Auec privilège du Commandement du Roy, in-4°, rel. parch.*

Titre à mettre sur fiche.

L'ALOUËTE (François de).

Traité des nobles et des vertus dont ils sont formés... De l'origine des fiefs et des armoiries. Avec une histoire... de la... Maison de Couci...

A Paris, Robert Le Manier, 1577, in-4°, rel. parch.

Titre in extenso.

Examinis publici et actus oratorii solemnia in dies xxi. xxii. xxiii. mensis martii M DCCC XXXI. Indicit Professor M. Theoph.

Kiessling, Gymnasii rector. — Præmittitur brevis commentatio historica : de origine, consilio atque actis fœderis Smalcaldici auctore ERNESTO FRIDR. HORNIKELIO, subrector.

Cizæ, ex officina Webeliana, S.-D. (1831), in-4°.

Titre à mettre sur la fiche.

HORNIKELIUS (ERNEST. FRID.).
De origine, consilio atque actis fœderis Smalcaldici.
Cizæ, ex officina Webeliana, 1831, in-4°.
[Examinis publici solemnia... gymnasii Cizæ.]

Titre in extenso.

JAHRESBERICHT über das Schuljahr von Ostern 1842 bis dahin 1843, womit zu der öffentlichen Prüfung der Schüler des Stifts-Gymnasiums zu Zeitz am 3 und 4 April 1843 ergebenst einladet M. G. Kiessling, Professor und Rector des Gymnasiums. — *Inhalt*: 1° Abhandlung des Lehrers der Mathematik und Physik Oberlehrers Dr. MORITZ-WILHELM GREBEL : « Über Linsengläser mit Rücksicht auf ihre Dicke » ; — 2° Schulnachrichten vom Rector.
Zeitz, 1843, Druck von Immanuel Webel, in-4°.

Titre à mettre sur la fiche.

GREBEL (Dr. MORITZ-WILHELM).
Uber Linsengläser mit Rücksicht auf ihre Dicke.
Zeitz, Webel, 1843, in-4°.
[Jahresbericht uber das Schuljahr... 1842-1843... des Stifts-Gymnasiums zu Zeitz...]

Titre in extenso.

Einladungschrift zu der im Gymnasium zu Stendal am 3ten April 1852 anzustellenden öffentlichen Prüfung und Redeübung der Zöglinge dieser Anstallt an die Beförderer und Freunde derselben von dem director F. HAACKE. — *Inhalt* : De Thucydidis extremi belli Peloponnesiaci annorum computatione. Disputatur de numeri τρία II, 65, emendatione necessaria ; — 2º Schulnachrichten, Beides vom Director.

Stendal, Franzen und Grosse, 1852, in-4º.

Titre à mettre sur la fiche.

HAACKE (F.).

De Thucydidis extremi belli Peloponnesiaci annorum computatione. Disputatur de numeri τρία II, 65, emendatione necessaria.
Stendal, Franzen und Grosse, 1852, in-4º.
[Einladungschrift im Gymnasium zu Stendal.]

Titre in extenso.

Publica examina in Gymnasio Stralsundensi diebus XXVI et XXVII septembr. instituenda orationesque a discipulis e schola dimissis habendas indicunt director et collegium. Animadversiones ad Popponis de locis quibusdam Thucydidis iudicia atque capita græcæ grammaticæ aliquot eodem pertinentia scripsit D. GUILIELM.-ARMIN. BLUME.

Stralsundiæ typis Struckii, 1825, in-4º.

Titre à mettre sur la fiche.

BLUME (GUILIELM.-ARMIN.).

Animadversiones ad Popponis de locis quibusdam Thucydidis iudicia atque Capita græcæ grammaticæ aliquot eodem pertinentia.
Stralsundiæ typis Struckii, 1825, in-4º.
[Publica examina in Gymnasio Stralsundensi.]

Titre in extenso.

Vergleichende Untersuchung des Quercitrins und der im ähnlichen Verbindungen. Inaugural-Dissertation zur Erlangung des Grades eines Magisters der Pharmacie verfasst und mit Bewilligung einer Hochverordneten Medicinischen Facultät der Kaiserlichen Univer-

sität zu Jurjew zur öffentlichen Vertheidigung bestimmt von RUDOLPH WACHS. — Ordentliche Opponenten : Mag. N. Kromer. — Doc. Mag. R. Greve. — Prof. Dr. G. Dragendorff.
Jurjew, Schnakenburg, 1893, in-8º.

Titre à mettre sur la fiche.

WACHS (RUDOLPH).
Vergleichende Untersuchung des Quercitrins und der ihm ähnlichen Verbindungen...
Jurjew, Schnakenburg, 1893, in-8º.
[Inaugural-Dissertation.]

Titre in extenso.

Ein Beitrag zur Kenntniss des Irisins und ihm ähnlicher Kohlenhydrate. Inaugural-Dissertation zur Erlangung des Grades eines Magisters der Pharmacie verfasst und mit Bewilligung einer Hochverordneten medicinischen Facultät der Kaiserlichen Universität zu Jurjew zur öffentlichen Vertheidigung bestimmt von THEODOR LILIENTHAL...
Jurjew, C. Mattiesen, 1893, in-8º.

Titre à mettre sur la fiche.

LILIENTHAL (THEODOR).
Ein Beitrag zur Kenntniss des Irisins und ihm ähnlicher Kohlenhydrate...
Jurjew, C. Mattiesen, 1893, in-8º.
[Inaugural-Dissertation.]

Il nous reste à élucider les difficultés qui se présentent dans la rédaction des cartes, surtout au point de vue de l'ordre alphabétique à garder aux premiers mots : auteurs ou anonymes.

Les noms propres composés ou doubles.

Dans la langue française, ces noms composés sont généralement placés sous la dénomination du premier nom ; ainsi les suivants ne varieront pas : *Baudry-Lacantinerie — Burdin d'Entremont (F.-M.)*

— *Desdevizes du Dézert* — *Lodin de Lalaire* — *Moynier de Villepoix* — *Fouché-Delbosc* — *Castillon de Saint-Victor* — *Saint-Evremond* — *Saint-Simon* — *Sainte-Beuve*.

Certains noms composés présentent des exceptions, par suite de la désignation de l'auteur sous un seul de ces noms : *Voltaire*, au lieu de (Marie Arouet de) — *Montesquieu*, au lieu de (Secondat, Charles de..., baron de Montesquieu) — *Molière*, au lieu de Poquelin ; ou encore parce qu'il est désigné seulement sous une seule forme de son nom, on mettra : *Bellouard (Volny)* — *Drochon (Benoni)* — *Verneuil (Millon d'Ailly de)* — *Fortunat (Dantès)* — *Alvarenga (Da Costa)*, au lieu de : Volny Bellouard — Benoni Drochon — Millon d'Ailly de Verneuil — Dantès Fortunat — da Costa Alvarenga.

Les noms propres de langues étrangères suivent à peu près les mêmes règles qu'en français, il faut en excepter les noms anglais, dont les premiers mots sont le prénom et le nom du parrain ; le dernier seulement étant le nom propre :

José Castelar y Saco — Esteban Quet y Puygvert — Eduardo Lozano y Ponce de Leon — Albert Burckhardt-Finsler — Ed. Hagenbach-Burckhardt — Thewrewk v. Ponor — Lipthay de Kisfalud Sandor, qui seront ainsi classés : *Castelar y Saco (José)* — *Quet y Puygvert (Esteban)* — *Lozano y Ponce de Leon (Eduardo)* — *Burckhardt Finsler (Albert)* — *Hagenbach Burckhardt (Ed.)* — *Thewrewk v. Ponor* — *Lipthay de Kisfalud Sandor*.

Voici quelques exemples de noms anglais :

W. Rhys Roberts — Morris Hicky Morgan — Benjamin Marston Watson — Joseph F. O'Carroll — Owen O'Ryan — Henry C. Mac Weeney — Ben Johnson — Ben Willis, que l'on écrira ainsi : *Roberts (W. Rhys)* — *Morgan (Morris H.)* — *Watson (Benjamin M.)* — *O'Carroll (Joseph F.)* — *O'Ryan (Owen)* — *Mac Weeney (Henry C.)* — *Johnson (Ben)* — *Willis (Ben)*.

Les noms précédés d'une particule nobiliaire :

On rejette toujours la particule nobiliaire après le nom, elle suivra les prénoms et sera englobée dans la parenthèse ; elle comprend : d', de, von.

De Sainte-Foix — Bernardin de Saint-Pierre — Jean de La

Fontaine — d'Arbois de Jubainville — D. de Sainte-Marthe — Franz von Scheib — E. von Sacken — A. von Cohausen — Jos. von Müller, se mettront de la sorte : *Sainte-Foix (de)* — *Saint-Pierre (Bernardin de)* — *La Fontaine (Jean de)* — *Arbois de Jubainville (d')* — *Sainte-Marthe (D. de)* — *Scheib (Franz von)* — *Sacken (E. von)* — *Cohausen (A. von)* — *Müller (Jos. von)*.

Certaines particules, dans les noms propres étrangers, sont placées avant le nom : *da* en portugais, *von zu*, *zum*, *zur* pour l'allemand ; *o'*, *m'*, *mc*, *mac* pour l'anglais ; *van*, *ten*, *ter*, *tot*, *de* pour le hollandais. On inscrira donc sur les fiches les noms suivants, tels qu'ils sont :

Da Cunha Bellem — *Zum* Bach (Karl-Ad.) — *Zur* Hellen (D.-A.) — *Zur* Mühlen (Joh.) — *Zur* Nedden (Karl-Fr.) ;

Mc-Coy (Fred.) — *Mc*-Crady (John) — *M'*Craw (W.) — *M'*Culloch (James) — *Mac* Culloch (John) — *M'*Dermott (Edward) — *Mc* Ennes — *Mac* Kain (Daniel) ;

*O'*Beirne (James) — *O'*Brien (Matthew) — *O'*Donel (J.-H.) — *O'*Donoghue (John) — *O'*Donovan (John) — *O'*Meara (Eugène) — *O'*Reilly (Chas.) ;

Van Vondels (Jost) — *Vanden* Bergh (J.) — *De* Dene (Edewaerd) — *Ten* Brinck.

Les noms composés et précédés d'un article : *le*, *la*, *les*, *du*, *des*, *von den*, sont toujours classés à l'article et non au mot qui suit :

Jean Le Maire — Le Minihy de la Villehervé — E. de la Barre-Duparcq — de La Landelle — Henri Delaborde — von den Busch, donneront : *Le Maire (Jean)* — *Le Minihy de la Villehervé* — *La Barre-Duparcq (E. de)* — *La Landelle (de)* — *Laborde (Franç. de)* — *Den Busch (von)*.

On peut adopter deux méthodes pour les noms de saints : ou les mettre à la lettre S, ou les classer au nom du *saint*, en rejetant l'adjectif par derrière et les classer à leur nom propre :

Saint Jérôme — Saint Paul — Saint Avit — Sainte Thérèse, ou bien : *Jérôme (Saint)* — *Paul (Saint)* — *Avit (Saint)* — *Thérèse (Sainte)*.

Pour les noms propres très répandus, tels que : *Bernard, Bernhardt, Martin, Muller, Schmidt, Schmitt, Schultz, Smith*, etc., il est utile de mettre à leur suite tous leurs prénoms sans exception et, au besoin, une indication de position ou un lieu de naissance, si le prénom se trouve être le même.

Les femmes mariées sont toujours désignées sous le nom du mari et non sous le leur, à moins cependant qu'elles soient plus connues sous leur nom de jeune fille ou sous un pseudonyme :

Bruno (G.), pour Madame Alfred Fouillée ; — *Bucaille*, pseudonyme de Kraft (Madame) ; — *Cœur-Pierre*, pseudonyme de Madame de Voisin d'Ambre ; — *Leila Hanoum*, pseudonyme de Adrienne Piazzi ; — *Sand (George)*, pseudonyme de Dudevant (baronne, née Aurore Dupin) ; — *Sévigné*, pseudonyme de Marie de Rabutin-Chantal (marquise de) ; — *Staël*, pseudonyme de Anne-Louis-Germ. Necker, baronne de Staël-Holstein ; — *Silva Carmen*, pseudonyme de Elisabeth, reine de Roumanie.

Au moyen-âge, on désignait la personne par un prénom, d'abord seul, puis suivi d'un nom de localité, ou d'un surnom ; on devra toujours placer en tête de la fiche le prénom suivi des mots qui l'accompagnent habituellement.

Ainsi : *Alexander Gemmeticensis Abbas — Alexander Achillinus — Alexander de Alexandro — Alexander Aphrodisius — Alexander Chersonesius — Alexander Ephesius — Alexander de Hales — Benedictus abbas Petriburgensis — Clément d'Alexandrie.*

Les papes, les souverains et certains auteurs ecclésiastiques perdent leur nom de famille et ne sont plus connus que par leurs prénoms ; on mettra aussi ces derniers en tête de la carte :

Alexander I, papa — Alexander II, papa — Alexander III, papa — Boniface VIII, papa — Charles le Gros — Charles le Simple — Charles d'Orléans — Clemens I, papa — Clemens II, papa — Clémens III, papa — Benedictus I, papa — Benedictus II, papa — Benedictus III, papa — Benedictus IV, papa — Benedictus S. Anianensis — Benedictus episcopus Massiliensis.

Les noms latinisés ou grecisés doivent être transcrits sous leur vrai nom avec un renvoi à la forme latine ou grecque :

Bellus ou *Belius* pour Le Bel (Jean) — *Bibliander* pour Buchmann — *Bosius* pour Dubois — *Bulæus* pour du Boulay — *Cangius* pour du Cange — *Chesnius* pour du Chêne — *Chrysopolitanus* (*Zacharias*) pour Zacharias de Besançon — *Cibollius* (*Rob.*) pour Ciboule (Rob.) ou Goldsborough — *Chillingworthus* (*Joh.*) pour Killingsworth (J. de) — *Creseius* (*Joh.*) pour Cressey (John) — *de Quercu* pour du Chesne — *Diogilo* (*Odo de*) pour Deuil (Odon de) — *Harcleius* (*H.*) pour Harkeley (Henrius) — *Harphius* (*Henr.*) pour Erp (Henri de), et par corruption : de La Harpe — *Iterius* (*G.*) pour Ithier (Gérald) — *Knapwellus* (*Rich.*) pour Clapoel, Clapole, Clappelwelle, Clapwel (Richard) — *Miræus* pour Le Mire — *Palatius* pour Palazzi — *Pithœus* pour Pithou — *Stephanus* (*H.*) pour Estienne (H.), etc.[1]

Les formes variées des prénoms, leur traduction, ainsi que les noms propres affectant la forme d'un prénom, peuvent être classés à une seule dénomination avec un renvoi général, soit en tête des cartes, soit dans la série où la carte devrait figurer. Ainsi, on peut grouper ensemble, en les divisant entre eux, les mots suivants :

BERNARD — BERNARDI — BERNARDUS,
HENRI — HENRICUS — HENRY,
JEAN — JEHAN — JOANNES — JOHANNES, etc.,
MATHIEU — MATTHIEU, — MATTHEUS, etc.

Chaque fois qu'un ouvrage ou une collection est faite et signée par plusieurs auteurs (plus de trois généralement), l'ouvrage peut être considéré comme anonyme et le premier mot du titre sera mis en vedette ; on fera alors des cartes de renvois pour les divers noms d'auteurs.

[1]. Consulter Franklin (Alf.) : *Dictionnaire des noms, surnoms et pseudonymes latins de l'Histoire littéraire du moyen-âge* (1100 à 1530). **Paris**, Firmin-Didot, 1875, in-8°.

Spécimens de fiches diverses (titre abrégé).

AURIAC (Eug. d')

Histoire de l'ancienne cathédrale et des évêques d'Alby depuis les premiers temps connus jusqu'à la fondation de la nouvelle église Sainte-Cécile.

Paris, Alp. Picard, 1858; in-8°.

CATULLUS (Cajus Valerius).

Catullus et in eum Isaaci Vossii observationes.

Londini, Isaac. Littleburius, 1684; pet. in-4°, rel. v. f., fil. or, tr. d.

BACHMANN (Paul).

Die Elemente der Zahlentheorie.

Leipzig, B. G. Teubner, 1892; in-8°.

CHARTES.

Chartes des libertés anglaises (1100-1305) publiées avec une introduction et des notes par Charles Bémont.

Paris, Alph. Picard, 1892; in-8°.

[Collection de textes pour servir à l'étude et à l'enseignement de l'histoire, n° 12.]

BETTEI (Vittorio).

Morfologia della lingua greca.

Milano, Hoepli, 1895; in-16, cart. perc. br.

CODEX.

Codex diplomaticus Cavensis, nunc primum in lucem editus, curantibus D D. Michaele Morcaldi, Mauro Schiani, Sylvano de Stephano. O. S. B. accedit appendix... per D. Bern. Caiet. de Aragonia O. S. B.

Neapoli, P. Piazzi, Mediolani.., Hulr. Hoepli, 1873-83 : 8 vol. in 4°, frontispice au t. 1er. d. rel. chag. bl.

BOOKWORM (The).

The Bookworm, an illustrated treasury of old-time Literature.

London, Elliot Stock, 1888 sq; in-8°, cart. perc. v.

CHRONICON.

Chronicon Siculum incerti authoris ab anno 340 ad annum 1396.... cura et studio J. de Blasiis.

Neapoli, F. Giannini e fil., 1887; gr. in 4°, tit. r. et n.

[Societa Napoletana di Storia patria, serie 1. Cronache.]

Spécimens de fiches diverses (titre abrégé).

FISCHER (Dʳ WILLIAM).

Studien zur byzantinischen Geschichte des elften Jahrhunderts...

Plauen, F.E. Neupert, 1883; in-4°, broch.

[Beilage z. d. Programm d. Gymnasial-und Realschul. Anstalt. z. Plauen i. V. (1883)].

LOT (FERDINAND).

Les derniers Carolingiens. — Lothaire, Louis V.— Charles de Lorraine (954-991). Préface par A. Giry.

Paris, Emile Bouillon, 1891; in-8°.

[Bibliothèque de l'École des Hautes Études, fasc. 87.]

EUSKAL-ERRIA.

Euskal-Erria. Revista Bascongada : fundator JOSÉ MONTENOLA, director ANTONIO ARSAC.

San Sebastian, los Hijos de I. R. Baroja. 1886-1889; in-8°.

(Les tomes XV à XXI de la collection.)

RIEMANN (BERNHARD).

Gesammelte mathematische Werke und wissenschaftlicher Nachlass. hrsg. unter Mitwirkung von RICH. DEDEKIND und HEINR. WEBER. 2ᵉ Auflage, bearbeitet von HEINR. WEBER.

Leipzig, B. G. Teubner, 1892; in 8°, portr.

FROELICH (HENRICUS).

De grammaticæ latinæ locis aliquot controversis. I. II.

Hagenau, F. Gilardone, 1889-1891 ; 2 broch. in-4°.

[Beilage zum Programm d. Gymnasiums zu Hagenau, 1889, 1891, nᵒˢ 482, 505].

STATIUS (PUBLIUS PAPINIUS).

Sylvae variorum expositionibus illustratæ... edid. EMER. CRUCEUS.

Parisiis, Thomæ Blaise, 1618; in-4°, rel. v. f. (armes).

HORATIUS FLACCUS (Q.).

Poemata. Ex antiquis Codd. et certis observationibus emendavit, variasque scriptorum et impressorum lectiones adjecit ALEXANDER CUNINGAMIUS.

Londini, apud fratres Vaillant et N. Prevost, 1721 ; pet. in-8°, front., tit. r. et n., rel. vél., fil. et armes or.

TORP (ALF).

Zu den phrygischen Inschriften aus römischer Zeit.

Kristiania, J. Dybwad, 1894; in-8°, broch.

[Videnskabsselskabets Skrifter. II. Historisk-filosofiske Klasse, 1894, n° 2.]

Spécimens de fiches alphabétiques faites dans les Bibliothèques universitaires.

BEUDANT (F.-S.). 32.544

Traité élémentaire de physique. 6ᵉ édition.

Paris, Verdière, 1838 ; in-8°, pl. h. t., d. rel. v. bl.

RIEMANN (O.). 32.546

Syntaxe latine d'après les principes de la grammaire historique.

Paris, C. Klinksieck, 1886 ; in-12°, cart. perc.

32.545
COULVIER-GRAVIER (M.).

Recherches sur les météores....

Paris, Mallet-Bachelier ; 1859, in-8°, pl. h. t.

KENNGOTT (A.). 12.382

Handwörterbuch der Mineralogie, Geologie und Palæontologie unter Mitwirkung von R. Hörnes, A. von Lasaulx und Fr. Rolle.

Breslau, E. Trewendt, 1883-1887 ; 3 vol. gr. in 8°, fig. interc.

32.547
LE GOFFIC (Charles).
THIEULIN (Édouard).

Nouveau traité de versification française... 2ᵉ édition.

Paris, G. Masson, 1893 ; pet. in-8°., cart. perc. v.

32.543
PETZHOLDT (Giulio).

Manuale del bibliotecario, tradotto sulla terza edizione tedesca con un'appendice originale.... per cura di Guido Biagi e Guiseppe Fumagalli.

Milano, Ulrico Hoepli, 1894 ; in 16°., cart. perc. bl., tr. r.

Spécimen de fiches faites à la Bibliothèque de l'Université [Sorbonne].

A. 17.011 | S. Φ. φ. 144 | 8°

HEATH (R. S.).

A Treatise on geometrical optics.

Cambridge University press. 1887. in-8°, fig., cart. perc. br.

D. 29.003 | L. E. sc. 11. | 8°

WRANGEL (Ewert).

Det carolinska Tidehvarfvets komiska Diktning.

Lund. C. W. K. Gleerup, S. D. (1888); in-8°.

Les périodiques et journaux français et étrangers seront inscrits sous le premier mot du titre en ne tenant pas compte de l'article.

Antiquary (The). *A magazine devoted to the study of the past.* London, 1880, sq. in-4º.

Art (L'). *Revue hebdomadaire illustrée.* Paris, 1874, sq., fol.

Athenæum (The). London, 1832, sq., in-4º.

Classical (The) *Review.* London, 1887. sq., gr. in-8º.

Colombe du Massis (La). *Messager de l'Arménie.* Paris, 1857-58, in-4º.

Conseiller (Le) *de l'Enseignement public.* Paris, 1852, sq., in-fol.

Pour les périodiques étrangers, nous ne conseillons pas le système qui consiste à transcrire le titre de la revue au nom même du *journal*, rejetant en arrière l'adjectif ou les adjectifs, s'il y en a ; il faut au contraire commencer par le premier mot [1].

ABHANDLUNGEN d. k. Akademie d. Wissenschaft. z. Berlin.

ACTA mathematica.

ALIGHIERI (L'). Rivista mensile...

ALMANACH de Gotha.

AMERICAN Journal of archaeology, et non *Journal* [American] of..

BEIBLÄTTER z. d. Annalen d. Physik n. Chemie, et non *Annalen*, etc. [Beibläter].

BIBLIOTHÈQUE de l'Ecole des Chartes.

MATHEMATISCHE Annalen, et non *Annalen* [Mathematischen].

OESTERREICHISCHE Monatschrift..., et non *Monatschrift* [œsterreichische].

SCOTTISH (the) geographical Magazine, et non *Magazine* (the scottish geographical).

WIENER Zeitschrift f. d. Kunde d. Morgenländes, et non *Zeitschrift* [Wiener] f. d. Kunde...

CARTES DE RENVOI OU DE RAPPEL. — A côté des cartes du catalogue

---

1. En cela, nous suivons le principe établi à la bibliothèque de l'Université de France, qui nous paraît être celui des bibliographes américains, comme on peut s'en rendre compte dans BOLTON (H. C.) : *A catalogue of scientific and technical periodicals*, (1665 to 1882)..... Washington, published by the Smithsonian Institution, 1885, in-8º. Ce système de classement permet d'exécuter les recherches avec une plus grande rapidité, surtout lorsqu'il arrive que les employés subalternes, ignorants, la plupart, des langues étrangères, sont obligés de recourir au catalogue sur cartes.

proprement dit, comprenant les noms d'auteurs et les détails du titre des ouvrages, il doit encore exister des cartes de rappel ou de renvoi qui, intercalées au milieu du catalogue, rendent les plus grands services et simplifient toutes les recherches. Elles sont indispensables pour les ouvrages faits en collaboration par plusieurs auteurs, ou traduits, ainsi que pour des collections, des varia ou des revues dont les titres sont décomposables. Tous les noms d'auteurs qui viennent à la suite du premier, seront rejetés dans les renvois, les traducteurs et commentateurs importants seront aussi inscrits sur des fiches de rappel. Ces cartes doivent être rédigées sommairement, n'ayant en vedette qu'un mot, un nom avec le renvoi à l'article principal. Pour les revues et collections, on ne peut procéder aussi simplement, ni pour les recueils tels que les : *Mélanges, Festschrift, Commentationes in honorem, varia,* etc. Dans ce cas, c'est un dépouillement complet du volume qu'il faut faire en rédigeant une carte pour chaque auteur, avec renvoi au titre général du recueil.

Cartes de rappel

MEIERUS (MAURIT.-HERM.-ED.).
Opuscula academica, ediderunt FRID. AUG. ECKSTEIN... et FRID. HAASE...
Halis Saxonum, Franck, 1861-1863, 2 vol. in-8°.

ECKSTEIN (*Frid.-Aug.*).
Voy. MEIERUS (*M.-H.-Ed.*).

HAASE (*Frid.*).
Voy. MEIERUS (*M.-H.-Ed.*).

FRESENIUS (R.).
Traité d'analyse chimique quantitative. 6ᵉ édit. fr., trad. par L. GAUTIER. *Paris, F. Savy, 1891, in-8°.*

GAUTIER (L.).
Voy. FRESENIUS (R.).

CARTARI (VINCENT).
Les images des dieux des anciens, contenans les idoles, coustumes, ceremonies et autres choses appartenans à la religion des payens. Recueillies (*sic*) premierement et exposées en italien par le seigneur Vincent Cartari de Rhege, et maintenant traduites en françois par ANTOINE DU VERDIER, seigneur de Vauprivas... avec deux

DU VERDIER (ANTOINE).
Voy. : CARTARI (VINCENT).

tables, l'une des lieux et matières plus notables, et l'autre des pourtraicts contenus en ce livre.
A Lyon, par Estienne Michel, 1581. in-4°.

ABERDEEN University Calendar.
Aberdeen, 1884, sq. in-8°.

CALENDAR.
Aberdeen University...

ABHANDLUNGEN der historischen Classe der königl. bayerisch. Akademie der Wissenschaften.
München, in-4°.

AKADEMIE.
Abhandlungen d. hist. Classe d. K... d. Wissench.
(München).

ACTES de l'Académie des Sciences, belles-lettres et arts de Bordeaux.
Bordeaux, 1840, sq. in-8°.

ACADÉMIE.
Actes de l'... des sciences... de Bordeaux.

AMERICAN Chemical Journal.
Baltimore, 1879, sq. in-4°.

JOURNAL.
American Chemical...

Cartes de dépouillement

DISSERTATIONES.
Dissertationes philologae Vindobonenses, vol. IV.
Vindobonæ, C. Gerold, 1893, in-8°.

FALBRECHT (FRID.).
De tertio Andriae exitu, quem exhibet Codex Erlangensis ccc.
Voy. : *Dissertationes Vindobonenses*, IV, p. 1.

SIGMUND (CAROL.).
De coincidentia eiusque usu Plautino et Terentiano.
Voy. : *Dissertationes Vindobonenses*, IV, p. 39.

....

FESTSCHRIFT.
Festschrift zu der zweiten Säcularfeier des Friedrichs-Werderschen Gymnasiums zu Berlin, veröffentlicht von dem Lehrer-Kollegium...
Berlin, Weidmann, 1881, in-8°.

BUCHSENSCHÜTZ (B.).
Studien zu Aristoteles' Politik.

Voy. : *Festschrift... d. Friedrichs-Werderschen Gymnasiums zu Berlin.* p. 1.

MÜLLER (H.-I).
Symbolæ ad emendandos scriptores Latinos. Particula II.

Voy. : *Festschrift*, etc., p. 27.

MÉLANGES.
Mélanges publiés par la section historique et philologique de l'École des Hautes Études pour le dixième anniversaire de sa fondation.
Paris, imprim. nationale, 1878, in-8°, fig. h. t.

MAURY (ALF.).
Les Ligures et l'arrivée des populations celtiques au midi de la Gaule et en Espagne.

Voy. : *Mélanges publiés par... l'École des Hautes Études..*, p. 1.

HAVET (L.).
L'histoire romaine dans le dernier tiers des Annales d'Ennius.

Voy. : *Mélanges publiés par... l'École des Hautes Études..*, p. 21.

MASPÉRO (G.).
Les peintures des tombeaux égyptiens et la mosaïque de Palestrine.

Voy. : *Mélanges publiés par... l'École des Hautes Études.* p. 45.

DESJARDINS (E.).
Les *Tabellarii*, courriers porteurs de dépêches chez les Romains. (pl.).

Voy. : *Mélanges publiés par... l'École des Hautes Études..*, p. 51.

DARMESTETER (J.).
La légende d'Alexandre chez les Parses.

Voy. : *Mélanges publiés par... l'École des Hautes Études..*, p. 83, etc.

Comme conclusion, nous dirons que le bibliothécaire peut et

doit même prendre pour base du système alphabétique, le *Manuel du libraire*, de Brunet, qui restera encore longtemps le meilleur guide en cela[1].

Du catalocuage des incunables. — Sous ce terme, on désigne tous les ouvrages imprimés depuis l'origine de l'imprimerie jusqu'à l'an 1501. Au début, les livres n'étaient pas datés, le titre se trouvait dissimulé dans les premiers feuillets, la pagination et la signature étaient inconnues. Le premier livre daté est la Bible dite de Mayence, sortie des presses de Faust, en 1457.

Ces ouvrages, en raison de l'impression des titres, de l'absence d'indication ou de dates, présentent toujours une certaine difficulté lorsqu'on en fait les cartes, et cependant ils doivent figurer dans le catalogue alphabétique. M. Léopold Delisle a publié, en 1886, des instructions pour la rédaction d'un inventaire des incunables dans les bibliothèques publiques de France[2]. Dans ces notes, le savant conservateur dit : « S'il s'agissait d'un catalogue à faire exécuter par des bibliographes de profession, dans des établissements renfermant tous les instruments de travail, les recommandations à faire aux collaborateurs se réduiraient à une phrase : imiter les notices consacrées par Hain[3], aux incunables qu'il a lui-même étudiés et qui, dans son répertoire, sont distingués par une étoile, ou mieux encore les modèles perfectionnés que nous ont donnés dans ces derniers temps M. Campbell en Hollande, M. Van der Haeghen en Belgique, M. Brunn en Danemark, M. Klemming

---

1. On peut comparer les règles que nous donnons pour la disposition alphabétique avec les bibliographies suivantes ; malgré les écarts qui s'y trouvent, ces ouvrages méritent d'être cités pour leur bonne et consciencieuse exécution :
Catalogue of scientific papers... compiled and published by the royal Society of London. London, 1867-1894, in-4° 10 vol. — Kayser (Christ.-Gohl.) *Vollständiges Bücher-Lexikon... 1750-1890.* Leipzig, 1834-1891 in-4°, 25 vol.
Allibone (S. Austin) : *A critical dictionary of english literature and british and american authors...* Philadelphia, J.-B. Lippincott and C°, 1882, 3 vol. in-4°. — Kirk (John Forster) *Supplement to Allibone's critical dictionary etc.....* Philadelphia, 1891, 2 vol. in-4°.
2. *Bulletin des bibliothèques et des archives*, 1886, p. I.
3. *Repertorium bibliographicum.....* Stuttgart, 1826-38, 2 tomes en 4 vol. in-8°.

en Suède, et M. Emile Picot en France[1]. Mais ce plan comporte la reproduction figurée d'un assez grand nombre de lignes, la collation rigoureuse des exemplaires, la comparaison des types d'imprimerie, l'examen des filigranes du papier, et même l'addition de fac-similé. Il suppose de longues études préliminaires, la possession de beaucoup d'ouvrages bibliographiques et la possibilité soit de rapprocher plusieurs exemplaires d'un même livre, soit de comparer les différents produits d'un même atelier. »

Nous dirons donc que la carte doit comprendre les parties suivantes : 1º le nom de l'auteur s'il est indiqué sur un titre; 2º le titre de l'ouvrage, ce qui n'existe pas toujours. Il faut alors copier le titre de départ ou l'*incipit* qui se trouve après les tables, en tête du premier feuillet; 3º le lieu de l'impression, le nom de l'imprimeur ou de l'éditeur ainsi que la date s'ils existent; ces indications se trouvent généralement à la fin de l'ouvrage, avant les tables finales, c'est ce qu'on nomme : *explicit, souscription ou colophon*.

TÉRENTIUS.

Comœdiæ cum directorio, etc.

Argentoratum, 1496, in-folio.

LA MARCHE (Olivier de).

Le débat de cuidier et de fortune.

Imprimés à Vallenchiennes par Jehan de Liège, S.-D., in-4º.

REIGLE.

La reigle des marchands. S'ensuit la reigle des marchands, nouvellement translatée de latin en françoys.

Provins, Guillaume Tavernier, 1496, in-4º.

LEGRANT (Jacques).

Le livre de bonnes mœurs.

Chablies, P. Le Rouge, 1478, in-folio.

Il ne s'agit, bien entendu, que des *cartes alphabétiques* destinées

---

1. On peut encore consulter fructueusement la brochure suivante : Einsle (Anton) : *Die Incunabel-bibliographie Anleitung zu e. richt. u. einheitl Beschreibung der Wiegendrucke*. Wien, 1888, pet. in-8º, 36 p.

à être intercalées au catalogue général sur lesquelles le titre est résumé très succinctement. Les incunables demandent de grands détails de description que ne comporte pas ce catalogue. Aussi le bibliothécaire devra en dresser un inventaire soigné, renfermant toutes les particularités des exemplaires décrits, reproduisant au besoin le colophon in extenso, en se basant sur des bibliographies existantes.

TORNAMIRA [*Johannis de*].
Lyon, Jean Treschel, 19 juin 1490, in-8º.
Titre : Incipit clarificatoriũ iohānis de tornamira‖super nono almāsoris cū textu ipsius Rasis‖*verso blanc*. — *Premier feuillet* : ℭ Incipit clarificatoriũ Joh'is d' tornamira de‖cani p̄clari studij mõtispessulāi ī specl'atõe cura‖tõis morbo℥ cū cura breui ꝫ electa corũdē stādo‖mag] sup remedijs rasꝯ posit] ī toto 2tinēte. Cū pꝯ‖ypo. ꝫ Ga. teneat p̄ncipatū : a capitevsqꝫ ad pedes‖p ordinē ꝓcedēº ꝫ capitulando ꝓput ip̄e Ras] ca‖pitulat in .ix. almāsor] cū textu ip̄iꝯ noni cū ibi sua‖spālia posuerit vt inq̄t ille bonꝯ Guido de caulia‖co ī cº. singulari sui collectorij. addā tñ .xx. capiª‖in hº sꝯm diuersas p̄tes corpis cū laude dei. Qui‖virtutem mihi largiri dignatus est : hoc opuscu"‖lum cõponendi anno .xix. mei ordinarij.‖Deus me, etc.. etc.
Verso du feuillet CLIX, colonne deuxième : Preclarissimi opus Johānis de Tornamira do"‖ctoris famosissimi atqꝫ decani p̄clari studij mon‖tispessulani imp̄ssum lugd'. p Joh̄anem treschel aleman̄u artis impressorie magr̄m Anno nr̄e sa‖lutis Millesimo quadringētesimo nonagesimo‖die ꝟo decima septima mēsis Junij finit feliciter. — *Marque de l'imprimeur en blanc sur fond rouge*.
Feuillet suivant, non chiffré : Tabula, *sur deux colonnes à la première page, en 1 colonne sur la seconde*.
Feuillet suivant, non chiffré. Epistola : Reverēdo d̄no ac mgr̄o mgr̄o Cornelio vitrificis de goes artiū, ꝫ‖medicine doctori Joh'es de Jalanda Salutē plurimā dicit.‖Scribis te perdocte, etc.. etc.
— Imprimé sur papier, sur deux colonnes, en caractères gothiques allemands de 2 grandeurs : 0.0017 dixièmes de millimètres et 0.02 millimètres 6 dix^{mes}, avec nombreuses abréviations. Les lettres capitales et d'en-tête du chapitre sont faites à la main, en couleur; 1 ff. n. chif. pour le titre. — 1-CLIX ff. pour le texte. — 1 ff. non chif. pour la table et 1 ff. non chif. pour «Epistola».. Signature à partir du feuillet I : aij — aiij — aiiij = Feuillet vIII : b — bij — biij — biiij — c — d — e — f — ff — g — h — i — k — l — m — n — o — p — q — r — s — t — [ce dernier cahier est un quinternion] — nombreuses notes manuscrites dans les marges.
Rel. veau rac. fil. or, armes....tr. jaspée.

GUILLAUME DE SALICET.
La cirurgie de Maistre‖Guillaume de Salicet.‖*Lyon, Mathieu Husz, 16 novembre 1492.*

Titre : La cirurgie de maistre ‖ Guillaume de Salicet ‖

1ᵉʳ *feuillet* : *recto* = Cy commēce la cyrurgie de maistre Guillaume‖de Salicet dit de Placentia.‖Preface‖ (*au dessous réserve pour une capitale ornée, indiquée par une petite minuscule* : M). On bon amy ie auoys proposé de te faire vng liure‖de cyrurgie. A celle fin doncques que la satisfaction‖..... (*à la fin*) Cy finist la cyrurgie de maistre Guill'e de Salicet dit de Placē"‖tia par luy cōm̃acee a bolōgne z acheuee z corrigee a verōne lā de‖lincarnatiō de ñr eseigneur (*sic*) 1z76 le .xxvᵉ. iour de may. veue sur le‖latin p hōnorable hōme maistre Nicole preuost docteur en medicīe‖Et imprimee a lyō par maistre Mathieu husz īprimeur lā 149z (*le 4 retourné*) le .XVIᵉ iour de nouembre.

In-8º carré sur papier de 111 ff. n. chif. plus 1 f. n. ch. pour le titre, signé : Aij — aiij — b — bij — biij — biiij, etc., jusqu'à riij. Types gothiques un peu arrondis à 38 lignes pleines à la page — avec titre courant au haut des pages : Le premier tractie — Le second tractie — Le tiers tractie — Le quart tractie — Le quint tractie. Figures sur bois représentant des instruments de chirurgie au 3ᵉ feuillet du cinquième traité. Rel. xviiiᵉ siècle en veau racine, tr. rouge.

PLATINE *de honneste volupté*.

Titre : Platine de hōneste volupte. ‖ Sensuyt le liure de Platine tres"‖ utile z necessaire à toutes gens, lequel nous mōstre z enseigne‖cōment lon doit regir z gouuerner le corps humain pour viure‖longuement en bonne sante : et est divisé en dix parties. ‖

℃ La premiere nous demonstre en quel lieu lhomme doibt‖faire son habitation : lheure de prendre le repas : lexercitation‖du corps, z du dormir + ‖

℃ La seconde partie nous dōne congnoissance de tous fruictz‖tant bons que mauuais, z comme on les doit prendre deuāt ou‖apres le repas.‖

℃ La tierce traicte de toutes especes de espices, herbes de bon‖nes z fortes odeurs, des amandres, chastaignes, noix z leurs ‖ semblables, z en quel temps on en doibt vser pour la sante du‖corps humain.‖

℃ La quarte de toutes bestes bonnes a menger, et de lapareil‖dicelles, et du temps auquel elles sont plus saines et de mei"‖leure digestion.‖

℃ La cinquiesme des oyseaulx et lesquelz sont plus profita"‖bles et en quel temps ilz sont en saison de menger.‖

℃ La + VI + cōme lon doit aprester lesditz oyseaulx tāt priuez q̄‖sauuaiges z lesq̄lz sont bons ou cōtraires a la sante de lhōme + ‖

℃ La septiesme parle daulcunes especes de blez leguns z her"‖bes pour faire potaiges.‖

℃ La + VIII + des tartres, popelins, et toutes sortes de viandes‖en paste, et la maniere de faire a chascune viāde sa propre saul‖ce soit chair ou poysson + ‖

℃ La .IX. daprester les œufz en toutes sortes, z en quelle façō‖sont meilleurs et plus sains.‖

ℂ La dixieme et derniere nous enseigne a apprester to9 poys||sons z cōmēt ilz serōt plus profitables : auec plusieurs aultres bons regimes z enseignemens pour la sante et conualescence||des humains. Lequel liure a este Imprime a Lyon nouuelle"||mēt, corrige z augmēte par gēs experimētez z bien suffisans.|| 1528.

Verso blanc, premier feuillet : La table de ce present liure.||Cy commence la ta||ble ou rubrique de tout ce quest con"||tenu en ce present liure.||Et premierement.||etc. 3 feuillets n. chif. sur 2 colon. CXI f. in-8º (quaternion).

Au verso du dernier feuillet : ℂ Registre. a.b.c.d.e.f.g.h.i.k.l.m.n.o.p. Notez q̄||tous sont quaterners : excepté + p + qui est||duerne || ℂ Cy finist Platine tresutile z necessaire pour le corps hu||main, qui traicte de honneste volupte et de toutes viādes prof||fitables a lhōme, leq̄l a este trāslate de latin en frācoys et aug"||mente copieusemement de plusieurs docteurs, principalement par||messire Desdier X̄p̄ol prieur de Saint Maurice pres Mōtpeslier.||Et imprime nouuellement a Lyon par Antoyne du Ry. L'an||mil cinq cens vingt z huyt : le IIII iour de Iuing + || *au verso du dernier feuillet la marque de l'imprimeur.*

Caractères gothiques sur 2 colonnes à 44 lignes.
Titre rouge et noir avec encadrement de gravure sur bois, rel. veau à orn. gauffrés.

MAZARINADES, COLLECTIONS, MÉLANGES. — Il existe certaines collections pour lesquelles le bibliothécaire pourra se dispenser de faire des cartes, s'il le juge à propos, ou, si son temps ne le lui permet pas. Ces collections sont assez détaillées dans des catalogues spéciaux et de libraires et peuvent servir de bibliographie. Il suffira de mettre en regard de chaque titre du catalogue le numéro de l'ouvrage de la collection qui y correspond. Les mazarinades doivent être traitées de même; les trois volumes publiés par Moreau dans la collection de la Société de l'Histoire de France, serviront au même titre qu'une bibliographie et la cote de la mazarinade pourra être mise en vedette du titre imprimé dans ce répertoire.

C'est ainsi que les collections Panckoucke, Lemaire, Teubner, Weidmann, Migne, Leber, Guizot, celles de la Société de l'histoire de France, des documents inédits de l'histoire de France, les thèses de lettres et de sciences françaises, les dissertations étrangères, etc., etc., pourraient à la rigueur être classées. Hâtons-nous de dire cependant que la confection des cartes et leur intercalation au catalogue alphabétique vaudraient encore mieux.

RECUEILS FACTICES. — Les recueils factices et les pièces détachées ont été étudiés souvent par les bibliographes, aussi nous paraît-il superflu de nous y attacher longuement. Dans les anciennes bibliothèques, et dans les modernes même, il était d'usage de faire relier ensemble les brochures traitant de sujets à peu près identiques et présentant le même format. Elles étaient ainsi sauvées de toute perte, mais, si l'une d'elles était empruntée, toutes celles renfermées dans le volume se trouvaient immobilisées, d'où un autre inconvénient. Ensuite le système de classement était arbitraire; toutes les pièces d'un même volume étaient *censées* classées sous la même cote que la première pièce; mais avec un chiffre en exposant. Prenons une série de pièces in-8°, traitant de zoologie dont la cote générale est *S. N. z.*, la première pièce sera cotée : $2431^{\underline{1}}$, la seconde : $2432^{\underline{2}}$, les autres : $2433^{\underline{3}}$, $2434^{\underline{4}}$, $2435^{\underline{5}}$, $2436^{\underline{6}}$, $2437^{\underline{7}}$, $2438^{\underline{8}}$, etc.; mais à l'inventaire ou au registre d'entrée, la première pièce figure seule.

Il nous paraît préférable de laisser les brochures séparées[1], puis de les grouper plus tard lorsqu'on en aura plusieurs de même ordre, et de les mettre dans un carton. Dans les bibliothèques universitaires, chaque pièce doit être inscrite au registre d'entrée, inventaire sous un seul numéro, mais en ayant soin d'indiquer par une accolade que ces brochures sont groupées ensemble dans un carton. Chaque carton porte une étiquette indiquant les chiffres extrêmes.

Dissertations et programmes étrangers. — Les dissertations étrangères, les thèses de médecine, les programmes de gymnases, peuvent être classés comme des brochures. Nous ajouterons cependant, qu'il est utile d'adopter un système d'ordre qui permette de les classer avec méthode et de les trouver facilement. Nous engagerions donc les bibliothécaires à diviser les Universités par nom de ville et par ordre alphabétique. Chaque université sera considérée comme une unité et inscrite comme telle au registre d'entrée-inventaire sous un numéro déterminé. C'est ainsi que les 38 bibliothèques adhérentes peuvent être groupées en commençant par la lettre A. On aura donc : *Bâle, 43,501 — Baltimore, 43,502 — Berlin,*

---

1. On les considérera comme suites, et elles pourraient être inscrites sous un numéro provisoire.

43,503 — Berne, 43,504 — Bonn, 43,505 — Breslau, 43,506 — Copenhague, 43,507 — Dorpat ou Jurjew, 43,508, — Erlangen, 43,509 — etc.

Il sera inutile de laisser des numéros en blanc sur le registre, et si plus tard de nouvelles universités participent à l'échange, elles seront inscrites au numéro qui suivra la dernière inscription. Pour les in-quarto on procédera de même que pour les in-octavo. Les dissertations seront ensuite classées par années, puis par ordre alphabétique d'auteurs dans chaque année; enfin on les mettra dans des cartons qui auront été numérotés au préalable en chiffres romains. Après leur mise en carton, chaque dissertation devra être inscrite, selon son numéro d'ordre, sur un registre divisé de la manière suivante : on n'y indique que le nom de l'auteur et les prénoms; c'est une sorte de répertoire inventaire qui doit exister dans toutes les bibliothèques universitaires :

		BERLIN, 43.503			
NUMÉRO de la dissertation	NOMS DES AUTEURS	NUMÉRO de la dissertation	NOMS DES AUTEURS	NUMÉRO de la dissertation	NOMS DES AUTEURS
	CARTON VII		....		
	1885-86		CARTON VIII		
18	....		1886-87		
18	Ramhorst (Fried.).				
19	Schnell (Anton.).		....		
20	Siede (Julius).		....		
	1886		.. ..		
21	Boon (Amandus).				
22	Ebeling (August).				
23	Fuchs (Max).				

Chaque dissertation portera en tête du titre, en outre du numéro du registre d'entrée, le numéro du carton et un chiffre indiquant la place occupée par la pièce dans le carton. On aura de la sorte les indications suivantes :

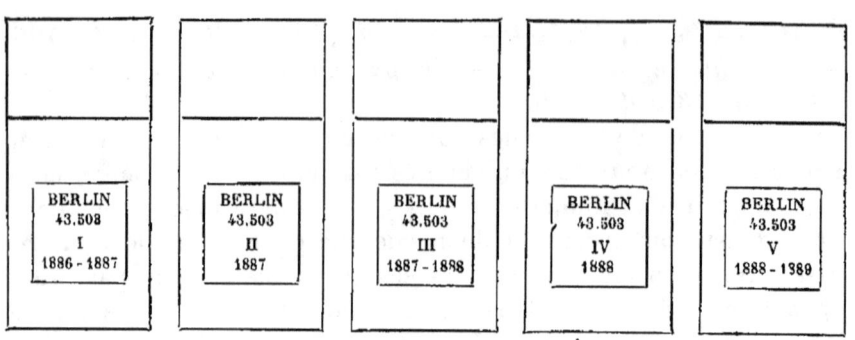

Disposition des cartons.

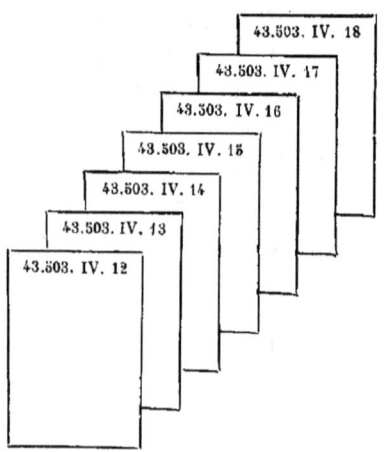

Disposition des pièces dans le carton.

Les écrits académiques et les programmes des cours peuvent être placés en tête ou à la fin de l'année à laquelle ils se rapportent.

Quant aux programmes des gymnases allemands et des écoles des diverses villes de l'Autriche, de la Bavière, de la Suisse, qui paraissent en nombre considérable toutes les années, on peut procéder pour eux comme pour les dissertations, ou encore, les classer dans l'ordre numérique porté au catalogue de Teubner[1]. Comme

---

1. *Verzeichnis der Programme, welche in Jahre... von den höheren Schulen Deutschlands (ausschl. Bayerns) verhöffentlicht werden. Leipzig, Teubner* in-4° (paraît annuellement).

ils sont presque tous de format in-quarto, il serait utile de ne faire qu'une série de cartons. A la Bibliothèque de l'Université on les a divisés en quatre séries jusqu'ici : *Pr. p.*, *Pr. a.*, *Pr. s.*, *Pr. b.* (*Programmes : Prusse; — Autriche; — Suisse; — Bavière*). On les a classés par années ensuite, mais dans l'ordre numérique dont nous avons parlé.

Nous avons indiqué plus haut comment les cartes de ces publications devaient être exécutées.

Factums. — Pour les factums, les pièces de procès, on mettra en vedette sur la carte le nom de la personne en faveur de laquelle le procès ou le factum est fait. On peut se guider pour cela sur le catalogue des factums de la Bibliothèque Nationale qui est en cours de publication, et dont voici quelques exemples :

MONTMORENCY

Factum pour messire Charles de **Montmorency**...., seigneur de Damville et de Méru, et dame Renée de Cossé, son épouse, et consorts, défendeurs, contre messire Claude de Chastillon, chevalier, prétendu demandeur en exécution d'arrêt du **21 février 1579**. — (*S. l. n. d.*), in-4°. [4° Fm **22405**.]

Factum pour messire Charles de **Montmorency**, seigneur de Damville,... et consorts, contre damoiselle Claude Roze et Jacqueline Delignières. — (*S. l.*, 1579), in-4°. [4° Fm **22404**.]

(Au sujet de la possession des terres de Maintenay et autres, dépendant de la succession du sieur de Villebon.)

Factum pour madame Charlotte-Marguerite de **Montmorency**, princesse douairière de Condé (veuve d'Henri II de Bourbon), duchesse de Montmorency, intervenante,... contre monsieur Nicolas Fayet,... seigneur de Piscop... — (*S. l. n. d.*), in-4°. [Fm **22410**.]

(Au sujet de la saisie du fief de Lesur sur la veuve de Louis Girard. Après 1646 [1].)

Du catalogue des doubles. — Nous n'avons rien dit jusqu'ici des doubles qui peuvent exister dans une bibliothèque; il y a lieu

---

1. Les titres de ces trois ouvrages sont extraits de : Corda A.— *Bibliothèque Nationale. — Département des imprimés, catalogue des factums et d'autres documents judiciaires antérieurs à 1790*. Paris, Plon, 1894, in-8°, t. III, p. 663.

cependant de s'y arrêter. Et d'abord on ne doit pas considérer comme doubles les ouvrages d'une édition différente, ceux qui présentent des variantes ou des corrections ou des encartages par suite de suppressions de passages imposés par la censure. Le bibliothécaire aura donc soin de cataloguer chacun de ces ouvrages et de leur réserver une place distincte dans la bibliothèque. Dans les bibliothèques universitaires où il arrive que des ouvrages de référence sont réellement en double par suite d'achat ou de dons simultanés, il serait utile d'en garder un ou deux exemplaires supplémentaires afin de servir à l'usage des étudiants.

Maintenant pour tous les ouvrages en double qui le seraient effectivement, on ferait bien de ne pas les timbrer ni les cataloguer, s'ils viennent ensemble, mais de porter au crayon le mot *double* sur le livre et de le déposer dans une salle spéciale; on pourrait un jour ou l'autre obtenir des échanges avec d'autres bibliothèques. Pour les ouvrages doubles retirés des rayons — nous parlons ici d'une bibliothèque autre que celle des Facultés — on annulera, au moyen d'un timbre spécial, les diverses estampilles et l'ouvrage sera également réservé.

Catalogue d'une bibliothèque particulière. — Il existe une plus grande latitude pour le classement des ouvrages d'une bibliothèque particulière; on n'est pas tenu de suivre absolument les règles de rédaction et de classement que nous venons d'exposer. Un amateur a toute latitude pour disposer ses livres comme il l'entend et pour en dresser le catalogue selon son goût et ses aptitudes. Tel savant rédigera un catalogue sommaire sur fiches, tel autre inscrira ses livres sur un registre. L'amateur peut se complaire à des descriptions bibliographiques minutieuses et variées, entrant dans des détails sur les particularités d'une édition ou d'un livre qui seraient hors de propos dans un catalogue de grande bibliothèque. Nous engagerions cependant les amateurs à ne pas s'écarter trop des règles bibliographiques admises afin de ne pas être diffus. Un cadre qui nous paraît assez pratique dans une petite bibliothèque consisterait à mélanger tout à la fois les ouvrages sous leur nom d'auteurs et sous les parties saillantes du titre : voici l'ouvrage de Marmontel : *les Incas*, Paris, 1777, in-8°, qu'on pourrait ainsi traiter :

1°	2°	3°
MARMONTEL Les Incas, ou la destruction de l'empire du Pérou ; par M. MARMONTEL... Paris, Lacombe, 1777, in-8°, front., rel. v.-rac.[1].	INCAS MARMONTEL. — Les Incas..... Paris, Lacombe, 1777, in-8°.	PÉROU MARMONTEL. — Les Incas, ou la destruction du Pérou... Paris, Lacombe, 1777, in-8°.

Dans une bibliothèque de moyenne importance, on se trouvera bien de ce système pour les recherches qui seront simplifiées, puisque le même ouvrage se trouve représenté trois et quatre fois sous des formes différentes. Les brochures d'une certaine épaisseur pourront être reliées séparément, mais les plaquettes de moins de 50 pages devront être assemblées par formats et par matières et reliées ensemble. Le relieur mettra au dos le nombre de pièces renfermées dans chaque volume avec une rubrique générale :

BEAUX-ARTS	PHYSIQUE	ARCHÉOLOGIE
Peinture *15 pièces.*	Lumière électrique *20 pièces.*	Epoque mérovingienne *30 pièces.*

Nous donnons deux spécimens de catalogue détaillé d'ouvrage, tels qu'un amateur peut les faire : 1° L'esprit des langues de Frère de Montizon ; 2° Le livre d'heures d'Orléans (1520).

FRÈRE DE MONTIZON (M.)

L'esprit || *des langues*, || ou vraie et unique méthode || pour apprendre sans dégoût et sans || peine les Langues mortes, de manière || à en saisir le génie et le caractère ; || appliquée à la langue.

---

1. Cette édition ne se compose que d'un seul volume, mais sous la même date que la première édition publiée à Paris en 1777, 2 vol. in-12 avec figures de Moreau. — Laquelle des deux est la vraie première ?

latine, || exécutée sur le texte des meilleurs auteurs, || par M. Frère de Montizon, || maître de pension. || Dédié à son Altesse Sérénissime Monseigneur || le duc de Bourbon. || Première partie. ||

« Ordine Gallorum Latii ne verba premantur,
....
Puræ de puro flumine dentur aquæ. »
A. Q.

A Paris, || de l'imprimerie de M. Lambert, rue et à côté || de la Comédie Françoise, au Parnasse. || M D CC LXI. || Avec approbation et privilège du Roi, in-8°, 5 ff. n. ch. avec titre, 226 pp., 1 f. n. chif. pour le privilège, rel. maroq. rouge, aux armes de Louis-Joseph de Bourbon-Condé, prince de Condé (1736-1818), avec filet et fleurs de lis dans les coins, tranche dorée, petite dentelle (genre Derôme).

Livre d'heures a l'usage d'Orléans. — *Paris, Jean de Brye, S.D.* [1520], *in-8°.*

Titre: ℭ Ces presentes heures a lusage Dor || leans tout au long sans requerir. || Nouuellement imprimees a Paris || [*Marque de l'imprimeur Jehan de Brie*] ℭ Imprimees a Paris pour Jehan || de brye demourāt en la rue sainct Jac || ques deuāt Sainct yues A lenseigne || de la Lymace. ||

Au verso du titre :

Almanach pour treize ans. ||	Le date || de lannee	— Pasques — —	Le nō bre dor	— La l̃te — dn̄icale. ||
	V cens XX	VIII auril	I	A G
	V cens XXI	XXXI mars	II	F
	V cens XXII	XXII auril	III	G
	V cens XXIII	V auril	IIII	D
....				
Treizième ligne de la date :	V cēs XXXII	XXV mars	XIII	G F

La dix-septième ligne commence : ℭ Qui vouldra scauoir Pasques Le || nombre dor La lettre dominicale Et le || bissexte | depuis Lan cinq cens et : XX. || iusques a Lan cinq cens ҁ XXXIJ inclu- || siuement Regarde en ceste figure la li || gne dicelle date et il trouuera les cho || ses deuant dictes ||

Dernier feuillet, recto : ℭ Sensuyt la table du seruice contenu || es heures presentes. || .....

Dernier feuillet, verso : O intermerata. (*sic*) et Missus est Gabriel. || Finalement plusieurs aultres bōnes || oraisons en françoys. .·. || Finis || *Marque de Jehan de Brie* —

Vol. in-8º de 136 feuillets, titres compris, portant dans la ligne de pied, en outre de la signature, les deux lettres OR jusqu'au 89ᵉ feuillet. Les signatures commencent au feuillet 2 par: Bj, *puis à partir du feuillet 9, elles continuent ainsi*: A.j. — *f.*, *10* : A.ij. — *f.*, *17* : B.j. — *f.*, *25* : C.j. — *f.*, *41* : Ej. — *f.*, *49* : Fj. — *f.*, *50* : F.ij. — *f.*, *57* : Gi. — *f.*, *58* : G.i (*sic*) — *f.*, *65* : H.i. — *f.*, *66* : H.ij. — *f.*, *73* : I.j — *f.*, *74* : I : ij. — *f.*, *81* : Ki. — *f.*, *82* : K.ij. — *f.*, *89* : L.j — *f.*, *93* ℭ — *à partir du feuillet 101, les signatures sont en minuscules et se suivent ainsi :* aa.i. — aa.ii. — aa.iii. — aa.iiii. — bb.i. — bb.ii. — bb.iii. — bb.iiii. — cc.i. — cc.ii. — cc. iii — cc.iiii. — dd.i. — dd.ii. — dd.iii.— dd.iiii. — ee.i.— ee.ii. — ee.iii. — ee.iiii. —

Titre rouge et noir — rubriques et lettres majuscules en rouge — quelques lettres ornées en blanc sur fond noir pointillé — réglé à toutes les pages.

12 figures sur bois, paraissant d'origine allemande, dont voici le détail : *fol. 11 verso* : Le baiser de Judas, 83 mm. sur 55 mm., tirage défectueux. = *fol. 17* : L'Annonciation de l'Ange Gabriel à la Vierge Marie, planche de pleine page moins trois lignes de texte, 124 mm. de haut sur 80 mm. de larg. = *fol. 27* : La Visitation de sainte Elisabeth, planche en pleine page, 155 mm. de h. sur 95 mm. de larg. = *fol. 33* : Le Christ sur la Croix, 155 mm. de h. sur 95 mm. de larg. = *fol. 34* : Les Apôtres et la Vierge réunis dans le Cénacle — Descente du Saint-Esprit, 150 mm. de h. sur 95 mm. de larg. = *fol. 35* : La naissance de Jésus, 154 mm. sur 95 mm. = *fol. 39* : L'Ange annonçant aux bergers la naissance de Jésus, 154 mm. sur 95 mm. = *fol. 42 v.* : L'Adoration des Mages, 153 mm. sur 95 mm. = *fol. 45 v.* : Jésus au milieu des docteurs, 153 mm. sur 95 mm. = *fol. 48 v.* : La fuite en Egypte, 152 mm. sur 95 mm. = *fol. 55* : Couronnement de la Vierge, 153 mm. sur 95 mm. = *fol. 65 v.* : David devant Saül(?), 155 mm. sur 95 mm. = *fol. 74 v.* : Résurrection de Lazare, 155 mm. sur 95 mm. =

Rel. veau, genre Groslier avec motifs azurés et filets à 2 couleurs, tr. dor. (*d'autres pièces reliées dans le même volume*).

MISE EN PLACE DES FICHES. — Il nous reste à traiter de la mise en place des cartes. Si la bibliothèque ne renferme pas une grande quantité de livres, on groupera ensemble, comme nous l'avons dit, les fiches des ouvrages anonymes et des noms d'auteurs, ce qui donnera une seule série pour le catalogue sur cartes. Au contraire, si la bibliothèque est très riche, il serait peut-être préférable de créer plusieurs sections comprenant les cartes avec les noms d'auteurs; celles des anonymes et des périodiques, enfin dans les bibliothèques universitaires la création de deux autres sections : l'une pour les dissertations et écrits académiques, l'autre pour les programmes des gymnases ne seraient pas inutiles.

Ceci admis, il faut disposer les cartes dans l'ordre alphabétique strict, ce qui n'est pas chose facile. Les principes que nous poserons sont les suivants :

Placer en tête de chaque lettre les cartes des ouvrages anonymes qui commencent par cette lettre : *A., A*., A**., A.; Ab., Abb.*, etc., puis les titres de revues ou de livres commençant ainsi : *Abhandlungen — Abriss — Abus*, etc., etc.

Pour la mise en place des cartes avec des noms d'auteurs, si ce nom est très répandu, on devra commencer par ceux dont le prénom n'existe pas, puis par les prénoms simples ou composés, mais toujours dans l'ordre alphabétique; enfin si les prénoms sont pareils désigner l'auteur par un de ses titres ou une date :

Berard — Berard (Alexandre) — Berard (Dr Edgar) — Berard (Emile).

Bernard — Bernard (Saint) — Bernard (D^r) — Bernard (Dr Aimé) — Bernard (Albert) — Bernard (Charles) — Bernard (Daniel) — etc. Bonnet (D^r) — Bonnet (A.) — Bonnet (Abraham) — Bonnet (Charles).

Les noms propres allemands renfermant ou commençant par une des voyelles adoucies : *ä, ö, ü,* pour *ae, oe, ue,* doivent avoir ces voyelles décomposées et classées alphabétiquement à *ae, oe, ue,* ainsi on mettra : *Aebi (J.-L.), Aebli (With.), Aernout (Hen-Joh.)* et non *Äbi, Äbli, Ärnout. — Oefele (Adolf von), Oeffinger (Herm.), Oehle (Ens.),* et non *Öfele, Öffinger, Öhle. — Ueberweg (Fr.), Uehlinger, Mueller,* et non *Überweg, Ühlinger, Müller.*

Il en est de même pour les mots latins et grecs où la voyelle adoucie, doit, elle aussi, être décomposée : *Ætius, Æmilius, Æschines, Æschylus,* se mettront à *Aetius, Aemilius, Aeschines, Aeschylus.*

Les mots danois et suédois dans lesquels se trouvent les lettres ponctuées : Ä, Å, Ö, Ø, pour *e, o, eu*, sont classées sous leur forme orthographique, ces lettres conservant leur valeur :

Ördmann (Samuel), Öfverbom (J.), Örsted (Andreas), au lieu de *Oerdmann, Oefverbom, Oersted.*

Les diverses éditions des œuvres d'un même auteur sont classées dans l'ordre chronologique :

MOLIÈRE

Les œuvres de M. de Molière. *Paris, J. Ribou, 1663-70, 4 vol. in-12.*

Les œuvres de M. Molier (*sic*). *Paris, Guillaume de Luyne, 1663, 2 vol. in-12.*

Les œuvres de J.-B. P. Molière. i. *Paris, G. Quinet, 1664, in-12.*

Les œuvres de M. Molier (*sic*). i. *Paris, Ch. de Sercy, 1664, in-12.*

Les œuvres de M. Molière. *Paris, Gab. Quinet, 1666, 2 vol. in-12.*

Œuvres de M. de Molière. *Paris, Cl. Barbin, 1673, 7 vol. in-12.*

Œuvres de M. de Molière. *Paris, Denys Thierry et Cl. Barbin, 1674-75, 7 vol. in-12.*

Les œuvres de M. de Molière. *Paris, Denis Thierry, Cl. Barbin et P. Trabouillet, 1676, 7 vol. in-12.*

Les œuvres de M. Molière. *Amsterdam, Jaques le Jeune (à la Sphère), 1675, 5 vol. pet. in-12,* etc. . . . .
. . . .
. . . .

Les ouvrages divers d'un même auteur sont classés par ordre alphabétique de titres autant que possible en procédant de la manière suivante : les œuvres complètes dans le texte, par ordre de date ; les fragments de textes, les parties, les extraits ; les traductions des œuvres complètes ; les traductions des fragments et des parties ; les commentaires critiques classés soit par date, soit par ordre alphabétique des commentateurs ; les biographies et les notices biographiques s'il y a lieu de les mettre au nom de l'auteur :

CICERO. — Œuvres complètes.

Ciceronis opera :
Mediolani, 1498-1499, 4 vol. in-fol.
Venetiis, 1534 à 1537, 4 vol. fol.
Parisiis, 1538-1539, 6 t. en 2 vol. fol.

Parisiis, 1543-1547, 10 vol. in-16.
Lutetiæ, 1565-1566, 4 t. en 2 vol. in-fol.
Lugduni-Batavorum, 1642, 10 vol. p. in-12.
Amstelodami, 1661, 2 vol. in-4°.
Amstelaedami, 1724, 2 vol. in-fol.
Venetiis, 1731, 12 vol. in-8°.
Patavii, 1742, 11 vol. in-8°.
Glasguæ, 1749, 20 vol. in-16.
Paris, 1768, 14 vol. in-12.
Paris, 1816-1818, 29 tomes, in-8°.
Boston (1818), 23 vol. in-12.
Londini, 1820, 12 vol. in-18.
Paris, 1821-1825, 36 vol. in-8°,
Halæ, 1820-1824, 5 tomes, in-8°.
Paris, 1827-1832, 20 vol. in-8°.
Turici, 1826-1837, 8 vol. en 12 part., gr. in-8°.

. . . .
. . . .
. . . .

CICERO. — Parties et fragments, pièces détachées.

EPISTULÆ..., *Berolini, 1747, in-8°.*

— ad Atticum, Quintum fratrem, ad familiares... *Gottingæ, 1820-1822, 4 vol. in-8°.*

— **ad Atticum** cum notis... *Amstelædami, 1727, 2 vol. in-8°.*

— the epistles of M. T. Cic. to **M. Brutus**... *London, 1743, in-8°.*

— **ad diversos** sive familiares... *Roterodami, 1704, in-8°.*

— **ad Quintum fratrem..** *Heidelbergæ, 1843, in-8°.*

— selectæ libri IV. cum comment... *Nesvisii, 1761, in-8°.*

ORATIONES notis et dissert. illustr. N. Desjardins. *Paris, 1738, in-4°.* (t. I seul paru).

Orationes **XIV selectæ** mit teutschen Anmerkgn. *Nürnberg, 1736, in-12.*

Orationes **III de lege agraria**... recens. J. L. Ussing... *Hafniæ*, *(1850), in-8º*.

Oratio pro **Archia poeta**, n. édit... par A. Chanselle. *Paris, 1866, in-12*.

— pro **L. Cornelio Balbo**... edit. by J. S. Reid. *London, 1878, in-12*.

Divinatio in **Caecilium**, f. d. Schulgebrauch... *Leipzig, 1870, gr. in-8º*.

Oratio pro **Cæcina**, edit. C. A. Jordan. *Leipzig, 1847, in-8º*.

— pro **M. Cælio Rufo** et pro **P. Sestio**... *Turici, 1832, in-8º*.

Orationes **IV in L. Catilinam**... *Paris, 1795, in-18*.

Oratio in **Clodium**. Voy. Fragmenta orat.

— pro **Cluentio**, with introduction and notes by W. Ramsay... *Oxford, (1859), in-8º*.

— in **Curionem**. Voy. Fragmenta orat.

— pro rege **Dejotaro**... recogn. C. H. Frotscher, *Lipsiæ, 1835, in-8º*.

— pro **L. Valerio Flacco**. Voy. Fragmenta orat.

— pro **Fonteio**. Idem.

— pro lege **Manilia** s. de imperio **Cn. Pompei**, édit. class. p. E. Allais, *Paris, 1878, in-12*.

— pro **Q. Ligario**... par V. Parisot et L. Liskenne. *Paris, 1830, in-12*.

— pro **M. Marcello**, ed. I. D. G. Seebode. I... *Brunsvigæ, 1885, in-8º*.

— pro **T. Annio Milone**, cum analysi R. P. Martini du Cygne... *Avignon, 1815, in-18*.

— pro **Murena**, recensuit... A. W. Zumptius... *Berlin, 1859, in-8º*.

Orationes **Phillipicæ**, édit classiq... *Paris, 1861, in-12*.

Oratio in **Pisonem**. Voy. Fragmenta orat.

Oratio pro **Cn. Plancio** in us. scholar... *Altenburgæ, 1823, in-8º*.

— de **provinciis consularibus**... ed. J. C. Orelli. *Turici, 1833, in-4º*.

— pro **Quinctio** ed. I. Facciolati, *Patavii, 1713, in-8º*.

— pro **C. Rabirio**. Voy. Fragmenta orat.

. . . .
. . . .

Fragmenta orationum. Trium orationum pro Scauro, pro Tullio, pro Flacco partes ineditæ... invenit Ang. Maius. *Francofurti a. M.* 1815, *in-8º.*

OPERA PHILOSOPHICA, ex recens. et cum notis Io. Davisii, Cantabrig. 1736, 6 vol. *in-8º.*

Academica. Académiques, avec le texte latin de l'édit. de Cambridge.. par... (Dav. Durand). *Londres, 1740, in-8º.*

Cato maior seu de Senectute dialogus in us. scolar. *Hafniæ, 1810, in-8º.*

De divinatione libri II ex. recens. et cum notis I. I. Hottingeri. *Lipsiæ, 1793, in-8º.*

De fato liber, ex recens. I. Henr. Bremi. *Lipsiæ, 1795, in-8º.*

De finibus bonorum et malorum libri V et Academicorum quæstionum quae supersunt cura J. Guilielmi... *Berolini, 1746, in-12.*

Hortensius. Libri Ciceroniani fragmenta... illustr. F. Schneider, *Trzemeszno, 1841, in-4º.*

Lælius seu de amicitia edit. by A. Sidgwick, *London, 1878, in-12.*

De legibus libri III. — I tre libri intorno alla leggi... da G. Sichirollo, I. *Padova, 1874, in-8º.*

De natura deorum libri tres, erklärt. v. G. F. Schömann, 4ᵗᵉ Aufl. *Berlin, 1876, in-8º.*

De officiis libri III — ad fidem Codd., mss. emendati (cur. J. W. Huber). *Coloniæ, (Basil.) 1748, in-8º.*

Paradoxa ad Brutum — ad Codd. mss. partim... recognovit D. Wyttenbachii, excursus... adjecit G. H. Moser. *Gottingæ, 1846, in-8º.*

De republica — ex emend. C. F. Heinrichii... *Bonnæ, 1823, in-8º.*

Tusculanarum disputationum libri V — secundum textum Wolfianum... commentaris... illustra. I. G. C. Neide. *Ienæ, 1798, in-8º.* |

OPERA RHETORICA — opera rhetorica selecta... *Paris, 1874 (1878), in-12.*

Brutus de claris oratoribus — et de optimo genere oratorum. *Paris, 1829, in-12.*

. . . .

Rhetoricorum seu de inventione libri II.

. . . .

Topica.

. . . .

ARATEA.

....
....

SCRIPTA SUPPOSITA.

....

    CICÉRON. — [Traduction des oeuvres complètes.]

Œuvres complètes de Cicéron, trad. en franç., avec le texte en regard, avec la vie de Cicéron. *Paris, 1816-18, 29 vol. in-8°.*

Œuvres complètes de Cicéron, trad. en français, avec le texte en regard, publ. par J.-V. Le Clerc. *Paris, Lefevre, 1821-25, 30 vol. in-8°.*

Œuvres complètes de Cicéron (en latin et en français), traduction par Andrieux, Agnant, etc. *Paris, Panckoucke, 1830-37, 36 vol. in-8°..*

....
....

Nous ne poursuivrons pas au-delà ces citations, ces exemples qui nous paraissent suffisants.

Les pseudonymes, les allonymes, les anagrammes, les apocryphes, doivent être classés, comme la carte le porte, c'est-à-dire sous le véritable nom de l'auteur, lorsqu'on l'a découvert, et sous le nom supposé s'il n'est pas connu. On fera une fiche de renvoi au pseudonyme avec la référence du nom réel.

Ainsi : Voltaire a pris successivement les noms suivants : Dr *Akakia* — *Akib (le rabbin)* — *Aléthès (Irenée)* — *Aveline (le sieur)* — *Une belle dame* — *Un Bénédictin* — *Big (l'abbé)* — *Bolingbroke (Milord)* — *Gérofle* — *Hume, ministre anglican*, — Rabelais qui a signé : *Alcofribas* — *Alcofribas Nasier*, etc., etc.; pour tous ces noms on fera des cartes de renvoi.

Les périodiques. — Par le mode de publicité ainsi que par la variété de ce genre d'ouvrage, on ne peut adopter de règle fixe et bien déterminée pour leur inscription et leur prise en charge. Nous avons montré comment il fallait rédiger les cartes du catalogue alphabétique seulement en ce qui concernait le titre général avec l'état de la collection. Il est de toute importance que chaque numéro, chaque fascicule de périodique soit inscrit le jour même de l'entrée à la bibliothèque. Ces inscriptions peuvent se faire sur des registres ou sur des cartes. M. L. Delisle recommande ce dernier système[1]; dans ce cas, les cartes sont classées alphabétiquement et peuvent déjà servir de catalogue. Ottino donne comme modèle des cadres tracés et réglés, suivant que le périodique paraît mensuellement, hebdomadairement ou journellement ; on n'a plus qu'à ajouter dans la colonne voulue le numéro du fascicule. La principale objection à ce système est l'apparition inattendue de supplément, *Beiheft*, *Supplementheft*. Comment l'indiquera-t-on si la place manque? Ensuite la revue et le périodique étant instables peuvent varier leur mode de publication, d'où résulte l'obligation d'une inscription sur les lignes verticales et par conséquent, manque d'unité dans cette inscription. Ce cadre doit être condamné à cause des inconvénients qu'il présente. Le plus pratique et le plus simple est encore d'avoir un registre dont tous les feuillets sont quadrillés. En tête on inscrit le titre du périodique avec tous les détails bibliographiques : nom de lieu, de publication, nom de l'éditeur, son format, ses directeurs, son mode de publication, le fournisseur ou le donateur de la revue, ainsi que le prix d'abonnement. On complète l'inscription par la cote et le numéro du registre d'entrée.

Si avant la confection de ce registre, il existait déjà une ou plusieurs séries complètes d'un périodique dont on reçoit la suite, on peut se contenter d'indiquer ces séries en totalité et sans détails.

Un répertoire *détaché* c'est-à-dire formant registre à part, complétera ce registre. On y inscrira le titre sommaire de chaque revue avec un renvoi à la page du registre.

L'instruction du 4 mai 1878, relative aux bibliothèques universitaires étant muette à ce sujet, le bibliothécaire est libre d'adopter tel système qui lui conviendra.

Nous donnons ici comme modèle le type adopté à la bibliothèque de l'Université de France. Il suffira de transformer la cote ou de la supprimer pour la remplacer par le numéro du registre d'entrée

---

1. A la Bibliothèque de la Faculté de droit, les périodiques sont inscrits au fur et à mesure de leur entrée, sur des fiches assez grandes en carton, et réglées d'avance par colonnes; il en est de même à la bibliothèque Sainte-Geneviève.

inventaire, lorsqu'il s'agira du classement et de l'inscription des revues d'une bibliothèque universitaire.

H. J. j. 25 (8°. **A. 7187 Picard.**

INTERMÉDIAIRE DES CHERCHEURS ET DES CURIEUX (L')

D'abord bi-mensuel, puis par décades mensuelles, 2 vol. par an,
Paris, in-8°.
[*1re série*] I à XVI (1864 à 1883).
[*2e série*] XVII à XXIV (1884 à 1891).
[*3e série*] XXV (1892) 1, 2, 3, 4, 5, 6, 7, 8, 9, 10, 11, 12, 13, 14, 15, 16, 17, 18.
XXVI (1892) 19, 20, 21, 22, 23, 24, 25, 26, 27, 28, 29, 30, 31, 32, 33, 34, 35, 36.
XXVII (1893) 1, 2, 3, 4, 5, 6, 7, 8, 9, 10, 11, 12, 13, 14, 15, 16, 17, 18.
XXVIII (1893) 1, 2, 3, 4, 5, 6, 7, 8, 9, 10, 11, 12, 13, 14, 15, 16, 17, 18.
XXIX (1894) 1, 2, 3, 4, 5, 6, 7, 8, 9, 10, 11, 12, 13, 14, 16, 16, 17, 18.
XXX (1894) 1, 2, 3, 4, 5, 6, 7, 8, 9, 10, 11, 12, 13, 14, 15.

Table générale (1866-91) 1 vol. 8°.

H. AR. d. 46. fol. **A. 23.992. Klincksieck.**

JAHRBUCH DER KUNSTHISTORISCHEN SAMMLUNGEN DES ALLERHÖCHSTEN KAISERHAUSES. — *Wien. (Tempsky.) Prag. Leipzig. gr. in-4°.*
I à XV (1883 à 1894). XVI (1895).

H. AR. d. 26 gr. fol. *Beilagen* **A. 23992. Klincksieck.**

Beilage zum Bd. I.II) Schutzdecke zum Triumph Maximilians I :
    1, 2 (1883-84) complet, 2 in-pl. (nos 1 à 137).
Bd. III. IV) Schutzdecke zum Ehrenpforte Maximilians I : 1, 2 (1885-86) complet, 2 in-pl. (nos 1 à 36).
Bd. IX) Das Heroon von Gjölbaschi-Trysa (1889) complet, 1 in-pl.
Bd. XV) Schutzdecke zur Wiener-Genesis 1 (1894) in-pl.

S. N. m. 85 (8º).   **A. 16383. Klincksieck.**

[NEUES] JAHRBUCH FÜR. MINERALOGIE, GEOLOGIE UND PALÆONTOLOGIE. — *Stuttgart, Schweitzerbart (Koch) in-8º.* (La collection commence en 1833.)

2 volumes par an, 2 ou 3 numéros par volume.
Vol .supplém^{res} non annuels. (Beilage-Bände : 3 n^{os})

Ann. 1833 à 1888.

1889 : I. 1, 2, 3.	1891 : I. 1, 2, 3.
II. 1, 2, 3.	II. 1, 2, 3.
1890 : I. 1, 2, 3.	1892 : I. 1, 2, 3.
II. 1, 2, 3.	II. 1, 2, 3.
I. 1, 2, 3.	

Beilage-Bände.
I-VII (1880-1891) — VIII (1892) 1, 2, 3. — IX (1894) 1, 2, 3.

Allgemeines Repertorium.
(INDEX)

1º 1830-1839, v. Lommel, éd. 1841, in-8º. — 2º 1840-1849, v. Giebel, éd. 1851, in-8º. — 3º 1850-1859, éd. 1861, in-8º. — 4º 1860-1869, éd. 1870, in-8º. — 5º 1870-1879, v. Steinmann, 1880, in-8º. — 6º 1880-1884 und Beilage-Bde, I-II, v. Wervecke, 1885, in-8º. — 7º 1885-1889 und Beilage-Bde, III-VI, v. Wervecke, 1891, in-8º.

H. L. i, 15 4º.   **A. 12514, Thorin.**

STUDI E DOCUMENTI DI STORIA E DIRITTO [1]

Pubblicazione periodica dell'Accademia di conferenze storico-giuridiche — Roma, tip. Vaticana, in-4º, fasc. trim.
I-XII (1880-1891).
XIII (1892) 1-2, 3, 4.
XIV (1893) 1, 2, 3-4.
XV (1894) 1-2, 3-4.
XVI (1895) 1.

DOCUMENTI

I. — RE (C.). *Statuti della città di Roma, del [secolo* XIV... *1880, 1 vol. 4º.*

1. La *Biblioteca dell'Accademia storico-giuridica* contient un certain nombre de volumes qui font partie de cette série à côté d'autres publications qui n'en font pas partie.

II. — Bruzza (L.). *Regesto della chiesa di Tivoli (con 5 tavole cromolitografiche)...* 1880, 1 vol. 4°.

III. — Balan (P.). *La ribellione di Perugia nel 1368 e la sua sottomissione nel 1370, narrata secondo; documenti degli Archivi Vaticani...* 1880, 1 vol. in-4°.

IV. — Gatti (G.) : *Statuti dei mercanti di Roma dal secolo* xiii *al* xvi *(con 4 tavole eliotipiche)...*, 1885, 1 vol. 4°.

V. *Statuti e regesti dell'opera di S. Maria d'Orvieto,* 1890-91, 1 vol. in-4°.

Les suites d'ouvrages. — On peut traiter les suites comme les périodiques c'est-à-dire les inscrire sur un registre sans colonnes continues avec une indication sommaire sur un répertoire. La cote, le classement, la provenance et le prix doivent aussi y figurer. Lorsque l'ouvrage sera achevé, on en biffera la mention à l'encre rouge sur le registre des suites avec une note indiquant qu'il est terminé, ou bien on se contentera d'indiquer qu'il est achevé. Le registre de la bibliothèque de l'Université de France nous servira encore de modèle :

CLASSIFICATION.	NUMÉRO du REGISTRE des acquisitions.	NUMÉRO du REGISTRE des dons.	TITRE DES OUVRAGES.	PROVENANCE.
1	2	3	4	5

Pour l'usage des bibliothèques universitaires, on pourra modifier les colonnes 2 et 3 qui n'en feront plus qu'une avec la mention : *numéro provisoire du registre d'entrée-inventaire*. Au besoin même on peut supprimer totalement le registre des suites qui se trouve compensé par le registre d'entrée-inventaire (*numéros provisoires*), mais alors il est utile de ménager un certain espace entre chaque titre, afin d'y indiquer l'entrée des fascicules ou des volumes nouveaux.

Spécimen d'inscription sur le registre des suites.

H. F. b. 130. 8°. A. 19,851. Picard.

Legrelle. — La diplomatie française et la succession d'Espagne. — *Paris, Pichon, in-8°.*

I Le premier traité de partage (1659-1697) — 1888.

II Le deuxième traité de partage (1697-1699) — 1889.
III Le troisième traité de partage (1699-1700) — 1890.
IV La solution (1700-1725) — 1892, fin.

S. N. b. 18 fol.   **A 19,620 Klincksieck.**

P. Sorauer. — Atlas des Pflanzenkrankheiten. — *Berlin, Parey, in-fol.*

1 Tafel. I-VIII (1889).
2 id. IX-XVI id.
3 id. XVII-XXIV id.
4 id. XXV-XXXII (1890).
5 id. XXXIII-XL (1891).
6 id. XLI-XLVIII (1893).

L. P. e. g. 102. 8°.   **A 19,146 Klincksieck.**

Grundriss der Germanischen Philologie, herausgegeben von Hermann Paul. — *Strassburg, Trübner, 8°.*

Band I 1re Lieferung (p. 1-256., 1 pl.), 1889 — (p. 257-512) 1889 — 3 (p. 513-640) 1890 — 4 (p. 641-768) 1890 — 5 (p. 769-1024) — 6 (p. 1025-1038. I-XVIII) 1891. fin.

III^{re} Abtheil. — 1 Lief. (p. 1-128) — 2 (p. 129-256) 1890 — 3 (p. 257-384) 1890 — 4 (p. 385-496) 1890 — 5 (p. 497-608) 1893 — 6 (p. 609-736) — 7 (p. 737-1072); I-X, titre. fin.

Id. 2e Abth. — 1 Lief. (p. 1-128) — 2 (p. 129-256) 1890.

Le catalogue méthodique. — Si ce catalogue paraît moins important à première vue, il n'en est pas moins appelé à rendre d'immenses services, surtout aux lecteurs, lorsqu'il est mis à leur disposition. Il leur est possible de se rendre compte, dans un très bref délai, des ouvrages que contient la bibliothèque sur telle ou telle matière. Ce catalogue constitue en un mot l'inventaire même des ouvrages de la bibliothèque ; mais il a besoin, pour cela, d'être plus détaillé et plus complet que l'alphabétique. Dans bien des bibliothèques, il a été rédigé sur des registres dans lesquels on a maintenu des pages blanches pour les inscriptions futures. Il y a peut-être économie de temps à dresser le catalogue de la sorte, mais ce système est défectueux et devrait être formellement prohibé. Il y a d'abord encombrement de registres, surtout dans une grande bibliothèque, ensuite les ajouts, les surcharges, les renvois mêmes, absolument inévitables, en rendent le maniement difficile et laborieux. Ces surcharges s'expliquent par le développement de certains fonds, certaines séries qui s'accroissent dans des proportions anormales, alors que d'autres restent stationnaires ou ne s'augmentent que fort peu[1].

Il y a deux autres moyens de procéder :
1º Par cartes ou fiches que l'on rédigerait en même temps que l'on ferait celles du catalogue alphabétique[2]. Le titre doit être transcrit tel qu'il se trouve imprimé en s'abstenant seulement d'y mettre les inutilités suivantes : désignation des qualités des auteurs ou des commentateurs, les louanges ou dédicaces trop longues, les longueurs de la désignation du lieu d'impression : la rue, le numéro, les noms multiples des éditeurs s'ils sont plusieurs ;
2º Sur feuillets mobiles, assez forts, et échancrés de telle manière qu'ils s'emboîtent dans une reliure mobile et facile à manier. On constitue de la sorte des volumes d'un format déterminé, dont la mobilité permet l'intercalation et la suppression des feuillets à volonté ; de plus ces volumes sont moins encombrants que les registres et tiennent moins de place.

Comme divisions méthodiques à adopter, celles de Brunet, modifiées cependant, nous paraissent préférables à toutes autres. Car c'est lui certainement qui a encore le mieux harmonisé le classement des livres. Il existe, il est vrai, trop d'élasticité dans certaines de ses divisions, tandis que d'autres sont trop étroites et trop fermées. Son cadre, imparfait en certaines parties, surtout dans les sciences philologiques, chimiques, physiques et d'histoire naturelle, est encore le mieux compris de tous. On ne devra pas établir toutes

---

1. Les séries historiques et littéraires croissent toujours, tandis que la théologie et certaines sciences s'augmentent peu.
2. Ceci peut se faire surtout dans une bibliothèque de moyenne importance dont le bibliothécaire a entrepris la réfection complète des catalogues. A mesure qu'il dresse le catalogue alphabétique d'un ouvrage, il en fait aussi la carte méthodique ; par cela, il simplifie beaucoup son travail.

les subdivisions qu'il a créées, elles encombreraient le catalogue et le rendraient diffus, mais ses grandes divisions sont exactes et permettent en général d'y faire figurer tous les ouvrages. Nous recommandons aussi aux bibliothécaires la lecture du paragraphe XVIII dans les Instructions de M. Delisle[1].

Pour la confection du catalogue méthodique, dans les bibliothèques universitaires, il y aurait, croyons-nous, économie de temps et d'argent à le faire sur des cartes semblables à celles du catalogue alphabétique. Seulement nous n'engageons pas le bibliothécaire à mettre, sur la carte même, la division, l'ordre et la classe à laquelle appartient l'ouvrage. En cela nous sommes peut-être en contradiction avec les instructions ministérielles. Pour la propreté et la clarté du catalogue d'abord, ensuite pour la conservation des cartes mêmes, il serait plus utile d'adopter trois séries de cartes vedettes de couleurs variées et plus fortes que les premières. Les grandes divisions seraient représentées par des cartes bleues, les première et deuxième subdivisions par des cartes rouges, jaunes ou de toute autre teinte que l'on voudra. Il s'agit donc de diviser les cartes en autant de sections et de divisions que l'on désire créer, puis de les classer, dans chaque division, par ordre alphabétique d'auteurs et enfin de séparer les divisions et les subdivisions par les cartes vedettes sur lesquelles on a, au préalable, inscrit en caractères gras les noms de ces divisions : (fig. 64)

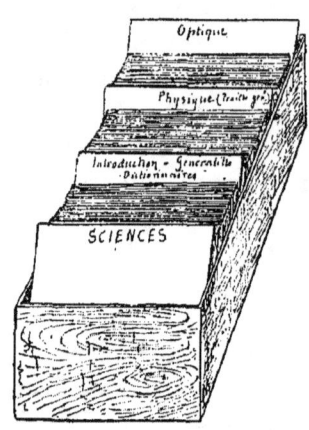

Fig. 64. Dispostion des cartes vedettes dans le catalogue méthodique.

On procédera de même pour toutes les divisions, mais il est inutile de faire des cartes de renvoi à ce catalogue.

---

1. L. Delisle : *Instructions élémentaires et techniques pour la mise en ordre des livres d'une bibliothèque*. — Lille, Danel, 1890, in-8°, p. 33, XVIII : Catalogue méthodique.

> 1869
>
> SCIENCES. — *Physique.*
>
> BRIOT (CHARLES).
>
> Théorie mécanique de la chaleur, par CHARLES BRIOT.
>
> *Paris, Gauthier-Villars, 1869, in-8, cart. toile.*
>
> **42.508.**

> 1888
>
> SCIENCES. — *Histoire de la Philosophie.*
>
> CARRAU (LUDOVIC).
>
> La philosophie religieuse en Angleterre depuis Locke jusqu'à nos jours, par LUDOVIC CARRAU.
>
> *Paris, F. Alcan, 1888, in-8°.*
>
> **36.759.**

> 1874
>
> ARCHÉOLOGIE. — *Épigraphie.*
>
> Acta fratrum Arvalium quæ supersunt, restituit et illustravit GUIL. HENZEN. Accedunt fragmenta fastorum in luco arvalium effossa.
>
> *Berolini, Georgii Reimeri, 1874, gr. in-8°.*
>
> **12.508.**

> 1892
>
> SCIENCES. — *Mathématiques appliquées.*
>
> POINCARÉ (H.)
>
> Leçons sur la théorie de l'élasticité, par H. POINCARRÉ..., rédigées par MM. EMILE BOREL et JULES DRACH...
>
> *Paris, G. Carré, 1892, in-8°.*
>
> **43.971.**

> 1872
>
> ARCHÉOLOGIE. — *Céramique.*
>
> DU CLEUZIOU (HENRI).
>
> De la poterie gauloise. Étude sur la collection Charvet, par HENRI DU CLEUZIOU...
>
> *Paris, J. Baudry, 1872, gr. in-8°, fig. d.-rel., chag. br.*
>
> **12.509**

Types de cartes du catalogue méthodique dressées conformément à l'instruction du 4 mai 1878 (Bibliothèques universitaires).

CATALOGUE ANALYTIQUE. — Ce catalogue serait certainement le plus utile et le plus pratique de tous dans une bibliothèque. Les services qu'il rendrait sont incontestablement supérieurs à ceux de tous les autres catalogues, car il permet de trouver, soit par le nom d'auteur, soit par les mots principaux du titre, ou les noms topographiques, des travaux sur les sujets qu'on veut traiter. — On a entrepris un catalogue de ce genre à la Bibliothèque Mazarine depuis nombre d'années, mais il est loin d'être terminé. Certaines sections sont cependant achevées. Au lieu de se servir de fiches séparées, on a imaginé une reliure mobile avec des tringles sur lesquelles on visse des plaques de métal; entre ces tringles sont resserrés les feuillets volants formant le catalogue, feuillets qu'on peut déplacer et remanier à son gré. La confection d'un pareil catalogue est forcément plus longue qu'une simple inscription sur carte. Nous en avons déjà donné une idée en parlant du catalogue d'une bibliothèque particulière, auquel cas ce système peut s'appliquer sans hésitation. Voici un ouvrage avec ses cartes de décomposition ou de renvoi si l'on aime mieux :

Prou (Maurice).

Manuel de paléographie latine et française du v⁰ au xvii⁰ siècle, suivi d'un dictionnaire des abréviations avec 23 fac-similés en phototypie, 2⁰ édition.

Paris, Alph. Picard, 1892, in-8⁰.

42.536

Paléographie.

Manuel de paléographie latine et française... par Maurice Prou.

42.536

Dictionnaire des abréviations.

Voy. Prou (M). — Manuel de paléographie latine.

42.536

Abréviations.

Dictionnaire des abréviations.
Voy. Prou (M.). — Manuel de paléographie.

42.536

Fac-similés (d'écritures).

Voy. Prou (M.). — Manuel de paléographie.

42.536

Ainsi pour ce seul ouvrage de M. Prou, il faut cinq fiches; on voit à quel développement de cartes on arriverait si l'on devait cataloguer de la sorte une bibliothèque de plus de 100.000 volumes. Si la place n'est pas suffisante, on sera envahi rapidement par la multiplicité de fiches et leur nombre.

Pour une bibliothèque fermée, ce procédé de catalogue est excellent, car on a tout le temps devant soi pour l'exécuter, pourvu qu'on ait à sa disposition un personnel nombreux et intelligent. Dans une bibliothèque où l'accroissement des divers fonds est rapide, où les entrées de toutes sortes se succèdent journellement, il est à peu près impraticable de faire un pareil catalogue, tant à cause de sa longueur que du manque de personnel. Nous exprimons ici notre propre opinion, tout en regrettant que, dans l'état des choses établies, cela ne puisse se faire. C'est le seul catalogue, il faut bien le reconnaître, qui réponde à tous les désiderata des lecteurs et des bibliothécaires[1].

MANUSCRITS. — Dans les bibliothèques d'ordre secondaire, on n'a pas à se préoccuper de sectionner les manuscrits par langues et par périodes comme cela se fait à la Bibliothèque Nationale[2]. Il vaudrait mieux les diviser en deux parties : les volumes reliés, les pièces

---

1. Lorsqu'on veut faire une bibliographie particulière, c'est cependant ce genre de classement que nous engagerions à adopter : non seulement il sera plus complet comme détails que n'importe quel autre, mais encore les recherches y seront plus faciles. Les bibliothécaires des Etats-Unis, de l'Angleterre l'ont parfaitement compris et procèdent d'après cette méthode dans la rédaction de leurs catalogues. Il nous suffira de donner les exemples suivants :

Index-Catalogue of the library of the Surgeon-General's office, United States Army. Washington, government printing office, 1880 — 1894. 15 vol. gr. in-8°. (A. vz.) — GEORG (C). und OST ; *Schlagwort-Katalog* (1883 sq.) Hannover, Cruse, 1889 sq. g. in-8° (*2 vol. parus*) — SONNENSCHEIN (W. S.) *The best book...* London, 1891, in-4°.

2. M. L. Delisle a publié des instructions précises sur le classement des manuscrits. Il y recommande le sectionnement des manuscrits par langues avec une limite de numéros pour chacune de ces divisions. Mais il faudrait déjà avoir plusieurs milliers de manuscrits pour procéder de la sorte : il nous paraît plus logique de n'admettre qu'une seule et même série, en laissant les manuscrits latins, grecs ou en langues étrangères à côté des français, pour les bibliothèques où ce fonds n'est pas très riche, ce qui est le cas pour la plupart des bibliothèques de France. Du reste, cette circulaire ne paraît pas avoir été appliquée rigoureusement, si nous nous en reportons à la série des catalogues des manuscrits des bibliothèques de France qui ont déjà parus.

volantes et les rouleaux en parchemin. Les premiers seront placés sur les tablettes dans un ordre quelconque, mais en tâchant que les plus grands formats occupent les rayons inférieurs et les petits formats les rayons supérieurs. Les pièces volantes et les rouleaux de petite dimension peuvent être placés dans des cartons à la suite des volumes. Enfin si les rouleaux atteignaient de grandes dimensions, on pourrait les renfermer dans des étuis. S'il existe déjà un classement antérieur pour les manuscrits, on ne le détruira pas mais on le fera concorder avec le numérotage nouveau qui est prescrit par l'arrêté ministériel du 28 janvier 1885.

Concordance de numérotation des manuscrits avec un ancien classement.

ANCIENNE COTE du MANUSCRIT.	NUMÉRO nouveau.	TITRE SOMMAIRE du MANUSCRIT.	ÉTAT du MANUSCRIT.	PRÉSENT.	ABSENT.
A-28	14	Bible.	Complet, bon état.		
B-6	15	Traité de médecine.	Manque les ff. 12-20.		
A-30	16	Bible.	Complet.		
A-42	17	Nouveau Testament.	Id.		
A-67	»	Bible.	»	»	Abs.
C-10	18	Histoire d'Allemagne.	Complet.		
C-121	19	Histoire d'Italie.	Id.		
B-7	20	Anatomie.	Id.		

Ce numérotage se fera d'une manière continue et séparément pour chaque volume. Un traité d'histoire, par exemple, composé de six volumes sera numéroté de la sorte : t. I : 35 — t. II : 36 — t. III : 37 — t. IV : 38 — t. V : 39 — t. VI : 40.

On ne peut tenir compte de la division réelle des formats pour les manuscrits, mais on les divisera en grand, moyen, petit, très petit format, avec l'indication en millimètres de leur hauteur et de leur largeur.

Il est indispensable de folioter tous les manuscrits; on le fera en portant à l'encre noire le chiffre sur le recto du feuillet, à l'angle supérieur droit; mais en écrivant d'une manière assez ténue afin de ne pas empiéter sur le texte. Les feuillets blancs doivent aussi être foliotés, ainsi que les encartages en parchemin ou en papier, quelle que soit leur dimension[1].

Les manuscrits doivent être timbrés à l'encre d'imprimerie ou à l'encre grasse, de manière à ce que l'estampille soit indélébile et ne puisse pas être enlevée par des procédés chimiques. Elle doit se trouver non seulement en tête du volume, au titre et au premier feuillet, mais aussi dans l'intérieur à des espaces déterminés : de 50 à 50 feuillets par exemple, et à la fin ; tous les encartages doivent être estampillés sans exception, au moyen d'un petit timbre, pour ne pas empiéter sur le texte, si c'est possible.

Le catalogue des manuscrits peut être fait de deux manières : pour l'usage de la bibliothèque et à titre de référence seulement, on fera un répertoire sommaire en donnant le titre abrégé du manuscrit, sa cote ou son numéro et sa date. L'autre catalogue est un inventaire véritable qui peut se détailler selon l'importance de la pièce. Si le volume ne se compose que d'une seule pièce ou d'un seul traité, on indiquera le titre général en tête de la fiche. Ce titre, s'il n'existe pas déjà, devra être composé avec une grande concision. On reproduira les premières lignes du premier feuillet du manuscrit, ainsi que les dernières lignes de la fin ; s'il y a un répertoire, une table ou quelque autre chose analogue, on l'indiquera également. Si le volume renferme plusieurs pièces, le mot *Recueil* sera placé en tête. Chaque pièce sera indiquée par le folio où elle commence, puis on transcrira les premières et dernières lignes qui la composent.

Si le manuscrit en vaut la peine, on pourra même en faire une analyse sommaire en quelques lignes. — On donnera ensuite la description matérielle du manuscrit et son historique : matière sur laquelle il a été écrit, hauteur et largeur du papier, bout à bout, hauteur et largeur de l'intervalle écrit, forme des caractères et leurs particularités : rubriques à l'encre de couleur, lettres ornées, dessins, etc. ; pour l'historique du manuscrit, il faut indiquer son dernier possesseur si on le peut, par quelles mains il a passé, puis décrire la reliure, les armes, les ex-libris, s'il y en a. En un mot, on

---

1. Dans certains pays, en Suisse notamment, on numérote les pages des manuscrits et non les feuillets, cette mesure nous paraît superflue, puisque le chiffre placé au recto est suffisant pour constater l'état du manuscrit et pour renvoyer à une citation.

ne doit négliger aucuns détails qui peuvent faire connaître et apprécier un manuscrit.

Exemples de classement de manuscrits.

M S. 966. — Titres concernant l'ancien collège d'Autun.

Inventarium omnium reddituum emptorum pro domo scolarium per || Reverendum in christo patrem et dominum dominum Petrum Ber || trandi dei gratia tituli Sancti Clementis presbyterum cardinalem || parisius fundatorem. || ...

Page 7. — Hec sunt transcripta litterarum domus scolarium...

Parchemin en partie incomplet. — 72 ff. — Ecriture du xv⁰ siècle, 38 lignes à la page — lettres en rouge et rubriques de même couleur — nombreuses notes marginales.

N. — Le numérotage des pages effectué postérieurement se trouve incomplet. Ainsi, après la page 22, la suivante porte 55. — Rel. moderne, chagr. fauve.

M S. 1088. — Traitté de la certitude morale par M. Boullier. (Titre répété au feuillet suivant.)

1⁰ *Fol. 1-42 recto*. — De la certitude morale par M. Boulher (*sic*) || impression de 1737 || Ce livre est dédié à M. de Fontenelle dont l'auteur dit *ce génie* qui depuis si longtemps est en posession || *d'embellir*, d'éclairer et de perfectionner tout ce qu'il || touche || ... *Fin*... le faux historique prend la place des vérités oubliées.

Sur le *fol. 41 recto*, on a collé une lettre commençant ainsi : Je sçai M. que M. Julien vous a vu || plusieurs fois... *finissant* : J'ai l'honneur d'être avec tout attachement possible M. V. (12 mars 1740).

2⁰ *Fol. 42 recto*. — Essay philosophique sur l'âme || des bêtes, de M. Boullier.

3⁰ *Fol. 43*. — Essai philosophique sur l'âme des || bêtes ; à Amsterdam 1778 || avertissement || Un esprit subtil et artificieux a rejeté comme absurde || l'hypothèse des automates.

Finit au feuillet 82 recto. — Le chapitre 19 est la conclusion de l'ouvrage. Il faut lire tous ces chapitres et avec attention.

2 ff. blanc — d.-rel. parch. moderne.

Manuscrit du xviii⁰ siècle ; papier : 230 $^{m/m}$ de h. sur 170 $^{m/m}$ de larg.

MS. 1074. — V. 1-30. L'alphabet ǁ de la ǁ géométrie ǁ 1641. ǁ
Fol. 1. — Titre à la main dans un cartouche gravé.
Fol. 2-31. — Se compose de tracés au crayon noir ou rouge avec la légende en latin : fol. 1 : punctum linea superficies, etc.
Fol. 32-97. — Titre gravé avec encadrement, dans un cartouche : L'entrée ǁ de la ǁ géométrie. ǁ 1641. ǁ ne se compose que de figures géométriques sans légende, cart.

Manuscrit du xviiie siècle ; papier 230 m/m de h. sur 175 m/m de larg.

MS. 359. — Vie de Monsieur du Plessis.

L'empire de la vertu et de la doctrine ǁ a toujours esté tel sur les hommes que quelque ǁ haine ou jalousie qu'on porte à ceux qui en sont ǁ doüés si ont-ils toujours esté en estime, mesme ǁ entre leurs adversaires..
....

C'est pour quoy à l'imitation des anciens, degousté ǁ extremmement de l'ingratitude de nostre temps ǁ J'ay entrepris de descrire la vie de Messire ǁ Philippe de Mornay. ǁ

Au feuillet 390 recto : scroit interpreté a despit et a desdain, par consequence ǁ juste douleur et tout ce qu'elle peut produire, par ceux qui ǁ ne savent pas combien sont fortz les ressortz de la ǁ conscience, pour attirer sur luy et ses enfans qui par la ǁ grace de Dieu sont en bon nombre, ǁ quelque funeste ǁ esclandre. Ainsy se resolut il en l'acceptant de se remettre ǁ en Dieu ; implorer sa justice ; en tout cas acquiescer ǁ paisiblement à sa volonté et dependre de sa grace.

Manuscrit sur papier de 293 m/m de hauteur sur 197 m/m de largeur. Ecriture du xviie siècle — espace couvert par l'écriture : 230 m/m en hauteur et 135 m/m en largeur — marge de 62 m/m — 44 lignes dans les pages pleines — folioté depuis 3 à 390 — reliure veau fauve aux armes de Montmorency de Robecq [1].

MAGIE. — Fragment d'un petit volume sur parchemin, haut de 100 millimètres et large de 87, contenant, entre autres morceaux : « Conjuration pour le vendredy à Bathot. — Conjuration pour le samedy à Naban. — Conjuration pour le dimanche à Aguiol. — Le Pantacle de Salomon. — Conjuration, ou le fléau des démons. —

---

1. Ces quatre manuscrits sont choisis dans le fonds de la Bibliothèque de l'Université.

Conjuration du lien de force fait par Salomon. — Conjuration très forte pour les thrésors cachez. — Les moyens pour arriver à l'accomplissement du contenu au présent livre. »

<small>Petit volume sur parchemin du xviie siècle. Donné par le baron de Watteville en septembre 1884. — *Nouv. acq. fr.* 4376.</small>

MIROIR DES DAMES. — Le Miroir des dames, composé par un cordelier pour Jeanne, reine de France et de Navarre. « Selon ce que dit ung maistre qui est nommé Megenus (*sic*) en ung livre qu'il fait de ce qui appertient à chevalerie... »

Ouvrage composé, selon toute apparence, par DURAND DE CHAMPAGNE; *voyez :* Hist. litt. de la France, t. XXX; p. 311 et suiv.

Fol. 163 v°. « Le Mirouer du monde. Et pour ce que dernierement avons fait mention de la maison de paradis... » *Premiers vers :*

> Je vois mourir, venés avant,
> Tous ceulx qui encoures sont vivant,
> Et jeune et vieil et foible et fort,
> Vous estez tous jugiez à mort...

Fol. 169. « Cy commance le livre du cloistre de l'ame, lequel fut composé par Hugues de Saint Victour. La saincte abbaye et la religion à parler espirituellement doit estre fondée en la conscience de homme et de femme... »

<small>Papier. 197 feuillets, 398 millimètres sur 286. Ecriture à longues lignes de la fin du xve siècle. — N° 179 du catalogue des livres de la librairie Potier, vendus en 1870. — N° 829 de la bibliothèque de M. Bordier, vendue en 1889. — *Nouv. acq. fr.* 5232[1].</small>

AUTOGRAPHES. — Il nous reste à dire un mot sur les autographes si la bibliothèque en possède. A moins qu'ils ne forment un volume complet du même auteur ou un traité historique ou scientifique, auquel cas on les placera dans les manuscrits, il serait plus prudent d'en faire une section séparée. La plupart du temps, ce sont des lettres plus ou moins longues de personnages connus ou illustres. On les groupera par noms d'auteurs, et toutes les lettres d'un même

---

1. Ces deux titres sont extraits de : BIBLIOTHÈQUE NATIONALE — *Manuscrits latins et français ajoutés aux fonds des nouvelles acquisitions pendant les années 1875-1891. Inventaire alphabétique par* LÉOPOLD DELISLE... Paris, H. Champion, 1891, in-8°. Partie II, p. 387 et 425.

auteur pourront être mises dans une chemise portant, en plus du nom de l'auteur, une courte mention biographique avec les dates de sa naissance et de sa mort. Ces chemises seront placées dans des cartons, comme pour les brochures, et placées ensuite sur les tablettes. Au dos de chaque carton sera inscrit la ou les lettres extrêmes : *A-C* (*désignant les auteurs commençant par la lettre A et continuant jusqu'à C*).

Pour le classement chaque chemise portera un numéro séparé et chaque pièce un numéro en exposant : Ainsi le carton 1. *A-C* renfermant des lettres du poète *Alfieri*, la chemise d'Alfieri portera le numéro *1*, la première lettre *1¹*, la deuxième *1²*, etc. — Les fiches seront faites au nom des auteurs, même si la lettre est anonyme : Voltaire (Arouet de) — Lettre à M. X... au sujet de... 1765, 2 feuillets, 3 pages d'écriture serrée — Signature en entier. — Pour les lettres anonymes, dont on n'a pu découvrir les auteurs, on les classera comme des anonymes et avec la mention *Anonymes* sur la fiche. On pourrait les mettre dans un carton spécial[1].

CARTES GÉOGRAPHIQUES. — S'il n'existe pas, dans la bibliothèque, une section importante de cartes géographiques, on peut se contenter de les faire coller sur toile en les pliant à la dimension d'un livre de format déterminé, puis de les mettre dans un étui, de les considérer et de les traiter comme un ouvrage ordinaire. Si la carte forme plusieurs feuilles, comme la carte de France au 80.000ᵉ publiée par le Ministère de la Guerre ou celle au 200.000ᵉ publiée par le Ministère des Travaux publics, on groupera les cartes au fur et mesure de leur publication, on les fera coller également sur toile, puis elles seront placées, plusieurs ensemble, par dizaine, dans un carton au dos duquel on inscrira les numéros des cartes. Au moyen de la feuille d'assemblage placée dans le premier carton, il sera facile de les réunir et de les grouper.

Dans le cas où la dimension des cartes ne permettrait pas le pliage, telles sont les cartes murales entièrement collées sur toile et maintenues souvent au moyen de deux baguettes, on pourra les garder roulées, ou les mettre dans de grands cartons ou des tiroirs de

---

1. On peut prendre pour guide les catalogues publiés par Charavay frères, en France; de Muller, à Amsterdam, etc.

meubles comme nous l'avons indiqué au chapitre III, p. 69. On fera cependant bien, pour leur conservation, de les faire coller sur toile, mais si elles se rapportent à une carte d'ensemble comme c'est le cas pour certaines cartes publiées en quelques feuilles, il serait bon d'adopter le système employé à la Bibliothèque Nationale. Les marges sont maintenues dans leur intégralité, mais à la ligne de section de la carte, il est fait une coupure permettant de la plier afin de la rapprocher de la voisine et de faire le raccord.

Le classement des cartes est un peu arbitraire, nulle règle n'a été établie d'une manière précise jusqu'à ce jour.

Dans les bibliothèques universitaires, on ferait bien d'assimiler les cartes qui paraissent par feuilles séparées à des suites d'ouvrages et de les classer aux numéros provisoires. On donnera un numéro unique à la carte en laissant sur le registre un espace suffisant pour inscrire toutes les feuilles dont elle doit se composer. La carte, une fois achevée, sera reportée au registre d'entrée-inventaire avec un numéro définitif et classée sur les rayons dans autant de cartons qu'il le faudra. Cette carte portant le numéro 42.568 et comprenant 120 feuilles renfermées dans 10 cartons, le premier carton portera la

rubrique :
```
42.568
  I
F. 1-10
```
, le deuxième :
```
42.568
  II
F. 11-20
```
, etc.

Toutes les cartes séparées, au contraire, seront considérées comme une unité et classées immédiatement comme telles.

Il est utile de faire des fiches pour les cartes comme pour les ouvrages. Les atlas formant volumes et les suites de cartes en feuilles publiées par un seul auteur et reliées ensemble peuvent figurer sous le nom de cet auteur. La fiche sera rédigée dans ce sens. Ainsi l'atlas de Debes (E.,) édition de 1895, sera ainsi catalogué :

> Debes (E..)
>
> Neuer Handatlas über alle Teile der Erde in 59 Haupt- und 120 Nebenkarten mit alphabetischen Namenverzeichnissen, herausgegeben von E. Debes.
>
> *Leipzig, H. Wagner und E. Debes, 1895, in-fol. d.-rel. chag. br.*

Les cartes séparées portant le nom d'un cartographe ou d'un géographe connu, renfermées dans un étui, seront aussi cataloguées sous la même forme.

En général le bibliothécaire ferait bien d'établir des fiches de renvoi sous le nom du pays ou de la région que représente la carte; elles seraient placées à leur ordre alphabétique. Dans les dépôts qui contiennent un grand nombre de cartes géographiques, de plans, etc., il serait utile de constituer une série nouvelle de fiches par ordre de pays, de régions, de villes ou localités. Ces fiches seraient renfermées dans cinq grandes sections comprenant les divisions de la terre. Dans chacune de ces divisions, on aurait des subdivisions comprenant, par ordre alphabétique, les pays, et enfin les parties ou provinces de ces pays.

Il nous paraîtrait utile d'adopter par exemple le classement suivant :

Asie. — *Afghanistan, Annam, Arabie, Asie-Mineure, Baloutchistan, Barmanie, Bokharie, Bornéo, Cambodge, Célèbes, Ceylan, Chine, Cochinchine, Corée, Indo-Chine, Indes (Empire des), Japon, Java, Kaboul, Kiva, Laos, Malacca, Moluques, Mongolie, Perse, Philippines, Sibérie, Siam, Sumatra, Thibet, Tonkin, Turkestan.*

On procédera de même pour les autres parties du monde.

Nous n'avons fait qu'esquisser un cadre de classement des cartes géographiques, mais nous engageons le bibliothécaire à le rendre aussi simple que possible afin qu'il soit accessible à tous et que les recherches y soient faciles.

Les estampes. — Nous ne croyons pas utile de nous étendre sur le classement des estampes, les bibliothèques n'en possédant souvent que très peu. Pour ce genre de catalogue, on pourrait spécifier sur les cartes ou les registres le procédé de la gravure, le nom du dessinateur, du graveur et même de l'éditeur. Le cadre de classement doit être aussi clair que possible, ramené toujours à l'ordre alphabétique, surtout pour les portraits, les vues et les représentations industrielles et d'objets. Les œuvres des peintres, en reproduction, doivent être classées par ordre alphabétique du peintre, sans tenir compte, selon nous, de l'école à laquelle il appartient[1].

CATALOGUES DE LIBRAIRES ET JOURNAUX BIBLIOGRAPHIQUES. — Les catalogues des libraires sont d'un usage courant dans toute bibliothèque, aussi ne doit-on pas les dédaigner. C'est par eux que le bibliothécaire se tient au courant du mouvement de la librairie dans les divers pays, c'est avec leur secours qu'il sera en mesure d'acheter avec discernement. Aussi ne doit-il pas les ignorer.

Certains de ces catalogues, publiés d'une manière périodique par les éditeurs ou les libraires, forment de véritables répertoires bibliographiques qui constituent pour le bibliothécaire une source de renseignements aussi variés que sûrs et souvent bien difficiles à rencontrer dans une bibliographie spéciale. Tels sont en France les catalogues publiés par Morgand et Fatou, Fontaine, Techener, Labitte, Claudin, Alph. Picard et fils, Lortic, etc.; en Angleterre, nous citerons particulièrement Quarritch, Puttick and Simpson, Macmillan; Hœpli et Clausen, successeurs de Lœscher, en font de même en Italie; en Allemagne, ils sont le plus nombreux mais ils se trouvent surtout parmi les *antiquariat*, les éditeurs refaisant généralement leurs catalogues à des périodes déterminées.

On peut les diviser en trois parties :

1º Les catalogues d'éditeurs comprenant des ouvrages neufs et de fonds;

2º Les catalogues de libraires et de bouquinistes ne comprenant que les ouvrages au rabais et d'occasion (*Antiquariat*, en allemand);

3º Les catalogues de bibliothèques et d'amateurs dont les ouvrages sont mis en vente publique.

En les énumérant, nous ferons abstraction de ceux qui ne

1. Pour la description des estampes, consulter les ouvrages : de Bartsch, Robert-Dumesnil, Le Blanc, Duplessis, Dutuit, Beraldi, etc.

renferment que des ouvrages légers, de vulgarisation et d'édification.

Les catalogues d'éditeurs sont nombreux en France, mais certains éditeurs omettent sciemment des renseignements bibliographiques indispensables, ce qui peut entraîner à faire des acquisitions défectueuses. Ces lacunes sont de plusieurs sortes : absence de la date d'impression ; annonce d'une édition nouvelle — lorsque seul le titre est nouveau ; — titre écourté.

Nous devons dire par contre, que beaucoup renferment des notices excellentes qui résument le contenu du livre et en donnent une bonne appréciation. Parmi les éditeurs qui procèdent ainsi, nous nommerons : Gauthier-Villars, Hachette, Hermann, Alph. Picard et fils, Masson, Didot, Reinwald, Bouillon, etc.

En Allemagne, les catalogues sont généralement mieux disposés qu'en France, on y trouve aussi bien souvent le détail des chapitres ou la division de l'ouvrage : Teubner, Weidmann, Duncker et Humblot, Calvary, J. Baer, Vieweg, à Brunswick, sont dans ce cas. En Italie, il faut nommer Hœpli et Clausen ; en Angleterre, les catalogues de la Cambridge University, de la Clarendon Press, de Longmans, Murray, Macmillan, etc., sont à citer.

Il n'est pas toujours facile de distinguer nettement les maisons de librairie qui ne font que de l'occasion d'avec celles qui se consacrent exclusivement à l'édition. En Allemagne particulièrement, les libraires ont la tendance de faire les deux ensemble ; en France et en Angleterre, on fait quelquefois de même. Alph. Picard et fils, Hermann, Claudin, Techener, Le Soudier, Labitte (Paul et Cie, successeurs), etc.; Quarritch, pour n'en nommer qu'un en Angleterre, et, en Allemagne, Harrassowitz, Baer, etc., sont dans ce cas.

Un mot à propos de la manière dont les ouvrages se rééditent. Disons qu'en France on ne le faisait que lorsque l'ouvrage était *entièrement épuisé* ; en Allemagne, au contraire, l'éditeur réédite et fait réimprimer les volumes séparés d'un ouvrage au fur et à mesure de leur épuisement ; d'où la confusion apparente qu'il y a de trouver les divers volumes du même ouvrage sous des éditions différentes. En Angleterre, on procède comme en France. Quelques éditeurs français ont cependant essayé de refaire les volumes épuisés, ce qui est une bonne chose.

Pour revenir aux catalogues on constate qu'ils laissent bien souvent à désirer au point de vue de leur rédaction. Les libraires, dirons-nous, manquent de connaissances suffisantes en bibliographie. Les bouquinistes français, surtout, ont une valeur insuffisante, et, alors même qu'ils sont de bonne foi, ils laissent subsister dans leurs catalogues de nombreuses inexactitudes ou de fortes lacunes. Et de plus les erreurs sont quelquefois volontaires : il y a exagération des prix, un ouvrage incomplet n'est pas signalé, l'état du livre est passé sous silence, les titres sont tronqués ou dénaturés, les collections et les revues sont particulièrement mal indiquées. Il en résulte que la suspicion se porte sur les catalogues de ce genre et qu'on les écarte impitoyablement ; la même chose a lieu à l'étranger.

Certains catalogues sont faits à un point de vue particulier ; ainsi les catalogues de *Volckmar*, *Kœhler*, etc., à Leipzig, donnent les prix nets des ouvrages brochés et reliés ; la grande publication qui se poursuit toujours, entreprise par *Russel* à Münster-en-Westphalie, porte l'indication, au moyen de signes conventionnels, des rabais qui sont faits sur les ouvrages[1]. La maison *Whitaker and sons*, de Londres, publie à des intervalles déterminés le : *Reference catalogue of current Literature*...[2] qui n'est que la réunion des catalogues des libraires et éditeurs de langue anglaise, précédée de tables et d'index fort utiles. Pareille chose n'existe pas en France et c'est un tort à notre point de vue. En Allemagne, il existe un : *Adressbuch des deutschen Buchhandels* entrepris à Leipzig par la *Geschäftstelle des Börsenvereins des deutschen Buchhandels*[3].

Les maisons suivantes passent pour bien rédiger leurs catalogues : *Brunox*, *Claudin*, *Ch. Klincksieck*, *Paul Klincksieck*, *Alph. Picard père et fils*, *Techener*, etc. — *Puttick and Simpson* à Londres, *Quarritch* à Londres, *J. Baer* à Francfort-sur-le-Mein, *Kirchhoff und*

---

1. *Buch- und Kunst-Katalog. Gesammt-Verlags-Katalog des Deutschen Buchhandels und des mit ihm im direkten Verkehr stehenden Auslandes...* Münster i. W., Adolph Russell's Verlag, 1881 et sq., gr. in-8°, 16 tomes en 21 volumes.

2. *The Reference catalogue of current Literature containing the full titles of book now in print and on sale with the prices at which they may be obtained of all booksellers and an index containing upwards of eighty-seven thousand references.* — London, Whitaker and sons... S. d. in-8°.

3. *Adressbuch des deutschen Buchhandels und des verwandten Geschäftszweige* (begründet von O. A. Schulz)... Leipzig..., s. d., in-8°.

Wigand à Leipzig, *Ackermann* à Munich, *Hœpli* à Milan, *Clausen*, à Turin, *Harrassowitz* à Leipzig, *Müller* à Amsterdam, *Vieweg* à Brunswick, *Weigel* à Leipzig, etc. Les catalogues de Quarritch font prime aujourd'hui. La collection complète fort belle et bien fournie, vaut plus de deux cents francs.

Les catalogues de collections pour ventes publiques sont les mieux faits en France tant par leur classement que par les abondants renseignements de toutes sortes qui y figurent. Il faut dire, il est vrai, que l'éditeur est souvent étranger à la rédaction qui est confiée à un bibliographe de profession.

Parmi les maisons françaises qui ont cette spécialité, nous citerons : *Claudin, Paul et C*ie, successeurs de Labitte, *Damascène Morgand*, etc.; elles font pour le mieux dans ce genre.

Les journaux et revues bibliographiques sont aussi utiles que les catalogues. Les premiers tiennent au courant des apparitions de livres au fur et à mesure de leurs publications, annoncent ceux qui sont en préparation, ainsi que les ventes qui doivent avoir lieu. Les revues jouent un rôle différent, elles s'adressent plus spécialement au bibliophile et à l'érudit ; elles renferment des analyses d'ouvrages à côté d'articles de fond. Le mouvement des ventes est plus accentué que dans les journaux ; elles contiennent aussi des catalogues d'ouvrages rares et intéressants. On ne peut en donner une liste complète, mais en voici plusieurs qu'il nous paraît utile de connaître :

Bibliographie de la France. Journal général de l'imprimerie et de la librairie publié sur les documents fournis par le Ministère de l'Intérieur. — Paris, au cercle de la librairie, boulevard Saint-Germain, 127, in-8º. (Hebdomadaire.)

Börsenblatt für den deutschen Buchhandel... se publie à Leipzig, in-4º avec supplément in-8º.
(Paraît tous les jours excepté le samedi.)

Bookseller (The) é newspaper of British and foreign Literature. Londres, 8º. (Mensuel.)

Bibliografia italiana. Bollettino delle pubblicazioni italiane ricevute per diritto di stampa dalla biblioteca nazionale di Firenze. Firenze, gr. in-8º.

Giornale della libreria, della tipografia e delle arti e industrie affini. [Supplemento alla : *Bibliografia italiana.*] Milano, in-8°.

(Hebdomadaire.)

Boletin de la libreria, obras antiguas e modernas. Madrid, gr. in-8°.

(Mensuel.)

Bibliographie und literarische Chronik der Schweiz. Basel, Georg, in-4°.

(Mensuel.)

Norsk Boghandlertidende. Udgivet af den Norske Boghandlerforening ved M. W. Feilberg et *Nordisk Boghandlertidende* (de Copenhague), in-8°.

Nederlandsche Bibliographie, lijst van nieuw verschenen Boeken, Kaarten, etc. 's Gravenhage, M. Nijhoff, in-8°.

Bibliographie de la Belgique, journal officiel de la librairie, Bruxelles, Manceaux, in-8°.

(Paraissant chaque mois.)

Revue bibliographique belge. Bruxelles, in-8°.

(Tous les mois.)

Annual American catalogue. London, Sampson Low, in-8°.

Trübner's record. A journal devoted to the literature of the East, American, European and Oriental literary record. London, H. Frowde, in-8°.

(Ne paraît plus depuis 1889.)

Le bibliothécaire doit se soucier de grouper avec soin tous les catalogues qu'il peut se procurer. En les classant par ordre alphabétique de libraires et d'éditeurs, il aura sous la main un répertoire bibliographique des plus utiles à consulter. Il ne devra pas négliger de les lire, de les parcourir, afin de se mettre au courant de la fluctuation des prix des livres, des écarts qui existeraient d'un libraire à un autre et aussi des occasions, toujours nouvelles, qui pourraient se présenter. Ce n'est pas perdre son temps que de parcourir et annoter les catalogues, ce n'est qu'accomplir une partie de son devoir.

CHAPITRE VII

DES SYSTÈMES BIBLIOGRAPHIQUES

Résumé historique des divers classements de livres au point de vue méthodique. — Le classement des connaissances humaines par les philosophes. — Les systèmes des libraires et des bibliographes. — Objections concernant ces divers systèmes. — De l'utilité actuelle d'un système simple adopté universellement dans toutes les bibliothèques. — De l'opportunité de soulever cette question dans un congrès bibliographique international. — Le répertoire bibliographique des sciences mathématiques; de sa confusion et de sa partialité. — Analyse et critique de la table systématique de Brunet. — Quelques systèmes bibliographiques spéciaux. — Les cadres de classement en usage dans les principales bibliothèques de Paris.

En reproduisant quelques-uns des systèmes bibliographiques des principales bibliothèques de Paris, en donnant également le cadre de classement qu'adoptaient et qu'adoptent encore certains éditeurs et libraires ou bibliographes connus, nous ne devons pas oublier totalement l'origine, la progression et le développement de la classification des livres au Moyen Age et pendant la Renaissance.

A l'exception du système de Fortia d'Urban, fait cependant au point de vue philosophique, nous négligerons l'étude des systèmes plus ou moins abstraits des philosophes qui, se plaçant à un point de vue spéculatif, ont cru devoir créer des systèmes de toute pièce, embrassant exactement l'ordre de leur conception des connaissances humaines. Depuis Bacon jusqu'à Herbert Spencer, les systèmes des divisions des connaissances humaines ont passé par bien des phases.[1]

---

1. Francisi Baconi..., *Tractatus de dignitate et augmentis scientiarum...* Londini, apud Norton and Whitakerum, 1638, in-fol.

D'Alembert, *Discours préliminaire de l'Encyclopédie.*

Ampère (A.-M.), *Essai sur la philosophie des sciences*, Paris, Bachelier, 1838-1843, 2 vol. in-8°.

Leibnitz, *Nouvel essai de l'entendement humain*, Liv. III, chap. III, § 6.

Spencer (Herbert), *Classification des sciences*, trad. de l'angl. p. F. Rethoré, Paris, Germer-Baillère, 1864 et 3ᵉ édit. 1872, in-12°.

Avant même la découverte de l'imprimerie, l'idée de classement avait hanté certains bibliographes [1]. C'est de plus bas qu'est partie l'idée du groupement des livres d'après leur titre, d'après leur contenu, en un mot, en séries et en sections selon les sciences dont ils traitent. Les imprimeurs et les libraires groupaient eux-mêmes leurs produits et leurs fonds dans un ordre déterminé, ils en dressaient des listes imprimées, renfermées à l'origine dans les livres eux-mêmes [2], plus tard séparées et formant des cahiers ou brochures que l'on distribuait au public. L'ordre systématique se présentait assez fréquemment, mais les titres étaient encore bien tronqués.

Alde Manuce a publié des catalogues dont l'un, parvenu jusqu'à nous, est célèbre [3]. Après lui Wechel (1543), Simon de Colines, Vascosan, les Estienne [4] et Plantin [5] ont aussi laissé des catalogues de leurs livres. Les libraires allemands qui fréquentaient les foires de Francfort-sur-le-Mein et de Leipzig, avaient toujours soin de dresser des catalogues dans lesquels on trouvait le nom de l'éditeur, le lieu d'impression et le format. Johan Cless publia, d'après ces catalogues, une bibliographie des livres parus entre 1500 et 1602. [6]

---

1. Conf. *Catalogue de la Bibliothèque du collège de Sorbonne dressé en 1290*— La table renferme 57 divisions. FRANKLIN ALF., *Les anciennes bibliothèques de Paris*, Paris, Imp. impér. et nat. 1867-1873, gr. in-4°, 3 vol., t. I. p, 304 sq., et *Bibliothèque de l'Arsenal*, Mss. anc. n° 855, (parch.) — Le catalogue de la bibliothèque de Saint-Emmeran de Ratisbonne, datant de 1347, est partagé en 12 divisions. — Richard de Fournival, chancelier de l'église d'Amiens au XIIIᵉ siècle, avait adopté trois sections dans son catalogue. L. DELISLE : *Cabinet des Mss. de la B. N.*, t. II p. 518-538.

2. *Liste de Mentelin, imprimeur à Strasbourg, mort en 1478. Catalogue de P. Scheffer.* Voy : MEYER,(W.); *Bücheranzeigen des XV Jahrhunderts*, Centralblatt f. Bibliothekswesen, 1885, p. 437-463.

3. Il avait adopté cinq divisions : *Grammatica — Poetica — Logica — Philosophica — Sacra scriptura.*

4. L'un des catalogues portait pour titre : *Index librorum qui ex officina ejusdem Henrici Stephani hactenus prodierunt*, excudebat HENRICUS STEPHANUS, (1560, in-8°).

5. La maison Plantin en publia plusieurs ; celui de 1615 a pour titre : *Index librorum qui ex typographia Plantiniana prodierunt*, in-8°, 92 p.

6. *Unius sæculi, eiusque virorum literatorum monumentis tum florentissimi, tum fertilissimi : ab anno Dom. 1500 ad 1602, nundinarum autumnalium inclusive, elenchus consummatissimus librorum, Hebræi, Græci, Latini, Germani, aliorumque Europæ idiomatum, typorum æternitati consecratorum …* auctore IOANNE CLESSIO Wineccensi Hannoio, Francofurti, Kopff, 1602, 2 vol. in-4°.

Des essais de ce genre furent tentés en Angleterre et en France, mais c'est à Conrad Gesner qu'on doit le premier travail d'ensemble sur la bibliographie [1].

Christofle de Savigny établit un système de classification dans ses « *Tableaux accomplis de tous les arts libéraux,* 1587 », réédités et augmentés en 1619 à Paris, chez Liber.

Par contre les « *cents Buffets* » de *La Croix du Maine* n'eurent aucun succès[2]. En 1635, le jésuite P. Claude Clément adopta un cadre de classement assez ingénieux[3] qui fut utilisé, en partie, par Gabriel Naudé dans la *Bibliotheca Cordesiana* (Paris 1643, in-4), et par Ismaïl Bouillaud dans son catalogue de la Bibliothèque de de Thou, en 1679[4]. La tentative faite par Louis Jacob, pendant les années 1643 à 1646 et 1651 à 1653, de donner la liste des livres parus en France mérite d'être signalée, bien que ses relevés soient fort incomplets[5].

Après le système que le P. Garnier avait créé pour classer la Bibliothèque des Jésuites du Collège de Clermont, en 1678[6], vinrent

---

1. Gesnerus (Conr.), *Bibliotheca universalis*, Tiguri, 1545, in-fol, — *Ibid.*, — *Pandectarum sive partitionum universalium* Conradi Gesneri *libri XXI, seu bibliothecæ tomus secundus*, Tiguri, 1548-1549, 2 parties en 1 vol. in-fol.

2. *Desseins ou projects du sieur de La Croix-du-Maine présentez au Très-Chrétien Roy de France et de Pologne, Henry III de nom, l'an 1583, au moys de May. Pour dresser une bibliothèque parfaite et accomplie de tous points, s'il plaist à Sa Majesté de l'accepter et de fournir de Livres, Mémoires ou Recueils pour remplir les Cent Buffets, desquels la forme ou façon est icy représentée : chacun d'iceux contenant cent volumes, qui sont au nombre de dix mille, divisés par Livres, Chapitres, Cayers et lieux communs, et encore réduits par ordre d'A, B, C, pour les trouver plus aisément, le tout mis en tel ordre comme s'ensuit...* : *Bibliothèques françoises de* Lacroix-du-Maine *et du* Verdier ... *nouv. édit. p.* Rigoley de Juvigny, à Paris, 1772-73, 6 vol. in-4°, t. II, p. XXV et sq. de la 2ᵉ partie. Ils ont paru pour la première fois à Paris en 1684, chez Abel l'Angelier.

3. Clemens (P.-Claudius), *Musei, sive bibliothecæ tam privatæ quam publicæ extructio, instructio, cura, usus; libri IV...* Lugduni, Jacob Prost MDCXXXV, in-4°; fol. 8 : *Index, liber secundus, sectio I*.

4. *Catalogus bibliothecæ Thuanæ. ab* Ism. Bullialdo *digestus ; editus ab Jos.* Quesnel, Parisiis, 1679, 2 vol. in-8°.

5. Jacob (R. P. Ludovicus), *Bibliographia gallica universalis, hoc est, catalogus omnium librorum per universum, Galliæ Regnum anno, 1646 excusorum* Parisiis, Viduæ Joannis Camusat, 1647, in-4°.

6. *Systema bibliothecæ collegii parisiensis Societatis Jesu*, Parisiis, Seb. Mabre-Cramoisy, 1678, in-4°.

tour à tour les systèmes de Prosper Marchand, de de Bure [1] et de Gabriel Martin. Celui-ci n'est qu'une modification de celui de Marchand. Il adopta, en effet, le premier cadre de ce système [2] en l'améliorant, ce qui lui valut d'être utilisé par les libraires de Paris, d'où son nom «*Système des libraires de Paris*». Brunet s'en empara et y fit quelques réformes utiles.

Namur en Belgique, Petzholdt en Allemagne, Thomas Hartwell Horn, Ed. Edwards en Angleterre ont aussi créé des systèmes de classement qui sont encore utilisés de nos jours, mais nous ne pouvons entrer à ce sujet dans des développements inutiles [3].

En dehors de ces cadres de classement, créés la plupart du temps pour diviser plus aisément une bibliothèque à vendre, ou pour créer une bibliothèque idéale, il existe les classements effectifs, employés journellement dans les bibliothèques publiques et privées. Ces systèmes sont arbitraires et variés; tous les jours il en naît de nouveaux et nous sommes au dessous de la vérité en affirmant qu'il existe plus de cent systèmes bibliographiques sans tenir compte des classements des connaissances humaines, tentés par les philosophes et dont les bibliographes n'ont pas à s'occuper [4]. Dans sa *Bibliotheca bibliographica*, parue en 1866, Petzholdt en signale déjà 115, parmi lesquels il comprend ceux qui ont été créés par les philosophes.

Quel est le bibliographe, même amateur, qui n'ait pas cru devoir inventer un système nouveau plus pratique et plus utile que celui de son voisin ou de son prédécesseur [5] ? Les bibliothécaires n'ont pas

---

1. *Catalogue des livres de feu M. le duc de la Vallière*, G.-F. de BURE, Paris, 1783, 2 vol. in-8º, t. I, p. xxxv-lx.

2. Il l'adopta pour la première fois dans le classement de la *bibliotheca Bigoliana*, 1706, in-12º.

3. Voir aussi : *La Grande Encyclopédie*, Paris, Ladmirault, in-4º, article : *Bibliographie*, signé : GRAND.

4. Voyez par exemple le cadre de classement de la bibliothèque de Sylvestre de Sacy dont le catalogue a été fait par MERLIN, Paris, Imp. roy., 1824.

5. Selon M. G. OTTINO, *Manuale di bibliografia*, Milano, Hoepli, 1885, in-16º, il existerait 130 systèmes bibliographiques ainsi répartis: un pour le xivᵉ siècle, un pour le xvᵉ, dix au xviᵉ, dix-sept au xviiᵉ, vingt-cinq au xviiiᵉ et soixante-six pour le xixᵉ siècle. Dans ce nombre, il y en a quarante-six allemands, quarante et un français, quatorze anglais, quatorze italiens, quatre espagnols, deux belges, deux arabes, deux russes, un suisse, un hollandais, un danois et un américain. Dans la *Bibliotheca bibliographica* de J. PETZHOLDT, Leipzig, 1866, in-8º), on trouve l'indication de 115 systèmes bibliographiques. En plus

évité cet écueil, et, maîtres de leur bibliothèques, ils ont défait, bien souvent mal à propos, le travail de leurs précurseurs. Ne sommes-nous pas portés à «arranger» l'ordre et la division des sciences selon notre prédilection personnelle, à l'avantage toujours de la science qui nous est chère et que nous cultivons avec plus d'intérêt.

A propos du classement systématique adopté dans les bibliothèques des divers états, comme aussi dans les bibliographies spéciales imprimées, nous signalerons comme un défaut grave le manque de concordance entre le choix des cotes, par lettres ou par chiffres, et le rapport des séries scientifiques et littéraires [1]. Par là, les érudits et les travailleurs, et même les bibliothécaires se trouvent généralement désorientés en entrant pour la première fois dans une bibliothèque.

Jusqu'ici, il s'est bien tenu quelques congrès bibliographiques, mais auxquels peu de *bibliothécaires pratiquants* ont été convoqués; ce serait pourtant à eux à élucider cette question et à la traiter sérieusement. Il est vrai qu'elle n'a jamais été posée bien nettement. Et cependant la bibliographie sert de base à toutes les études scientifiques de quelque ordre qu'elles soient; elle mériterait, comme tout autre science, d'avoir un cadre de classement uniforme et admis par tous les bibliographes du monde : or ceci n'existe pas. On peut dire que chaque auteur de bibliographie spéciale, de répertoire, adopte un cadre particulier qui bien souvent égare l'érudit et le chercheur au lieu de l'aider. On hésite presque toujours dans le choix des dénominations à adopter, des signes ou des lettres qui les

du titre de l'ouvrage dans lequel on trouve l'exposition et le développement du cadre de classement, il nomme les principales divisions adoptées par les bibliographes : il y fait aussi figurer les systèmes de classement des sciences par les philosophes ; mais depuis trente ans il s'en est créé bien des nouveaux pour ne nommer que ceux de Bonnazzi, de Dziatzko, de Spencer. Avant lui E. Edwards avait consacré un chapitre de son ouvrage à cette partie (*Memoirs of libraries*, London,1859, t. II, chap. III, classificatory systems, p. 76, sq.), et le *Manuel de Bibliographie universelle* de F. Denis, P. Pinçon et de Martonne, Paris, Roret, 1857, gr, in-8º, renferme dans la préface p. xiii, sq. la « Liste chronologique des systèmes bibliographiques et des ouvrages qui en sont le développement »; elle comprend 95 systèmes.

1. Danjou, bibliothécaire à Montpellier, s'était déjà préoccupé de cette question et avait développé ses idées dans la brochure suivante ; *Exposé succint d'un nouveau système d'organisation des bibliothèques publiques*, Montpellier, 1845, in-8º, 29 p.

exprimeront ; cependant, il faudra bien arriver un jour à créer cet ordre. Ce n'est pas isolément et avec les seuls moyens et les seules connaissances d'un bibliothécaire qu'on arrivera à trouver ce cadre et à avoir assez d'autorité pour l'imposer dans le monde entier. C'est dans une conférence internationale qu'on parviendra à jeter les bases d'un système, présentant un cadre d'ensemble où l'on pourra grouper toutes les productions des connaissances humaines, tant spéculatives que déductives, qui permettra d'y intercaler toutes les divisions nouvelles que l'avenir nous réserve. On créera alors une série de légendes, lettres, chiffres ou signes conventionnels qui seront aussi immuables que possible, ne s'appliquant qu'à la détermination d'une science dans son ensemble : *Théologie — Histoire — Géographie — Physique — Médecine — Astronomie — Mathématiques — Littérature — Philologie*, etc., ou bien l'on se rangera à l'opinion des bibliographes qui n'admettent que la seule division analytique, et en Amérique ce système prédomine déjà : *Ame* (liste des ouvrages traitant de l'âme) : *Amiante* — Idem — *Amiens* — Idem — etc. L'ordre alphabétique est toujours rigoureusement suivi dans ce dernier système. Selon nous la division analytique conviendrait mieux pour les tables de matières, tandis que le classement d'après un cadre s'adopterait mieux à une bibliothèque et à une bibliographie générale. Ceci est encore une affaire d'appréciation. Dans tous les cas il serait toujours facile d'appliquer à toutes les bibliothèques, divisées encore par matières, les signes conventionnels adoptés sans nuire aux anciennes cotes qui subsisteraient toujours.

La critique de tous les systèmes bibliographiques établis jusqu'ici nous entraînerait trop loin : nous prendrons un exemple et nous reproduirons une partie des critiques auxquelles prête le système de Brunet. M. Prieur, bibliothécaire des Facultés à Besançon, les a formulées avec une extrême concision et une justesse de vue que nous reconnaissons volontiers.

Classe I. Théologie — « Nous remarquerons que les conciles, où se trouvent les textes fondamentaux du droit canonique, exigent, si on les place à la théologie, un renvoi au *droit canon*;

« que les opinions singulières auraient souvent droit à figurer dans la médecine, section des *maladies mentales*;

« que l'*histoire ecclésiastique* et l'*histoire des religions*, que Brunet classe avec l'*histoire* dans sa classe v, pourraient être aussi bien réunies à la *théologie*; et que même les divisions de la classe I (*Théologie*), ayant été manifestement établies au point de vue de la religion chrétienne qui a six paragraphes sur neuf, il serait plus logique, dans son système même, de réunir à cette classe I l'*histoire ecclésiastique*, d'en enlever la *religion judaïque* et les *religions orientales* et de les réunir à l'*histoire des religions* dans la classe v. Enfin de rejeter dans la philosophie le paragraphe neuf : *Déistes, incrédules et athées.* »

CLASSE II. JURISPRUDENCE — « La quatrième division comprend le *Droit Canonique*, qui a eu une très grande importance autrefois, qui en a encore au point de vue historique, ... aurait pu être mis avec la *Théologie*.

CLASSE II. SCIENCES ET ARTS — « S'il était permis de la modifier, nous proposerions la classification suivante, qui nous semble préférable, à divers points de vue :

1. *Sciences philosophiques.*
2. *Sciences mathématiques.*
3. *Sciences physiques.*
4. *Sciences naturelles.*
5. *Appendice aux Sciences* (Sc. occultes).
6. *Arts (arts proprement dits).*
7. *Médecine.*
8. *Agriculture*
9. *Arts mécaniques et métiers.*
10. *Exercices gymnastiques.*
11. *Jeux divers.*

« ou bien en rapprochant chacun des arts des sciences avec lesquelles il a le plus d'affinité.

Mathémat. { 1. *Sciences mathématiques.* 2. *Beaux-Arts.* 3. *Art militaire—Marine—Art de l'Ingénieur.* } *Application des sciences mathématiques principalement.*

4. *Sciences physiques et chimiques.*
5. *Industrie — Application des sciences physiques principalement.*
6. *Sciences naturelles.*
7. *Agriculture.* } *Application des sciences naturelles, surtout la biologie.*
8. *Médecine.*
9. *Exercices gymnastiques et jeux divers.*
10. *Philosophie.*
11. *Sciences occultes.*

A propos de cette dernière classification, nous remarquerons que si nous avons mis les Beaux-Arts à la suite des mathématiques, nous n'avons pas entendu nier leurs affinités avec les sciences physiques : *optique, acoustique* et avec les sciences naturelles — *Biologie* — (dans la partie surtout qui concerne les organes des sens) ou avec la *Psychologie* qui est généralement regardée comme une partie de la philosophie. Nous ne donnons ces diverses classifications que pour bien faire comprendre l'utilité des renvois....

« Au lieu de mettre la philosophie à la fin, on pourra la mettre en tête si on veut, mais comme il y a plusieurs façons de philosopher — on pourra si l'on veut les distinguer, mettre l'une d'elles — tout à fait en tête des sciences sous ce titre :

Philosophie scientifique — Science en général —

Toutes les autres façons seront remises aux *sciences occultes* sous ce titre : *Spéculations diverses*, et placées à la fin des sciences, comme contre-partie. Cependant pour ménager les susceptibilités légitimes des philosophes, on mettra la partie rituelle et pratique des sciences occultes dans une autre grande classe avec l'*histoire des superstitions*.

CLASSE IV. BELLES-LETTRES (néant)

CLASSE V. HISTOIRE — « Les expressions prolégomènes et paralipomènes ne sont pas claires. — En bon français et en traduisant librement on pourrait dire :

au lieu de *prolégomènes historiques* — *Introduction à l'histoire*.
au lieu de *paralipomènes historiques* — *Appendice à l'histoire*.

Mais la géographie qui se trouve ainsi dans les *prolégomènes*, et l'archéologie dans les *paralipomènes*, et surtout la *bibliographie* et l'*histoire littéraire* qui se trouvent dans cette dernière classe, méritent d'être traitées mieux que de simples accessoires.

« D'abord nous détacherons entièrement la *bibliographie* Nous ferions, tout à fait en tête du système bibliographique une classe des *encyclopédies* (et par ce mot nous n'entendons pas des dictionnaires quelconques, mais les *encyclopédies véritables*, traitant de tous les sujets) et des *bibliographies générales*.

« Pour les bibliographies spéciales nous les placerions avec chacune des divisions du système auquel elles se rapporteraient et en tête de ces divisions ; ainsi la bibliographie des mathématiques avec les *mathématiques*, la bibliographie de la Chimie avec la *Chimie*, la bibliographie de l'histoire avec l'*histoire*. — Nous mettrons les bibliographes nationaux comme Allibone, Kayser, Quérard et ses continuateurs dans la section d'en-tête du système (*Encyclopédies et bibliographies*), mais à l'histoire de chaque pays, nous ferions des renvois à cette section, pour ces répertoires.

« La *géographie* mériterait de constituer une classe à part d'importance égale à l'histoire. Quant à l'*archéologie*, on pourrait la laisser à l'état de simple division, mais nous ferons observer qu'aujourd'hui on enseigne et on étudie, sous le nom d'antiquités, tout un ensemble constitué par :
1. L'étude des institutions, c'est-à-dire des lois (droit public et droit privé.)
2. L'étude des mœurs, usages et coutumes.
3. L'étude des monuments figurés.

Or, dans l'étude des antiquités ainsi comprises, les *religions éteintes, les superstitions, la chevalerie, la noblesse, les solennités, pompes et cérémonies publiques* rentrent parfaitement.

« Nous retirerions des *prolégomènes historiques* la *chronologie*, et de l'*histoire littéraire* la *paléographie* et la *diplomatique*, et nous constituerions, avec ces branches, un groupe auquel nous donnerions, comme on le fait souvent aujourd'hui dans les facultés, où ces sciences sont enseignées, le nom de *Sciences auxiliaires de l'histoire*.

« De l'*histoire littéraire*, nous retrancherions l'*histoire des langues* que nous restituerions à la *linguistique*. Nous y conserverions l'histoire générale des littératures, l'histoire générale des sciences, des arts, des inventions et découvertes, mais l'histoire d'une science en particulier serait (sauf renvoi) placée avec cette science — d'un art en particulier, avec cet art, d'un genre littéraire en particulier, avec ce genre.

« Enfin pour les *mémoires* et les *collections académiques*, si ces mémoires, si ces collections avaient un caractère encyclopédique — nous les laisserions dans cette subdivision de l'*histoire littéraire*, mais s'ils concernaient une science en particulier, nous les mettrions avec cette science.

« De même, nous mettrions bien les *journaux* traitant de matières diverses tous ensemble — mais les journaux spéciaux de chimie, par exemple, iront rejoindre le traité de chimie.

Nous nous associons aux critiques exprimées par M. Prieur et nous pensons avec lui que le système de Brunet quoique le meilleur encore, ne peut plus répondre actuellement à toutes les exigences du développement des Sciences. Il demanderait un remaniement considérable à peu près dans toutes ses parties, mais surtout dans les sciences expérimentales qui sont trop sommairement exposées. Hâtons-nous de dire toutefois que ces changements ne peuvent s'effectuer du jour au lendemain, mais devraient être consacrés par l'acceptation simultanée de tous ceux qui se servent de ce système. Dans un Congrès seulement, comme nous l'avons dit plus haut, on pourrait établir et arrêter une nouvelle base de divisions ou proposer de réformer le système de Brunet, s'il est gardé.

En attendant il nous paraît utile de prémunir les jeunes bibliothécaires, manquant d'expérience, contre la tendance qu'ils auraient de remanier et de refaire un classement nouveau, œuvre toujours ardue et difficile à exécuter. Le mieux est d'admettre le principe établi et de modifier, avec prudence, le système de Brunet, suivant la spécialisation et l'usage de la bibliothèque, car après tout, c'est encore la meilleure des classifications établies jusqu'ici. Avec la pratique on arrive à s'en servir utilement.

Un bon catalogue analytique est encore préférable à l'ordre par divisions, mais il exige beaucoup de temps pour le faire et beaucoup d'espace pour le loger.

Avant de donner la liste de quelques cadres de classement adoptés, soit par des bibliothèques, soit par des auteurs, il nous faut dire un mot sur le système bibliographique des ouvrages spéciaux. Les tables des grands répertoires scientifiques et littéraires, celles qui se trouvent dans les répertoires bibliographiques particuliers présentent une telle variété, qu'on hésite souvent à en reconnaître l'utilité bibliographique[1].

Plus que toute autre, la classification du *Répertoire bibliographique des sciences mathématiques*, adoptée lors du congrès international de Paris en 1889, offre des divisions et des cotes si multiples qu'elle nous paraît impraticable dans une bibliothèque. Ainsi, le congrès a posé en principe, dans l'ensemble des mathématiques

---

1. Cf. *Die Fortschritte der Physik*, Berlin in-8º, dont l'index contient 6 sections principales subdivisées en 46 parties, et la *Bibliographie anatomique*, fondée en 1894 par Nicolas, dont les divisions sont du nombre de douze.

pures et appliquées, trois divisions : Les *sciences astronomiques*, les *mathématiques élémentaires* et les *mathématiques transcendantes* ou *hautes mathématiques*. Les deux premières sont rejetées comme n'entrant pas dans le cadre d'étude du congrès, l'*astronomie* étant classée d'après l'ordre adopté dans l'ouvrage de Houzeau et Lancaster et les élémentaires étant totalement négligées. Pour les *mathématiques pures*, on a adopté 23 grandes divisions par lettres capitales romaines[1] puis des subdivisions par chiffres, par lettres minuscules et au moyen de lettres de l'alphabet grec. Ainsi la sous-section α de

1. *Index du répertoire bibliographique des sciences mathématiques*, publié par la Commission permanente du Répertoire, Paris, Gauthier-Villars, 1893, in-8°. Voici les grandes divisions de la table de l'Index :

ANALYSE MATHÉMATIQUE.

A. Algèbre élémentaire ; théorie des équations algébriques et transcendantes ; groupe de Gallois ; fractions rationnelles ; interpolation.
B. Déterminants ; substitutions linéaires ; élimination ; théorie algébrique des formes ; invariants et covariants ; quaternions ; équipollences et quantités complexes.
C. Principes du calcul différentiel et intégral ; applications analytiques ; quadratures ; intégrales multiples ; déterminants fonctionnels ; formes différentielles ; opérateurs différentiels.
D. Théorie générale des fonctions et son application aux fonctions algébriques et circulaires ; séries et développements infinis, comprenant en particulier les produits infinis et les fractions continues considérées au point de vue algébrique ; nombres de Bernoulli ; fonctions sphériques et analogues.
E. Intégrales définies, et, en particulier, intégrales eulériennes.
F. Fonctions elliptiques avec leurs applications.
G. Fonctions hyperelliptiques, abéliennes, fuchsiennes.
H. Equations différentielles et aux différences partielles ; équations fonctionnelles ; équations aux différences finies ; suites récurrentes.
I. Arithmétique et théorie des nombres ; analyse indéterminée ; théorie arithmétique des formes et des fractions continues ; division du cercle ; nombres complexes, idéaux, transcendants.
J. Analyse combinatoire ; calcul des probabilités ; calcul des variations ; théorie générale des groupes de transformation, [en laissant de côté les groupes de Gallois (A), les groupes de substitutions linéaires (B), et les groupes de transformations géométriques (P)] ; théorie des ensembles de M. Cantor.

la section b faisant partie de la division 3 de la sous-classe L^1 sera notée ainsi dans un encadrement : $\boxed{L^1\ 3\ b\alpha}$ et doit désigner : L^1 : Coniques, $3\,b\,\alpha$: Diamètres conjugués. De l'avis même des personnes compétentes, l'adoption de ces divisions est défectueuse.

GÉOMÉTRIE.

K. Géométrie et trigonométrie élémentaires (étude des figures formées de droites, plans, cercles et sphères); géométrie du point, de la droite, du plan, du cercle et de la sphère; géométrie descriptive; perspective.
L. Coniques et surfaces du second degré.
M. Courbes et surfaces algébriques; courbes et surfaces transcendantes spéciales.
N. Complexes et congruences; connexes; systèmes de courbes et de surfaces; géométrie énumérative.
O. Géométrie infinitésimale et géométrie cinématique; applications géométriques du calcul différentiel et du calcul intégral à la théorie des courbes et des surfaces; quadrature et rectification; courbure, lignes asymptotiques, géodésiques, lignes de courbure; aires; volumes; surfaces minima; systèmes orthogonaux.
P. Transformations géométriques; homographie; homologie et affinité; corrélation et polaires réciproques; inversion; transformations irrationnelles et autres.
Q. Géométrie, divers; géométrie à n dimensions; géométrie non euclidienne *analysis situs*; géométrie de situation.

MATHÉMATIQUES APPLIQUÉES.

R. Mécanique générale; cinématique; statique comprenant les centres de gravité et les moments d'inertie; dynamique; mécanique des solides; attraction des ellipsoïdes.
S. Mécanique des fluides; hydrostatique; hydrodynamique; thermodynamique.
T. Physique mathématique; élasticité; résistance des matériaux; capillarité; lumière; chaleur; électricité.
U. Astronomie, mécanique céleste et géodésie.
V. Philosophie et histoire des sciences mathématiques; biographie.
X. Procédés de calcul; tables; monographie; calcul graphique; planimètres; instruments divers.

DE LA CROIX-DU-MAINE

Les Titres ou Inscriptions générales mises au dessus des Cent Buffets de la Bibliothèque du Roi.

Le premier ordre, contenant toutes choses sacrées ou qui dépendent d'icelles.

1 Dieu Tout-Puissant.
2 Jésus-Christ, vray Fils de Dieu.
3 Le Saint-Esprit.
4 La Sainte Trinité.
5 Le Royaume céleste, ou habitans de Paradis.
6 Le Clergé universel, qui est l'Eglise de Dieu, et ses ministres.
7 Dignitez des Ecclésiastiques, ou offices en l'Église de Dieu.
8 Divers ordres de religions, entre les Chrestiens.
9 La Religion des Chrestiens, et ce qui en dépend.
10 Diversitez de Religions entre les hommes.
11 Police sacrée ou divine.
12 Les Saincts Sacrements de l'Église.
13 Meslanges de choses divines.
14 Livres saincts et sacrez.
15 Hérésies diverses en l'Église de Dieu.
16 Les Saincts Conciles de l'Église.
17 Les faulx Dieux et Déesses, adorez des Payens et Idolâtres.

Second ordre des Buffets, touchant les Arts et Sciences.

18 La Saincte Théologie et ce qui en dépend.
19 Jurisprudence.
20 Médicine.
21 Philosophie.
22 Mathématiques.
23 Le grand œuvre des Philosophes ou Alchimistes.
24 Musique de toutes façons.
25 La Poësie et les Poëtes.
26 Histoire.
27 Art Oratoire.
28 Grammaire.
29 Ornements de la Langue Françoise.
30 Diverses Langues estrangères.
31 Académies et Universitez.
32 Parlements et Cours souveraines.
33 Coustumiers de France, avec Commentaires.
34 Édicts ou Ordonnances royalles.
35 Police temporelle ou séculière.
36 Arts et Sciences d'hommes libres.
37 Arts et sciences réprouvées.
38 Arts vils et méchaniques.
39 Les Neuf Muses.

40 Les Vies des Hommes doctes de France.
41 Hommes doctes Estrangers.

Le troisième ordre, contenant la Description de l'Univers, tant en général qu'en particulier.

42 La Création du Monde et ses Éléments.
43 L'Europe.
44 L'Asie.
45 L'Afrique.
46 Les Terres neufves ou nouveau Monde.
47 Voyages sur les mers et sur terre.
48 La France et les Gaules, et ses illustrations.
49 Description du spirituel de France.
50 Description du temporel de France.
51 L'Histoire des François ou Gaulois.
52 L'Histoire de nostre temps.
53 La Gaule celtique ou Lyonnoise et ses antiquitez.
54 La Gaule Belgique.
55 La Gaule d'Aquitaine et Narbonnoise.
56 Les Espagnes.
57 Les Almagnes.
58 L'Italie.
59 L'Angleterre, l'Escosse et Hibernie.
60 Pologne et Lithuanie.
61 La Grèce.
62 Meslanges de divers Royaumes Estrangers.

Le quatrième ordre, des choses qui concernent le genre humain.

63 L'Homme et ce qui en dépend.
64 Maladies des hommes et leurs remèdes.
65 Femmes illustres et autres.
66 La Sagesse mondaine ou Instructions pour les hommes.
67 Divers exercices des Nobles ou Gentils hommes.
68 Meslanges d'exercices de l'esprit ou du corps.
69 Divers trafiqs et commerce d'hommes sur mer et terre.
70 Diverses coustumes et façons de vivre par tout l'Univers.
71 Hommes d'honneste exercice.
72 Officiers de robe longue ou de Judicature.

Le cinquième ordre, d'hommes illustres en Guerre.

72(sic) Monarques et Empereurs.
73 Roys et Roines de France.
74 Princes de France.
75 Princes de pays estrangers.
76 Hommes illustres en Guerre.
77 Chevaliers de divers ordres.
78 Estats d'hommes nobles, ou suivants les Armes.

79 Officiers de la Maison du Roy, les plus remarquables.
80 Maisons nobles de France et leurs Généalogies.
81 Meslanges de divers Officiers dignes de mémoires.

Le sixième ordre touchant les ouvrages de Dieu.

82 Divers Métaux et Minéraux.
83 Pierres précieuses et autres de remarque.
84 Terres médecinales et autres.
85 Eaux naturelles et artificielles.
86 Oiseaux de diverses espèces.
87 Animaux de toutes sortes.
88 Serpents.
89 Poissons aquatils et terrestres.
90 Arbres fruictiers et sans fruict.
91 Fleurs, fruicts, semences et légumes.
92 Herbes, plantes et racines.
93 Huiles, liqueurs et odeurs.
94 Diverses sortes d'aromates, drogues ou épiceries.
95 Monstres et prodiges de toutes sortes.
96 Meslanges d'ouvrages de Nature.

Le septième ordre touchant les meslanges de divers mémoires.

97 Mémoires particuliers ou de conséquence.
98 Exemples mémorables en toutes sortes.
99 Bibliothèques et Pandectes Latines et Françoises.
100 Livres en toutes sortes de langues estrangères.
101 Meslanges de Livres, ou Mémoires Latins.
102 Meslanges de Livres ou Mémoires en langue françoise.
103 Visages ou Portraicts d'hommes illustres.
104 Livres de toutes sortes de portraicts ou figures.
105 Livres de récréation.
106 Paradis, Purgatoire et Enfer.
107 La fin du Monde.

Clemens (P.-Cl.). — *Musei sive Bibliothecæ Instructio.* — Lugduni, 1635, in-4º.

Sectio I

Ordinatio armariorum ; statuæ et icones principum cuiusque scientiæ ; ac de singulis facultatibus breves dissertationes.

Cap. I

Armarium	I	Biblia Sacra.	Armarium IV	Scripturæ sacræ interpretes.
Id.	II	Patres Latini.		
Id.	III	Patres Græci.		

Armarium	V	Controversiarum de Fide disceptatores.		Armarium	XIV	Physiologi.
Id.				Id.	XV	Medici.
Id.				Id.	XVI	Historici sacri.
Id.				Id.	XVII	Historici prophani.
Id.	VI	Concionatores.				
Id.	VII	Theologi scholastici.		Id.	XVIII	Philologi Polyhistores.
Id.	VIII	Theologi morales.		Id.	XIX	Oratores, Rhetores.
Id.	IX	Jus canonicum.		Id.	XX	Poetæ.
Id.				Id.	XXI	Grammatici.
Id.	X	Jus civile.		Id.	XXII	Pii, Ascetici.
Id.	XI	Philosophia contemplativa.		Id.	XXIII	Codices manuscripti.
Id.	XII	Philosophia moralis.		Id	XXIV	Hebræi, Chaldaici, Syriaci, Arabici, Æthiopici.
Id.	XIII	Mathematici.				

Jacob (R.-P. Lud.) — *Bibliographia Gallica universalis*, 1646. — Elenchus materiarum bibliographiæ parisinæ. — Parisiis, 1647, in-4°.

Biblia Sacra.
Concilia et Decreta.
Patres.
Theologia scholastica.
Theologia positiva et moralis.
Theologia polemica, seu controversiæ.
Theologia catechistica.
Theologia parænetica seu Homiliæ et Conciones.
Theologia ascetica, seu Libri Spirituales.
Theologia Mariana, seu de Beata Virgine.
Libri Ecclesiastici.

Jurisprudentia.
Jus canonicum.
Jus civile.
Historia universalis.
Historia ecclesiastica.
Historia prophana.
Historia mixta.
Philosophia.
Moralis et Politica.
Medicina.
Mathematica.
Philologia.
Oratoria.
Poëtica.
Poësis sacra.

Poësis prophana.
Grammatica.
Bibliothecarii.

Hæretici.
Appendix prima.
Appendix secunda.

Parent aîné. — *Essai sur la bibliographie et sur les talents du bibliothécaire.* — Paris, impr. Chrétienne, chez l'auteur, an IX, in-8º.

CADRE DE CLASSEMENT

1re Division : Agriculture.
2e — Les langues et la grammaire générale.
3e — Les arts mécaniques.
4e — Les arts libéraux.
5e — Les mathématiques.
6e — Les belles-lettres.
7e — La cosmographie.
8e — L'histoire naturelle.
9e — La chimie et la physique.
10e — L'histoire des nations.
11e — La législation.
12e — La morale.
13e — Les ouvrages périodiques.

Fortia d'Urban (Marquis de). — *Nouveau système de bibliographie alphabétique.* — 2e édition, Paris, 1822, gr. in-12.

A. — Encyclopédies

B. — Belles-Lettres
a Grammaire.
b Poétique.
c Philologie, Polygraphie.

C. — Sciences et Arts
a Philosophie.
b Mathématiques.
c Physique.
d Histoire naturelle.
e Médecine.
f Arts et Métiers.

D. — Théologie
a Écriture Sainte.
b Conciles.
c Liturgies.
d Saints-Pères.
e Théologiens.

E. — Jurisprudence
a Droit canonique.
b Droit civil.

F. — Histoire
a Prolégomènes historiques.
b Géographie.

c Chronologie.
d Histoire ecclésiastique.
e Histoire profane des monarchies anciennes.
f Histoires modernes de l'Europe.

g Histoires modernes hors de l'Europe.
h Paralipomènes historiques, Antiquités.

Histoire littéraire, Extraits historiques.

Brunet (Gustave). — *Manuel du libraire et de l'amateur de livres.* 5ᵉ édit., 6 vol. gr. in-8°, Paris, 1860-1865, t. VI, col. xxvii-lxii. Ordre des divisions de la table méthodique.

THÉOLOGIE

I
Écriture Sainte

1 Textes et versions.
2 Interprètes de l'Écriture Sainte.
3 Philologie Sacrée.

II
Liturgie

1 Traité sur les rites et cérémonies de l'Eglise, et principalement des Offices divins.
2 Collections de Liturgies en différentes langues.
3 Liturgies des Eglises grecques et orientales.
4 Liturgies de l'Eglise latine.
5 Liturgies gallicanes.
6 Liturgie mozarabe et autres liturgies particulières.
7 Liturgies anglicanes.

III
Conciles

1 Traités touchant les Conciles et les Synodes.
2 Collections de Conciles.
3 Conciles généraux.
4 Conciles nationaux, provinciaux et diocésains.

IV
Saints Pères

1 Introduction à l'étude des Saints Pères.

2 Collections, Extraits et Fragments d'ouvrages des Saints Pères.
3 Ouvrages des Saints Pères grecs.
4 Ouvrages des Saints Pères latins et de quelques autres écrivains ecclésiastiques.
5 Ouvrages des Saints Pères arméniens.

V
Théologiens

1 Théologie scolastique et dogmatique.
2 — morale.
3 — catéchétique.
4 — parénétique, ou Sermons comprenant aussi les homélies et prônes, etc.
5 — ascétique ou mystique.
6 — polémique.
7 Théologiens chrétiens séparés de l'Eglise romaine.

VI
Opinions singulières

1 Ochin, Postel, Bruno-Nolano, Beverland, etc.
2 Illuminés et autres fanatiques.

VII
Religion judaïque

Doctrine, culte, institutions.

VIII
Religion des peuples orientaux

1 Recueil de livres sacrés de différents peuples.
2 Mahométisme.
3 Magisme ou religion des anciens Persans ; Brahmanisme ou religion des Indiens.
4 Boudhisme et religions de la Chine.
5 Sabéisme.

IX
Appendice a la théologie

1 Déistes et incrédules.
2 Athées.

JURISPRUDENCE
Introduction.

I
Droit de la nature et des gens

1 Traités généraux.
2 Droit international.
3 Ouvrages spéciaux qui se rapportent au droit des gens.

II
Droit politique

III
Droit civil et droit criminel

1 Généralités.
2 Droit des anciens peuples, autres que les Romains.
3 Droit romain.
4 Droit français (ancien, nouveau).
5 Droit maritime.
6 Droit étranger.

IV
Droit canonique ou ecclésiastique

1 Introduction ; Traités élémentaires, dictionnaires, etc.
2 Lettres des Papes, Canons, Décrétales et Bulles.
3 Traités généraux sur le Droit ecclésiastique, — Traités particuliers sur les matières canoniques. — Procédure contre les Hérétiques.
4 Juridiction ecclésiastique de la cour de Rome.
5 Traité pour et contre l'Autorité ecclésiastique.
6 Eglise gallicane.
7 Droit ecclésiastique étranger. Statuts des ordres religieux.
8 Appendice : Droit des Eglises non catholiques.

SCIENCES ET ARTS
Introduction et Dictionnaires.

I
Sciences philosophiques

1 Introduction, Histoire et Dictionnaires.

2 Philosophie générale et mélanges.
3 Logique.
4 Métaphysique.
5 Morale.
6 Application de la Morale : économie ; politique ; économie politique.

II
Sciences physiques et chimiques

1 Physique proprement dite.
2 Chimie.

III
Sciences naturelles

1 Généralités.
2 Géologie.
3 Botanique.
4 Zoologie.
5 Mélanges d'histoire naturelle et de physique.
6 Ecarts de la nature : Monstres, prodiges.
7 Cabinets et collections d'Histoire naturelle, préparation et conservation des objets.
8 Appendice de l'Histoire naturelle : Agriculture et Economie rurale.

IV
Sciences médicales

1 Introduction.
2 Traités généraux.
3 Anatomie.
4 Physiologie.
5 Hygiène.
6 Pathologie médicale.
7 Séméiologie ou traité sur les signes des maladies.
8 Spécialités médicales.
9 Thérapeutique ; matière médicale, générale et spéciale.
10 Médecine légale.
11 Mélanges et journaux de médecine.
12 Chirurgie.
13 Pharmacie et pharmacopée ; Secrets de médecine.
14 Médecine vétérinaire et Traités d'Hippiatrique.

V
Sciences mathématiques

1 Généralités.
2 Mathématiques pures.
3 Mathématiques appliquées.

VI
Appendice aux sciences

1 Philosophie occulte.
2 Alchimie.
3 Astrologie, Prédictions astrologiques et autres pronostications.

VII
Arts

1 Mnémonique ou art de la Mémoire naturelle et artificielle.
2 Ecriture et autres moyens de représenter la parole.
3 Beaux-arts.

VIII
Arts mécaniques et métiers

1 Dictionnaires et Traités généraux, Mélanges, Expositions de l'Industrie.
2 Pyrotechnie : Art de l'artificier ; Fonderie ; Verrerie, etc.
3 Arts de tourner ; Industries manufacturières ; Travaux à l'aiguille ; Métiers.
4 Traités sur l'art culinaire.

IX
Exercices gymnastiques

1 Lutte et escrime.
2 Equitation.
3 Natation.
4 Danse.
5 Chasses et pêches.

BELLES-LETTRES

I
Linguistique

1 Introduction.
2 Langues européennes anciennes et modernes.

3 Langues asiatiques.
4 Langues africaines.
5 Langues américaines.

II

Rhétorique
Rhéteurs.

1 Introduction.
2 Rhéteurs grecs.
3 Rhéteurs latins anciens et Rhéteurs modernes qui ont écrit en latin.
4 Rhéteurs français, italiens, espagnols et anglais.
5 Rhéteurs orientaux.

Orateurs (Même division).

III

Poésie

Introduction et traités généraux sur la Poésie.

1 Recueil de poésie en différentes langues.
2 Poètes grecs.
3 Poètes latins.
4 Poètes français.
5 Poètes italiens.
6 Poètes espagnols.
7 Poètes portugais.
8 Poètes allemands.
9 Poètes flamands et hollandais.
10 Poètes scandinaves.
11 Poètes anglais.
12 Poésies écossaises et irlandaises.
13 Poètes illyriens, serviens, roumains, hongrois, bohémiens, lithuaniens, esthoniens, polonais, russe.
14 Poésie orientale.
15 Poètes hébreux et syriaques.
16 Poètes arabes, persans, arméniens, turcs.
17 Poètes sanscrits, palis, hindoustanis, cingalais, chinois, malais.

III*

Poésie (Deuxième partie).
Poésie dramatique.

1. Histoire générale des théâtres ; écrits pour et contre le théâtre ; Traités généraux sur l'art dramatique.
2. Poètes dramatiques grecs.
3. Poètes dramatiques latins anciens.
4. Poètes dramatiques du moyen âge et des temps modernes qui ont écrit en latin.
5. Poètes dramatiques français.
6. Poètes dramatiques italiens.
7. Poètes dramatiques espagnols.
8. Poètes dramatiques portugais.
9. Poètes dramatiques allemands et hollandais.
10. Poètes dramatiques danois et suédois.
11. Poètes dramatiques anglais, etc.
12. Poètes dramatiques illyriens, polonais, russes.
13. Poètes dramatiques turcs, indiens, chinois.

IV
Fictions et romans

1. Apologues ou Fables en différentes langues.
2. Romans, Contes, Nouvelles.

Appendice au titre IV

1. Facéties et pièces burlesques.
2. Dissertations singulières, plaisantes et enjouées.

V
Philologie

1. Philologie proprement dite.
2. Satires générales et satires personnelles.
3. Gnomiques : Sentences, Apophtegmes, Adages, Proverbes.
4. Bons mots, Anas, Pensées.
5. Symboles, Emblèmes, Devises et Enigmes.

VI
Dialogues et Entretiens

VII
Epistolaires

1 Epistolaires grecs.
2 Epistolaires latins anciens.
3 Epistolaires modernes qui ont écrit en latin.
4 Epistolaires français.
5 Epistolaires italiens, espagnols, portugais.
6 Epistolaires allemands et anglais.
7 Epistolaires orientaux.

VIII
Polygraphes

1 Polygraphes grecs.
2 Polygraphes latins anciens.
3 Polygraphes modernes qui ont écrit en latin.
4 Polygraphes français
5 Polygraphes italiens.
6 Polygraphes espagnols et portugais.
7 Polygraphes allemands.
8 Polygraphes danois, suédois, russes et hongrois.
9 Polygraphes anglais et anglo-américains.

IX
Collections d'ouvrages et d'extraits de différents auteurs ; recueils de pièces ; mélanges

1 Collections d'ouvrages anciens en grec et en latin.
2 Collections d'ouvrages écrits en latin par des modernes.
3 Collections et Extraits d'ouvrages français.
4 Collections et Extraits d'ouvrages italiens, d'ouvrages espagnols, d'ouvrages portugais..
5 Collections et Extraits d'ouvrages allemands.
6 Collections et Extraits d'ouvrages anglais et anglo-américains.
7 Collections et Extraits d'ouvrages hébreux, arabes, persans.
8 Recueils d'ouvrages en différents dialectes indiens, indo-chinois, chinois, etc.

HISTOIRE.

I.
Prolégomènes historiques.

1. Traités sur la manière d'écrire et d'étudier l'Histoire ; Philosophie de l'Histoire ; Atlas historiques ; Dictionnaires.
2. Géographie [2* Voyages].
3. Chronologie.

II.
Histoire universelle, ancienne et moderne.

1. Anciennes chroniques générales.
2. Ouvrages sur l'Histoire universelle, écrits depuis le commencement du xvie siècle.
3. Traités particuliers relatifs à l'Histoire universelle ; Mœurs et usages.

III.
Histoire des religions et des superstitions.

1. Histoire générale des religions : chrétiennes, hérétiques.
2. —   2e partie : Histoire des religions païennes (Polythéisme et Panthéisme considérés sous le rapport mythologique).

IV.
Histoire ancienne.

1. Origines des nations.
2. Histoire générale et particulière de plusieurs peuples anciens.
3. Mélanges historiques : Civilisation, Gouvernement, etc.
4. Histoire de Juifs.
5. Histoire des Phéniciens, des Babyloniens, des Egyptiens, des Perses et de quelques autres autres peuples anciens.
6. Histoire générale et particulière de la Grèce.
7. Histoire de l'Italie avant les Romains.
8. Histoire générale et particulière du Peuple romain et de ses Empereurs.

IV*.
Appendice a l'histoire ancienne.

1. Histoire byzantine ou du Bas-Empire.
   Histoire des migrations des Scythes, des Goths, des Visigoths, des

Huns, des Vandales, etc., et de leurs invasions en Europe pendant les premiers siècles de l'ère chrétienne.

V.
Histoire moderne.
Europe. — *Généralités.*

1. France.
2. Histoire belgique, contenant les anciennes provinces de Brabant, de Flandre, du Hainaut, de Namur, du pays de Liège et de la Hollande.

2* Histoire de Belgique (2ᵉ partie), Hollande.

3. Histoire d'Italie.
4. Histoire des Iles Ioniennes, de la Sardaigne, de la Corse et de l'île de Malte.
5. Histoire de la Suisse.
6. Histoire d'Espagne.
7. Histoire du Portugal.

7* Histoire des Iles Baléares, etc.

8. Histoire d'Allemagne.
9. Histoire de la Grande-Bretagne et Irlande.
10. Histoire scandinave.
11. Histoire de l'empire des Russies.
12. Histoire de la Pologne, de la Lithuanie et de l'Ukraine.
13. Histoire générale de l'empire ottoman avec l'histoire des possessions turques en Europe, y compris la Moldavie, la Valachie, la Bulgarie, la Serbie.
14. Histoire de la Grèce et de ses îles.
15. Histoire des Hordes nomades vulgairement appelées Bohémiens, qui parcourent l'Europe et auxquelles on suppose une origine indienne.

Mélanges relatifs à l'histoire de l'Asie, de l'Afrique et de l'Amérique, comprenant l'histoire générale des colonies modernes fondées par les Européens.

**Asie.

1. Histoire générale.
2. Histoire des Arabes et de l'Islamisme.
3. Histoire des possessions turques en Asie, y compris la Syrie et l'Arménie.

4. Histoire d'une partie du littoral de la mer Caspienne et des contrées Caucasiennes.
5. Histoire de la Perse, du Caboul, du Turkestan, etc.
6. Histoire de l'Inde.
7. Histoire de l'Archipel indien : Ceylan, Sumatra, Java, les Philippines, etc.
8. Histoire d'une partie de l'Asie centrale et septentrionale, comprenant l'Inde au-delà du Gange, le Thibet, la Mongolie et la Tartarie.
9. Histoire de la Chine et de la Corée.
10. Histoire du Japon.
11. Histoire des possessions russes en Asie.
12. Appendice à l'histoire de l'Asie : Australie, Nouvelle-Zélande, Polynésie.

*** Afrique.

1. Histoire générale.
2. Histoire de l'Égypte et de la Nubie.
3. Histoire des États barbaresques, y compris l'Algérie.
4. Histoire des régions centrales, des régions occidentales et des régions orientales de l'Afrique.
5. Histoire des îles de l'Afrique.

**** Les Deux-Amériques.

1. Histoire générale.
2. Amérique septentrionale.
3. Les Antilles.
4. Amérique méridionale.

VI.

Paralipomènes historiques.

1. Histoire de la Chevalerie et de la Noblesse.
2. Histoire des solennités, Pompes et cérémonies publiques.
3. Archéologie.
3* — 2ᵉ partie : Archéographie.
4. Histoire littéraire.
5. Biographie et spécialement la Biographie littéraire et celle des artistes.
6. Bibliographie.

Mélanges et Dictionnaires encyclopédiques
Notice des principaux journaux.

POLYBIBLION. — *Revue bibliographique universelle.* — Divisions de la table des matières de la partie technique[1].

THÉOLOGIE.

Ecriture Sainte.
Liturgie.
Théologie dogmatique et morale.
Ouvrages d'ascétisme et de piété.
Hérésies.

JURISPRUDENCE.

Droit international.
Droit canonique.
Droit public.
Droit civil.
Droit pénal.
Droit commercial.
Droit administratif.
Mélanges.

SCIENCES ET ARTS.

Philosophie.
Métaphysique.
Psychologie.
Morale.
Histoire de la philosophie.
Education et enseignement.
Economie politique et sociale.
Economie domestique.
Mathématiques.
Météorologie, astronomie.
Hypnotisme, sciences médicales.
Géologie, Zoologie, Botanique.
Agriculture.
Art militaire.
Beaux-arts.
Sciences occultes.

Mélanges.

BELLES-LETTRES.

Philologie et linguistique.
Folk-lore.
Eloquence.
Poésie.
Théâtre.
Romans, Contes, Nouvelles.
Ouvrages pour la jeunesse.
Critique et histoire littéraire.
Polygraphes, mélanges.

HISTOIRE.

Géographie, Voyages, Histoire de la Géographie.
Histoire ecclésiastique.
Hagiologie, Biographie ecclésiastique.
Histoire universelle, Histoire ancienne.
Histoire du Moyen-Age et Histoire moderne.
Questions du jour.
Histoire politique et civile.
Histoire de France.
Histoire des provinces.
Histoire militaire, maritime et coloniale.
Histoire étrangère.
Histoire des familles, Biographie.
Archéologie, Mélanges.
Bibliothèques, Bibliographie.

---

1. Ces divisions varient selon l'importance des ouvrages, ou leur abondance dans les diverses sections; aussi ne les donnons-nous que comme l'idée générale du classement adopté par cette revue.

Bibliographie de Belgique. — *Journal officiel de la Librairie.* — Bruxelles, P. Weissenbruch, in-8º (*Table systématique*).

I	Bibliographie.	*a.*	Zoologie.
II	Théologie et religion.	*b.*	Botanique.
III	Philosophie. — Morale.	*c.*	Minéralogie.
IV	Droit. — Politique :	*d.*	Géologie.

IV Droit. — Politique :
  a. Législation, Jurisprudence, droit administratif, droit coutumier, etc.
  b. Politique, économie politique.
V Belles-Lettres.
VI Enseignement.
VII Linguistique.
VIII Histoire et géographie :
  a. Histoire.
  b. Archéologie, numismatique.
  c. Généalogie.
  d. Biographie.
  e Géographie, Voyages.
IX Mathématiques.
X Physique, chimie.
XI Sciences naturelles :
  a. Zoologie.
  b. Botanique.
  c. Minéralogie.
  d. Géologie.
XII Sciences médicales :
  a. Médecine, chirurgie, pharmacie.
  b. Hygiène.
  c. Art vétérinaire.
XIII Astronomie.
XIV Industrie, commerce :
  a. Mécanique, mines, métallurgie, chemins de fer, etc.
  b. Agriculture, horticulture, élevage, sport, chasse, pisciculture, distillation, etc.
  c. Commerce.
  d. Technologie.
XV Beaux-arts.
XVI Art militaire.
XVII Diverses.

Lorenz. — *Catalogue général de la librairie française.* — Paris, in-8º, 1867-1894. — Tableau systématique ou résumé des rubriques de la table des matières.

1. Religion.
2. Philosophie et morale.
3. Droit.
4. Administration.
5. Sciences sociales et économiques.
6. Commerce et finances.
7. Histoire.
8. Politique.
9. Archéologie.
10. Géographie.
11. Mœurs, jeux, sport.

12. Littérature.
13. Mathématiques et astronomie.
14. Sciences naturelles.
15. Médecine.
16. Technologie.
17. Agriculture, horticulture, etc.
18. Marine et navigation.
19. Art militaire.
20. Beaux-arts.
21. Linguistique.
22. Education.
23. Divers.

Bibliographie de la France. — *Journal général de l'Imprimerie et de la librairie*. — Paris, in-8°.

Divisions de la table systématique

I Religion.
II Droit.
III Philosophie.
IV Sciences occultes.
V Sciences morales et politiques.
VI Sciences militaires, marine, navigation.
VII Sciences mathématiques.
VIII Sciences naturelles.
IX Sciences médicales.
X Sciences agricoles.
XI Arts industriels.
XII Histoire et études accessoires.
XIII Géographie, ethnographie, voyages, guides.
XIV Littérature française.
XV Littérature ancienne.
XVI Beaux-arts.
XVII Education et enseignement.
XVIII Divers :
  Académies, sociétés savantes.
  Francs-maçons.
  Chasse, pêche, course, jeux.
  Bibliographie.

Bollettino delle pubblicazioni italiane. — (Biblioteca nazionale centrale di Firenze).

Table des matières.

Bibliografia.
Filosofia. — Teologia.
Publicazione religiose e pie letture.
Istruzione. — Educazione.
Libri Scolastici.
Storia. — Geografia.
Biografia contemporanea.
Filologia. — Storia letteraria.
Letteratura contemporanea.

Poesia, Romanzi, Novelle, Teatro, Miscellanea e letture popolari.
Legislazione. — Giurisprudenza.
Atti parlamentari.
Scienze politico-sociali.
Statuti, bilanci, ecc.
Scienze fisiche, matematiche e naturali.

Medicina.
Ingegneria. — Ferrovie.
Guerra. — Marina.
Belle-Arti.
Agricoltura. — Industria. — Commercio.
Nuovi Giornali politici.

Verzeichniss der im deutschen Buchhandel neu erschienenen und neu aufgelegten Bücher, Landkarten, Zeitschriften, etc., herausgegeben und verlegt von der J. C. Hinrichs'sen Buchhandlung in Leipzig. — Leipzig, pet. in-8º.

Wissenschaftliche Uebersicht (1894).

I	Allgemeines.	IX	Geschichte.
II	Theologie.	X	Erdbeschreibung. Karten.
III	Rechts- und Staatswissenschaft.	XI	Kriegswissenschaft.
		XII	Handel und Gewerbe.
IV	Heilwissenschaft.	XIII	Bau- und Ingenieurwissenschaft.
V	Naturwissenschaften. Mathematik.	XIX	Haus-, Land- und Forstwirtschaft.
VI	Philosophie. Theosophie.		
VII	Erziehung und Unterricht. Jugendschriften.	XV	Schöne Litteratur.
		XVI	Kunst.
VIII	Sprach, Litteratur, und Alterthumswissenschaft.	XVII	Volksschriften und Vermischtes.

BÖRSENBLATT, f. *den deutschen Buchhandel*... Leipzig, in-4º.

1. Allgemeine Bibliographie, Gesamt-Werke, Sammelwerke, Bibliotheks- und Universitätswesen.

2. Theologie.
3. Rechts- und Staatswissenschaft, Politik, Statistik, Verkehrswesen.

4. Heilwissenschaft, Thierheilkunde.
5. Naturwissenschaft, Mathematik.
6. Philosophie. Theosophie.
7. Erziehung, Unterricht, Jugendschriften.
8. Sprach-Litteratur, und Altertumswissenschaft.
9. Geschichte, Biographien.
10. Erdbeschreibung, Karten.
11. Kriegswissenschaft.
12. Handel und Gewerbe.
13. Bau- und Ingenieurwissenschaft, Bergbau.
14. Haus-, Land- und Forstwirtschaft.
15. Schöne Litteratur.
16. Kunst, Theater und dramatische Litteratur, Prachtwerke.
17. Volkschriften, Vermischtes.

THE BOOKSELLER. — *A newspaper of British and foreign Literature...* London, in-8°.

Illustrated gift books.
Religion and theology.
Albums, booklets and textbooks.
Annuals and serials.
Anthropology and Ethnology.
Archaeology.
Art and architecture.
Astronomy and meteorology.
Banking and finance.
Bibliography and literary history.
Biography and history.
Botany, horticulture, agriculture.
Chemistry and Physiks.
Children's books and minor fiction.
Classics and translations.
Collected Works and ana.
Dictionaries and Encyclopaedias.
Directories and guide books.
Domestic Economy.
Educational.
Elementary School books.
Electricity and Magnetism.
Engineering and Mechanics.
Essays and belles lettres.
European languages.
Facetiae.
Fiction.
Folk-Lore.
Games and Pastimes.
Geography and topography.
Government Publications.
Law and Parliamentary.
Local history.
Maps and Atlases.
Mathematics.
Medical and surgical.
Music.
Natural history.
Naval and Military.
Oriental.

Philology.
Philosophy.
Poetry and the drama.
Political Economy.
Politics and Questions of the day.
Sociology.
Sports, Hunting and Athletics.

Technical Handbooks.
Trade, Commerce, Manufactures.
Travels, Exploration, Adventure.
Veterinary Science, Farming and Stockkeeping.

Kayser. — *Vollständiges Bücher Lexicon.* — (*Sachregister,* Leipzig, 1838, in-4º.

Allgemeine Wissenschaftskunde

I Ueberhaupt.
II Literaturgeschichte.

Sprachwissenschaft

I Allgemeine Sprachwissenschaft.
II Orientalische Sprachen.
III Afrikanische Sprachen.
VI Amerikanische Sprachen.
V Europäische Sprachen.
  A Altclassische Sprachen.
  B Neuere europaïsche Sprachen.

Mathematik

I Ueberhaupt.
II Arithmetik.
III Geometrie.
IV Astronomie.
V Kriegswissenschaft.
VI Uebrige mathematisch-physikalische Wissenschaften.

Philosophie

I Ueberhaupt.
II Theoretische Philosophie.
III Praktische Philosophie.
IV Anthropologie und Psychologie.

Schöne Künste und Wissenschaften

I Ueberhaupt.
II Tonische Künste.
  A. Musik.
  B. Gesangkunst.
  C. Dichtkunst und Redekunst zusammen.
  D. Dichtkunst.
  E. Redekunst.
III Plastische Künste.
  A. Ueberhaupt.
  B. Bildende Künste im engern Sinne.
  C. Kalligraphie.
IV Mimische Künste.
  A. Ueberhaupt.

B. Tanzkunst.
C. Schauspielkunst.
D. Gymnastik.

Geographie und Statistik

I Ueberhaupt.
II Europa.
  A. Ueberhaupt.
  B. Portugal.
  C. Spanien.
  D. Frankreich.
  E. Schweiz.
  F. Italien.
  G. Deutschland.
  H. Niederland.
  I. Grossbritannien.
  K. Dänemark.
  L. Schweden und Norwegen.
  M. Russland.
  N. Türkei und Griechenland.
III Asien.
IV Afrika.
V Amerika.
VI Australien.

Geschichte

I Hülfs- und Nebenwissenschaften.
  A. Ueberhaupt.
  B. Chronologie.
  C. Genealogie.
  D. Heraldik.
  E. Sphragistik.
  F. Numismatik.
  G. Diplomatik.
  H. Epigraphik.
  I. Mythologie.
  K. Archæologie.
II Geschichte Ueberhaupt.
III Geschichte der Menschheit.
IV Politische Geschichte.
V Geschichte der einzelnen Länder.
  A. Europa.
  AA. Ueberhaupt.
  BB. Portugal.
  CC. Spanien.
  DD. Frankreich.
  EE. Schweiz.
  FF. Italien.
  GG. Deutschland.
  HH. Niederlande.
  II. Grossbritannien.
  KK. Nordische Reiche ueberhaupt.
  LL. Dänemark.
  MM. Schweden und Norwegen.
  NN. Polen.
  OO. Russland.
  PP. Ungarn.
  QQ. Türkei und Griechenland.
  B. Asien.
  C. Afrika.
  D. Amerika.
  E. Australien.
VI Geschichte nach Zeitperioden.
  A. Alte Geschichte.
  B. Geschichte des Mittelaters.
  C. Neuere Geschichte.
VII Familiengeschichte.
VIII Personengeschichte.

PÄDAGOGIK

THEOLOGIE

I   Ueberhaupt.
II Theoretische Theologie.
   A. Kirchliche Geographie.
   B. Kirchengeschichte.
   C. Dogmengeschichte.
   D. Christliche Archæologie.
   E. Dogmatik.
   F. Symbolik.
   G. Polemik.
   H. Apologetik.
   I. Irenik.
   K. Christliche Moral.
   L. Biblische Literatur.
III Praktische Theologie.
   A. Ueberhaupt.
   B. Homiletik.
   C. Religionsunterricht.
   D. Pastoraltheologie.
IV Theologie der Juden u. Muhamedaner.

RECHTSWISSENSCHAFT

I   Ueberhaupt.
II Privatrecht.
III Oeffentliches Recht.
IV Kirchenrecht.
V   Lehnrecht.
VI Praktische Rechtswissenschaft.

STAATSWISSENSCHAFTEN

MEDICIN

I   Ueberhaupt.
II Theoretische Medicin.
III Praktische Medicin.

NATURKUNDE

I   Ueberhaupt.
II Naturlehre.
III Naturgeschichte.
   1 Ueberhaupt.
   2 Mineralogie.
   3 Botanik.
   4 Zoologie.

GEWERBKUNDE

I   Ueberhaupt.
II Oekonomie.
III Technologie.
IV Handelswissenschaft.

VERMISCHTE SCHRIFTEN UND SCHRIFTEN UNBESTIMMTEN INHALTS.

TEUBNER. — *Verlags-Katalog*, 1824-1891, in-8°. — Table des matières.

I   Litteraturwissenschaft. Sammelwerke.
II Philosophie. Geschichte der Philosophie.
III Theologie.
IV Staats- und Rechtswissenschaft. Politik. Statistik.

V	Medicin und Chirurgie. Diätetik.	XIV	Kriegswissenschaft. Pferdekunde.
VI	Naturwissenchaften.	XV	Eisenbahn- und Maschinenwesen. Bauwissenschaft.
VII	Pädagogik. Deutsche Schulbücher.		
VIII	Jugendschriften.	XVI	Technologie und Gewerbskunde. Handlungswissenschaft.
IX	Classische Philologie. Alterthumswissenschaft.		
X	Orientalische Sprachen und Literaturen.	XVII	Landwirthschaft. Forst- und Jagdwissenschaft.
XI	Neuere Sprachen.		
XII	Geographie und Geschichte. Biographien.	XVIII	Schöne Litteratur.
		XIX	Kunst und Musik.
XIII	Mathematik und Physik.	XX	Vermischte Schriften.

ALLIBONE (S. Aug.). — *A critical dictionary of english literature and british and american authors*. Philadelphia, 1880, gr. in-8°; 3 vol., et Suppléments par KIRK 1891, 2 vol.

Names in the Index.

1. Agriculture.
2. Antiquities.
3. Architecture.
4. Astronomy.
5. Bibliography.
6. Biography and Correspondence
7. Botany.
8. Chemistry.
9. Divinity.
10. Domestic Economy.
11. Drama.
12. Education.
13. Essayists.
14. Fiction.
15. Fine Arts.
16. Games.
17. Geography.
18. Geology.
19. Heraldry.
20. History.
21. Juvenile.
22. Law.
23. Literary History.
24. Mathematics.
25. Mechanic.
26. Medicine.
27. Moral and Mental philosophy.
28. Moral and Manners.
29. Music.
30. Natural history.

31. Natural Philosophy.
32. Naval and Military.
33. Philology.
34. Poetry.
35. Political Economy.
36. Politics.
37. Topography.
38. Trade and Commerce.
39. Travels.
40. Voyages.

SONNENSCHEIN. — *The Best Books*. London, 1891, in-4°, 2ᵉ édit. (Table).

A 1 Theology.
B 2 Mythology and Folklore.
C 3 Philosophy.
D 4 Society (*droit*).
E 5 Geography.
F 6 History and historical biography.
G 7 Archæology, antiquities a. historical collaterals.
H 8 Science.
I 9 Medicine.
J 10 Arts and Trades.
K 11 Literatur, Philology and ancient Literatur.

DEWEY (MELVIL). — *Decimal classification and relative index for arranging, cataloging, and indexing public and private library.* — Boston 1885, in-8°.

000 *General Works.*
010 Bibliography.
020 Library Economy.
030 General Cyclopedias.
040 General Collections.
050 General Periodicals.
060 General Societies.
070 Newpapers.
080 Special Library, Polygraphy.
090 Book Rarities.
100 *Philosophy.*
110 Metaphysics.
120 Special metaphysical Topics.
130 Mind and Body.
140 Philosophical Systems.
150 Mental Faculties. Psychology.
160 Logic.
170 Ethics.
180 Ancient philosophers.
190 Modern Philosophers.
200 *Religion.*
210 Natural Theology.
220 Bible.
230 Dotrinal Theology. Dogmatics.
240 Devotion and Practical.
250 Homiletic. Pastoral. Parochial.
260 Church. Institutions. Works.
270 Religious History.
280 Christian Churches and Sects.
290 Non-Christian Religion.

300 *Sociology.*
310 Statistics.
320 Political Science.
330 Political Economy.
340 Law.
350 Administration.
360 Associations and Institutions.
370 Education.
380 Commerce and Communication.
390 Customs. Costumes. Folklore.
400 *Philology.*
410   Comparative.
420   English.
430   German.
440   French.
450   Italian.
460   Spanish.
470   Latin.
480   Greek.
490   Minor Languages.
500 *Natural Science.*
510 Mathematics.
520 Astronomy.
530 Physics.
540 Chemistry.
550 Geology.
560 Paleontology.
570 Biology.
580 Botany.
590 Zoologie.
600 *Useful Arts.*
610 Medicine.
620 Engineering.
630 Agriculture.
640 Domestic Economy.
650 Communication and Commerce.
660 Chemical Technology.
670 Manufactures.
680 Mechanic Trades.
690 Building.
700 *Fine Arts.*
730 Landscape Gardening.
720 Architecture.
730 Sculpture.
740 Drawing. Design. Decoration.
750 Painting.
760 Engraving.
770 Photography.
780 Music.
790 Amusements.
800 *Literature.*
810   American.
820   English.
830   German.
840   French.
850   Italian.
860   Spanish.
870   Latin.
880   Greek.
890   Minor Languages.
900 *History.*
910 Geography and Description.
920 Biography.
930 Ancient History.
940 Europe.
950 Asia.
960 Africa. (Modern)
970 North America.
980 South America.
990 Oceaniça and Polar Regions.

Sveriges offentliga bibliotek Stockholm. Upsala. Lund. Göteborg. — Accessions-Katalog n° 4 par Dahlgren. — Stockholm 1890, in-8°.

Innehålt

1. Bibliografi, Biblioteksväsen, Bokhandel, Paleografi, Tipografi.
2. Encyklopedi och Polygrafer.
3. Teologi.
4. Kirkohistoria.
5. Religionsvetenskap.
6. Filosofi och Estetik.
7. Undervisningsväsen und Universitätsväsen.
8. Filologi.
9. Litteratur historia.
10. Modern vitterhet (med Folklitteratur).
11. Bildande konst.
12. Musik och Teater.
13. Archeologi.
14. Historia (med Kultur historia.
15. Biografi, Genealogi och Heraldik.
16. Etnografi och Anthropologi.
17. Geografi och Resebeskrifningar.
18. Statistik.
19. Rätts- och statsvetenskap.
20. Teknologi och Ingeniörsvetenskap.
21. Ekonomi.
22. Sport, Spel och Magi.
23. Krigsväsen och Sjöväsen.
24. Matematik.
25. Astronomi.
26. Naturvetenskap.
27. Medicin.
28. Tidskrifter af allmänt och blandadt innehåll.
29. Samfunds skrifter af allmänt och blandadt innehåll.

Delisle (Léopold). — *Instructions élémentaires et techniques pour la mise et le maintien en ordre des livres d'une bibliothèque.* Lille, 1890, in-8°, p. 7, sq.

Cadre de classement.

A. Théologie.
B. Jurisprudence.
C. Sciences philosophiques, politiques et morales.
D. Sciences physiques et chimiques.

E. Sciences naturelles. — Agriculture.
F. Médecine.
G. Sciences mathématiques et applications. — Mécanique. — Astronomie. — Marine. — Art militaire. — Jeux.
H. Beaux-Arts.
I. Linguistique et littérature. — Généralités. — Mélanges. — Langues et littératures autres que celles pour lesquelles il existe des divisions spéciales.
J. Langues et littératures de l'Orient.
K. Langues et littératures classiques. (La Grèce et Rome.)
L. Langue et littérature française.
M. Langues et littératures des États de l'Europe autres que la France.
N. Histoire universelle. — Généralités de la géographie et des voyages, de la chronologie, de la biographie, de l'archéologie, de la paléographie et de l'histoire ecclésiastique y compris les croisades.
O. Histoire ancienne de l'Orient. — Juifs. — Égyptiens. — Assyriens, etc. — Indiens. — Chinois.
P. Histoire ancienne des Grecs et des Romains. — L'empire byzantin.
Q. Histoire de France.
R. Histoire des États européens autres que la France.
S. Histoire de l'Asie et de l'Afrique. On y pourra comprendre la Turquie.
T. Histoire de l'Amérique et de l'Océanie.
U. Bibliographie et histoire littéraire.
V. Mélanges encyclopédiques et autres. — Collections. — Polygraphie.

Delisle (Léopold). — *Instructions*, etc.

Cadre de classement.
Subdivisions de l'histoire de France.

Qa. Généralités de l'histoire de France. — Géographie. — Histoires générales. — Résumés. — Collections de documents.

Qb. Détails de l'histoire de France par périodes et par règnes.
Qc. Publications périodiques relatives à l'histoire de France.
Qd. Histoire des institutions et des usages politiques, ecclésiastiques, administratifs, militaires, commerciaux, etc. de la France.
Qe. Histoire provinciale et locale.
Qf. Histoire des familles et des individus (Généalogies et biographies.)

DELISLE (Léopold). — *Instructions*, etc.

Cadre de classement des livres relatifs à une province ou à une localité.

Za. Topographie physique. — Histoire naturelle. — Météorologie.
Zb. Topographie historique. — Voirie.
Zc. Histoire générale. — Origines et antiquités. — Monographies relatives à différentes époques et à différents évènements.
Zd. Journaux.
Ze. Rapports de la ville avec l'État. — Institutions politiques. — Élections des députés aux assemblées de l'ancien et du nouveau régime.
Zf. Municipalité.
Zg. Institutions et établissements religieux. — Cimetières.
Zh. Institutions et établissements d'instruction. — Beaux-Arts.
Zi. Institutions et établissements charitables. — Exercice de la médecine.
Zj. Institutions et établissements militaires. — Fortifications.
Zk. Institutions judiciaires. — Factums.
Zl. Agriculture, industrie et commerce.
Zm. Usages, mœurs et parlers. — Fêtes publiques. — Théâtre.
Zn. Associations diverses autres que les compagnies se rattachant aux institutions dont l'histoire appartient aux groupes précédents.
Zo. Généalogies et biographies.
Zp. Ouvrages d'auteurs originaires du pays.

Zq. Livres dans lesquels se font remarquer des morceaux importants relatifs à la localité.
Zv. Impressions locales.

BIBLIOTHÈQUE NATIONALE

Cadre du classement des Imprimés.

Théologie

- A Écriture Sainte.
- B Liturgie et Conciles.
- C Pères de l'Église.
- D Théologie catholique.
- D^2 Théologie non catholique.

Jurisprudence

- E Droit canonique.
- *E Droit de la nature et des gens.
- F Droit civil.

Histoire

- G Géographie et histoire générale.
- H Histoire ecclésiastique.
- J Histoire ancienne (Grecs, Byzantins, Turcs, Romains, Antiquités).
- K Histoire d'Italie.
- L Histoire de France.
- M Histoire d'Allemagne, des Pays-Bas, des pays du Nord et de l'Est de l'Europe.
- N Histoire de la Grande-Bretagne.
- O Histoire d'Espagne et de Portugal.
- O^2 Histoire d'Asie.
- O^3 Histoire d'Afrique.
- P Histoire d'Amérique.
- P^2 Histoire d'Océanie.
- Q Bibliographie.

Sciences

- R Sciences philosophiques, politiques, économiques, morales et physiques.
- S Sciences naturelles.
- T Sciences médicales.
- V Mathématiques, sciences et arts.
- Vm Musique.

Littérature ou Belles-Lettres

- X Linguistique et rhétorique.
- Y Poésie et théâtre.
- Y^2 Romans.
- Z Polygraphie et collections diverses.

BIBLIOTHÈQUE DE L'UNIVERSITÉ DE FRANCE (Sorbonne)

Cadre de classement.

B. — Bibliographie

B.G.	Bibliographie générale.
B.S.b.	Bibliographie spéciale (bibliothèques).
B.S.r.	Bibliographie spéciale (répertoires).
B.S.a.	Bibliographie spéciale (amateurs).

T. — Théologie

T.E.	*Théologie. Ecriture.*
T.E.t.	Textes.
T.E.v.	Versions.
T.E.e.	Exégèse.
T.E.e.a.	Exégèse de l'Ancien Testament.
T.E.e.n.	Exégèse du Nouveau Testament.
T.E.r.	Rabbins. Langues bibliques.
T.L.	*Liturgie.*
T.L.g.	— générale.
T.L.p.	— particulière.
T.C.	*Conciles.*
T.C.g.	Collections et ouvrages sur les Conciles.
T.C.p.	Conciles particuliers.
T.S.	*Saints Pères.*
T.S.i.	Introduction.
T.S.c.	Collections.
T.S.g.	Pères grecs.
T.S.l.	Pères latins.
T.T.	*Théologiens.*
T.T.i.	Introduction.
T.T.sc.	Scolastiques.
T.T.d.	Dogme.
T.T.mo.	Morale.
T.T.sa.	Sacrements.
T.T.se.	Sermonaires.
T.T.c.	Catéchismes.
T.T.a.	Ascétiques.
T.P.	*Polémique.*
T.P.i.	Contre les incrédules.
T.P.h.	Contre les hérétiques.
T.P.ja.	Pour et contre les Jansénistes.
T.H.	*Histoire ecclésiastique.*
T.H.c.	Chronologie et Géographie.
T.H.g.	Histoire générale.
T.H.g.h.	Histoire hétérodoxe.
T.H.p.g.	Histoire particulière (Eglise gallicane).
T.H.p.e.	Histoire particulière (Eglises étrangères).
T.H.p.m.	Histoire des missions.
T.H.b.	Biographie. — Vie des Saints.
T.H.b[1]	Biographie. — Vie des papes.

T.H.o.	Histoire des ordres religieux.		vrages généraux.
T.H.j.	Jésuites.	S.N.m.	Minéralogie.
T.H.j'	Ecrits contre les jésuites.	S.N.b.	Botanique.
		S.N.z.	Zoologie.
T.H.h.	Histoire des sectes hétérodoxes.	S.N.a.	Agriculture, jardinage.
		S.M.	*Sciences médicales.*
T.D.	*Droit canon.*	S.M.d.	Dictionnaires et ouvrages généraux.
T.D.c.	Collection du droit canon.	S.M.a.	Anatomie et physiologie.
T.D.f.	Droit canon français.	S.M.m.	Médecine.
T.D.m.	Mélanges. — Recueils.	S.M.χ.	Chirurgie.
		S.M.φ.	Pharmacie.
S. — Sciences		S.M.v.	Vétérinaire.
S.D.	*Dictionnaires — Encyclopédies.*	S.O.	*Sciences occultes.*
		S.O. φ.	Philosophie occulte.
S.D.e.	Encyclopédie.	S.O.a.	Alchimie.
S.D.j.	Journaux encyclopédiques.	S.O.*	Astrologie.
		S.Q.m.	Magnétisme.
S.D.i.	Institut.	S.Φ.	*Sciences physiques.*
S.P.	*Sciences philosophiques.*	S.Φ.φ.	Physique.
		S.Φ.χ.	Chimie.
S.P.h.	Histoire de la philosophie.	S.X.	*Mathématiques pures et appliquées.*
S.P.g.	Traités généraux.	S.X.d.	Dictionnaires et traités généraux.
S.P.l.	Logique.		
S.P.m.	Métaphysique.	S.X.é.	Mathématiques élémentaires.
S.P.mo.	Morale.		
S.P.n.	Philosophie (Nouv. série).	S.X.t.	Mathématiques transcendantes.
S.G.	*Sciences politiques et gouvernementales.*		
		S.X.u.	Mathématiques appliquées.
S.G.p.	Politique.		
S.G.œ.	Economie politique.	S.X.m.	Mécanique.
S.G.é.	Education.	S.X.a.	Astronomie.
S.G.i.	Instruction publique.	S.X.o.	Optique. Dioptrique.
S.N.	*Sciences naturelles.*	S.X.n.	Marine et Navigation.
S.N.d.	Dictionnaires et ou-	S.X.g.	Art de la guerre.

S.X.p.	Ponts et chaussées.	L.P.é.	Philologie étrangère.
S.X.j.	Jeux de calcul et combinaisons.	L.P.é.i.	Philologie italienne.
		L.P.é.e.	Philologie espagnole.
S.A.	*Beaux-Arts.*	L.P.é.a.	Philogie anglaise.
S.A.i.	Introduction et Dictionnaires.	L.P.é.g.	Philologie germanique.
		L.P.é.sl.	Philologie slave.
S.A.a.	Architecture.	L.P.é.po.	Philologie portugaise.
S.A.p.	Peinture.	L.P.el.	Philologie élémentaire.
S.A.s.	Sculpture.	L.P.v.	Critique verbale.
S.A.m.	Musique (Traités sur la).	L.H.	*Histoire littéraire.*
		L.D.	*Traités didactiques.*
S.A.e.	Exercices gymnastiques.	L.M.	*Littérature du Moyen Age.*
S.A.g.	Gravure.	L.M.c.	Collections.
S.I.	*Arts industriels.*	L.M.xiii.	— du xiiie siècle.
S.I.d.	Dictionnaires.	L.M.xiv.	— du xive siècle.
S.I.p.	Traités particuliers.	L.M.xv.	— du xve siècle.
S.J.	*Journaux scientifiques.*	L.G.	*Littérature grecque.*
		L.G.c.	Collections.
S.J.j.	Journaux.	L.G.g.	Grammairiens.
S.J.c.	Collections académiques.	L.G.p.	Poètes épiques, didactiques, etc.
S.J.c.e.	Collections étrangères.	L.G.	Théâtre.
		L.G.o.	Orateurs.
S.J.m.	Mélanges.	L.G.φ.	Philosophes.
L. — Littérature		L.G.t.	Ouvrages techniques.
L.P.	*Philologie.*		
L.P.c.	Philologie générale et composée.	L.G.d.	Genres divers. Romanciers, etc.
		L.G.h.	Historiens.
L.P.o.	Philologie orientale.	L.G.m.	Littérature grecque, moderne.
L.P.o.s.	Philologie orientale, sémitique.		
		L.L.	*Littérature latine.*
L.P.ce.	Philologie celtique.	L.L.c.	Collections
L.P.g.	Philologie grecque.	L.L.g.	Grammairiens.
L.P.l.	Philologie latine.	L.L.p.	Poètes épiques, didactiques, etc.
L.P.f.	Philologie française.		
L.P.f.p.	Philologie française patois (dialectes).	L.L.θ.	Théâtre.
		L.L.o.	Orateurs.

L.L.φ.	Philosophes.	**A.** — Histoire	
L.L.t.	Ouvrages techniques.		
L.L.d.	Genres divers.	H.U.	*Histoire universelle.*
L.L.h.	Historiens.	H.U.i.	Introduction.
L.L.m.a.	Moyen Age.	H.U.c.	Chronologie.
L.L'.	*Littérature latine moderne.*	H.U.h.	Histoire générale.
		H.A.	*Histoire ancienne.*
L.L'.p.	Poètes.	H.A.g.	Histoire générale de l'Antiquité.
L.L'.pr.	Prosateurs.		
L.L'.m.	Mélanges.	H.A.p.	Particulière des peuples de l'Europe et des peuples Orientaux: Juifs, Egyptiens, etc.
L.F.	*Littérature française.*		
L.F.c.	Collections.		
L.F.p.	Poètes.		
L.F.pp.	Patois.		
L.F.θ.	Théâtre.	H.A.gr.	Histoire des Grecs.
L.F.o.	Orateurs.	H.A.r.	Histoire des Romains et des peuples conquis.
L.F.r.	Romans et Contes.		
L.F.g.	Genres divers, lettres, dialogues, poèmes.		
		H.By.	Histoire byzantine.
L.F.π.	Polygraphes.	H.M.	*Histoire moderne de l'Europe (France exceptée).*
L.E.	*Littérature étrangère.*		
L.E.a.	Littérature anglaise.		
L.E.a.c.	Collections.	H.M.g.	Histoire générale.
L.E.a.p.	Poètes.	H.M.i.	Italie.
L.E.a.θ.	Théâtre.	H.M.e.	Espagne.
L.E.a.pr.	Prosateurs.	H.M.p.	Portugal.
L.E.a.r.	Romanciers.	H.M.o.	Orient de l'Europe.
L.E.e.	Littérature espagnole.	H.M.sl.	Etats slaves, Russie, Pologne, etc.
L.E.g.	Littérature germanique.	H.M.sc.	Etats scandinaves, Suède, Norvège, etc.
L.E.i.	Littérature italienne.	H.M.g'.	Autriche, Prusse, Saxe, Allemagne.
L.E.sc.	Littérature scandinave.	H.M.b.	Pays-Bas, Hollande.
		H.M.a.	Angleterre.
L.E.sl.	Littérature slave.	H.F.	*Histoire de France.*
L.E.o.	Littérature étrangère. Orient.	H.F.c.	Collections.
		H.F.g.	Histoire générale.

Avec les mêmes subdivisions que la littérature anglaise.

H.F.o.	Origines, Mérovingiens, Carolingiens.	H.V.as.	Voyages en Asie.
H.F.ca.	Premiers Capétiens, premiers Valois.	H.V.af.	Voyages en Afrique.
		H.V.am.	Voyages en Amérique.
H.F.v.	Deuxièmes Valois.	H.V.o.	Voyages en Océanie.
H.F.b.	Bourbons.	H.V.c.	Voyages de circumnavigation.
H.F.r.	Révolution.	H.L.	*Législation.*
H.F.e.r.	Empire et Restauration.	H.L.i.	Introduction; questions générales.
H.F.p.	Histoire des provinces.		
H.F.m.	Histoire municipale.	H.L.gr.	Législation des Grecs.
H.F.i.	Institutions.	H.L.r.	Législation des Romains.
H.F.a.a.	Administration et finances anciennes.		
		H.L.f.a.	Droit français ancien.
H.F.a.m.	Administration et finances modernes.	H.L.f.m.	Droit français moderne.
		H.L.é.	Droit étranger.
H.F.co.	Colonies.	H.L.d.	Droit des gens, diplomatie.
H.F.u.f.	Enseignement supérieur.		
		H.R.	*Archéologie.*
H.F.u.s.	Enseignement secondaire.	H.R.d.	Dictionnaires, etc.
		H.R.o.	Archéologie orientale.
H.F.u.p.	Enseignement primaire.	H.R.gr.	Archéologie grecque.
H.O.	Histoire orientale.	H.R.r.	Archéologie romaine.
H.O.as.	Asie.	H.R.e.	Epigraphie.
H.O.af.	Afrique.	H.R.n.	Numismatique (ancienne).
H.O.am.	Amérique.		
H.T.	Histoire de la Terre.	H.R.n.m.	Numismatique (moderne).
H.T.as.	Asie.		
H.T.af.	Afrique.	H.R.m.	Mythologie.
H.T.am.	Amérique.	H.R.f.	Monuments figurés.
H.B.	Biographie.	H.R.m.a.	Moyen Age.
H.B.g.	Générale.	H.R.c.	Chevalerie.
H.B.p.	Particulière.	H.R.h.	Héraldique.
H.V.	*Géographie et voyages.*	H.R.p.	Paléographie (Traités sur la).
H.V.a.	Atlas.		
H.V.h.	Histoire.	H.J.	*Journaux et recueils littéraires historiques.*
H.V.g.	Géographie.		
H.V.e.	Voyages en Europe.	H.J.j.	Journaux français.

H.J.j.é.	Journaux étrangers.	I.s.	Science.
H.J.a.	Collection académique.	I.l.	Littérature.
H.J.m.	Mélanges.	I.h.	Histoire.
H.J.r.	Recueils de pièces diverses.		
H.J.f.	Facéties.	**M.S.**	— Manuscrits
Eg.	*Egypte.*	M.S.f.	Manuscrits fac-similés.
M.	*Musique* (Partitions).	M.S.n.	Manuscrits (nouveaux fonds).
U.	*Universités françaises.*		
I.	— Incunables		
I.t.	Théologie.	R.	Réserve.

BIBLIOTHÈQUE DE L'INSTITUT

Cadre de classement.

A. Théologie.—Ecriture Sainte.
B. Théologie.—Ecriture Sainte (suite).
C. Philologie sacrée.
D. Liturgie.
E. Conciles.
F. Saints-Pères.
G. Théologiens scholastiques. — Théologiens moraux. —Théologiens mystiques.
H. Théologiens polémiques.
J. Théologiens hétérodoxes.
K. Jurisprudence : Droit canonique.
L. Droit civil ou jurisprudence.
M. Sciences et arts : Philosophie. — Logique. — Morale. — Economie. — Politique. — Métaphysique. — Physique. — Histoire naturelle. — Médecine. — Thérapeutique ou médecine pratique. — Chirurgie et anatomie. — Pharmacie et chimie. — Traités d'alchimie. — Mathématiques. — Géométrie. — Mécanique. — Astronomie. — Horlogerie. — Optique et gnomonique. — Architecture navale et navigation. — Musique. — Traités des instruments de mathématiques. — Mélanges de mathématiques et de physico-mathématiques.

N. Arts.
O. Belles-Lettres (dans le sens que Brunet donne à ce mot. Ce sont ici surtout des grammaires et des dictionnaires de diverses langues.)
P. Rhétorique.
Q. Poétique (et œuvres des poètes). — Mythologie. — Romans.
R. Philologie, critique (Sentences, Polygraphes, Dialogues, Epistolaires. etc., etc.)
S. Géographie. — Voyages. — Chronologie. — Histoire universelle.
T. Histoire ecclésiastique.
V. Histoire ancienne profane.
X. Histoire civile (sic) de France. — Histoire ecclésiastique de France. — Histoire des provinces de France. — Mélanges sur l'histoire de France.
Y. Histoire moderne des différents pays. Ouvrages généalogiques et héraldiques.
Z. Antiquités.
AA. Histoire littéraire, académique et bibliographique. (Bibliographie, catalogues, almanachs, dictionnaires historiques, extraits et mélanges historiques, etc.)

BIBLIOTHÈQUE DE SAINTE-GENEVIÈVE

Cadre de classement.

THÉOLOGIE
A. Bible.
B. Explication de la Bible.
BB. Liturgie.
C. Conciles.
CC. Théologiens des douze premiers siècles ou Pères de l'Eglise.
D. Théologiens des six derniers siècles.

JURISPRUDENCE
E. Droit canon.
F. Droit civil (actes et traités, droit romain, droit étranger, droit français).

Les actes et traités sont marqués d'un astérisque (F*).

HISTOIRE
- G. Préliminaires de l'histoire et appendices, géographie et voyages, chronologie, histoire universelle, généalogie, blason et dictionnaires historiques.
- H. Histoire ecclésiastique.
- I. Histoire ancienne, grecque, romaine, byzantine.
- K. Histoire moderne de l'Italie (Savoie, Piémont, etc.).
- L. Histoire de France.
- M. Histoire d'Allemagne, Suisse, Belgique, Hollande.
- N. Histoire du Nord de l'Europe, Danemark, Suède, Norvège, Russie, etc.
- O. Histoire d'Angleterre, Ecosse, Irlande.

HISTOIRE
- P. Histoire d'Espagne et Portugal.
- PP. Histoire moderne d'Asie, d'Afrique, d'Amérique.
- Q. Histoire littéraire.

SCIENCES ET ARTS
- R. Philosophie. Philosophie générale, idéologie, logique, métaphysique, psychologie, magie, sciences morales et politiques.
- S. Histoire naturelle.
- T. Médecine. Chimie.
- V. Mathématiques, arts, etc.

BELLES-LETTRES
- X. Grammaire et rhétorique.
- Y. Poésie.
- Z. Philologues et polygraphes.
- Z. Antiquités.
- W. Gravures.
- Bibliographie (sans lettres)

BIBLIOTHÈQUE DU MUSÉUM D'HISTOIRE NATURELLE

Cadre de classement de l'ancien fonds.

- A. Sciences en général.
- A^1 Histoire des sciences.
- A^2 Sciences naturelles en général.
- A^3. Sciences naturelles, mélanges.
- A^4. Musées, (Publications, catalogues, etc).
- A^5. Ouvrages anciens sur la chimie, alchimie, sciences occultes, philosophie ermeneutique, etc.

B¹ à B⁹.	Botanique. Ouvrages d'ensemble, généraux et élémentaires.	S.	Ouvrages hors rangs sur l'histoire naturelle en général.
C¹.	Botanique agricole. Généralités.	V¹ à V³⁰.	Voyages.
C².	Agriculture pratique.	X¹ à X³	Pharmacopée, médecine.
C³.	Agriculture exotique ; viticulture.	Y¹ à Y³	Mélanges (classsés depuis 1888).
C⁴.	Animaux domestiques, sericiculture, entomologie agricole, apiculture, etc.	Z.	Microscopie.
		Mn.	Bibliothèque Mandle.
		Bn.	Bibliothèque Bonaparte.
		Ch.	Bibliothèque Chevreul.
C⁵.	Arboriculture. Aménagements des forêts, etc.	Pr.	Périodiques.
		A. A.	Thèses des sciences mathématiques physiques et naturelles.
C⁶.	Horticulture.		
D.	Physique, astronomie, mathématiques.		
		B. B.	Brochures de botanique.
		C. C.	Brochures d'agriculture.
E.	Chimie moderne.	D. D.	Brochures de physique, astronomie, etc.
F.	Minéralogie, métallurgie.		
G.	Géologie.	E. E.	Brochures de chimie.
H.	Paléontologie.	F. F.	Brochures de minéralogie.
I.	Physiologie.		
J.	Anatomie humaine ; pathologie.	G. G.	Brochures de géologie.
		H. H.	Brochures de paléontologie et géologie des départements.
K.	Anatomie comparée.		
L.	Biologie, transformisme, faunes des divers pays, traités et éléments de zoologie.		
		I. I.	Brochures de physiologie.
		J. J.	Brochures d'anatomie humaine.
M.	Mammalogie.		
N.	Ornithologie.		
O.	Ichthyologie.	K. K.	Brochures d'anatomie comparée et des animaux.
P.	Conchyliologie.		
Q.	Entomologie.		
R.	Vers, zoophytes, coelenthérés, infusoires, mélanges.	L. L.	Brochures de zoologie en général.
		M. M.	Brochures de mammalogie.

N. N. Brochures d'ornithologie.
O. O. Brochures d'ichthyologie.
P. P. Brochures de conchyliologie.
Q. Q. Brochures d'entomologie.
R. R. Brochures sur les vers, zoophytes, mélanges.
V. V. Brochures sur les voyages.
X. X. Brochures de pharmacopée, médecine.

Depuis 1888, la bibliothèque du Muséum a adopté le classement des bibliothèques universitaires.

BIBLIOTHÈQUE ADMINISTRATIVE DE LA VILLE DE PARIS
(Hotel de Ville)

Cadre de classement.

1. Textes des lois. — Codes. — Recueils de jurisprudence. — Revues et journaux de droit.
2. Philosophie du droit. — Droit naturel.
3. Droit romain.
4. Droit international.
5. Ancien droit français.
6. Droit civil.
7. Procédure civile.
8. Droit commercial. — Prud'hommes. — Brevets d'invention. — Sociétés. — Valeurs mobilières. — Transports par terre et par eau. — Assurances.
9. Droit pénal. — Instruction criminelle. — Prisons.
10. Code rural. — Agriculture. — Code forestier. — Chasse et pêche.
11. Marine. — Algérie et colonies
12. Législation comparée.
13. Organisation judiciaire.
14. Organisation militaire. — Recrutement.
15. Sciences morales et politiques. — Economie politique.
16. Droit public et administratif. — Juridictions administratives. — Pensions.
17. Travaux publics. — Voirie. — Travaux de Paris. — Architecture. — Expropriations pour cause d'utilité publique.
18. Chemins de fer. — Tramways. — Omnibus.
19. Chemins vicinaux et ruraux.
20. Régime des eaux. — Navigation. — Navigation de

la Seine. — Alluvions. — Usines hydrauliques. — Inondations.
21. Eaux et égouts. — Recherche, conduite et distribution des eaux. — Eaux de Paris, égouts. — Assainissement de Paris. — Irrigations de Gennevilliers. — Vidanges. — Voirie de Bondy.
22. Mines et carrières.
23. Instruction publique. Instruction supérieure, secondaire, primaire. — Instruction primaire dans le département de la Seine et dans les autres départements. — Enseignement professionnel et commercial. — Salles d'asile. — Ecoles maternelles.
24. Cultes.
25. Cimetières et pompes funèbres.
26. Finances. — Comptabilité. — Impôts. — Postes et télégraphes.
27. Administration départementale.
28. Aliénés.
29. Enfants assistés. — Société protectrice de l'enfance.
30. Administration du département de la Seine et de la ville de Paris.
31. Administration communale.
32. Assistance publique. — Hospices. — Hôpitaux. — Bureaux de bienfaisance. Droit des pauvres.
33 Sociétés de secours mutuels. — Caisses d'épargne. — Institutions de prévoyance.
34. Éclairage et chauffage.
35. Élections.
36. Halles et marchés. — Poids public. — Subsistances. — Boucheries.
37. Hygiène. — Établissements et logements insalubres.
38 Mont-de-Piété.
39. Octroi.
40. Police.
41. Presse.
42. Histoire et géographie;
43. Science et arts.
44. Littérature et linguistique.
45. Bibliographie. — Catalogues de bibliothèque.

BIBLIOTHÈQUE DE LA VILLE DE PARIS (*Musée Carnavalet*).

Histoire de Paris

Tableaux des divisions

I. — Bibliographie

Sections.		Séries.
A	Bibliographie de Paris, Etudes bibliographiques intéressant l'histoire de Paris............................	1
B	Catalogues de bibliothèques riches en histoire de Paris..	2

II. — Histoire physique et naturelle

A	Météorologie parisienne, faune, botanique et horticulture, paléontologie, géologie..................	3
	Appendice : Carrières sous Paris, Catacombes.........	4
B	Hydrographie.	
	Eaux naturelles. — La Seine, la Bièvre, Inondations, Puits et Sources, Eaux de Passy. — *Appendice* : Ports et navigation..	5
	Canaux. — Canal de l'Ourcq, l'Yvette et projets divers, Paris port de mer.....................................	6
	Service des eaux. — Anciens et nouveaux systèmes, Pompes à feu, fontaines publiques, Vente de l'eau, Bains publics...	7
C	Population, Statistique.............................	8

III. — Histoire générale

A	Histoire de Paris formant corps d'ouvrage et généralités.	9
B	Descriptions et Guides cicerones.....................	10
C	Histoire particulière des quartiers de Paris.............	11
D	Etudes et essais historiques sur Paris, Dissertations archéologiques, Numismatique parisienne, Mélanges, Recueils de pièces..................................	12

E   *Succession chronologique des événements et révolutions de Paris par règnes, comprenant les épistolaires et mémorialistes contemporains.*

Période préhistorique.................................. 13
Période gallo-romaine................................. 14
De l'origine de la monarchie à l'avènement de François Ier.. 15
De François Ier à l'extinction de la Ligue.............. 16
Règnes de Henri IV et de Louis XIII.................. 17
La Fronde et Mazarin................................. 18
Règne de Louis XIV................................... 19
Règnes de Louis XV et de Louis XVI.................. 20
Révolution de 1789 à l'Empire........................ 21
Empire et Restauration............................... 22
Révolution de 1830................................... 23
Règne de Louis-Philippe.............................. 24
Révolution et République de 1848.................... 25
Règne de Napoléon III................................ 26
1870-71. Révolution du 4 septembre. Le Siège et la Commune... 27
Troisième République................................. 28

F   *Journaux et revues* plus spécialement parisiens......... 29
Les Parisiens. — Généalogies, biographies et portraits de Parisiens célèbres, ou de personnages marquants de l'histoire de Paris, la Bourgeoisie de Paris et ses privilèges... 30

IV. — TOPOGRAPHIE

A   Généralités. — Plans et enceintes.

Généralités. Études sur la topographie de Paris........ 31
Plans par ordre chronologique........................ 32
Accroissements de Paris et enceintes successives, Divisions en quartiers, portes et barrières............... 33
Fortifications et défense militaire..................... 34

B   Rues et voies publiques.

Rues, Histoires et Indicateurs......................... 35

	Places publiques et monuments qui les décorent..........	36
	Ponts..	37
	Promenades et Jardins publics.........................	38
	Petite voirie, entretien, éclairage des rues, ponts et chaussées...	39
	Appendice à l'histoire des voies publiques : Cris de Paris, industriels et curiosités de la rue..................	40
C	Topographie pittoresque, Recueils de vues de Paris....	41

V. — Monuments et architecture

A   Monuments publics.

	Les monuments de Paris en général, Inscriptions.......	42
	Le Louvre et les Tuileries.............................	43
	Le Palais-Royal, le Luxembourg.......................	44
	Autres palais et édifices publics divers, arcs de triomphe.	45

Nota. — *Les édifices publics ayant un caractère spécial se trouvent aux séries auxquelles ils se rapportent ; ainsi les églises, série 54; l'Hôtel de ville, série 109; la Bourse, série 123; la Chambre des députés, série 107, etc...*

B	Hôtels, maisons et édifices privés.....................	46
C	Travaux de Paris, Edilité, Embellissements de Paris....	47
D	Œuvres d'architecture; publications et journaux d'architecture, riches en documents parisiens.............	48
	Législation et réglementation des constructions à Paris, Annuaire des bâtiments............................	49

VI. — Histoire religieuse

A   Généralités.

	Liturgie parisienne, Officialité, Administration ecclésiastique, Anciens sermonaires intéressant l'histoire des mœurs...	50
	Histoire ecclésiastique de Paris, succession des événements, Archevêques et archevêchés, Clergé, Personnalités religieuses, Séminaires, Œuvres et confréries religieuses...	51

B   Eglises et Communautés.

Les Eglises et Communautés de Paris en général	52
Notre-Dame	53
Eglises et Communautés diverses, anciennes et modernes, *par ordre alphabétique*	54

C   Dissidents, Protestants, Juifs, Religions fantaisistes, Théophilantropes, Saints-Simoniens, etc. ... 55

VII. — HISTOIRE DES LETTRES, SCIENCES ET ARTS A PARIS

A   Instruction publique.

Généralités	56
Ancienne Université de Paris et ses Collèges	57
Instruction primaire, petites écoles. — Calligraphie, abécédaires	58
Instruction secondaire, Collèges, Lycées et institutions *modernes* (avec les anciens Collèges encore subsistants)	59
Enseignement supérieur, Institutions scientifiques, Hautes écoles et Ecoles d'application, Facultés modernes	60

B   Histoire littéraire.

Le monde et le mouvement littéraires parisiens aux différentes époques chronologiquement, Biographies de gens de lettres et de savants	61
Académies, Sociétés savantes et littéraires	62
Bibliophilie, Bibliothèques, Archives	63
Imprimerie et Librairie, Législation de la presse, droits d'auteurs. — *Appendice* : Spécimens d'incunables et de chefs-d'œuvre d'impression parisienne	64
Journalisme et journalistes parisiens	65
Appendice : Le langage parisien, Beau langage, langage populaire, style poissard, argots, divers, patois des environs de Paris	66

C   Histoire artistique.

Généralités. Histoire et critique de l'art à Paris, journaux d'art	67

	Musées du Louvre et du Luxembourg.................	68
	Musées divers.......................................	69
	Salons de peinture, Expositions particulières, Galeries d'amateurs.......................................	70
	Académie et Ecoles des Beaux-Arts, Sociétés artistiques.	71
	Biographies d'artistes et d'amateurs, parisiens de naissance ou par leurs œuvres, Mœurs artistiques........	72
	Art industriel. Manufacture de Sèvres et des Gobelins...	72 *bis*

VIII. — Histoire des mœurs et coutumes

A   Généralités.

	Histoire générale des mœurs et coutumes des Français..	73
B	Tableaux de Paris et études des mœurs parisiennes (*comprenant les relations des voyageurs et étrangers*).	
	1re période, jusqu'au xviie siècle inclusivement.........	74
	2e période, xviiie siècle jusqu'à la Révolution...........	75
	3e période, depuis la Révolution......................	76
	Mœurs parisiennes, spécialités.	
C	*La table* et *la cuisine*. — Hôtelleries, Restaurants, cafés. cabarets.	
	Appendice : Le tabac et les fumeurs..................	77
D	*Le Logement*. — Propriété et location, Ameublement et décoration des appartements......................	78
E	*Le Vêtement*. — Modes, Parures, Toilette, Luxe des femmes, Lois somptuaires........................	79
F	*Ménage et économie domestique*. — Le Mariage, la Famille, les Serviteurs, la Vie.....................	80
G	*La Société parisienne et ses usages*. — La Civilité, le Monde et les Salons.	
	Appendice. — Le duel et les duellistes................	81
	Cercles, clubs, Sociétés joyeuses et bachiques........	82
H	Etudes des mœurs particulières et spéciales...........	83
I	Facéties, Singularités. — *Appendice* : Le surnaturel et le merveilleux ; crédulité parisienne.................	84
J	Choix de *Romans de mœurs* parisiens, Chansonniers moraux et poésies satiriques.....................	85

| | Choix de *Pièces de théâtre* relatives aux mœurs parisiennes, Actualités, Revues de fin d'année.......... | 86 |
| K | Iconographie. Recueils d'estampes et caricatures relatives aux mœurs parisiennes...................... | 87 |

IX. — Fêtes et divertissements

| A | Fêtes officielles, Cérémonial, Entrées, Solennités, Réjouissances publiques, Fêtes, Ballets et Spectacles de Cour. | 88 |
| | Fêtes traditionnelles religieuses et civiles, Plaisirs de Paris en général................................ | 89 |

B . Théâtre.

1° *Généralités*.

Bibliographie, Architecture, Législation, Police, Censure, Droits des pauvres, Droits d'auteurs...............	90
Le théâtre et l'art théâtral en général ; Variétés historiques et critiques, Journaux de théâtres.............	91
Histoire des théâtres de Paris en général, Mémoires dramatiques, Pièces célèbres et curieuses....................	92
Almanachs et annuaires des spectacles.................	93
Acteurs et actrices, Mœurs et biographies..............	94
Portraits et costumes de théâtre......................	95

2° *Histoire des grands théâtres*.

Théâtre lyrique : Opéra, Opéra-italien, Opéra-Comique, etc. Biographies d'artistes lyriques et de danseurs..........	96
Appendice : La Musique et les musiciens. Le Conservatoire..	97
Comédie-Française, Odéon............................	98
Ancienne Comédie-Italienne.........................	99

3° *Histoire des petits théâtres*.

| Spectacles de la Foire et ancien Opéra-Comique......... | 100 |
| Théâtres des boulevards et autres théâtres secondaires depuis la Révolution................................ | 101 |

	Spectacles divers, Curiosités, — Cafés-Concerts, etc....	102
C	Bals et Jardins publics : leurs mœurs, leurs habitués....	103
D	Les Filles et le Monde galant, — la Prostitution.......	104
E	Le Jeu et les Joueurs.................................	105
F	Le Sport, — les Courses, — le Canotage, etc...........	106

X. — Histoire civile et administrative

A	Haute administration siégeant à Paris : Maisons du Roi et des Princes. — Gouvernement, Ministres et grands officiers de la couronne. Corps politiques : Pairs, Sénateurs, Députés, Almanachs royaux, Etats de France..	107

B   Administration municipale.

Organisation spéciale et générale de Paris, Annuaires administratifs parisiens, Economie politique parisienne.   108

Municipalité de Paris, Hôtel de Ville.

Administration ancienne. — Prévôté des marchands et Echevinage, Officiers de l'Hôtel de Ville, juridiction, etc.   109
Administration nouvelle. — Préfecture de la Seine, Conseil municipal, Conseil général, Corps électoral et Elections parisiennes............................   110
Finances de la ville. — Rentes sur l'Hôtel de Ville, Emprunts municipaux, Comptes et budgets..........   111
Impôts divers, Octrois, Entrées. — Docks et Entrepôts, Histoire et assiette de l'impôt à Paris, aides, gabelles, etc.   112
Publications administratives et officielles, affaires générales de la Préfecture................................   113

C   Consommations : Halles et Marchés.

Consommation de Paris, approvisionnement, Halles et marchés en général. Officiers des Ports, Halles et marchés de Paris.....................................   114
Halles centrales. Mœurs de la Halle..................   115

  Autres Halles et marchés spéciaux (*par ordre alphabétique*)... 116
  Boucherie. — Abattoirs.................................. 117
  Boulangerie. — Halle au blé. *Commerce du vin.* — Halle aux vins (Les cabarets sont aux *mœurs*, série 77)..... 118

D   Commerce et Industrie.

  Généralités. — Juridictions commerciales, Economie industrielle et condition des ouvriers parisiens....... 119
  Annuaires et almanachs du Commerce, Boutiques, Enseignes, Annonces, Publicité 120
Arts et Métiers. — Statuts des corporations, Anciennes Foires de Paris......................... 121
  Expositions de l'Industrie à Paris. — Rôle de Paris dans les expositions étrangères................... 122
E *La Finance à Paris :* — Généralités, Rentes sur l'Etat, Monnaies, Assignats, Etablissements financiers : Bourse, Banque de France, Caisse d'épargne, Mont-de-Piété, Banques et établissement de crédit divers, Assurances, Ministres et Officiers des Finances, Financiers, Traitants, Fermiers généraux, Chambres de justice............ 123

F   Poste et Voitures.

  Poste aux lettres et Télégraphes...................... 124
  Voitures : Omnibus et Bateaux-Omnibus. — Fiacres, Coches, et Diligences.— Messageries, Chemins de fer, Aérostats...................................... 125

G   Charité.—Assistance publique.

  La charité et l'assistance à Paris, en général, Publications de l'administration de l'Assistance publique..... 126
  Assistance de l'Enfance. — Enfants trouvés, Nourrices, Crèches, Salles d'asile, Maisons d'apprentissage, Jeunes libérés....................................... 127
  Etablissements et Société de charité divers............ 128
  Etablissements et Sociétés de secours mutuels......... 129

H	Hôpitaux et Hospices.	

Les Hospices de Paris en général, Service des aliénés.... 130
Hospices et Hôpitaux particuliers (par ordre alphabétique).
Hospices et Institutions des Aveugles et des Sourds-muets, Maisons de santé......................... 131

I	La Médecine et les Médecins.	

Topographie médicale de Paris, Epidémies............. 132
Faculté de médecine, Ecole de médecine, Histoire de la médecine et des médecins, chirurgiens, apothicaires.. 133

J	Inhumations, Cimetières.	

Pompes funèbres solennelles, Funérailles et inhumations. 134
Cimetières divers, anciens et modernes............... 135

XI. — POLICE ET HISTOIRE JUDICIAIRE

A	La Justice à Paris.	

Le Palais de Justice, Mœurs du Palais, Organisation judiciaire de Paris, la Magistrature. Biographies de magistrats.. 136
La coutume de Paris, Histoire du Droit français en usage à Paris, Recueils de lois et ordonnances intéressant Paris, Procédure locale...................... 137
Le Parlement et les Cours souveraines anciennes....... 138
Le Châtelet et autres juridictions secondaires anciennes 139
Juridictions et Tribunaux modernes................. 140
Officiers judiciaires, Procureurs, Avoués, Huissiers, Avocats, Commissaires-priseurs, Notaires, etc........... 141

B	La Police.	

Histoire et organisation, Lieutenants, Préfets et Commissaires de police, Mémoires relatifs à la Police........ 142

Administration et Budget de la Préfecture de Police.... 143
Traités et Dictionnaires de Police. Recueils d'ordonnances
 spéciales.. 144
Salubrité. — Egouts, Voiries, Vidanges, Logements insa-
 lubres.. 145
Sécurité. — Précautions contre tous accidents, Secours
 aux noyés.— Morgue.. 146
Secours contre l'incendie, Pompiers........................... 147
Police politique et de sûreté, Sociétés secrètes, Franc-
 maçonnerie.. 148

C   Force armée.

Généralités, Armement, Milice, Corps d'élite, Armée de
 Paris, — Guet, Garde municipale et Garde de Paris. 149
Garde nationale parisienne.................................. 150

D   Le Crime et les prisons.

Le crime et les classes dangereuses à Paris. Etudes et
 généralités... 151
Causes célèbres parisiennes. — Recueils de factums :
 Criminels... 152
 Civils.. 153
Les Prisons de Paris en général, — Systèmes pénitentiaires. 154
La Bastille, le Temple...................................... 155
Autres prisons particulières (*par ordre alphabétique*)... 156
Les Exécutions, Les Gibets, la Guillotine................... 157

XII. — Environs de Paris

A *Environs de Paris en général* — Cartes et vues........ 158
   Histoire, Dictionnaires et Documents divers............ 159
B Histoire particulière des villes, villages et châteaux (*par
 ordre alphabétique*)....................................... 160

Cadre de classement proposé[1] pour les bibliothèques populaires de la ville de Paris et du département de la Seine.

Répertoires, Encyclopédies Dictionnaires.

1º Théologie. — 1º Ouvrages généraux. ; 2º Religion chrétienne ; (2º A catholique ; 2º B réformée) ; 3º Religions diverses et mythologie.

2º Philosophie. — 1º Ouvrages généraux ; 2º Ouvrages spéciaux ; 3º Morale.

3º Jurisprudence. — 1º Ouvrages généraux ; 2º Droit ancien ; 3º Droit moderne (depuis 1789).

4º Sciences économiques. — 1º Economie politique (statistique ; administration ; finances) ; 2º Instruction publique (éducation, pédagogie, enseignement).

5º Sciences géographiques. — 1º Cosmographie ; 2º Géographie ; 3º Ethnographie ; 4º Voyages.

6º Histoire. — 1º Ouvrages généraux ; 2º Histoire antérieure à 1789 (2 A France ; 2 B Etranger) ; 3º Histoire postérieure à 1789 (3 A France ; 3 B Etranger) ; 4º Histoire des villes de France et archéologie locale ; 5º Documents biographiques (mémoires autobiographiques ; biographiques ; oraisons funèbres et correspondances originales) ; 6º Journaux et revues ; 7º Bibliographie.

7º Littérature. — 1º Ouvrages généraux ; 2º Etude des langues, philologie et grammaire ; 3º Critique et préceptes littéraires ; 4º Poésies ; 5º Romans ; 6º Théâtre.

8º Mathématiques. — 1º Mathématiques pures (algèbre, calcul différentiel) ; 2º Mathématiques appliquées (géométrie ; trigonomètrie, mécanique, astronomie, hydrographie.

9º Physique. — 1º Ouvrages généraux ; 2º Ouvrages spéciaux (statistique : optique, chaleur, électricité, météorologie, télégraphie).

10º Chimie. — 1º Ouvrages généraux ; 2º Ouvrages spéciaux (chimie minérale, chimie organique, chimie médicale ; chimie industrielle, chimie agricole).

1. Il n'est pas imposé aux bibliothécaires, mais doit leur servir de guide. Pour bien des bibliothèques, ce cadre est trop détaillé.

11° SCIENCES MILITAIRES. — 1° Ouvrages généraux ; Tactique et stratégie ; 3° Artillerie ; 4° Fortification ; 5° Marine.

12° SCIENCES NATURELLES. — 1° Ouvrages généraux ; 2° Règne animal ; 3° Règne végétal ; 4° Règne minéral ; 5° Géologie et paléontologie.

13° SCIENCES MÉDICALES. — 1° Ouvrages généraux ; 2° Anatomie ; 3° Physiologie ; 4° Hygiène et médecine ; 5° Chirurgie ; Pharmacie ; 7° Art vétérinaire.

14° SCIENCES AGRICOLES. — 1° Ouvrages généraux ; 2° Ouvrages spéciaux (agriculture, zootechnie, viticulture, horticulture, silviculture, etc.).

15° SCIENCES INDUSTRIELLES. — 1° Génie civil (ponts et chaussées ; chemins de fer, constructions navales, etc.); 2° Arts, métiers et commerce.

16° BEAUX-ARTS. — 1° Ouvrages généraux et esthétiques ; 2° Peinture, sculpture, dessin et gravure ; 3° Archéologie et Architecture ; 4° Musique ; 5° Gymnastique, escrime, chasse, équitation et jeux.

BIBLIOTHÈQUES DE L'ENSEIGNEMENT SECONDAIRE

Cadre de classement des Bibliothèques des Lycées.

A THÉOLOGIE

Série n°	I	Ecritures saintes et liturgie.
—	II	Pères de l'Eglise, Scolastique.
—	III	Conférences, Sermonaires.
—	IV	Exégèse, Polémique, Ouvrages divers.

B JURISPRUDENCE

Série n°	I	Droit romain.
—	II	Droit canonique.
—	III	Droit français.
—	IV	Histoire du droit. — Généralités sur la législation. — Ouvrages divers.

C Philosophie

Série n° I   Philosophes anciens.
— II   Philosophes modernes.
— III   Sciences de l'éducation. — Politique et économie politique, ouvrages divers.

D Belles-lettres

Série n° I   Littérature grecque.
— II   Littérature latine.
— III   Littérature française.
— IV   Littérature étrangère.
— V   Grammaire, critique et philologie.
— VI   Histoire littéraire et ouvrages divers.

E Sciences

Série n° I   Mathématiques.
— II   Physique.
— III   Chimie.
— IV   Histoire naturelle.
— V   Sciences médicales. — Agriculture, commerce et industrie.

F Beaux-arts

Série unique. Peinture, Sculpture, Architecture, Musique. — Ouvrages divers.

G. Histoire et Géographie

Série n° I   Histoire ancienne.
— II   Histoire grecque.
— III   Histoire romaine.
— IV   Histoire ecclésiastique.
— V   Histoire de France, Histoire du moyen-âge et Histoire moderne.

— VI Histoire universelle et Philosophie de l'Histoire.
— VII Archéologie.
— VIII Géographie et Voyages.
— IX Ouvrages divers.
— X Atlas.

H Mélanges et Polygraphies

Série n° I Polygraphes et Mélanges.
— II Dictionnaires et Encyclopédies.

BIBLIOTHÈQUE CARDINAL

Catalogue méthodique et raisonné. Paris, 1888, in-8°.

DISTRIBUTION DU CATALOGUE

Théologie. — Sources, Théologie dogmatique, Théologie morale, Orateurs sacrés, Liturgie, Droit ecclésiastique, Histoire religieuse, Mélanges, Collections, Histoire des religions, Sciences occultes.

Philosophie et Sciences. — *Philosophie* : Développement historique, Développement logique. — *Sciences* : Sciences physiques et chimiques, Sciences naturelles, Bibliothèques scientifiques, Revues scientifiques.

Politique et Législation. — *Sciences politiques* : Droit public, Economie politique, Question sociale, Revues. — *Législation* : Droit romain, Droit civil, Droit international, Droit pénal, Revues.

Histoire et Annexes. — *Géographie* : Voyages, Ethnographie, Chronologie. — *Histoire* : Histoire universelle, Histoire ancienne, Histoire moderne, Histoire de France, Collections relatives à l'Histoire de France, Histoire étrangère. — *Appendice à l'Histoire* : Biographie, Mémoires, Collections relatives à l'Histoire générale, Revues.

Littérature et Beaux-Arts. — *Littérature* : Linguistique, Littérature, Histoire littéraire, Critique, Poètes, Orateurs, Epistolaires, Romans, Théâtre, Littérateurs divers.

Polygraphes, Mélanges encyclopédiques, Bibliographie. — Polygraphes, Mélanges, Revues et recueils encyclopédiques, Bibliographie.

CHAPITRE VIII.

SERVICE INTÉRIEUR.
BUDGET ET COMPTABILITÉ.
BARÊMES.

Service de lecture.—Bulletins de demandes.— Leur emploi.— Communication des livres. — Consultation des manuels et ouvrages de références. — Soins à apporter dans le maniement du livre. — Manière de consulter les atlas, les plans, les in-folio, les livres précieux. — Prêt à domicile. — Systèmes d'inscriptions ; registres ; cartes. — Statistique. — Les registres de la bibliothèque. — Reliure. — Nettoyage de la bibliothèque. — Calendrier du bibliothécaire.

Le budget et la comptabilité. — Généralités. — Budget de l'Etat. — Budget municipal. — Service des envois ministériels. — Procédé de comptabilité pour les bibliothèques municipales. — Procédé de comptabilité pour les bibliothèques universitaires.— Personnel ; matériel ; achat de livres ; autres chapitres du budget. — Règles pratiques de comptabilité.

Barêmes du bibliothécaire. — Construction de rayonnages. — Reliure des livres. — Papeterie.

C'est à la manière dont est effectué le service intérieur d'une bibliothèque, qu'on juge de sa bonne administration ; c'est à ce criterium seul que s'arrête le public parce qu'il est visible pour lui, tandis que le fonctionnement des autres services lui échappe.

Aussi le bibliothécaire doit-il porter tous ses efforts à atteindre le summum d'amélioration et de simplification dans la communication des livres sur place et dans le prêt à l'extérieur ; il doit veiller à ce que l'ordre dans les salles et la tranquillité des travailleurs ne soient jamais troublés et enfin à ce que les ouvrages confiés à sa garde soient toujours en bon état de conservation.

Les divers règlements qui ont été édictés dans les bibliothèques ont toujours pour préoccupation l'intérêt du lecteur ; c'est la condition première du service. Et c'est dans ce but seul qu'on a soin de préciser la manière dont les livres doivent être demandés, les précautions qu'il faut apporter en les maniant, les restrictions qui sont nécessaires soit pour la communication, soit pour le prêt ; en un mot, on avait en vue d'accorder à chaque lecteur les mêmes avantages, sans préjudice et sans inconvénient. Nous donnons [1], à titre de

1. Règlement de la Bibliothèque de la Sorbonne (31 décembre 1676).
Leges bibliothecæ Sorbonicæ.

I. Sorbonicus ad bibliothecam non accedat, nisi ornatus toga et pileo quadrato. Dum ingreditur aut egreditur, diligenter ostium claudat.

II. Inter legendum, non ducantur lineæ atramento, plumbo, vel minio, nec quicquam quomodocunque scribatur in libris ; non complicentur etiam eorum folia ; neque libro aperto alius imponatur, ne pulvis ex hujus tergo alterius paginis adhærescat.

III. Cum aliquis legerit, non relinquat librum apertum ; non projiciat ad mensam vel ad fenestras ; non eum ponat super libros in forulis collocatos, aut alicubi occultum habeat ; sed ordini suo, et eidem in quo erat loco, restituat.

IV. Silentium in bibliotheca servetur, nec quisquam in ea deambulet, vel librum alta voce legat, aut ita disserat cum alio ut legentibus molestus sit.

V. Unusquisque memor sit jusjurandi (*sic*) quo apposita sanctis Evangeliis manu coram altari se astrinxit : nec ullum unquam e bibliotheca librum, sive atramentaria, scalas, sedilia et alia quæ in ea sunt, ad cubiculum suum nec alio transferat, etiam ad brevissimum tempus ; neque foliola ulla aut tabulas libris detrahat.

VI. Cum exteri ad visendam bibliothecam advenerint, qui fores aperuerit non omnes promiscue admittat : si quis vero admiserit, iis comitem se adjungat, servos ingressu prohibeat, et caveat ne voce et pedibus strepitus excitetur.

VII. Si famulus dominum quærat, vel exterus de negotio aliquo socium alloqui voluerit, qui ostium recludet, nec famulum, nec exterum inducat in bibliothecam, sed moneat socium ; socius vero foris eos audiat.

VIII. Cum ad januam pulsatur, illius sit, qui Societatis ordine postremus est, eam reserare, quamvis remotissimus sit.

IX. Socius qui externum adduxerit ut aliquid scribat vel legat (quod raro fieri debet), cum illo maneat donec exierit ; nec sinat eum ad forulos ascendere, libros recognoscere et extrahere ex ordine suo ; sed socius ipse extrahat, et deinde locis suis reponat. E codicibus manu scriptis, nisi consulta Societate, nihil exscribi permittat.

X. Ad bibliothecam, cum dies deficit, candelam accensam deferre nemini liceat, quocunque prætextu.

XI. Singuli socii et soli clavem habeant Qui longe ab urbe habitant, aut diuturni temporis iter ingrediuntur, reddant eam D. bibliothecæ præfecto, iterum ab illo accepturi, cum venerint. Socius clavem bibliothecæ alteri non commodet, sive extraneo, sive etiam hospiti : si secus fecerit, jure clavis excidat.

XII. Nemini commodentur libri nisi socio. Hic vero prius supplicet, et syngraphiam tradat D. bibiothecæ præfecto, a quo liber extrahatur e loco suo, et observetur an tabulas contineat, et pictas vel cælatas imagines. Qui

document historique, le règlement de la Bibliothèque de la Sorbonne qui date du 31 décembre 1676, et nous renvoyons le lecteur à l'appendice pour les règlements concernant les bibiothèques universitaires.

On ne peut, ici, établir une règle unique d'ordre et de communication ; chaque bibliothèque procède selon ses moyens et les dispositions de ses locaux, et encore selon la confection de ses catalogues. Mais on peut résumer l'ensemble de ces dispositions de la sorte :

Obtenir le silence dans les salles de lecture ; défendre aux lecteurs de prendre eux-mêmes les livres sur les rayons à l'exception des dictionnaires et des ouvrages de références ; faire remplir un bulletin de demande des ouvrages qu'on désire ; veiller à ce que le livre communiqué soit rendu en bon état et que le bulletin soit remis en même temps ; simplifier l'inscription du prêt des livres, tout en prenant des garanties suffisantes de la part de l'emprunteur ; exiger des subordonnés la rapidité dans le service de recherches.

LECTURE SUR PLACE. — La lecture sur place est une des habitudes invétérées à nos mœurs françaises, à l'opposé de certaines bibliothèques de l'Allemagne, de l'Angleterre et de l'Amérique. Dans ces pays le prêt est fait largement, le public emprunte beaucoup, et soit dit à son avantage, sans abuser en rien de cette permission ; les ouvrages sont rendus sans détérioration et dans les délais voulus.

Le service intérieur des bibliothèques de France peut se décomposer ainsi : Lecture sur place ; prêt au dehors ; communication et prêt des manuscrits.

Dans la plupart de nos grandes bibliothèques, le lecteur reçoit à son entrée un bulletin de demande qui lui sert de décharge à sa sortie.

Ce bulletin est conçu de diverses manières, mais il est à peu près uniforme dans les bibliothèques universitaires.

A la Bibliothèque Nationale, chaque département, possède ses bulletins propres : celui des imprimés, des manuscrits avec salle des titres, des cartes géographiques et des estampes ; à son entrée, le lecteur reçoit un bulletin de grand format qu'on peut appeler bulletin de contrôle. Après y avoir inscrit son nom, son adresse et le numéro de la place qu'il occupe, il le remet au bibliothécaire qui en échange

aliquos acceperit bibliothecæ libros, ab urbe non recedat, antequam reddiderit. BIBL. NAT., ms. lat. 16070. — Regesta priorum Sorbonæ, pp. 235-239. Quelques exemplaires imprimés sur 4 pages in-4°.

lui donne des bulletins oblongs. Sur ces bulletins, il répète le nom, l'adresse et le numéro de la place, mais il ajoute le titre de l'ouvrage avec le lieu de publication et l'ordre de classement s'il le connaît. Au moment de se retirer, il remet au surveillant ses ouvrages en indiquant la place qu'il occupait. On lui rend alors le bulletin de contrôle qui porte le timbre — RENDU — ; ce bulletin est remis à la porte au moment de la sortie.

Dans les autres bibliothèques : de l'Arsenal, de la Mazarine, de Sainte-Geneviève, le bulletin de demande est aussi obligatoire[1].

On se contente dans les bibliothèques universitaires d'un bulletin unique. Le paragraphe IV du règlement du 4 mai 1878 est très précis à ce sujet.

Le lecteur est tenu de remettre au surveillant, à sa sortie, le bulletin avec l'ouvrage consulté. Il existe une exception à la bibliothèque de l'Ecole supérieure de pharmacie où le bulletin est divisé en deux parties, dont l'une d'elles forme souche et reste entre les mains du surveillant comme contrôle.

Tous les ouvrages ne peuvent pas être donnés indistinctement sur les tables de lecture ordinaires. D'abord le maniement des in-folio, des atlas, des cartes géographiques exige un espace plus grand, ou tout au moins un pupitre ; il est donc nécessaire de réserver, à un endroit déterminé, non loin du bibliothécaire ou du surveillant une table où seront consultés ces ouvrages. Les manuscrits, les estampes, les ouvrages rares ou d'un prix élevé peuvent être communiqués dans le cabinet même du bibliothécaire. Les revues sont groupées dans des casiers mais peuvent être communiquées en fascicules séparés.

Après chaque séance, les surveillants sont tenus de remettre immédiatement sur les rayons, les ouvrages qui ont été consultés sans faire aucune réserve. Exception est faite cependant lorsqu'il y a impossibilité de chercher les ouvrages dans les magasins avec une lumière, alors les lecteurs qui désirent venir aux séances de nuit sont tenus d'indiquer dans la journée les ouvrages qu'ils veulent consulter.

Les ouvrages de référence, généralement mis à la disposition des lecteurs, devraient être remis en place par eux-mêmes ; mais comme

---

1. Voir à l'appendice les modèles de bulletins de demande en usage dans les diverses bibliothèques de Paris.

cela ne se fait pas, ou se fait très mal, il est utile aussi qu'un surveillant les replace sur les rayons. Tout livre dont la disparition est constatée, doit être signalé au bibliothécaire qui l'inscrira sur le registre des ouvrages disparus ; il sera remplacé sur les rayons par une planchette indicatrice. Ce registre pourrait être conçu de la manière suivante :

Registre des ouvrages disparus.

NOMS D'AUTEURS.	TITRE DE L'OUVRAGE.	INDICATION de la reliure.	COTE de l'ouvrage.	DATE de la disparition.	DATE de la réintégration.	OBSERVATIONS.
[Mulsant E.]	*Les ennemis des livres.* Lyon, 1879, p. in-8°..............	d. r. perc. v.	13.434	1894 5 mars		
Adeline.	*Lexique des termes d'art.* Paris, s. d. in-8°..............	»	42.650	3 juin	3 janv. 95	
Chévillard (abbé).	*Siam et les Siamois.* Paris, 1889, in-8°..............	»	43.271	12 nov.		

Prêt a domicile. — Le prêt des ouvrages à domicile est d'une importance trop grande pour que nous n'y insistions pas ; ce service comporte donc une organisation complète.

Nous venons de dire qu'à l'étranger le prêt à domicile est bien plus fréquent qu'en France.

Dans nos bibliothèques municipales le prêt est peu important, il suffit donc que l'ouvrage soit inscrit, sous une forme déterminée, sur un registre spécial ; le contrôle sera toujours possible. Dans les bibliothèques universitaires où le prêt est plus fréquent, il faut procéder avec plus d'attention. Le bibliothécaire étant tenu de connaître le mouvement exact de sa bibliothèque, il doit pouvoir répondre presque instantanément aux questions suivantes :

Tel ouvrage est-il sorti ? — Qui le détient ? — Depuis combien de temps ?

La planchette indicatrice ou fantôme qu'on est tenu de mettre à la place de tout volume sorti ou absent, fournira les renseignements voulus.

Dans le système universitaire, on le sait, il doit exister un registre de prêt sur lequel l'emprunteur appose sa signature au moment de la prise du volume ; le nom de l'auteur, le titre sommaire et la côte y sont inscrits ; lorsque le volume est rendu, le bibliothécaire l'indique dans une colonne spéciale.

Registre du prêt (*système des Bibliothèques universitaires*).

Signature et adresse de l'emprunteur.	Titre sommaire de l'ouvrage.	Volumes.	Numéros.	Date de sortie.	Date de rentrée.	Durée du prêt.
Durand (J.) 25, rue de Rivoli.	Maxwell — *Electricité, II.*	1	42627	10 mai.		
Bernard (L.) 4, rue Vavin.	Sainte-Beuve.— *Lundi*, 3. 4, 7. 9.	4	31815	12 mai.	24 mai.	12 jours
Leblanc 27, rue	Lenormant. — *Manuel du relieur*.	1	12391	15 juin.		

Dans une grande bibliothèque, le registre du prêt conçu d'après le système universitaire devient insuffisant et oblige à des recherches assez longues avant de trouver l'inscription du volume. Un répertoire par noms d'emprunteurs, avec renvoi aux pages du registre est une amélioration au premier système, mais il y aurait lieu de simplifier encore cela en créant pour chaque emprunteur une fiche en papier rigide de grand format (20 centimètres sur 15 centimètres) et qui serait comprise de la manière suivante :

La fiche serait numérotée en tête afin de connaître à quel rang l'emprunteur s'est fait inscrire ; ce numéro donne également le nombre des emprunteurs. Les nom, prénoms, adresse et qualité seraient portés en tête sur toute la largeur de la carte. On établirait deux divisions sur la fiche, ce qui permettrait d'inscrire un certain nombre d'ouvrages. Les colonnes comprendraient la date du prêt, la cote du livre, le titre sommaire, le nombre de volumes et la date de rentrée. Ainsi constituée, cette fiche présenterait toutes les garanties d'un registre mais simplifié. Il suffirait d'avoir un registre-journal sur lequel on inscrirait les livres par ordre alphabétique d'auteurs afin de savoir qu'ils sont sortis. Il est entendu que le livre serait remplacé sur les tablettes par un fantôme qui serait retiré aussitôt après sa rentrée. Au besoin, les fiches pourraient affecter des couleurs différentes si l'on tient à séparer immédiatement les emprunteurs ; ainsi les professeurs de lettres auraient des fiches blanches ; ceux de science, des fiches de couleur crème ; les étudiants et autres personnes, des fiches rouges et vertes.

Modèle de fiche pour emprunteur.

Nº de la fiche : 200.	ANTOINE [Charles-Louis] 18, rue du Chemin-Vert (Paris).	Boursier d'agrégation (Sc. physiques).							
Date de sortie.	Cote de l'ouvrage.	Titre sommaire de l'ouvrage.	Nombre de volumes.	Date de rentrée.	Date de sortie.	Cote de l'ouvrage.	Titre sommaire de l'ouvrage.	Nombre de volumes.	Date de rentrée.
1894 6 juin	42508	Pouillet, *Physique*.	2	9 juill.					
12. id.	41607	Maxwell, *Electricity, II*.	1						

Chaque étudiant, ayant droit au prêt, qui est sur le point de passer un examen (licence ou agrégation), est tenu avant d'en payer les droits au Secrétaire de la Faculté, de lui présenter un bulletin, signé par le bibliothécaire, attestant qu'il a rendu tous les ouvrages empruntés. Cette mesure est excellente et permet d'avoir recours sur eux en cas de la disparition des livres.

Le registre pour l'inscription du prêt pourrait être ainsi conçu ; il serait divisé en répertoire et chaque ouvrage serait inscrit à son ordre alphabétique. Avec ces deux systèmes, on posséderait tous les éléments pour faire une statistique exacte et rapide des ouvrages du prêt ; on saurait ainsi quels sont les détenteurs des ouvrages et quels sont les ouvrages sortis.

Registre de prêt (simplifié).

Noms des Auteurs.	Titres sommaires.	Nombre de volumes.	Cote de l'ouvrage.	Date de sortie.	Date de rentrée.	Observation.	Noms de l'emprunteur.
Maxwell.	*Electricity, II*.	1	41607	12 juin.			Antoine (Ch.-L.)

Il y aurait aussi une innovation à apporter dans la manière de demander le prêt : on installerait à la porte de la bibliothèque deux boîtes, l'une ouverte, renfermant des bulletins de demande en blanc ; pendant la fermeture de la bibliothèque, ces bulletins pourraient être remplis par l'emprunteur, puis placés dans une boîte fermée dont le bibliothécaire aurait seul la clé. A son arrivée, il opérerait le dépouillement et tout bulletin rempli insuffisamment serait non avenu ; les professeurs et les élèves, par ce moyen, seraient satisfaits plus rapidement.

Le prêt des manuscrits demande plus de précautions. A Paris, on doit adresser une demande au conservateur de la bibliothèque en spécifiant bien le numéro ou la cote du manuscrit qu'on désire emprunter. Il ne pourrait être communiqué que pour un délai déterminé, à des personnes honorables et connues par leurs travaux d'érudition.

Si la demande de prêt est faite par une autre bibliothèque, elle doit se faire dans les mêmes formes, mais le manuscrit prêté ne devra sous aucun prétexte sortir de la bibliothèque qui l'a emprunté. Les manuscrits peuvent même être communiqués à l'étranger, mais la demande se fera alors par voie diplomatique[1]. Le manuscrit est joint au courrier officiel de l'ambassadeur et revient de même après les délais du prêt expirés.

Statistique. — Pour connaître le mouvement de la bibliothèque, on est obligé de tenir une statistique très exacte des lecteurs qui viennent, des livres communiqués sur place ainsi que de ceux que l'on prête au dehors.

On conçoit que la statistique sera extrêmement facile à faire avec l'emploi des bulletins ; s'ils sont numérotés ou s'ils sont fixés à une souche, on les comptera aisément à la fin des séances et le total des bulletins indiquera le nombre d'ouvrages consultés, à condition toutefois qu'on n'inscrive sur le bulletin qu'un seul ouvrage à la fois. Comme le pointage des lecteurs doit s'effectuer au fur et à mesure de leur entrée, on sera en possession du mouvement total de la bibliothèque à la fin même de la séance.

Le bibliothécaire universitaire, étant tenu d'envoyer quatre fois

---

1. Cf. *Journal Officiel*, 26 janvier 1872, page 557.

par an un état trimestriel de la situation de la bibliothèque au point de vue des achats nouveaux, de l'avancement des catalogues et du mouvement de lecture et de prêt, il a tout intérêt à avoir de l'ordre dans les bulletins de demandes et le registre de statistique qui relate jour par jour ces mouvements ; il lui suffira de relever à la fin du mois les divers totaux et de les additionner ensemble au bout des trois mois. Le registre de statistique, bien que n'étant pas obligatoire, est utile ; voici comment on peut le disposer.

Registre de statistique.

Dates du mois.	Mois de...... 189			
	SÉANCES DE JOUR		SÉANCES DE NUIT	
	Total des lecteurs.	Nombre de volumes communiqués.	Total des lecteurs.	Nombre de volumes communiqués.
1				
2				
3				
4				
5				
6				
7				
8				
9				
10				
11				
12				
13				
14				
15				
16				
17				
18				
19				
20				
21				
22				
23				
24				
25				
26				
27				
28				
29				
30				
31				
Totaux...				

Récolement. — Cette opération, d'une utilité indispensable dans toutes les bibliothèques, permet seule de constater la disparition des ouvrages. Très laborieuse et très longue dans une grande bibliothèque, on ne peut l'effectuer en une seule fois. On procédera donc par sections de la bibliothèque en faisant au moins une section par année. Le récolement consiste à appeler le titre du livre d'après les inventaires ou les catalogues topographiques s'ils existent, tandis qu'une autre personne placée sur les rayons constate, de visu, la présence du livre à sa place réelle. Le récolement s'impose dans différentes circonstances : à la mutation d'un conservateur ou d'un bibliothécaire ; à un changement de local, enfin, dans les bibliothèques universitaires, il est obligatoire une fois par an, si la bibliothèque renferme moins de 100,000 volumes. En plus des membres de la commission de la bibliothèque, l'assistance d'un délégué rectoral est obligatoire ; enfin, dans certains cas particuliers, un représentant des domaines peut y assister après avis du Ministre.

Tout livre dont la disparition est constatée, doit être porté sur le registre des ouvrages disparus dont nous venons de parler. Dans les bibliothèques universitaires, on se contente d'indiquer dans la colonne des récolements du registre d'entrée-inventaire, au moyen d'un trait, l'absence du livre.

Nous n'avons pas à entrer dans plus de détails, le mode de procéder pouvant varier d'une bibliothèque à l'autre[1].

Des principaux registres nécessaires dans une bibliothèque. — Dans toute bibliothèque, il est indispensable de posséder une série de registres qui doivent être soigneusement mis à jour, la bonne tenue du service intérieur, de la comptabilité et de la statistique en dépendent. A l'exclusion du registre d'entrée-inventaire, propre aux bibliothèques universitaires, nous nommerons les suivants :

1° *Registre du récolement.* — On y consigne, sous un titre sommaire, l'inscription des ouvrages, au fur et à mesure de leur entrée ; c'est sur ce registre que sont pointés les livres lors du récolement.

2° *Registre du prêt.* — Il doit être répertorié alphabétiquement afin de simplifier l'inscription et la constatation du prêt des ouvrages demandés ; on ne peut le tenir avec assez de minutie.

---

1. Pour plus de détails, Cf. Règlement du 4 mai 1878, chap.

3° *Registre des ouvrages disparus*. — On n'a qu'à se référer à ce que nous avons dit plus haut.

4° *Registre des périodiques*. — Les revues doivent y être inscrites soit dans un ordre alphabétique, soit selon leur entrée, mais répertoriées à la fin ; pour la tenue de ce registre, on est libre ; nous renvoyons à ce que nous avons dit à ce sujet au chapitre VI, page 157.

5° *Registre des suites ou des ouvrages en cours de publication*. — Utile, voir chapitre VI, p. 161.

6° *Registre de comptabilité*. — On y inscrit, par ordre de fournisseurs, le sommaire et les totaux des factures provisoires ou définitives ; dans une colonne spéciale on peut porter en regard des factures les dates de paiement ou d'ordonnancement.

7° *Un Inventaire du matériel et du mobilier*. — En cas de récolement, cet inventaire rend des services.

8° *Registre de la reliure*. — On ne peut trop recommander l'utilité de ce registre : divisé par colonnes, on y inscrit le titre de l'ouvrage (sommairement), la cote, la date de sortie, le titre que le doreur doit pousser, l'indication de modèles s'il y en a, la date de rentrée.

9° *Un copie de lettre*. — Il simplifie beaucoup la transcription des lettres à envoyer.

10° *Journal de la Bibliothèque*. — Un simple agenda peut suffire au besoin. On y relate, en abrégé, les événements saillants de la journée.

Dans les bibliothèques universitaires, il faut ajouter les registres suivants :

11° *Registre des demandes* (prescrit par le règlement du 20 novembre 1886 ; modèle officiel).

REGISTRE DE DEMANDES D'ACQUISITIONS.

DEMANDES.	SIGNATURE du demandeur.	DÉCISION DE LA COMMISSION	ENTRÉE à la Bibliothèque.

12° *Inventaire des écrits académiques* (dissertations et index, programmes).

13º *Inventaire pour les programmes des gymnases*, si on les reçoit.

14º *Registre des procès-verbaux des séances de la Commission de la Bibliothèque.*

15º *Registre de la statistique* dont nous donnons le modèle p. 257.

Un amateur n'a pas à se soucier, bien entendu, de s'encombrer de registres et de carnets de toutes sortes, cependant il serait utile qu'il tînt à jour : 1º l'entrée des livres dans sa bibliothèque ; 2º les ouvrages disparus, prêtés ou envoyés à la reliure ; enfin 3º, il pourrait avoir un carnet pour les ouvrages incomplets et les périodiques.

Reliure. — Il n'a pas été question, dans le chapitre IV, de la manière dont les ouvrages d'une bibliothèque doivent être préparés pour la reliure. Cette préparation entrait plutôt dans le cadre de ce chapitre. Tout bibliothécaire soucieux de la conservation de ses livres doit veiller lui-même à ce travail. Pour les ouvrages complets, il suffira de les inscrire sur le registre de reliure, comme nous l'indiquons ci-dessous, pour les suites et les périodiques il est utile de donner un modèle, c'est-à-dire un volume qui précède ceux qui sont brochés. Le relieur est tenu de s'y conformer. Les périodiques doivent être examinés de plus près, et, au besoin, si le relieur ne connaît pas assez les langues étrangères, ils seront collationnés par le bibliothécaire lui-même. Il faut aussi s'assurer si les titres, les tables, les planches et les tableaux hors texte s'y trouvent ; on a même de réelles difficultés d'assemblage pour des revues telles que le : *Jahresbericht über die Fortschritte der classischen Alterthumswissenschaft*, fondé par Conrad Bursian et continué par Iwan Muller qui se divise en trois parties bien distinctes, avec pagination spéciale, mais réunies dans le même fascicule : 1º *Alterthumswissenschaft* ; 2º *Bibliotheca philologica* ; 3º *Biographisches Jahrbuch*.

Ces conseils nous paraissent suffisants ; le mode d'inscription doit être conçu ainsi ; dans un registre disposé en colonnes on mettra : le nom de l'auteur s'il existe, le titre à pousser avec l'indication du modèle, le nombre de volumes donnés ainsi que les dates de sortie et de rentrée. Au besoin on peut pousser la précaution jusqu'à réserver une colonne pour y inscrire la date de paiement ou d'ordonnancement ; cette dernière précaution nous paraît utile dans les bibliothèques universitaires.

Noms des Auteurs	Titre a pousser	Modèle	Nombre de volumes	Date de sortie.	Date de rentrée.	Date de payement.
«	Jahresberichte der Geschichts-wissenschaft. t. 6. 7. 8. 9. (1883-1887) in-8°	t. 5	4	15 mars 1894	25 octob. 1894.	3 déc. 1894
«	Atti dei Lincei, serie quarta, Rendiconti 1890, 1. 2. in-4°.	1889²	2	id.	id.	id.
Kayzer	Bücher-Lexicon XXVI 1887-1890. L-Z. in-4°	XXV	1	id.	id.	id.

Nettoyage de la bibliothèque et battage des volumes. — Malgré les soins de propreté et d'hygiène qui sont accomplis tous les jours dans l'intérieur de la bibliothèque, il arrive une période où le nettoyage doit être encore plus complet, où les livres doivent être nettoyés et battus avec beaucoup plus de soins afin d'en éliminer la poussière et les insectes. Pour procéder à ces opérations, on choisit généralement l'époque des vacances c'est-à-dire les mois d'août et de septembre. A la Bibliothèque Nationale, ces soins de propreté ont lieu dans la semaine qui précède Pâques et dans celle qui suit cette fête. Dans les bibliothèques universitaires, c'est pendant les vacances que ces opérations se font.

Nous répéterons, sur la manière d'opérer, ce qu'on a déjà dit avant nous. Les fenêtres des salles étant ouvertes, les livres doivent être retirés des rayons, battus les uns contre les autres, afin d'en chasser la plus grosse poussière, puis frottés sur les tranches et sur les plats et le dos des reliures avec un chiffon très légèrement humide afin que les dernières poussières soient bien enlevées. Les rayonnages intérieurs des montants, les tablettes, les bordures seront aussi essuyés au chiffon, puis les livres seront replacés sur les tablettes dans l'ordre voulu. Pendant toutes ces opérations, il sera nécessaire d'établir des courants d'air afin que la poussière soit plus vite chassée au dehors. Les parquets des salles devront être lavés à fond ainsi que les fenêtres et les portes.

Il nous paraît inutile de revenir ici sur les soins à prendre pour la préservation des livres contre les insectes et les accidents de toute sorte; on n'a qu'à se référer au chapitre IV, p. 90 et suiv.

Comme conclusion, nous insistons sur la nécessité pour le bibliothécaire de s'assurer après chaque séance que les différents services sont en ordre, que tous les registres sont mis à leur place, que les portes communiquant avec des services indépendants de la bibliothèque sont fermées, et que, pendant les séances d'hiver, tout risque d'incendie est écarté, soit par l'extinction des feux, soit par la fermeture des bouches de chaleur, et enfin que les becs de gaz sont également fermés ainsi que le compteur.

CALENDRIER DU BIBLIOTHÉCAIRE UNIVERSITAIRE. — Il nous paraît utile de dire un mot de ce qu'on peut appeler les *Ephémérides* du bibliothécaire universitaire, si nous pouvons ainsi nous exprimer. Il s'agit, comme on l'a déjà deviné, des divers états et rapports que ce fonctionnaire est tenu de fournir périodiquement, soit au ministère, soit à l'inspecteur général du service des échanges universitaires, soit au recteur, concernant le mouvement de la bibliothèque, l'entreprise de certains grands travaux qui doivent être exécutés ou la préparation de son budget :

JANVIER. — *Du 1er au 5 : envoi de l'état trimestriel.* — *Préparation des factures en vue du règlement définitif de fin d'année pour tous les fournisseurs.*

FÉVRIER. — *Réception des échanges universitaires.*

MARS. —..

AVRIL. — *Du 1er au 5 : envoi de l'état trimestriel.* — *Faire préparer par les fournisseurs leurs différents relevés afin d'effectuer le premier paiement sur l'exercice courant.*

MAI. — *Du 1er au 15 : Envoi à l'inspecteur des échanges universitaires de l'accusé de réception de ce qu'il lui a été transmis (modèle n° 3).*

JUIN. —..

JUILLET. — *Du 1er au 5 : Envoi de l'état trimestriel.* — *Du 15 au 20 fixation des affichages des vacances.* — *Dans les derniers jours, récolement des ouvrages de la bibliothèque.* — *Deuxième règlement de compte des fournisseurs.*

Août. — *Envoi à l'inspecteur des échanges, avant le 20, du catalogue des thèses soutenues dans le ressort de l'Académie, et des écrits académiques. — Vacances.*

Septembre. — *Vacances.*

Octobre. — *Fin octobre, ouverture de la bibliothèque; au préalable, nettoyage général. — Troisième règlement de compte des fournisseurs.*

Novembre. — *Le bibliothécaire peut entamer le quart du crédit réservé à l'origine. — Préparation des propositions du budget pour l'année suivante.*

Décembre. — ....

Si nous indiquons ici ce qui incombe au bibliothécaire universitaire, nous n'entendons pas passer sous silence ce qui concerne les autres bibliothèques. Mais comme les rapports que les fonctionnaires de ces dépôts ont à fournir ne sont pas toujours envoyés régulièrement, nous ne pouvons les signaler. De plus la préparation du budget et la disposition des dépenses peuvent aussi varier selon les exigences de l'administration municipale ou des commissions de direction et de surveillance de la bibliothèque ; il est donc plus prudent de n'en pas parler.

II.
LE BUDGET, LA COMPTABILITÉ.

La vitalité et la richesse d'une bibliothèque sont en raison directe de l'importance du budget qui lui est affecté et de la bonne gestion de ce budget, c'est-à-dire de sa dépense proportionnée, normale et dans des conditions utiles.

On constate qu'en général les bibliothèques de France ont un budget de beaucoup inférieur à celui des autres pays. Ainsi, à l'exception de quelques grands centres, les municipalités de France n'inscrivent à leur budget qu'une somme modique à l'usage de la bibliothèque, somme à peine nécessaire souvent à payer faiblement le personnel et à assurer la garde des collections. Aussi l'accroissement est lent, et sans les envois du bureau des souscriptions du ministère de l'Instruction publique, ces bibliothèques resteraient dans un état réel d'infériorité.

Il est vrai que l'Etat porte annuellement à son budget une certaine somme destinée aux bibliothèques municipales et autres, mais ces subventions leur parviennent sous forme de livres ; si elles sont permanentes, elles varient généralement. Tantôt les bibliothécaires adressent des listes de desiderata, tantôt ils choisissent un nombre déterminé d'ouvrages sur des listes dressées par les soins du ministère, enfin aussi ils reçoivent d'office et sans autre avis des ouvrages qui leur sont attribués.

Les frais d'entretien, de chauffage, d'assurance et les appointements du personnel se trouvent entièrement à la charge des communes, d'où il résulte que sur le budget communal figure un crédit affecté exclusivement à la bibliothèque.

Toutes les dépenses sont faites par le bibliothécaire après les avoir proposées au Comité de surveillance où à la Commission d'achat de la bibliothèque. Dans ces dépenses entrent en ligne de compte : 1° les appointements du conservateur et du personnel ; 2° l'achat des livres ; 3° l'abonnement aux revues ; 4° la reliure ; 5° les frais de chauffage, d'éclairage et de bureau.

L'entretien du matériel, du bâtiment et du mobilier, l'assurance des livres et du mobilier contre les risques d'incendie devraient être portés sur le chapitre spécial de l'entretien du mobilier municipal et par conséquent être exécutés sous la direction de l'architecte municipal.

Les bibliothèques de Paris, autres que celles de l'Université, ainsi que la Bibliothèque nationale d'Alger, dépendant directement du Ministère de l'Instruction publique, ont un budget spécial inscrit à l'un des chapitres du budget général. Le contrôle des dépenses doit en être fait par le 4° bureau (Secrétariat et Comptabilité).

Un agent comptable est attaché à chaque bibliothèque de Paris, lequel a la charge et la responsabilité des fonds. A Alger, c'est à la préfecture que doit probablement se centraliser le budget de la bibliothèque, au même titre que celui des Archives qui dépendent des mêmes bureaux.

Toutes les pièces de comptabilité des bibliothèques municipales sont visées par le Maire qui les approuve lorsque le bibliothécaire a pris en charge les objets détaillés sur ces factures ; elles sont ensuite payées aux parties par le receveur municipal.

Toutes les factures, de quelque matière et objet que ce soit, doivent être faite au moins en triple expédition dont une sur papier timbré de 0 fr. 60 c. et au-delà, si le détail des objets l'exige, pour toute fourniture supérieure à 9 fr. 99 c., c'est-à-dire à partir de 10 francs juste. Les factures ne peuvent pas mentionner de fournitures ou de travaux pour une somme supérieure à 1.500 francs[1].

L'expédition sur papier timbré est destinée à la Cour des comptes ; la seconde reste dans les bureaux de la mairie, le troisième enfin demeure entre les mains du bibliothécaire et doit rester dans ses cartons.

Nous insistons particulièrement sur l'utilité qu'il y a pour le bibliothécaire à posséder un duplicata des factures qu'il fait établir à ses fournisseurs. A la moindre contestation, il peut montrer la pièce de comptabilité en litige ; il s'évitera des ennuis et des embarras. Sur le haut de cette pièce, dans la marge, il pourra inscrire à l'encre rouge la date de l'ordonnancement et celle de la délivrance du mandat au fournisseur ; de la sorte sa responsabilité sera toujours à couvert.

L'établissement des factures doit se faire de la manière suivante : 1º n'y faire figurer que les articles fournis pendant l'exercice courant, c'est-à-dire livrés entre les 1ᵉʳ janvier et 31 décembre de la même année ; 2º ne faire mention que des objets, des livres *fournis*, des réparations *réellement effectuées* et non *à faire* ou *à fournir*.

Le fournisseur fera ces factures entièrement de sa main en mettant en tête la date de leur confection ; dans la première colonne gauche seront portées les dates de fourniture, dans la suivante les numéros du registre-inventaire ou de l'inventaire, selon qu'il s'agit de livres, de reliures, d'objets fongibles ou de mobilier. Pour les objets fongibles on se contentera de donner le numéro de celui qui est remplacé, tel un registre, des cartons, des plumeaux, etc., tandis que toute pièce de meuble devra porter un numéro nouveau, mais dans une série déterminée.

A la fin de la facture, le fournisseur établira qu'elle est sincère, par cette formule :

---

1. Toute fourniture ou travaux supérieurs à cette somme ne peut s'accorder de gré à gré, mais seulement par voie d'adjudication. Dans une bibliothèque, la fourniture des livres et de la papeterie, bien que portant sur un budget supérieur à 1,500 francs ne rentre pas dans la catégorie désignée ci-dessus, en raison de la variété d'ouvrages publiés chez divers éditeurs.

Certifié sincère et véritable le présent mémoire s'élevant à la somme de ....
puis il date et signe ; le bibliothécaire est tenu de prendre en charge les objets détaillés de la manière suivante :

Pris en charge et inscrit au registre d'entrée-inventaire — ou à l'inventaire — sous les numéros portés en marge.

Le visa du maire ou du chef hiérarchique — le recteur, s'il y a lieu — est enfin mis, puis ces factures sont livrées dans les bureaux de la comptabilité où les mandats sont établis.

Voici dans sa forme la plus simple, l'établissement d'une facture :

Paris, le 29 décembre 1894.

			Prix fort.	Prix net.
8 décembre	42508	Reichhart. — *Beiträge zur Inkunabelkunde.*	15 fr.	13.50
id.	39230	*Table générale de l'Intermédiaire.* —	20	20
id.	42509	Jolly. — *Les phosphates*...............	20	18
id.	27601	Pictet. — *Matériaux pour la paléontologie suisse*	675	607.50
id.	42510	Marey. — *Travaux du laboratoire de physiologie expérimentale*...............	60	54
12 décembre	27602	Cosson et G. de Saint-Pierre. — *Atlas de la flore de Paris*....................	20	18
id.	42511	La Rocheterie. — *Marie-Antoinette*.......	8	7.20
id.	42512	Pothier. — *Œuvres*....................	65	58.50
id.	42513	Prou. — *Manuel de Paléographie*.........	8	7.20
id.	42514	Id. — *Raoul Glaber*....................	2.50	2.25
id.	42515	Lot. — *Hariulf*	10	7.20
		Total............	903.50	813.35

Certifié sincère et véritable le présent mémoire s'élevant à la somme de *huit cent treize francs trente-cinq centimes.*   Paris, le 30 décembre 1894.

Signature du fournisseur,

Pris en charge et inscrit sur le registre inventaire sous les numéros portés en marge.
Le Bibliothécaire,

Vu et approuvé :
Le Recteur, Président du Conseil général des Facultés,

C'est ainsi que sont établies les factures pour tous les établissements de l'Etat et pour les bibliothèques universitaires par conséquent.

Actuellement le budget de ces bibliothèques comprend deux grandes sections : 1º le personnel ; 2º le matériel. En ce qui touche le personnel, il est totalement en dehors du budget général des facultés, et relève directement du ministère. Le matériel au contraire qui comprend neuf articles, dépend, en vertu des décrets du 10 août 1893, du service commun à plusieurs Facultés et relève du Conseil général des Facultés (art. 4)[1].

C'est dans le Conseil général, sur la présentation des propositions faites par le bibliothécaire, que le budget est arrêté et discuté ; le Conseil l'augmente ou le réduit, approuve et vise les comptes de dépenses sans l'obligation pour le bibliothécaire de passer par la voie ministérielle.

D'une manière absolue, le bibliothécaire ne doit jamais faire de dépenses au delà du chiffre du budget qui lui est assigné ; ensuite il doit le dépenser intégralement dans le courant de l'année financière, c'est-à-dire de janvier à décembre mais en ayant la latitude d'exiger des fournisseurs les factures jusqu'au mois de février afin qu'ils puissent être payés pour la fin de mars, dernier délai accordé ; il ne peut, de son propre gré, reporter une somme disponible sur un exercice suivant.

On ne peut dans aucun cas payer une dépense d'un chapitre avec l'argent d'un autre chapitre.

Toute somme d'un chapitre déterminé qui n'aurait pas été employée, peut être reversée sur un autre chapitre dont le chiffre est trop faible pour en couvrir la dépense, *après une demande de virement adressée au Ministre.*

Voici la division du budget, pour le matériel, dans les bibliothèques universitaires :

1. Achat de livres ; — *2. Abonnement aux Journaux et Revues* ; — *3. Réserve (le quart)* ; — *4. Frais de reliure* ; — *5. Chauffage* ; — *6. Éclairage* ; — *7. Entretien du mobilier ; assurance.* — *8. Frais de bureau ; papeterie ; impression* ; — *9. Dépenses imprévues.*

---

1. « DÉPENSES : En principe, les dépenses ordinaires sont afférentes, sauf les exceptions ci-dessus indiquées, aux services communs à plusieurs facultés. Elles comprennent........................, 4º les dépenses du matériel de la bibliothèque universitaire, précédemment rattachée au budget de telle ou telle faculté déterminée annuellement. »

(*Circulaire ministérielle du 22 novembre 1893.*)

Comme on le voit, l'article 1er est le plus important de tous, aussi doit-il être scrupuleusement observé dans toutes les formes par le bibliothécaire. Avec l'abonnement aux revues et le quart réservé, c'est en somme l'ensemble du budget d'achat pour le développement des collections. L'article 1er venant à être épuisé trop rapidement, le bibliothécaire ne doit sous aucun prétexte céder aux professeurs ; le quart du crédit réservé ne doit être entamé qu'à partir de la fin du mois d'octobre, c'est-à-dire dans les trois mois qui suivent la rentrée.

Nous n'ajouterons rien de plus à ces observations qui nous paraissent suffisamment longues ; seulement pour l'article 7 (*assurance*) il est utile que le bibliothécaire prenne bien ses mesures afin que le traité avec une compagnie présente toutes les garanties de validité et de sécurité. Au moment de l'exécution du contrat, il spécifiera soigneusement le nombre de volumes par formats ; il adoptera un prix moyen pour chacun d'eux sans tenir compte de leur valeur bibliographique et de leur rareté qui n'entre nullement en ligne de compte ici. Il s'agit d'assurer la plus grande quantité de livres intrinsèquement et non à leur valeur de rareté.

Pour les règlements de compte, il serait bon que le bibliothécaire les fît tous les trois mois, mars, juin, septembre, décembre afin de s'éviter un excès de travail à la fin de l'année.

Il ne nous paraît pas opportun de donner une règle de conduite pour la comptabilité à tenir dans une bibliothèque. Il faut en cela laisser toute initiative au bibliothécaire qui s'organisera selon sa manière de voir. Une tenue de livres disposée dans un ordre systématique présente toujours des inconvénients ; en cela le système proposé par M. Cousin nous paraît défectueux ; il suffit de tenir à jour les registres inventaires, d'en avoir un pour le mobilier qu'on diviserait en 4 ou 5 séries selon la nécessité de la bibliothèque. Ainsi la première partie comprendrait les rayonnages et le gros mobilier : tables, chaises, bureaux, meubles et comptoirs ; la partie suivante serait consacrée au mobilier de petite dimension et aux objets fongibles : cartons, reliures mobiles, planchettes indicatrices, appui-livres, encriers. La troisième série comprendrait exclusivement les registres et la dernière la papeterie : grattoir, gomme, règle, coupe-papier, porte-plumes, etc.

C'est pourquoi le système des factures provisoires est bon ; il permet de se rendre compte de l'état des dépenses et évite la transcription sur un registre particulier des articles gardés et reçus sans factures. Nous citerons encore une fois M. Prieur qui a résumé dans les notes suivantes, d'une manière si claire, le fonctionnement de la comptabilité de la bibliothèque universitaire :

RÈGLES PRATIQUES

« Avec chaque livraison, une facture (facture provisoire).

« Conserver toutes ces factures, groupées par fournisseur et pour chaque fournisseur par ordre de dates, dans un classeur (jusqu'au moment où le mandat qui sera établi d'après elles sera délivré) ;

« Conserver une expédition de chaque mémoire réglé ;

« Mettre dans une chemise de papier bulle tous les mémoires relatifs à un même exercice, classés : 1° par article du budget ; 2° par fournisseur dans chaque article, par date pour chaque fournisseur.

Tenir, pour chaque exercice, un petit carnet de comptabilité. Porter sur la première page le budget de l'année, les neuf pages suivantes seront consacrées chacune à un article du budget où l'on inscrira, chaque fois qu'un mandat sera délivré, la date, le chiffre total du mandat, le nom du fournisseur.

« Chacune des pages qui suivra sera consacrée à un fournisseur ; on y inscrira : 1° le montant de chaque facture provisoire avec date ; 2° le montant de chaque mandat chaque fois qu'il en sera délivré un à ce fournisseur, avec le numéro du mandat. Barrer d'un trait léger ce qui est relatif à chaque facture provisoire chaque fois que le mandat établi d'après elle aura été délivré.

« Enfin sur les pages qui suivront, on pourra inscrire les menues dépenses qui rentrent dans les frais imprévus, dont l'avance est ordinairement faite par le bibliothécaire et dont il devra se faire rembourser (en produisant des états comme un fournisseur ordinaire)... »

On pourra consacrer les dernières pages du carnet aux renseignements qui serviront à dresser les états trimestriels qui, au commencement de janvier, avril, juillet, octobre, doivent être envoyés au recteur, en double expédition sur des imprimés officiels.

Dans le courant du mois de mars, le bibliothécaire est tenu de transmettre au ministre, le compte d'administration de la bibliothèque, qui comprend l'état exact des dépenses de la bibliothèque. Ces dépenses doivent balancer exactement avec le crédit accordé pour chacun des chapitres du budget général, et dans le cas où il y aurait un reliquat, fut-ce de 0 fr. 05, on est tenu de le reporter dans la colonne affectée à cet usage.

Ici s'arrête ce que nous avions à dire touchant la comptabilité des bibliothèques universitaires. Les bibliothèques municipales ont une gestion qui peut varier pour la forme, mais qui se trouve toujours la même quant au fond.

BARÈMES DU BIBLIOTHÉCAIRE

Nous terminons ce chapitre par quelques tableaux indiquant les prix de fournitures de papiers, de reliures et de constructions de rayonnages. L'embarras dans lequel on peut se trouver au moment de la rédaction d'un rapport nous a engagé à ajouter ces notes qui peuvent avoir leur utilité dans un manuel. Ces tableaux sont assez sommaires et ne renferment bien entendu que ce qui est absolument nécessaire. Ils sont basés sur les prix de Paris, d'après des données absolument officielles, aussi peut-on les considérer comme exactes.

PRIX DES RAYONNAGES DE BIBLIOTHÈQUE

	Le mètre carré.
Bibliothèque tout sapin à tablettes fixes sur tasseaux.....	18 »
— — à tablettes sur crémaillère.......	23 »
— — à tablettes sur clavettes.........	30 »
Bibliothèque tout chêne à tablettes fixes................	35 75
— — à crémaillères................	42 »
— — à clavettes...................	54 50
Bibliothèque faces en chêne abaissé, surplus en sapin.	
A tablettes fixes........................	28 60
— sur crémaillères.....................	32 80
— sur clavettes	43 25

	Le mètre courant.
Plinthe en chêne	1 53
— en sapin...............................	0 78

Corniche en chêne.................................	2 48
— en sapin.................................	1 31
Tasseaux sapin......................................	0 35
— chêne.......................................	0 57
Crémaillères chêne.................................	1 05
Moulures sapin sur arête...........................	0 62
— chêne —	1 15

DÉSIGNATION DES FORMATS Dimensions en centimètres		IN-**12** 15×9	IN-**12** 19×12	IN-**8**º Carré 22×14	IN-**8**º Raisin 25×16	IN-**8**º Jésus 27×18	IN-**4**º Carré 28×22	IN-**4**º Raisin 32×25
Reliures pleines.	MAROQUIN PLEIN							
	Tête dorée	18 »	24 »	33 »	40 »	48 »	55 »	65 »
	Tranches dorées	22 »	28 »	39 »	47 »	56 »	63 »	80 »
	Dos orné 3 filets	4 60	6 »	8 »	10 »	12 »	15 »	20 »
Demi-reliures maroquin	1/2 MAROQUIN							
	Tête dorée	3 75	5 »	7 »	8 50	10 50	13 »	16 »
	Coins tête dorée	5 »	7 »	9 50	11 50	14 »	17 »	20 »
	— — dos orné	6 50	9 50	12 50	15 »	18 »	22 »	26 »
	— — — très soigné	7 50	11 »	15 »	18 »	22 »	26 »	30 »
	Coins genre romantique	7 »	9 50	13 »	15 »	18 »	22 »	26 »
	— — très soigné	8 50	11 50	16 »	18 »	23 »	28 »	33 »
	— coins tête dorée	de 7 à 9	10-12	14-17	16-20	20-25	24-30	28-35
1/2 reliures chagrin soignées	1/2 CHAGRIN							
	Poli tête jaspée brunie	2 50	3 »	4 »	5 »	6 »	7 50	9 »
	— dorée	2 75	3 50	5 »	6 »	7 »	9 »	11 »
	— coins tête dorée	4 »	5 »	7 »	8 »	10 »	12 50	15 »
1/2 reliures chagrin ordinaires	1/2 CHAGRIN							
	Tranches jaspées	1 50	1 75	2 50	3 »	3 50	4 50	6 »
	Poli ébarbé	2 »	2 25	3 25	3 75	4 50	6 »	7 50
	Poli tranches peignes	2 »	2 50	3 50	4 25	5 25	7 »	8 50
	— tête dorée	2 25	2 75	4 »	4 75	5 75	7 50	9 50
Cartonnages Bradel	1/2 Toile	1 50	1 75	2 50	3 »	3 50	4 »	5 »
	— coins ou toile pleine	1 75	2 »	3 »	3 50	4 »	4 75	6 »
	1/2 CHAGRIN							
	Poli, ébarbé ou 1/2 parchemin	2 »	2 50	3 50	3 75	4 50	5 50	7 »
	— tête dorée	2 25	2 75	4 »	4 50	5 50	7 »	9 »
	1/2 maroquin coins soigné	5 »	7 »	9 50	11 50	14 »	17 »	20 »
	Couture sur nerfs	1 »	1 50	2 »	2 50	3 »	4 »	5 »

Barème du prix d'une rame de papier blanc non réglé basé sur le prix des 100 kilos[1].

Poids de la rame. Kil.	Prix des 100 kilos.											
	50 fr.	55 fr.	60 fr.	65 fr.	70 fr.	75 fr.	80 fr.	85 fr.	90 fr.	95 fr.	105 fr.	110 fr.
5	2.50	2.75	3.	3.25	3.50	3.75	4.	4.25	4.50	4.75	5.25	5.50
6	3.	3.30	3.60	3.90	4.20	4.50	4.80	5.10	5.40	5.70	6.30	6.60
7	3.50	3.85	4.20	4.55	4.90	5.25	5.60	5.95	6.30	6.25	7.35	7.70
8	4.	4.40	4.80	5.20	5.60	6.	6.40	6.80	7.20	7.60	8.40	8.80
9	4.50	4.95	5.40	5.85	6.30	6.75	7.20	7.65	8.10	8.55	9.45	9.90
10	5.	5.50	6.	6.50	7.	7.50	8.	8.50	9.	9.50	10.50	11.
11	5.50	6.05	6.60	7.45	7.70	8.25	8.80	9.35	9.90	10.42	11.55	12.10
12	6.	6.60	7.20	7.80	8.40	9.	9.60	10.20	10.80	11.40	12.60	13.20
13	6.50	7.15	7.80	8.45	9.10	9.75	10.40	11.05	11.70	12.35	13.65	14.30
14	7.	7.70	8.40	9.10	9.80	10.50	11.20	11.90	12.60	13.30	14.70	15.40
15	7.50	8.25	9.	9.75	10.50	11.25	12.	12.75	13.50	14.25	15.75	16.50

1. Extrait des tarifs de M. OLMER, 5, rue du Pont-de-Lodi, Paris.

PRIX DES PAPIERS.

Papier écolier bulle [1].

Nos	Qualité fine.	Poids de la rame	Prix de la rame	Nos	Qual. ordinaire.	Poids de la rame	Prix de la rame
1	Pot 31 × 20....	3 kil.	2.85	11	Pot 31 × 20....	3 kil.	2.40
2	— —	3.500	3.35	12	— —	3.500	2.80
3	— —	4. »	3.80	13	— —	4. »	3.20
4	— —	4.500	4.30	14	— —	4.500	3.60
5	— —	5. »	4.75	15	— —	5. »	4. »
6	Couronne 36 × 23	4. »	3.80	16	Couronne 36 × 23	4. »	3.20
7	— — ...	4.500	4.30	17	— — ...	4.500	3.60
8	— — ...	5. »	4.75	18	— — ...	5. »	4. »
9	— — ...	6. »	5.70	19	— — ...	6. »	4.80
10	— — ...	7. »	6.65	20	— — ...	7. »	5.60

Papier écolier blanc.

Format Pot 31 × 20

	Poids de la rame	Prix de la rame.
21 Qualité ordinaire 500 feuilles à la rame............	3 kil.	2.40
22 — —	3.500	2.80
23 — —	4. »	3.20
24 — —	4.500	3.60
25 — —	5. »	4. »
26 Qualité fine............	3. »	2.85
27 — —	3.500	3.35
28 — —	4. »	3.80
29 — —	4.500	4.30
30 — —	5. »	4.75
31 — —	6. »	5.70
32 Qualité supérieure............	4. »	6. »
33 — —	4.500	6.75
34 — —	5. »	7.50
35 — —	6. »	9. »

Format Couronne 32 × 36

	Poids de la rame	Prix de la rame.
36 Qualité ordinaire 500 feuilles à la rame............	4. »	3.20
37 — —	4.500	3.60
38 — —	5. »	4. »
39 — —	5.500	4.40
40 — —	6. »	4.80

1. Extrait des tarifs de Gallin-Fuzellier, 1-3, rue de Condé, Paris.

SERVICE INTÉRIEUR. — BUDGET ET COMPTABILITÉ. — BARÈMES

		POIDS de la rame	Prix de la rame.
41	Qualité fine, 500 feuilles à la rame	4 kil.	3.80
42	— —	4.500	4.30
43	— —	5 »	4.75
44	— —	6. »	5.70
45	— —	7. »	6.65
46	Qualité supérieure....................	4. »	6. »
47	— —	4.500	6.75
48	— —	5. »	7.50
49	— —	6. »	9. »
50	— —	7. »	10.50
51	— —	8. »	12. »

LEXIQUE DES TERMES DU LIVRE

MATIÈRE DU LIVRE. - TYPOGRAPHIE. - GRAVURE ET ILLUSTRATION. - RELIURE, ETC.

A

About (*Pap.*). — On appelle ainsi la base des cylindres qui servent à broyer le papier. Cette base se compose ordinairement d'une platine de fer croisée; elle prend aussi le nom de tourte ou tourteau.

<small>*Bibliogr.* — Bertrand : *Description des arts et métiers...*, nouvelle édition, Neuchâtel, imp. de la Société typographique, 1776, in-4°, t. IV, p. 561. — Hatzfeld (A.), Darmesteter (Ar.) et Thomas (Ant.) : *Dictionnaire général de la langue française...*, Paris, Delagrave, s. d., gr. in-8°. — Littré : *Dictionnaire de la langue française*, I.</small>

Abréviations (*Bibliogr.*). — Signes, lettres conventionnelles ou fragments de mots mis à la place du mot lui-même. Elles étaient en usage dans les manuscrits, même anciens, mais variaient de forme jusqu'au xiie siècle environ. Les sigles (voir ce mot) étaient des abréviations plus condensées encore. Dans les manuscrits, les abréviations peuvent se diviser en cinq parties : 1° par sigles ou inscription de la lettre initiale d'un mot ; 2° par contraction intérieure ou suppression à l'intérieur du mot d'une ou plusieurs lettres : $D\bar{n}s = Dominus$; 3° par lettre suscrite ou inscription au-dessus d'une lettre d'une autre plus petite : $\overset{c}{n}is = carnis$; 4° par suspension ou mot inachevé : $ca\bar{p} = caput$; 5° par signes spéciaux : traits, courbes, boucles exprimant l'absence d'une lettre ou d'une syllabe entière.

Par le désir qu'avaient les premiers imprimeurs d'imiter absolument les manuscrits, ils maintenaient exactement en typographie les signes et abréviations qu'ils rencontraient et les reproduisaient aussi exactement que possible. C'est une des marques qui distinguent les incunables (voir ce mot).

De nos jours, les abréviations sont usitées dans la nomenclature de certaines sciences et comme signes dans certaines autres. En chimie, en médecine, en histoire naturelle, en musique, ainsi que dans les textes courants, elles sont toujours employées. Elles ne servent en bibliographie que pour la définition des reliures, des termes bibliographiques connus et de certains détails, aussi bien dans la langue française que dans les autres.

Dans les catalogues de la librairie française, on trouve les abréviations suivantes :

à comp.	à compartiments.	fil. tr. d.	filets tranches dorées.
anc. rel. à n.	ancienne reliure à	front. gr.	frontispice gravé.
atl.	atlas. [nerf.	g., gauf.	gaufré.
aut.	autographe.	gr. marg.	grandes marges.
bas.	basane.	goth.	gothique.
bas. gran.	basane granit.	gr. p. ou pap.	grand papier.
blas.	blason.	impr.	imprimé, imprimerie.
c. et ferm.	coins et fermoirs.	jans.	janséniste.
car. rom.	caractères romains.	lim.	liminaires.
c. f.	cum figuris.	livr.	livraison.
cart.	cartonné.	m., mar.	maroquin.
cart. Brad.	cartonnage Bradel.	m. ant.	maroquin antique.
cart. n. r.	cartonné non rogné.	m. bl.	maroquin bleu.
chagr.	chagrin.	m. citr.	maroquin citron.
chiff.	chiffré.	m. jans.	maroquin janséniste.
col.	colonnes.	m. j.	maroquin jaune.
c. d. R.	cuir de Russie.	m. l.	maroquin lilas.
d.-b.	demi-basane.	m. n.	maroquin noir.
d.-ch.	demi-chagrin.	m. o.	maroquin olive.
d.-m.	demi-maroquin.	m. pl.	maroquin plein.
d.-r.	demi-reliure.	m. r.	maroquin rouge.
d.-v.	demi-veau.	m. v.	maroquin vert.
dent.	dentelle.	mouil. et piq.	mouillure et piqûre.
dent. int.	dentelle intérieure.	ms., mss	manuscrit.
d. s. tr.	doré sur tranches.	n. r.	non rogné.
éb.	ébarbé.	obl.	oblong.
éc.	écaille.	orn.	ornement.
encadr.	encadrement.	p., pp.	page, pages.
f. à fr.	fer à froid.	pap.	papier.
f., ff.	feuillet, feuillets.	pap. Holl.	pap. de Hollande.
fig.	figure.	parch.	parchemin.
fig. col.	figure coloriée.	part.	partie.
fig. s. b.	figure sur bois.	perc., percal.	percaline.
fil. comp.	filets composés.	p. f.	petits fers.
f. d. s. l. p.	filets dorés sur le plat.	pl.	planche.

plaq.	plaquette.	*tr. m.*	tranche marbrée.
portr.	portrait.	*tr. p.*	tranche peigne.
qq. mouill.	quelques mouillures.	*tr. r.*	tranche rouge.
rel.	reliure.	*tr. s. d.*	tranche supérieure dorée.
rel. anc.	reliure ancienne.		
rel. ang.	reliure anglaise.	*v.*	veau.
rel. à n.	reliure à nerf.	*v. ant.*	veau antique.
rel. en bois p. de tr.	reliure en bois, peau de truie.	*v. bl.*	veau bleu.
		v. br.	veau brun.
r. pl.	reliure pleine.	*v. éc.*	veau écaille.
s. d.	sans date.	*v. f.*	veau fauve.
s. l.	sans lieu.	*v. f. ant.*	veau fauve antique.
s. l. n. d.	sans lieu ni date.	*v. m.*	veau marbré.
sign.	signature.	*v. rac.*	veau racine.
tête d.	tête dorée.	*v. v.*	veau vert.
tête jasp.	tête jaspée.	*v. viol.*	veau violet.
tit. gr.	titre gravé.	*vel.*	velin.
tr. d.	tranche dorée.	*vol.*	volume.
tr. j.	tranche jaspée.		

ABRÉVIATIONS LES PLUS USITÉES EN ALLEMAND.

A.	Ausschnitt.	Hfz., Hbfz.	Halbfranzband.
Abb., Abbild.	Abbildung.	Hblnb.	Halbleinenband.
Abdr.	Abdruck.	Hldrbd., Hbldr.	Halblederband.
Abschn.	Abschnitt.	Hlbld.	Halblederband.
Abth.	Abtheilung.	Hlwd., Hln.	Halbleinwandband.
Anm.	Anmerkung.	Hblwd.	Halbleinwandband.
Aufl.	Auflage.	Hpgt., Hbprgt.	Halbpergamentband.
Ausg.	Ausgabe.	Hperg.	Halbpergamentband.
Bd.	Band.	Hrsg.	Herausgegeben.
Bde	Bände.	Hlzschn.	Holzschnitt.
Bg., Bog.	Bogen.	Kl.	Klein.
Bl.	Blatt.	Imp. fol.	Imperial folio.
Br., geh.	Brochirt, geheftet.	Kpfrt.	Kupfertafel.
Cplt.	Complet.	Jhrg.	Jahrgang.
Ct.	Cartonnirt.	L., Lnb.	Leinenband.
Einb.	Einband.	Ldrbd., Ldr., Ldb.	Lederband. id.
Folg.	Folgende.		
Fzb., Fzbd., Frzbd.	Franzband. Franzband.	Lfg.	Lieferung.
		Led.	Leder.
Gb., Geb.	Gebunden.	L. G.	Leinenband mit Goldschnitt.
Gedr.	Gedruckt.		
Gr.	Gross.	L. S.	Leinenband mit Silberschnitt.
Gldschn.	Goldschnitt.		
Hft.	Heft.	Lex. 8°.	Lexicon 8°.
H. F., Hfzbd.,	Halbfranzband.	Lwd., Lwb.,	Leinwandband.

Lwbg.	Leinwandband.	*S.*	Satinband.
M.	Mappe.	*Sch., Schulb.*	Schulband.
M.	Mit.	*Sk.*	Skytogen.
M.-A.	Miniatur-Ausgabe.	*Stahlst.*	Stahlstich.
Mol.	Moleskinband.	*Sämmtl.*	Sämmtliche.
N. F.	Neue Folge.	*Schwsldrbd.*	Schweinslederband.
O.	Originalband.	*S., Ste.*	Seite.
O. T. H. F.	Ornamentierter technischer Halb-franzband.	*Stnt.*	Steintafel.
		Thl.	Theil.
		T.-A.	Taschen-Ausgabe.
O. T. L.	Ornamentierter technischer Leinen-band.	*Taf., Tfl.*	Tafel.
		Unbesch.	Unbeschnitten.
		Uf., Uff.	Und folgende.
Pb., Pd., Ppbd.	Pappband.	*Übers.*	Übersetzt.
Pgmt., Pgt., Perg.	Pergamentband.	*V.*	Von.
	Pergamentband.	*Vergr.*	Vergriffen.
Pr.-A.	Pracht-Ausgabe.	*Wohlf.*	Wohlfeil.
Qu. 8°.	Quadrat 8°.		

ABRÉVIATIONS LES PLUS USITÉES EN ANGLAIS.

bds.	boards.	*red.*	reduced.
bnd.	bound.	*rev.*	revised.
cr. (8).	crown (8).	*roy. (fol.).*	royal (grand folio).
fcp. ou *fcap. (8°).*	foolscap (8°).	*sd.*	sewed.
glt.	gilt.	*superroy. 8°.*	superroyal 8°.
hf.	halfbound.	*sm. (4°).*	small (petit in-4°).
hf. clf.	half, calf.	*sq. (16°).*	square (in-16 oblong).
impl. (fol.)	impérial (très grand folio).	*transl.*	translated.
		w.	with.
mor.	morocco.	*enl.*	enlarged.
n. ed.	new edition.	*p. (8°).*	post (petit in-8°).
ob. 4°.	oblong 4°.		

ABRÉVIATIONS LES PLUS USITÉES DANS LES CATALOGUES ITALIENS.

carat. got.	caratteri gotici.	*leg. 1/2 tela.*	legato in mezza tela.
carat. ton.	carattere tondo.	*leg. 1/2 pelle.*	legato in mezza pelle.
ca. gr.	carta grande.	*leg. in pel.*	legato in pelle.
ca. vel.	carta velina.	*leg. ol.*	legatura olandese.
ca. azz.	carta azzurra.	*macch.*	macchiato.
dor. sui fol.	dorato sui fogli.	*ms., mss.*	manoscrito, manoscriti.
esemp.	esemplare.		
fig.	figure, figurato.	*obl.*	oblungo.
in-fol.	in-foglio.	*ott. cons.*	ottima conservazione.
leg. ant.	legatura antica.	*pag.*	pagina, pagine.
leg. bod.	legato alla Bodoniana.	*perg.*	pergamena.

pice.	piccolo.	*taglio r.*	taglio rosso.
quad.	quaderno.	*tarl.*	tarlato.
sec.	secolo.	*tip.*	tipografia.
s. a.	senz'anno.	*t., tom.*	tomio, tomi.
s. l.	senza luogo.	*v., vol.*	volume, volumi.
s. d.	senza data.		

Il nous resterait à signaler quelques abréviations en usage dans les incunables et quelques ouvrages du xvı^e siècle ; elles se rapportent surtout à la langue latine.

Les imprimeurs avaient pour but d'imiter plus parfaitement les caractères des manuscrits qu'ils voulaient reproduire, aussi les graveurs en lettres s'ingéniaient à rendre les abréviations avec la forme même qu'elles avaient sur le manuscrit. On comprend donc que leur nombre est aussi grand que dans les manuscrits et que leur dessin, pour celles identiques et de même valeur, changeait selon les imprimeurs. Nous ne pouvons ici donner un tableau qui les renfermerait toutes et une sélection nous paraît dangereuse.

Bibliog. — Prou (Maur.) : *Manuel de paléographie*, Paris, Picard, 2e éd., 1892, in-8°, chap. II, *Abréviations*, et à la fin de l'ouvrage : *Dictionnaire des abréviations*. — Lefèvre (Th.) : *Guide pratique du compositeur et de l'imprimeur typographe*, nouvelle édition, Paris, Firmin-Didot et Cie, 1883, in-8°, chap. III, p. 113, sq. — Ottino (Gius.) : *Manuale di bibliografia*, Milano, U. Hœpli, 1885, in-16, p. 38, sq. — *Documents relatifs aux bibliothèques universitaires ou des Facultés, suivis de l'instruction générale concernant le service de ces bibliothèques*, Paris, Delalain, s. d., in-8°, broch., p. 44. — Chassant (Alph.) — *Paléographie des chartes et des manuscrits du Xe au XVIIIe siècle*. 6e édit. Paris, Aubry, 1887, in-8°.

Aciérage (*Grav.*). — Procédé consistant à recouvrir d'une couche d'acier impalpable une planche de cuivre sur laquelle la gravure est exécutée au préalable. Le cuivre est recouvert d'un dépôt galvanoplastique de fer ammoniacal. Par cet ajoutage, le métal offre plus de résistance et la planche s'use moins vite au tirage. Inventé par Salomon et Garnier, ce procédé a été perfectionné par Jacquin. Certains artistes se servent encore de plaques d'acier décarbonnées à la surface et rendues malléables après avoir été soumises à une haute température.

Bibliogr. — Lostalot (Alf. de) : *Les procédés de la gravure*, Paris, Quantin, s. d., in-8°, p. 107. — *Dictionnaire de l'Académie*, 1878. — Hatzfeld : *Dict.*

Acotoir (*Pap.*). — Synonyme d'égouttoir (voir ce mot).
Bibliogr. — Le Normand (L. S.) : *Nouveau manuel complet du fabricant de papiers...*, Paris. Roret, s. d., t. II., *Vocabulaire*. (Manuel Roret).

Addition (*Typ.*). — Courte note, date, chiffre, indication sommaire placée en marge, hors de la justification et sans renvoi. (Voyez : *Glose marginale, note marginale, manchette.*
Bibliogr. — *Encyclopédie méthodique*, 2ᵉ édit., Panckoucke. — Bertrand : *Description des arts et métiers*, t. III, p. 591. — *Le grand vocabulaire français*, par une société de gens de lettres, Paris, Panckoucke, s. d., in-4°, I, p. 371. — *Dictionnaire de l'Académie française*, 1762. — Littré, Hatzfeld, etc.

Affiner (*Rel.*). — Coller contre les mors des cartons une bande de papier mince ou même de parchemin, afin de leur donner de la fermeté et d'éviter leur détérioration pendant les diverses manipulations de la reliure.
Bibliogr. — Bertrand (J.-E.) : *Description des arts et métiers*, Neuchâtel, 1777, in-4°, t. VIII, p. 641 (article du *Relieur*, par Dudin). — *Dictionnaire de l'Académie*, 1878. — Littré : *Dictionnaire*. — *Le grand vocabulaire français*. — Bosquet (Em.) : *Traité théorique et pratique de l'art du relieur...*, Paris, Baudry et Cⁱᵉ, 1890, in-8°, *Vocabulaire*. — Lenormant (S.) : *Nouveau manuel complet du relieur*, nouv. édit., par Maigne, Paris, 1879, in-12 (Manuel-Roret), p. 412.

Affleurée (*Pap.*). — Quantité de pâte dont on charge la pile affleurante et qu'on retire après qu'elle a été préparée.
Bibliogr. — Le Normand : Op. cit., *Vocabulaire*.

Affleurer (*Pap.*). — Délayer la pâte à papier dans la pile affleurante avant de l'employer.
Bibliogr. — *Encyclopédie méthodique*, 2ᵉ édit. — Bertrand (art. papier), t. V., 1788, p. 463, sq. — Littré, Hatzfeld.

Affût (*Pap.*). — Cadre de bois qui fait la base de la forme ou moule dont l'ouvrier se sert pour puiser la feuille.
Bibliogr. — Le Normand : Op. cit., *Vocabulaire*.

Aglosse cuivrée (*Aglossa cuprealis*, Hubner). — Lépidoptère dont la chenille attaquerait les reliures des livres, au dire de M. Milière, entomologiste.
Bibliogr. — Mulsant (Et.) : *Les ennemis des livres*, Lyon, 1877, pet. in-8° carré, sig. in-4°, p. 22. — Blades : *Les livres et leurs ennemis*, trad. de l'angl., Paris, Claudin, 1883, in-12.

Aigle (grand) (*Pap.*). — Voy. : *Papier*.

Ais (*Rel.*). — Terme générique désignant toutes les pièces de bois minces servant à l'usage du relieur. Ils se divisent aujourd'hui en *entre-deux* et en *membrures*. Au xviiie siècle, ils comprenaient les ais à endosser, à presser, à rogner de devant, à rogner de derrière, à fouetter. On les fabriquait généralement en bois de hêtre bien poli.

Bibliogr. — Dudin : Op. cit., p. 641. — Bosquet (Em.) : Op. cit., *Vocabulaire*, p. 310. — Littré. — Hatzfeld.

Ajouté (un) (*Typ.*). — Mot, phrase ou partie de phrase n'existant point dans la copie et que l'auteur ajoute à la correction de son épreuve.

Bibliogr. — Lefèvre (Th.) : Op. cit., p. 701.

Albertypie (*Grav.*). — Synonyme de phototypie ; on nomme ainsi un procédé qui permet de transporter un cliché photographique sur une plaque de verre recouverte de chromate de potasse et qu'on impressionne à la lumière. On peut ensuite encrer cette plaque comme une pierre lithographique et tirer des épreuves au rouleau et à l'encre grasse.

Bibliogr. — Lostalot (A. de) : *Les procédés de la gravure*, p. 190.

Aldins (*Typ.*). — Caractères d'imprimerie désignés aujourd'hui sous le nom d'italiques, lettres vénitiennes et qui ont été créées par Alde Manuce. Voyez : *Caractères typographiques*.

Alinéa (*Typ.*). — Première ligne de texte renfoncée d'un cadratin ; par extension, on entend aussi par ce mot un passage, un paragraphe compris entre deux alinéas. Faire un alinéa, remanier un alinéa.

Bibliogr. — Lefèvre (Th.) : Op. cit., p. 700. — *Dictionnaire de l'Académie*, Littré.

Almanach (*Bibl.*). — Nom vulgaire donné au calendrier ou à des ouvrages paraissant périodiquement avec un calendrier en tête ou à la fin. Le premier almanach est celui publié par Jean Muller (Johannes de Monteregio) vers 1475. Une édition de Venise est un des livres les plus anciens sur lesquels on ait mis une date. Rabelais en publia en 1533 portant le titre de : *Almanach calculé sur le* méridien de la noble cité de Lyon. Les livres d'heures renferment souvent des almanachs ; Simon Vostre, Geoffroy Tory en mettaient généralement dans les leurs.

Bibliogr. — Nisard (Ch.) : *Histoire des livres populaires ou de la littérature du colportage...*, Paris, Amyot, 1854, 2 vol. in-8°, t. I, chap. 1er. — Brunet (G.) : *Dictionnaire de bibliologie*, Paris, 1860, 21 q. col.(Coll. Migne).—Champier (V.) : *Les anciens almanachs illustrés*, Paris, Frinzine et Cie, 1885, in-folio. — Pouy (F.) : *Nouvelles recherches sur les almanachs et calendriers à partir du XVIe siècle*, Amiens, 1879, in-8°.

Alphabet (*Typ.*). — Mot formé des deux premières lettres grecques : *alpha*, *bêta*. Il désigne l'ensemble des caractères ou lettres qui servent à composer les mots dans les diverses langues. A l'origine de la typographie, on se servait de caractères gothiques, plus tard, les caractères romains prédominent et le gothique n'est plus utilisé aujourd'hui que dans la langue allemande. Voici un tableau du nombre de caractères typographiques en usage dans la plupart des langues, abstraction faite des signes de ponctuation et autres :

Allemand	26 lettres.	Hebreu	22 lettres.
Anglais	25 »	Himyarite	28 »
Anglo Saxon	26 »	Italien	24 »
Arabe	28 »	Javanais	27 »
Arménien	38 »	Japonais	49 »
Bougui	22 »	Magadha	36 »
Chinois	214 clés.	Mandchou	40 »
Copte	32 lettres.	Mésogothique	25 »
Cunéiformes (Assyrie)	33 »	Mongol	23 »
		Pali	45 »
Dévanagari	51 signes.	Palmyrénien	24 caract.
Espagnol	28 lettres.	Pehlvi	20 »
Etrusque	21 »	Persan	32 »
Ethiopien	182 signes.	Persépolitain	34 »
Français (avec *w*)	26 lettres.	Polonais	24 »
Géorgien	39 caract.	Runique	23 »
Gothique	26 »	Russe	35 lettres.
Grec archaïque	24 »	Samaritain	22 caract.
Guzarati	42 signes.	Syriaque	24 »

Tartare Mongol...	23 lettres.	Tamoul..........	51 signes.
Tartare mandchou (il n'existe plus trace de cette écriture).......	39 lettres.	Thibétain....... Télinga.......... Zend............	40 caract. 51 signes. 42 caract.

Bibliogr. — Lefèvre (Th.) : Op. cit., p. 309 — Daremberg et Saglio : *Dictionnaire des antiquités grecques et romaines*, t. I, art. Alphabetum, par F. Lenormant. — *Notice sur les types étrangers des caractères de l'imprimerie royale*, Paris, 1845, in-fol., 2ᵉ partie. — Berger (Ph.) : *Histoire de l'écriture dans l'antiquité*, Paris, Hachette, 1891, in-8°. — Labouret (A.) : *Notions de typographie orientale. Appendice aux essais progressifs de composition typographique* de V. Breton, Paris, 1893, in-folio.

Ana (*Bibl.*). — Ce mot désigne la réunion de bons mots, de pensées et d'observations sur les personnages célèbres, ou bien les mots et les pensées qu'on leur prêtait. C'est au xviiᵉ siècle que parurent les premiers anas qui eurent une certaine vogue.

Bibliogr. — Peignot : *Répertoire de bibliographie spéciale...*, Paris, 1810. — Beuchot : *Mercure de France*, 1811, t. XLVI, pp. 493-497, t. XLVII, pp. 256-263. — Namur : *Bibliographie des ouvrages publiés sous le nom d'Ana*, Bruxelles, 1839, in-8°.

Anagramme (*Bibl.*). — Transposition de lettres, de mots ou de phrases en plusieurs autres ayant un sens différent ou exprimant une autre idée. Des auteurs célèbres se sont servis de cette forme de mots pour signer leurs ouvrages.

Andouilles (*Pap.*). — Terme désignant les défauts du papier lorsque la pâte s'accumule dans certaines parties de la forme et produit une matière bulbeuse.

Bibliogr. — *Encyclopédie méthodique.* — *Arts et métiers mécaniques*, t. V, 1788, article papier, p. 336.

Anépigraphe (*Bibl.*). — Sans titre ; sans inscription de titre. La plupart des manuscrits sont anépigraphes, les premiers incunables aussi.

Anglet (*Typ.*). — Ouverture d'angle faite à l'extrémité d'un filet destiné à encadrer un tableau, une couverture. Faire un anglet à la lime, au coupoir, au canif.

Bibliogr. — Lefèvre (Th.) : Op. cit. p. 700.

Annotations *Bibliogr.*). — Remarques et observations manuscrites mises en marges des ouvrages imprimés par leurs possesseurs. Certains savants avaient poussé très loin les annotations et ces ouvrages, la plupart dans les bibliothèques, y sont conservés avec beaucoup de soin. Nous nommerons le président de Thou, Huet, La Monnaye, Bossi, Mirabeau, Letronne, Paul-Louis Courrier, Boissonade, etc.

Anonymes. — Sans nom. On désigne ainsi tout ouvrage dont l'auteur n'est pas indiqué par sa signature sur le titre, même s'il signe à la fin d'une préface ou d'une lettre introductive.

Anopistographe. — Se dit des manuscrits et des livres imprimés dont le recto seul porte de l'écriture ou de l'impression. La plupart des rouleaux ainsi que les livres xylographiques sont anopistographes.

Antiquariat (*Bibliogr.*). — Dénomination que des auteurs du xviiie siècle appliquent indifféremment aux Musées, aux collections et à la science des antiquités. Ce mot tombé en désuétude est employé encore en Allemagne pour désigner les libraires dont la spécialité est la vente des livres d'occasion et de vieux ouvrages.

Antiquer sur tranche (*Rel.*). — Appliquer sur la tranche d'un livre des ornements variés.

Bibliogr. — Dupin : p. 641.

Antiques (lettres) (*Typ.*). — Voy. *Caractères d'imprimerie*.

Appel de note (*Typ.*). — Chiffre, lettre, astérisque, ou tout autre signe placé dans le courant du texte et renvoyant à une note correspondante qui se trouve soit au bas de la page, soit à la fin des chapitres ou des volumes.

Bibliogr. — Lefèvre (Th.) : Op. cit. p. 700.

Application (*Typ.*). — Ce mot désigne des vignettes qui peuvent servir d'ornements au milieu d'un filet ou dans les coins.

Bibliogr. — Breton (V.) : *Les vignettes typographiques et leur emploi.* — *Annuaire de l'imprimerie*, par A. Muller, 1894, in-12°, p. 120 sq.

Approbation (*Bibliogr.*). — Acte par lequel le censeur royal, chargé de lire un manuscrit, déclare l'avoir lu et n'y avoir rien trouvé de contraire à la morale et aux lois établies, ce qui aurait pu en empêcher l'impression. On dit encore *Approbatur*. — Les candidats au doctorat en France soumettent encore leur manuscrit à l'*approbatur* du Doyen et au *visa* et au *permis d'imprimer* du Recteur.

Approche (*Typ.*). — En fonderie, on appelle ainsi la distance naturelle qui existe entre les lettres et le blanc nécessaire que porte chacune d'elles. Un caractère est plus ou moins serré d'approche selon que sa forme le comporte. Dans la composition c'est la séparation inopportune de deux lettres, causée par la présence d'un corps étranger ou par une partie saillante de matière provenant bien souvent d'un coup de pointe donné maladroitement à la lettre sur le côté de la frotterie. En Allemagne, au lieu de se servir de lettres italiques pour certaines remarques, on se contente d'espacer l'approche des lettres du double de l'approche ordinaire.

Bibliogr. — Lefebvre (Th.) : Op. cit. p. 700.

Aqua-forte (*Grav.*). — Voy. *Eau-forte*.

Aquatinte (*Grav.*) — Gravure exécutée avec une seule couleur, généralement foncée ou neutre et donnant les différentes tonalités par des dégradations ou des accentuations de teintes.

Armure (*Pap.*). — C'est le papier qui sert à envelopper les rames de papier ; on la fait ordinairement avec des maculatures bleues ou grises suivant l'espèce de papier.

Bibliogr. — Le Normand : Op. cit., *Vocabulaire*.

Arraphique (*Rel.*). — Terme par lequel on désigne une reliure faite sans couture. On l'emploie pour les journaux et les grands in-folio à papier très souple.

Bibliogr. — Bosquet : Op. cit., p. 284. — Lenormand ; op. cit., p. 354.

Assemblage (*Rel.*). — Ce terme désigne la mise en ordre des feuilles imprimées pour en former des volumes. On se guide pour cela sur les signatures placées au bas des feuilles.

Bibliogr. — Bosquet : Op. cit., *Vocabulaire*.

Assortiment (*Typ.*). — Sortes plus ou moins nombreuses de caractères demandées au fondeur pour équilibrer celles qui sont surabondantes dans le bardeau.

Bibliogr. — Lefèvre (Th.) : p. cit., Op. 700.

Autographe. — Ecrit par soi-même ; écrit par la propre main de l'auteur : lettres, documents, mémoires. De nos jours certains amateurs se passionnent pour ce genre de collection et recueillent précieusement les moindres écrits des personnages de marque, anciens ou modernes. Considérés comme manuscrits, on doit procéder pour leur classement des mêmes principes que pour les premiers. L'inventaire devra en être aussi développé que possible, mais la division sera faite selon l'ordre alphabétique des signataires ou supposés tels. On a souvent lancé dans la circulation de faux autographes et bien des collectionneurs s'y sont laissé prendre. La duperie de Vrain-Lucas envers M. Chasles, qui a duré assez longtemps malheureusement, n'est pas oubliée par certains. Pour la rédaction d'un catalogue de ce genre, il faut citer comme modèle ceux qui sortent de la maison Charavey.

Bibliogr. — De Lescure (F.-A.) : *Les autographes et le goût des autographes en France et à l'étranger*, Paris, 1865.

Autographie. — Écriture ou dessin fait au moyen d'une encre grasse sur un papier spécial. Ce dessin ou cet écrit peut être décalqué par une simple pression sur une pierre lithographique qu'on prépare ensuite pour le tirage. A moins d'une habileté extraordinaire et d'une grande sûreté de main les épreuves obtenues sont boueuses et sans netteté.

Avant-lettre (*Grav.*). — Abréviation employée en terme d'artiste pour désigner une épreuve de gravure tirée avant l'indication du sujet et la signature de l'artiste. On dit : *une belle avant-lettre*.

Aviver (*Grav.*). — Rendre plus vive une taille du burin, lui donner du brillant en la creusant avec un outil plus aigu.

Azur (*Pap.*). — Couleur bleue — bleu de Prusse, indigo, oxyde de cobalt, ce dernier encore employé — que les Hollandais et après eux les Français et les Allemands mettaient dans la pâte à papier pour faire disparaître les teintes plus ou moins jaunes ou rouges de certaines pâtes.

Bibliogr. — Le Normand : Op. cit., *Vocabulaire*.

B

Bachat (*Pap.*). — Pièce de bois creusée profondément dans laquelle on pile les chiffons ; elle est appelée aujourd'hui mortier ou pile.

Bibliogr. — BERTRAND : Op. cit., art. *papier*. — LE NORMAND : Op. cit., *Vocabulaire*. — LITTRÉ : *Dict*.

Balle (*Typ.*). — Tampon de forme conique qui, avant l'invention des rouleaux à encrer, était employé pour appliquer l'encre sur les formes composées et prêtes à être tirées. On lui donnait l'apparence d'un entonnoir en bois muni d'une poignée. L'intérieur était rempli de laine recouverte de cuir cru cloué sur les bords.

Balle (*Grav.*). — Les graveurs sur bois se servent encore aujourd'hui d'une balle pour encrer leurs planches lors des tirages d'essai. Sa forme est ronde, en boule, surmontée d'une poignée également sphérique.

Balle (*Pap.*). — Réunion de dix rames de papier emballées.

Bibliogr. — LE NORMAND : Op. cit,, *Vocabulaire*.

Ballon (*Pap.*). — Nom donné à la quantité de papier équivalant à peu près à une rame ou deux porses lorsqu'on le donne au collage.

Bibliogr. — BERTRAND : Op. cit., art. *papier*. — LE NORMAND : Op. cit., *Vocabulaire*.

Barbe (*Pap.*). — Parties terminales d'une feuille de papier tirée à la forme. La pâte arrivant sur les bords de la forme n'offre que de la matière désorganisée et affecte des irrégularités fort prisées par les amateurs de livres à marges pleines auxquelles elles servent de *témoins*. On donne aussi ce nom aux sections opérées avec un couteau à papier lorsqu'on coupe un livre imprimé sur papier vélin, japon ou Whatman. — Dans la *Description des arts et métiers*, on définit les barbes : bords des mains de papier.

Bibliogr. — LE NORMAND : Op. cit., *Vocabulaire*.

Barbe (*Grav.*). — Aspérités laissées par le burin après son passage sur le cuivre.

Bardeau (*Typ.*). — Boîte divisée en compartiments assez semblable à une casse et dans laquelle on dépose les caractères inutiles, les sortes surabondantes.

Bibliogr. — Lefèvre (Th.) : Op. cit., p. 701.

Bardeaude (**casse**) (*Typ.*). — On se sert de cette expression pour désigner la casse dans laquelle certaines sortes de caractères manquent, tandis que d'autres y sont surabondantes ; ce qui la fait ressembler à un *bardeau*, grand casseau destiné à recevoir les sortes surabondantes des casses de chaque caractère.

Bibliogr. : Lefèvre (Th.) : Op. cit., p. 701.

Battée (*Rel.*). — On désigne ainsi la quantité de cahiers d'un ouvrage broché que prend en une fois l'ouvrier batteur afin de réduire le papier et de l'assouplir sur le bloc.

Bibliogr. — Dudin : Op. cit., p. 641. — Bosquet (Em.) : op. cit., p. 52 et *Vocabulaire*.

Battre (*Rel.*). — Action de frapper avec un marteau spécial, fort lourd, à panse très large et légèrement bombée, dont la poignée est courte, sur les cahiers d'un livre afin de les réduire et de les assouplir.

Bibliogr. — Bosquet : Op. cit., p. 52.

Bavocher (*Typ.*). — Imprimer sans netteté ; se dit lorsque le tirage est flou et l'encre mal venue, ou lorsque le contour des lettres est sale, baveux ; se dit encore d'une estampe mal tirée.

Bavochure. (*Typ.*). — Défaut d'un ouvrage bavoché ; les bavochures d'une estampe.

Belle page (*Typ.*). — Page impaire ou recto de feuillet. *Faire tomber les titres, les chapitres, etc., en belle page.*

Bibliogr. — Lefèvre (Th.) : Op. cit., p. 701.

Berceau (*Grav.*). — Instrument du graveur en manière noire ; sorte de ciseau terminé par un biseau aigu que l'on promène — en berçant — sur le métal à graver ; on obtient ainsi une série de pointillés, de grains, de petits trous qui retiennent le noir d'impression. L'épreuve obtenue, après l'emploi du berceau, est d'un noir plus velouté.

Bercer (*Rel.*). — C'est balancer un peu de droite et de gauche les feuillets du livre pour les faire remonter du dos vers la gouttière.

Bibliogr. — Dudin : Op. cit., p. 641.

Bibliatrique. — Mot créé par Boissonade, l'helléniste. Peu usité aujourd'hui. Signifie l'art de restaurer les livres.

Bibliognosie. — Peu usité. Désigne la connaissance des livres, de leur valeur, de leur prix, de leur histoire. On emploie de préférence le mot bibliologie.

Bibliognoste. — Celui qui possède la bibliognosie, la connaissance des livres ; ce mot ne s'emploie plus.

Bibliographe. — La personne qui s'occupe de bibliographie, mais dans un sens restreint, ne s'étendant pas jusqu'à la bibliophilie. Tout bibliothécaire doit être bibliographe, c'est indispensable.

Bibliographie. — C'est la science du livre sous toutes ses formes, au point de vue intrinsèque et extrinsèque ; c'est aussi la science du classement et du catalogage des manuscrits et des livres imprimés. Aussi peut-on diviser la bibliographie en deux parties : la bibliographie pure ou littéraire qui traite de la valeur du contenu des ouvrages, de leur critique et de leurs rapports entre eux, et la bibliographie matérielle ou appliquée qu'on peut partager en bibliotechnie et en bibliologie. La bibliotechnie surtout comporte le classement du livre, son catalogage, sa mise sur les rayons ainsi que l'organisation matérielle d'une bibliothèque ; la dernière partie comprend la description matérielle du livre (voir ces deux mots).

Bibliogr. — Brunet (G.) : Op. cit., col. 74. — *Grande Encyclopédie...* Paris, Ladmirault, in-4°, art. *Bibliographie*, par Grant.

Bibliologie. — Science de l'histoire du livre depuis ses origines jusqu'à nos jours, et de sa connaissance matérielle extérieure et intérieure. Cette partie de la bibliographie s'attache à la description de la matière employée pour faire un livre, aux procédés typographiques et de gravure mis en usage, ainsi qu'à sa reliure et toute autre particularité pouvant le signaler à l'attention des amateurs ou des bibliographes.

Bibliomane. — Terme appliqué à un collectionneur maniaque recherchant une certaine catégorie de livres curieux par leur originalité et leur rareté, sans tenir compte de la partie matérielle du livre.

Bibliomanie. — Bizarrerie du goût de certains amateurs qui recherchent des livres curieux, extraordinaires, mais qui sont bien souvent sans valeur littéraire ou scientifique.

Bibliopée. — Art de faire des livres; peu usité.

Bibliophile — Terme qui désigne l'amateur de livres, au sens intelligent et instruit. On entend par là le collectionneur qui a souci de réunir les beaux livres, remarquables par leur reliure ou la beauté de leur impression, de leur illustration et ornementation typographique. Le bibliophile s'attache trop souvent à l'apparence du livre, à sa reliure ou sa rareté et dédaigne quelquefois la pureté du texte si l'ouvrage est commun.

Bibliogr.— RICHARD DE BURY : *Philobiblion.* — BRUNET (G.) : Op. cit., col. 92. BARBIER : *Bibliothèque choisie d'un homme de goût...*, Paris, 1808-1810, 5 vol. in-8°. — PEIGNOT : *Traité du choix des livres*, Dijon, 1817, in-8°. — JANIN : *L'amour des livres*, Paris, Miard, 1866, in-8°.

Bibliopole. — Synonyme de libraire. Celui qui vend des livres. Terme inusité aujourd'hui.

Bibliotacte. — Celui qui s'occupe exclusivement du rangement des livres sur les rayons et de leur classement. Les garçons de salle sont des bibliotactes.

Bibliotaphe. — Celui qui enterre ses livres et ne les communique à personne. Local d'une bibliothèque où sont placés les ouvrages réservés ; c'est en un mot le cabinet noir.

Bibliotechnie, — Terme qui serait à employer de préférence au mot Bibliothéconomie. Ce mot désigne d'une manière générale tout ce qui touche à la connaissance du livre, à sa manipulation, à son catalogage, à son classement dans les rayons d'une bibliothèque. Il s'applique encore à la connaissance de la création d'une bibliothèque et à son organisation complète, toute matérielle. Ce mot peut et doit s'employer dans le sens le plus large et le plus étendu de la *Bibliographie matérielle*.

Bibliothéconomie. — Mot usité surtout en Allemagne et en Italie. Il est synonyme de bibliotechnie. (Voir ce mot.)

Biblorhapte (*Pap.*). — Néologisme datant d'une trentaine d'années ;

ce mot désigne un cartonnage à fermeture spéciale servant à retenir des fiches, des feuilles volantes, des brochures, selon le format ; sorte de reliure mobile.

Biffer (*Grav.*). — On nomme ainsi l'action d'annuler une planche gravée en la couvrant de traits de burin creusés profondément, mais sans effacer la planche.

Bilboquet (*Typ.*). — Terme typographique désignant des ouvrages de peu d'importance, tels qu'annonces, prospectus, cartes, lettres de faire-part, etc. On le désigne encore sous le nom de travail de ville.

Bibliogr. — Lefèvre (Th.) : Op. cit., p. 701.

Blanchet (*Typ.*). — C'est une pièce de drap, de flanelle, de soie ou de casimir qui garnit le tympan de la presse manuelle afin d'amortir le coup de la platine, diminuer le foulage et garantir l'œil de la lettre.

Bibliogr. — Lefèvre (Th.) : Op. cit., p. 364.

Blanchir (*Typ.*). — Ajouter du blanc dans les titres ou dans les garnitures.

Bibliogr. — Lefèvre (Th.) : Op. cit., p. 701.

Blancs (*Typ.*). — On appelle ainsi en fonderie les espaces, demi-cadratins, cadratins et cadrats.

On dit qu'un caractère *porte sur blanc* lorsque l'œil du caractère se trouve dans une proportion relativement inférieure au corps.

Les interlignes, les réglettes et les lingots forment une seconde espèce de blancs destinés à prolonger l'étendue verticale de la composition.

En composition on appelle *blancs* l'intervalle que l'on met entre les lignes de titres en sus de l'interlignage ordinaire.

Dans l'imposition, les fonds et les têtières s'appellent les *petits blancs* et les marges extérieures et de pied les *grands blancs*.

Bibliogr.— Lefèvre (Th.) : Op. cit., p. 701.

Blatte germanique. — Orthoptère.

Blatte orientale. — Orthoptère. Insecte réputé nuisible aux livres ; le *kakerlac*, de la même famille, cause de sérieux ravages dans les bibliothèques d'Amérique.

Bibliogr. — [Mulsant (Et.)] : *Les ennemis des livres*, Lyon, 1879, pet. in-8°, carré, signé en in-4°, p. 23.

Blocage (*Typ.*). — Lettre retournée provisoirement et mise avec intention à la place d'une autre. *Cette feuille contient du blocage.*

Bibliogr. — Lefèvre (Th.) : Op. cit., p. 701.

Bloquer (*Typ.*). — Remplacer par des lettres de même épaisseur en les retournant le cran en dessus, celles qui sont momentanément épuisées dans une fonte.

Bibliogr. — Lefèvre (Th.) : Op. cit., p. 701.

Blaireau (*Grav.*) — Pinceau spécial, à poils très doux utilisé par les graveurs pour nettoyer les planches de cuivre gravées et en enlever les grains de poussière.

Bois (*Grav.*). — Par abréviation, se dit d'une gravure sur bois. Pour graver on se sert de bois qui n'est pas poreux, dont les fibres sont serrées et fermes, tel que le cormier, le poirier, le pommier et surtout le buis dont le grain est d'une grande finesse et d'une ténacité excessive. Aussi se sert-on de ce dernier pour les travaux qui exigent un grand soin.

Bois (*Typ.*). — On comprend sous cette dénomination générale toutes les parties en bois qui servent à garnir une forme (les *biseaux, réglettes, feuillets, coins*; etc.); mais rigoureusement on n'appelle ainsi que les caractères d'une certaine épaisseur, comme le 36, le 40, le 48, le 72, le 96 points.

Bois habillé. — Toute gravure (bois, cliché ou galvano) qui a du texte sur une ou plusieurs de ses faces.

Bois (*Emploi du*) *dans les Bibliothèques.* — Les bois à employer dans la confection des rayonnages et dans la fabrication du mobilier d'une bibliothèque, doivent être bien secs et durs afin d'éviter ce qu'on nomme « le travail du bois » et aussi pour écarter les insectes. Les bois de luxe : acajou, palissandre, ébène, bois de rose, tuya ne peuvent guère être employés dans une bibliothèque publique à cause de leur prix élevé ; il faut les laisser aux amateurs qui peuvent obtenir par un mélange combiné de diverses essences de bois des meubles et des corps de bibliothèque d'une richesse excessive. Le chêne blanc, l'yeuse ou chêne vert si l'on peut, le noyer, le frêne sont des bois choisis de préférence pour faire les rayonnages; on peut encore employer le poirier, le pitchpin, le pin, le sapin qui conviennent à des ressources plus modestes.

Voici quelques détails sur ces bois : *Le Buis (euphorbiacée)*. C'est le plus dur et le plus compact de nos bois d'Europe ; cet arbuste nous vient surtout de l'Orient ; on en distingue deux sortes : le vert et le jaune ; le premier est le plus facile à travailler. On l'emploie beaucoup dans la gravure sur bois (voir le mot : *gravure*). — *Le Cèdre* (*conifère*) est originaire des régions montagneuses de l'Asie où il arrive à une très grande taille. Son bois est d'une grande finesse, mais trop tendre pour recevoir un beau poli ; son odeur agréable mais forte, éloigne les insectes ; il dure très longtemps. — *Le Chêne* (*cupulifère*) est un bois tenace et de longue durée. Il s'emploie beaucoup dans toutes les industries, mais il ne faut pas qu'il soit trop jeune, son aubier tenant trop de place alors. Trop vieux, son bois est noir, gras sous l'outil, cassant et sujet à la vermoulure. Pour la belle menuiserie on l'emploie après une submersion de deux ou trois ans, car son grain devient plus fin après dessication. Le chêne vert (*l'yeuse, quercus ilex*) est encore plus dur et plus difficile à travailler que le chêne ordinaire (*quercus robur, sessilis*, etc.) — *Le Frêne* (*jasminée*) est le plus élastique de tous nos bois. Il est blanc avec un grain moyen et peut être employé pour la confection des échelles de bibliothèques. — *Le Hêtre* (*amentacée*) casse facilement et manque d'élasticité ; malgré sa facilité d'être travaillé à contre fil et sous toutes ses faces, il doit être prohibé des bibliothèques ayant l'inconvénient d'être piqué par les insectes. — *Le Noyer* (*juglandacée*) présente de belles veines et une teinte agréable, mais doit être employé avec circonspection dans les bibliothèques à cause du piquage auquel il est sujet. — *Le Pin* (*conifère*). C'est un bois blanc et léger, peu employé dans l'industrie à l'exception des planches très résineuses dont on fait des meubles. Bien qu'il soit très résistant et que les insectes ne l'attaquent pas, il est bon de ne l'utiliser dans les bibliothèques que pour les montants ; la résine qu'il dégage pouvant gâter les livres. — *Le Poirier* (*pomacée*), à cause de la finesse de son grain et du beau poli mat que peut prendre son bois, peut être utilisé pour l'ébénisterie, la sculpture et la menuiserie fine ; mais il ne faut l'employer que très sec parce qu'il diminue beaucoup de volume. — *Le Sapin* (*conifère*) est le plus utile et le plus employé de nos bois dans la grosse charpenterie et la menuiserie ordinaire. Dans la boiserie des bibliothèques, on ne peut le prendre que provisoirement, car il est spongieux et ne peut recevoir aucun poli.

Bibliogr. — *Dictionnaire technologique...*, Paris, 1822, in-8°, t. 3, p. 250, sq. — Laboulaye : *Dictionnaire des arts et manufactures...*, 6ᵉ édit., Paris, 1885, gr. in-8°, t. I, article : *Bois*.

Boiteuse (*Typ.*). — On appelle ainsi la colonne d'une page qui n'est pas de même longueur que les autres s'il y en a plusieurs.

Bibliogr. — Lefèvre (Th.) : Op. cit., p. 701.

Bon à mettre en page (*Typ.*). — Épreuve en placard tirée à la brosse ou typographiquement sur laquelle les premières corrections ont été effectuées, et qui doit être ensuite tirée en feuilles.

Bon à tirer (*Typ.*). — C'est l'épreuve en pages corrigée par l'auteur, et sur laquelle il a porté la note : *Bon à tirer*.

Bord du carton (*Rel.*). — Ce terme désigne l'extrémité de la coupe du carton, tant à la tête et à la queue, qu'au côté opposé au dos.

Bibliogr. — Dudin : Op. cit., p. 611, 641.

Border (*Grav.*). — C'est entourer de cire malléable, de manière à former un bourrelet, les planches de grande dimension qu'on ne peut plonger dans la cuvette, mais sur lesquelles on verse directement l'acide à mordre.

Boule de vernis (*Grav.*). — On nomme ainsi l'enveloppe de soie affectant la forme d'une boule et renfermant le vernis des graveurs. Ils promènent cette boule sur la plaque chauffée.

Bourdon (*Typ.*). — On appelle ainsi l'omission, faite par le compositeur, d'un mot, d'une phrase, etc., de la copie qu'il compose.

Bibliogr. — Lefèvre (Th.) : Op. cit., p. 702.

Boustrophédon (*Écriture*). — Écriture qui part alternativement de gauche à droite et de droite à gauche. Les Grecs écrivaient à l'origine de la sorte.

Bibliogr. — Berger (Ph.) : *Histoire de l'écriture dans l'antiquité*, Paris, 1891, in-8°.

Bouteilles (*Pap.*). — C'est un défaut dans le papier occasionné par une bulle d'air enfermée entre la pâte et la feuille couchée; la pâte s'écarte et enlève de l'épaisseur à la feuille.

Bibliogr. — Le Normand : Op. cit., *Vocabulaire*.

Bradel (*Rel.*) — Nom d'un relieur français vivant au commencement de ce siècle et qui mit à la mode des reliures à dos brisé dont les plats et même le dos, souvent, sont recouverts de toile ou de papier; on dit : *un livre relié à la Bradel.*

Bibliogr. — Bosquet (E.) : Op. cit., p. 168.

Broché (livre) (*Rel.*). — Se dit d'un livre dont les feuilles, au sortir de l'imprimerie, ont été pliées, cousues sommairement par cahiers et recouvertes d'une couverture en papier, collée au dos.

Brochure (*Typ.*). — On applique ce nom aux ouvrages qui n'atteignent pas dix feuilles, in-quarto ou in-octovo. Bibliographiquement, une brochure est un ouvrage qui n'atteint pas 100 pages, au-dessous et jusqu'à 50 pages elle peut se nommer *une plaquette.*

Brunissoir (*Grav.*). — Outil en acier, de forme variée, mais ne présentant jamais d'arêtes vives. On s'en sert pour brunir la plaque avant de graver ainsi que pour effacer les traits peu profonds.

Burin (*Grav.*). — Instrument de forme spéciale, à arête très aiguë, servant à graver sur cuivre. — Par extension, pour dénommer une belle gravure, on dit : *c'est un beau burin.*

C

Cabochons (*Grav.*). — Très petite vignette gravée en relief ou sur bois, qui sert d'en-tête ou de cul-de-lampe aux articles de journaux. On l'emploie aussi pour séparer les alinéas.

Cadrat (*Typ.*). — Pièce de fonte, moins haute que les lettres, mais de même corps, servant à compléter les lignes où la lettre ne remplit pas la justification. En général on l'emploie à remplir les vides de toute espèce qui peuvent se trouver dans une page.

Cadratin (*Typ.*). — C'est un cadrat qui est aussi épais que la largeur du corps.

Cadratin (Demi-) (*Typ.*). — Petit cadratin de la largeur d'un chiffre.

Bibliogr. — Lefèvre (Th.) : Op. cit. p. 81.

Cadre (*Typ.*). — Filets taillés en anglets et servant à encadrer la composition.

Cadre (*Pap.*). — Châssis formant rebord autour de la forme afin de retenir la pâte lorsqu'on la fait égoutter.

Cahier (*Typ.*). — Assemblage de plusieurs pages (toujours au-dessus de quatre) portant une signature distincte. » Ainsi l'in-8°, et l'in-12, imposé à la française, ont deux cahiers égaux — l'in-18 est en deux cahiers, l'un de 24 pages (le grand cahier), l'autre de 12 pages (le petit cahier), l'in-18 peut être encore de trois cahiers à 12 pages chacun.

Cahier (*Rel.*). — En terme de reliure on donne aussi le nom de *gros cahier* à la partie la plus considérable de la feuille, pour les in-12, imposition hollandaise, les in-18, les in-24, etc. — la plus petite partie s'appelle *petit cahier* ou *feuilleton*.

Bibliogr. — Lefèvre (Th.) : Op. cit., p. 702. — Dupin : Op. cit., p. 642.

Calame. — Roseau dont l'un des bouts est taillé en biseau en forme de bec de plume avec lequel on écrivait sur le papyrus et le parchemin ; on se servait aussi de plumes d'oiseaux : corbeau, aigle, oie.

Calcographe (*Grav.*). — Instrument servant à faciliter le tracé des images fournies par la chambre claire et celui des dessins représentant des objets vus en perspective.

Calligraphie. — Art de bien écrire. Dans l'antiquité on désignait sous ce nom l'occupation des scribes qui rédigeaient sans aucune abréviation les manuscrits écrits d'abord avec des notes, dans le genre des notes tyroniennes. — Au moyen âge ce mot avait pris la désignation sous laquelle nous le connaissons ; il existait dans les couvents d'habiles calligraphes. Nicolas Jarry est un des plus célèbres calligraphes français (né en 1620, mort en 1663) ; il est surtout connu par *la Guirlande de Julie* et *l'Office de la bienheureuse Vierge Marie*.

Bibliogr. — Montfaucon ; *Palæographia*, liv. I, cap. 8, liste des calligraphes. — Denis (Fer) : *Histoire de l'ornementation des manuscrits*. 2ᵉ édit., Paris, 1879, gr. in-8°.

Calque (*Grav.*) — C'est une reprise d'un dessin, trait pour trait, faite au moyen d'un papier transparent appuyé sur le dessin lui-même. L'artiste n'a qu'à suivre avec un crayon ou une plume sur le papier à calquer les lignes du dessin. Il est surtout nécessaire pour les graveurs qui n'ont plus qu'à reporter leur calque sur le bois ou le métal et à suivre, avec le burin ou l'échoppe, les lignes indiquées.

Camaïeu (*Grav.*) — On nomme ainsi des épreuves d'un dessin tirées en couleur, mais avec une encre d'une seule tonalité ; la gradation des tons est obtenue par le travail des hachures.

Cambrer les cartons (*Rel.*). — C'est donner aux cartons une forme cintrée (convexité extérieure) de manière à ce que les bords pincent davantage les feuilles du livre une fois relié. Les livres ne sont plus cambrés de nos jours ; la fermeture parfaite du livre s'obtient : 1º par le battage qui rassemble bien le papier ; 2º par la couture qui doit être en rapport avec le genre de papier employé ; 3º par une judicieuse mise en presse.

Bibliogr. — Dudin : Op. cit., p. 255, 642. — Bosquet : Op. cit., p. 311. — Lenormand : Op. cit., p. 413.

Caractères typographiques. — Terme générique qui comprend les différentes espèces de lettres en usage dans l'imprimerie. Le plus usité des caractères est celui dit *romain* dont les lettres sont droites ; il fait le fond de tous les ouvrages imprimés en Europe : pays allemands, slaves, grec et turc exceptés ; le caractère italique a ses lettres penchées comme l'écriture. Selon leur hauteur en points, les lettres prennent le nom de gros ou de petits caractères. — Les premiers caractères employés en typographie étaient les lettres gothiques, tantôt anguleuses, hérissées de traits et de points, tantôt aux contours un peu arrondis, sans traits superflus ; ils prenaient le nom de lettre de forme (*black-letter*), lettre de somme. Jenson, en Italie, créa le caractère romain, Alde Manuce fit fondre les lettres italiques qu'on nommait aussi caractères aldins. Puis vinrent ensuite les caractères gravés par Garamont et dénommés depuis elzeviers, par suite de l'emploi que ces imprimeurs en firent. Les types de Didot sont moins agréables à l'œil que ceux de Garamont. Nous nommerons encore les types créés par Bodoni, Baskerville, Unger de Berlin, etc...

Les *caractères de civilité* fort à la mode au milieu du xvɪᵉ siècle ont été inventés, dit-on, par Granjon, qui obtint de Henri II, en 1557, un brevet pour leur emploi exclusif.

Aldins ou *italiques*. — Alde l'Ancien fit graver ce type par François de Bologne et l'utilisa pour la première fois en 1501, pour l'impression d'un Virgile. Ils se distinguent des autres en ce que l'axe et la direction des lettres obliquent légèrement à droite. Ces caractères inclinés dans le sens de l'écriture anglaise sont employés aujourd'hui pour attirer l'attention du lecteur ; ils remplissent l'office des mots soulignés dans les manuscrits.

Antiques (*Lettres*). — Caractères d'épaisseur uniforme dont les pleins ne sont pas terminés par des barres finales.

Capillaires (*Lettres*). — Lettres très maigres où les pleins et les déliés ne diffèrent pas entre eux.

Capitales. — Lettres majuscules romaines ; elles excèdent à peu près de la moitié le corps de la lettre ordinaire ; elles suivent son alignement par le bas et par le haut celui de son prolongement supérieur. Les petites capitales ne sont guère plus grandes que les lettres ordinaires.

Cicero. — Type de caractère appelé ainsi de ce que Sweynheim et Pannartz l'employèrent pour leur première édition des *Epistolæ familiares* de Cicéron, imprimées en 1467. — Ce terme désigne aujourd'hui un caractère de onze points.

Egyptiennes (*Lettres*). — Elles ressemblent assez aux lettres antiques, mais les déliés et les pleins sont lourds et épais.

Normandes (*Lettres*). — Ces caractères sont un peu écrasés, aux pleins très massifs tandis que les déliés subsistent toujours. Ce type sert surtout pour des mots à mettre en vedette, ainsi que pour les titres.

Saint-Augustin (*Lettres de*). — Type de caractères qui a servi pour la première fois dans l'édition de Saint Augustin imprimée à Bâle en 1506 par Jean d'Amerbach.

Caractères de fantaisie. — On désigne ainsi tous les types qui n'affectent pas une forme classique, tels sont l'anglaise, la ronde, l'égyptienne, la normande, la prismatique, etc.

Voici maintenant, d'après Lefèvre, la dénomination des caractères par points avec leur ancienne appellation :

Force de corps.	Ancienne dénomination.	Force de corps.	Ancienne dénomination.
Trois	Diamant.	Vingt et un ou vingt-deux	Gros-parangon.
Quatre	Sédanoise.	Vingt-quatre	Palestine.
Cinq	Parisienne.	Vingt-huit ou trente-deux	Petit-canon.
Six	Nonpareille.	Trente-six	Trismégiste.
Sept	Mignonne.	Quarante ou quarante-quatre	Gros-canon.
Sept et demi	Petit-texte.	Quarante-huit ou cinquante-six	Double-canon.
Huit	Gaillarde.	Soixante-douze	Triple-canon.
Neuf	Petit-romain.	Quatre-vingt-seize	Grosse-nonpareille.
Dix	Philosophie.		
Onze	Cicéro.		
Douze ou treize	Saint-Augustin.		
Quatorze	Gros-texte.		
Quinze ou seize	Gros-romain.		
Dix-huit ou vingt	Petit-parangon.		

Il nous reste à dire que les types de caractères se mesurent toujours par points et que le point vaut environ quatre dixièmes de millimètre.

Nous donnons un spécimen des différents types de lettres :

BIBLIOGRAPHIE.
Bibliographie.
Bibliographie,

BIBLIOGRAPHIE.
Bibliographie.
Bibliographie.

BIBLIOGRAPHIE.
Bibliographie.
Bibliographie.

BIBLIOGRAPHIE.
Bibliographie.
Bibliographie.

BIBLIOGRAPHIE
Bibliographie.
Bibliographie.

} Non-pareille.
} Mignonne.
} Gaillarde.
} Petit romain.
} Philosophie.

BIBLIOGRAPHIE
Bibliographie.
Bibliographie.

BIBLIOGRAPHI.
Bibliographie.
Bibliographie.

BIBLIOGRAPHI.
Bibliographie.
Bibliographie.

BIBLIOGRAP.
Bibliographie.
Bibliographie.

} Cicéro.
} Saint-Augustin.
} Gros-texte.
} Gros-romain.

Caractères Elzévirs

BIBLIOGRAPHIE. Bibliographie. *Bibliographie.*	} Non-pareille.	BIBLIOGRAPHIE Bibliographie. *Bibliographie.*	} Philo-sophie.
BIBLIOGRAPHIE. Bibliographie. *Bibliographie.*	} Mignonne.	**BIBLIOGRAPHIE.** Bibliographie. *Bibliographie.*	} Saint-Augustin.
BIBLIOGRAPHIE. Bibliographie. *Bibliographie.*	} Gaillarde.	BIBLIOGRA.	} Gros romain.
BIBLIOGRAPHIE. Bibliographie. *Bibliographie.*	} Petit romain.	**BIBLIOGR.**	} Gros gros romain. texte.

Caractères de Fantaisie

BIBLIOGRAPHI. **BIBLIOGRAPHIE.**	} Antiques.	**BIBLIOGRAPHIE.** **Bibliographie.**	} Normandes.
BIBLIOGRAPHIE. Bibliographie.	} Égyptiennes.	**BIBLIOGRAPHIE.** **Bibliographie.**	} Alsaciennes.
BIBLIOGRAPHIE. **Bibliographie.**		BIBLIOGRAPHIE. Bibliographie.	} Capillaires.

Bibliogr. — Lefèvre (Th.) : Op. cit., chap. I, II, XIII. — *Spécimens typographiques de l'Imprimerie royale.* — Paris, 1845, in-folio, première partie.

Carte (*Rel.*). — Morceau de papier fort ou de carton mince placé entre la peau et le dos du livre dans les reliures à dos brisé. La carte est libre ou fixe selon qu'elle est collée ou non sur le dos du livre.

Bibliogr. — Bosquet : Op. cit., p. 112.

Cartes à jouer. — Leur histoire se rattache à celle de la xylographie, à cause du procédé de leur fabrication. Jusqu'en 1400 elles se fabriquaient au moyen de patrons découpés à jours, à travers lesquels on traçait les traits qu'on enluminait ensuite ; mais depuis le XVe siècle on gravait sur bois en relief les images des cartes que l'on reproduisait ensuite par impression. La première mention qui en est faite se trouve dans le roman du *Renard contrefait*, qui date de 1328.

Bibliogr. — BULLET : *Recherches historiques sur les cartes à jouer*. Lyon, 1757, in-8°. — SINGER : *Researches in to history of playing cards*, London, 1816, in-4°. — LEBER : *Etudes historiques sur les cartes à jouer*. (Mémoires des antiquaires de France, t. XVI, p. 256 à 384). — DUCHESNE aîné : *Jeux de cartes tarots et de cartes numérales du XIVe au XVIe siècle*, Paris, 1844, pet. in-fol. — GARNIER (J.-M.) : *Histoire de l'imagerie populaire et des cartes à jouer à Chartres*, Paris, 1869, in-8°. — BRUNET (GUST) : *Dictionnaire de bibliologie catholique*, art. Cartes à jouer, I, col. 383 (Collect. Migne). — LALANNE (LUDE) : *Les curiosités bibliographiques*. Paris, 1857, pet. in-8° p. 58 et 384. — LACROIX (P.) : *L'origine des cartes à jouer*. (Bulletin du bibliophile, décembre, 1835, in-8°.)

Cartes géographiques. — La plus ancienne carte connue est celle dite de Peutinger, dont il n'existe qu'une copie fragmentaire à Vienne, qui aurait été faite par un moine de Colmar en 1265. Selon le système employé par les Romains, la carte est comprimée et se développe horizontalement ; sa date approximative serait entre 220 et 270. Marc Velser en publia quelques fragments à Venise en 1591 ; de Scheyb, à Vienne, la publia en entier en 1753. Ernest Desjardin en avait entrepris la reproduction annotée ; il en fit paraître en 1872 les segments restants, mais l'introduction ne fut pas pas finie. Enfin l'Académie de Vienne en donna un fac-similé en héliogravure qui forme un album grand aigle de 10 planches. — Fra Mauro est le plus célèbre cartographe du XVe siècle. Le premier ouvrage imprimé renfermant des cartes géographiques est la *Cosmographie de Ptolémée*, Rome, 1478, un in-folio de vingt-sept cartes gravées par Arm. Buckinck.

Bibliogr. — JOMART : *Monuments de la géographie...*, Paris, Duprat 1862, g. 4°. — SANTAREM (Vte DE) : *Essai sur l'histoire de la cosmographie et de la cartographie pendant le moyen âge*. Paris, Maulde et Renou, 1849-1852, 3 vol. in-8°.

Carton (*Bibliot.*). — Désigne une feuille ou une fraction de feuille imprimée après coup et destinée à remplacer, dans un volume imprimé, un fragment équivalent défectueux ou dont le texte est remanié. Les notes additionnelles imprimées sur une feuille volante, destinée à être intercalée à la suite d'une page ou dans le cours d'un volume imprimé, portent le même nom. On appelle aussi carton les cartes de détails placées dans les angles d'une grande carte géographique.

Carton (*Rel.*). — C'est la matière employée pour former les plats de la reliure. Le carton est formé, soit d'une pâte à papier plus grossière, soit par l'assemblage de plusieurs feuilles de papier ordinaire qui adhèrent entre elles au moyen d'une pression faite pendant que le papier est encore humide. Pour obtenir une bonne reliure, il ne faut se servir que du carton gris ou bleuté, le carton paille, subissant les influences hygrométriques, se gondole ou se dessèche.

Carton (*Typ.*). — On donne le nom de carton à quatre pages d'un format quelconque (excepté l'in-folio et l'in-quarto où ces pages forment une feuille ou une demi-feuille), qui se composent d'un seul morceau de papier que l'on plie en deux : *Carton de titre, de fin, intercalaire*, etc.

Cartonnage (*Rel.*). — Endos ou couverture de livres dont les plats et le dos sont formés de carton mince, ou même les plats seulement, le dos étant recouvert de toile, de percaline ou de papier. Il existe les emboîtages, les cartonnages à la Bradel et les cartonnages classiques.

Bibliogr. — Bosquet : Op. cit., pp. 168, 180.

Casse (*Typ.*). — Double compartiment en forme de boîte basse avec divisions intérieures qui servent à renfermer les caractères d'imprimerie. Elle est partagée en deux parties, *en haut et bas de casse*. Dans le bas de casse sont placés les types de lettres d'un usage courant, dans le haut de casse se trouvent les lettres employées moins souvent. La casse française, telle qu'elle est encore un usage dans la plupart des imprimeries, se compose de la manière suivante d'après Lefèvre :

A	B	C	D	E	F	G	A	B	C	D	E	F	G
H	I	K	L	M	N	O	H	I	K	L	M	N	O
P	Q	R	S	T	V	X	P	Q	R	S	T	V	X
â	ê	î	ô	û	Y	Z	v	J	W	Ŷ	R̂	Y	Z
o	e	r	l	m	;	W	É	È	Ê	Æ	OE	Ç	!
à	è	ì	ò	ù	)	§	é	è	ê	æ	oe	ç	?
«	»	U	J	j	]	—	fl	ä	ë	ï	ö	ü	

Haut de casse

*	ç	é	-	'	1	2	3	4	5	6	7	8
...	b	c	d	e	s	esp. 2 p.	f	g	h	9	0	
z									esp. 1. 1/2	w	k	1/2 cadr.
y	l	m	n	i	o	p	q		esp. 1 p.	fi	:	cadratins
x	v	u	t	espaces	a		r	.	,		cadrats	

Bas de casse

Bibliogr. — Lefèvre (Th.) : Op. cit., p. 204.

Casser la battée (*Rel.*). — Se dit quand le batteur, ne dirigeant pas bien son marteau, des feuilles se trouvent coupées. Expression qui ne paraît plus usitée aujourd'hui puisqu'on ne lit que : *couper la battée.*

Bibliogr. — Dudin : Op. cit., p. 642. — Bosquet : Op. cit., p. 52.

Cassetins (*Typ.*). — Ce sont les divisions intérieures de la casse ;

elles varient selon l'alphabet de la langue, les signes de ponctuation et de séparation que l'on emploie. En français le bas de casse renferme cinquante-quatre cassetins, le haut de casse quatre vingt-dix-huit.

Bibliogr. — Lefèvre (Th) : Op. cit., chap. I, XIII.

Cassetin du diable (*Typ.*). — Cassetin libre de la partie droite inférieure du haut de casse, destiné, à tort, à recevoir provisoirement les lettres gâtées.

Bibliogr. — Lefèvre (Th.) : Op. cit., p. 713.

Censure. — Au point de vue administratif, la censure est l'examen des écrits, des dessins, etc., que l'autorité ecclésiastique ou civile exige de tout auteur ou de tout imprimeur avant de permettre l'apparition et la circulation de cet écrit. A l'origine l'autorité ecclésiastique était seule à interdire certains écrits. — La censure fut établie en France pour la première fois à la fin du XIIIe siècle par Philippe le Hardi. Une ordonnance de ce roi plaçait les libraires de Paris sous la surveillance de l'Université, autant pour empêcher la propagation des mauvais livres que pour éviter la circulation de copies fautives ; d'où obligation pour les libraires de prêter serment ; mais on ne peut pas encore appeler cela la censure, car elle ne fut réellement effective qu'après l'invention et la propagation de l'imprimerie. — Avec les statuts de l'Université de 1323, il y eut une nouvelle réglementation sur la censure. Dans une bulle donnée en 1501, Alexandre VI ordonne que tout livre imprimé sera soumis à l'examen des évêques et des prélats ; le Concile de Latran (1515) décida la même chose. En Angleterre, la Chambre étoilée organisa aussi un système de censure en 1637. — François Ier rendit une ordonnance sur la même matière en 1521. En 1542, le Parlement émet un arrêt contre les livres aux opinions calvinistes et publie un index des livres défendus. En 1547, un édit de Henri II oblige l'auteur et l'imprimeur d'apposer sur les livres qu'ils impriment ou qu'ils éditent leurs *noms, surnoms, marques et enseignes de libraires*. Les imprimeries clandestines sont interdites par un arrêt du 27 juin 1551. — Un édit de Louis XIII charge les docteurs en théologie de l'examen des ouvrages nouveaux et le chancelier peut choisir, à partir de 1629, la personne qui lui conviendrait pour cet examen. La vraie censure date de cette époque, car l'auteur ou l'imprimeur étaient tenus de déposer deux exemplaires manuscrits de l'ouvrage dont l'un restait entre les mains des censeurs qui constataient après l'impression si aucun changement n'avait été fait *post approbatur*. En 1741, on nomma des censeurs royaux. La censure fut supprimée en 1791 ; mais rétablie en 1803, elle fut régularisée par un décret du 5 février 1810. Puis vinrent les diverses lois sur la presse (6 juillet 1814, etc.).

Bibliogr. — Cucheval-Clarigny : *Histoire de la presse en Angleterre et aux Etats-Unis*, Paris, 1857, in-12. — Andrieu (Jules) : *La censure et la police des livres en France sous l'ancien régime*, Paris 1884, in-12. — Lottin (Augustin-Martin) : *Catalogue chronologique des libraires et des libraires-imprimeurs de Paris*. Paris, 1789, 2 parties in-8º. — Rousset (Gust.) : *Code général des lois sur la presse et autres moyens de publication*, Paris, 1869, in-8º. Merson (Ern.) : *La liberté de la presse sous les divers régimes*, Paris, 1874, in-8º.

Centons (*Bibliot.*). — On donne ce nom à des morceaux de poésie composés d'hémistiches, de vers entiers ou de passages pris dans un ou plusieurs auteurs et réunis de manière à former un sens fort éloigné de celui qu'ils présentaient primitivement.

Bibliogr. — Brunet (G.) : *Dict. bibliogr.* col. 660.

Chainette (*Rel.*). — Couture initiale et finale en tête et en queue du volume faite pour arrêter les fils pendant la couture et affectant la forme d'une petite chaîne. La chaînette existe même dans les livres cousus sur nerfs ou sur rubans.

Bibliogr. — Lenormant : Op. cit., p. 134, 417. — Bosquet : Op. cit., p. 311.

Chalcographe (*Grav.*). — Terme particulier sous lequel on désigne les graveurs en taille-douce.

Chalcographie (*Grav.*). — Art de graver sur métaux. — Collection d'œuvre gravées. — Etablissement ou se tirent les gravures et où on les conserve. — *La chalcographie du Louvre*.

Chalcotypie (*Grav.*). — Procédé de gravure en relief sur cuivre inventé en 1851, par l'allemand Heims.

Chaperons (*Pap.*). — Défaut du papier présentant l'apparence d'égratignures et provenant du frottage du papier contre les cordes lors de l'étendage.

Bibliogr. — Le Normand : Op. cit. *Vocabulaire*.

Chapiteau (*Rel.*). — Petit noyau de la tranchefile double.
Bibliogr. — Dudin : Op. cit., p. 642. — Lenormand : Op. cit., p. 162.

Charbon de saule (*Grav.*). — Ce charbon, taillé en biseau et imprégné d'huile, sert à user, par le frottement, la surface d'une planche de cuivre aux endroits où l'on veut baisser de ton et rendre les traits moins vigoureux.

Charge (*Pap.*). — Terme sous lequel on désigne les matières minérales telles que talc, kaolin, sulfate de chaux, qu'on ajoute à la pâte à papier pour lui donner du poids.

Charnière (*Rel.*). — Le mors du livre. Les relieurs de Lyon ou qui font la reliure à la lyonnaise donnent le nom de charnière aux *mors du livre*.
Bibliogr. — Dudin : Op. cit., p. 642.

Chasse (*Rel.*). — Se dit des parties du carton qui débordent le livre et auxquelles on donne du jeu afin de pouvoir mettre les cartons au niveau de la tête et de la queue au moment du rognage ; lorsque le livre a été rogné, on assujettit fortement les cartons.
Bibliogr. — Bosquet : Op. cit., p. 311.

Chasser (*Typ.*). — Expression employée pour indiquer qu'il entre moins de lettres à la ligne, à la page, à la feuille, de tel caractère comparativement à tel autre, quoique de même justification. On dit que le *dix* chasse plus que le *neuf* et que celui-ci chasse plus que le *huit*. — Un manuscrit *chasse* lorsque l'écriture en est serrée, minutée ; il *perd* lorsque l'écriture en est large.
Bibliogr. — Lefèvre (Th.) : Op. cit., p. 703.

Chevaucher (*Typ.*). — On dit que les mots chevauchent lorsqu'ils manquent d'alignement par suite d'un corps étranger qui se serait glissé en dessous ou parce qu'une des lettres est d'un corps supérieur. Il arrive que les fins de lignes se mettent à cheval sur les précédentes à la suite d'un réglage irrégulier.
Bibliogr. — Lefèvre (Th.) : Op. cit., chap. XIII.

Chiffes. — Nom donné aux fragments d'étoffe hors d'usage qui doivent servir à la fabrication du papier. On a cru longtemps que les premiers papiers étaient exclusivement faits de chiffons de coton, c'est une erreur que les travaux de Briquet, Wiesner ont absolument démontrée. Dans l'analyse qu'on a faite des divers papiers, on a trouvé seulement du chanvre et du lin.

Chiffres (*Bibliot.*) — Signes de la numération qui servent en typographie à numéroter les feuillets et les pages, à mettre les dates au bas du titre et les signatures au commencement des cahiers ou des parties de cahiers. Nos chiffres actuels dérivent des chiffres arabes, mais avec une variante de forme. — Les chiffres grecs s'expriment au moyen d'une lettre de l'alphabet surmontée d'un accent ou d'un signe.

Les latins employaient comme signe de numération les capitales suivantes I, V, X, L, C, D, M, dont les combinaisons pouvaient produire tous les nombres désirables.

NUMÉRATION GRECQUE

1 — α'		50 — ν'	
2 — β'		60 — ξ'	
3 — γ'		70 — ο'	
4 — δ'		80 — π'	
5 — ε'		90 — ϟ' ou Ϟ'	
6 — Ϛ'		100 — ρ'	
7 — ζ'		900 — ϡ'	
8 — η'		1 000 — ,α	
9 — θ'		10 000 — ,ι	
10 — ι'		100 000 — ,ϰ	
20 — κ'		1540 — ,αϕ'μ'	
30 — λ'		1835 — ,αω'λ'ε'	
40 — μ'		1895 — ,αω'ϟ'ε'	

NUMÉRATION LATINE

1 — I ou i	7 — VII
2 — II ou ij	8 — VIII
3 — III ou iij	9 — VIIII ou IX
4 — IIII ou IV	10 — X
5 — V	50 — L
6 — VI	100 — C

500 — D ou IƆ
1000 — M ou CIƆ.∞ .

Quelques difficultés :

MccccȤ — 1472

CIƆnnCLVIIII — 1459
MCCCCmnXXvi — 1482
∞CIƆ — 1500
MID — 1499
CIƆIƆCIIXC — 1692

Bibliogr. — Ottino (G.) : *Manuale di bibliografia*, pp. 53-55.

Chimitypie (*Grav.*). — Procédé de gravure découvert à l'imprimerie impériale de Vienne (Autriche).

Chromolithographie (*Grav.*). — Procédé et épreuves d'impression lithographique en plusieurs couleurs. On est obligé de dessiner sur autant de pierres qu'il y a de couleurs différentes et l'on tire autant de fois qu'il y a de pierres. La difficulté du tirage est de repérer exactement ses épreuves en sorte qu'elles tombent bien pour l'application des couleurs. Appliquée à la reproduction des miniatures, la chromolithographie a donné les meilleurs résultats. Certains ouvrages, surtout de vulgarisation, sont illustrés avec des planches chromolithographiées.

Chromotypie (*Grav.*). — Art d'imprimer en plusieurs couleurs à l'aide de procédés typographiques ; on dit encore typochromie.

Chromotypographie (*Grav.*). — Impression en couleurs semblable à la chromolithographie, mais dont les tirages se font à la presse typographique ; les gravures se trouvent donc en relief.

Chrysoglyphie. (*Grav.*). — Procédé de gravure sur métal découvert par MM. Firmin Didot frères ; ce mot tire son nom de la couche d'or étendue au préalable sur la planche de cuivre, et qu'on retire après la gravure.

Chrysographe (*Bibl.*). — Ce mot désignait les enlumineurs qui, au moyen âge, appliquaient l'or sur les lettres capitales ornées placées en tête des chapitres et sur les miniatures.

Chrysographie (*Bibl.*). — C'est l'art d'écrire et de dessiner ; au moyen âge cet art était en grand honneur et nombre de manuscrits entre les xe et xvie siècles nous montrent des miniatures et des lettres rehaussées d'or avec beaucoup de goût. L'or s'appliquait soit sous forme de poudre impalpable mélangée de matière liquide gommeuse, soit sous forme de feuille couchée sur le dessin qu'on avait enduit de gomme liquide à l'emplacement où l'or devait rester. On enlevait ensuite le surplus de l'or pour dégager les traits du dessin.

Bibliogr. — Denis (F.) : *L'ornementation des manuscrits*, 2ᵉ édit. Paris, Rouveyre, 1879, gr. in-8°.

Cire a border (*Grav.*). — Cire verte à modeler dont les graveurs se servent pour faire des bordures aux planches de métal une fois gravées, afin de les transformer en cuvette ; l'acide était versé directement sur la planche.

Civilité (*Caractères de*). — Voyez au mot : *caractères d'imprimerie*.

Clavette (*Bibliot.*). — Pièce métallique, composée de deux parties distinctes, servant à soutenir les tablettes sur les montants de bibliothèque : 1° la tige qui s'introduit dans l'ouverture percée le long du montant ; 2° la tête ou partie plate qui déborde, sur laquelle est couchée la tablette et qui la soutient.

Clichage (*Grav.*). — Opération consistant à reproduire au moyen d'un métal fusible, des bois gravés, des dessins photographiés, etc. et dont on peut faire des tirages multiples sans détériorer la planche originale.

Clichage (*Typ.*). — On nomme ainsi la reproduction textuelle de pages composées et mises en forme, faite au moyen d'un moule qu'on a obtenu en appliquant sur la page à reproduire, soit une couche de plâtre liquide, soit une série de feuilles de papier entre lesquelles on met une préparation spéciale et qu'on imprime au moyen d'une brosse. Le clichage au plâtre donne des résultats plus fins, mais il est plus long et plus méticuleux ; au contraire avec le carton-matrice ou flan, il suffit de l'appliquer sur la partie à clicher et d'imprimer les caractères avec une brosse dont on frappe le papier. Il y a souvent moins de netteté dans les clichés au papier, les arêtes des caractères ne ressortant pas, mais il est plus expéditif et moins coûteux.

Bibliogr. — Lefèvre (Th.) : Op. cit., chap. XI.

Cliché. — Relief en métal obtenu par le clichage et sur lequel s'exécutent les tirages de texte ou de gravure.

Codex (*Bibliot.*). — Manuscrit dont la forme était celle de nos livres actuels en opposition au *volumen*. Les feuilles de parchemin étaient découpées à des dimensions déterminées et reliées ensemble.

Coiffe (*Rel.*). — C'est la partie débordante de la peau du dos des livres, en tête et en queue, que l'on rabat sous la tranchefile. — La tranchefile lyonnaise consiste à rabattre la peau sur une ficelle un peu épaisse de manière à former une saillie qui arrête le haut des feuillets ; dans ce cas on ne met pas de tranchefile.

Coiffer la tranche (*Rel.*). — C'est rabattre sur la tranche du carton le cuir de la tête et de la queue.

Bibliogr. — Dudin : Op. cit., p. 642.

Coins (*Rel.*). — Fers à dorer de forme triangulaire qui servent à pousser les ornements dans les angles du dos ou des plats de la couverture.

Bibliogr. — Dudin : Op. cit., p. 642.

Coins (*Typ.*). — Vignettes de petite dimension, dont le dessin est inscrit dans un triangle et qui servent d'ornement d'arrêt dans les filets.

Bibliogr. — V. Breton : *Les vignettes typographiques et leur emploi* (Annuaire de l'imprimerie, par A Muller. 1894, in-12), p., 120, sq.

Collage ou Encollage (*Pap.*). — L'encollage du papier consiste à le plonger dans une dissolution gommeuse afin d'éviter les bavures de l'encre lorsqu'on écrit dessus. Au xviii° siècle on se servait d'alun pour encoller le papier ; l'ancien procédé consistait à coller le papier en feuille, aujourd'hui on le *colle à la cuve*. Pour bien encoller le papier destiné au dessin, on l'imbibe à l'aide d'une éponge, d'un mélange de savon blanc, de colle de Flandre additionnée d'alun en poudre et de quelques gouttes d'alcool.

Collationner (*Rel.*), — C'est faire la vérification avant le cousage de toutes les feuilles d'un livre afin de savoir si elles se trouvent bien dans leur ordre numérique ; on collationne de même les planches, les tableaux hors texte et toutes les gravures qui doivent figurer dans le livre.

Bibliogr. — Littré, Dict., Hatzfeld, etc., Dict.

Collationnement (*Bibliot.*). — Action de collationner ou de vérifier si un ouvrage manuscrit ou imprimé est complet comme texte ou comme impression. Il est important, dans une bibliothèque, de ne pas acheter d'ouvrages anciens ou de collections, sans que le collationnement ait été fait.

Colle (*Rel.*). — Les relieurs emploient la colle de pâte et la colle forte. — La première composée d'amidon ou de fleurs de farine doit être faite avec soin. On y ajoute de l'alun ou tout autre corps qui peut la rendre imputrescible et en écarter les insectes ; c'est celle dont on use le plus fréquemment. — La colle forte n'est utilisée que pour les ouvrages de grand format, pour les reliures arraphiques ; on emploie alors la colle dite de Lyon ou de Givet, qui est réputée la meilleure.

Colophon (*Bibliot.*). — Terme sous lequel on désigne la suscription dans les incunables (Voir : *suscription*). — Ce mot est particulièrement employé en Angleterre et en Allemagne.

Colorier (*Grav.*). — Recouvrir de couleur des surfaces délimitées par un contour. Les ouvrages d'histoire naturelle renferment des planches qui sont souvent coloriées à la main. Les miniatures sont des dessins coloriés au moyen de couleurs opaques. — Pour l'imagerie des livres de vulgarisation et les images ordinaires, on procède de la manière suivante : On prend des patrons en basin ou en toile découpés comme des vignettes et aussi nombreux qu'il y a de couleurs différentes. Au moyen de repérage on pose exactement le patron sur la pièce à colorier et l'on passe avec une éponge imbibée de couleur le ton voulu ; on répète autant de fois ce travail qu'il y a de patrons.

Comète (*Rel.*). — Tranchefile artificielle produite au moyen d'une ficelle recouverte d'étoffe ou de fils de diverses couleurs et que l'on colle à l'emplacement de la tranchefile authentique.

Bibliogr. — Lenormant : Op. cit., p. 172. — Bosquet : Op. cit., p. 105 et *Vocabulaire.*

Compartiment (*Rel.*). — Intervalle qui sépare, au dos du livre, une nervure d'une autre. C'est dans les compartiments qu'on pousse les titres et les numéros des tomaisons, ainsi que les fleurons et les filets s'il y a lieu. Les pièces de cuir, de couleurs diverses, appliqués sur les plats des reliures, qui sont dorées et ornées, et qui forment des dessins variés, prennent aussi le nom de compartiments.

Composer (*Typ.*). — Mot qui exprime particulièrement l'action d'assembler les lettres dans le composteur, mais qui s'applique aussi à la composition des tableaux de tout genre.

Bibliogr. — Lefèvre (Th.) : Op. cit., p. 703.

Compositeur (*Typ.*). — Nom de l'ouvrier qui exécute les travaux relatifs à la composition typographique.

Bibliogr. — Lefèvre (Th.) : Op. cit., p. 703.

Composition (*Typ.*). — On appelle ainsi tout assemblage de lettres, de lignes, de filets quelconques destinés à être reproduits sur le papier par l'impression. — Par extension on nomme aussi composition le local, la pièce où s'exécute ce travail.

Bibliogr. — Lefèvre (Th.) : Op. cit., p. 703.

Composteur (*Typ.*). — Instrument de forme rectangulaire qui sert à assembler les lettres au fur et à mesure que le compositeur les prend dans la casse, de manière à former des lignes de même longueur. — Par analogie on donne ce nom à la forme de petite dimension destinée à recevoir les caractères d'imprimerie maintenus par une vis de pression et avec laquelle le doreur pousse les titres sur le dos des volumes.

Bibliogr. — Lefèvre (Th.) : Op. cit., p. 703. — *Dictionnaire de l'Académie,* 1762. — Hatzfeld, etc., *Dic.*

Concordance de la Bible (*Bibliot.*). — On appelle ainsi des répertoires dans lesquels sont classés, par ordre alphabétique, tous les mots de la Bible avec les passages dans lesquels ces mots sont cités. Il en existe en plusieurs langues ; nous citerons : 1° Rabbi Mordecai Nathan ; *Meïr netib* (flambeau de la route), Venise, J. Bomberg, 1554, 406 ff. ; Buxdorf ; *Concordantiæ bibliorum Hebraicæ nova et artificiosa methodo dispositæ*, Bâle, 1632.

Conscience (*Typ.*). — On désigne sous ce nom les ouvriers compositeurs qui travaillent à la journée ou à l'heure : *Un homme de conscience, la conscience*. Le local où ces ouvriers se tiennent prend aussi le nom de *conscience*.

Bibliogr. — Lefèvre (Th.) : Op. cit., p. 703. — Hatzfeld, etc., *Dict.*

Consoles (*Typ.*). — Filets d'angles servant à l'impression comme ornements.

Contre-épreuve (*Grav.*). — Epreuve d'une gravure reproduite en sens inverse ; on l'obtient en appliquant sur une épreuve fraîche une feuille de papier qui s'empare de l'encre par le foulage et reproduit alors le dessin à l'envers.

Contrefaçon (*Bibliot*). — Imitation d'œuvres imprimées à un endroit déterminé et portant sur les titres de fausses indications d'éditeurs et de lieu d'impression. Certains ouvrages, interdits par la censure, étaient ainsi publiés, d'autres se faisaient dans un but de fraude. La Hollande, la Belgique, Genève, Bâle et Avignon, cette dernière ville avant sa réunion à la France, produisaient sur une large échelle la contrefaçon de nos ouvrages français.

Bibliogr. — Brunet ; *Dictionnaire de bibliogie*, col. 668.

Contre-taille (*Grav.*). — On nomme ainsi des hachures qui coupent les tailles primitives perpendiculairement ou obliquement ; elles sont difficiles à obtenir sur les bois.

Bibliogr. — *Encyclopédie*, 1754. — Littré, *Dict.* — Hatzfeld, etc., *Dict.*

Contre-planche. (*Grav.*). — C'est une seconde planche gravée destinée à imprimer certaines parties de gravures réservées, laissées intactes sur la première planche.

Copie (*Typ.*). — Manuscrit ou livre imprimé d'après lequel l'ouvrier fait la composition.

Bibliogr. — Lefèvre (Th.) : *Op. cit.*, p. 703. — Hatzfeld, etc., *Dict.*

Coquille (*Pap.*). — Papier à écrire dont le filigrane portait à l'origine l'empreinte d'une coquille ; c'est un papier de petit format.

Coquille (*Typ.*). — On nomme ainsi toute lettre qui, lors de la distribution, est placée dans un autre cassetin que celui qui lui est destiné. C'est aussi une lettre fautive que le compositeur a placée à son insu dans sa composition et dont la correction lui est indiquée à l'épreuve.

Bibliogr. — Lefèvre (Th.) : *Op. cit.*, p. 704. — Littré, *Dict.* — Hatzfeld, etc., *Dict.*

Correcteur (*Typ.*). C'est la personne qui, dans une imprimerie, est chargée de lire les épreuves et d'y indiquer les fautes qui s'y trouvent ; on dit : *correcteur en première, en seconde*.

Bibliogr. — Lefèvre (Th.) : *Op. cit.*, p. 704. — Littré, *Dict.* — Hatzfeld, etc., *Dict.*

Correction (*Typ.*). — Action de corriger la composition typographique en rectifiant toutes les défectuosités et les erreurs signalées par le correcteur. — Toute réédition d'une œuvre déjà imprimée est sujette à de nombreuses fautes qui vont toujours en augmentant dans les éditions postérieures ; l'éditeur et l'imprimeur doivent y veiller de bien près. (Voir ci-contre le tableau des signes de correction emprunté à Th. Lefèvre).

Corrigeur (*Typ.*). — C'est le compositeur qui corrige *sur le caractère* les épreuves en première, en seconde et en tierce.

Bibliogr. — Lefèvre (Th.) : Op. cit., p. 704.

Côté de première. — Côté de seconde (*Typ.*). — On appelle *côté de première* la forme dans laquelle se trouve la première page d'une feuille, le *côté de seconde* ou de *deux* celle où se trouve la seconde page. Voici pour les principaux formats les pages qui se trouvent du côté de première et du côté de seconde ; elles sont indiquées non dans le sens de la pliure de la feuille, mais telles qu'elles se trouvent sur la forme posée dans les châssis ; les séparations des châssis sont indiquées par des traits verticaux ou horizontaux.

Bibliogr. — Lefèvre (Th.) : Op. cit., p. 559 à 647.

	Coté de première.	Coté de seconde.
In-fol. —	1.4.	2.3.
In-4º. —	5.4 | 8.1.[1]	7.2. | 6.3.
Id. oblong. —	4.1. | 5.8.	6.7. | 3.2.
In-6. —	5.6.12 — 8.4.1.[2]	7.3.2. — 6.10.11.
In-8. —	8.9.1.16. | 12.5.13.4.	6.11.3.14. | 10.7.15.2.
Id. oblong. —	13.12.4.5. | 6.16.8.1.	15.10.2.7. | 11.14.6.3.
In-12. —	9.5.4.16.20.21. — 13.17.24.12.8.1.	11.7.2.14.18.23 — 15.19.22.10.6.3.
Id. oblong. —	10.15.8.17.1.24. | 14.11.20.5.21.4.	12.13 6.19.3.22. | 16.9. 18.7.23.2.
In-16. —	5.12.28.21.29.24.4.13 | 9.8.24.25.17.32.16.1.	7.10.26.23.31.18.2.15. | 11.6.22.27.19.30.14 3.

1. Le trait vertical qui sépare les chiffres indique que le châssis est divisé verticalement en deux parties.
2. Le trait horizontal séparant les chiffres indique que le châssis est divisé horizontalement en deux parties.

TABLEAU DES SIGNES DE CORRECTION

TEXTE A CORRIGER (verso).

C'est un fait digne de remarque que l'invention qui a contribué le plus utilement à perpétuer les souvenirs historiques n'ait pu jusqu'à ce jour répandre quelque clarté sur le mystère qui enveloppe sa propre origine. Trois villes, Mayence, et Strasbourg le berceau de l'imprimerie. Quant à l'époque de sa naissance, on la fait généralement remonter à la moitié du XV° siècle. Il résulte néanmoins de l'hésitation des érudits sur ce point historique une incertitude qui porte à la fois sur l'auteur, sur le lieu et sur l'année de cette découverte. Que si l'on considère la proximité des temps et des lieux témoins de cet événement, on s'expliquera assez difficilement les causes qui suspendent encore de nos jours la solution de ce triple problème. Le concours des traditions contemporaines et des plus savantes investigations n'a jusqu'ici donné pour résultats que certaines probabilités plus ou moins fondées, mais jamais une évidence suffisante pour triompher des scrupules de l'histoire. Depuis le commencement du XVI° siècle jusqu'à nos jours, un très-grand nombre d'ouvrages ont été publiés sur cette matière dans différents pays. Les historiens et les bibliographes se sont livrés aux recherches les plus laborieuses et les plus diverses, sans parvenir à une certitude irréfragable sur aucun des trois points controversés.

Lettres à substituer.
Mot à changer.
Lettre et mot à ajouter.
— à supprimer.
— à retourner.
— à transposer.
Lignes à transposer.

Ponctuation à changer.
Petites majuscules.
Grande majuscule.
Séparer deux mots.
Mot à réunir et mots à rapprocher.
Lettres gâtées.
— à redresser.
— à nettoyer.
Apostrophe à ajouter.
Ligne à rentrer.
— à sortir.
Lignes à remanier.

Lettres d'un autre œil.
Espace à baisser.
Alinéa à faire.
Lettres supérieure.
Lettres basses.
Alinéa à supprimer.
Lignes à rapprocher.
— à séparer.
A mettre en italique.
— en romain.

TEXTE A CORRIGER (recto).

« Mon cousin, comment arrive-t-il que la gendarmerie de Santander, de la Biscaye et de l'Aragon n'est pas payée ? Écrivez au général Caffarelli pour la Biscaye et Santander, et au général Suchet pour l'Aragon, de prendre des mesures pour faire sur-le-champ solder cette troupe. Les gendarmes doivent être payés avant tout. »

« Mon cousin, demandez aux ministres d'Espagne à Paris, des notes précises sur les abus qu'ils reprochent au général X... Mandez à ce général que je vois avec surprise qu'il se soit attribué des sommes qui ne lui étaient pas dues; qu'il a pris 9,000 fr. par mois, traitement qu'on ne fait pas même à un général maréchal, commandant une armée; et qu'il est probable que le trésor ne regardera pas cette somme comme légalement reçue. »

« Mon cousin, je vous envoie des extraits des journaux anglais. Envoyez-en une note au duc de Dalmatie, et témoignez-lui mon mécontentement de ce que les divisions espagnoles soient à Lisbonne et qu'il ne fasse rien. »

« Mon cher cousin, donnez ordre au général Thouvenot de confisquer toutes les marchandises anglaises et coloniales. On assure qu'il a reçu un droit de 10 pour cent. — Si cela est vrai, il faut lui faire restituer ces sommes, et confisquer toutes les marchandises qu'il aurait laissé débarquer. Il aurait là commis une grande faute. »

des marchandises moyennant

Napoléon à Berthier.

Coupez.

Napoléon à Berthier.

Bourdon (V. copie, p.

	Coté de première		Coté de seconde	
Id. oblong. —	4.29.13.20.16.17.1.32. 28.5.21.12.24.9.25.8.		6.27.11.22.10.23.7.26. 30.3.19.14.18.15.31.2.	
In-18. —	10.27.26.8.29.32.1.36.33. 11.20.17.5.22.15.4.23.14.		18.19.12.16.21.6.13.24.3. 25.28.9.31.30.7.34.35.2.	
In-20. —	29.23.26.27.22 32.38.35.34.39	11.17.16.13.20. 10.4.5.8.1.	9.3.6.7.2 12.18.15.14.19	31.37.36.33.40. 30.24.25.28.21.
In-24. —	33.40.48.41.19.22 30.27.31.26.18.23	37.36.44.45.5.4. 12.13.9.16.8.1.	17.24.32.25.29.2 20.21.47.42.34.39	7.2.10.15.11.14. 6.3.43.46.38.35.
In-30.				
1.8.20.13.39.34.22.27 59.54.42.47.5.4.10.	16.17.11.35.38.32.26.23. 29.55.58.52.46.43.49.		41.48.60.53.21.28.40.33 19.14.2.7.45.44.50	56.57.51.25.24.30.36 37.31.15.18.12.6.3.9.
In-32.				
50.63.62.51.55.58.59.54 8.9.12.5.1.16.13.4	36.15.48.33.37.44.41.40 22.27.26.23.19.30.31.18		34.47.46.35.39.42.43.38 24.25.28.21.17.32.29.20	52.61.64.49.53.60.57.56 6.11.10.7.3.14.15.2.

Coucher la lettre (*Typ.*). —. La lettre est dite couchée lorsqu'elle est mal redressée dans le composteur ou la galée, ou encore après le tirage de l'épreuve d'un paquet mal lié ou mal soutenu par la presse. Il est important de les mettre bien d'aplomb car le côté des lettres couchées ne marquera que peu ou point lors du tirage.

Bibliogr. — Lefèvre (Th.) : Op. cit., p. 704.

Couchure (*Rel.*). — Action de placer l'or en feuilles sur le dos, les plats ou les tranches d'un livre.

Bibliogr. — Bosquet : Op. cit., p. 215, *Vocabulaire*.

Coulé (*Pap.*). — Défaut du papier provenant de l'accumulation de la matière par place à la suite de la mauvaise distribution de la pâte.

Bibliogr. — Le Normand : Op. cit., *Vocabulaire*.

Couler des tailles (*Grav.*). — Conduire des tailles suivant des lignes parallèles.

Couleur (*Grav.*). — On applique ce mot à la gravure lorsque par opposition les blancs et les noirs sont bien harmonisés et bien proportionnés.

Coupe (*Grav.*). — Nom donné à la taille appliquée à la gravure sur bois. Il y a les coupes et les contre-coupes.

Cousoir (*Rel.*). — Appareil en bois composé d'un plateau, généralement posé sur pieds, percé de deux rainures. Deux montants filetés, dans lesquels se trouve vissée une barre cylindrique mobile, s'élèvent de ce plateau. C'est sur cette barre que sont fixées les ficelles tendues et retenues dans une des rainures inférieures contre lesquelles seront appliquées les cahiers au moment de la couture.

Bibliogr. — Dumix : Op. cit., p. 643.

Couture (*Rel.*). — Une des opérations principales de la reliure consistant à réunir les cahiers les uns aux autres dans l'ordre de leur signature, au moyen d'un fil passant par la pliure du milieu et retenu extérieurement dans les ficelles ou les rubans.

Bibliogr. — Bosquet : Op. cit., p. 56 à 61.

Couvrure (*Rel.*). — Terme désignant les diverses opérations de recouvrir le dos et les plats du livre avec de la peau ou toute autre matière, toile, percaline, etc.

Bibliogr. — Bosquet : Op. cit., p. 125.

Cran (*Typ.*). — Petite entaille faite au corps de la lettre pour indiquer le sens dans lequel elle doit être placée dans le composteur.

Bibliogr. — Lefèvre (Th.) : Op. cit., p. 704.

Crémaillière (*Bibliot.*) — Latte à crans espacés également que l'on fixe dans l'intérieur des montants du rayonnage de telle sorte que les crans soient vis-à-vis les uns des autres parallèlement au montant. On pose des tasseaux sur ces crans et ces derniers supportent les tablettes en bois qui reçoivent des livres.

Crénée (*Typ.*) — On appelle lettre crénée celle dont l'œil déborde le corps dans certaines parties, comme *f*, *j* italiques. Elles demandent des soins particuliers à la distribution et à la correction.

Bibliogr. — Lefèvre (Th.) : Op. cit., p. 704.

Crevé (*Grav.*). — Accident résultant de hachures trop rapprochées les unes des autres; l'acide traverse sous les hachures et mord une large surface.

Criblé (Gravure au). — Genre de gravure sur métal faite en relief au moyen d'une série de petits points. Les plus anciennes estampes faites par ce procédé ont été imprimées vers 1406.

Bibliogr. — Delaborde (Vte H.) : *La gravure*, Paris, Quantin, s. d., in-8°, p. 37, sq.

Cuivrage (*Grav.*). — Procédé consistant à recouvrir, par la galvanoplastie, d'une couche de cuivre, les planches de zinc gravées dont l'usure serait trop rapide sans cette précaution.

Cuivre (*Grav.*). — Planche de cuivre rouge planée et polie sur laquelle les graveurs exécutent leur dessin. — Pour graver à la manière noire, on se sert parfois de cuivre jaune.

Cul (faire du) (*Rel.*). — Ancien terme, employé en reliure, pour désigner qu'un livre a été plus rogné à l'ouverture que vers le dos.
Bibliogr. — Dudin : Op. cit., p. 643.

Cul-de-lampe (*Bibliot.*) — Vignette ou fleuron terminant un chapitre et dont la forme s'inscrit dans un triangle, la pointe en bas.

Cul-de-lampe (*Typ.*). — Sorte d'arrangement triangulaire que l'on donnait autrefois aux lignes des titres ; on considère cela aujourd'hui comme vicieux.
Bibliogr. — Lefèvre (Th.) : Op. cit., p. 704.

Cylindre (*Pap.*). — D'une manière générale ce mot désigne la machine avec laquelle on réduit les chiffons à l'état de pâte. Elle comprend la cuve dans laquelle un cylindre, appelé *rouleau*, armé de lames de fer, broie les chiffons contre les cannelures de la *platine*. Il y a les cylindres *affineurs*, *affleurants* et *effilocheurs*, selon le travail qu'ils doivent effectuer.
Bibliogr. — Le Normand : Op. cit., *Vocabulaire*.

D

Débloquer (*Typ.*). — C'est mettre la lettre bloquée antérieurement à la place de celle qui en tenait lieu provisoirement.
Bibliogr. : Lefèvre (Th.) : Op. cit., p. 705.

Découvrir (*Grav.*). — Action de découvrir une partie du vernis sur une planche gravée afin de s'assurer du point précis de morsure.

Dédicace (*Bibliot.*) — Epitre ou phrase, placée en tête d'un ouvrage, après le titre quelquefois, et par laquelle un auteur fait hommage de son livre et le dédie à un personnage ou à un bienfaiteur.
Bibliogr. — Peignot avait entrepris de faire l'histoire littéraire des dédicaces ; mais il est mort laissant son ouvrage inachevé. Il avait publié en 1836 l'*Histoire des dédicaces d'Erasme racontée par lui-même*.

Dédicace (*Grav.*). — Légende gravée qu'on trouve au bas des planches entre les xvi° et xviii° siècles, qui encadrent souvent des armoiries et indiquent l'hommage du graveur à un bienfaiteur.

Défet (*Rel.*). — On nomme ainsi les feuilles ou les parties de feuilles qui manquent dans un ouvrage à relier et qu'on est obligé d'ajouter.

Bibliogr. — Bosquet (E.) : Op. cit., *Vocabulaire*.

Défet (*Typ.*). — Les défets désignent l'ensemble des feuilles d'un ouvrage, qui sont dépareillées, et ne peuvent servir à former un exemplaire complet.

Défouetter (*Rel.*). — On nomme ainsi le dégagement des ficelles qui maintenaient le livre serré entre les ais afin de le faire sécher.

Bibliogr. — Dudin : Op. cit., p. 643. — Bosquet (E.) : Op. cit., *Vocabulaire*.

Dégager (*Grav.*). — C'est repasser la pointe du burin à l'intérieur d'un trait gravé.

Dégarnir (*Typ.*). —. C'est enlever avec le châssis, les diverses parties de plomb et de bois qui séparent les pages, soit pour transposer ces dernières, soit pour exécuter des corrections considérables ; on appelle encore dégarnir enlever les lignes de pied, de tête, les titres, les mots, etc., pour préparer la distribution aux paquetiers.

Bibliogr. — Lefèvre (Th.) : Op. cit., p. 705.

Deleatur (*Typ.*). — Terme et signe de correction (♃) qui indique la lettre ou le mot qui sont à supprimer.

Bibliogr. — Lefèvre (Th.) : Op. cit., p. 705.

Dent de loup (*Rel.*). — Variété de brunissoire, de forme courbe, en agate, qui sert à brunir les tranches des volumes après leur dorure ou leur jaspure.

Dentelle (*Rel.*). — Dessin d'une grande finesse en forme de dentelle que l'on pousse sur or ou à froid sur le pourtour des gardes intérieures des livres reliés luxueusement. Ces dessins sont faits avec des fers où les motifs sont gravés en relief ou avec une roulette d'un diamètre déterminé et sur laquelle on a également gravé les dessins.

Dentelle [Bordure] (*Pap.*). — Défaut du bord de la feuille de papier provenant de l'enlèvement défectueux de la couverte. — La partie inférieure de la bordure ou mauvaise rive se trouve enlevée par places ; le coucheur en traînant la forme produit le même défaut.

Bibliogr. — Le Normand : Op. cit., *Vocabulaire*.

Dépatisser (*Typ.*). — C'est la mise en ordre et la distribution dans les casses des lettres tombées en pâte ; c'est extraire les caractères mêlés, les interlignes, les garnitures et les remettre en ordre.

Bibliogr. — Lefèvre (Th.) : Op. cit., p. 705.

Dermeste (*Bibliot.*). — Coléoptère pentamère de la famille des clavicornes dont quelques espèces commettent des dégâts dans les collections et même dans les livres.

Désimposer (*Typ.*). — Dégarnir une forme de son châssis et de sa garniture pour opérer une transposition de pages.

Bibliogr. — Lefèvre (Th.) : Op. cit., p. 705.

Désinterligner (*Typ.*). — C'est enlever les interlignes soit de la composition, soit de la distribution.

Bibliogr. — Lefèvre (Th.) : Op. cit., p. 705.

Dessin leucographique (*Grav.*). — C'est un dessin fait au moyen de lignes blanches sur fond noir.

Détransposer (*Typ.*). — Replacer dans l'ordre voulu des pages qui ont été mal placées lors de l'imposition.

Bibliogr. — Lefèvre (Th.) : Op. cit., p. 705.

Diagraphe (*Grav.*) — Instrument qui sert à dessiner, inventé par l'architecte Cigosi au XVIe siècle et perfectionné en 1830 par Gavard.

Diplomatique (*Paléog.*). — Cette science a pour objet l'application de la critique à une catégorie importante des sources de l'histoire : diplômes, chartes, actes et contrats de toute espèce, pièces judiciaires, rôles, cartulaires, registres, etc.

Bibliogr. — Toustain et Tassin : *Nouveau traité de diplomatique*, Paris, 1750-1765, 6 vol. in-4°. — Mabillon : *De re diplomatica libri VI*, Parisiis, Billaine, 1709, in-fol. — Giry : *Manuel de diplomatique*, Paris, Hachette, 1894, in-8°.

Distribuer (*Typ.*). — C'est remettre chaque lettre dans le cassetin qui lui est destiné lorsque le tirage est terminé.
Bibliogr. — Lefèvre (Th.) : Op. cit., p. 705.

Distribution (*Typ.*). — On nomme ainsi la lettre tirée et destinée à être remise en casse ; elle peut être *bonne* ou *mauvaise* selon que les lettres sont plus ou moins dégagées des italiques, des petites majuscules, etc., qui sont inutiles.
Bibliogr. — Lefèvre (Th.) : Op. cit., p. 705.

Diviser (*Typ.*). — C'est couper un mot en deux parties, dont la première reste à la fin d'une ligne et l'autre est reportée au commencement de la ligne suivante ; il ne faut user qu'avec ménagement de cette facilité en se conformant aux règles établies.
Bibliogr. — Lefèvre (Th.) : Op. cit., p. 705.

Dorure (*Rel.*). — C'est l'ensemble des ornements et des dessins en or poussés sur les plats, les dos et les tranches des livres.
Bibliogr. — Bosquet (E.) : Op. cit., p. 208, sq.

Dos (*Rel.*). — Se dit de la partie postérieure du livre où a lieu la couture et qui doit être recouverte soit par la peau, soit par la toile.
Bibliogr. — Dumix : Op. cit., p. 643.

Dos brisé (*Rel.*). — Il consiste en l'absence d'adhésion du cuir contre la partie cousue du livre ; le cuir du dos se trouve collé sur une carte fixée entre elle et les cahiers, ce qui permet d'ouvrir le livre plus complètement.

Dos des mains (*Pap.*) — C'est le côté de la main de papier servant de charnière aux demi-feuilles qu'on ouvre, en un mot le premier recto ; le pli se trouve affaissé par l'action du lissoir.
Bibliogr. — Le Normand : Op. cit., p. 259.

Doubler (*Typ.*). — C'est composer deux fois, par inattention, les mêmes lignes, les mêmes phrases, les mêmes mots ; cependant on fait doubler une composition afin de tirer simultanément de deux côtés lorsqu'il y a économie à faire un tirage restreint.
Bibliogr. — Lefèvre (Th.) : Op. cit., p. 706.

Doublon (*Typ.*). — On désigne ainsi les lignes, les phrases ou les mots qu'on a doublés en composant.
Bibliogr. — Lefèvre (Th.) : Op. cit., p. 706.

Dresser (*Pap.*). — 1° Action d'égaliser le papier afin qu'aucune feuille ne dépasse l'autre ; — 2° Tension du fil de laiton servant à fabriquer la toile métallique dont on recouvre la forme.

Bibliogr. — Le Normand : Op. cit., p. 259.

E

Eau d'alun (*Pap.*). — Mélange d'eau, de gélatine dissoute et d'alun qu'on applique sur les feuilles insuffisamment collées. On nomme ce mélange demi-colle.

Bibliogr. — Le Normand : Op. cit., p. 260.

Eau-forte (*Grav.*). — On nomme ainsi les épreuves obtenues par le tirage des planches gravées à l'eau-forte ou acide nitrique. Par extension on applique ce nom à l'épreuve elle-même : *une belle eau-forte, une eau-forte bien venue.*

Bibliogr. — Lostalot (A. de) : *Les procédés de la Gravure*, p. 61, sq.

Ébarbage (*Rel.*). — Action d'ébarber. Il vaut mieux ébarber les tranches des volumes, surtout en tête et dans la gouttière pour ménager les marges.

Bibliogr. — Bosquet (E.) : Op. cit., p. 89.

Ébarber (*Rel.*). — C'est enlever l'excédent des feuilles pliées du livre qui débordent la gouttière ; c'est aussi ouvrir les pliures de tête au moyen d'une râpe ou d'un ciseau.

Bibliogr. — Bosquet (E.) : Op. cit., *Vocabulaire*.

Ébarber (*Grav.*). — Enlever les barbes d'une gravure.

Ébarber (*Typ.*). — En typographie c'est abattre un talus d'une lettre qui marque à l'impression.

Ébarboir (*Grav.*). — Instrument à lame quadrangulaire sans morfil, en usage dans la gravure pour enlever toutes les barbes métalliques situées de chaque côté du sillon tracé par le burin.

Écacher (*Grav.*). — Terme peu usité aujourd'hui qui désigne l'opération de passer le brunissoir sur les tailles trop profondes; on tasse le métal pour rétrécir les parties creusées.

Écacher (*Pap.*). — Se dit du travail du leveur qui comprime les porses blanches.

Bibliogr. — Le Normand : Op. cit., p. 260.

Écaille (*Rel.*) — On nomme ainsi la couleur rouge qu'on met sur les couvertures de livres. L'écaille se préparait avec une décoction de bois de Fernambouc (ou de Campêche), de l'alun et même de la cochenille ; l'alun servait de mordant. Cette couleur n'est plus employée beaucoup aujourd'hui.

Bibliogr. — Dudin : Op. cit., p. 643.

Écussons ou armes (*Rel.*). — Fers spéciaux représentant des blasons et qu'on pousse sur les plats du livre.

Bibliogr. — Dudin : Op. cit., pp. 613, 643.

Échappade (*Grav.*). — C'est un trait tracé par le burin qui dévie de la main du graveur et qui creuse sur des parties déjà gravées.

Échelle (*Typ.*). — C'est le signe qui indique sur l'épreuve à corriger l'endroit où les lignes à remanier doivent être coupées.

Bibliogr. — Lefèvre (Th.) : Op. cit., p. 706.

Échoppe (*Grav.*). — Lame ronde taillée en biseau formée d'une pointe large et emmanchée d'une poignée. Cet instrument sert à faire des tailles larges. Les hachures obtenues par l'échoppe ne donnent généralement que des tons gris.

Égratigner (*Grav.*). — Ce sont des tailles d'une finesse très grande. C'est aussi une planche en taille douce gravée peu profondément avec des pointes très fines et donnant des épreuves grises.

Élargir (*Grav.*). — C'est laisser un espace assez considérable entre les hachures et les tailles.

Elzeviers (*Bibl.*). — On désigne sous ce terme générique les livres sortis des presses des Elzeviers, célèbres par le soin qu'ils apportaient à leurs impressions et aussi par la netteté des types qu'ils avaient adoptés et qui sont ceux créés par Garamont. On compte douze imprimeurs de cette famille ; à leur collection il faut ajouter aussi ce que leurs successeurs ont produit : les plus célèbres parmi les Elzeviers sont Abraham, Bonaventure, Louis et Daniel, dont les produits ont atteints la plus grande perfection.

Emblèmes (*Bibliot.*). — Figure symbolique avec une sentence en exergue. Au xvii⁰ siècle les ouvrages à emblèmes jouissaient d'une certaine vogue, nous en citerons quelques-uns : Typotius : *Symbola divina et humana pontificum*..., Pragæ, 1601. — Redelius : *Apophthegmata symbolica*, 1700. — Alciat : *Emblemata, cum comment. varior.* opera J. Thuillii; Patavii, 1621, in-4°; le plus célèbre de tous. — Catz (Jacobus) : *Officium puellarum in castis amoribus emblematice expressum*..., in-12° obl. — Whitney (G.) : *A choice of Emblemes and other Devises*..., Imprinted at Leyden, 1586, in-4°. — Bien des imprimeurs entre les xvi⁰ et xviii⁰ siècles ont pris comme marque typographique des signes emblématiques avec légende appropriée soit à leur nom soit à leur état ; Galliot Du Pré (1512-1559) : une galère avec la légende : *Vogue la Guallée*. — Denis (Toussains) (1515-1518) : Saint-Denis portant son chef, soutenu par deux anges. — Corrozet (Gilles I⁰ʳ) (1538-1558) : Un cartouche renaissance avec un cœur au milieu duquel s'épanouit une rose, légende : *in corde prudentis requiescit sapientia*. — Cette habitude s'est poursuivie de nos jours et les marques de certains libraires ou imprimeurs ne sont que des emblèmes.

Bibliogr. — Brunet (G.) : *Manuel du libraire*, 5⁰ édition. — Ménestrier (le P.) : *Art des emblèmes*..., Paris, de la Caille, 1684, in-8°. — Ménestrier (le P.) : *Philosophie des images emblématiques*..., Lyon, J. Lions, 1694, in-12. — Brunet (G.) : *Dictionnaire de bibliologie*, col. 770, sq.

Emboîtage (*Rel.*). — Couverture ou reliure factice dans laquelle on rapporte le volume cousu au préalable et que l'on fixe au moyen des rubans ou des ficelles qui sont simplement collés contre les cartons au lieu d'être fixés dans l'intérieur. On dissimule les ficelles et l'on donne un peu plus de solidité a l'emboîtage en collant sur les plats intérieurs et sur la garde blanche du volume une feuille de garde en couleur. On utilise l'emboîtage pour des ouvrages de vulgarisation ou certains livres de collections tirés à grand nombre ; le travail des plats et du dos de l'emboîtage se fait mécaniquement et les ornements en or sont frappés au moyen de presses à estamper.

Bibliogr. — Bosquet (E.) : op. cit., p. 168.

Empaqueter (*Typ.*). — C'est envelopper dans du papier les paquets de distribution destinés à être mis en réserve dans les armoires.

Bibliogr. — Lefèvre (Th.) : Op. cit., p. 706.

Empâtement (*Grav.*). — C'est, dans la gravure en taille douce, donner aux chairs le modelé et le contour au moyen de tailles interrompues ou continues, mais surtout à l'aide de points plus ou moins longs.

Encart (*Rel.*). — Division de la feuille imprimée qui occupe la place intérieure du cahier. Feuille ou fragment de feuille placée dans un cahier.

Bibliogr. — Bosquet (E.) : Op. cit., *Vocabulaire*.

Encart (*Typ.*) — Carton de quatre à huit pages qui dans l'in-12, l'in-18, etc., se détache pour être intercalé au centre du cahier principal. Ainsi dans l'in-18 en deux cahiers, le carton d'encart du grand cahier comprend les pages 9 à 16 ; et dans le petit cahier les pages 29 à 32.

Encarter (*Rel.*). — C'est placer dans le gros cahier le feuilleton ou petit cahier.

Bibliogr. — Dupin : Op. cit., p. 643.

Encollage (*Pap.*). — L'encollage se fait en imbibant le papier d'une certaine quantité de colle de pâte ou de colle de peau (gélatine). (Voir aussi le mot *collage*.)

Encre (*Typ.*) — L'encre typographique est composée de noir de fumée et d'huile de lin.

Encre à vignettes (*Typ.*) — C'est un mélange de noir de fumée et d'huile contenant de la résine en dissolution ; elle est utilisée pour tirer typographiquement des vignettes gravées sur bois.

Encre de report (*Grav.*) — Cette encre sert surtout à la réimpression et la reproduction d'une épreuve de gravure existante et dont on désire une sorte de décalque exact ; c'est un mélange de suif, de savon sec, de cire jaune et de noir de fumée. On se sert d'un papier de Chine collé pour le tirage. Le report se fait sur une pierre lithographique ; mais les épreuves obtenues ne sont généralement pas bonnes.

Encre lithographique (*Grav.*). — Elle est composée d'un mélange de savon, de suif et de noir de fumée délayé dans l'eau pure. On doit s'en servir immédiatement, car elle épaissit et se décompose.

Encre pour la taille douce (*Grav.*). — C'est du noir de fumée et du vernis à l'huile de lin. Elle donne des tons très intenses, mais doit s'employer à chaud.

Encrer (*Grav.*). — C'est étaler l'encre sur une planche en taille-douce ou passer un rouleau encré sur la surface d'une gravure en relief ou d'une pierre lithographique sur laquelle on a exécuté des dessins à la plume.

Endosser (*Rel.*). — C'est donner au dos du livre sa forme ronde en rabattant les côtés ; ce travail entraîne pour la gouttière la forme creuse ou concave. Les livres reliés à la Bradel ont le dos carré, la gouttière n'a donc pas de concavité.

Bibliogr. — Dumix : Op. cit.; p. 643. — Bosquet (E.) : Op. cit., *Vocabulaire*.

Endossure (*Rel.*) — Terme sous lequel sont désignées les diverses opérations que subit la confection du dos des livres.

Bibliogr. — Bosquet (E.) : Op. cit., p. 63.

Enfumage (*Grav.*). — Action d'enfumer les cuivres ou de les recouvrir d'une couche de noir de fumée au moyen d'une torche afin de faire ressortir les traits gravés qui ne seraient pas assez visibles sur le vernis coloré.

Enfumé (*Grav.*). — On appelle ainsi les vieilles épreuves de gravure dont le papier a pris une teinte jaunâtre, ou encore un tableau exposé intentionnellement à la fumée pour faire croire à son ancienneté.

Enlumineur (*Bibliot.*). — Synonyme du mot miniaturiste, mais de forme plus ancienne. Il désignait celui qui ornait les manuscrits au moyen d'enluminures ; Ce personnage faisait non seulement des lettres ornées, mais aussi des motifs et des dessins intérieurs. Jusqu'au XIIIe siècle, les scribes et les enlumineurs formaient la classe des calligraphes ; ils furent distincts à partir de cette époque. Selon Séroux d'Agincourt, entre les IXe et Xe siècles, ils comprenaient quatre grandes classes : 1° les scribes ; — 2° les calligraphes proprement dits, désignés encore sous le nom de chrysographes, parce que les lettres ornées qu'ils exécutaient avaient leurs fonds en or ; — 3° ceux qui peignaient et écrivaient tout à la fois ; — 4° enfin ceux qui dessinaient et peignaient très bien ; ces derniers formaient la classe la plus noble.

Enluminure (*Bibliot.*). — Action de recouvrir de couleurs les contours d'un dessin tracé au trait. Les plus anciens manuscrits sont ornés d'enluminures et les premiers livres imprimés avaient leurs lettres capitales, dont la place était réservée, faites à la main et ornées. Ce mot s'applique plus particulièrement à l'illustration et la coloration des capitales, tandis que les sujets variés, paysages et personnages prenaient le nom de miniatures (voir ce mot).

Bibliogr. — Denis (F.) : *Histoire de l'ornementation des manuscrits*, 2ᵉ édit. Paris, 1879, g. in-8°.

Entaille (*Grav.*). — C'est un cadre mobile en bois où l'on place les blocs de buis sur lesquels on veut graver et qui par leur petitesse seraient trop difficiles à manier.

Entre-deux (*Rel.*). — Ais en bois servant à séparer les volumes les uns des autres lorsqu'ils sont placés sous la presse.

Bibliogr. — Dudin : Op. cit., pp. 581, 643.

Entrelacer (*Rel.*). — C'est consolider le dos du livre en passant un fragment de parchemin entre chaque nerf.

Bibliogr. — Dudin : Op. cit., pp. 579, 643.

Entre-nerfs (*Rel.*). — On nomme ainsi les boucles des cordes pendantes de l'arbre du cousoir, auxquelles on attache les ficelles qui doivent former les nerfs. — L'espace compris entre chaque nerf porte aussi ce nom.

Bibliogr. — Dudin : Op. cit., p. 643.

Entre-taille (*Grav.*). — Ce sont des tailles de largeur inégales, dont les extrémités sont amincies. Pour le bois, on amincit le relief ; sur le cuivre, on amincit, au contraire, les creux.

Épair (*Pap.*). — Terme désignant la disposition régulière et la transparence de la pâte dans une feuille de papier. (*L'épair de ce papier est bon.*)

Épargner (*Grav.*). — C'est ménager des blancs sur le cuivre en n'y traçant aucune taille. — Dans l'aquarelle, on appelle ainsi la réserve des parties blanches ou lumineuses.

Épi (*Bibliot.*) — On désigne sous ce terme un corps de rayonnage placé dans le milieu d'une salle et présentant deux surfaces pour loger les livres.

Épointage (*Rel.*). — C'est produire des pointes aux bouts des ficelles sur lesquelles est cousu le livre. Ces bouts doivent servir à retenir les cartons. Pour cela, on les effiloche, on forme une pointe mince qui est enduite de colle et qui durcit en séchant; une fois sèche, cette pointe pénètre plus facilement dans les cartons.

Epointer (*Rel.*). — C'est râcler avec un couteau les bouts de ficelles qui forment les nerfs pour leur faire les pointes.

Bibliogr. — Bosquet (E.) : Op. cit., *Vocabulaire*.

Épreuve (*Grav.*) — C'est un premier tirage de gravure fait par impression ou au frotton et qui permet à l'artiste de juger de l'état d'achèvement de son travail. On procède ainsi pour la gravure sur métal ou sur une pierre lithographique. — Toute estampe imprimée et achevée porte aussi le nom d'épreuve.

Épreuve à la cire. — Épreuve d'essai obtenue en appuyant sur la planche enduite de noir de fumée une feuille de papier recouverte de cire blanche.

Épreuve avant la lettre. — Estampe à laquelle il manque la légende du bas ou le titre de la gravure, et aussi parfois le nom de l'artiste.

Épreuve avec lettre. — Estampe avec signature, titre ou légende.

Épreuve biffée. — Épreuve qui reproduit les biffures destinées à annuler une planche gravée.

Épreuve d'artiste. — Épreuve dont le tirage est irrégulier quelquefois et où la signature manque aussi.

Épreuve de remarque. — L'estampe qui présente une particularité : annotation, correction, etc.

Épreuve volante. — Épreuve tirée sur papier de Chine non collé, sur passe-partout, papier bristol ou carton blanc.

Épreuve (*Typ.*). — C'est la feuille volante tirée soit à la brosse, soit à la presse, sur la composition, avant de commencer le tirage définitif. C'est sur l'épreuve que se font les corrections d'auteurs et de correcteur. On les distingue en *placard* ; en *seconde*, sur laquelle on met généralement : *bon à mettre en page ;* en *tierce*, qui porte l'indication de : *bon à tirer* et *morasse*. (Voir ces mots.)

Bibliogr. — Lefèvre (Th.) : Op. cit., p. 706.

Erratum (*Typ.*) — C'est un état des fautes et des omissions qui se trouvent dans un volume imprimé et que l'on place en tête ou à la fin du livre plus généralement. Le premier erratum imprimé se trouve dans un *Juvenal* avec notes par Mérula, publié à Venise par Gab. Petrus, en 1478 ; il occupe deux pages entières.

Bibliogr. — LALANNE (L.) : *Curiosités bibliographiques*, p. 273.

Espace (une) (*Typ.*) — Ce terme est donné à des lames de métal moins hautes que les lettres et qui servent à maintenir les séparations entre les mots ou entre les lignes.

Bibliogr. — LEFÈVRE (TH.) : Op. cit., p. 706.

Espacer (*Typ.*). — C'est mettre les espaces entre les mots. Ce terme signifie aussi jeter des blancs entre les lignes d'un titre ou entre les alinéas.

Bibliogr. — LEFÈVRE (TH.) : Op. cit., p. 29.

Essoré (*Rel.*) — Se dit d'un livre dont la reliure est presque sèche.

Bibliogr. — DUDIN : Op. cit., p. 643.

Estampage (*Grav.*). — C'est le procédé à l'aide duquel on imprime les planches gravées sur papier. Terme sous lequel on désignait anciennement l'impression des gravures.

Estampe (*Grav.*). — On nomme ainsi l'épreuve sur papier d'une planche gravée sur métal. C'est un terme générique désignant les planches tirées en gravure de quelque ordre et de quelque manière que ce soit.

État (*Grav.*). — Ce mot indique la marche successive du travail sur une planche gravée sur cuivre ou sur bois avant son complet achèvement. On dit une épreuve de 1re, de 2e, de 3e état avant le fini définitif pour désigner que les ombres commencent à être indiquées, qu'elles sont achevées ou que la signature et la légende sont mises.

État définitif. — C'est une planche complètement achevée et propre au tirage. *État de tirage.*

Étiquette (*Rel.*). — Nom donné aux pièces de cuir collées sur les compartiments du dos des livres et destinées à recevoir les titres et les tomaisons. Elles sont généralement de couleur différente du premier cuir employé.

Bibliogr. — Bosquet (E.) : Op. cit., p. 44.

Étiquette (*Typ.*). — C'est la reproduction en petit du frontispice imprimé sur papier volant et que l'on colle sur le dos des livres une fois brochés. — L'usage s'en perd depuis l'introduction des couvertures imprimées. — On nomme encore étiquette un petit écriteau destiné à être collé sur chaque casse et casseau pour indiquer la nature du caractère qu'il renferme.

Bibliogr. — Lefèvre (Th.) : Op. cit., p. 706.

Ex-dono (*Bibliot.*). — Inscription manuscrite ou imprimée qui définit la provenance d'un livre donné à une bibliothèque ou à un particulier.

Ex-libris (*Bibliot.*) — C'est la marque de propriété du livre ; elle se compose généralement d'une étiquette sur laquelle on a gravé en taille douce ou à l'eau-forte, le blason, la devise ou l'emblème adoptés par le propriétaire du livre. Les riches amateurs faisaient pousser sur les plats des reliures et sur les dos, leurs armes au moyen de fers gravés. L'ex-libris a apparu pour la première fois en Allemagne au XVIe siècle.

Explicit (*Bibliot.*). — On désigne ainsi la note finale placée à la fin d'un manuscrit et d'un incunable, soit de suite après le texte et avant la table s'il y en a, soit après la table même. L'origine du mot provient des copistes latins qui mettaient à la fin du livre transcrit sur rouleau, les mots *Explicitus est liber*. A partir du IIIe siècle la formule s'abrège et reste *explicit*. Dans les incunables cette note contient généralement : le nom de l'imprimeur, la date d'impression du livre et le nom de ville où il a été imprimé.

Bibliogr. — Lalanne (Lud.) : *Curiosités bibliographiques*, p. 21.

F

Fac-similé (*Bibliot.*). — Reproduction exacte d'un objet, d'un manuscrit, d'une écriture, d'un texte imprimé par des moyens mécaniques ou manuels, c'est-à-dire, par décalque à la main ou bien par la photographie ou l'héliographie. On s'en sert beaucoup de nos jours pour posséder en nombreux exemplaires le faciès exact d'un manuscrit et d'un texte.

Bibliogr. — Motteroz (Cl.) : *Essai sur les gravures chimiques en relief*, Paris, 1871, in-8°. — Ferret (Abbé J.) : *La photogravure facile et à bon marché*, Paris, Gauthier-Villars et fils, 1889, in-16.

Fanfare (*Rel.*). — On dit : une reliure à la *fanfare*. Ce sont des ornements formés sur les plats ou les dos des livres au moyen de fers sur lesquels on a gravé des dessins au pointillé affectant la forme de volutes terminées par des feuilles; ils sont encore appelés tortillons. Ces volutes, généralement petites et recourbées sur elles-mêmes comme des hélices, contribuent à relever les ornements des reliures. Le Gascon en est le créateur, dit-on; il a su aussi le plus habilement les mettre en relief.

Bibliogr. — Thoinan (Ern.) : *Les relieurs français* (1500-1800). Paris, 1895, n-8°. — Bosquet (E.) : Op. cit., p. 230.

Fausse-page (*Typ.*). — C'est un verso de texte qui reste en blanc. On tombe en *fausse-page* lorsque dans des grandes divisions, le texte ne se prolonge pas jusqu'à un verso, mais s'arrête au bas ou au milieu d'un recto de page.

Bibliogr. — Lefèvre (Th.) : Op. cit., p. 706.

Faux-titre (*Typ.*). — C'est la première page d'un livre; elle ne contient que le simple énoncé du sujet et la tomaison du volume si l'ouvrage en comporte plusieurs. — On nomme encore ainsi les sous-titres qui, dans le courant d'un livre, sont placés au recto d'un feuillet blanc.

Bibliogr. — Lefèvre (Th.) : Op. cit., p. 706.

Fers à dorer (*Rel.*). — Outils en cuivre ou bronze sur lesquels on a gravé en relief les vignettes, les filets, les armes et qui servent à pousser sur l'or des reliures, les divers ornements que le doreur veut produire. Dans l'ordre chronologique les fers se divisent ainsi : *monastiques* (XIVe et XVe siècles) — *fers italiens : aldins, azurés* ou *Grolier* à *filets* (XVIe siècle) — *fers fanfares, Le Gascon* et à *tortillons* (XVIIe siècle) — *fers mosaïques et de la transition* (XVIIe, XVIIIe siècles) — *fers* du XVIIIe siècle.

Bibliogr. — Dudin : Op. cit., pp. 575, 643. — Lenormand (Seb.) : Op. cit., p. 284, sq. — Bosquet. (E.) : Op. cit., p. 226, sq.

Fermoir (*Bibliot.*) — Armure métallique composée de deux parties réunies par une charnière qu'on appliquait sur les plats des reliures de manière à ce qu'une des pièces rabattue sur la gouttière et fixée contre le bord du plat opposé au moyen d'un œillet ou d'un crochet, maintienne les plats comprimés. Les fermoirs étaient quelquefois faits en métal précieux et par leur découpure ou leur gravure donnaient lieu à des ornements d'un fort bon goût.

Fermoir (*Grav.*). — Un outil pour graver sur bois porte également ce nom ; il est composé d'une lame à large tranchant en forme de croissant adapté à un manche.

Feuille (*Typ.*). — Chaque feuille, de tout format, se compose de deux formes : *Feuille in-octavo*, *in-douze*, *in-dix-huit*, etc. On dit *imposer par feuille* ou *par forme* selon l'ordre des signatures à la mise en pages, et aux pages en imposant. L'ouvrage imposé par forme se met en retiration sur la même forme ; ce qui donne deux exemplaires à la même forme.

Bibliogr. — LEFÈVRE (TH.): Op. cit., p. 707.

Feuille-volante (*Grav.*). — Ce sont les épreuves de gravures, d'eau-fortes qui doivent être montées sur marges, sur bristol, carton ou papier. Elles sont tirées sur du papier de Chine avec un mince rebord, mais sans marges.

Feuillet de réclame (*Typ.*). — C'est la feuille de copie sur laquelle le correcteur en typographie a indiqué l'endroit où finit le placard où la feuille qu'il vient de lire, et celui où doit commencer la feuille ou le placard suivant. En bibliographie ce feuillet comprend la feuille de papier ou de parchemin recto et verso, soit dans les manuscrits, soit dans les imprimés.

Bibliogr. — LEFÈVRE (TH.): Op. cit., p. 707.

Feuilleton (*Rel.*). — C'est, dans certains formats, le nom donné au cahier le plus mince de la feuille et renfermant le moins de pages, tels sont les in-douze, in-dix-huit, etc. (Voir au mot *Cahier*.)

Fiches (*Bibliot.*). — Carton ou papier fort (carte) sur lequel on transcrit les titres des ouvrages : elles peuvent être de grandeur variable.

Filer les eaux (*Grav.*). — C'est faire mordre la planche gravée par l'eau-forte, en sorte qu'elle soit recouverte entièrement et que les traits les plus fins soient attaqués.

Filet (*Typ.*). — Tout trait simple, multiple ou orné qui sert à séparer les colonnes, les lignes ou bien encore à encadrer les tableaux porte ce nom. On appelle encore ainsi l'ornement horizontal qu'on place à la fin d'un livre ou d'un chapitre. Les filets sont en cuivre ou en zinc, mais plus généralement en même métal que les caractères d'imprimerie; ils sont fondus en lames et leurs dimensions sont graduées par points.

Bibliogr. — LEFÈVRE (TH.) : Op. cit., p. 707. — V. BRETON : *Les vignettes typographiques et leurs emplois.* (Annuaire de l'imprimerie par A. MULLER, 1894, in-12, p. 120, sq.).

Filigrane du papier (*Pap.*). — Synonyme de marque d'eau (voir à ce mot). On l'obtenait en entrelaçant entre les vergeures et les pontuseaux, au tiers du châssis ou au milieu un fil de laiton très mince qui affectait la forme d'un objet ou les initiales du fabricant. Il est utile d'avoir des notions historiques sur les filigranes, car on peut déterminer par là la provenance des papiers et quelquefois la date approximative d'un livre ?

Flan (*Typ.*). — On nomme ainsi le papier préparé pour le clichage d'une forme. Il se prépare de la sorte : sur une feuille de papier collé on applique une couche de pâte composée en parties égales de blanc d'Espagne et de colle de farine, sur cette couche on met une feuille de papier joseph qui, à son tour, est enduite de pâte. Trois feuilles sont ainsi superposées. La dernière feuille n'est pas recouverte de pâte parce qu'elle est destinée à recevoir l'empreinte des caractères. Le tout est serré modérément entre deux plaques de métal et le flan peut s'employer dix-huit heures après.

Bibliogr. — LEFÈVRE (TH.): Op. cit., p. 685.

Feutres, Flotres ou **Floutres** (*Pap.*). — Fragment de drap sur lequel le coucheur place les feuilles de papier, au fur et à mesure que l'ouvrier les fabrique.

Bibliogr. — LE NORMAND (L.-S.) : Op. cit., *Vocabulaire*.

Fleuron (*Typ.*). — Ornement plus petit que le cul-de-lampe et que l'on place dans les frontispices ou dans les blancs de fin des principales divisions d'un ouvrage ; dans ce dernier cas on lui donne plus souvent le nom de cul-de-lampe, bien qu'il n'en ait pas la forme ordinaire.

Bibliogr. — Lefèvre (Th.) : Op. cit., p. 707.

Folio (*Typ.*). — C'est le numéro en chiffres arabes ou romains placé en tête des pages pour en indiquer l'ordre et le nombre.

Bibliogr. — Lefèvre (Th.) : Op. cit., p. 707.

Foliotage (*Bibliot.*). — Action de porter sur un manuscrit un numéro de suite sur chaque feuillet séparé ; c'est une opération indispensable pour tous les manuscrits non chiffrés.

Fond grainé (*Grav.*). — C'est, dans une planche gravée en manière de crayon, le fond à teinte grise obtenu par une série de points très rapprochés au lieu de hachures.

Fond (Blanc de) (*Typ.*). — C'est la partie de la garniture qui forme la marge intérieure des pages. On donne aussi quelquefois ce nom à la partie de la garniture qui dans l'in-octavo, se place contre la barre horizontale du châssis, et qui est opposée aux biseaux de pied.

Bibliogr. — Lefèvre (Th.) : Op. cit., p. 707.

Force de corps (*Typ.*) — C'est la hauteur totale de la lettre dans le sens vertical de l'œil. Cette force se détermine par le nombre de points typographiques, selon la hauteur du caractère. (Voir au mot *Caractères*, leur force en points avec leur ancienne dénomination.)

Bibliogr. — Lefèvre (Th.) : Op. cit., pp. 707, 708.

Format (terme générique). — C'est la dimension exacte des anciens papiers faits à la forme dans leur hauteur et leur largeur ; pour les papiers mécaniques, c'est aussi leur dimension dans les mêmes sens, mais après qu'ils ont été coupés au sortir des rouleaux de la machine. On dit un *format atlantique* pour désigner une feuille unique et non pliée ; une *gravure de grand format*.

Format (*Typ.*). — Ce mot s'applique à la dimension des parties de la feuille de papier après qu'elle a été imprimée et pliée selon le nombre des pages qu'elle contient : ainsi on a par rang de hauteur : in-folio, in-4°, in-6°, in-8°, in-12, in-16, etc., etc.

Format (*Oblong*). — En librairie on désigne sous ce nom les ouvrages dont la largeur est plus grande que la hauteur ; on a l'in-4° oblong, l'in-8° oblong, etc. — Le format d'un livre se définit au moyen des signatures placées au bas de la première page de chaque cahier. (Voir *signature*.)

Pour la détermination des formats d'après les signatures, nous renvoyons au tableau de la page 16 du travail de MM. Mortet, nous ne pouvons le reproduire ici; il est conçu de telle sorte que les difficultés principales sont élucidées.

De nos jours, le format réel joue un rôle absolument secondaire dans le classement ou la disposition des livres sur les rayons. Les principes de Soboltschikoff ont porté leurs fruits et dans la plupart des bibliothèques d'Europe les livres sont disposés sur les tablettes selon leur hauteur.

Ainsi à la Bibliothèque de Florence, on a adopté six divisions :
In-folio, au-dessus de 38 centimètres ;
In-4°, de 28 à 38 centimètres ;
In-8°, de 20 à 28 centimètres ;
In-16, de 15 à 20 centimètres ;
In-24, de 10 à 15 centimètres ;
In-32, de 00 à 10 centimètres.

En Amérique, on a adopté des lettres pour la dénomination des formats ; c'est au Congrès tenu à Philadelphie, en 1887, que cette mesure a été proposée :
Au-delà de 30 centimètres : in-folio, par abréviation **F** ;
De 25 à 30 centimètres : in-4°, par abréviation **Q** ;
De 20 à 25 centimètres : in-8°, par abréviation **O** ;
De 17 à 20 centimètres : in-12, par abréviation **D** ;
De 15 à 17 centimètres : in-16, par abréviation **S**.

Dans les bibliothèques françaises, les divisions sont généralement au nombre de trois : 25, 31, 52 centimètres à la Bibliothèque Nationale.

Pour les bibliothèques universitaires les mesures sont les suivantes :
In-folio, de 35 centimètres et au-dessus ;
In-4°, de 25 à 35 centimètres ;
In-8°, de 0 à 25 centimètres.

Dans la Bibliothèque de l'Université de France, indépendamment des subdivisions des in-folio : grands et très grands in-folio, il existe une dernière division, l'in-douze, comprenant les volumes inférieurs à 20 centimètres.

Il est bien entendu que les ouvrages supérieurs en hauteur à 50 centimètres sont classés à part, comme atlas ou format atlantique.

Bibliogr. — Mortet (Ch. et V.) : *Le format des livres, notions historiques et pratiques.* Paris, Bouillon, 1894, in-8°. (Extr. de la *Revue des Bibliothèques*.) — Lefèvre (Th.) : Op. cit., p. 708. — Græsel : *Grundzüge* etc., p. 378. — Ottino : *Manuale del bibliotecario...*, p. 49.

Forme (*Pap.*). — Moule avec lequel l'ouvreur compose une feuille de papier en recueillant la matière qui flotte sur l'eau et en la distribuant.

Bibliogr. — Lenormand (L.-S.) : Op. cit., *Vocabulaire*.

Forme (*Typ.*). — C'est l'ensemble du châssis sur lequel on a porté la moitié d'une feuille.

Bibliogr. — Lefèvre (Th.) : Op. cit., p. 708.

Foulage (*Typ.*). — C'est le relief produit par la pression des caractères sur le côté opposé à l'impression.

Bibliogr. — Lefèvre (Th.) : Op. cit., p. 398.

Fouetter (*Rel.*). — Le livre étant recouvert de la peau, on applique sur chaque plat un ais et l'on serre le tout au moyen de fortes ficelles afin d'en empêcher le gondolement. Ce resserrage se nomme fouetter.

Bibliogr. — Dudin : Op. cit., pp. 604, 644. — Bosquet : Op. cit, p. 123.

Frappe (*Typ.*). — C'est l'ensemble des matrices d'un caractère complet.

Bibliogr. — Lefèvre (Th.) : Op. cit., p. 708.

Frisquette (*Typ.*). — Châssis formé avec du parchemin qui s'applique sur les marges du papier au moment du tirage pour le maintenir d'aplomb.

Bibliogr. — Lefèvre (Th.) : Op. cit., p. 382.

Frontispice ou **Grand titre** (*Typ.*). — C'est le titre principal et complètement développé d'un ouvrage ; il contient en plus du nom du lieu, celui de l'éditeur avec son adresse, le millésime de l'émission et de la réserve des droits, s'il y en a.

Bibliogr. — Lefèvre (Th.) : Op. cit., 708.

Frottoir (*Rel.*). — C'est un outil en bois ou en métal à surface lisse qui sert à égaliser les peaux sur les plats.

Bibliogr. — Dudin: Op. cit., pp. 604, 644.

Frotton (*Grav.*). — Sorte de balle qui servait avant la découverte du rouleau à encrer, à charger d'encre une planche de gravure ou une composition typographique. Le frotton sert encore aujourd'hui pour faire des épreuves d'essai.

Fumé (*Grav.*). — On nomme ainsi une épreuve d'une gravure en relief tirée sur papier de Chine non collé. Pour cela, on encre le bois ou le cliché avec du noir de fumée très fin et on exerce une pression sur le papier humide à l'aide du brunissoir. Pour éviter toute déchirure du papier, on interpose une carte entre le chine et l'outil. Les fumés sont de véritables épreuves d'artistes de gravure sur bois. En effet l'encrage fait au rouleau ou au doigt est généralement très soigné; l'on peut ainsi ménager les lointains et donner de l'accent aux premiers plans en les encrant plus ou moins vigoureusement. En outre, les graveurs tirant eux-mêmes ces épreuves, soit pour se guider dans leurs travaux ultérieurs, soit pour leurs collections particulières, les fumés sont toujours en très petit nombre et par cela fort recherchés des amateurs.

Fumé (*Typ.*). — L'épreuve que nous venons de décrire sert au typographe de modèle pour la mise en train du tirage. En fonderie, c'est l'épreuve obtenue en présentant le poinçon gravé à la flamme d'une bougie et en l'appliquant ensuite sur une carte lisse.

Bibliogr. — Lefèvre (Th.): Op. cit., p. 708.

Fust (*Rel.*). — Petite presse qui porte le couteau à rogner.

Bibliogr. — Dudin: Op. cit., pp. 585, 644.

Fut (*Pap.*). — C'est le châssis de la forme armé de ses pontuseaux.

Bibliogr. — Le Normand (L.-S): Op. cit., *Vocabulaire*.

G

Gagner (*Typ.*). — On emploie ce mot, par opposition à *chasser*, pour exprimer que la copie ou le manuscrit fait plus de lignes ou de pages, comparé à la composition.

Bibliogr. — Lefèvre (Th.) : Op. cit., p. 708.

Galée (*Typ.*). — C'est une sorte de plateau, en bois généralement, muni d'une poignée avec rebord sur trois de ses faces. On y place la composition que vient de faire l'ouvrier, lorsque son composteur est rempli.

Bibliogr. — Lefèvre (Th.) : Op. cit., p. 8.

Galvanographie (*Grav.*). — On désigne ainsi deux procédés de gravure mécanique ; le premier inventé par le professeur Kebell, de Munich, consiste en un procédé électrographique à l'aide duquel on obtient des planches gravées dont les épreuves ont l'aspect de gravures à la manière noire ; le second qui est une reproduction de gravure sur zinc a été découvert par Jacquemin.

Garde (feuillet de) (*Typ.*). — Feuillet blanc placé accidentellement avant le faux-titre ou à la fin du volume, lorsqu'il reste deux pages sans emploi à l'une ou à l'autre de ces parties et parfois à toutes les deux.

Bibliogr. — Lefèvre (Th.) : Op. cit., p. 709.

Gardes (*Rel.*). — Feuilles de papier placées au commencement et à la fin des volumes pour garantir les premiers feuillets du livre. Elles sont blanches et en couleur ; cette dernière est collée en partie sur les plats intérieurs. Nous ne dirons rien ici des gardes en soie ou en cuir qu'on emploie dans les reliures de luxe.

Bibliogr. — Dudin : Op. cit., pp. 565, 579, 644. — Le Normant (L.-S.) : Op. cit., *Vocabulaire*.

Garde-main (*Grav.*). — C'est le papier que l'artiste place sous sa main pendant qu'il dessine afin de préserver le travail de tout frottement.

Garde-vue (*Grav.*). — Carton doublé de vert que les graveurs mettent sur leur front pour abriter par la saillie de la visière les rayons lumineux ; la vision est plus distincte.

Garnir (*Typ.*). — C'est maintenir dans le châssis les pages de la forme au moyen des pièces de plomb et de bois les unes droites, les autres taillées en biseau.

Bibliogr. — Lefèvre (Th.) : Op. cit., p. 709.

Garnitures (*Typ.*), — C'est l'ensemble des pièces métalliques ou en bois qui servent à maintenir les pages dans le châssis. La combinaison doit en être faite selon l'élévation des marges qu'on veut donner en tête, en pied, et sur les côtés.

Bibliogr. — Lefèvre (Th.) : Op. cit., p. 709.

Gaufrure (*Rel.*). — On nomme ainsi l'impression des ornements poussés sur les plats et le dos des reliures sans employer l'or. Ce travail se fait en imprimant avec des fers chauffés convenablement afin que la poussée soit plus indélébile. C'est à tort qu'on appelle ce travail « *dorer à froid* ».

Bibliogr. — Bosquet (E.) : Op. cit., *Vocabulaire*.

Gélatine (*Grav.*). — Elle joue un rôle très important dans les procédés de transformation de la photographie en planches et en clichés gravés en creux ou en relief; comme on le sait, c'est une substance incolore extraite des os et des tissus membraneux, insoluble dans l'eau et se liquéfiant sous l'action de la chaleur.

Gillotage (*Grav.*). — Procédé de gravure inventé par Gillot dont le nom est appliqué aujourd'hui à tous les procédés qui consistent à mettre en relief sur zinc, par les acides, un dessin tracé à l'encre grasse, de façon à le transformer en cliché dont on peut tirer des épreuves par les procédés d'impression ordinaires en typographie.

Glaçage du papier (*Pap.*). — Opération consistant à passer les feuilles de papier entre les cylindres d'un laminoir. Cela se fait après le remaniement du papier trempé ; les feuilles sont prises une à une jusqu'à 25 et ensuite passées au laminoir.

Glairer (*Rel.*). — C'est appliquer plusieurs couches successives de blanc d'œuf sur les plats et le dos d'un livre à l'endroit où l'on veut appliquer l'or pour y pousser les ornements et les titres.

Bibliogr. — Bosquet (E.), Op. cit., *Vocabulaire*.

Gloses marginales (*Bibl.*). — (Voy. *notes marginales* et *manchettes*).

Godure (*Rel.*). — Ainsi sont appelés les plis qui se forment sur les feuillets d'un livre lorsqu'ils n'ont pas été assez battus ou qu'ils l'ont été sans précaution.

Bibliogr. — Dudin : Op. cit., pp. 561, 644.

Gouache (*Grav.*). — Peinture à l'eau pour laquelle on emploie des couleurs pâteuses détrempées dans l'eau gommée additionnée de miel. La gouache donne des tons opaques et les blancs du papier ne sont pas ménagés comme dans l'aquarelle ; les miniatures des manuscrits sont presque tous faits à la gouache.

Goutte (*Pap.*). — Défaut du papier provenant de gouttes d'eau tombées sur la feuille encore en pâte ; ce qui en a diminué l'épaisseur.

Bibliogr. — LE NORMAND (L.-S.) : Op. cit., *Vocabulaire*.

Gouttière (*Grav.*). — Sorte de canal ou de bec saillant que l'on ménage sur les planches bordées de cire afin de permettre à l'eau-forte de s'écouler après la morsure.

Gouttière (*Rel.*). — C'est la tranche intérieure d'un volume relié ; elle affecte toujours la forme concave, par opposition au dos, qui est convexe, d'où son nom.

Bibliogr. — DUDIN : Op. cit., pp. 588, 644.

Grain du papier (*Pap.*). — Petites aspérités qui se forment sur la surface du papier pendant sa fabrication. On lamine le papier afin de ne pas les laisser subsister parce qu'elles sont nuisibles pour écrire.

Bibliogr. — LE NORMANT (L.-S.) : Op. cit., *Vocabulaire*.

Grainure (*Grav.*). — L'acte de recouvrir de grains plus ou moins serrés la surface d'une plaque de métal sur laquelle on veut graver à la manière noire ; on se sert du berceau pour cette opération. (Voir ce mot.)

Graphique (*Dessin*). — Ce genre de dessin représente les objets au moyen de lignes suivant des procédés géométriques.

Grattoir (*Grav.*). — Outil en acier à arêtes très vives qui sert à l'ébarbage des traits creusés à la pointe sèche ; on le nomme aussi ébarboir. Pour la gravure sur bois, on se sert également d'un grattoir à creuser, avec lequel on polit le bloc de bois, et d'un grattoir à ombrer.

Graver. — C'est reproduire des dessins, des plans, des fac-similés d'écriture, au moyen de la gravure, qu'on destine à l'impression.

Gravure. — S'entend d'une planche en métal ou en bois sur laquelle on a reproduit les contours et les ombres d'un dessin dont on veut obtenir des épreuves multiples, au moyen de creux ou de reliefs enlevés avec des outils spéciaux : burin, échoppe, grattoir, brunissoir, etc. Par extension, c'est aussi la reproduction d'une planche sur le papier. — Les premières gravures, qu'on peut faire remonter au début même du xve et peut-être à la fin du xive siècle, sont toutes sur bois ; elles sont frustes, anguleuses, sans contours et sans ombres. Les figures des ouvrages xylographiques et les premières cartes à jouer donnent une exacte idée de cet art dans l'enfance. — Les tailles étaient simples à l'origine ; les premières tailles croisées se trouvent dans la Chronique de Nuremberg (1492), faites par Wolgemuth, le maître d'Albrecht Dürer. Vient ensuite le Songe de Polyphile d'Alde Manuce, qui date de 1499, et dont les gravures sont attribuées, suivant M. Eug. Picot, au Maître au Dauphin. Ce savant ne pense pas que les ouvrages à figures imprimés entre 1491 et 1520 soient supérieurs à 200, environ. — La gravure sur métal que l'on croyait de beaucoup postérieure à celle sur bois, lui est presque contemporaine. La preuve en a été fournie, grâce à la découverte de l'abbé Zani, en 1797, du nielle de Masso Finiguerra. Les artistes des xvie et xviie siècles ont produit de merveilleuses choses, surtout en eau-forte et en taille-douce.

Gravure au lavis. — Ce procédé dû à Xavier Le Prince a pour but d'imiter les dessins au lavis. Pour cela, on commence à graver les contours à l'eau-forte, on lave avec une encre spéciale, ensuite avec le vernis, les divers plans sur lesquels on répand une poudre mordante formant un grain destiné à retenir l'encre. — L'opération est répétée autant de fois qu'il le faut en procédant de la teinte la plus faible à la plus forte. La ressemblance avec les dessins à l'encre de Chine ou la sépia est absolue, seulement on ne peut tirer qu'un nombre assez restreint d'épreuves, le cuivre s'usant vite.

Gravure carrée. — On appelle ainsi les planches sur lesquelles les tailles se croisent à angle droit.

Gravure en bois mat et en relief. — On désignait ainsi les gravures des grosses lettres d'affiches et les masses de rentrées destinées aux toiles peintes et aux camaïeux.

Gravure en camaïeu. — On donne parfois ce nom à la gravure en imitation de lavis.

Gravure en couleur. — La gravure en taille-douce en couleur s'obtient par le tirage successif de plusieurs planches de même dimension, s'imprimant chacune avec des couleurs spéciales qui, par leur superposition, forment des tons intermédiaires. Les planches sont gravées comme celles à la manière noire, mais la grande difficulté est que les points de repères soient rigoureusement retrouvés à l'endroit qu'ils doivent occuper, afin que lors des impressions successives les couleurs s'appliquent sans dépasser aucun contour.

Gravure en losange. — Les tailles de ces gravures se croisent obliquement et les blancs des intervalles forment des losanges, d'où ce nom.

Gravure en manière de crayon. — Ce procédé avait pour but d'imiter le crayon et était fort en usage au siècle dernier. Le cuivre étant verni, l'artiste se servait de pointes spéciales, de poinçons et de mattoirs, et arrivait à imiter le pointillé du crayon.

Gravure en relief. — Un grand nombre de procédés ont été appliqués depuis le xviiie siècle. Hoffmann de Schlestadt (xviiie siècle), recouvrait une plaque de métal au moyen d'un enduit résineux, assez épais, il traçait son dessin à la pointe en découvrant le métal et clichait ensuite cette gravure. Parmi les autres, nous nommerons encore les procédés suivants : Durand Narat — Th. Du Monteil (gravure galvanique) — Vial, 1863 — Dulos, 1864 — Comte — Dumont, 1854 (zincographie) — Jacquemin (galvanographie) — Devincenzi, dont la découverte fut perfectionnée par Becquerel — Gillot, 1858? (paniconographie) — Firmin Didot (chrysographie) — Heiner, à Berlin (chalcographie) — Jones — Caselli — Meyer — Defrance — Villain — Villanis — Collas, etc.

Gravure en taille d'épargne — Gravure sur bois dans laquelle les fonds sont enlevés, les reliefs réservés et les tailles épargnées. Les graveurs se servent du buis comme étant le bois qui se prête le mieux à la gravure, qui se coupe et se creuse le plus facilement. Si la gravure est de grande dimension, on juxtapose une série de petits blocs de buis par un collage ou par une baguette métallique qui les traverse de part en part et les maintient en pression par une vis.

Gravure en taille-douce. — C'est le nom sous lequel est connu la gravure sur cuivre à l'échoppe et au burin ; les tailles sont très droites, parallèles entre elles, croisées par des contretailles, avec du pointillé pour indiquer les plans des contours ; il ne faut pas confondre ce genre de gravure avec l'eau-forte dont elle diffère beaucoup.

Gravure large. — Gravure au burin dont les tailles sont très espacées.

Gravure leucographique. — Procédé de gravure en creux sur plaque de zinc. Les traits apparaissent en creux après la morsure de l'acide et le dessin vient en blanc, l'encrage étant produit. On monte ces planches sur des morceaux de bois et elles se tirent typographiquement ; le dessin se détache en blanc sur un fond noir ou taché de noir. Ce procédé ne peut s'utiliser que pour reproduction de figures techniques.

Gravure pointillée. — Elle ressemble, comme procédé, à la gravure en manière de crayon, seulement l'artiste n'ajoute aucune hachure afin de donner plus facilement l'illusion des traits du crayon.

Gravure serrée. — C'est une gravure au burin ou à la pointe sèche dont les tailles sont très rapprochées l'une de l'autre.

Gravure sur bois en creux. — Ce procédé, à l'opposé de la gravure ordinaire sur bois, dont les reliefs seuls portent à l'impression, n'est pas fait pour la typographie, mais seulement pour les applications en relief qu'on veut obtenir, soit sur métal, soit sur d'autres matières. Dans la gravure en creux, les reliefs ne donnent que les fonds et les arêtes du dessin, tandis que les creux forment les dessins.

Gravure sur pierre. — Ce n'est que la gravure à la pointe sur pierre lithographique dont on peut tirer ensuite des épreuves comme une lithographie ordinaire. Les traits sont plus fins que ceux produits avec la plume, mais les contours sont très secs. Ce procédé est surtout utilisé dans l'industrie à cause du bas prix du tirage.

Bibliogr. des procédés de la gravure. — MOTTEROZ (CL.) : *Essai sur les gravures chimiques en relief.* Paris, 1871, in-8º. — TISSANDIER (G.) : *Histoire de la gravure typographique...* Paris, 1875, in-8º. — LALANNE (M.) : *Traité de la gravure à l'eau-forte.* 2ᵉ édit., Paris, 1878, in-8º. — NICOLLE (E.) : *Dissertation élémentaire sur la gravure à l'eau-forte et les états des planches.* Rouen,

1885, in-8º — Lostalot. (A. de.) : *Les procédés de la gravure*. Paris, Quantin, in-8º. — Adeline : *Lexique des termes d'art*. Paris, Quantin, s. d. in-8º. — *La gravure sur pierre. Traité pratique à l'usage des écrivains et des imprimeurs lithographes*. Paris, 1887, in-16. — Geymet : *Héliographie vitrifiable*, Paris, Gauthier-Villars et fils, 1889, in-16. — Ferret (abbé J.) : *La photogravure facile et à bon marché*. Paris, Gauthier-Villars et fils, 1889, in-16. — *Les procédés, traité pratique de phototypie, impression aux encres grasses, report sur bois, photolithographie, photozincographie, photogravure*. Paris, 1887, in-16. — Vidal (L.) : *Des progrès de la gravure typographique* (Réunion des Sociétés des Beaux-Arts des départements à la Sorbonne, 8ᵉ session, 1884. Paris, Plon et Cⁱᵉ, 1884, in-8º, p. 360.

Bibliogr. de l'histoire de la gravure. — Didot (Ambroise-Firmin) : *Essai typographique et bibliographique de la gravure sur bois...* Paris, 1863, in-8º. — Leber (C.) : *Histoire de l'art. Des Estampes et de leur étude, depuis l'origine de la gravure jusqu'à nos jours*. 1865, in-4º. — Duplessis (G.) : *Histoire de la gravure en France*. Paris, 1861, in-8º. — Duplessis (G.) : *Essai de bibliographie contenant l'indication des ouvrages de la gravure et des graveurs*. Paris, 1862, in-8º. — Passavant (J.-D.) : *Le peintre graveur, contenant l'histoire de la gravure sur bois, sur métal et au burin...* Paris, 1860-1864, 6 vol. in-8º. — Delaborde (H.) : *La gravure en Italie avant Marc-Antoine (1452-1505)*. Paris, 1883, in-4º. — Dutuit : *Manuel de l'amateur d'estampes...* Paris, Londres, 1884, 1886, 3 tomes en 6 vol. gr. in-8º.

Grecquer (*Rel.*). — C'est faire, au moyen d'une scie appelée grecque, dans le dos des cahiers d'un livre serrés ensemble dans l'étau, des rainures destinées à loger les ficelles contre lesquelles le livre sera cousu.

Bibliogr. — Dudin : Op. cit., p. 563. — Bosquet : Op. cit., p. 54.

Grignotis (*Grav.*). — On désigne ainsi toutes les tailles irrégulières, entrecroisées, hachées, à traits courts et interrompus qu'on emploie pour rendre les accidents de terrain, les feuillages, les étoffes, les murailles. Certaines gravures au burin sont traitées au grignotis lorsque les traits effleurent à peine le métal.

Grisé (*Grav.*). — Ce sont des hachures régulièrement espacées, mais petites, qui font l'effet de taches grises dans une gravure ou une épreuve imprimée. En typographie ce sont des espaces gris sur lesquels on mettra des inscriptions qu'il sera impossible d'effacer.

Grotesque (reliure à la) (*Rel.*). — Reliure qui tire son nom d'une forme spéciale d'entrelacs et non, comme on pourrait le croire, de têtes, masques, mascarons et grotesques, dont les ornements et les dorures seraient formés.

H

Habillement (*Rel.*). — Se dit de l'ensemble de la reliure elle-même dont le livre est recouvert.

Hachure (*Grav.*). — Ce sont les traits parallèles ou croisés à l'aide desquels on indique le modelé. Par leurs nuances, leur intensité, leurs contours, le graveur interprète les divers tons, fait vibrer la lumière, etc.

Hausse (*Typ.*). — En fonderie on nomme ainsi une petite pièce que le fondeur en caractères ajuste au manche à fondre afin de faire certaines lettres plus hautes que les autres. C'est aussi le papier collé sur le tympan aux endroits où il faut renforcer la pression, afin que l'impression vienne également. Elle est surtout employée pour le tirage des planches gravées.

Bibliogr. — Lefèvre (Th.) : Op. cit., p. 401.

Hauteur en papier (*Typ.*). — C'est la hauteur prise du pied de la lettre jusqu'à la superficie de l'œil. A Paris, cette hauteur est généralement de 10 lignes et demie, à Lyon, de 11 lignes, à Strasbourg, de 11 lignes et quart.

Bibliogr. — Lefèvre (Th.) : Op. cit., p. 709.

Héliochromie. — Se dit des procédés de photographie en couleur, très imparfaitement connus jusqu'aujourd'hui, mais améliorés tous les jours par M. Lippmann, professeur à la Faculté des Sciences de Paris.

Héliographie (*Grav.*). — C'est l'art d'obtenir à l'aide de la lumière, des épreuves photographiques ordinaires et principalement des épreuves de planches gravées comme les planches en taille-douce.

Héliogravure (*Grav.*). — Gravure héliographique. Parmi les plus répandus de ces procédés, il faut citer en premier lieu celui de Dujardin. Il permet, à l'aide d'habiles retouches, d'obtenir des fac-similés d'une ressemblance absolue, particulièrement des dessins au lavis, des épreuves photographiques, etc. Ces fac-similés reportés sur métal peuvent être tirées à l'encre grasse comme des planches en taille-douce, et si elles sont aciérées, elles fournissent un nombre illimité d'épreuves.

Hiéroglyphes. — Ecriture dont les caractères ont l'apparence d'objets et d'êtres déterminés ; selon Phil. Berger, il faut comprendre parmi ce genre d'écriture les caractères chinois, peut-être les inscriptions aztèques de Palenqué qu'il nomme aussi *écriture calculiforme*; l'écriture cunéiforme, et les hiéroglyphes égyptiens sont les véritables hiéroglyphes.

Bibliogr. — BERGER (PHILIPPE) : *Histoire de l'écriture dans l'antiquité*, Paris, Hachette, 1892, in-8°, pp. 31, 37, sq.

Housse (*Rel.*). — Fourreau en papier fort ou en toile appliqué sur le dos d'un volume à emboîter afin de raffermir l'attache du faux dos, tout en le rendant plus flexible. Les relieurs anglais préparent la plupart de leurs reliures avec une housse sur laquelle ils collent la carte du faux dos, en fixant des faux nerfs en cuir par dessus.

Hyalographie (*Grav.*). — C'est un procédé de dessin mécanique qui permet de reproduire les divers objets tels qu'ils sont vus en perspective au moyen d'un instrument appelé *Hyalographe*.

I

Ichnographie (*Grav.*). — Terme technique désignant l'art de dessiner à l'aide du compas et de la règle. — Se dit aussi de l'art de tracer des plans et des figures techniques.

Iconographie (*Bibliot.*). — Littéralement, ce mot désigne la description des images et, par extension, il s'applique à l'étude et à la description des peintures, sculptures, gravures d'une époque déterminée. Ainsi l'iconographie d'un personnage célèbre est la description de tous les portraits de ce personnage.

Iconologie. — C'est la science des attributs des personnages mythologiques, ainsi que celle des figures emblématiques ; par extension ce mot désigne encore l'interprétation et la description des œuvres d'art, en sculpture particulièrement.

Illustrateurs (*Grav.*). — Artistes qui exécutent les gravures des vignettes destinées à l'ornement des livres et des journaux. Les premiers illustrateurs étaient ces modestes xylographes ou graveurs sur bois. Depuis Holbein jusqu'à Gustave Doré et Pannemaker, la liste serait longue pour nommer tous les artistes qui ont gravé sur bois. Les eaux-fortes de Rembrandt sont célèbres : De Marc-Antoine Raimondi à Callot, bien des artistes ont gravé au burin ou à la pointe sèche. Faut-il encore nommer parmi les illustrateurs français Audran, Oudry, Cochin, Lemire, Eissen, Gravelot, etc., etc.

Illustration (*Grav.*). — D'une manière générale, c'est tout ornement, produit en dehors de la typographie pure, tels que dessins divers, lettres ornées coloriées, qui concourent soit à la clarté d'un livre, soit à son enrichissement. Les miniatures des anciens manuscrits et les lettres ornées étaient des illustrations ; aujourd'hui ce sont des vignettes intercalées dans le texte ou hors texte, des planches de grandes dimensions reproduisant par le dessin des scènes ou des descriptions du livre. La taille-douce, le burin, la gravure en manière noire ou à la sépia, l'eau-forte, la gravure sur bois et la lithographie sont utilisés simultanément ou tour à tour ; les illustrations en couleur se font par la *chromolithographie* et la *chromotypie*. Pour avoir la reproduction absolue du dessin de l'artiste, on se sert d'*héliogravure*, de *photogravure*, en un mot de gravures reproduisant par des procédés chimiques tous les détails ainsi que l'ensemble tel que le dessin les donne.

Illustration (*Typ.*). — On entend par là l'ensemble des gravures de quelque nature qu'elles soient, tirées avec le texte ou en dehors, et qui font partie d'un ouvrage.

Imagerie (*Grav.*). — Ce terme désignait l'art des imagiers au moyen-âge. Ce mot n'est pris aujourd'hui que dans un sens industriel et ordinaire ; il ne désigne plus que la confection des images religieuses, tirées par feuilles, et les images d'Epinal, à l'origine si grossières, mais qui tendent à se perfectionner.

Imagiers. — Artistes qui sculptaient et enluminaient des images. Au XIIIe siècle, les peintres et les sculpteurs étaient désignés sous ce nom. Ce mot est pris en mauvaise part aujourd'hui.

Imposer (*Typ.*). — On nomme ainsi la disposition des pages composées, dans un ordre déterminé, sur le châssis, et la détermination des marges à l'aide des garnitures.

Bibliogr. — Lefèvre (Th.) : Op. cit., p. 25.

Impression (*Grav.*). — L'impression de la gravure sur bois ou sur métal en relief s'exécute à l'aide de presses typographiques ; celle des gravures sur acier et sur cuivre se fait sur la presse en taille-douce.

Impression à la manière noire. — Les gravures au berceau, au racloir, en un mot toutes les gravures à la manière noire offrent des difficultés de tirage à cause des surfaces difficiles à essuyer. Les blancs étant plus creux que les noirs doivent être essuyés à la main et même avec un linge humide pour les petites surfaces. L'usure des planches est malheureusement rapide et elles ne donnent que fort peu de bonnes épreuves.

Impression de la gravure sur bois. — Les planches gravées sur bois se tirent typographiquement ainsi que les clichés reproduisant les bois, et encore les gravures sur zinc, gillotages ou autres. Avant d'être mises sur le marbre, les vignettes doivent être bien dressées ; elles sont encrées au rouleau, de même qu'avant le tirage, on procède à la mise en train afin de produire l'accentuation des tons. Pour obtenir des noirs plus intenses on place des housses aux endroits où la pression de la feuille doit être plus énergique, tandis que les autres parties, à peine effleurées, donnent des tons gris et légers.

Impression de la taille-douce. — Pour obtenir ces épreuves, on encre fortement au tampon la surface de la planche légèrement chauffée, on l'essuie ensuite afin qu'il ne reste de l'encre que dans les traits en creux et l'on achève en enduisant légèrement les bords du cuivre de blanc d'Espagne, de façon qu'ils ne laissent pas sur le papier ce léger voile d'encre qui existe sur l'ensemble du sujet. La planche est ensuite posée sur la presse où elle s'engage entre deux cylindres, après qu'on y a placé une feuille de papier humide recouverte de flanelle. En passant entre ces cylindres et sous l'influence de la pression, le papier humide enlève complètement l'encre et l'on obtient ainsi une épreuve de la planche gravée.

Imprimerie Nationale (Caractères de l'). — En types de langues orientales et autres, elle possédait, en 1889, 158 corps de caractères. On y a introduit tous les procédés d'héliogravure en creux et en relief et la reproduction de toute gravure dérivée de la photographie. On reconnaît qu'un ouvrage sort des presses de cette imprimerie à la lettre minuscule l, qui se trouve barrée à gauche dans son milieu ; cette distinction n'a eu lieu qu'après l'année 1694.

Bibliogr. — BERNARD (AUG.) : *Histoire de l'imprimerie royale du Louvre*, Paris, 1867, in-8°. — DUPRAT (FRANÇ.) : *Histoire de l'imprimerie impériale de France...* Paris, 1861, in-8°. — *Spécimens des types de l'imprimerie royale*, Paris, 1830, in-folio, 2 parties.

Incipit (*Bibliogr.*) — On appelle ainsi les premiers mots par lesquels un incunable, sans titre, commence. Le titre faisant défaut à l'origine, les premières lignes de la première page en tiennent lieu et doivent être transcrites sur les fiches.

Incunables (*Bibliot.*). — On désigne sous ce nom tous les ouvrages typographiques imprimés depuis l'origine de l'imprimerie jusqu'en 1500 inclusivement ; ils se divisent en deux parties : les livres xylographiques imprimés au moyen d'une planche entière sur laquelle étaient gravés en relief les dessins et le texte, et les livres imprimés avec caractères mobiles. (Voir au mot *xylographie*.)

Pour reconnaître un incunable, il faut s'attacher aux caractères suivants :

1° *Sur la solidité et l'épaisseur du papier ;*

2° *Sur les caractères typographiques qui sont hérissés de traits accessoires dans les impressions allemandes, hollandaises et même françaises, sur leur irrégularité et leur défectuosité, très frappantes dans les types romains sortis des presses italiennes ;*

3° *Sur l'absence partielle ou complète de signes de ponctuation ;*

4° *Sur l'apparence de la copie d'un manuscrit avec la réserve des capitales qui sont mises à la main et ornées ;*

5° *Sur les abréviations nombreuses et en tout pareilles à celles des manuscrits de la même époque ;*

6° *Sur l'absence de signatures, de réclames, de pagination, de registre, au moins au début ;*

7° *Sur le titre séparé en frontispice qui n'existe pas ;*

8° *Sur l'absence d'indication, de lieu d'impression et d'édition, du nom de l'imprimeur et de la date.*

Le cataloguage des incunables présente donc de certaines difficultés en raison des ressources imparfaites que l'on possède dans l'ensemble du livre.

Bibliogr. — Beughem : *Incunabula typographia, sive catalogus librorum scriptorumque proximis ab inventione typographiæ usque ad annum Christi 1500...* Amstelodami, Joan. Wolters, 1688, in-12. — Marchand : *Histoire de l'origine et des premiers progrès de l'imprimerie...*, La Haye, Le Vier, 1740. — Hawes (Steph.) : *Bibliography, or a history of the Origin and progress of printing...* New-York, 1878, in-8°. — Hofmann : *Zur Bibliographie der Incunabeln-Kunde.* (Serapeum, xv, 1854, p. 39). — Desbarreaux-Bernard : *La chasse aux incunables.* Toulouse, 1864, in-8°. — Hain (Lud.) : *Repertorium bibliographicum...* etc.

Initiales (*lettres*). — Synonyme de capitales, mais dont le terme s'applique davantage aux lettres ornées ou majuscules qui sont en tête d'un chapitre, d'un paragraphe ou au début d'une ligne. Dans certains manuscrits, elles sont ornées avec une grande richesse, formant des dessins à personnages ou à arabesques. Dans les livres imprimés, elles forment souvent des vignettes composées avec un goût exquis et gravées avec beaucoup de soin, particulièrement aux xvie et xviie siècles. Les premiers livres imprimés ont la place des initiales en blanc, on devait les mettre à la main. Erhardt Ratbolt, imprimeur à Venise vers 1477, est le premier typographe qui ait employer les initiales ornées typographiquement.

Initiales (*Typ.*). — On désigne ainsi les lettres de différents corps qui servent exclusivement pour la composition des frontispices et des titres divers. Toute lettre montante simple ou ornée qui commence le premier mot des principales divisions des ouvrages illustrés se nomment également ainsi.

Bibliogr.— Denis : *De l'ornementation des manuscrits*, 2e édition, Paris, Rouveyre, 1879, gr. in-8°. — Shaw (H.) : *Illuminated ornaments selected from missals and on manuscripts of the middle ages.* London, 1833, in-4°. — Lefèvre (Th.) : Op. cit., p. 709.

Insectes nuisibles aux livres. — On peut les ranger dans les trois grandes familles des coléoptères, des aptères et des lépidoptères ; les insectes de ces deux dernières familles sont peu redoutables. Ce sont des anobiums qui causent le plus de mal ; ils étaient désignés sous les noms de : *crambus pinguinalis, aglossa pinguinalis, hypothenemus eruditus* et sont synonymes de : *anobium* *pertinax*, *anobium eruditus* et *anobium paniceum*. Avec l'*œcophora pseudo-pretella*, la *blatta germanica* et le *lepisma*, nous les avons à peu près tous nommés.

Bibliogr. — [Mulsant (Et.)] : *Les ennemis des livres*, Lyon, H. Georg., 1879, pet. in-8°. — Blades : *Les livres et leurs ennemis*, trad. de l'anglais, Paris, Claudin, 1883, in-12.

Intercaler (*Typ.*). — C'est placer un carton ou tout autre fragment de feuille, au moment où l'on impose, de sorte qu'en pliant la feuille, ce fragment ou ce carton puisse être détaché.

Bibliogr. — Lefèvre (Th.) : Op. cit., p. 710.

Interfolier (*Rel.*). — C'est disposer des feuillets de papier blanc, ou entre chaque feuille de texte imprimé, ou entre les gravures d'un album avant de les coudre.

Interligner (*Typ.*). — Mettre des séparations appelées interlignes entre chaque rangée de lettres composées formant une ligne, au moment de la composition ou après coup.

Bibliogr. — Lefèvre (Th.) : Op. cit., p. 710.

Interlignes (*Typ.*). — Lames métalliques qui servent à séparer les lignes entre elles et à les espacer convenablement.

Bibliogr. — Lefèvre (Th.) : Op. cit., p. 710.

Isographie (*Grav.*). — C'est l'art de faire des fac-similés, de reproduire les manuscrits, les autographes, les écritures, etc.

Italique (*Typ.*). — Voyez *Caractères*.

J

Jasper (*Rel.*). — Recouvrir les tranches d'un livre relié d'une multitude de petits points de couleur. On procède en plongeant une brosse dans une préparation colorée, cette brosse est frottée contre un grillage placé au-dessus des tranches des volumes.

Bibliogr. — Lenormand (L.-S.) : Op. cit., *Vocabulaire*.

Jetée (*Pap.*). — C'est la réunion de plusieurs feuilles de papier que la jeteuse prend à la fois.

Bibliogr. — Le Normand (L.-S.) : Op. cit., *Vocabulaire*.

Journaux (*Bibliot.*). — Imprimés soit par feuille in-folio, soit par feuilles pliées dans un format plus petit, mais paraissant d'une manière absolument périodique : quotidien, hebdomadaire, mensuel, etc. Dans ces deux derniers cas, on leur applique de préférence le terme générique de *périodiques*. Le premier journal fondé en France a été la *Gazette de France*, créée par Renaudot en 1631.

Bibliogr. — Hatin (Eug.) : Bibliographie historique et critique de la presse périodique française ou catalogue... Paris, 1866, in-8°. — Hatin (E.) *Histoire du Journal en France* (1631-1853), Paris, 1853, in-16. — Hatin (E.) : *Les Gazettes de Hollande et la presse clandestine au XVII° et XVIII° siècle*, Paris, 1865, in-8°.

Justification (*Typ.*). — On entend par là la largeur des lignes prise et arrêtée sur le format ; la justification des lignes est bonne ou mauvaise selon que les mots sont trop espacés ou pas assez.

Bibliogr. — Lefèvre (Th.) : Op. cit., p. 710.

Justifier (*Typ.*). — On appelle ainsi :
1° Prendre la justification dans le composteur en en fixant les coulisseaux à la distance voulue du talon avec des interlignes, des lingots, des cadrats ou de la composition ;
2° Donner aux lignes la largeur voulue pour la répartition égale des espaces entre les mots ;
3° Donner aux pages, aux colonnes, la largeur convenable au moyen d'interlignes ou de lignes de blanc.

Bibliogr. — Lefèvre (Th.) : Op. cit., p. 710.

K

Kas (*Pap.*). — C'est le châssis garni de toile de crin qui permet à l'eau sale et à la graisse extraites de la matière triturée de s'échapper des piles.

Bibliogr. — Le Normand (L.-S.) : Op. cit., *Vocabulaire*.

L

Labeur. (*Typ.*). — C'est un ouvrage de longue haleine susceptible d'occuper plusieurs ouvriers pendant un certain temps.

Bibliogr. — Lefèvre (Th.) : Op. cit., p. 710.

Labouré (*Pap.*). — Défaut d'un papier provenant de sa mauvaise couchure.

Bibliogr. — Lenormand (L.-S.) : Op. cit., *Vocabulaire*.

Laminoir (*Rel.*). — Machine en métal composée de deux cylindres unis, tournant sur leur axe, entre lesquels on fait passer un certain nombre de cahiers d'un livre afin de les réduire. Il remplace aujourd'hui, chez la plupart des relieurs, le battage au marteau.

Bibliogr. — Bosquet (F.) : Op. cit., p. 53.

Lardée (*Typ.*). — Se dit d'une composition dans laquelle il entre beaucoup d'italique, de petites capitales, etc.

Bibliogr. — Lefèvre (Th.) : Op. cit., p. 710.

Larrons (*Rel.*) — Excédent d'un feuillet de livre qui, restant plié par un des bouts, n'est pas ébarbé ou rogné au moment de ce travail. Le relieur est tenu de l'éviter.

Larrons (*Typ.*). — 1º Fragment de papier s'interposant accidentellement entre le caractère et la feuille à imprimer ; 2º Pli fait au papier, soit au trempage, soit au remaniement, ou en le plaçant sur le tympan ou dans son parcours sur les cylindres, et qui laisse à la feuille, tirée ainsi, une solution de continuité dans l'impression lorsque cette feuille a repris son étendue naturelle.

Bibliogr. — Bosquet : Op. cit., *Vocabulaire*.

Lettre (*Typ.*). — En imprimerie on nomme ainsi tout bloc parallélipipédique en métal ou en bois qui présente sur une de ses extrémités le relief d'une figure de l'alphabet. Ce nom est également donné à la distribution.

Bibliogr. — Lefèvre (Th.) : Op. cit., p. 710.

Lettre baveuse (*Typ.*). — C'est une lettre tirée avec peu de soin et dont les contours ne sont pas nets.

Lettre blanche (*Typ.*). — Celle dont les pleins sont évidés et qui donne à l'impression des blancs.

Lettre de deux-points (*Typ.*). — On nomme ainsi une lettre qui, placée au commencement d'une partie quelconque d'un ouvrage, porte sur les deux premières lignes et en a la même force de corps. Elle n'est plus guère en usage aujourd'hui que dans les livres liturgiques et les annonces, dites anglaises, des journaux.

Lettre grise (*Typ.*). — Lettre ornée commençant un chapitre et dont les pleins sont couverts de hachures qui produisent à l'impression une teinte grise.

Lettre montante (*Typ.*). — Elle diffère de celle de deux-points en ce qu'elle porte seulement sur la première ligne et qu'elle déborde par en haut.

Lettre ornée. — Lettre décorée ou enluminée. Dans les manuscrits, ces lettres forment les initiales et les en-têtes de chapitre ; elles sont peintes à la gouache sur fond or. Dans l'imprimerie, on emploie des lettres ornées, dessinées et gravées sur bois, ou reproduites par des procédés modernes de gravure chimique. Elles forment souvent des vignettes d'un grand goût.

Lettre (**Avant**). — Voy. *Epreuve (avant)*.

Lettrine (*Typ.*). — Typographiquement la lettrine est une simple lettre de renvoi et cependant on applique ce terme aux vignettes formant de petites lettres ornées.

Lever la lettre (*Typ.*). — Expression désignant l'acte de la composition. Un ouvrier *lève bien la lettre* lorsqu'il la prend dans la casse habilement et sans faux mouvement.

Bibliogr. — Lefèvre (Th.) : Op. cit., p. 711.

Lézarde (*Typ.*). — C'est un défaut dans la disposition des lignes dont les blancs produits par les espaces se trouvent les uns sous les autres, mais en diagonale. Lorsque le blanc est vertical, ce blanc prend le nom de *rue*.

Liais (**Pierre de**) (*Rel.*). — Calcaire dur, de formation tertiaire, sans aucun fossile, et servant à faire les blocs sur lesquels les relieurs battent les livres. Son grain est fin ; sa texture compacte et uniforme. On en distingue trois espèces : 1° *Liais dur* tiré des carrières de Bagneux, Arcueil, Saint-Denis, Clamart et de Saint-Jacques ; — 2° *Liais Férault* ou faux liais, à gros grain, difficile à travailler ; — 3° *Liais rose* ou *tendre* qu'on trouve à Maisons Alfort, Créteil, etc.

Bibliogr. — De Lapparent : Géologie, 3ᵉ édition, Paris, 1893, p. 1234.

Lignes (*Typ.*). — C'est l'assemblage de mots formés par la réunion des lettres et dont un certain nombre constitue les pages. Voici la définition des différentes espèces de lignes :

Ligne pleine. — Celle dont la matière occupe toute la justification.

Ligne de blanc. — Celle dans laquelle il n'entre que des cadrats, et donne des blancs au tirage.

Ligne perdue. — Celle qui, pleine ou non, se trouve placée entre deux blancs : titre ou corps de matière.

Ligne pointée. — Celle qui ne contient qu'une série de points remplaçants des passages non cités.

Ligne de tête. — On nomme ainsi celle qui contient le numéro de la page et le titre courant en haut de la page.

Ligne de pied. — Ligne blanche au bas de la page, ne renfermant que la signature et la tomaison.

Ligne à voleur. — Des ouvriers maladroits forment des lignes mal espacées, ou encore, par manque de scrupule, ils espacent beaucoup trop ; c'est là la *ligne à voleur*.

Bibliogr. — LEFÈVRE (TH.) : Op. cit., p. 711.

Lingot (*Typ.*). — Interligne très forte, formée de fonte et servant à maintenir les lettres pour produire de grands espaces blancs et surtout pour maintenir les hauts et les bas de pages divisées en colonnes.

Lisser (*Rel.*). — Expression désignant l'écartement et le maculage des feuilles au moment où on les bat.

Bibliogr. — DUDIN : Op. cit., pp. 561 et 644.

Lithochromatographie (*Grav.*). — Art d'imprimer en couleur sur pierre. — Peu usité ; on dit : chromolithographie.

Lithographie (*Grav.*). — Art d'écrire ou de dessiner sur pierre. Inventé en 1796 par Senefelder, cet art a réalisé depuis un siècle des progrès réels et nos plus célèbres artistes : Prud'hon, Gericault, Charlet, Delacroix, Deveria, Raffet, les Vernet, Daumier, Gavarni, n'ont pas dédaigné de s'en servir.

Bibliogr. — BOUCHOT : La lithographie, Paris, Quantin, 1895, in-8°.

Lithophotographie (*Grav.*). — Procédé d'impression lithographique dans lequel les pierres au lieu d'être dessinées par un artiste sont obtenues à l'aide de clichés photographiques qui permettent de décalquer à la surface de la pierre une épreuve photographique semblable à celle que l'on obtient sur papier sensibilisé. Les épreuves lithophotographiques ont donc l'aspect de photographies et sont parfois un peu floues, mais elles présentent l'avantage d'être inaltérables puisqu'elles sont tirées à l'encre grasse.

Lithostéréotypie (*Grav.*) — Procédé de gravure chimique sur pierre, inventé en 1841 par Tissier et qui porte aussi le nom de tissierographie. Il consiste à creuser à l'aide de l'acide azotique les parties d'une pierre qui ne sont pas recouvertes de crayon ou d'encre grasse, de façon à obtenir un creux suffisant pour couler la matière des caractères d'imprimerie. Le cliché ainsi obtenu peut être tiré sur des presses typographiques ; ce procédé donne des clichés renversés, c'est-à-dire en sens inverse du dessin tracé sur la pierre.

Lithotypographie (*Grav.*). — Exécution sur pierre des fac-similés d'impressions typographiques par décalque de dessins ou de feuilles imprimées, humectées au préalable avec une composition chimique spéciale.

Livres. — Il nous paraît inutile de décrire les livres et la manière dont ils sont composés, mais voici quelques renseignements sur des particularités que présentent certains d'entre eux :

Livres à clef. — Ce sont ceux dans lesquels les noms propres de personnes ou de localités sont déguisés de telle sorte que les lecteurs connaissant la description de l'action soient seuls à comprendre le sens du livre. Les livres satiriques des xviie et xviiie siècles se présentaient souvent sous cette forme.

Bibliogr. — Nodier (Ch.), *De quelques livres satiriques et de leur clef.* (*Bulletin du bibliophile*, 1834, octobre.) — Barbier, *Dictionnaire des ouvrages anonymes*, 3e édition, Paris, 1872, in-8. — Drujon, *Les livres à clef*, Paris, 1885, 2 vol. in-8°.

Livres curieux par leur impression. — Parmi ces livres, il faut signaler les ouvrages imprimés sur parchemin, sur vélin, sur étoffes diverses et sur papiers rares ou de couleur. Il en existe une collection assez complète, dont la bibliographie serait encore à faire, sauf pour ceux qui sont imprimés sur vélin et dont Van Praet en a donné une description partielle.

Quelques ouvrages ont été imprimés avec des caractères imitant ceux des manuscrits. (Virgile, Florence, 1741, d'après le *Codex medicœus*. — *Novum Testamentum græcum* a C. G. Woide, 132 ff. de fac-similés).

Les ouvrages imprimés en caractères microscopiques (*Biblia latina*, Paris, 1656, in-8°. — *Réflexions de la Rochefoucault*, 1827, in-64. — *Poemetti di diversi autori*, Paris, 1801, in-12. — *La collection de classiques de Dufour*, les *Pickering*, etc.

Bibliogr. — Brunet (G.) : *Dictionnaire de bibliologie catholique*, Paris, 1860, gr. in-8° (Collection Migne).

Livres d'heures. — Livres de prières en latin et en français publiés à la fin du xv° et au commencement du xvi° siècle, ornés de figures, de lettres ornées et de vignettes dont l'exécution était généralement d'un goût très pur. Les imprimeurs cherchaient surtout à imiter les manuscrits. Les imprimeurs et éditeurs qui se sont spécialement illustrés dans cette production, sont : Simon Vostre, Philippe Pigouchet, Antoine Vérard, Thielman Kerver, Gilles Hardouyn, etc.

Bibliogr. — Brunet (Gust.), *Dictionnaire de bibliologie catholique*, article *Heures*. — Brunet (G.) *Manuel du libraire*. — Pluquet (F.), *Notice sur les livres d'Heures*, Caen, 1834, in-8°.

Livres liturgiques. — Les livres liturgiques comprennent les divers recueils de prières et de chants en usage dans l'exercice du culte de la religion catholique ; ils sont nombreux et nous ne pouvons les nommer tous.

Sacramentaire. — Sacramentarium, liber Sacramentorum. Il renferme l'ensemble des prières que le célébrant récite à l'autel pour convertir les espèces du pain et du vin en corps et en sang de J.-C. Saint Gélase et Saint Grégoire le Grand sont les principaux auteurs du sacramentaire de l'église romaine. (Walfrid Strabon, *De reb. eccles.*, CXXII). Cf. du Cange, Martigny.

Missel. — Livres renfermant l'office des messes, par Saint Gélase et Saint Grégoire. — *Evangéliaire.* — Renferme l'ensemble des évangiles. — *Lectionnaire.* — Contient les épitres et leçons qui doivent être lus à la messe. — *Bénédictionnaire.* — Benedictionalis liber. — *Antiphonaire.* — Livre renfermant les chants notés. — Il faut encore citer les *rituels*, les *ordos*, les *livres d'heures*, etc.

Bibliogr. — Marcel (L.) : *Les Livres liturgiques du diocèse de Langres*, Paris, Alph. Picard, Langres, Rallet-Bideaud, 1892, in-8°. — Martigny : *Dictionnaire des antiquités chrétiennes*, 2e édit. Paris, 1877 gr. in-8°.

Livres populaires. — Ces sortes de livres, dont Charles Nisard s'est fait l'historien consciencieux, méritent l'attention des amateurs de livres, en raison de la persistance de l'imitation de formes primitives, de style, de tournure, de composition d'ouvrages aujourd'hui disparus ou très rares. Cette littérature populaire embrasse tout : sciences, médecine, lettres, astronomie, histoire, etc., et a subi peu de transformations au fond. Les almanachs, les oracles, les traités de médecine, les romans, la danse des morts figurent parmi ces livres. Il y aurait lieu d'en dresser une bibliographie générale, ce qui rendrait de réels services.

Bibliogr. — NISARD (CH.) : *Histoire des livres populaires et de la littérature de colportage.* Paris, 1854, 2 vol. in-8°. — BRUNET (G.) : *Dictionnaire de bibliologie catholique,* art. *livres populaires.*

Livres à gravures. — Certains ouvrages n'ont de valeur et ne sont recherchés qu'à cause des gravures qui les ornent et qui en font pour ainsi dire le seul prix.

Bibliogr. — *Collection d'estampes du Cabinet du roi.* Paris, 23 vol. in-fol. — DUPLESSIS : *Bibliographie des ouvrages relatifs à la gravure.* Paris, 1862, in-8°. — MURR : *Bibliothèque de peinture, de sculpture, de gravure.* Frankfort, 1770, 2 vol. in-8°. — BOUCHOT (H.) : *Le cabinet des estampes de la bibliothèque nationale. Catalogue général des collections qui y sont conservées.* Paris, Dentu, 1895, in-8°.

Livret (*Bibliot.*). — On désigne sous ce terme les ouvrages de peu d'épaisseur et de petit format, particulièrement ceux des xve et xvie siècles.

Livret (*Rel.*). — Nom donné aux feuilles d'or placées dans une sorte de petit cahier entre chaque feuillet.

Logographie (*Typ.*). — Système de composition typographique dans lequel, au lieu d'employer des caractères séparés, on se sert de mots entiers, coulés d'une seule pièce. Ce procédé est peu praticable en raison de la multitude de mots qu'il faudrait avoir, ce qui surchargerait les casses et serait très coûteux.

Bibliogr. — BARLETTI DE SAINT-PAUL (DON FRANCISCO) : *Nouveau système typographique dont les expériences ont été faites en 1775.* Paris, impr. roy., 1776, in-4°.

Luisant du cuivre (*Grav.*). — C'est l'éclat produit par les traits du métal mis à nu avec la pointe par l'artiste en opposition avec le noir du vernis. On est obligé de tempérer cet éclat par un châssis en papier ou en toile, incliné à 45 degrés qui tamise la lumière.

M

Maculage (*Rel.*). — Terme employé pour désigner les taches produites sur les pages d'un livre lorsqu'il est battu sans soins et que l'impression d'une page se reporte sur l'autre.
Bibliogr. — Bosquet (E.) : Op. cit., *Vocabulaire*.

Maculature (*Pap.*). — Sorte de papier qui se fabrique en pâte grossière et qui ne sert que d'enveloppe.

Maculature (*Typ.*). — Ce sont les feuilles d'imprimerie qui ont reçu l'excédent d'encre et qui servent de sous-main ou d'enveloppes.
Bibliogr. — Le Normand (L.-S.) : Op. cit., *Vocabulaire*.

Maculer (*Rel.*). — Même terme que lisser. Tacher les pages d'un livre dont l'encre n'était pas assez sèche, et que l'on bat sans soins.

Magasin (*Bibliot.*). — Ce mot désigne les salles destinées à renfermer les livres d'une bibliothèque, et qui ne sont pas accessibles au public ; on les nomme encore dépôts.

Majuscule (*Typ.*). — Synonyme de *lettre capitale*, voir au mot : *Capitale*.

Manchettes (*Typ.*) — Synonymes d'additions mises en marge d'un livre. Elles désignent tout texte, notes et gloses marginales, résumé de texte ou indication de chapitres qui se trouvent imprimés dans la marge des pages. Leur emploi remonte au xve siècle ; on les trouve pour la première fois dans *Apulée*, Rome 1467, imprimé chez Sweynheim et Pannartz. Elles désignent aussi le résumé d'un paragraphe placé en vedette.
Bibliogr. — Lefèvre (Th.) : Op. cit., p. 712.

Manuscrits. — La connaissance exacte des manuscrits demande des études longues et approfondies ; la science qui s'en occupe se nomme paléographie ; mais à côté, il faut posséder des notions de diplomatique, d'archéologie, et de sphragistique. Pour les manuscrits sans date, il peut se présenter quelques difficultés dans leur détermination. On doit tenir compte des diverses écritures :

Cursive. — Faite au courant de la plume et sans forme particulière.

Onciale. — Écriture dont le nom vient de l'once (12ᵉ partie du pied); c'étaient à l'origine des capitales de grande dimension. Depuis lors on a appliqué ce mot aux lettres dont les hastes se courbent et les angles s'arrondissent.

Demi-onciale. — Mélange d'onciale et de minuscule.

Minuscule. — Opposée à la majuscule; elle florissait à l'époque mérovingienne.

Lombardique. — Diffère de la minuscule à partir du ixᵉ siècle; appellée au Moyen Age: *Littera beneventana*.

Écritures nationales. — Terme appliqué aux écritures propres dans différents pays ou provenant de ces pays: *mérovingienne, lombardique, visigothique, anglo-saxonne, irlandaise*, etc.

Après l'écriture, il faut étudier les abréviations, leurs formes variées et leur valeur. Les abréviations les plus condensées portent le nom de *notes tironiennes*, usitées pendant une partie du Moyen Age et qu'on attribue à Tiron, affranchi de Cicéron.

La rédaction du manuscrit et les formes grammaticales employées ne doivent pas être négligées. Enfin pour les chartes et toutes les pièces de chancellerie, les noms des souverains, des ecclésiastiques, les signatures des notaires et des témoins, doivent être également vérifiés Les sceaux et leurs attaches méritent une attention soignée.

Un manuscrit demande une description bien plus détaillée qu'un livre imprimé; on ne peut entrer dans assez de détails pour le définir. La matière sur laquelle il est écrit, la forme des caractères et la hauteur de la page, de marge à marge, doivent être notées. Les titres ou premières lignes du manuscrit seront transcrites intégralement, ainsi que la suscription.

Bibliogr. — Chassant (Alph.): Paléographie des chartes et des manuscrits du xᵉ au xviiiᵉ siècle. 6ᵉ édit., Paris, Aubry, 1867, in-8º. — *Catalogue général des manuscrits des bibliothèques publiques de France*. Paris, 1885, sq. in-8º, 25 vol. parus. — Delisle (Léopold): *Cabinet des manuscrits de la Bibliothèque Nationale, étude sur la formation de ce dépôt comprenant les éléments d'une histoire de la calligraphie, la miniature, la reliure et du commerce des livres à Paris avant l'invention de l'imprimerie*. Paris, 1878-1891, 3 vol. in-fol. 1 alb. — Molinier (A.): *Les manuscrits*. Paris, Hachette, 1891, in-16. — Mazzatinti (G.): *Inventari dei manoscritti delle biblioteche d'Italia*. Forli. L. Bordandini, 1871, sq. gr. in-8º (trois volumes parus). — Montfaucon: *Palaeolographia graeca...* Parisiis, 1708, in-fol. — Wattenbach: *Anleitung zur lateinischen Palaeographie*, Leipzig, 1878, in-4º. — Prou: *Manuel de paléographie*, 2ᵉ édit. Paris, Picard, 1892, in-8º. — Thompson: *Handbook of greek and latin Palaeo-*

graphy. London, 1893, in-12. — *Verzeichniss der Handschriften im preussischen Staate.* Berlin, A. Bath, 1893, sq. in-8° (publication dirigée par M. W. Meyer; (3 volumes ont parus). — Wailly (Nat. de) : *Eléments de paléographie.* Paris, impr. roy. 1838, 2 vol. in-4°.

Marbre (*Typ.*). — Pierre sur laquelle les imprimeurs posent les pages mises en formes pour les imposer et les corriger.

Bibliogr. — Lefèvre (Th.) : Op. cit., p. 18.

Marbrer (*Rel.*). — C'est appliquer sur les plats du livre des teintes diverses imitant les nuances du marbre avec ses veines.

Bibliogr. — Bosquet (E.) : Op. cit., p. 267.

Marbrures (*Rel.*). — Les différentes sortes de marbrures au siècle dernier et même au nôtre sont : *à mouches* (bleu et blanc) — *à frisons* (bleu et blanc) — *à peigne* — *sablé* (bleu, blanc et rouge) — *en ciel* (blanc et rouge) — *à demeurer* (mélange de six couleurs : rouge, noir, bleu, mordoré, vert, blanc) — *à l'éponge* (se fait sur les plats en appliquant, par place, une éponge imbibée dans une mixture de couperose et d'eau) — *au pinceau* (secoué sur les feuillets) — *en soupe au lait* (petits points) — *en veau brun* — *en rouge.*

Bibliogr. — Dudin : Op. cit., p. 592, sq. — Bosquet (E.) : Op. cit., p. 267.

Marge (*Typ.*). — On nomme ainsi les blancs qui débordent sur les côtés, en haut et en bas des pages une fois imposées. Les marges extérieures sont plus grandes généralement que les marges de fond. Elles varient selon les formats et les papiers employés.

Marges (fausses). — Ce sont celles qui descendent moins bas que les autres ; elles s'observent surtout avant le rognage du livre.

Bibliogr. — Lefèvre (Th.) : Op. cit., p. 712.

Marques d'eau. — Ce sont les images d'objets, les premières lettres ou les noms des fabricants qui apparaissent dans le papier quand on le regarde par transparence. Dans les papiers faits à la main, on les produisait au moyen d'un fil de laiton qui circulait dans les vergeures et les pontuseaux et imitait le dessin voulu ; la pâte coulée sur la forme prenait l'impression des fils dans toutes leurs courbes ; pour les papiers modernes : papiers anglais et d'Angoulême, les marques sont gravées sur les cylindres entre lesquels doit passer la pâte du papier ; les pontuseaux et les vergeures y sont aussi gravés. Les anciennes marques étaient : une tête de bœuf ou un bœuf entier, un pot, une pinte, une main ou un gant, des armes, une abbaye, une étoile, une grappe de raisin, etc.

Bibliogr. — Vallet de Viriville : *Notes pour servir à l'histoire du papier.* (Gazette des Beaux-Arts, 1859 t. II. p. 332 ; III, p. 153, IV, p. 196.) — Fischer : *Beschreibung typographischer Seltenheiten.* — Sotheby : *Typography of the XVe Century.* (Archaologia britannica, XII tabl. 15-17.) — Wiener (Luc.) : *Etude sur les filigranes des papiers lorrains.* — Midoux et Malton : *Etude sur les filigranes des papiers employés en France aux XIVe et XVe siècles,* Paris, Dumoulin, 1846. — Briquet : *Premiers papiers en Occident et en Orient du Xe au XVe siècle.* — (Mémoires de la Société des Antiquaires de France, t. XLVI, pp. 133-205.)

Marques d'imprimeurs. — Composition emblématique ou héraldique qu'adoptait chaque imprimeur et qui figurait, soit au titre, soit à la fin de ses livres, dès la fin du XVe siècle. Ces marques étaient obligatoires pour les imprimeurs français à partir de 1547. Parmi les plus célèbres, on peut nommer : l'olivier des Estienne, la fleur de lys florentine de Junte, le griffon de Griphe, l'écusson accoté de deux fauves de Jehan Petit, le grenadier avec écu de Simon Vostre, etc. La plupart sont accompagnées de légendes et de devises.

Bibliogr. — Orlandi : *Notizie delle marche degli antichi e moderni impressione.* — Scholzius (Roth.) : *Thesaurus symbolorum ac emblematum,* Nuremberg, 1730, in-fol. — Silvestre (L.-C.) : *Marques typographiques,* Paris, Renou et Maulde, 1867, 2 vol. in-8°. — De Reume : *Variétés bibliographiques et littéraires,* Bruxelles, 1848, in-8° (renferme 79 marques d'imprimeurs belges). — *Marques typographiques des imprimeurs et libraires qui ont exercé dans les Pays-Bas,* Gand, C. Vyt., 1894, 2 vol. rel., in-fol. — Delalain (P.) : *Les marques d'imprimeurs et de libraires du XVe au XVIIIe siècle.* Paris, 1885, in-12.

Marteau à repousser (*Grav.*). — Marteau formé d'une tête (panse) et d'une pointe obtuse (panne) avec lequel les graveurs relèvent le métal aux endroits où la gravure est légèrement effacée.

Matière (*Typ.*). — C'est le mélange du plomb et du régule dont est formé le caractère ; c'est dans ce sens qu'on dit : matière forte ou dure, matière faible pour exprimer qu'il y entre plus ou moins de régule, quelquefois du cuivre, de l'étain et du fer.

Bibliogr. — Lefèvre (Th.) : Op. cit., p. 712.

Matrice (*Typ.*). — C'est une pièce de cuivre sur laquelle on a gravé par la frappe du poinçon, les lettres qui doivent être coulées ; par la fonte, elle reproduit ces lettres en relief.

Matrissage (*Pap.*). — Opération par laquelle on restitue au papier une partie de l'humidité perdue trop rapidement ; pour cela on comprime plusieurs feuilles retirées de l'étendoir, puis on les étend à nouveau.

Bibliogr. — Le Normand (L.-S.) : Op. cit., Vocabulaire.

Mattoir (*Grav.*). — Poinçon plat terminé par une surface ronde et plane sur laquelle on a ménagé des saillies légères à l'aide desquelles l'artiste donne à sa planche un grainé agréable formé de petits points irrégulièrement placés.

Mazarinades (*Bibliot.*). — Elles désignent tous les pamphlets publiés contre Mazarin au temps de la Fronde ; on croit qu'elles sont au nombre de plus de 4.000.

Bibliogr. — Moreau ; *Bibliographie des Mazarinades...* Paris, 1850-51, 3 vol. in-8°.

Membrures (*Rel.*). — Ais ou planchettes de bois qui servent à l'endossement des livres.

Bibliogr. — Dudin : Op. cit., pp. 581, 644.

Mentonnière (*Grav.*). — Toile ou carton que le graveur place devant sa bouche afin que l'haleine ne détrempe pas l'encre du dessin. Les lithographes se servent beaucoup de mentonnières, car la pierre est excessivement sensible, l'haleine la ternit et délaye l'encre ou le crayon.

Metteur en pages (*Typ.*). — C'est le typographe chargé de la conduite d'un ouvrage et qui met les pages de longueur en y plaçant les folios, titres, notes, etc.

Mezzo-tinto (*Grav.*). — Gravure à la manière noire.

Miniature (*Grav.*). — Dessins recouverts de couleurs à la gouache dont sont ornés les manuscrits et mêmes certains livres imprimés tels que les *heures*. — Par extension on applique ce mot à tout dessin, gravure, peinture de petite dimension et d'une exécution délicate. Dans les manuscrits, les miniatures étaient rehaussées d'or, soit sur le fond avec dessins géométriques superposés, soit sur les personnages.

Bibliogr. — Lecoy de la Marche ; *Les manuscrits et les miniatures*, Paris, Quantin, s. d., in-8°. — Shaw (H). : *Illuminated ornaments selected from missals and on manuscripts of the middle ages.* London, 1833. — Langlois (E.-H.) : *Essai sur la calligraphie des manuscrits au Moyen Age*, Rouen, Frère, 1841, in-8°.

Mise en pages (*Typ.*). — Action de mettre les pages de longueur ; on dit qu'une mise en page est bonne ou mauvaise selon qu'elle renferme plus ou moins de blancs, etc.

Bibiogr. — Lefèvre (Th.) : Op. cit., p. 112.

Monogramme. — Nom donné à un dessin formé de plusieurs lettres réunies sur une seule qui les domine toutes. Dans un monogramme toutes les lettres d'un nom ou d'un mot doivent se trouver dans le dessin, tandis que le chiffre ne comporte que deux ou trois lettres, de même hauteur, enlacées ensemble.

Monotypopolychromie (*Grav.*). — Mot peu utilisé, désignant l'impression en chromotypographie obtenue en un seul tirage.

Montants (*Bibliot.*). — On nomme ainsi les panneaux de bois placés parallèlement les uns aux autres dans le sens de leur hauteur et qui servent à recevoir contre leurs parois les tablettes des rayonnages. Les montants sont fixés parfois contre le mur et réunis entre eux en haut par une corniche, en bas par une plinthe.

Morasse (*Typ.*). — C'est l'épreuve d'un journal mis en pages.

Morassier (*Typ.*). — Ouvrier typographe chargé des corrections sur la morasse.

Mordre (faire) (*Grav.*). — C'est répandre sur une planche de cuivre gravée de l'acide nitrique afin de creuser les traits du dessin.

Mordu (*Grav.*). — Terme appliqué à un cuivre dont la morsure à l'acide est complète.

Morfil (*Grav.*). — Synonyme de *barbes*. On les fait disparaître avec le grattoir ou l'ébarboir.

Mors (*Rel.*). — Peut se prendre dans deux sens : 1º on donne du *mors* au carton lorsqu'on le coupe en biais avant d'y passer les fils ; 2º c'est la saillie formée de chaque côté du dos et dans laquelle sera fixé le carton.

Bibliogr. — Bosquet (E.) : Op. cit., *Vocabulaire.*

Morsure (*Grav.*). — Elle consiste à répandre l'acide nitrique étendu d'eau sur les planches de cuivre afin que les parties du vernis mises à nu par le burin soient attaquées. — Si la planche est petite, on la plonge en pleine cuvette après l'avoir enduite de vernis partout; lorsqu'elle est de grande taille, on la borde de cire de manière à former cuvette et l'acide est versé dedans. — L'acide nitrique employé pour cela est celui du commerce à 40°, il est mélangé, par moitié, avec de l'eau, L'artiste répète la morsure selon le degré de profondeur qu'il désire donner aux traits ; il la limite par espace en cachant des parties gravées avec du vernis ; enfin après l'acide nitrique, certains graveurs emploient le perchlorure de fer qui, creusant profondément, donne des tailles marquées traduites à l'impression par des noirs veloutés.

Morsure à plat (*Grav.*). — Le dessin est fait sur le cuivre avec des pointes de différentes grosseurs et l'acide séjourne pendant une durée égale sur toutes les parties du métal ; les différentes valeurs de tons sont obtenues par des hachures plus ou moins larges.

Morsure par couverture (*Grav.*). — Procédé consistant à recouvrir de vernis les différentes parties d'une eau-forte au fur et à mesure que la profondeur voulue des tailles a été obtenue.

Moule (*Grav.*). — C'est la planche de bois sur laquelle sont gravés les modèles des cartes à jouer.

Musette (*Pap.*). — Petites bouteilles ou bulles occasionnées par l'air comprimé entre la feuille de papier et le feutre lorsque la feuille n'adhère pas exactement au feutre dans toutes ses parties.

Bibliogr. — Le Normand (L.-S.) : Op. cit., *Vocabulaire*.

Musique. — La notation musicale fut gravée sur bois et imprimée pour la première fois dans : *Flores musice omnis cantus gregoriani* de Hugues de Reutlengen, 1488 ; Keinspeck (Michel), *Lilium musice plani* 1497, sq. ; Bart (Nicolas), *Musices opusculum*, 1487.

N

Nerfs (*Rel.*). — Saillies produites sur le dos des volumes par les ficelles ou rubans sur lesquels sont cousus les cahiers du livre ; on les appelle encore nervures.

Bibliogr. — Dudin : Op. cit., pp. 568-645).

Nerfs (faux) (*Rel.*). — Ce sont des Morceaux de carton mince et étroit que le relieur colle sur le dos du livre avant d'y mettre la peau. Le cuir fixé par dessus forme une saillie qui imite les vrais nerfs.

Nettoyage des cuivres (*Grav.*). — Avant de se servir d'une planche de cuivre, l'artiste, après vérification de son planage, la frotte avec du blanc d'Espagne en poudre afin de la dégraisser et de permettre au vernis d'y adhérer davantage; on peut encore employer pour cet usage le papier émeri (0 ou 00), le tripoli, le rouge d'Angleterre ou la pâte de charbon mélangé d'huile.

Nez (*Rel.*). — Plateau mobile du balancier auquel on attache la plaque gravée.

Bibliogr. — Bosquet (E.) : Op. cit., *Vocabulaire*.

Nielle. — Sorte de gravure sur métal dont les fonds sont ménagés et le dessin en creux recouvert de substance noire — incrustation en émail — ou réciproquement. Cet émail se compose d'un mélange d'argent, de cuivre, de plomb, de borax, de soufre, additionné de sel ammoniac, le tout passé au four. Les nielles byzantins et allemands sont d'une exécution artistique remarquable. Si nous citons le nielle, c'est qu'un artiste florentin Tommaso Finiguerra (xve siècle) relevant des épreuves en terre fine de ses gravures, pour voir leur degré d'avancement, a été pour ainsi dire le promoteur de la gravure en taille-douce.

Bibliogr. — Zani (Pietro) : *Materiali per servire alla storia dell' origine e de' progressi dell'incisione in rame e in legno e sposizione dell' interessante scoperta d'una stampa originale del celebre Maso Finiguerra...*, Parma, Carmignani, 1802, gr. in-8°. — Duchesne aîné : *Essai sur les nielles, gravures des orfèvres florentins du xve siècle*, Paris, Merlin, 1826, in-8°.

Noix (*Rel.*). — Défaut produit par un battage irrégulier sur les cahiers. Ces noix ou bosselures ne peuvent disparaître qu'en rebattant entièrement les cahiers.

Bibliogr. — Le Normand (S.) : Op. cit., *Vocabulaire*. — Bosquet (E.) : Op. cit., *Vocabulaire*.

Notes marginales. — Toute observation, toute remarque placée en marge d'un livre, soit manuscrit, soit imprimé. Elles sont de deux sortes : les *gloses* qui s'appliquent au résumé ou aux notes saillantes d'un chapitre, placés en manchettes; aux *manchettes* proprement dites, qui ne sont qu'un repère bibliographique : titre résumé, indice de chapitre, de paragraphe, etc. En typographie, elles prennent le nom générique de manchettes (Voir ce mot).

Notes tironiennes.—Abréviations consistant en une ou deux lettres seulement d'un mot et usitées à Rome pour rédiger sous la dictée. Attribuées à Tiron, affranchi de Cicéron. Pour la bibliographie, voir au mot : *Manuscrit*.

Bibliogr. — CARPENTIER : *Alphabetum tironianus seu notas Tironis explicandi methodus*, Lutetiæ Paris. 1747, fol.

O

Oblitérer (*Grav.*). — C'est effacer une planche gravée en taille-douce en y traçant au burin des tailles profondes et irrégulières qui détruisent tout le travail. On procède à cette opération pour arrêter le tirage des épreuves et donner à celles qui existent une plus grande valeur.

Œil (*Typ.*). — On nomme ainsi la partie de la lettre qui est en saillie sur la tige ; ce n'est en somme que le contour gravé de la lettre qui est en relief.

Bibliogr. — LEFÈVRE (TH.) : Op. cit., p. 712.

Oléographie (*Grav.*). — Procédé d'impression à l'aide de couleurs additionnées d'huile comme les encres ordinaires d'imprimerie. Ce terme s'applique surtout à des épreuves obtenues par des procédés chromolithographiques. Les peintures sont reproduites en fac-similé par l'oléographie.

Onglet (*Grav.*). — On appelle ainsi une partie de la marge d'une gravure qu'on replie et qui forme charnière afin de pouvoir être cousues dans le corps d'un ouvrage.

Onglet (*Rel.*). — Ce sont des bandes de papier, de carton ou de toile cousues avec le corps des cahiers et débordant légèrement dans l'intérieur du livre ; sur le rebord, sont collées les gravures, les feuilles séparées ou les planches. Presque toujours, le relieur colle les onglets sur les bords de la feuille ou de la gravure avant de les coudre. Toutes les planches sur papier rigide, sur bristol, doivent être montées sur onglets.

Onglets (*Typ.*). — Partie de feuille contenant deux pages (recto et verso). Cette combinaison qui s'offre naturellement dans la demi-feuille in-18, a encore lieu accidentellement lorsqu'il s'agit de réimprimer deux pages où il s'est glissé quelques fautes graves. Dans ce dernier cas, il faut avoir soin, en imposant ces deux pages, d'augmenter un peu le blanc de fond au détriment de la marge extérieure afin que le pli nécessaire au brochage, puisse être fait d'une manière convenable.

Bibliogr. — Lefèvre (Th.) : Op. cit., p. 712.

Opération (*Typ.*). — C'est une composition en plus petits caractères que le texte adopté pour le corps de l'ouvrage, formée surtout de chiffres et de mots disposés en colonnes, séparés par des blancs ou des filets perpendiculaires.

Bibliogr. — Lefèvre (Th.) : Op. cit., p. 712.

Opisthographe. — Terme indiquant que l'écriture ou l'impression est faite au recto et au verso d'une feuille. Les ouvrages xylographiques ne sont imprimés que d'un seul côté, mais les deux feuillets sont quelquefois collés dos à dos.

Ornements typographiques. — On désigne ainsi les ornements gravés en relief et imprimés directement en même temps que le texte. Ils sont variés : entourage, fleurons, lettres ornées, culs-de-lampes, filets, vignettes, têtes de pages, etc. Les marques d'imprimeurs en sont également. Agencés avec art par un ouvrier habile, leur mélange et leurs dispositions harmonieuses produisent les plus heureux effets et donnent un réel cachet artistique à un livre.

Ottomanes (**Lettres**) (*Typ.*). — Lettres ornementales de forme particulière ; les pleins paraissent concaves et rétrécis dans le milieu ; ils sont blancs, mais chargés de billes et d'ornements en ligne.

Outillage (*Grav.*). — On comprend sous ce terme l'ensemble des pointes à graver, des ébauchoirs, brunissoirs, grattoirs, burins, etc., employés par les graveurs.

Ouvrage de ville (*Typ.*). — Ce terme désigne les compositions de peu d'importance : prospectus, billets de naissance, de mariage, de mort, les affiches, etc. ; on dit encore : *bilboquet*.

Bibliogr. — Lefèvre (Th) : Op.cit., p. 713.

Ouvrage (le grand) (*Rel.*). — Les relieurs comprennent sous ce mot la reliure des in-folio et des in-quarto.

Bibliogr. — Dumix : Op. cit., p. 589.

P

Page (*Typ.*). — C'est la réunion déterminée d'une série de lignes de texte, tant par la longueur que par la largeur, complétées par la ligne de tête ou folio et par la ligne de pied.

Page blanche (*Typ.*). — En typographie, la page blanche se prépare comme s'il y avait de la composition. On la commence au moyen de cadrats et on la termine de même afin de lui conserver la quadrature convenable.

Page courte (*Typ.*). — Page dont le nombre de lignes a été diminué pour une cause ou pour une autre.

Bibliogr. — Lefèvre (Th.) : Op. cit., p. 713.

Pagination. — Ce mot désigne l'ensemble des chiffres placés en tête d'un feuillet ou d'une page sur un manuscrit ou un imprimé. Les anciens manuscrits n'étaient jamais paginés, les incunables ne le sont généralement pas avant 1475.

Bibliogr. — Géraud (H.) : *Essai sur les livres dans l'antiquité*, Paris, Techener, 1840, in-8°, p. 141. — Lalanne (Ind.) : *Curiosités bibliographiques*, pp. 106, 107, 241.

Paléographie. — Science des anciennes écritures quelles qu'elles soient : inscriptions et manuscrits.

Bibliogr. — Prou : *Manuel de paléographie*, 2ᵉ édit. Paris, A. Picard, 1892, in-8°.

Palettes (*Rel.*). — Fers à saillie étroite mais longue qui servent à dorer en appuyant ; on les emploie particulièrement pour pousser les filets du dos.

Bibliogr. — Dumix : Op. cit., p. 231, 645. — Bosquet (E.) : Op. cit., *Vocabulaire*.

Paniconographie (*Grav.*). — Procédé de gravure en relief sur zinc, inventé par Gillot vers 1850, qui consiste à transformer un dessin à l'encre lithographique en un cliché sur zinc avec lequel on imprime sur la presse typographique. Le nom de *gillotage* a prévalu.

Panne (*Rel.*). — Partie étroite du marteau.

Panorographie. — Procédé de développement, sur une surface plane, d'une vue perspective circulaire au moyen de l'instrument inventé par Puissant, ingénieur, en 1827.

Panse (*Rel.*). — Partie large et convexe du marteau à battre.

Pantographe (*Grav.*). — Instrument permettant de grandir et de diminuer un dessin dans des proportions mathématiquement exactes. Il en existe plusieurs systèmes dont le plus usité est basé sur le principe des triangles semblables.

Papier. — L'origine du mot papier vient de *papyrius, papyrus*. Son introduction en Europe et sa découverte ont entraîné des progrès sans nombre. Les premières papeteries remontent en France au xiii° siècle (Mabillon). On conserve aux Archives nationales des documents sur papier datés de 1332, 1345, 1356, etc. C'est à Essonnes que furent installées les premières papeteries, ainsi qu'à Troyes (1340). Les papiers des Vosges et de l'Auvergne étaient célèbres. Les travaux de Wiessner et de Briquet ont démontré que le papier dit de coton (*charta bombycina*) n'existait pas à l'état pur. Dans aucune des pièces dont il a analysé les papiers, Briquet n'a trouvé quelque trace de coton. Le chanvre, le lin composaient exclusivement la pâte du papier ; à peine si quelque indice de coton s'y rencontrait. De nos jours, le papier est d'un usage si répandu, si indispensable qu'on a utilisé pour sa fabrication d'autres matières que les chiffons ; c'est ainsi qu'on en fait avec l'alfa, l'ortie, le bois de sapin, de tremble, etc., les pailles diverses et autres plantes textiles, sans compter les papiers étrangers dont la composition est différente des nôtres.

L'*alfa* (*stipa tenacissima*) a été utilisé vers 1854 à Echarcon et à Sorel. Le papier qu'on en fait est beau et solide, mais les déchets sont nombreux et s'élèvent à près de 60 pour cent. C'est l'Angleterre qui fabrique le plus de papier avec cette matière.

La *pâte de bois chimique*, appelée aussi *cellulose au bisulfite*, donne également du bon papier, mais en y mélangeant des chiffons.

La *pâte de bois mécanique* donne un papier commun. Alliée avec de la pâte de chiffons, elle est meilleure parce qu'elle remplit bien les cellules que laissent entre elles les fibres qui forment la trame du papier. Le premier appareil défibreur est attribué à Keller qui céda son brevet à Vœlter, fabricant de papier à Heidenheim.

Jusqu'à la fin du xviiie siècle, on fabriquait le papier à la forme, c'est-à-dire au moyen d'un châssis à claire-voie formé de fils de laiton réunis les uns à côté des autres et consolidés de distance en distance par d'autres plus forts ; ce châssis était plongé dans la cuve, l'ouvrier en retirait une certaine quantité de pâte et au moyen d'un mouvement déterminé, l'étalait insensiblement sur le châssis ; l'eau s'égouttait et la pâte une fois adhérente, on enlevait la feuille qu'on faisait sécher. C'est ce qui explique l'inégalité d'épaisseur de certains papiers, ainsi que les barbes ou témoins qui se trouvent sur ses bords.

Louis Robert, employé à la papeterie d'Essonnes, inventa les appareils pour la fabrication du papier continu (1797) ; il vendit son procédé à Didot-Saint-Léger qui installa la première machine à Fragmore, comté d'Herford (Angleterre).

Aux papiers fabriqués aujourd'hui, on ajoute une matière minérale réduite en poudre : du kaolin ou du sulfate de chaux artificiel afin de lui donner du poids, c'est ce qu'on nomme la *charge*.

Pour reconnaître les matières qui entrent dans la composition des papiers, on les soumet à certains réactifs chimiques. Ainsi la pâte faite avec du bois de tremble se reconnaît par simple reflexion, des fibres longues de 3 à 5 $^m/^m$ persistent ; la présence du sapin est plus difficile à contrôler, mais au moyen de ce réactif : 10 grammes de sulfate d'aniline et 250 grammes d'eau distillée, dont on verse une goutte sur le papier, la présence du bois y est révélée par la couleur jaune orange. Le papier au bisulfite ou bois chimique se déchire lentement avec de longues fibres, mais s'il n'est pas débarrassé de l'acide sulfurique, il devient cassant. C'est Klaproth, professeur à Göttingue, qui aurait trouvé, au siècle dernier, le moyen d'utiliser les papiers imprimés, en débarrassant la pâte de l'encre et en la blanchissant.

Voici les principaux papiers utilisés dans l'industrie, l'imprimerie ou la gravure :

Papier d'amiante. — Inventé par M. Marest (brevet du 29 novembre 1893). Etant incombustible, on pourrait l'utiliser pour tous les actes et documents officiels, et qui doivent durer.

Papier autographique. — C'est un papier enduit d'une préparation spéciale sur laquelle on dessine et qui, légèrement humecté et soumis à la pression, permet d'obtenir un décalque sur une pierre lithographique ou sur une plaque de zinc.

Papier bleuté. — Carton Bristol d'une teinte gris bleu employé pour emmarger les dessins.

Papier bulle. — Papier teinté de jaune ou de rose employé surtout pour les dessins d'architecture destinés aux ouvriers qui ont besoin de modèles de la grandeur de l'exécution.

Papier dioptrique. — Papier à décalquer très transparent.

Papier de Chine. — Papier mince et léger fabriqué avec l'écorce du bambou et qui sert surtout au tirage des épreuves de gravure.

Papier glace. — Feuilles de gélatine sur lesquelles on exécute le calque des sujets qu'on veut reproduire.

Papier du Japon. — Ce papier est blanc ou teinté, généralement fort et soyeux ; on l'utilise pour les ouvrages de grand luxe et pour les gravures. Il se fabrique avec l'écorce des trois arbrisseaux suivants : *Midzumatu* (*Edgeworthia papyrifera*), dont les fibres sont molles, souples, longues et solides ; *Kozo-Kodzou* (*Broussonetia papyrifera*), fibres grosses, longues et solides ; *Gampi* (*Wickstræmia canescens*) aux filaments très délicats, le papier qui provient de ce dernier arbrisseau est lisse et comme glacé.

Papier de paquetage. — Les différentes sortes sont : le phormium, le goudron, la manille, la paille, la maculature, le bulle (bulle anglais), papier à sucre, papier à aiguille, etc.

Papier parchemin. — Pour l'obtenir, on plonge un papier sans colle dans une dissolution d'acide sulfurique à 56° Baumé, puis on le lave bien. Si le papier doit être tendre, on le fait passer dans une dissolution de glycérine et de cristaux de soude ; lorsqu'il est sec, il se retire.

Papier pelure. — Papier sans colle très mince qu'on place entre les épreuves fraîchement tirées pour empêcher l'encre de décharger contre les autres feuilles.

Papier procédé. — Papier fort et strié sur lequel on dessine au crayon ou à la plume en enlevant les blancs au grattoir. Ces dessins sont transformés ensuite en cliché en relief par le gillotage.

Papier pumicif. — Papier enduit de pierre ponce pulvérisée pour le dessin au pastel.

Papier vélin. — Papier fort, sans grain apparent, très blanc et aussi satiné que possible. Il sert pour le tirage des gravures sur bois. Les caractères typographiques ressortent admirablement sur lui, malheureusement il se pique facilement sous l'influence de l'humidité ; il est aussi bien moins solide que le vergé. Il existe encore du papier vélin fait à la forme qui, au lieu de vergeures et de pontuseaux ne comporte qu'un tissu métallique simple.

Papier vergé. — Le vrai papier vergé, fait avec n'importe quelle pâte, mais surtout celle de chiffes, est fabriqué à la main et laisse voir par transparence les pontuseaux et les vergeures, mais avec des irrégularités légères qui proviennent de l'accumulation de parcelles de pâte. Ce papier se prête bien au tirage des épreuves en taille-douce, il est fort et résistant. Le faux vergé n'est que du papier à pâte continue, mais qui, encore fraîche, passe à travers des cylindres à cannelures minces et étroites, transversales pour les vergeures, circulaires pour les pontuseaux.

Papier Whatman. — Il existe sous deux formes : à grain fin et à pâte solide, il sert alors à l'impression des ouvrages de luxe; pour dessiner, le papier est un peu spongieux, à pâte molle faite avec des chiffons de coton. Ces papiers sont fabriqués exclusivement en Angleterre, à Maidstone par MM. Balston. Les dimensions du Whatman pour aquarelle sont généralement grandes et comprennent les *demy*, *medium*, *royal*, et vont jusqu'à *l'impérial*, au *double-éléphant*, au *creswick*, au *harding* et au *cartridge* le plus grand de tous : 0 m. 76 sur 1 m. 20.

Les papiers blancs peuvent se diviser en deux catégories : celui sur lequel on écrit ou dessine, et celui qui sert à l'impression, D'après le tableau suivant, comprenant la dénomination du papier, ses dimensions en pouces et en lignes, son poids ainsi que son usage, on aura un aperçu de tous les papiers existant en France.

Bibliogr. — Briquet : *Premiers papiers en Occident et en Orient du xe au xive siècle* (*Mémoire des antiquaires de France*, t. xlvi, 1886, pp. 133-205). — Mortet (V.) : *Le papier* (*Revue des bibliothèques*, I, 1891, pp. 195 et s. — Le même : *Le papier au moyen âge, d'après les plus récentes recherches*, Ibid., II, 1892, p. 349 et s.). — *La Papeterie* (*Bulletin officiel de la Chambre des papiers en gros et revue technique de l'industrie du papier;* directeur, Ch. Lhomme,1894,gr.in-8°, n°s 2,9,11, 17,19).— Hertzberg (W.): *Analyse et essais des papiers suivie d'une étude sur les papiers destinés à l'usage administratif en Prusse*, par C. Hofman, trad. par G.-E. Marteau, Paris, 1894, in-8°.— Passerat (A.-L.) : *Barême complet pour papeterie à l'usage des fabricants, marchands de* papier, imprimeurs, *etc.* — WIENER (LUCIEN) : *Etude sur les filigranes des papiers lorrains.*— MIDOUX et MALTON : *Etude sur les filigranes des papiers employés en France aux xive et xve siècles*, Paris, Dumoulin, 1846.—WIESSNER : *Die mikroskopische Untersuchungen des Papiers...* Wien, 1887, in-4° (Extr. de : Mitth. a. d. Samml. d. Papyrus Erzherzog Rainer, II. III.)

TABLEAU des dimensions et des poids des papiers de France établis avant le système décimal en pouces et en lignes.

DÉNOMINATIONS.	LARGEUR Pouces. et Lignes.	HAUTEUR Pouces et Lignes.	POIDS.	PAPIERS employés le plus ordinairement dans le commerce (mesures au système décimal).
Grand monde............	43.0	31.3	215	Cartes géographiques, dessins (1^{m}19 sur 0^{m}87).
Grand aigle.............	36.6	24.9	131 à 130	Cartes géographiques, grands registres (1^{m}14 sur 0^{m}68).
Grand soleil............	36.0	24.10	105 à 110	Grands ouvrages (1^m sur 0^{m}69).
Au soleil...............	29.6	20.4	82 à 85	
Grande fleur de lis.....	31.0	22.0	72	
Grand colombier ou impérial.	31.9	21.3	90	Impressions, cartes, dessins, gravures (0.90 s 0.60)
Grand chapelet.........	31.6	22.0	66	
Chapelet...............	29.0	20.3	60	
Grand jésus ou super-royal.	26.0	19.6	51 à 53	Dessins, impression, écriture (0^{m}72 sur 0^{m}56).
Petite fleur de lis.......	24.0	19.0	36 à 38	Jésus ordinaire, impression (0^{m}70 sur 0^{m}55).
Grand lombard.........	24.6	20.0	34	
Grand royal...........	22.8	17.10	32 à 33	
Royal.................	22.0	16.0	30 à 32	
Petit royal.............	20.0	16.0	22	
Grand raisin { double.....	22.8	17.0	35 à 38	Impressions et dessin (0^{m}64 sur 0^{m}50).
Grand raisin { simple.....	22.8	17.0	26 à 28	
Lombard...............	21.4	18.0	24	
Lombard ordinaire ou grand carré.................	20.6	16.6	21 à 22	
Cavalier...............	19.6	16.2	17	Impression (0^{m}60 s 0^{m}45).
Double cloche..........	21.6	14.6	18	
Grande licorne à la cloche..	19.0	12.0	12	Ecriture (0^{m}58 s 0^{m}39).
A la cloche.............	14.6	10.9	9	
Carré ou grand compte ou carré au raisin double....	20.0	15.6	26 à 27	Impression ou écriture (0^{m}56 sur 0^{m}45).
Carré ou grand compte ou carré au raisin simple....	20.0	15.6	17 à 18	
Carré très mince.........	20.0	15.0	13 et m.	
Au sabre ou sabre au lion...	20.0	15.6	17 à 18	
Coquille { fine double.....	20.0	15.6	14 à 15	Ecriture (0^{m}56 sur 0^{m}44).
Coquille { ordinaire.....	20.0	15.6	12 à 13	
Coquille { mince.........	20.0	16.0	8 à 10	

DÉNOMINATIONS.	LARGEUR Pouces. et Lignes.	HAUTEUR Pouces. et Lignes.	POIDS	PAPIERS employés le plus ordinairement dans le commerce (mesurés au système décimal).
Ecu moyen compte, compte ou pomponne double......	19.0	14.2	21	Ecriture (0^m53 sur 0^m40).
Ecu moyen compte, compte ou pomponne simple.....	19.0	14.2	16 à 17	
Ecu très mince............	19.0	14.2	11 et m.	
Au coutelas	19.0	14.2	16 à 17	
Grand messel .....,......	19.0	15.0	15	
Second messel ....,.	17.6	14.0	12	
A l'étoile, éperon ou longuet	18.6	13.10	14	
Grand cornet { double.....	17.9	13.6	14	
Grand cornet { simple.....	17.9	13.6	12	
A la main...............	20.3	13.6	13	Ecriture ou impression (0^m46 sur 0^m36).
Couronne { double	17.1	13.0	14	
ou griffon { mince........	17.1	13.0	12	Idem. (0^m39 sur 0^m29).
{ très mince....	17.1	13.0	7 et m.	
Champy ou bâtard.........	16.11	13.2	11 à 12	
Tellière { grand format double	17.4	13.2	14	Tableaux, comptes et dessins (0^m45 sur 0^m35).
Tellière { simple	17.4	13.2	12	
A la tellière..............	16.0	12.3	14	Idem. (0^m45 sur 0^m35).
Cadran................,	15.3	12.8	12	
Pantalon	16.0	12.6	11	
Petit raisin, bâton royal ou petit cornet à la grande sorte.................	16.0	12.0	10	
Trois O-trois ronds ou Gènes	16.0	11.6	9	
Petit nom de jésus........	15.1	11.0	8	Florette, exportation (0^m44 sur 0^m34).
Armes d'Amsterdam.......	15.6	12.1	12 à 13	
Cartier { grand format....	16.0	12.6	13	
Cartier { petit format.....	15.1	11.6	11 à 12	Ou écolier pour écriture (0^m40 sur 0^m31).
Pot ou cartier ordinaire....	14.6	11.6	10	
Pigeonne ou romaine	15.2	10.4	10	
Espagnol	14.6	11.6	8 à 9	
Le lis...................	14.1	11.6	8 à 9	
Petit à la main ou main fleurie	13.8	10.8	8	
Petit jésus..............	13.3	9.6	6 à 7	

NOTA. — En 1741, le 18 septembre, le Conseil d'Etat, par un arrêté, avait fixé les grandeurs et les poids des différentes sortes de papier.

Exposition universelle de 1889. — Rapports du Jury international publié sous la direction de M. Alf. Picard. — Groupe II, 12e partie. — Matériel et procédés des arts libéraux, classses 9 à 16. Paris, Imprim. nation., 1891, gr. in-8., p. 89-91.

Papyrographie (*Grav*). — Tirage d'épreuves lithographiques sur des blocs de carton-pâte en place de pierre à lithographier.

Papyrus. — Nom donné à la matière flexible sur laquelle on écrivait à l'origine. Il se fabriquait avec l'épiderme d'une plante voisine du roseau appelée *papyrus* (*charta ægyptiaca*) qui croît spontanément en Egypte, en Sicile, et même dans le midi de la France, sur les bords du Rhône. L'épiderme était enlevée par bandes que l'on juxtaposait les unes aux autres et que l'on recouvrait ensuite de nouvelles bandes couchées à angle droit ou en diagonales sur les premières. Par la mucosité que renfermait encore cet épiderme, l'adhérence des deux couches était complète, il suffisait de procéder à une pression légère pour obtenir une résistance suffisante. Outre l'Egypte qui a fait une grande consommation de papyrus, on s'en servait en Grèce, à Rome et dans les Gaules jusqu'au VIIIe siècle, il était même en usage dans la chancellerie pontificale jusqu'au XIe siècle. Il en existait de diverses qualités : *hiératique*, appelé *Auguste* ou *royal* par les Romains, — *livien*, de Livie, femme d'Auguste, — *amphithéatrique*, — *fannien*, — *saïtique*, — *ténéotique*, — *emporétique*, etc. Sous Pline, la main de papyrus comptait 20 feuilles ; au IVe siècle, 10 seulement.

Bibliogr. — Dureau de la Malle : *Mémoire sur le papyrus et la fabrication du papier chez les anciens* (*Mém. Acad. Inscript. et B.-L.*, n. s., XIX, I, p. 140). — Montfaucon : *Dissertation sur la plante appelée papyrus* (*Mém. Acad. Inscript. et B.-L.*, VI, p. 592). — Caylus : *Dissertation sur le papyrus* (*Mém. Acad. Inscript. et B.-L.*, t. XXVI, p. 266). — Lalanne (Ludov.) : *Curiosités bibliographiques*, Paris, Delahaye, 1857, pet. in-8°, p. 14, sq.

Paquet (*Typ*.). — C'est la réunion d'une certaine quantité de lignes de texte ou de notes, mais sans folio ni ligne de pied.

Bibliogr. — Lefèvre (Th.) : Op. cit., p. 713.

Parangonner (*Typ*.). — On nomme ainsi l'action de réunir ensemble plusieurs lettres, cadrats ou autres blancs, afin de réaliser l'ensemble de la force d'un autre corps de caractère.

Bibliogr. — Lefèvre (Th.) : Op. cit., p. 713.

Parchemin. — C'est de la peau de mouton ou de veau macérée dans de la chaux et qui ensuite est écharnée, raturée et adoucie à la pierre ponce. La partie où étaient les poils se nomme *fleur*, le côté intérieur de la peau est la *chair*, la partie où touche la queue est appelée *culée*, la plus épaisse qui se trouve au bas du ventre est nommée *boudine*. La peau des moutons morts de clavelée donne de mauvais parchemin. Il arrive que la peau se perce de petits trous pendant le travail, on les dissimule au moyen de petites pièces de parchemin qu'on désigne sous le nom de *mouches*, par dessus lesquelles on ajoute une mince pellicule nommée *canepin*. Lorsqu'il est trop transparent, il prend le nom de *vitre* ou *verre*. Le parchemin se *voile* ou *gode* sous l'impression de la chaleur ou de l'humidité. Fort en usage dans l'antiquité et pendant le moyen-âge, le parchemin ne sert guère que pour les pièces de chancellerie, les diplômes, certains actes importants et pour la reliure. Cependant le *vélin* ou parchemin fait avec du veau est employé en dessin pour les peintures à la gouache ainsi que pour le tirage des planches en taille-douce. Les *vélins* du Muséum d'histoire naturelle de Paris sont célèbres, ils sont au nombre de près de 2,000 environ.

Bibliogr. — JULIA-FONTENELLE et MELLE : *Chamoiseur, maroquinier, mégissier, teinturier en peaux, fabricant de cuirs vernis, parcheminier et gantier....* Paris, Roret, 1841, pet. in-8°.

Parer (*Rel.*). — Amincir le cuir au moyen du couteau à parer, afin que les bords ne fassent pas saillie sur les plats.

Bibliogr. — DUDIN : Op. cit., p. 189. — BOSQUET (E.) : Op. cit., *Vocabulaire*.

Parfiler (*Pap.*). — Coudre le tissu de la toile mécanique avec le fût ou affût.

Bibliogr. — LE NORMAND (L.-S.) : Op. cit., p. 269.

Passe-partout (*Grav.*). — C'est une gravure, soit en relief, soit en taille-douce, formée de deux parties mobiles. Ainsi en est-il pour certaines lettres ornées et gravées sur bois dont l'entourage est toujours le même, tandis que le centre est mobile, certaines eaux-fortes et tailles-douces divisées en cadre richement orné et dont le centre recevait des vignettes avec légendes, elles étaient surtout en usage aux XVIIe et XVIIIe siècles. Bien des thèses illustrées sont faites de cette manière.

Paté (*Grav.*). — Taches noires et opaques résultant de tailles trop rapprochées et serrées, produisant une tache au lieu d'une ombre.

Paté (*Typ.*). — Mélange accidentel de lettres de divers ou de même caractères.

Patente d'imprimeur. — Autorisation accordée par le roi ou un souverain d'imprimer un livre. Le premier privilège connu et daté remonte à 1507 ; il a été donné par le Pape pour l'impression de l'édition latine de la *Géographie* de Ptolémée ; en Angleterre, la patente date de 1532.

Bibliogr. — Brunet (G.) : *Dictionnaire bibliologique*.

Perdre (*Typ.*). — C'est le contraire de chasser ; c'est-à-dire que la copie étant dense et serrée, le compositeur fait plus de pages d'impression que de pages de copie.

Bibliogr. — Lefèvre (Th.) : p. 713.

Petit papier (*Typ.*). — Se dit d'ouvrages, de livres imprimés avec des marges très étroites ; ce genre de travail est toujours défectueux.

Photogalvanographie (*Grav.*). — Procédé de gravure héliographique permettant d'obtenir des dessins en creux ou en relief dont on fait des clichés.

Photoglyptie (*Grav.*). — Procédé de gravure à l'aide de clichés photographiques. Il consiste à obtenir un cliché en gélatine à l'aide d'un cliché sur verre. Le premier étant creusé avec plus ou moins d'intensité, puis recouvert d'encre spéciale, donne à l'impression des teintes plus ou moins noires correspondant aux parties lumineuses et aux parties ombrées.

Photogravure (*Grav.*). — Transformation des clichés photographiques en planches en taille-douce ; épreuves obtenues au moyen de ces planches tirées avec l'encre grasse ordinaire.

Photolithographie (*Grav.*). — C'est la transformation d'un cliché photographique en dessin lithographié sur pierre ; épreuves obtenues par ce procédé.

Photo-miniature (*Grav.*). — Art d'enluminer les épreuves photographiques. Procédé très ordinaire, sans goût artistique qui imite bien grossièrement encore les miniatures.

Phototypographie (*Grav.*). — Procédé à l'aide duquel on transforme des clichés photographiques en gravures en relief s'imprimant sur des presses typographiques. Les clichés Gillot, Michelet, Petit, etc., sont des clichés obtenus par ces procédés.

Picotements (*Grav.*). — Ce sont des accidents voulus que les graveurs appliquent sur les cuivres au moyen d'un tampon irrégulièrement chargé de vernis et laissant à nu certaines parties du métal. Il en résulte des taches irrégulières ; on l'utilise surtout pour le rendu des terrains, des pans de murs, etc.

Pièce (*Grav.*). — C'est un cube de bois que le graveur sur bois met dans un fragment de planche sur lequel il y avait une erreur, et qui lui sert à dessiner à nouveau. Pour l'obtenir, il creuse sur la planche, à l'endroit de l'erreur, un trou carré dans lequel il chasse avec un maillet ce cube enduit de colle forte ; la surface de ce bloc est dressée, et il peut travailler.

Pièce (*Rel.*). — Synonyme d'étiquettes. Morceau de cuir de couleur différente qu'on applique sur le dos des livres, dans les entre-nerfs et sur lequel on pousse les titres. — Morceau de cuir que l'on met également sur la couverture à l'endroit où il existe des défauts.

Bibliogr. — Dudin : Op. cit., p. 606. — Bosquet (E.) : Op. cit., p. 133.

Pied-de-chèvre (*Pap.*). — Défaut de papier consistant en écornures ou en déchirures légères.

Bibliogr. — Le Normand (L.-S.) : Op. cit., p. 270.

Pile (*Pap.*). — Creux dans lesquels frappent les maillets ; caisses dans lesquelles se meuvent les cylindres. — Tas de papiers dressés.

Bibliogr. — Le Normand (L.-S.) : Op. cit., p. 270.

Piquage (*Pap.*). — Se dit des petites taches de moisissure dont se couvre le papier lorsqu'il est renfermé trop tôt dans un magasin humide. Pour les enlever, on lave le papier à l'eau claire et on l'expose à un soleil ardent, ou bien on le trempe dans une solution d'eau de javelle. Un fort encollage prévient le piquage ; le papier à la forme est plus susceptible de se piquer que le papier continu.

Bibliogr. — Le Normand : Op. cit., p. 271.

Piquage (*Rel.*). Ce terme désigne le maculage produit par la gravure sur la page du texte qui se trouve en regard ; on l'évite en interposant entre les deux feuillets une légère feuille de papier buvard.

Placards (*Typ.*). — C'est la réunion provisoire d'un certain nombre de paquets qui doivent être corrigés avant la mise en page, surtout lorsque l'ouvrage est susceptible de beaucoup de changements.

Bibliogr. — Lefèvre (Th.) : Op. cit., p. 713.

Plaçure (*Rel.*). — Action de disposer dans leur ordre rigoureusement exact les planches et feuilles d'un ouvrage avant de le coudre.
Bibliogr. — Bosquet (E.) : Op. cit., *Vocabulaire.*

Planage (*Grav.*). — Opération consistant à dresser les plaques de métal destinées à la gravure.

Planche (*Grav.*). — C'est la matière, bois ou métal, en forme de plaque sur laquelle l'artiste grave ses dessins ; se dit aussi d'épreuves gravées ou lithographiées.

Planche à claire-voie (*Grav.*). — Se dit de planches gravées en taille-douce, offrant dans leur milieu une ouverture réservée. Certains ouvrages des xviie et xviiie siècles sont illustrés de la sorte, ainsi que les thèses. (Voir aussi le mot *passe-partout*).

Planche usée (*Grav.*). — Par suite de l'usure des tailles sur les planches en métal, elles ne donnent plus que des épreuves *pâles*. — Celles produites avec des planches gravées sur bois, usées, produisent des épreuves noires, à cause de l'empâtement des tailles qui se confondent avec les creux.

Plat de la couverture (*Typ.*). — C'est la page qui contient le titre. On appelle revers celle qui est consacrée à des annonces, à un fleuron ou au nom de l'imprimeur.

Plats (*Rel.*). — Terme adopté pour désigner les surfaces planes du carton qui sert de couverture au livre ; on dit : les plats intérieurs, les plats extérieurs.
Bibliogr. — Lenormand (Seb.) : Op. cit., p. 184.

Platinotypie (*Grav.*). — Procédé de tirage des épreuves positives à l'aide de sels de platine. Les épreuves qu'on en obtient sont bleuâtres de ton et assez froides.

Plein-or (*Rel.*). — Ce sont des fers à dorer qui se tirent avec la presse.
Bibliogr. — Dudin : Op. cit., pp. 614, 645.

Pliure (*Rel.*). — Trace laissée par le pliage sur l'ensemble d'une feuille imprimée que l'on déplie à nouveau ; les pliures sont bonnes ou défectueuses.
Bibliogr. — Bosquet (E.) : Op. cit., p. 8.

Poinçon (*Grav.*). — Outil de forme longue, acéré à une extrémité présentant parfois deux pointes assez grosses émoussées dont on se sert dans la gravure en manière de crayon pour ajouter de gros points au travail commencé à l'eau-forte.

Point typographique (*Typ.*). — C'est une mesure équivalant à un sixième de ligne, et qui sert à régler la force des caractères. Le point n'est pas uniformément le même pour toutes les régions ; celui de Paris est de $\frac{2}{6}$ de ligne ou 4 dixièmes de millimètres, celui de Strasbourg est différent, ainsi de suite. Celui adopté à l'Imprimerie nationale est réellement de 4 dixièmes, puisque 10 millimètres valent 25 points.

Bibliogr. — LITTRÉ : *Diction.*

Pointe à graver (*Grav.*). — Ce sont des poinçons plus ou moins aigus dont se servent les graveurs pour creuser les tailles sur le métal.

Pointe des graveurs sur bois (*Grav.*). — Lame d'acier trempée dure et recuite au jaune, emmanchée dans une tige de bois fendue en deux et serrée par une cordelette tordue.

Pointe double et triple (*Grav.*). — Lames d'acier à doubles ou triples pointes en usage dans la gravure en manière de crayon. Elles sont fixées dans des manches en bois, et souvent émoussées.

Pointe patte (*Grav.*). — C'est une pointe à l'extrémité un peu large et mousse enlevant des grandes largeurs de vernis, mais creusant moins le cuivre.

Pointe sèche (*Grav.*). — Stylet d'acier très acéré avec lequel on dessine directement sur le cuivre. En appuyant plus ou moins fortement, la pointe pénètre plus ou moins profondément; elle ne coupe pas le métal, mais le refoule de chaque côté, ce qui produit des *barbes*.

Points carrés ou gros points (*Typ.*). — Points fondus sur demi-cadratins et que l'on emploie dans les tables, opérations, etc. On les fondait autrefois sur cadratins, de là la dénomination de points carrés.

Bibliogr. — LEFÈVRE (TH.) : *Op. cit.*, p. 714.

Pointures (*Typ.*). — Ce sont des languettes de fer attachées par une vis aux deux côtés du tympan de l'ancienne presse de l'imprimeur.

Bibliogr. — Dumix : Op. cit., pp. 235-645.

Police (*Typ.*). — On donne ce nom à l'état de toutes les lettres ainsi qu'aux signes de la casse en indiquant leur quantité proportionnelle pour un total déterminé. — Le fondeur se base généralement, pour établir sa police, sur la composition en langue française, et les fontes se commandent au poids et non par milliers de lettres. L'imprimeur devra spécifier au fondeur que sa fonte doit servir à la composition d'une langue étrangère parce que le nombre de types d'un même caractère peut varier. C'est ainsi que dans une police de 100,000 lettres, devant servir pour la composition du français, on doit mettre, d'après le calcul de M. Rignoux, la quantité de lettres suivantes :

Bas de casse.											
		s	6,500	:	200	ê	300	G	150	Œ	25	M	150	m	100
a	5,000	t	5,500	?	100	ë	50	H	150	W	25	N	200	o	100
b	1,000	u	5,000	!	100	î	150	I	300	Pet. capit.		O	200	r	100
c	2,500	v	1,000			ï	50	J	100			P	150	s	100
ç	100	x	500	Signes.		ô	150	K	25	A	200	Q	100	t	100
d	3,000	y	300		1,000	û	200	L	300	B	100	R	200		
e	11,000	z	300		1,000	ù	150	M	200	C	150	S	200	Chiffres.	
f	1,000			,	300	ü	50	N	250	Ç	25	T	200	1	300
g	1,000	Doubles.		"	50	Capitales.		O	300	D	200	U	175	2	200
h	1,000	æ	50	(	150			P	200	E	350	V	125	3	200
i	5,500	œ	100	)	50	A	300	Q	150	É	75	X	75	4	200
j	500	w	50	[	50	B	150	R	300	È	50	Y	50	5	200
k	100	fi	350	]	200	C	250	S	300	Ê	25	Z	50	6	200
l	4,500	fl	150			Ç	25	T	300	F	100	Æ	25	7	200
m	2,500	ff	200	Accents.		D	250	U	250	G	100	Œ	25	8	200
n	5,000	Ponctuation.				E	450	V	200	H	100	W	25	9	200
o	4,500			à	500	É	100	X	75	I	250	Supérieures.		0	300
p	2,000	.	1,500	â	250	Ê	75	Y	50	J	100				
q	1,200	,	2,000	é	1,500	È	25	Z	50	K	25	e	100		
r	5,500	;	300	è	500	F	150	Æ	25	L	200	i	100		

Nous ne nous étendons pas au-delà sur ce mot.

Bibliogr. — Lefèvre (Th.) : Op. cit., pp. 714-715.

Polir (*Rel.*). — Action de donner du luisant à la peau et aux plats des livres en les frottant avec un polissoir.

Bibliogr. — Bosquet (E.) : Op. cit., p. 149, sq.

Polyamatypie (*Typ.*). — Fonderie polyamatype : mécanisme par lequel on fabrique à la fois un grand nombre de caractères en refoulant brusquement, par la chute d'une bascule à poids la

matière fondue dans des moules où elle reçoit la forme des lettres.
Bibliogr. — Littré, *Dictionnaire.*

Polyptique. — Le polyptique désignait originairement un feuillet plié plusieurs fois sur lui-même et sur chaque face duquel on écrivait. Les documents administratifs romains : cadastre, registre, étaient faits de la sorte. Ce nom est resté aux registres de couvents ou de communautés donnant la description des biens imposables, aux inventaires en un mot.

Ponctuation (*Bibliogr.*). — Son absence est un des caractères distinctifs des incunables, au moins jusque vers 1470 ; les imprimeurs se contentaient de reproduire la ponctuation qui se trouvait sur les manuscrits.

Pontuseau (*Papet.*). — Liteau de sapin, souvent variable comme nombre, qui traverse le châssis de la forme dans le sens de sa grande longueur. Il sert à consolider les pièces du châssis, à lier et retenir la toile de laiton lorsque le coucheur l'appuie contre les feutres.

Pontuseaux (*Bibliot.*). — Ce sont les traits espacés de distance en distance qui coupent à angles droits d'autres lignes très resserrées, appelées vergeures, qu'on aperçoit dans le papier lorsqu'on le regarde par transparence. Ils proviennent de l'appui de la pâte contre les séparations des liteaux posés sur le châssis. Par la disposition horizontale ou verticale qu'ils occupent dans l'ensemble d'un livre ancien, on peut définir son format si l'ouvrage ne porte pas de signature. On peut appliquer ce procédé aux incunables par exemple. Dans le livre moderne, même pour les papiers dits vergés, les pontuseaux ne sont pas toujours disposés dans l'ordre des anciens livres.

Bibliogr. — Le Normand (L.-S.) : Op. cit., *Vocabulaire.* — Mortet : *Le papier* (*Revue des bibliothèques*, 1892, t. II, p. 195).

Porse (*Papet.*). — Quantité variable de feuilles de papier couchées, entre des feuilles de feutre, aussitôt qu'elles sont séchées en partie, ou paquet isolé formé de feuilles blanches. Dans le premier cas, on la désigne sous le nom de *porse-feutre*, dans le second sous celui de *porse-blanche*.

Bibliogr. — Lenormand : Op. cit., *Vocabulaire.*

Portulan (*Bibliogr.*). — Nom donné aux anciennes cartes ou recueils hydrographiques marins accompagnés de cartes, dans lesquels les ports d'escales et de débarquement sont surtout indiqués ainsi que tous les renseignements utiles aux marins.

Pousser un titre (*Rel.*). — Se dit de l'impression des lettres du titre sur l'or qu'on a couché sur le dos du livre à relier.

Presse typographique. — Originairement elle se composait d'un appareil en bois mu par une vis de pression qu'on actionnait par un levier ; Josse Badius Ascensius, Vascosan, Colines, Estienne, devaient s'en servir ; on peut en avoir une idée d'après les gravures anciennes et des marques d'imprimeurs, tels que : Pierre César Jehan Baudouyn.

Aux xviie et xviiie siècle, on se servait d'une presse dite *à nerfs* ; les Elzevirs, les Wetstein ainsi que Sébastien Cramoisy, Camusat, Latour Anisson, Duperron, l'utilisaient. La presse *hollandaise*, en usage au xviiie siècle (1770) et au commencement du xixe, alors déjà bien perfectionnée, était toujours construite en bois. Lord *Stanhope* inventa une presse qui portait son nom dont le corps était métallique ; elle était en usage à Paris au commencement de ce siècle ; la pression avait lieu au moyen d'un balancier. En 1822, fut introduite à Paris la presse dite à *gros cylindres*, dont la rapidité de travail était considérable pour l'époque. Il faut compter encore les presses à *petits cylindres*, puis celles dites en *blanc*. Marinoni créa une presse à double mouvement permettant d'imprimer le recto et le verso à la fois, c'est-à-dire à retiration.

Bibliogr. — Lefèvre (Th.) : Op. cit., pp. 799-744.

Presse lithographique. — Elle sert exclusivement au tirage des pierres sur lesquelles on a gravé ou dessiné soit au crayon, soit à la plume.

Presse manuelle en bois. — C'était celle qui au xviiie siècle servait à imprimer typographiquement les épreuves des vignettes sur bois.

Presse en taille-douce. — Cette presse sert tout spécialement pour tirer les épreuves sur les planches gravées en creux.

Privilège. — Le privilège consistait en un acte délivré par un souverain ou un prélat et accordant à un imprimeur le droit *exclu-*

sif d'imprimer un ouvrage déterminé et pour un temps donné. Le plus ancien pour l'Allemagne est celui que l'évêque de Bamberg, Henri, en 1490, donna en faveur du *Liber missalis secundum ordinem ecclesiæ Bambergensis*. En France on les trouve à partir de 1507. Malgré le privilège, la contrefaçon se faisait largement, et presque tous les ouvrages susceptibles d'être vendus étaient réimprimés clandestinement dans la ville même avec de fausses indications, mais surtout en Hollande, à Genève, à Avignon.

Bibliogr. — Brunet (G.) : *Dict. bibliol.*, col. 1260-1261.

Premier état (*Grav.*). — Épreuve d'une planche qui a reçu une première morsure et où le fini absolu n'est pas encore exécuté. Toute épreuve différente des seconds tirages porte aussi le nom de première ; elle ne porte souvent ni légende, ni nom d'auteur, etc.

Première (*Typ.*). — C'est la première épreuve d'une feuille envoyée à l'auteur aussitôt qu'elle a été typographiée. Elle suit généralement l'épreuve en placard corrigée.

Q

Quait (*Pap.*). — Terme désignant la quantité de 25 feuilles de papier de n'importe quelle sorte : ce mot répond en un mot à la *main*.

Quaterne, Quaternion (*Bibliogr.*). — Cahier de manuscrit ou d'imprimé, composé de 8 feuilles ; les incunables sont souvent imprimés de la sorte ; comme on le voit, c'est la feuille de format in-8°, à 16 pages.

Queue (*Rel.*). — C'est le nom donné à la partie ou à la tranche inférieure d'un volume.

Queue (*Typ.*). — C'est le blanc un peu prononcé qui reste au bas d'une page terminant les divisions de l'ouvrage ; on y place un fleuron ou seulement un simple filet.

Queue de morue (*Grav.*). — C'est une brosse large et plate, servant à recouvrir de vernis l'envers des plaques destinées à la morsure, avant de les plonger dans la cuvette à acide.

Bibliogr. — Bosquet : *Op. cit., Vocabulaire*.

Quippos (*Bibliot.*). — Ce sont des cordelettes attachées sur une corde ou une baguette et formant de distance en distance des nœuds plus ou moins compliqués ; c'était là la seule écriture connue des Péruviens anciens, elle s'est conservée même jusqu'à nos jours parmi les paysans du pays.

Bibliogr. — Berger (Phil.) : *Histoire de l'écriture dans l'antiquité*. Paris, 1891, in-8°, p. 429.

R

Rabaisser (*Rel.*). — C'est couper avec la pointe le carton à la hauteur convenable pour que les châssis n'excèdent pas trop la tranche du livre.

Bibliogr. — Dudin : Op. cit., p. 645 — Bosquet (E.) : Op. cit., *Vocabulaire*.

Raciner (*Rel.*). — C'est appliquer sur la couverture en peau d'un livre de la couleur de telle façon qu'on imite des *racines*.

Bibliogr. — Bosquet (E.) : Op. cit., p. 274.

Racloir (*Grav.*). — Outil de forme variée selon qu'il sert pour la gravure sur bois ou sur métal. Pour les graveurs sur bois, c'est un outil large et aiguisé à vif servant à polir la surface des blocs de bois. Les graveurs à la manière noire enlèvent avec le racloir appelé aussi grattoir et ébarboir, la grainure aux endroits où il veulent obtenir des blancs.

Raffiner (*Pap.*). — C'est réduire à la plus grande ténuité possible la matière des chiffons effilochés.

Bibliogr. — Le Normand (L.-S.) : Op. cit., *Vocabulaire*.

Rame (*Pap.*). — C'est la réunion de 25 mains comprenant elles-mêmes 25 feuilles de papier.

Bibliogr. — Le Normand (L.-S.) : Op. cit., *Vocabulaire*.

Rattrapage (*Typ.*). — C'est généralement la fin d'un alinéa qui se trouve en tête d'un feuillet de copie dont un compositeur tient le feuillet précédent a besoin pour terminer sa composition.

Bibliogr. — Lefèvre (Th.) : Op. cit., p. 715.

Ratures ou **Cosses** (*Parchem.*). — Rognures de parchemin provenant du côté du dos et qui servent à faire une bonne colle.

Réclames, Reclamantes. (*Bibliogr.*). — On nomme ainsi un ou plusieurs mots placés au bas des versos des pages et reproduits à la première ligne des rectos de la page suivante ; c'est en somme un repérage nouveau, différent des signatures, permettant d'assembler les feuillets les uns à la suite des autres sans avoir recours aux signatures. On utilisait les réclames dans les manuscrits dès le xiᵉ siècle, et au xivᵉ leur usage était fréquent. C'est dans un *Tacite*, imprimé à Venise par Vendelin de Spire en 1468 ou en 1469, que se voient les premières réclames ; elles étaient en usage jusqu'au xviiiᵉ siècle, mais alors on ne les mettait plus qu'au bas du verso du dernier feuillet de chaque cahier.

Réclames (*Typ.*). — De nos jours, on désigne sous ce terme l'endroit de la copie où une feuille est achevée et où recommence une nouvelle ; on l'indique à la lecture de la typographique, en marquant la tomaison si l'ouvrage a plusieurs volumes, le numéro de la feuille, celui de la page et le nom du compositeur.

Bibliogr. — Lalanne (Lud.), *Curiosités bibliographiques*, p. 106. — Lefèvre (Th.) : Op. cit., p. 715.

Réduire (*Rel.*). — Action de battre les cahiers d'un livre pour en diminuer l'épaisseur et en assouplir le papier.

Registre (*Bibliot.*). — C'est une table indicatrice des cahiers dont se composait l'ouvrage, sur laquelle on rappelait les premiers mots des feuillets qui composent la moitié de chaque cahier ; on l'appelait *Registrum chartarum* ou *registrum* tout court. On s'en servait pour l'assemblage des cahiers et la reliure. La première fois que le registre a été utilisé, c'est, croit-on, dans les Philippiques de Cicéron et le *Tite Live*, tout deux imprimés par Ulric Hahn en 1469 ou 1470.

Registre (faire le) (*Typ.*). — C'est faire correspondre le tirage d'un côté de la feuille avec celui du côté opposé, de telle sorte que les pages étant de même dimension et de même caractère, toutes les lignes du verso tombent exactement sur celles du recto ; mais on se contente de faire tomber les pages en tête et en ligne lorsqu'elles contiennent des caractères différents.

Bibliogr. — Lalanne (L.) : Op. cit., p. 105. — Lefèvre (Th.) : Op. cit., p. 444.

Réglure (*Bibliogr.*). — Ce mot désigne les traits à l'encre rouge simples ou doubles qui encadrent le texte d'une page dans certains ouvrages, surtout à partir du xvie siècle. Ces réglures étaient originairement faites à la main, et par conséquent, n'étaient employées que pour des ouvrages d'une certaine valeur typographique ; elles se font aujourd'hui typographiquement. Les ouvrages d'une même édition n'étaient pas tous réglés, on ne le faisait que pour des exemplaires de choix. Quant à la réglure du papier à l'usage des écoles et des administrations, elle était aussi faite à la main autrefois, mais elle s'effectue aujourd'hui dans les manufactures de papier au moyen de machines à régler ; on peut nommer les machines Brissard, Adam, Dawson et Timoksiowitsch ; ce dernier remplaça la réglure à l'encre par un filigrane fait avec une molette.

Reliure. — Ce terme désigne l'ensemble des opérations qui consiste à recouvrir un livre d'une enveloppe protectrice formée aujourd'hui d'un dos en toile ou en cuir et de cartons recouverts de toile ou de cuir, après en avoir cousu tous les cahiers ensemble. On en distingue plusieurs sortes : les reliures pleines ou d'amateurs, les demi-reliures, les cartonnages ordinaires, anglais et à la Bradel, les emboîtages, les cartonnages classiques et la reliure arraphique.

Remanier (*Typ.*). — Expression dont on se sert pour marquer qu'on chasse ou qu'on reprend d'une ligne sur l'autre pour la correction d'un ajouté ou d'une suppression.

Bibliogr. — Lefèvre (Th.) : Op. cit., p. 716.

Remordre (*Grav.*). — C'est exposer une deuxième fois à l'action de l'acide, une planche métallique afin d'accentuer les traits déjà creusés ou d'en creuser de nouveaux.

Rentrée (*Typ.*). — C'est le renforcement que subissent certaines lignes relativement à d'autres, dans la composition de la prose ou de la poésie.

Bibliogr. — Lefèvre (Th.) : Op. cit., p. 716.

Rentrure (*Typ.*). — Ce sont les diverses parties d'un galvano ou d'un cliché destinées à être tirées chacune d'une couleur différente et qui réunies forment l'ensemble d'un sujet. Devant être remplacées successivement dans la forme après chaque tirage, ces parties sont montées sur des blocs très réguliers entre eux afin que le repère de l'ensemble s'obtienne facilement.

Bibliogr. — Lefèvre (Th.) : Op. cit., p. 716.

Renvoi (*Typ.*). — Indication marginale quelconque répétée dans la matière pour marquer que ce *renvoi* doit entrer dans l'ensemble et y faire suite avec ou sans alinéa. C'est aussi le chiffre placé dans le cours du texte au dessus d'un mot ou à ses côtés, mais entre parenthèses, et qui indique une note.

Bibliogr. — Lefèvre (Th.) : Op. cit., p. 716.

Report (*Typ.*). — Ce sont les mots ou les lignes que l'on reporte d'une page ou d'une feuille à l'autre.

Bibliogr. — Lefèvre (Th.) : Op. cit., p. 716.

Reprise des travaux (*Grav.*). — On nomme ainsi toutes les retouches et tous les raccords que fait l'artiste pour modifier l'aspect d'une planche déjà gravée.

Retouche (*Grav.*). — Sur bois : Diminution de la largeur des traits et des contours en les affaiblissant ; on procède donc par suppression de matière et non par augmentation de taille. Toute retouche importante ne peut se faire que par une pièce rapportée.

Retouche. — En taille-douce : Renforcement des creux du cuivre par des hachures nouvelles.

Retroussage (*Grav.*). — Le retroussage s'opère en effleurant légèrement le cuivre, après encrage, avec un tampon en mousseline. Cette opération fait ressortir l'encre des tailles profondes et produit sous le rouleau de la presse de larges teintes veloutées.

Revernissage (*Grav.*). — Il consiste à ajouter du vernis sur une partie de la planche déjà gravée afin de pouvoir la retoucher, alors que la morsure a déjà été faite.

Rive (*Pap.*). — On désigne sous ce terme les grands côtés de la feuille et de la forme ; on dit la bonne et la mauvaise rive ; la mauvaise est le bord de la feuille qui se trouve du côté de l'ouvreur, la bonne est du côté opposé. L'ouvreur fortifie la bonne rive en y faisant couler plus de matière que vers la mauvaise.

Bibliogr. — Le Normand : Op. cit., *Vocabulaire*.

Rogner (*Rel.*). — C'est couper une partie des marges d'un livre afin d'en égaliser les tranches ; on se sert pour cela du couteau à rogner ou de certaines machines particulières.

Rouleau de presse (*Typ.*). — L'origine du rouleau remonte à 1814, lors de l'invention de la première machine à imprimer ; il était d'abord en cuir ; c'est Gannal, chimiste français, qui imagina la pâte gélatineuse (colle et mélasse) en 1819.

Bibliogr. — Lefèvre (Th.) : Op. cit., p. 458.

Rouleau à revernir (*Grav.*). — Cylindre en bois garni de cuir muni de poignées, et sur lequel on étend un vernis spécial. On passe ce cylindre sur la surface d'un cuivre déjà gravé et le vernis ne touche que les surfaces planes, ce qui permet de faire remordre à nouveau.

Roulettes (*Grav.*). — Disque d'acier trempé, crénelé, à dents plus ou moins aiguës, fixé perpendiculairement ou parallèlement au manche, et qu'on passe à diverses reprises sur le vernis pour y tracer des séries de points que l'on croise à volonté.

S

Sabler (*Rel.*). — On désigne ainsi les livres qui ne sont battus et cousus que très légèrement.

Bibliogr. — Dudin : Op. cit., p. 646.

Sauve-garde (*Rel.*). — C'est la feuille de papier qui entoure les premiers et les derniers cahiers d'un livre pour en protéger les gardes et les feuilles.

Bibliogr. — Lenormand (S.) : Op. cit., *Vocabulaire*.

Sentinelle (*Typ.*). — Ce sont des lettres sorties par accident d'une forme qu'on enlève de dessus le marbre, et qui s'y maintiennent debout.

Bibliogr. — Lefèvre (Th.) : Op. cit., p. 716.

Sépia (*Grav.*). — Lavis monochrome pour l'exécution desquels on n'employait que de la *sépia*; ces dessins sont secs et froids. Par suite du goût de l'époque, certains artistes faisaient des dessins à la *sépia*.

Sigillographie. — (Voy. *Sphragistique*).

Sigles. — Abréviations consistant en une ou plusieurs lettres d'un mot pour représenter le mot en entier. Ces abréviations, très en usage dans les manuscrits et les inscriptions lapidaires, ont aussi été employées dans des ouvrages imprimés. Comme exemple nous citerons les sigles suivants : D D P P : *decurionum decreto pecunia publica* ; V S L M : *votum solvit libens merito* ; A S : *apostolica scripta*, etc. Dans le Virgile d'Asper, le *Domesdaybook*, les sigles sont nombreux. *La logique* d'Occam, Paris, 1488, en renferme aussi.

Bibliogr. — Lalanne : *Curiosités bibliogr.*, p. 46.— Prou : *Paléographie*, p. 46.

Signature (*Typ.*) — C'est la notation en chiffres ou en lettres placée dans la ligne de pied de la première page de chaque feuille ou de chaque cahier pour en indiquer l'ordre successif. Si l'ouvrage a plusieurs volumes, la signature contient aussi la tomaison. C'est à Jean de Cologne, imprimeur à Venise, qu'on attribue les premières signatures en 1476 ; d'autres en font honneur à Jean Kœlhof (1473). Il faut les attribuer à Koelhof, selon la Serna-Santander, et dès l'année 1472 elles étaient dans Nyder (Jean) : *Prœceptorium divine legis*, où l'on trouve les cahiers signés de : a jusqu'à m m iiij. Dans les premiers ouvrages du xve siècle qui portent des signatures, elles sont parfois défectueuses, les lettres *j*, *v* et *y* ne sont guère employées. Elles ne sont régulières qu'à partir du xvie siècle. Nous donnons un tableau des dix premières signatures pour les formats modernes, que nous empruntons en partie à l'ouvrage de Lefèvre.

SIGNATURES.	FOLIOS DES PREMIÈRES PAGES DANS LES FORMATS							
	IN-FOLIO.	IN-4°.	IN-8°	IN-12°		IN-18°		
				à 1 cahier.	à 2 cahiers.	à 1 cahier.	à 2 cahiers.	à 3 cahiers.
A ou 1	1	1	1	1	1	1	1	1
B — 2	5	9	17	25	17	37	25	13
C — 3	9	17	33	49	25	73	37	25
D — 4	13	25	49	73	41	109	61	37
E — 5	17	33	65	97	49	145	73	49
F — 6	21	41	81	121	65	181	97	61
G — 7	25	49	97	145	73	217	109	73
H — 8	29	57	113	169	89	253	133	85
I — 9	33	65	129	193	97	289	145	97
J — 10	37	73	145	217	113	325	169	109
K — 11	41	81	161	241	121	361	181	121
L — 12	45	89	177	265	137	397	205	133

Bibliogr. — Marolles (Magné de) : *Recherches sur l'origine et le premier usage des signatures et réclames*, 1783, in-12. — Rive (l'abbé) : *Chasse aux bibliographes*. — La Serna-Santander : *Mémoire sur l'origine et l'usage des signatures et des chiffres dans l'art typographique.* — Lalanne (L. : *Curiosités bibiographiques*, p. 105. — Lefèvre (Th.) : *Op. cit.*, p. 716-717. — Mortet (Ch. et V.) : *Du format des livres*. (Rev. des biblioth., 1893, t. III, p. 305. — Bosquet : *Op. cit.*, Vocab.

Signet (*Rel.*). — Désigne, en général, une marque quelconque mise dans un livre pour indiquer un passage déterminé. En reliure, les signets sont les rubans ou les filets de soie ou de coton retenus en tête du livre sous la tranchefile et qui servent à marquer un passage.

Bibliogr. — Bosquet : *Op. cit.*, Vocabulaire.

Sonder (*Typ.*). — Action de soulever avec soin et plusieurs fois de suite une forme afin de s'assurer que rien ne s'en échappe avant de l'enlever définitivement de dessus le marbre.

Bibliogr. — Lefèvre (Th.) : *Op. cit.*, p. 717.

Sonnettes (*Typ.*). — Ce sont les lettres qui s'échappent, avec un léger bruit, des lignes mal justifiées lorsqu'on sonde les formes sur le marbre.

Bibliogr. — Lefèvre (Th.) : *Op. cit.*, p. 118.

Sortes (*Pap.*). — Ce mot indique les divers papiers relativement à leurs dimensions et au poids des rames.

Sortes (*Typ.*). — Ce sont des variétés de types de caractères.

Bibliogr. — Le Normand (L.-S.) : *Op. cit.*, Vocabulaire.

Sortie (*Grav.*). — C'est la manière dont les traits de la gravure au burin diminuent de largeur et se terminent en traits aigus et déliés.

Source (*Typ.*). — C'est l'indication, à la suite d'un passage cité dans le texte ou en note, du nom de l'auteur, de l'ouvrage et de ses diverses parties.

Bibliogr. — Lefèvre (Th.) : *Op. cit.*, p. 718.

Souscription (*Bibliot.*). — Appelée aussi *Colophon*. Ce mot désigne la note placée à la fin des ouvrages des xve et xvie siècles, dans laquelle l'imprimeur indiquait la date de l'impression de l'ouvrage, au compte de qui il l'avait imprimé et enfin son nom et le nom de la ville où il était établi. Nous citerons la souscription de l'ouvrage de Dupont Quantin. *Controverses des sexes masculin et féminin.* Toulouse, 1534.

> *Dedans Tholose : imprime entierement*
> *Est-il ce livre : sachez nouuellement*
> *Par maistre Jacques : Colonius surnomme*
> *Maistre imprimeur ; libraire bien famé,*
> *Lequel se tient : et demeure deuant*
> *Les Saturnines : Nonains devot conuent,*
> *L'an mil CCCCC trente et quatre à bon compte*
> *Du moys januier XXX, sans mescompte.*

Bibliogr. — BRUNET (G.) : *Diction. bibliol.* col. 1292.

Sphragistique. — Étude des sceaux et cachets qui figurent dans les anciens actes et documents officiels ou privés.

Bibliogr. — CHASSANT (ALPH.) et DELBARRE (P.-J.) : *Dictionnaire de sigillographie pratique.* Paris, Dumoulin, 1860, in-12°.

Stéréotypie (*Typ.*). — Art de convertir en formes solides des planches composées avec des caractères mobiles ; on en attribue le premier essai à J. Mueller, prédicateur à Leyde. Ce procédé a été depuis très développé par les Didot.

Surcharges (*Typ.*). — On désigne ainsi toutes les parties d'un volume qui se font d'un caractère inférieur à celui du texte, telles que les notes, additions, sommaires, épigraphes, etc.

Bibliogr. — LEFÈVRE (TH.) : *Op. cit.*, p. 718

Surge (pâte) (*Pap.*). — C'est une pâte à papier qui manque de graisse et quitte l'eau très promptement.

Bibliogr. — LE NORMAND (L.-S.) : *Op. cit., Vocabulaire.*

Surjet (*Rel.*). — Genre de couture qui consiste à passer le fil dans plusieurs cahiers ou feuillets simultanément en les maintenant par une sorte de chaînette. On procède ainsi pour réunir ensemble les feuillets séparés afin de pouvoir les coudre sur ficelle. Si le papier est très souple, l'inconvénient de ce genre de raccord est moindre qu'avec un papier rigide, mais en tout cas, le surjet est condamnable et il vaudrait mieux faire la dépense d'onglets.

Bibliogr. — BOSQUET (E.) : *Vocabulaire.*

Styrotypie (*Grav.*). — C'est un procédé de dessin sur un bloc composé des matières suivantes : copal, stéarine, gomme gutte et noir de Francfort.

T

Tabis (*Rel.*). — Taffetas ondé ou moiré que l'on plaçait comme gardes intérieures dans un livre.

Tableau (*Typ.*). — Toute composition formée de colonnes et d'encadrements avec des en-têtes séparés porte ce nom.
Bibliogr. — Lefèvre (Th.) : Op. cit., p. 718.

Tablette (*Bibliot.*). — Planchette qui se pose dans l'intersection des montants de rayonnages et sur laquelle on place les livres. Sa longueur est égale à l'espace des montants; elle peut être fixe, ou appuyée sur crémaillères ou clavettes.

Taille (*Grav.*). — On nomme ainsi toute incision faite à l'aide du burin dans les planches de cuivre ou d'acier.

Taille brisée. — Taille brusquement interrompue.

Taille douce. — Se dit de toute espèce de gravure sur métal, soit au burin, à l'eau-forte ou à la manière noire.

Taille méplate. — Taille tranchée destinée à accentuer les parties dans l'ombre et à bien délimiter les parties en lumière.

Taille perdue. — Nom donné aux tailles trop basses et que l'encrage atteint difficilement.

Talus (*Typ.*). — Partie inclinée du haut de la tige des caractères qui se trouve d'un seul côté de l'œil aux lettres longues et accentuées, et des deux côtés aux lettres courtes.
Bibliogr. — Lefèvre (Th.) : Op. cit., p. 718.

Tampon de soie (*Grav.*). — Demi-sphère légèrement aplatie avec poignée, garnie et enveloppée de soie, avec laquelle on étend à chaud le vernis sur les plaques de cuivre destinées à être gravées à l'eau-forte.

Tapette (*Grav.*). — Petit tampon formé d'une boule de coton enveloppée dans de la soie et servant aussi à étendre le vernis sur le cuivre.

Taquer (*Typ.*). — C'est égaliser les caractères de la composition appliqués sur la forme, au moyen d'une pièce en bois appelée taquoir.

Bibliogr. — Lefèvre (Th.) : Op. cit., p. 25.

Tas (*Rel.*). — Plateau inférieur du balancier, sur lequel on place la couverture du volume pendant le tirage. Le nez descend alors sur le tas en imprimant la plaque de la couverture.

Bibliogr. — Bosquet : Op. cit., *Vocabulaire*.

Tasseau (*Bibliot.*). — Latte de bois coupée à chaque bout en biais et qui s'applique entre les dents des crémaillères afin de supporter les tablettes.

Téleiconographe (*Grav.*). — Appareil à l'aide duquel on reproduit, à distance, un dessin au moyen de courants électriques transmis par des fils.

Témoins (*Rel.*). — Feuillets non atteints par la rognure. Tout livre bien relié doit posséder en queue et sur les marges extérieures au moins quelques témoins.

Bibliogr. — Bosquet (E.) : Op. cit., p. 318.

Templet ou Temploir (*Rel.*). — C'est la petite tringle en bois posée dans l'entaille de la table du cousoir, pour retenir les chevillettes contre la table et assujettir les ficelles sur lesquelles le livre sera cousu.

Bibliogr. — Dudin : Op. cit., p. 646.

Ternion (*Bibliog.*). — Ce mot désigne un feuillet imprimé se composant de quatre pages, quel que soit le format du livre. On n'applique ce terme qu'aux incunables dont les cahiers forment des *ternions, quaternions ou quinternions*.

Têtières (*Typ.*). — Ce sont les parties de la garniture servant à former la marge qui se trouve en tête des pages.

Bibliogr. — Lefèvre (Th.) : Op. cit., p. 718.

Tierce (*Typ.*). — C'est la première feuille tirée ordinairement après le placement de la forme sous presse et sur laquelle on vérifie si les fautes indiquées ont été corrigées.

Bibliogr. — Lefèvre (Th.) : Op. cit., p. 491.

Tissierographie (*Grav.*). — Procédé de gravure en relief inventé par Louis Tissier de 1831 à 1839 à l'aide duquel on pouvait tirer typographiquement des dessins modelés en hachures, exécutés à la plume ou de quelque autre manière. (Voir *Lithostéréotypie*.).

Titre. — Les premiers incunables étaient sans titres; ce n'est que vers 1470 que les titres ont été imprimés sur une feuille séparée. Pendant les xvie et xviie siècles, les titres affectaient la forme d'une pyramide renversée, et pour les ouvrages de controverse et de critique religieuse ils avaient un libellé qui faisait supposer tout autre chose que le contenu du livre.

Tome (*Bibliot.*). — Terme que l'on confond bien souvent avec le mot volume et dont la confusion va toujours en s'accentuant dans la librairie française en raison de l'emploi de ces deux termes l'un pour l'autre. — Le tome est à proprement dit une partie achevée d'un ouvrage tandis que le volume est la section matérielle du même ouvrage. Ainsi on dira un ouvrage en 6 tomes formant 12 volumes ou bien en 12 tomes formant 6 volumes; c'est-à-dire que dans le premier cas, le TOME forme *2 volumes*, tandis que dans le second cas, 2 TOMES sont renfermés dans le même volume.

Train (*Rel.*). — On nomme ainsi un certain nombre de livres qui sont reliés à la fois, et qui généralement ont une reliure uniforme. Ainsi on dit : un train de 50, 100, 300 volumes.

Bibliogr. — LENORMAND (L.-S.) : Op. cit., *Vocabulaire*.

Tranchefile. — Broderie fabriquée avec des fils de soie ou de coton de couleurs différentes et qu'on rattache par une couture en tête et en queue du livre avant de procéder à l'achèvement de la coiffe.

Bibliogr. — BOSQUET (E.) : Op. cit., *Vocabulaire*.

Transfil (*Pap.*). — Fil de laiton plus fort que celui des vergeures et placé par le formaire à droite et à gauche des deux extrémités de la forme.

Bibliogr. — LE NORMAND (L.-S.) : Op. cit., *Vocabulaire*.

Transport sur pierre (*Grav.*). — Manière de préparer une pierre lithographique en y appliquant un dessin tracé à l'encre ou au crayon gras et qui dépose ses parties grasses sur la pierre.

Trempe du papier (*Typ.*). — Avant d'imprimer, on humecte légèrement le papier afin que l'encre s'imprégne mieux. Pour cela, on plonge en pleine cuve d'eau, un nombre de feuilles déterminé qu'on remanie souvent afin que l'eau s'étende bien. Le papier collé a besoin de séjourner plus longtemps dans l'eau que celui qui ne l'est pas.

Bibliogr. — Lefèvre (Th.) : Op. cit., p. 359.

Tringle (*Rel.*). — Sorte de latte qu'on met entre les feuillets et le carton d'un livre lorsqu'on veut le dorer sur tranche. La tringle à rabaisser est une règle de fer dont on se sert pour rabaisser les cartons après les avoir rognés.

Bibliogr. — Dumix : Op. cit., p. 646. — Lenormand : Op. cit., p. 163.

Tympan (*Typ.*). — Feuille de parchemin ou morceau d'étoffe étendu sur un châssis de bois ; on y pose les feuilles qui doivent être imprimées.

Bibliogr. — Lefèvre (Th.) : Op. cit., p., 361.

Typographie. — C'est l'art d'imprimer à l'aide de caractères en relief, réunis au préalable par le compositeur et appliqués dans une forme ou un châssis.

Typographique (épreuve) (*Typ.*). — C'est la première épreuve d'une feuille sur laquelle on indique les fautes faites par le compositeur ; cette épreuve ainsi que celle qui porte le *bon à tirer* sont toujours à la charge du maître imprimeur.

Bibliogr. — Lefèvre (Th.) : Op. cit., pp. 491 et 718.

Typogravure (*Grav.*). — Se dit de certains procédés de gravure chimique permettant d'obtenir des clichés en relief, soit à l'aide de dessins au trait, de lavis et même de peintures réduites photographiquement, et transportées sur zinc après addition de travaux qui permettent d'obtenir un grain là où l'original n'offrait que des teintes plates.

Typolithographie (*Grav.*). — Art d'imprimer sur une même feuille des dessins en lithographie et des caractères en typographie.

V

Veau fauve (*Rel.*). — On nomme ainsi le veau qui a gardé sa couleur naturelle et qui n'a passé par aucun apprêt ni mordant.

Bibliogr. — Dudin : Op. cit., p. 646.

Vedettes (*Bibliot.*). — Fiches plus hautes que celles qui servent au catalogue, de couleur différente, et sur lesquelles on indique les divisions bibliographiques des catalogues alphabétique et systématique.

Velin (*Parch.*). — C'est un parchemin fait avec les peaux de veau ; plus grandes et plus épaisses que les peaux de mouton, leur demi-transparence et leur blancheur les rendent plus cher. Ces peaux sont moins sujettes à se tacher, et ne jaunissent pas comme le parchemin, mais elles sont assez difficiles à travailler.

Velin (*Pap.*). — Nom de la toile métallique tissue comme la toile de chanvre ordinaire, dont on recouvre le fut des formes à papier. Il en résulte que le papier est sans vergeures ; c'est là le vrai *papier velin*.

Bibliogr. — Le Normand (L.-S.) : Op. cit., *Vocabulaire*.

Velot (*Parch.*). — Nom donné au velin fabriqué avec de la peau de veau mort-né ; c'est le plus beau et le plus cher des velins.

Bibliogr. — Bertrand : *Description des arts et métiers*, etc., t. III, 1775, in-4° (article : De la Lande : *Art. du parcheminier*, p. 347).

Vergeures (*Pap.*). — C'est la toile formée de fils de laiton parallèles et qui servent à garnir les formes sur lesquelles on fabrique le papier ordinaire. — On nomme encore ainsi l'ensemble des lignes resserrées que l'on distingue dans le papier vu par transparence ; elles se coupent à angle droit avec les pontuseaux.

Bibliogr. — Le Normand (L.-S.) : Op. cit., *Vocabulaire*.

Vernis (*Grav.*). — Composition à base de cire ou de résine qui sert aux graveurs sur métaux pour recouvrir les planches avant la gravure. On peut nommer le vernis à l'alcool, le vernis blanc, le vernis dur ou d'Abraham Bosse, le vernis mou, le vernis à revernir et celui de Venise.

Vernissage (*Grav.*). — Opération qui a pour but de passer à la surface d'un cuivre chauffé une boule de vernis que l'on étend aussi à chaud et à l'aide du tampon.

Vider (*Grav.*). — C'est creuser à la main ou au maillet avec des gouges fortes les parties d'un bois gravé qui doivent fournir de grands blancs et ne pas prendre de l'encre au passage du rouleau.

Vignettes (*Typ.*). — Ornements typographiques de petites dimensions tels que les culs-de-lampe, les lettres ornées, petits dessins, etc.

Visorium. — Pièce de bois, fixée contre la casse, côté droit, et sur laquelle la copie est maintenue au moyen de mordants.

Bibliogr. — Lefèvre (Th.) : Op. cit., p. 4.

Volumen (*Bibliot.*). — Nom donné aux livres en parchemin ou en papyrus en forme de longue bande roulée.

Vrillette. — Insecte coléoptère. Sa larve ronge le bois, les collections, les livres. Elle est blanchâtre, hexapode, et reste en cet état pendant un an. Elle se creuse des galeries qu'elle tapisse de soie et où elle se transforme en nymphe. L'insecte parfait se montre au printemps ; son corps est oblong, la tête enfoncée dans le corselet convexe et comme arrondi en bosse.

Bibliogr. — Orbigny (Ch. d'), etc. — *Diction. universel d'histoire naturelle*, t. XIV, p. 503.

W

Whatman (*Pap.*). — C'est un papier de fabrication anglaise avec une pâte spéciale, et qui, par ses qualités de résistance et de fermeté, a acquis une grande réputation. Le Whatman est de deux sortes, en papier torchon et mou à grain rugueux pour dessin et l'autre sorte à grain serré et ferme, épais qui est utilisé pour l'impression.

Bibliogr. — Hofman (Carl.) : *Papier Zeitung*, 1873.

X

Xyloglyphe. — Graveur de caractères sur bois ; c'est celui qui exécute les lettres ornées (vignettes) pour la librairie, ainsi que les grosses lettres pour affiches.

Xylographie (*Bibliot.*). — C'est l'art d'écrire sur du bois, pris dans le sens le plus large. En réalité, c'est creuser sur la surface d'un bois des dessins et du texte de manière à pouvoir reproduire par impression ces dessins ou ce texte; il en résulte que toutes les parties qui doivent porter sur le papier sont en relief, tandis que les blancs sont en creux.

La xylographie a été le point de départ de la découverte de l'imprimerie. Donner ici une liste des ouvrages xylographiques nous entraînerait trop loin; citons seulement les suivants :

Biblia pauperum ou *Historiæ veteris et novi Testamenti.*
Apocalypse ou *Histoire de Saint Jean l'Évangéliste.*
Histoire de la Vierge Marie, extraite du *Cantique des Cantiques.*
Ars moriendi sive de Tentationibus morientium.
Ars memorandi.
Speculum humanæ salvationis ou *Speculum nostræ salutis.*
Danse macabre, etc., etc.

<small>Bibliogr. — Heinecken : *Idée générale d'une collection complète d'estampes avec une dissertation sur l'origine de la gravure et sur le premier livre d'images*, Leipsig et Vienne, 1771, gr. in-8°. — *Gazette des Beaux-Arts* Paris, gr. in-8°, 1860, mai, art. *xylographie.* — *Monuments de la xylographie*, reprod. par Pilinski, 1882-1886, in-4°.</small>

Z

Zinc (*Grav.*). — Métal d'un blanc bleuâtre employé pour obtenir des clichés en relief qu'on tire typographiquement. On emploie des procédés chimiques spéciaux pour reporter et graver sur zinc un dessin à la plume.

Zincographie (*Grav.*). — Procédé de gravure sur zinc appelé encore gillottage.

Zincographie galvanique (*Grav.*). — Inventé par Dumont en 1852, on obtient par ce procédé une planche gravée que l'on peut tirer typographiquement.

APPENDICE

RÈGLEMENTS

CONCERNANT LES BIBLIOTHÈQUES UNIVERSITAIRES

PRÉCÉDÉS DU SOMMAIRE DES DOCUMENTS OFFICIELS CONCERNANT
TOUTES LES BIBLIOTHÈQUES FRANÇAISES

DEPUIS 1789 JUSQU'EN 1894

SOMMAIRE DES DOCUMENTS OFFICIELS

CONCERNANT TOUTES LES BIBLIOTHÈQUES DEPUIS 1789 JUSQU'EN 1894

2-4 novembre 1789. — Décret mettant les biens ecclésiastiques à la disposition de la nation.

13-18 novembre 1789. — Décret prescrivant aux supérieurs des maisons ecclésiastiques de faire une déclaration détaillée de tous les biens mobiliers et autres dépendant desdites maisons.

14 (7 et), 27 novembre 1789. — Décret relatif à la conservation des biens ecclésiastiques, archives et bibliothèques des monastères et chapitres.

20-26 mars 1790. — Décret concernant les inventaires et procès-verbaux à dresser par les municipalités, de l'état des biens des maisons religieuses.

14 août 1790. — Décret portant réunion du dépôt de législation à la Bibliothèque du Roi.

3-19 septembre 1790. — Décret réduisant provisoirement à 110.000 livres la dépense de la Bibliothèque du Roi.

13-19 octobre 1790. — Décret commettant à la municipalité, éclairée par des membres choisis dans les différentes académies, la conservation des dépôts et bibliothèques existant à Paris.

16 octobre 1790. — Décret portant institution des Comités-Réunis.

28 octobre (23 et), 5 novembre 1790. — Décret relatif à la vente et à l'administration des biens nationaux (tit. III, art. 2 et 3).

2 décembre 1790-25 mars 1791. — Décret portant suppression de l'indemnité accordée aux employés de la Bibliothèque du Roi.

9-19 janvier 1791. — Décret relatif à la confection des inventaires et catalogues du mobilier des biens nationaux par les officiers municipaux.

21-29 septembre 1791. — Décret concernant les créanciers des pays d'états et ordonnant de déposer à la Bibliothèque du Roi un inventaire de leurs titres (art. 21).

27 septembre-23 octobre 1791. — Décret portant ouverture d'un crédit de 100.000 livres pour acquisition de livres et manuscrits pour la Bibliothèque Nationale.

2-4 janvier 1792. — Décret relatif à la confection des catalogues des Bibliothèques des maisons religieuses et autres établissements supprimés.

6 février 1792. — Décret autorisant les comités de l'Assemblée législative à prendre dans la Bibliothèque Nationale tous les livres utiles à leurs travaux.

8-15 février 1792. — Décret additionnel à celui du 2 janvier précédent.

9-12 février 1792. — Décret mettant les biens des émigrés sous la main de la nation.

30 mars-8 avril 1792. — Décret concernant l'administration des biens des émigrés (art 4 et 5).

12-16 mai 1792. — Décret ordonnant le brûlement des papiers déposés aux Augustins.

19-24 juin 1792. — Décret ordonnant le brûlement des titres généalogiques contenus dans tous les dépôts publics.

18 juillet 1792. — Décret ordonnant la destruction des « signes extérieurs de la féodalité ».

27 juillet 1792. — Décret ordonnant la confiscation et la vente des biens des émigrés.

2-6 septembre 1792. — Décret sur le même sujet.

10-13 octobre 1792. — Décret ordonnant de surseoir à la vente des bibliothèques trouvées dans les maisons des émigrés.

10 juin 1793. — Décret portant suppression de la Commission temporaire des arts.

10-14 juin 1793. — Décret portant organisation du Muséum d'histoire naturelle et de sa bibliothèque. (tit. III.)

22-29 juin 1793. — Décret ordonnant la remise à la Bibliothèque Nationale d'une collection complète des travaux de toutes les Assemblées nationales.

12 juillet 1793. — Décret ordonnant le transport des livres de jurisprudence de la bibliothèque des ci-devant avocats dans celle du Comité de législation.

19-24 juillet 1793. — Décret concernant la propriété littéraire et prescrivant le dépôt légal (art. 6).

8-14 août 1793. — Décret portant suppression de toutes les académies et sociétés littéraires patentées ou dotées par la nation.

12 août 1793. — Décret ordonnant d'apposer les scellés sur les portes des académies supprimées et ultérieurement l'inventaire de leurs... livres et manuscrits.

27 août 1793. — Décret rétablissant la Commission temporaire des arts.

13 vendémiaire an II (3 octobre 1793). — Décret ordonnant l'examen et le triage des médailles des rois de France du Cabinet de la Bibliothèque Nationale.

4 brumaire an II (25 octobre 1793.) — Décret défendant de détruire ou mutiler, sous prétexte d'en faire disparaître les signes de féodalité dans les bibliothèques, les livres, manuscrits, etc.

28 frimaire an II (18 décembre 1793). — Décret portant suppression définitive de la Commission temporaire des arts.

8-24 pluviôse an II (27 janvier-12 février 1794.) — Décret relatif à l'établissement de bibliothèques publiques dans les districts.

27 pluviôse an II (15 février 1794.) — Décret maintenant dans les ports les instruments et bibliothèques de la marine.

22 germinal-1er floréal an II (11-20 avril 1794). — Décret relatif à la confection des catalogues des bibliothèques de district.

7 messidor an II (25 juin 1794.) — Décret organique des Archives nationales (art. 12, 15, 25).

14 fructidor an II (31 août 1794). — Décret recommandant à la surveillance de tous les bons citoyens les bibliothèques et autres monuments de science et d'art.

4 brumaire an III (25 octobre 1794). — Décret relatif à l'administration des dépôts littéraires.

8 brumaire an III (29 octobre 1794). — Décret déclarant les agents nationaux et les administrateurs de district responsables des destructions et dégradations commises dans les bibliothèques.

9 frimaire an III (29 novembre 1794). — Décret interdisant d'établir à l'avenir aucun atelier d'armes, de salpêtre ou magasin de fourrages et autres matières combustibles dans les bâtiments où il y a des bibliothèques, muséums, etc.

10 germinal an III (30 mars 1795). — Décret établissant à la Bibliothèque Nationale une école publique pour l'enseignement des langues orientales.

14 floréal an III (3 mai 1795). — Décret ordonnant la restitution des biens confisqués en exécution des jugements rendus par les tribunaux révolutionnaires depuis le 10 mars 1793.

20 prairial an III (8 juin 1795). — Décret ordonnant l'exposition des antiques à la Bibliothèque Nationale et y établissant des cours publics sur les inscriptions et médailles.

21 prairial an III (9 juin 1795). — Décret déterminant le mode de restitution des biens des condamnés.

5 fructidor an III (22 août 1795). — Constitution (art. 373).

25 vendémiaire an IV (17 octobre 1795). — Décret sur l'organisation de la Bibliothèque Nationale.

3 brumaire an IV (25 octobre 1795). — Décret sur l'organisation de l'instruction publique (tit. II, art. 4 et tit. IV, art. 11).

20 pluviôse an IV (9 février 1796). — Loi relative à la nomination et au traitement des bibliothécaires des écoles centrales.

14 ventôse an IV (4 mars 1796). — Loi portant établissement d'une bibliothèque à l'usage du Corps législatif.

15 germinal an IV (4 avril 1796). — Loi contenant règlement pour l'Institut (art. 34, 39).

1er messidor an IV (19 juin 1796). — Arrêté du Directoire exécutif mettant la Bibliothèque de l'Arsenal à la disposition de l'Institut.

1er jour complémentaire an IV (17 septembre 1796). — Loi ordonnant la suspension des ventes ou échanges des livres existant dans les dépôts littéraires.

5 pluviôse an V (24 janvier 1797). — Arrêté du Directoire exécutif rapportant celui du 19 juin précédent.

12 pluviôse an V (31 janvier 1797). — Arrêté du Directoire exécutif, attribuant au Tribunal de Cassation la portion de l'ancienne bibliothèque de l'Ordre des Avocats qui n'avait pas été transférée au Comité de législation.

27 ventôse an V (17 mars 1797). — Arrêté du Directoire exécutif attribuant à l'Institut la Bibliothèque de la commune de Paris.

9 floréal an V (28 avril 1797). — Arrêté du Directoire exécutif déclarant la Bibliothèque de l'Arsenal bibliothèque publique.

3 fructidor an V (20 août 1797). — Arrêté du Directoire exécutif autorisant le conservateur de l'Arsenal à puiser dans les dépôts littéraires.

26 fructidor an V (12 septembre 1797). — Loi réglant la destination des livres conservés dans les dépôts littéraires.

19 pluviôse an VI (7 février 1798). — Arrêté du Directoire exécutif portant règlement pour le service des hôpitaux de la marine.

9 ventôse an VI (27 mars 1798). — Arrêté du Directoire exécutif ordonnant la remise des papiers de la Bastille à la bibliothèque de l'Arsenal.

11 frimaire an VII (1er décembre 1798). — Loi rangeant les dépenses de la Bibliothèque Nationale parmi les dépenses générales de l'État.

4 pluviôse an VII (23 janvier 1799). — Loi relative à l'ouverture de la Bibliothèque du Corps législatif.

23 pluviôse an VII (11 février 1799). — Arrêté du Directoire exécutif réduisant le nombre des dépôts littéraires de Paris.

22 frimaire an VIII (13 décembre 1799). — Constitution (art. 93).

8 prairial an VIII (28 mai 1800). — Arrêté consulaire relatif aux Archives nationales, et mettant la Bibliothèque du Corps législatif sous la direction de l'archiviste national (art. 7).

1er vendémiaire an IX (23 septembre 1800). — Arrêté consulaire réduisant à un seul les dépôts littéraires subsistant à Paris.

1er thermidor an IX (20 juillet 1801). — Arrêté consulaire autorisant les administrations et établissements publics susceptibles d'avoir une bibliothèque à la composer en puisant dans les dépôts littéraires.

24 vendémiaire an XI (16 octobre 1802). — Arrêté consulaire ordonnant l'apposition des scellés sur les bibliothèques des écoles centrales.

3 pluviôse an XI (23 janvier 1803). — Arrêté consulaire portant réorganisation de l'Institut (art. 9).

8 pluviôse an XI (28 janvier 1803). — Arrêté consulaire attribuant aux municipalités la surveillance et l'entretien des bibliothèques des écoles centrales.

12 prairial an XIII (1er juin 1805). — Décret réunissant au Ministère de l'Intérieur le dépôt littéraire des Cordeliers.

20 février 1809. — Décret concernant les manuscrits des bibliothèques et autres établissements publics.

5 février 1810. — Décret contenant règlement de l'imprimerie et de la librairie (art. 48).

12-22 février 1810. — Code pénal (art. 254-256).

21 mars 1812. — Décret ordonnant le transfèrement de la bibliothèque Sainte-Geneviève au palais du Luxembourg.

21 octobre 1814. — Loi relative à la liberté de la presse (titre 2, art. 14-16).

24 octobre 1814. — Ordonnance relative au dépôt légal et à la publication des ouvrages (art. 4, 8-10).

21 mars 1816. — Ordonnance portant réorganisation de l'Institut (art. 4).

25 avril 1816. — Ordonnance restituant au comte d'Artois la bibliothèque de l'Arsenal.

16 décembre 1819. — Ordonnance réunissant la bibliothèque de l'Institut à la bibliothèque Mazarine.

26 décembre 1821. — Ordonnance rapportant la précédente.

9 janvier 1828. — Ordonnance relative au dépôt légal.

27 mars 1828. — Ordonnance instituant, à la bibliothèque

Sainte-Geneviève, un dépôt particulier pour recevoir l'exemplaire du dépôt légal destiné au Ministère de l'Intérieur.

2 novembre 1828. — Ordonnance relative à la Bibliothèque Royale.

17 décembre 1828. — Ordonnance sur le service des ports (art. 21).

22 novembre 1830. — Ordonnance fixant les heures d'ouverture des quatre grandes bibliothèques de Paris.

11 octobre 1832. — Ordonnance relative aux attributions des Ministères de l'Instruction publique, de l'Intérieur, etc. (art. 3).

2 novembre 1832. — Ordonnance sur l'organisation de la Bibliothèque Royale.

14 novembre 1832. — Ordonnance sur le même sujet.

24 avril 1833. — Lois ouvrant au Ministre de l'Instruction publique des crédits extraordinaires pour l'acquisition de la bibliothèque de Cuvier et des manuscrits de Champollion jeune.

23 mai 1834. — Loi de finances (art. 4) ; distribution aux bibliothèques publiques des ouvrages publiés par les soins du Gouvernement.

19 juin 1834. — Ordonnance ouvrant au Ministre de l'Instruction publique un crédit supplémentaire pour achat de médailles en remplacement de celles volées à la Bibliothèque Royale.

30 juillet 1835. — Ordonnance supprimant le dépôt particulier créé à Sainte-Geneviève par l'ordonnance du 27 mars 1828 et le transportant au Ministère de l'Instruction publique.

18 juillet 1837. — Loi sur l'administration municipale (art. 12).

10 mai 1838. — Lois sur les attributions des Conseils généraux (art 16).

22 mai 1838. — Ordonnance portant réorganisation de l'Ecole des langues orientales vivantes (art. 7, 8, 16, 21)[1].

28 juillet 1838. — Loi ouvrant un crédit extraordinaire pour la bibliothèque Sainte-Geneviève (organisation des séances du soir).

---

1. Cf. Décret du 8 novembre 1869.

22 février 1839. — Ordonnance sur les bibliothèques publiques.

2 juillet 1839. —Ordonnance concernant la Bibliothèque Royale.

2 juillet 1839. —Ordonnance créant une place de conservateur-adjoint pour la section géographique de la Bibliothèque Royale.

25 juillet 1839. — Ordonnance créant une nouvelle place de conservateur-adjoint au département des imprimés de la Bibliothèque Royale.

10 août 1839. — Loi des finances (art. 8; distribution aux bibliothèques des ouvrages publiés par les soins du Gouvernement).

10 décembre 1840. — Ordonnance relative à l'installation de la bibliothèque de l'Arsenal.

24 mars 1841. — Loi ouvrant un crédit pour les travaux d'aménagement nécessités par l'ordonnance précédente.

3 août 1841. — Ordonnance prescrivant l'établissement et la publication d'un « Catalogue général des manuscrits des bibliothèques des départements ».

22 juin 1842. — Ordonnance ouvrant un crédit extraordinaire pour la translation de la bibliothèque Sainte-Geneviève.

24 juillet 1843.—Loi ouvrant un crédit pour la publication des œuvres scientifiques de Fermat, et ordonnant d'en déposer un exemplaire dans toutes les bibliothèques des chefs-lieux de département et des grands établissements scientifiques.

31 août 1843. — Ordonnance créant une nouvelle place de conservateur-adjoint au département des imprimés de la Bibliothèque Royale.

21 septembre 1843. — Ordonnance relative à la construction de la bibliothèque Sainte-Geneviève.

1er novembre 1846. — Ordonnance modificative de celle du 22 février 1839 sur les bibliothèques publiques.

31 décembre 1846. — Ordonnance concernant l'École des Chartes (art. 2 et 19).

2 septembre 1847. — Ordonnance concernant l'administrateur général et le secrétaire-trésorier de la Bibliothèque Royale.

30 mai 1848. — Arrêté de la Commission du pouvoir exécutif rattachant au département de l'Instruction publique les bibliothèques de l'ancienne liste civile.

30 octobre 1848. — Décret ouvrant un crédit pour les dépenses des bibliothèques du Louvre et de l'ancienne liste civile.

10 et 23 février 1849. — Arrêtés du président de la République rattachant au département de l'instruction publique la bibliothèque du palais du Luxembourg et celle de l'intendant de l'ancienne liste civile.

24 janvier 1852. — Décret créant à la Bibliothèque Nationale un emploi d'administrateur-adjoint chargé de la direction des travaux du catalogue.

9 mars 1852. — Décret sur l'instruction publique (art. 1-3.)

27 mars 1852. — Décret rattachant au ministère d'Etat les bibliothèques des palais nationaux.

28 mars 1852. — Décret sur la contrefaçon d'ouvrages étrangers (art. 4).

31 août 1854. — Décret érigeant en un département distinct de celui des estampes le service des cartes et collections géographiques de la Bibliothèque Impériale.

25 novembre 1854. — Décret portant réorganisation du dépôt des cartes et plans de la marine (art. 5, 8 et 11).

14 avril 1855. — Décret concernant l'Institut (art. 6).

15 décembre 1856. — Décret retirant aux conservateurs et conservateurs-adjoints de la Bibliothèque Impériale la concession des logements qu'ils occupaient dans cet établissement.

17 août 1857. — Décret ouvrant un crédit extraordinaire pour indemnité aux conservateurs et conservateurs-adjoints de la Bibliothèque Impériale qui cessent d'y être logés.

14 juillet 1858. — Décret organique de la Bibliothèque Impériale[1].

16 mars 1861. — Décret restituant à la « Bibliothèque de l'Académie de Paris » son ancien titre de « Bibliothèque de l'Université de France. »

1. Toutes les dispositions de ce décret qui sont demeurées en vigueur on été reproduites dans le décret du 17 juin 1885.

2 août 1868. — Loi de finances (art. 30).

27 janvier 1869. — Décret modifiant divers traitements d'agents inférieurs de la Bibliothèque Impériale.

26 septembre 1870. — Décret rattachant au Ministère de l'Instruction publique les bibliothèques du Louvre et des palais nationaux.

10 octobre 1870. — Décret ouvrant un crédit pour travaux de préservation à exécuter dans les musées et bibliothèques.

12 juillet 1872. — Décret rapportant celui du 14 avril 1855.

7 avril 1873. — Décret sur l'organisation des prisons maritimes (art. 47.)

29 décembre 1873. — Loi de finances (art. 9; institution du droit de bibliothèque.)

21 avril 1875. — Décret relatif à l'ouverture de la Bibliothèque Nationale.

3 août 1875. — Loi de finances (art. 9); (perception du droit de bibliothèque).

17 juin 1876. — Décret plaçant la bibliothèque du palais du Luxembourg dans les attributions du Sénat.

30 mai 1879. — Décret modifiant les traitements de divers agents de la Bibliothèque Nationale.

10 janvier 1880. — Décret organisant l'enseignement supérieur en Algérie (art. 13).

27 novembre 1880. — Décret portant certaines exemptions du droit de bibliothèque.

28 décembre 1880. — Loi relative à l'isolement et à l'agrandissement de la Bibliothèque Nationale.

29 juillet 1881. — Loi de finances (art. 35).

29 juillet 1881 — La loi sur la presse (art. 3 et 4; dépôt légal).

22 août 1881. — Loi relative à l'isolement et à l'agrandissement de la Bibliothèque Nationale.

29 décembre 1882. — Loi de finances (art. 22; perception du droit de bibliothèque).

1er mai 1883. — Loi concernant l'annulation et l'ouverture de crédits supplémentaires et extraordinaires sur les budgets ordinaires et extraordinaires de 1881, 1882 et 1883 (titre IV, art. 14; perception du droit de bibliothèque).

13 mai 1883. — Décret relatif au recouvrement du droit de bibliothèque.

17 juin 1883. — Décret portant réorganisation de la Bibliothèque Nationale.

23 août 1884. — Arrêté relatif au classement des bibliothécaires en fonction dans les bibliothèques universitaires, antérieurement au règlement du 23 août 1879.

24 décembre 1884. — Circulaire relative à l'estampillage des documents conservés dans les bibliothèques publiques.

30 décembre 1884. — Bibliothèque centrale de l'enseignement primaire. — Décret fixant le personnel.

24 décembre 1884. — Règlement concernant la bibliothèque du Ministère.

20 février 1885. — Circulaire relative aux règlements.

17 juin 1885. — Règlement de la Bibliothèque Nationale.

1er juin 1886. — Circulaire relative aux acquisitions de livres faites au profit des bibliothèques populaires des écoles publiques.

28 juin 1886. — Circulaire relative aux Comités d'inspection et d'achats institués près les bibliothèques publiques en vertu de l'ordonnance royale du 22 février 1839.

7 janvier 1887. — Circulaire relative à la publication officielle des bibliothèques scolaires.

7 avril 1887. — Décret portant réorganisation des bibliothèques de l'Arsenal, Mazarine, Sainte-Geneviève.

24 janvier 1888. — Décret modifiant l'article 16 du décret du 7 juin 1885, portant réorganisation des services des bibliothèques universitaires.

1er juin 1888. — Arrêté reconstituant la commission chargée de diriger et de contrôler les travaux relatifs au catalogue des incunables conservés dans les bibliothèques publiques de France.

23 janvier 1892. — Arrêté du 14 janvier constituant la commission consultative des bibliothèques populaires, communales et libres.

20 mai 1893. — Arrêté déterminant les classes et les traitements des bibliothécaires et sous-bibliothécaires universitaires.

30 décembre 1893. — Arrêté fixant les conditions d'admissibilité au certificat d'aptitude pour les fonctions de bibliothécaire universitaire.

2 mars 1894. — Arrêté instituant une commission chargée de dresser un catalogue destiné à guider l'administration centrale et les administrations collégiales dans le choix des livres pouvant être acquis par les bibliothèques générales, les bibliothèques de quartier et les distributions des prix des lycées et collèges.

DOCUMENTS

RELATIFS AUX BIBLIOTHÈQUES UNIVERSITAIRES

I.

Circulaire aux Recteurs et aux Préfets prescrivant l'envoi au Ministère du catalogue des bibliothèques des établissements universitaires pour faciliter les répartitions de livres.

Juillet 1837.

Mon intention étant de répartir, d'après de nouvelles règles, les ouvrages provenant de souscriptions payées sur les fonds du Ministère de l'Instruction publique, et de faire participer à cette distribution les établissements universitaires, j'ai besoin de connaître, dans le plus bref délai, la situation des bibliothèques de tous ces établissements : facultés, collèges et écoles normales primaires.

Je désire donc que vous me fassiez parvenir, le plus tôt possible, des renseignements complets sur cette situation. A cet effet, vous m'enverrez, pour les bibliothèques dont il existe un catalogue, une copie de ce catalogue ; pour celles qui n'en ont pas, mais où il pourrait être fait en peu de jours, vous donnerez des ordres pour qu'il soit établi sur-le-champ, et vous m'en adresserez pareillement une copie. Enfin pour les bibliothèques qui n'ont point été cataloguées, et où le travail à faire, pour réparer cette omission, demanderait un délai un peu trop long, vous me ferez connaître le nombre total des ouvrages qui les composent, et, approximativement, le nombre de ceux qui appartiennent à chaque catégorie, telles qu'histoire, littérature, sciences, théologie, voyages, etc.

Vous n'en devez pas moins faire faire le catalogue de ces bibliothèques, et m'en envoyer une copie aussitôt qu'il sera terminé, afin que je connaisse complètement les richesses de cette nature que possèdent les établissements d'instruction publique.

Vous ferez établir une liste particulière des ouvrages qui existent en double dans les bibliothèques ; je me propose de tirer parti de ces doubles en négociant des échanges, soit avec d'autres bibliothèques de France, soit avec celles des pays étrangers. Les ouvrages qui proviendraient de ces échanges seraient directement envoyés aux bibliothèques qui auraient fourni les moyens de les opérer.

Il sera facile, par cette voie, d'enrichir les collections universitaires d'un grand nombre d'ouvrages qu'elles ne pourraient se procurer autrement.

Vous voudrez bien vous occuper immédiatement des différents objets sur lesquels j'appelle votre attention, et prendre les mesures nécessaires pour que l'envoi des renseignements qui vous sont demandés dans cette lettre n'éprouve aucun retard.

Recevez, etc.

SALVANDY.

II.

Arrêté portant organisation des bibliothèques des académies

18 mars 1855.

Le Ministre secrétaire d'État au département de l'Instruction publique et des Cultes,

Considérant que la loi du 14 juin 1834 a eu pour but de réunir en un seul corps, sous l'autorité rectorale, les établissements d'enseignement de chaque académie ;

Considérant que former une seule bibliothèque des bibliothèques spéciales des Facultés diverses, c'est à la fois associer les travaux des maîtres et faciliter les études des élèves, généraliser les ressources et introduire dans tout le service plus d'ordre et plus d'économie,

Arrête :

Article 1er. — A l'avenir, dans les académies dont le chef-lieu réunit plusieurs facultés, les bibliothèques spéciales de ces divers établissements forment une seule bibliothèque, qui prend le nom de *Bibliothèque de l'Académie.*

Art. 2. — La Bibliothèque de l'Académie est placée sous la

haute surveillance du Recteur, qui statue, par des arrêtés, sur les jours et heures d'ouverture, sur la tenue des catalogues, le prêt et la rentrée des livres, et généralement sur tous les détails du régime intérieur de ladite bibliothèque.

Art. 3. — Les dépenses des bibliothèques des académies sont prélevées sur les ressources spéciales de l'enseignement supérieur.

Art. 4. — Le Ministre arrête, chaque année, le budget particulier de ces bibliothèques.

Art. 5. — Le Recteur règle, en comité de perfectionnement, dans les limites des crédits ouverts à cet effet, les acquisitions à faire, de telle sorte que les diverses sections de la Bibliothèque de l'Académie reçoivent des accroissements proportionnés à leur importance et à leurs besoins.

Art. 6. — Les dispositions qui précèdent ne sont point applicables à l'académie de Paris ; néanmoins, la bibliothèque de la Sorbonne prendra désormais le titre de Bibliothèque de l'Académie de Paris.

Fait à Paris, le 18 mars 1855.

H. FORTOUL.

III.

Circulaire sur la création des bibliothèques des académies

20 mars 1855.

Monsieur le Recteur, j'ai l'honneur de vous adresser quelques exemplaires d'un arrêté, en date du 18 mars courant, qui dispose qu'à l'avenir les bibliothèques spéciales des diverses facultés formeront une seule bibliothèque sous le nom de *Bibliothèque de l'Académie*.

Je crois superflu d'insister sur les avantages de cette réunion qui, sans diminuer en rien le nombre des ouvrages spéciaux, leur donnera plus de valeur et d'intérêt en les rapprochant. Les recherches n'en seront que plus faciles et plus promptes, et je ne doute pas que les travaux des maîtres comme ceux des élèves n'y gagnent infiniment.

C'est à votre sollicitude éclairée qu'est remis le soin d'organiser la Bibliothèque de l'Académie. Vous en trouverez nécessairement les éléments dans les bibliothèques des diverses Facultés. Je vous prie de vous occuper dès aujourd'hui des moyens de les réunir dans un même local qui puisse se prêter à quelques agrandissements ultérieurs. Il importerait qu'à ce local fut annexée une salle de lecture réservée aux étudiants. Si la salle de lecture était ouverte non-seulement dans la journée, mais encore le soir, ce serait un grand bienfait.

L'administration municipale du chef-lieu académique se prêtera, sans aucun doute, au développement de ce service important. Les richesses bibliographiques, mises à la disposition des étudiants, sont, avec les maîtres chargés de leur en ouvrir l'accès, le plus sûr élément de prospérité des grands centres d'instruction que nous avons voulu fonder. C'est par les travaux qu'elles inspireront que s'établira la renommée, que sera attirée la population nouvelle des académies récemment instituées. Qu'au milieu de ces livres dépositaires des secrets de la civilisation, puissent se donner les conférences où se renoueront les rapports autrefois si multipliés et si utiles, où l'on reviendra, après les cours, sur les traces parfois trop fugitives de l'enseignement oral.

J'aime à croire qu'avant le 1er novembre prochain vous aurez pu, après vous être concerté avec MM. les Doyens des Facultés, prendre toutes les dispositions pour assurer la complète exécution de l'arrêté du 18 mars.

Je désire que vous me teniez exactement informé des résultats que vous aurez obtenus.

Je n'ai pas besoin d'ajouter que, dans les plans définitifs des bâtiments destinés aux facultés nouvelles, si l'on songe à élever des constructions de ce genre, la Bibliothèque de l'Académie doit être prévue, qu'il faut qu'elle soit d'un accès facile, et que les acquisitions successives puissent y trouver place aisément.

Je ne manquerai pas de comprendre les bibliothèques des académies dans les distributions d'ouvrages que fait mon ministère, afin de contribuer, autant qu'il sera en moi, au développement d'une institution qui me paraît être le complément indispensable des centres d'enseignement supérieur.

Recevez, etc.   H. FORTOUL.

IV.

Circulaire relative aux inventaires et catalogues

Mars 1867.

Monsieur le Recteur, j'ai reçu un certain nombre de demandes formées par MM. les Doyens de Facultés, à l'effet d'obtenir des crédits extraordinaires pour l'établissement ou la mise à jour des catalogues ou inventaires. Ce fait semblerait indiquer que les prescriptions réglementaires relatives à ce service n'ont pas toujours été entièrement exécutées, et pourtant je remarque que les pièces de dépenses produites à l'appui des bordereaux de paiements portent constamment les numéros d'inventaire sous lesquels les objets nouvellement acquis ont été inscrits.

Dans le doute que me laissent les demandes récentes que j'ai reçues, je désire être renseigné de la manière la plus exacte sur l'état des catalogues ou inventaires de toute espèce qui existent dans les Facultés et les écoles d'enseignement supérieur de votre ressort. Vous trouverez ci-joints plusieurs exemplaires du questionnaire que j'ai fait dresser à cet effet et qui est destiné à recevoir les renseignements recueillis dans chaque établissement. J'attache beaucoup d'importance à la rédaction de ce travail, dont la direction pourrait être confiée à M. l'Inspecteur d'académie en résidence au chef-lieu, mais dont vous voudrez bien contrôler les détails.

Je vous serai obligé de me faire parvenir le travail complet de votre académie le 1er mai au plus tard.

Recevez, etc.

V. Duruy.

ACADÉMIE FACULTÉ DE ....

de

ÉTAT
DES INVENTAIRES ET CATALOGUES.

NOTA. — Le présent cadre n'indiquant que les catégories résultant de l'organisation de la plupart des Facultés, il sera nécessaire d'ajouter à la nomenclature un paragraphe particulier pour chacun des laboratoires ou chacune des collections placées sous la surveillance d'un professeur ou d'un conservateur spécial.

	L'inventaire ou le catalogue est-il régulièrement tenu ? Tous les objets y sont-ils inscrits au fur et à mesure des achats ou des livraisons, lorsqu'il s'agit de libéralités faites par l'État, le département, les villes et les particuliers ?	Quel est le fonctionnaire ou l'agent chargé de la conservation des objets, et qui est par conséquent appelé à signer les certificats de prise en charge, en exécution du règlement de comptabilité du 16 décembre 1841 ?	Les récolements sont-ils faits à la fin de chaque année et à chaque mutation de fonctionnaire ou agent responsable ?	En cas de réforme des objets hors de service, la date et le motif de la réforme sont-ils indiqués sur l'inventaire en regard du numéro où l'objet était inscrit ?	Existe-t-il à côté de l'inventaire ou catalogue chronologique, un inventaire ou catalogue par ordre de matières ?	Comment est organisé le service des prêts pour les livres et objets de collection ? La durée des prêts est-elle invariablement déterminée ? Existe-t-il un livre spécial constatant la sortie ou la rentrée des livres ou objets prêtés ?
Mobilier usuel..						
Bibliothèque....						
Laboratoire de physique						
Laboratoire de chimie						●
Laboratoire d'histoire naturelle.....						
Cabinet de physique, collection de produit chimiques..						
Collection d histoire naturelle........						

Certifié par le Recteur de l'Académie de

V.

CIRCULAIRE RELATIVE AU MODE D'ACQUISITION DE LIVRES PAR LES BIBLIOTHÈQUES DES ÉTABLISSEMENTS D'ENSEIGNEMENT SUPÉRIEUR

31 octobre 1867.

Monsieur le Recteur, l'exiguïté des crédits dont je dispose pour l'accroissement des bibliothèques des Facultés exige qu'un soin tout particulier soit apporté dans le choix des ouvrages à acquérir. En conséquence, j'ai décidé qu'en dehors des livres prescrits par les programmes du baccalauréat et qui sont achetés pour le service des examens, la liste des ouvrages dont l'acquisition est projetée me sera préalablement soumise. Pour les revues et les journaux, la liste des abonnements proposés continuera d'ailleurs à figurer, conformément aux prescriptions de la circulaire du 17 octobre 1865, sur le cadre même du projet de budget de chaque année.

Je vous prie de transmettre des instructions en ce sens à MM. les Doyens des Facultés et à M. le Directeur de l'Ecole supérieure de pharmacie.

Recevez, etc.

V. DURUY.

VI.

INSTRUCTION RELATIVE A LA PERCEPTION D'UN NOUVEAU DROIT POUR LES BIBLIOTHÈQUES DES FACULTÉS

31 décembre 1873.

Monsieur le Recteur, la loi de finances portant fixation du budget général des dépenses et des recettes de l'exercice 1874, qui vient d'être votée à la date du 29 décembre, stipule, dans son article 9, que :

« Un supplément de droit de 10 francs, destiné à créer un fonds commun pour les bibliothèques des Facultés, sera perçu chaque année à partir du 1er janvier 1874, sur chaque première inscription prise dans toute les facultés de l'Etat. »

Je vous prie, en conséquence, de donner des ordres à MM. les Secrétaires agents comptables des Facultés de droit, de médecine et de l'Ecole supérieure de pharmacie pour qu'ils aient à opérer cette perception en même temps qu'ils délivreront les inscriptions de janvier.

Je n'ai pas besoin d'ajouter que tout étudiant qui, après cette époque, prendra des inscriptions dans le courant de l'année scolaire devra justifier du payement de ce droit et y être astreint, à quelque moment que ce soit, s'il ne l'a pas encore acquitté.

Les secrétaires agents comptables des facultés de théologie, des sciences et des lettres percevront ce droit à quelque époque que ce soit, en même temps que les élèves prendront la première inscription du grade auquel ils se préparent.

Il est bien entendu que les étudiants en droit n'ont pas à payer la taxe nouvelle pour les inscriptions qu'ils doivent prendre à la faculté des lettres.

Les élèves non passibles de droits en vertu des règlements existants devront également en être dispensés.

Toutes les fois que, dans le cours d'une année scolaire, des inscriptions cumulatives seront concédées à un étudiant, le secrétaire agent comptable devra percevoir autant de fois le droit de 10 francs que le nombre d'inscriptions accordées simultanément représente d'années d'études.

Cette taxe nouvelle, perçue au compte du Trésor public comme tous les autres droits dans les Facultés, figurera sur les états de recettes sous la rubrique de : *Droit de bibliothèque* ; elle sera inscrite après les droits d'inscriptions, et, comme ces derniers droits, elle sera acquise au Trésor par le fait même de la consignation.

Jusqu'à nouvel ordre, la certification du payement de ce droit sera mentionnée sur la quittance même de l'inscription avec laquelle il aura été payé.

La souche de la quittance portera la même mention.

A partir de la prochaine année scolaire, le droit de bibliothèque sera perçu chaque année avec l'inscription de novembre, dans les Facultés de droit et de médecine et dans les écoles supérieures de pharmacie.

Je vous prie d'informer de ces dispositions MM. les Doyens des

Facultés et M. le Directeur de l'Ecole supérieure de pharmacie, en les invitant à leur donner, par voie d'affiche, une publicité immédiate.

Recevez, etc.
De Fourtou.

VII.

Circulaire a propos de l'instruction générale relative au service des bibliothèques universitaires.

Monsieur le Recteur, j'ai l'honneur de vous adresser ci-joint l'*Instruction générale* relative au service des bibliothèques universitaires, dont je vous ai précédemment annoncé l'envoi.

J'appelle tout particulièrement votre attention sur les observations contenues dans le préambule de ce document, en insistant sur la double nécessité d'assurer à tous les élèves soumis au droit de bibliothèque l'usage *permanent* de nos collections, et de former, autant que possible, de ces collections un seul et même dépôt.

L'arrêté et la circulaire de 1855 avaient déjà prescrit la création des bibliothèques académiques, mais l'insuffisance des locaux ne permit alors de réaliser cette mesure que dans un certain nombre de ressorts. Il importe aujourd'hui de l'étendre à toutes les villes où de nouvelles constructions doivent nous permettre de disposer, en faveur des Facultés rassemblées dans un même édifice, de salles plus vastes et mieux appropriées à nos besoins. Le système des bibliothèques distinctes est onéreux pour l'Etat, puisqu'il nous conduit à acquérir en double et triple exemplaires des ouvrages coûteux et à multiplier sans motif le personnel des bibliothécaires. Il présente, en outre, le grave inconvénient d'accuser une séparation inacceptable entre des établissements qui ne doivent avoir entre eux qu'un même intérêt et un même aspect.

L'instruction générale ne nous dispense pas de préparer un règlement intérieur, lequel devra déterminer :

1º Le mode de nomination et les pouvoirs du bibliothécaire chargé de la conservation de deux ou plusieurs collections. Il importe, en effet, que ce fonctionnaire ait une autorité suffisante et qu'il lui soit permis de contrôler efficacement les acquisitions, le prêt et la rentrée des livres. Un secrétaire ou un commis d'académie, un secrétaire agent comptable de faculté ne nous offrirait pas à un degré suffisant les garanties que nous sommes en droit d'exiger. On a prétendu, il est vrai, que dans plusieurs collections le nombre des ouvrages et le nombre des lecteurs ne réclamaient pas à cette heure l'adjonction d'un fonctionnaire spécial. Mais nous ne devons pas ici considérer uniquement le présent, il convient d'avoir en vue une fondation durable : il nous faut donc un employé à demeure, qui s'attache à sa mission et qui sache la remplir exactement.

2º Quel sera le nombre des auxiliaires ou agents placés sous les ordres du bibliothécaire, avec l'indication des devoirs de chacun d'eux.

3º La durée des séances de lecture de jour et de soir.

4º Les conditions d'admission dans les salles, car nos collections ne sont pas, à proprement parler, publiques, et si des autorisations spéciales peuvent être accordées, il demeure entendu que les professeurs et les élèves munis de cartes, à quelque école d'ailleurs qu'ils appartiennent, ont seuls un droit d'entrée.

Un certain nombre de règlements ont déjà reçu mon approbation provisoire ou celle de mes prédécesseurs. Je désire toutefois que chacun de MM. les Doyens ou Directeurs vous remette, pour m'être transmis, un nouveau projet accompagné de toutes les observations que l'expérience acquise aura pu leur suggérer. J'ai l'intention de confier l'examen de ces documents à une commission centrale des bibliothèques universitaires, qui aura pour mission de me préparer un règlement type, dont je m'empresserai de vous envoyer un exemplaire. Je verrais tout avantage à ce que tous les règlements locaux dont il s'agit, fût discuté en comité mensuel de perfectionnement.

A ces premiers renseignements, il conviendra de joindre un état de propositions pour l'entretien de la bibliothèque (personnel et matériel). Le chiffre de ces propositions sera tout naturellement proportionné au nombre d'ouvrages que contient la bibliothèque, au nombre et à la durée des séances et, *plus particulièrement encore au nombre des lecteurs.*

Vous compléterez, je vous prie, les indications qui précèdent, par tous les renseignements que vous possédez personnellement, et vous joindrez votre avis motivé aux propositions qui vous seront transmises par MM. les Chefs d'établissements. — Recevez, etc.

VIII.

Instruction générale relative au service des Bibliothèques universitaires

— Du 4 mai 1878. —

I. — URGENCE DE CETTE INSTRUCTION.

II. — DEVOIRS DU BIBLIOTHÉCAIRE.

III.

DÉTAIL DES OPÉRATIONS DU CLASSEMENT. — 1° Timbrage. — 2° Numérotage. — 3° Inscription au registre d'entrée-inventaire. — 4° Inscription au catalogue alphabétique. — 5° Inscription au catalogue méthodique. — 6° Intercalation des cartes aux catalogues alphabétique et méthodique. — 7° Placement des livres sur les rayons.

IV.

MESURES D'ORDRE ET DE CONSERVATION. — Bulletins de demande. — Prêt des livres. — Récolements. — État des ouvrages disparus. — Reliures. — Nettoyage.

V. — CLASSEMENT DES MANUSCRITS.

VI. — AUTOGRAPHIE DU CATALOGUE.

VII. — MODÈLES D'ÉTATS. ORDRE SUCCESSIF DES OPÉRATIONS DE CLASSEMENT EXPLIQUÉES ET DÉTAILLÉES DANS CETTE INSTRUCTION.

Pour classer un ouvrage, le bibliothécaire devra successivement :

1° Le timbrer au titre et à la dernière page ;

2° Le numéroter au titre et au dos ;

3° En faire l'inscription sommaire au registre d'entrée-inventaire affecté à son format, si ce n'est pas un périodique ou un ouvrage en cours de publication ;

4° En faire l'inscription sommaire sur une carte destinée au *catalogue alphabétique* de noms d'auteurs ;

5° En faire l'inscription détaillée sur une carte destinée au *catalogue méthodique*;

6° Intercaler dans leurs boîtes respectives les cartes des catalogues alphabétique et méthodique;

7° Placer l'ouvrage sur les rayons.

INSTRUCTION GÉNÉRALE

relative au service des bibliothèques universitaires.

I. URGENCE DE CETTE INSTRUCTION.

Des crédits considérables ont été mis, depuis quatre ans, à la disposition du Ministre de l'instruction publique, pour le développement des bibliothèques des Facultés.

A cette occasion, la Commission du budget a exprimé la volonté formelle que les élèves fussent mis à même de trouver dans ces collections les facilités de travail les plus complètes. Ces facilités sont, en effet, de droit, puisque les étudiants ont été assujettis à un nouvel impôt spécial dit *de bibliothèque*. Le Ministre a donc le devoir impérieux de s'enquérir de la situation de cette partie du service, et d'en assurer le fonctionnement régulier.

La présente instruction entre, comme on le verra, dans des détails d'exécution qu'à première vue on pourrait juger trop minutieux, mais il convient de ne pas oublier qu'en maint endroit *tout* est à créer, local, matériel et personnel, et que, même dans les établissements organisés à une date plus ou moins ancienne, l'Administration se trouve en présence de deux inconvénients également sérieux : l'absence presque totale des moyens de contrôle, la diversité des méthodes d'enregistrement et de classement. Il a donc paru indispensable de faire une application nouvelle, mais nécessairement plus détaillée et plus raisonnée, du principe qui a inspiré l'Instruction ministérielle de 1876 *sur le classement des bibliothèques populaires*. Un exemplaire de ce document est joint à la présente instruction.[1] Les recommandations auxquelles on a cru devoir s'arrêter seront, sans nul doute, superflues pour les bibliothécaires expérimentés; mais elles seront consultées avec un profit certain par ceux de leurs collègues qui peuvent être prochainement nommés.

Il convient d'ajouter que les réformes les plus salutaires ne pour-

---

1. Nous avons cru devoir la supprimer comme inutile dans cet appendice. A. M.

raient être introduites tout d'une pièce, sans tenir compte d'un ordre ancien. Il sera donc entendu que, dans les bibliothèques qui comptent déjà un grand nombre d'ouvrages et où il existe un inventaire et des catalogues régulièrement tenus, les délégués du Ministre aviseront aux mesures à prendre pour raccorder les anciens travaux avec le nouveau procédé de classement.

II. DEVOIRS DU BIBLIOTHÉCAIRE.

Le bibliothécaire a une double mission :

1º Conserver avec la fidélité la plus scrupuleuse le dépôt dont il est constitué le gardien responsable ;

2º Mettre les professeurs et les élèves à même d'user de ce dépôt avec toute la liberté que comporte cette responsabilité.

De leur côté, les professeurs et les élèves doivent considérer que les mesures de sauvegarde et d'ordre intérieur édictées par le règlement ont pour premier mobile leur propre intérêt, puisqu'elles tendent à assurer la conservation des livres nécessaires à leurs travaux. Ils doivent se souvenir, en outre, que l'État a le droit et le devoir de contrôler par des vérifications annuelles la présence des livres acquis à l'aide des deniers du Trésor public, et devenus par ce fait propriété nationale.

Le bibliothécaire doit être toujours en mesure de fournir à son successeur ou à l'inspecteur délégué par le Ministre les moyens de reconnaître exactement la situation de la bibliothèque *dans toutes ses parties*. Cette obligation nécessite l'inscription immédiate, sur ses trois catalogues, des ouvrages acquis ou reçus en don ; elle exige, par surcroît, l'observation *rigoureuse* des règles relatives à la tenue du *registre de prêt*.

Le premier des catalogues (voir modèle nº 1) tient lieu à la fois de *registre d'entrée*, d'*inventaire* et de *registre de récolements*. Il représente la bibliothèque tout entière dans l'ordre invariable de ses numéros, constate la date d'arrivée de chaque ouvrage, en donne la description complète et permet de faire en toute sûreté un récolement auquel il ouvre une colonne spéciale, (voir modèle nº 1.) Le registre d'entrée-inventaire doit être établi en trois tomes reliés : l'un affecté aux inscriptions du grand format ou in-folio ; le second, aux inscriptions du moyen format ou in-quarto ; le troisième, au petit format in-octavo.

Les numéros portés sur ce registre ne peuvent plus être modifiés ou changés ; ils demeurent acquis à chaque ouvrage et servent à le retrouver quand on consulte le catalogue alphabétique ou le catalogue méthodique.

Pour répondre aux demandes, deux autres catalogues sont nécessaires. Ceux-ci sont tenus par cartes ou folios mobiles (seul moyen de permettre indéfiniment l'intercalation). Le premier est le *catalogue alphabétique* des noms d'auteurs ; le second, le *catalogue méthodique* des ouvrages classés par ordre de matières ; ces catalogues reproduisent nécessairement, en regard de chacun des ouvrages, le numéro sous lequel il a été inscrit au *registre d'entrée-inventaire*.

Enfin, la justification de l'absence d'un livre demandé exige la tenue de *registres de prêts* et *de disparitions* qui permettent de constater à quelle date précise ce livre a été *prêté* ou reconnu *manquant*.

Ces indications générales seraient incomplètes si l'on ne signalait dès le début quelques points essentiels, qu'on se propose d'ailleurs de développer dans le cours de cette instruction :

1º On doit *timbrer*, *numéroter* et *inventorier* chaque brochure, aussi bien que chaque livre, *le jour même de leur entrée*. Si l'entrée est trop considérable pour que lesdites opérations puissent être accomplies en un seul jour, elles devront, en tout cas, être commencées sans aucun retard et poursuivies sans interruption. Il est spécialement entendu qu'aucun prêt ne pourra être consenti, sous aucun prétexte, avant l'enregistrement complet des ouvrages.

2º Les numéros mentionnés au registre d'entrée deviennent partie intégrante du volume, qu'ils désigneront partout désormais ; leur ordre se succèdent sans interruption.

3º Ces numéros doivent être *simples*, c'est-à-dire sans aucun des sous-chiffres ou des indications de séries trop souvent imposés par la multiplicité des sections introduites dans les catalogues.

En résumé, *timbrage* et *numérotage* immédiats, mise à jour simultanée des *trois catalogues*, tenue exacte du *registre de prêts et de disparitions*, telles sont les règles dont l'observation rigoureuse peut seule constituer une bibliothèque bien ordonnée.

III. OPÉRATIONS DU CLASSEMENT.

Le classement d'un ouvrage ne comporte pas moins de sept opérations accomplies dans l'ordre suivant : 1° *timbrage;* 2° *numérotage;* 3° *inscription au registre d'entrée-inventaire;* 4° *inscription au catalogue alphabétique;* 5° *inscription au catalogue méthodique;* 6° *intercalation des cartes à leurs catalogues respectifs;* 7° *placement de l'ouvrage sur les rayons.*

1° TIMBRAGE. — Timbrer le titre et la dernière page de chaque volume, en ayant soin de placer le timbre aussi avant que possible dans le corps de la page, sans toutefois couvrir le texte. Le timbre ayant pour but de prévenir et de faire reconnaître les détournements, il est essentiel qu'il ne suffise pas de couper une marge pour le faire disparaître. Pour les volumes dépassant 100 pages, on timbre aussi au timbre sec la page 99. Pour les atlas et les recueils d'estampes, timbrer chaque carte et chaque estampe.

Gravure du timbre. — Le timbre ne doit pas être trop grand. La légende la plus abrégée est la meilleure. Tout ornement est inutile. Adopter des caractères maigres : ils sont moins sujets à s'empâter, et la légende est plus propre et plus lisible.

Mode d'inscription. — 2° NUMÉROTAGE. — Dès l'arrivée d'un ouvrage, on doit lui donner le numéro de son ordre d'arrivée et répéter le même numéro sur chaque tome, si l'ouvrage en compte plusieurs.

Le numéro d'ordre est inscrit à l'encre : 1° au coin supérieur de la page du titre, à droite ; 2° sur l'étiquette collée au dos du livre, près du talon.

S'assurer que le papier du titre est collé, et, s'il ne l'est pas, couvrir préalablement de sandaraque le coin destiné à l'inscription. Inscrire les chiffres très lisiblement.

Étiquettes. — Les étiquettes rondes se décollent moins facilement que celles qui sont carrées. Si elles ne sont pas gommées d'avance, les coller soit avec de la gomme liquide, soit avec la colle de farine saupoudrée d'alun, qui la défend contre les insectes.

Point de départ du numérotage. — Si les ouvrages de la bibliothèque n'ont pas encore reçu de numéro, on partira du numéro 1 ;

s'ils ont déjà un ancien numérotage, on le respectera en se bornant à partir désormais du numéro le plus élevé atteint par le précédent classement.

1er *Exemple*. — Le dernier numéro de l'ancien classement étant 33.001, le nouveau partira du numéro 33.002 inclusivement.

2e *Exemple*. — La bibliothèque étant divisée en plusieurs sections numérotées séparément depuis 1, d'où il résulte que la *théologie* est parvenue au numéro 1542; la *jurisprudence*, au numéro 1828 ; les *sciences*, au numéro 1998 ; les *belles-lettres*, au numéro 2240 ; l'*histoire*, au numéro 3997. Supprimant les sections, le nouveau numérotage partira du numéro 3998, qui n'a été atteint par aucune, et continuera sans interruption et sans observer d'autre ordre que celui de l'arrivée des ouvrages, en ayant toutefois égard au sectionnement par format.

Sectionnement du numérotage par format. — Le sectionnement par format a pour objet de placer sur les rayons des suites de volumes ayant tous à peu près la même hauteur. Leur conservation en est meilleure, car la reliure d'un grand souffre toujours du voisinage d'un volume trop petit. Ajoutons que l'on gagne de la place en ne confondant pas sur le même rayon des livres de grandeurs inégales. Les formats reconnus dans ce mode d'opérer sont au nombre de trois : 1º *grand* format ; 2º *moyen* format; 3º *petit* format, qui correspondent aux désignations généralement reçues d'*in-folio*, *in-quarto*, *in-octavo*. Pour faire en sorte que leur division ne soit pas un obstacle sur les rayons où il est essentiel de maintenir la suite des numéros sans interruption, on réservera d'avance à chaque format une série de numéros déterminée de façon à laisser champ libre aux accroissements futurs.

1er *Exemple*. — Etant donné une bibliothèque de 20.000 volumes non encore numérotés, on réservera les numéros 1 à 9999 pour les grands formats ; 10.000 à 29.999 pour les moyens formats ; 30.000 et suivants pour les petits formats.

2e *Exemple*. — Etant donné une bibliothèque déjà numérotée, comme celle dont il est question au paragraphe précédent, on sectionnera par format ainsi qu'il vient d'être dit, à partir du numéro le plus élevé qu'aient atteint les anciennes divisions.

Nécessité de trois registres d'entrée. — Le sectionnement par format oblige que le *registre d'entrée* ou *catalogue numérique* soit divisé en trois registres ouverts, le premier aux inscriptions du grand format ou in-folio, le second au format moyen ou in-quarto, et le troisième au petit format ou in-octavo. Chaque registre portera le numéro 1 et formera tête de série.

Reconnaissance des formats. — Il est inutile de préciser ici les moyens de déterminer chaque format. A l'époque où le papier était fabriqué selon des règles de dimension qui variaient peu, on reconnaissait le format en comptant les pages de la feuille d'impression. Les désignations d'in-folio, in-quarto, in-octavo représentaient alors une hauteur fixe. Il n'en est plus de même aujourd'hui que les feuilles d'impression sont de dimensions très différentes, et que certains in-octavo deviennent plus grands qu'un in-folio du xvie siècle. L'indication actuelle a donc perdu son ancienne signification, car elle ne répond pas toujours à l'indication de la hauteur du livre ; elle doit être abandonnée pour les désignations suivantes, répondant mieux aux dimensions réelles :

1° *Grand format* (comprenant tous les volumes dépassant 35 centimètres) ;

2° *Moyen format* (comprenant les volumes hauts de 25 à 35 centimètres) ;

3° *Petit format* (comprenant les volumes au-dessous de 25 centimètres.)

Formats inégaux. — Il peut arriver qu'un ouvrage de petit ou de moyen format soit accompagné d'un atlas grand format. En ce cas, l'inscription de l'atlas à l'inventaire sera jointe à celle de l'ouvrage, sans que l'on se préoccupe de la différence des formats. Mais si l'atlas ne peut être rangé sur le même rayon, on l'y remplacera par une planchette indicatrice portant au dos le numéro attribué à l'ouvrage, et, sur une de ses faces, la désignation du lieu où cet atlas aura été déposé.

Planchettes indicatrices. — Les planchettes indicatrices seront également employées pour représenter sur les rayons : 1° les livres prêtés ; 2° les livres disparus ; 3° les livres précieux placés hors rang, dans des réserves particulières ; 4° les livres envoyés à la reliure.

Les planchettes seront en bois blanc et fabriquées le plus simplement possible. Elles affecteront la forme d'un volume d'une épaisseur suffisante pour que leur dos reçoivent l'étiquette.

3° Inscription au registre d'entrée-inventaire. — Après avoir numéroté le livre et reconnu son format, on inscrira son numéro, son titre abrégé et ses conditions matérielles sur le registre d'entrée affecté à son format. Il a été dit quel était l'objet de ce catalogue et pourquoi il se divise en trois registres destinés aux inscriptions de l'in-folio, de l'in-quarto et de l'in-octavo.

Le tracé et les légendes de chaque registre seront conformes au modèle d'état. (Voir le modèle n° 1.) On ne saurait trop répéter que, une fois inscrits, les numéros de chaque ouvrage sont immuables et servent de points de repère dans les indications des catalogues alphabétique et méthodique.

Conditions du registre. — Le *registre d'entrée-inventaire* devra être de papier de fil bien collé et réglé (espacement des lignes, 2 centimètres.) Ménager des marges assez grandes pour permettre plus tard une seconde reliure, s'il est nécessaire. En cas d'erreur, ne pas faire de grattages, mais barrer d'un trait léger et écrire à l'encre rouge toute correction.

Indication des reliures. — L'inscription des titres d'ouvrages pourra être abrégée de façon à ne pas tenir plus d'une ligne.

Pour la sûreté du récolement, il ne faudra pas omettre, toutefois, le détail des conditions du livre, en abrégeant comme il suit ces dernières indications :

Basane...............................	bas.
Blanc.................................	bla.
Bleu..................................	bl.
Broché................................	br.
Compartiments........................	comp.
Cartonné..............................	cart.
Chagrin...............................	ch.
Dédicace autographe..................	déd. aut.
Demi-reliure..........................	d.-r.
Dentelles.............................	dent.
Dessins...............................	des.
Filets.................................	fil.
Doré sur tranche.....................	tr. d.
Fleurs de lis.........................	fl. d. l.
Gaufré................................	gf.
Gravures.............................	grav.

Maroquin rouge, bleu, jaune, noir, vert...	mar. r., bl., j., n., v.
Miniature................................	min.
Notes manuscrites,......................	n. ms.
Parchemin..............................	parch.
Percaline...............................	perc.
Petits fers..............................	p. fers.
Planches...............................	pl.
Plaquettes..............................	plaq.
Portrait................................	ptr.
Rouge..................................	r.
Veau brun..............................	v. br.
Veau écaillé. — Veau fauve. — Veau marbré.	v.éc.-v. f. m.-v.
Veau racine. — Veau tacheté..........	rac.-v. v.-t.
Vélin...................................	vél.
Vert....................................	v.
Violet..................................	viol.

Recueils de pièces. — Donner l'indication du blason, si la reliure est blasonnée. On ne doit pas omettre le catalogue détaillé des pièces de recueils factices (sous la rubrique 1re *pièces*, 2e *p.*, 3e *p., etc*).

Avoir soin de mentionner à la colonne *Observations* les dédicaces autographes et les notes manuscrites qui pourront se rencontrer.

Inscriptions réservées. — Si l'ouvrage est broché, s'abstenir de toute indication, en se réservant de mentionner plus tard le détail de sa reliure.

Les périodiques et les ouvrages non terminés ne seront inscrits à l'inventaire qu'à la fin de la publication ou d'une série complète. Jusque-là, leur inscription aura lieu, en la forme ordinaire dans un cahier particulier avec numérotage provisoire et affectation d'un local spécial.

Inscription des doubles. — Les doubles doivent être portés sur l'inventaire et sur les catalogues. L'expérience a prouvé, d'une part, qu'ils pouvaient être utiles, et, d'autre part, que leur isolement ou leur aliénation avait des inconvénients plus grands que le bénéfice de leur renvoi.

4° INSCRIPTION AU CATALOGUE ALPHABÉTIQUE. — Le catalogue alphabétique a pour objet de répondre, à bref délai, à toutes les demandes qui concernent un nom d'auteur.

Ce catalogue ne saurait être établi sur un registre à folios fixes, par ce motif déterminant qu'il est impossible de mesurer les accroissements à venir et de leur ménager un espace suffisant. Le catalogue alphabétique doit donc être établi sur cartes ou folios mobiles, en telle sorte qu'il puisse se prêter indéfiniment à tous les besoins, sans obliger le bibliothécaire à des surcharges, avec la perspective de la refonte complète d'un travail considérable.

Nous ne saurions recommander exclusivement un modèle de carte ou de folio mobile. Le meilleur est sans contredit celui qui, au meilleur marché possible, permettra d'assembler et de désassembler facilement le catalogue pour chaque intercalation. Dans les anciennes bibliothèques, où les cartes ont été employées jusqu'ici, il sera prudent de continuer à s'en servir, afin de pouvoir utiliser le travail ancien et le fondre dans le nouveau. Le seul perfectionnement à introduire sera dans l'aménagement de ces cartes, qui devront se trouver réunies dans des boîtes en bois ayant des dimensions qui permettent un maniement facile et pourvues d'un système d'agrégation qui contienne les cartes sans nuire à leur libre examen. Plusieurs modèles ingénieux ont été mis en avant jusqu'ici. Les uns font passer dans les cartes une broche de bois ou de fer ; d'autres permettent de les consulter comme des feuillets de livre au moyen d'une charnière en toile qui les rattache à une sorte de registre à souche ; d'autres encore usent de folios mobiles reliés par la pression de deux bandes de fer à vis graduées comme pour les registres matricules militaires. En principe, ces méthodes sont préférables à l'usage des cartes en boîtes qui sont dépourvues de toute attache et risquent de s'éparpiller. Mais elles présentent le triple inconvénient d'être coûteuses, de ne pouvoir permettre ni une intercalation rapide, ni l'utilisation des cartes anciennes. Le meilleur expédient serait, si on s'en tient aux cartes ancien modèle, de les retenir en boîtes au moyen d'un appareil à grille (*modèle fig. 70*), puis on rangera les boîtes dans un corps de rayons haut de 1^m 50. Pour faciliter l'examen des cartes, chaque tablette sera doublée d'une planchette sortant à volonté pour supporter la boîte, si elle est attirée extérieurement, comme cela se pratique à la Bibliothèque nationale.

Les cartes doivent être de carton léger et avoir au moins 10 centimètres sur 6. Toute latitude est laissée si on les veut plus grandes.

L'écriture ronde ou tout au moins un peu relevée, est recommandée dans l'inscription des cartes ; elle est plus nette, plus lisible et tient moins de place.

Quand le bibliothécaire écrit une carte, il doit veiller à ce que l'inscription de tête se dégage nettement à l'œil. S'il a, par exemple, à inscrire les *Éléments d'anatomie* de Béclard, qui portent le numéro 842, il disposera ainsi son inscription. Le haut de la carte est seul figuré.

> **Béclard.** (p. a.)   **842**
>
> *Éléments d'anatomie*, 4ᵉ éd.
> Paris, 1864, in-8°.

Le titre de l'ouvrage ci-dessus est abrégé ; il ne doit être porté en son entier que sur le catalogue méthodique, où il sera toujours facile de le retrouver, si l'on a besoin d'éclaircissement.

Lorsqu'un auteur portera plusieurs prénoms, les inscrire tous, au moins par leurs lettres initiales. Ne pas oublier les titres distinctifs et désignations d'origine ou d'emplois, lorsqu'il s'agira de noms répandus comme *Dubois*, *Durand*, *Duval*, etc., etc. Ranger tous les homonymes par ordre alphabétique de prénoms, après avoir porté ceux dont les prénoms restent inconnus, et qui se succèdent par rang de dates.

Si on inscrit une traduction ou un ouvrage en collaboration, faire la carte au nom de l'auteur traduit ou du premier auteur nommé. Ne pas négliger d'établir ensuite des cartes de renvoi aux noms du traducteur et de chaque collaborateur. Ces renvois seront sommaires. Exemple : après avoir fait la carte du *Cours élémentaire de culture des bois*, par Lorentz, complété par Parade, n° **1245**, et celle du *Robinson* de Daniel de Foë, traduit par le docteur Boisseau, n° **1819**, on dressera par surcroît les deux cartes suivantes :

Parade (A.)	Boisseau (D' F. G.)
V. Lorentz, 1245.	V. Foë. (Dan. de), 1819.

Si l'auteur est anonyme ou pseudonyme, et si l'on n'a pas trouvé son nom dans les répertoires de Barbier ou de Quérard, mettre en vedette le nom de la matière à la place du nom de l'auteur. Admettons, par exemple, que les *Éléments d'anatomie* et de la *Culture des bois* soient restés inconnus, on usera des désignations d'*Anatomie* dans le premier cas et de *Bois* dans le second.

Si le bibliothécaire, pour plus de commodité, voulait porter également sur ce catalogue tout autre nom de personne, de lieu ou de matière, il n'en aurait que plus de titres à la reconnaissance du public.

Les bibliothécaires expérimentés savent combien la multiplicité des renvois est précieuse. Un catalogue bien ordonné ne contient jamais trop de renvois.

5° INSCRIPTION AU CATALOGUE MÉTHODIQUE. — Le *catalogue méthodique* ou *catalogue par ordre de matières* a pour objet de mettre en évidence l'ensemble des connaissances humaines que renferme la bibliothèque et de renseigner les travailleurs qui désirent étudier une matière déterminée.

Ce catalogue doit être fait sur cartes ou folios mobiles comme le catalogue alphabétique et pour les mêmes motifs. La division adoptée pour le classement des matières sera conforme à celle du *Manuel du libraire*, par Brunet, comme étant la plus répandue. Il est évident que les bibliothécaires de nos établissements scientifiques développeront encore certaines divisions de ce classement; ils seront conduits à ces perfectionnements par la richesse même des spécialités de leurs dépôts. Les cartes ou folios mobiles seront rédigés dans l'ordre suivant :

1° En haut, indiquer la classe en petits caractères;

2° A la suite, indiquer en gros caractères la division avec la date de l'impression, et ensuite le titre complet de l'ouvrage, en laissant un blanc intermédiaire suffisant;

Terminer par le numéro d'ordre.

Sc. méd.; **Anatomie**, 1864.	Sc. Agr.; **Silviculture**, 1860.
Éléments d'anatomie générale, par P.-A Béclard, 4ᵉ éd. augmentée d'un précis d'histologie, de nombreuses additions et de 80 figures, par M. Jules Béclard, Paris, Asselin, in-8º (Nº 842).	*Cours élémentaire de culture des bois*, créé à l'école forestière de Nancy, par Lorentz, complété et publié par A. Parade, 4ᵉ édition, Nancy, Grimblot, 1860, in-8º (Nº 945).

Appropriation de certaines bibliographies imprimées. — Les bibliographies spéciales déjà imprimées pourront être utilisées par le bibliothécaire. Lorsque le cas se présentera, il lui suffira d'en numéroter les articles et de les prendre comme parties intégrantes de son *catalogue*.

Exemples. — Si une bibliothèque possède plusieurs milliers de mazarinades, le meilleur parti à prendre est de porter les numéros d'ordre de ces mazarinades sur les marges d'un exemplaire de la *Bibliographie des mazarinades*, publiée par la Société de l'Histoire de France. Cet exemplaire devra être collé et interfolié, de façon à permettre l'inscription des numéros et les additions qui pourront se présenter. On obtiendra de la sorte un double avantage : rapidité dans le travail et netteté d'aspect; on pourra, en outre, renseigner plus complètement le travailleur.

Même observation pour la *Bibliographie biographique* d'OEttinger, qui donne le détail de toutes les biographies imprimées jusqu'à l'année 1854.

De même, pour les recueils si nombreux et si étendus des pièces publiées pour ou contre les jésuites, on pourra se servir d'un exemplaire de la *Bibliographie du Père Carayon*, etc. etc.

6º INTERCALATION DES CARTES. — Dés leur achèvement, les cartes des catalogues sont intercalées dans l'ordre alphabétique ou dans l'ordre méthodique. Nous avons parlé déjà de l'intercalation des homonymes, et des boîtes affectées à cette opération. Pour le catalogue méthodique, dans chaque subdivision d'ouvrages traitant absolument le même sujet, on observe l'ordre chronologique.

7° PLACEMENT DES VOLUMES SUR LES RAYONS. — *Organisation des travées*. — Une fois inscrit aux trois catalogues, l'ouvrage est ce qu'on appelle *propre au service*, et il ne reste plus qu'à le placer à son numéro sur les rayons.

Une étiquette placée à hauteur de l'œil au milieu de chaque travée portera un numéro d'ordre très apparent en chiffres romains. Sous ce numéro d'ordre on indiquera, en chiffres arabes, le premier et le dernier numéro de la travée. Étant donnée la travée XII contenant les ouvrages numérotés de 3002 à 3150, l'étiquette sera ordonnée ainsi :

```
┌─────────────────────────┐
│                         │
│      TRAVÉE XII         │
│         ──              │
│                         │
│    Nos 3002 à 3150      │
│                         │
└─────────────────────────┘
```

Chaque salle recevra également un numéro d'ordre placé à la porte, à hauteur de l'œil, avec indication de la première et de la dernière travée, du premier et du dernier numéro. Étant donné, par exemple, la salle 3, renfermant les travées 50 à 52 et les numéros 10000 à 12500, le cartouche sera conforme à ce modèle.

```
┌─────────────────────────┐
│                         │
│       SALLE III[1]      │
│          ──             │
│     Travées 40-52       │
│          ──             │
│    Nos 10000 à 12500    │
│                         │
└─────────────────────────┘
```

Un tableau synoptique des salles, des travées et des numéros sera placé dans le cabinet du catalogue. (Voir modèle n° 5.) La colonne *Indications locales*, qui est la dernière de ce tableau, est destinée à fournir des points de repère aux employés nouveaux dans le service.

---

1. On pourra substituer au numéro de la salle le nom d'un donateur ou d'un testateur ayant accru les richesses de la bibliothèque.

Les dispositions locales ne permettent pas toujours, en effet, de donner aux salles une suite naturelle, et il est bon, dès le point de départ, de se diriger en toute certitude soit au rez-de-chaussée, soit à tel étage, soit à tel pavillon.

Après avoir parlé des dispositions d'ordre général, nous rappellerons que, dans chaque travée, les numéros se comptent de gauche à droite et de bas en haut. De même, dans chaque salle, les travées se comptent en partant de la gauche de la porte d'entrée. Les travées placées au milieu des salles observent le même ordre et viennent après les travées adossées aux murs.

Formats atlantiques. — Les grands formats de certains atlas nécessitent une travée spéciale sous la forme d'un comptoir sur les rayons duquel ils seront placés horizontalement, dans l'intérêt de leur conservation. Cette travée réservée sera le plus près possible de la salle de travail, sinon dans cette salle même.

Ouvrages usuels. — Dans la salle de travail seront aussi placés les ouvrages usuels, tels que dictionnaires, recueils encyclopédiques, annuaires et répertoires de tous genres. Un large pupitre devra être voisin de la travée spéciale qui contiendra ces publications, de telle sorte que les travailleurs soient à même de les consulter librement, à la condition toutefois qu'ils resteront debout et ne pourront emporter les volumes à leur place.

Il est entendu que les ouvrages réunis ainsi seront représentés sur les rayons de la bibliothèque par des planchettes indicatrices qui permettront de les retrouver lors des récolements.

Il en sera de même pour les ouvrages précieux ou très rares qui devront être qualifiés tels avec discernement. Remplacés par des planchettes indicatrices sur les rayons, ils seront placés dans des buffets ou sous des vitrines fermant à clef. Les vitrines serviront surtout à l'exposition des reliures et des autographes remarquables. A moins de motifs particuliers, un livre ou manuscrit ne devra jamais être exposé ouvert sous une vitrine.

IV. MESURES D'ORDRE ET DE CONSERVATION.

Bulletin de demande. — Chaque lecteur devra inscrire sa demande sur un bulletins dont la formule est ci-jointe.

BULLETIN DE DEMANDE. (Conserver ce bulletin pour le rendre avec les volumes à la sortie).				
Numéro d'ordre.	Nom d'auteur.	Titre de l'ouvrage.	Format.	Volumes.

Nom et adresse du lecteur :

A sa sortie de la salle, chaque lecteur est tenu de représenter le bulletin ci-dessus, avec les volumes dont il porte l'énumération. Les bulletins seront timbrés du mot *Rendu*, puis mis ensemble sous enveloppe datée pour chaque jour de l'année. Ils ne seront détruits qu'après deux ans écoulés.

Pour ne pas troubler la remise exacte des volumes, aucun ouvrage ne sera donné dans la dernière demi-heure de la séance.

Prêt des livres. — Les livres pourront être prêtés soit aux professeurs, soit même aux étudiants autorisés à cet effet par la commission de la bibliothèque.

La durée du prêt n'excédera pas un mois. Pour qu'il soit renouvelable, il faudra que l'ouvrage soit rapporté et réinscrit sur le registre.

Sont exceptés du prêt : 1º les livres demandés fréquemment ; 2º les périodiques ; 3º les dictionnaires ; 4º les ouvrages de prix ; 5º les gravures, cartes et plans ; 6º les ouvrages brochés.

Le bibliothécaire est chargé de tenir le registre de prêt. Si un livre prêté n'est pas rapporté dans le délai voulu, ce fonctionnaire doit en avertir le jour même la commission de la bibliothèque ; faute de quoi, il est responsable de la non-réintégration.

Le registre de prêt sera établi conformément à l'état ci-joint (modèle nº 2) ; les inscriptions de la première et de la dernière colonne devront être écrites lisiblement sous les yeux du bibliothécaire par l'emprunteur lui-même, afin de prévenir toute contestation. En tête du registre figurera, sur feuille mobile, une liste alphabétique des emprunteurs avec renvois à leurs inscriptions. L'ouvrage prêté ne pourra quitter son rayon sans y être remplacé par une planchette indicatrice portant au dos le même numéro d'ordre, et, sur un de ses plats, une carte donnant le nom de l'emprunteur avec le titre sommaire de l'ouvrage. Au retour de l'ouvrage, la planchette sera retirée, biffée et réunie aux planchettes disponibles.

A chaque inspection, le délégué du Ministère, après avoir examiné et visé le registre de prêt, se fera remettre un état certifié de la situation de ce registre. Cet état devra être transmis au Ministre et accompagné, s'il y a lieu, de propositions motivées.

Les manuscrits ne pourront être prêtés que sur l'autorisation spéciale du Ministre, après l'avis du bibliothécaire et de la commission.

Récolements. — Une partie des folios du catalogue numérique est occupée par un état de récolement s'étendant à une période de x année (modèle nº 1).

Aux termes du règlement général de comptabilité, dont les dispositions sont obligatoires pour tous les services publics, le récolement des collections doit être *annuel* ; il doit, en outre, être renouvelé à chaque mutation du fonctionnaire responsable. Il ne peut donc être contrevenu en principe à ces dispositions ; toutefois, il peut y avoir lieu d'examiner, dans les bibliothèques qui comptent au delà de 100.000 volumes et dans le but même d'assurer aux opérations le caractère le plus rigoureux, il peut y avoir lieu d'examiner, disons-nous, si le recolement total ne peut se répartir sur deux années et plus.

Le récolement devra être fait au mois de juillet par deux membres de la commission de surveillance de la bibliothèque, assistés du bibliothécaire et d'un délégué spécial du recteur. Le Ministre appréciera s'il convient, en outre, de réclamer le concours d'un représentant du Domaine. Un des visiteurs fera l'appel des numéros inscrits au catalogue numérique, tandis que l'autre reconnaîtra ces mêmes numéros sur les rayons, en prenant soin de constater l'identité de l'ouvrage et son état. En cas d'absence non motivée du livre appelé, trois formalités seront observées séance tenante :

1º On portera sur l'état de récolement, en regard du titre de l'ouvrage, la lettre A (modèle nº1).

2º On intercalera sur les rayons, à la place du livre manquant, une planchette indicatrice reproduisant au dos le numéro attribué précédemment audit ouvrage, et portant sur un de ses plats une carte donnant le titre du livre avec la date de la constatation d'absence.

3º Les inscriptions de cette carte (numéro, titre et date) devront en outre être transcrites sur un registre spécial ayant pour titre : *État des ouvrages disparus*. En cas de réintégration ultérieure, la constatation sera faite à la dernière colonne de l'état, avec la date de la réintégration. Ces substitutions seront nécessairement signalées à la commission des visiteurs au récolement de l'année suivante.

L'état des ouvrages disparus, le livre de prêt et le registre d'entrée doivent être visés par la commission à la suite de son travail annuel.

Chacun des membres de cette commission signe le procès-verbal (modèle nº4) où doivent être consignées sans omissions les diverses opérations que nous venons d'énumérer et leur résultats. Copie de ce procès-verbal sera transmise au Ministre par le recteur.

Reliures. — Il devra être pourvu à la reliure des ouvrages une année après leur impression. Des reliures de luxe ne sont pas faites pour des bibliothèques publiques, sauf dans certains cas particuliers ;

on ne demandera donc généralement que des demis-reliures très simples et des cartonnages à dos de veau ou de toile. N'admettre la rognure que pour les ouvrages usuels ; interdire de rogner pour les autres, en les faisant seulement rogner et jasper en tête, pour les préserver de la poussière. Veiller à ce que les plats de la reliure débordent franchement la tranche des volumes : ils ne s'en conservent que mieux ; faire coller le papier des ouvrages usuels s'il ne l'est pas.

Adopter pour les demi-reliures le veau blanc (simple, verni ou antique) qui se fonce tout seul et ne change pas. Pour les demi-reliures parchemin, prendre du parchemin vert comme étant moins salissant.

Les ouvrages donnés à la reliure seront remplacés sur les rayons par des planchettes indicatrices.

Nettoyages. — Tous les mois, les vitrines réservées seront ouvertes, aérées, essuyées, ainsi que les livres ou manuscrits auxquels elles sont affectées.

Tous les ans, aux vacances, cette dernière opération aura lieu pour un tiers des livres de la bibliothèque. Le battage ne doit pas être brutal ; il est surtout utile pour les volumes brochés. Pour les volumes reliés, il a présenté des inconvénients qu'on peut éviter par l'essuyage pratiqué au moyen de chiffons de laine ou de linge secoués à l'extérieur de la salle toutes les fois qu'il en sera besoin, et fréquemment blanchis.

Aérage. — Les fenêtres de la salle de travail devront être ouvertes pendant un quart d'heure, au moins, dès la fin de la séance.

Encriers. — Les encriers seront des siphons simples à larges base et sans système de pression. Cette forme ne laisse prendre à la plume que la quantité d'encre nécessaire. Elle évite les taches.

V. CLASSEMENT DES MANUSCRITS.

Pour le classement des cabinets de manuscrits, il est recommandé aux bibliothécaires de numéroter en se conformant aux prescriptions de la note ministérielle publiées au mois de mars 1877, et préparée par M. Léopold Delisle, directeur de la Bibliothèque nationale. (Un exemplaire de cette note est joint à la présente instruction.[1]) Le premier tome de son *Inventaire général et méthodique des*

---

1. Cette note n'est pas publiée à l'appendice; on peut consulter la p. 167 et les suivantes pour le classement des manuscrits. A. M.

manuscrits français de la Bibliothèque Nationale (Paris, 1876, in-8º) peut être également pris pour modèle d'un catalogue sommaire. — Pour un catalogue descriptif complet, on devra recevoir des instructions détaillées de la commission permanente du catalogue des manuscrits des bibliothèques de France, au ministère de l'instruction publique.

VI. AUTOGRAPHIE DU CATALOGUE.

L'impression du catalogue méthodique est généralement désirée par le public des bibliothèques. Presque partout aussi un budget restreint ne permet point cette dépense relativement considérable.

Comme toute publication de ce genre se tire à peu d'exemplaires, comme elle est consultée par des lecteurs lettrés et comme elle n'a jamais un caractère bien définitif, puisque chaque année apporte un nouveau contingent, on peut recourir au procédé moins coûteux de l'autographie.

Si le bibliothécaire a une écriture lisible, il peut, en écrivant sur du papier autographique, n'avoir d'autres frais que ceux du report, du papier et du tirage. Toute initiative de ce genre est assurée des encouragements de l'Administration.

VII. MODÈLES D'ÉTAT.

Les modèles (1 à 5) qui suivent sont réduits. Les dimensions de la boîte à cartes[1] n'ont pas de caractère absolu. Chaque bibliothécaire sera libre de les modifier selon la grandeur de ses cartes et de perfectionner au besoin un appareil dont l'idée première nous a paru recommandable.

La boîte, en bois léger, mesurant environ 25 centimètres sur 25 centimètres, est à trois compartiments, contenant chacun une rangée de cartes ayant une saillie d'environ 3 centimètres au-dessus des parois. Au fond de chaque compartiment, une lame d'acier formant ressort maintient les cartes au repos dans la verticale, mais cède en permettant un écart suffisant, si on veut les consulter. Sur cette boîte, une grille à charnières et à fermeture forme couvercle ; elle est formé par trois tringlettes s'abattant à volonté chacune sur le milieu d'une rangée de cartes, et suffisant à les empêcher de sortir sans un effort extérieur. La fermeture doit être combinée de façon que la boîte se ferme par la chute du couvercle et s'ouvre aussi promptement que possible.

---

[1]. Le modèle de la boîte à cartes étant donné p.   , il nous paraît inutile de le reproduire ici.

MODÈLE N° 1.   SPÉCIMEN du Registre d'entrée-inventaire.   .... FORMAT.

(Le registre est supposé ouvert)

N. B. Chaque registre étant affecté à un seul format, on n'a pas ouvert de colonne pour sa désignation, devenue inutile.

NUMÉROS.	TITRES des ouvrages.	VOLUMES.	RELIURES.	OBSERVATIONS.	DATES d'entrée.	ABSENTS AUX RÉCOLEMENTS DES ANNÉES
						18.. 18.. 18.. 18.. 18.. 18.. 18.. 18.. 18.. 18.. 18.. 18.. 18.. 18.. 18.. 18.. 18.. 18.. 18.. 18..
		Total.				

APPENDICE

MODÈLE N° 2.

REGISTRE DE PRÊT.

Signature et adresse de l'emprunteur.	Titre sommaire de l'ouvrage.	Volumes.	Numéro.	Date de sortie.	Date de rentrée.	Durée du prêt.

MODÈLE N° 3.

ÉTAT DES OUVRAGES DISPARUS.

NUMÉROS.	TITRES SOMMAIRES.	DATES de la constatation.	DATES de la réintégration ou de la réapparition.

Modèle n° 4.

BIBLIOTHÈQUE UNIVERSITAIRE D

PROCÈS-VERBAL DE RÉCOLEMENT POUR L'ANNÉE 18   .

Nous, soussignés (*noms et qualités*),
certifions avoir effectué le récolement de la bibliothèque universitaire d
        par l'appel, à l'inventaire et sur les rayons, des numéros ci-après :
sur un nombre total de   numéros.

Nous certifions également avoir vérifié les catalogues des *matières* et des *noms d'auteurs, le registre de prêt et l'état de disparition*.

Les absences constatées sur les rayons ont été consignées par nous à l'inventaire, suivant la liste authentique annexée au présent procès-verbal.

(*Lieu, date. — Signature.*)

Modèle n° 5.

TABLEAU SYNOPTIQUE DE LA BIBLIOTHÈQUE UNIVERSITAIRE D

NUMÉROS des salles.	NUMÉROS des travées.	NUMÉROS des ouvrages.	INDICATIONS LOCALES.
Salle 1......	1 à 20......	1 à 1444..	Rez-de-chaussée.
Salle 2......	21 à 35......	1445 à 2388..	Entre-sol.

IX.

Circulaire relative aux droits de bibliothèque

11 novembre 1878.

Monsieur le Recteur, un certain agent comptable ayant exigé d'un candidat à la licence ès lettres, qui avait pris les quatre inscriptions règlementaires dans une Faculté libre, le paiement d'un droit de bibliothèque de 10 francs, j'ai signalé à M. le Ministre des finances cette perception qui me paraissait irrégulière. Les lois de finances du 29 décembre 1873 et du 3 avril 1875 n'ont, en effet, imposé le droit dont il s'agit que dans les Facultés où l'entretien de la bibliothèque est à la charge de l'Etat.

Mon collègue a reconnu que les candidats qui ont pris leurs inscriptions dans les Facultés libres, comme les candidats qui ont pris leurs inscriptions dans les écoles préparatoires entretenues par les villes, doivent être affranchis des droits de bibliothèque imposés par les lois de finances rappelées ci-dessus.

Je vous prie d'adresser des instructions en ce sens aux agents comptables des Facultés et écoles supérieures de pharmacie par l'intermédiaire de MM. les doyens et directeurs.

A. Bardoux.

X.

Arrêté du 31 janvier 1879 instituant une commission centrale des bibliothèques universitaires ou des facultés.

Le ministre de l'instruction publique, des cultes et des beaux-arts
Arrête :
Art. 1er. Il est institué près le ministère de l'instruction publique une commission centrale des bibliothèques académiques et des collections des facultés.
Art. 2. Cette commission donne son avis :
Sur les projets de règlements particuliers préparés par les facultés ;
Sur les demandes d'emploi ;

Sur les propositions d'achat ;
Sur les demandes de crédits annuels ou extraordinaires.
Elle reçoit communication des procès-verbaux de récolement.
Elle veille à la stricte exécution des règlements relatifs aux inventaires, aux catalogues et aux livres de prêt, à la fréquentation des collections par les étudiants et les boursiers.
Elle donne son avis sur les demandes de prêt de faculté à faculté ou à l'étranger.

Art. 3. Les membres de la commission peuvent être chargés par le ministre de missions spéciales ayant pour objet soit l'organisation des bibliothèques, soit la vérification de leur situation.

Fait à Paris, le 31 janvier 1879.

A. BARDOUX.

XI.

CIRCULAIRE DU 23 AOUT 1879 AUX RECTEURS, RELATIVE A L'APPLICATION DU RÈGLEMENT POUR L'ORGANISATION DES BIBLIOTHÈQUES UNIVERSITAIRES.

Monsieur le Recteur, j'ai l'honneur de vous adresser un certain nombre d'exemplaires de trois arrêtés, que j'ai pris sous la date du 23 août courant, pour l'organisation du service des bibliothèques universitaires ou bibliothèques des facultés.

M'inspirant, comme mon honorable prédécesseur, de la pensée du législateur, qui depuis 1854 n'a pas cessé d'accentuer sa volonté de réunir en un seul corps, sous l'autorité rectorale, les établissements d'enseignement supérieur de chaque académie, j'ai repris, en les coordonnant et en les généralisant, les dispositions qui n'avaient été appliquées jusqu'ici qu'aux bibliothèques installées dans un même local. Les termes dans lesquels ont été voté l'institution d'un droit spécial destiné à créer un fonds commun de bibliothèque et l'inscription au budget d'un crédit correspondant, nous imposent le devoir de chercher activement tous les moyens d'opérer la réunion de nos dépôts, et de prendre, là même où la fusion est pour le moment impossible, les mesures qui assureront aux professeurs et aux étudiants le bienfait qu'a eu en vue le législateur.

Le règlement général se divise en six titres, que je vais passer successivement en revue.

Dispositions générales. — Les bibliothèques, qu'elles soient réunies ou isolées, sont placées sous votre direction immédiate ; le bibliothécaire ne relève que de vous ; vous préparez, chaque année, pour être soumis à mon approbation, le projet de budget et la liste des ouvrages à acquérir. Il est nécessaire qu'une autorité unique mette d'accord des intérêts très divers, et que tout ce qui intéresse les bibliothèques des facultés puisse m'être connu immédiatement. Vous avez le droit de présentation pour les emplois ; vous appliquez un certain nombre de peines, et vous m'en référez, quand les fautes ont une certaine gravité particulière. L'État veut développer ce service, à bien des égards nouveaux ; mais il tient à ce que la régularité et l'ordre n'y manquent jamais, et à ce que la subordination nécessaire y soit nettement établie pour le bien de tous.

Commission de surveillance. — Une commission de surveillance, élue par les facultés à raison d'un membre pour chacune d'elles, vous prête son concours. Elle est votre conseil ; elle vous aide à connaître tous les intérêts des bibliothèques, que vous ne pourriez pas toujours suivre directement par vous-même, au milieu d'occupations très diverses. Vous confiez à cette commission les enquêtes que vous croyez utiles ; elle s'assure que les règlements sont observés.

Les listes d'acquisition sont faites par les professeurs, le bibliothécaire y joint les siennes ; la commission de surveillance revise le travail, qui est soumis au comité de perfectionnement, et que vous me transmettez avec votre avis motivé. Je désire que vos rapports justifient en détail les propositions et me permettent de me faire une idée précise des intérêts auxquels il y a lieu de pourvoir.

Personnel. — Le règlement constitue un personnel spécial. Les fonctions de bibliothécaire ne doivent pas être une charge accessoire que des hommes souvent très estimables acceptent comme un surcroît d'occupation. Le service ne se développe que si nous avons des agents qui s'y consacrent sans réserve. Même dans les emplois secondaires, je pense, avec la commission centrale, qu'il ne faut pas admettre les candidats qui ont déjà une autre occupation, et qui devraient se partager entre des travaux de natures diverses.

Service à l'intérieur. — La bibliothèque doit être ouverte le jour et le soir. Je n'ai pas fixé la durée des séances ; vous la déterminerez et la soumettrez à mon approbation. Il faut que la bibliothèque soit fréquentée le plus longtemps possible. Les séances du soir ont une importance toute particulière.

Prêt au dehors. — Le prêt au dehors est limité, par cette raison même que les séances de lecture seront plus nombreuses. On me signale la peine que les bibliothécaires ont à faire rentrer les livres ; ces abus doivent cesser. Nos collections sont à l'usage de tout le personnel universitaire, et non de quelques professeurs. Si vous êtes amenés à prendre des mesures de rigueur, ceux même qui les subiront reconnaîtront que vous n'avez en vue que le bien public.

Service administratif. — Les dispositions rangées sous ce titre sont empruntées aux réglements de nos grandes bibliothèques. J'attache une importance particulière au relevé quotidien et mensuel du nombre des lecteurs et des volumes communiqués en lecture ou prêtés au dehors ; ce sera la justification des demandes qui pourront être faites pour le développement du service.

Dispositions spéciales. — Le règlement aura son effet à dater du 1er octobre prochain. Le budget devra donc, pour l'année 1880, être préparé par vos soins ; des cadres vous seront adressés incessamment à cet effet.

Un arrêté spécial détermine les mesures d'ordre relatives au service de lecture. Cet arrêté devra être affiché dans les salles de la bibliothèque. Vous remarquerez que l'impression ou l'autographie des catalogues y est prévue : c'est un but que nous devons poursuivre. Il vous appartiendra de m'adresser des propositions, lorsque vous aurez pu vous assurer de la régularité des catalogues.

J'ai réglé, par un troisième arrêté, la nature de l'examen professionnel pour l'obtention du certificat d'aptitude aux fonctions de bibliothécaire.

Recevez, *etc*.

Paris, le 23 août 1879.

Le ministre de l'instruction publique et des beaux-arts,

Jules Ferry.

XII.

Arrêté du 23 août 1879, portant règlement pour les bibliothèques universitaires.

Le ministre de l'instruction publique et des beaux-arts,

Vu la loi du 29 décembre 1873, imposant aux étudiants le payement *d'un supplément de droit destiné à créer un fonds commun pour les bibliothèques des facultés;*

Vu les déclarations de la commission du budget, qui, en inscrivant au budget des dépenses la somme correspondant à ce droit, a exprimé la volonté formelle que les élèves soient mis à même de trouver dans *ce fonds commun* les facilités de travail les plus complètes;

Vu l'arrêté ministériel du 18 mars 1855, prescrivant de réunir en une seule bibliothèque, placée sous la haute surveillance du recteur, les bibliothèques spéciales des facultés du chef-lieu académique;

Vu l'instruction générale du 4 mai 1878;

Vu l'arrêté ministériel du 31 janvier 1879, portant institution d'une commission centrale des bibliothèques;

Considérant que dans plusieurs académies les facultés ne sont pas toutes établies au chef-lieu, et que, dans certaines villes, l'isolement des facultés placées dans des bâtiments séparés fait actuellement obstacle à la réunion des bibliothèques;

Considérant qu'il importe néanmoins d'assurer le service par un règlement applicable à toutes les bibliothèques, qu'elles soient ou non centralisées;

La commission centrale des bibliothèques entendue,

Arrête :

Dispositions générales.

Art. 1er. Les bibliothèques universitaires ou bibliothèques des facultés sont placées sous l'autorité du recteur.

Le recteur est assisté, pour la surveillance du service, d'une commission composée de professeurs désignés par les assemblées de facultés, à raison d'un membre pour chacune d'elles.

Les membres, élus pour trois ans, sont rééligibles.

Art. 2. Le recteur prépare, après avis du comité de perfectionnement, le budget annuel de la bibliothèque (*personnel et matériel*) et la liste des abonnements périodiques et des livres à acquérir.

Cette liste, dressée par sections correspondantes aux ordres de facultés, indique le titre des revues et des ouvrages, le lieu et la date de la publication, le nom de l'éditeur, le format, le nombre de volumes, le prix et le total général de la dépense.

Toute proposition incomplète est considérée comme nulle et non avenue.

Le budget et la liste des acquisitions sont arrêtés par le ministre.

Art. 3. Le bibliothécaire, placé sous l'autorité directe du recteur, est chargé de la police intérieure de la bibliothèque.

Les sous-bibliothécaires, les surnuméraires et les garçons attachés à ce service lui sont subordonnés.

Commission de surveillance.

Art. 4. La commission revise, *avant examen par le comité de perfectionnement*, les listes de propositions présentées par chacun des professeurs et par le bibliothécaire pour acquisition de livres ou pour abonnements, et s'assure de l'exactitude des indications bibliographiques déterminées au paragraphe 2 de l'article 2.

Elle donne, après ouverture des crédits, son avis sur l'ordre à suivre dans les achats.

Art. 5. La commission visite, tous les six mois, les différents services de la bibliothèque universitaire,

Elle fait son rapport au recteur.

Art. 6. Deux de ses membres prennent part au récolement annuel prescrit à l'article 33.

Personnel.

Art. 7. Les bibliothécaires, sous-bibliothécaires, surnuméraires et garçons sont nommés par le ministre, après avis de la commission centrale.

Ils ne peuvent s'absenter sans l'autorisation du recteur.

Art. 8. Lorsque le personnel d'une bibliothèque se compose de plusieurs fonctionnaires, le premier prend seul le titre de bibliothécaire ; ceux qui le suivent ont le grade de sous-bibliothécaire.

Art. 9. Il peut être adjoint au bibliothécaire un ou plusieurs surnuméraires, selon l'importance des travaux de catalogue à exécuter.

Art. 10. Les surnuméraires n'ont droit à aucun traitement ni indemnité.

Art. 11. Ne peuvent être proposés pour le titre de bibliothécaire que les sous-bibliothécaires et surnuméraires pourvus du certificat d'aptitude délivré après un examen professionnel, dont les conditions seront ultérieurement déterminées.

Art. 12. Sont seuls admis audit examen les sous-bibliothécaires et surnuméraires ayant au moins deux ans de services accomplis dans une bibliothèque de faculté.

Le stage est réduit à six mois pour les archivistes paléographes.

Art. 13. Les bibliothécaires sont divisés en trois classes : 1re classe, 4.000 fr. ; 2e classe, 3.500 fr. ; 3e classe, 3.000 fr. Leur promotion se fait au choix, après un minimum de cinq ans d'exercice dans la classe inférieure.

La liste des propositions d'avancement est arrêtée, le 1er janvier de chaque année, par la commission centrale.

Service de lecture à l'intérieur

Art. 14. La bibliothèque est ouverte le jour et le soir, excepté les dimanches et les jours fériés.

Les heures d'ouverture sont fixées par le recteur, qui règle en outre la durée des vacances.

Art. 15. Sont admis *de droit* dans les salles de lecture :

1º Les membres du corps enseignant ;

2º Les étudiants de toutes les facultés, à quelque école qu'ils appartiennent, sur la présentation de leur carte d'étudiant.

Son admises, en outre, les personnes munies d'une autorisation délivrée par le recteur.

Art. 16. Les mesures d'ordre, relatives au service de lecture, feront l'objet d'un règlement spécial affiché dans la bibliothèque.

Prêt au dehors.

Art. 17. Les livres peuvent être prêtés aux professeurs et agrégés des facultés, aux chargés de cours et maîtres de conférences ; ils peuvent être prêtés également aux étudiants, par autorisation du recteur, sur la proposition écrite du membre de la commission de surveillance représentant la faculté où ils sont inscrits.

Art. 18. Sont exceptés du prêt :

1º Les ouvrages demandés fréquemment ;

2º Les périodiques en fascicules et les ouvrages en livraisons détachées ;

3º Les ouvrages de grand prix ;

4º Les dictionnaires et les collections ;

5º Les estampes, cartes et plans.

Art. 19. Les manuscrits ne peuvent être prêtés que sur une autorisation du ministre de l'instruction publique.

Ce prêt est subordonné à l'article 105 du décret portant règlement de la bibliothèque nationale et ainsi conçu :

« *Peuvent seuls être prêtés les manuscrits qui ne sont point particulièrement précieux par leur rareté, leur antiquité, leurs autographes ou leurs miniatures ; circonstances dont le conservateur sera juge en premier ressort.*

Art. 20. Les professeurs et agrégés des facultés, les chargés de cours et maîtres de conférences, ne peuvent avoir plus de dix volumes inscrits à leur nom. Les autres emprunteurs ne peuvent en avoir que cinq.

Art. 21. Aucun ouvrage ne peut être prêté en l'absence du bibliothécaire,

Art. 22. Tout ouvrage prêté sera remplacé sur le rayon par une planchette indicatrice.

Art. 23. Le registre du prêt sera établi conformément au modèle nº 2 de l'instruction générale du 4 mai 1878.

En tête du registre, une feuille mobile contient la liste alphabétique des emprunteurs, avec renvois aux pages d'inscription.

Art. 24. La durée du prêt n'excédera pas un mois.

Pour que le prêt soit renouvelé, l'ouvrage doit être rapporté à la bibliothèque ; il ne peut être remis que le lendemain au même emprunteur.

Le renouvellement ne sera pas accordé plus de deux fois.

Art. 25. Le bibliothécaire est tenu d'avertir immédiatement *par lettre* les emprunteurs qui n'auraient pas rapporté les livres dans le délai fixé. Cinq jours après, il adresse au recteur la liste des emprunteurs qui n'ont pas déféré à son invitation.

Le recteur adresse ensuite aux retardataires une lettre de rappel. Deux jours après, il fait réclamer à domicile les ouvrages qui n'auront pas été rapportés.

Art. 26. En cas d'abus, le recteur peut suspendre le prêt pour trois ou six mois. Il informe immédiatement le ministre.

S'il y a lieu d'appliquer une peine plus grave, le ministre décide, la commission centrale entendue.

Art. 27. Les emprunteurs qui ne peuvent rendre les livres, ou qui les rendent en mauvais état, sont tenus de les remplacer à leurs frais. Quand le remplacement n'est pas possible, ils doivent réparer le tort causé à la bibliothèque, suivant estimation faite par expert.

Art. 28. A chaque inspection, le délégué du ministre devra viser le registre du prêt et provoquer, s'il y a lieu, les mesures nécessaires pour l'entière exécution du règlement.

Service administratif.

Art. 29. Le bibliothécaire répond de l'estampillage immédiat des livres et brochures entrant à la bibliothèque. Il répond également de la mise au courant et de la bonne tenue du registre d'entrée-inventaire et des catalogues.

Art. 30. Pendant la durée du service, il s'abstient de tout travail étranger à ses fonctions.

Art. 31. A la fin de chaque séance, il fait le relevé du nombre des lecteurs et des volumes donnés en lecture.

Art. 32. Dans la première semaine de chaque mois, il adresse au recteur un état indiquant le nombre des lecteurs, la marche des travaux du catalogue, le total des ouvrages donnés en communication, des prêts et des acquisitions.

Il peut y joindre des observations sur la situation de la bibliothèque.

Art. 33. Le récolement des livres est fait tous les ans, à l'ouverture des vacances, par deux membres de la commission de surveillance, assistés du bibliothécaire et d'un délégué spécial du recteur.

Le procès-verbal en est transmis au ministre par le recteur, à l'ouverture de l'année scolaire.

Art. 34. Pour le classement, le récolement et la tenue de la bibliothèque, le bibliothécaire se conforme aux prescriptions de l'instruction générale du 4 mai 1878.

Art. 35. Les employés sont tenus de se rendre régulièrement à leur poste, tous les jours, avant l'ouverture de la séance, et d'y rester jusqu'à la fin du service. Ils ne peuvent s'absenter sans la permission du bibliothécaire.

Art. 36. Ils s'occupent exclusivement de ce qui concerne leur service pendant la durée entière des séances.

Art. 37. Les garçons doivent obéissance au bibliothécaire et peuvent être révoqués sur son rapport.

Art. 38. Ils sont chargés tous, et au même titre, soit conjointement, soit à tour de rôle :

1º Des soins de propreté et du travail de nettoyage qui doit être fait tous les jours;

2º Du service du chauffage et de l'éclairage.

Ils remettent les livres aux lecteurs et les rangent au fur et à mesure qu'ils sont rendus.

Ils veillent à ce que les livres ne soient ni détériorés, ni maculés, ni emportés, etc.

Après chaque séance, ils replacent tous les livres sortis des rayons.

Ils ne doivent quitter la bibliothèque qu'après l'accomplissement de tous ces devoirs.

Ils exécutent, en outre, tous les travaux ordonnés pour le service.

Dispositions spéciales.

Art. 39. Le présent arrêté aura son effet à dater du 1er octobre prochain.

Toutefois, le temps de service déterminé à l'article 13 pour l'avancement des bibliothécaires, et le stage imposé par l'article 12 aux candidats au certificat d'aptitude, ne sont rigoureusement exigibles qu'à partir du 1er octobre 1881.

Art. 40. Il sera statué par des règlements spéciaux sur l'organisation du service dans le ressort de l'académie de Paris.

Fait à Paris, le 23 août 1879.

JULES FERRY.

XIII.

ARRÊTÉ DU 23 AOUT 1879, FIXANT LES MESURES D'ORDRE RELATIVES AU SERVICE DE LECTURE DANS LES BIBLIOTHÈQUES UNIVERSITAIRES.

Le ministre de l'instruction publique et des beaux-arts,

Vu l'arrêté en date de ce jour portant règlement général du service des bibliothèques universitaires ;

La commission centrale des bibliothèques entendue,

Arrête :

Art. 1er. Les catalogues sont mis à la disposition du public, lorsqu'ils sont imprimés ou autographiés.

Art. 2. Chaque lecteur inscrit et signe sa demande sur un bulletin donné par le bibliothécaire.

Art. 3. Il ne peut avoir à sa disposition plus de cinq volumes à la fois.

Art. 4. A sa sortie, il représente le bulletin avec les volumes qui y sont inscrits.

Art. 5. Aucun ouvrage n'est donné dans la dernière demi-heure de la séance.

Art. 6. Les lecteurs ne doivent ni se promener ni causer à haute voix. Il est interdit de fumer dans la bibliothèque et ses dépendances.

Art. 7. Il est interdit de prendre les livres sur les rayons, sauf ceux qui seraient mis à la libre disposition du public.

Les travailleurs qui prennent des notes ne doivent pas placer leur papier sur le livre communiqué.

Les lecteurs ne doivent pas s'accouder sur un livre entr'ouvert.

Le calque est interdit.

Art. 8. Tout lecteur emportant sans autorisation un livre de la bibliothèque sera poursuivi pour détournement.

Art. 9. Toute mutilation de livre est considérée comme un détournement.

Art. 10. Toute dégradation sera réparée aux frais de celui qui l'a causée.

Art. 11. Toute personne sortant avec un livre ou avec un portefeuille est tenu de le présenter au bibliothécaire.

Art. 12. Les ouvrages par livraisons ne sont communiqués au public que quand ces livraisons ont pu être réunies en un volume et reliées.

Sont exceptés les périodiques ne renfermant pas de planches.

Art. 13. Les manuscrits de la bibliothèque étant la propriété de l'Etat, qui s'est réservé les droits assurés par le décret du 1er germinal an IV aux propriétaires d'ouvrages posthumes, nul ne peut copier, publier, ni faire imprimer aucun des manuscrits, sans une autorisation expresse du gouvernement.

Ceux qui voudront obtenir cette autorisation adresseront leur demande au bibliothécaire, qui la transmettra au recteur avec son avis.

Fait à Paris, le 23 août 1879.

JULES FERRY.

XIV.

ARRÊTÉ DU 23 AOUT 1879, FIXANT LES ÉPREUVES DE L'EXAMEN PROFESSIONNEL POUR L'OBTENTION DU CERTIFICAT D'APTITUDE AUX FONCTIONS DE BIBLIOTHÉCAIRE DANS LES BIBLIOTHÈQUES UNIVERSITAIRES.

Le ministre de l'instruction publique et des beaux-arts,

Vu l'arrêté en date de ce jour portant règlement général du service des bibliothèques universitaires, et notamment les articles 11 et 12, ainsi conçus :

« Art. 11. Ne peuvent être proposés pour le titre de bibliothé-
« caire que les sous-bibliothécaires et surnuméraires pourvus du
« certificat d'aptitude délivré après un examen professionnel, dont
« les conditions seront déterminées par un règlement spécial.

« Art. 12. Sont seuls admis audit examen les sous-bibliothécaires
« et surnuméraires ayant au moins deux ans de services accomplis
« dans une bibliothèque de faculté.

« Le stage est réduit à six mois pour les archivistes paléographes. »

La commission centrale des bibliothèques entendue,

Arrête :

Art. 1ᵉʳ. L'examen professionnel exigé pour l'obtention du certificat d'aptitude aux fonctions de bibliothécaire [1] consiste en deux épreuves :

1º Une composition française sur une question de bibliographie ;

2º Le classement de quinze ouvrages traitant de matières diverses et appartenant aux différentes époques de l'imprimerie.

Cette dernière épreuve comprend les opérations déterminées par l'instruction générale du 4 mai 1878 savoir :

1º Le numérotage ;

2º L'inscription au registre d'entrée-inventaire ;

3º L'inscription au catalogue méthodique ;

4º L'inscription au catalogue alphabétique.

Le candidat devra justifier, dans ce travail d'une écriture serrée et parfaitement lisible.

Art. 2. Les sessions d'examen ont lieu à Paris.

Elles sont ouvertes par arrêté du ministre.

L'arrêté indique les dates d'ouverture et de clôture des registres d'inscription.

Les candidats se font inscrire au secrétariat des diverses académies.

Art. 3. Les épreuves sont subies devant la commission centrale des bibliothèques.

Le jugement peut être valablement rendu par trois de ses membres présents à toutes les opérations. Il est soumis à la ratification du ministre, qui délivre un certificat d'aptitude aux candidats qui en ont été jugés dignes.

Les résultats sont consignés aux registres des procès-verbaux de la commission centrale des bibliothèques.

Fait à Paris, le 23 août 1879.

Jules Ferry.

---

1. Les candidats, en s'inscrivant, doivent déposer : 1º leur acte de naissance, 2º une note présentant le résumé de leurs travaux antérieurs et l'indication des services rendus.

XV.

CIRCULAIRE DU 23 AVRIL 1880 AUX RECTEURS, RELATIVE A LA RÉPARTITION DES CRÉDITS VOTÉS POUR LE DÉVELOPPEMENT DES BIBLIOTHÈQUES UNIVERSITAIRES OU DES FACULTÉS.

Monsieur le recteur, le règlement du 23 août sur les bibliothèques est destiné à régulariser ce service, et surtout, au moment où nous voyons se multiplier les élèves près des facultés des lettres et des sciences, à assurer aussi complètement qu'il est possible à ces étudiants les livres dont ils ont besoin.

Pour améliorer le service, j'ai décidé, comme vous l'avez vu par les budgets arrêtés au commencement de cet exercice, que chaque faculté saurait, dès le début de l'année, de quelle somme elle peut disposer. Le budget régulier de chaque faculté est fixé selon les crédits que les pouvoirs publics attribuent à mon département pour cet objet. Il n'y a pas à compter sur des indemnités extraordinaires; mais les professeurs, connaissant ce qu'ils ont à dépenser, peuvent s'entendre longtemps à l'avance pour régler les achats qu'ils croiront les plus urgents.

Une autre mesure m'a paru pouvoir rendre de grands services. Il peut se présenter des occasions pour lesquelles vous n'avez pas le temps de me consulter, et il serait regrettable que l'initiative des professeurs et des bibliothécaires fût entravée. Désormais le bibliothécaire, avec l'assentiment de la commission de surveillance et votre approbation, pourra dépenser, sans en référer à mon administration, jusqu'au quart du crédit total attribué à chaque faculté. Je ne doute pas que, grâce à l'esprit de bonne entente et au sens pratique avec lequel cette liberté sera mise à profit, les bibliothèques ne trouvent de grands avantages à cette nouvelle disposition.

Les dépenses faites dans ces conditions donneront lieu aux justifications ordinaires.

Dans les premiers mois de la présente années, les abonnements aux revues scientifiques ont paru donner lieu à quelques difficultés.

Avec la nouvelle organisation, bien comprise, ces difficultés n'existeront plus.

Recevez, *etc.*

Paris, le 23 avril 1880.

*Le ministre de l'instruction publique
et des beaux-arts.*

Jules Ferry.

XVI.

Circulaire concernant l'institution des bibliothèques circulantes.

12 mai 1880.

Monsieur le Recteur, les candidats à la licence qui sont professeurs dans les collèges communaux, et qui envoient régulièrement tous les mois des compositions à la Faculté, manquent souvent des livres les plus nécessaires. Nous devons chercher tous les moyens de leur venir en aide. Plusieurs villes se sont déjà préoccupées de cette situation et ont acquis pour les bibliothèques communales des ouvrages indispensables aux professeurs candidats. Vous aurez soin dans vos tournées de vous entretenir de ces questions avec les autorités municipales. Elles ont intérêt à avoir des professeurs licenciés; elles pensent à cet égard ce que nous pensons nous-mêmes, et beaucoup d'entre elles n'hésiteront pas à suivre un exemple qui a déjà donné d'excellents résultats.

J'ai de plus décidé qu'il serait établi au chef-lieu de chaque Académie une bibliothèque circulante contenant les ouvrages les plus nécessaires aux candidats à la licence. Cette bibliothèque sera sous votre direction immédiate et fonctionnera par vos soins. Vous ferez un règlement simple qui assurera l'envoi et le retour des livres.

Cette institution a été établie, à titre d'essai, dans plusieurs Académies, par l'initiative des Recteurs et des Facultés et par l'Administration; elle doit devenir générale. Vous me ferez connaître ce qui existe dans votre ressort, et vous y joindrez vos propositions (pour achat de livres).

Recevez, etc.

Jules Ferry.

XVII.

Circulaire sur l'achat des livres destinés aux bibliothèques circulantes et sur leur mode de transport.

22 septembre 1880.

Monsieur le Recteur, j'ai pris connaissance des propositions qui m'ont été adressées par toutes les Académies pour la constitution des fonds de bibliothèques circulantes, dont vous a entretenu ma dépêche du 12 mai dernier. Les listes d'acquisitions présentent des différences très marquées ; je ne crois pas toutefois qu'il y ait lieu de les ramener à un type unique ; il me paraît préférable de laisser à l'appréciation des professeurs le choix des ouvrages utiles aux progrès de leurs élèves. Vous pourrez donc, après entente avec MM. les Doyens, procéder aux acquisitions dans la limite d'un crédit de 1.000 francs, en tenant compte néanmoins de la recommandation faite par la Commission centrale des bibliothèques d'éviter les doubles emplois ; il importe que la somme soit, autant que possible, partagée également entre les sciences et les lettres.

Les ouvrages qui constituent la bibliothèque circulante resteront en dépôt dans les bureaux de votre Académie, de telle sorte que ce fonds spécial ne puisse se confondre avec les collections de la bibliothèque universitaire, dont il doit demeurer complètement distinct ; le bibliothécaire n'a pas à intervenir dans ce service.

En ce qui concerne la franchise postale, question soulevée par plusieurs de vos collègues, il vous sera facile de la résoudre, en vous servant du couvert des inspecteurs d'académie, des proviseurs, principaux, inspecteurs primaires ou directeurs d'écoles normales, pour les envois à faire dans les localités du ressort. Les candidats qui suivent les conférences du jeudi retireront naturellement eux-mêmes les livres dont ils ont besoin.

La somme de 1.000 francs qui est prélevée sur le chapitre VII, exercice 1880, sera ordonnancée très incessamment au nom de M. le Préfet ; les factures que vous aurez à produire porteront en titre : « Facultés des sciences et des lettres de l'Académie d... Bibliothèque circulante ». Vous certifierez au pied la réception des livres et leur inscription sous les numéros portés en marges, à l'inventaire de la bibliothèque circulante tenue dans les bureaux de l'Académie.

Recevez, etc.

JULES FERRY.

XVIII.

CIRCULAIRE RELATIVE AU NOMBRE DE VOLUMES QUI PEUVENT ÊTRE EMPRUNTÉS PAR LES PROFESSEURS DE FACULTÉS ET A LA DURÉE DU PRÊT.

15 octobre 1880.

Monsieur le Recteur, l'arrêté du 23 août 1879 sur les bibliothèques universitaires porte, article 20, que le nombre des volumes prêtés à la fois ne peut excéder *dix* par emprunteur, que le prêt est fait pour un mois. Plusieurs de nos bibliothèques traversent une période transitoire; dans certaines villes les locaux réservés aux professeurs sont insuffisants. J'ai décidé que ce chiffre pourrait être dépassé pour chaque membre du personnel enseignant, sur avis du représentant de la Faculté à laquelle il appartient dans la Commission de surveillance, avis approuvé par le Recteur : le délai d'un mois sera étendu à un semestre.

Si un livre prêté est demandé par un autre professeur, le bibliothécaire inscrira sa demande sur un registre spécial et la fera connaître au détenteur de l'ouvrage. Celui-ci devra faire rapporter le livre immédiatement, s'il le détient plus d'un mois, et, si la date de l'emprunt est moins ancienne, à l'expiration du mois.

L'article 18 énumère les catégories d'ouvrages qui sont exceptés du prêt; vous devez l'interpréter de la façon la plus libérale, en prenant l'avis de la Commission de surveillance. Toutefois, pour que les facilités du prêt puissent être ainsi étudiées, il est de nécessité absolue que tous les ouvrages aient été auparavant l'objet d'un récolement officiel de la part du bibliothécaire, que tous soient catalogués et enregistrés dans la forme prescrite.

Recevez, etc...

JULES FERRY.

XIX.

Circulaire relative a l'envoi de rapports trimestriels sur l'état des catalogues.

29 octobre 1880.

Monsieur le Recteur, l'article 32 du 23 août 1879 prescrit aux bibliothécaires des bibliothèques universitaires l'envoi de rapports mensuels sur la situation du service qui leur a été confié et notamment sur la nature des travaux du catalogue. L'inspection générale qui a eu lieu cet été a permis de constater que, dans plusieurs localités, cette prescription avait été fort négligée.

Je vous prie d'en rappeler les termes à MM. les bibliothécaires; vous voudrez bien, en même temps, les inviter à présenter trimestriellement, jusqu'à l'achèvement des catalogues arriérés, un état de situation en la forme indiquée ci-contre, qui sera signé du bibliothécaire et revêtu de votre visa. Un premier état me sera transmis sous huitaine; les suivants devront me parvenir dans les dix premiers jours des mois de janvier, d'avril et de juillet, si les catalogues ne sont pas complètement terminés avant cette époque.

Recevez, etc.

Jules Ferry.

BIBLIOTHÈQUE DE

Etat du travail pendant le   Trimestre 188

INSCRIPTIONS à l'inventaire.	CARTES FAITES.		OBSERVATIONS.
	AU CATALOGUE alphabétique.	AU CATALOGUE méthodique.	
Du N° au N°	Du N° au N°	Du N° au N°	

XX.

CIRCULAIRE RELATIVE AUX INVENTAIRES ET CATALOGUES, RAPPEL DE LA CIRCULAIRE DU 29 DÉCEMBRE 1875.

9 novembre 1880.

Monsieur le Recteur, la Commission de vérification des comptes des Ministres vient d'appeler à nouveau mon attention sur l'état des inventaires et catalogues, qui laisseraient à désirer dans un certain nombre d'établissements d'enseignement supérieur.

L'examen des pièces qui ont été placées sous ses yeux par l'administration des finances, à l'appui des paiements effectués par les trésoriers généraux, lui a permis de constater que les prescriptions du règlement général sur la comptabilité publique ne sont pas toujours observées d'une manière absolue. La commission insiste donc pour que les instructions contenues dans la circulaire de mon prédécesseur, en date du 20 décembre 1875, soient rappelées à tous les chefs de service.

Le récolement annuel à époques fixes, des richesses de nos Facultés, a pris un caractère particulier d'importance, depuis que les pouvoirs publics ont mis libéralement à notre disposition des crédits considérables pour le développement des collections et des laboratoires. C'est à vous qu'il appartient de déterminer, de concert avec MM. les Doyens, dont la responsabilité est engagée, l'époque la plus favorable pour cette opération, qui est indépendante des récolements partiels, faits à chaque mutation du fonctionnaire plus directement responsable. Vous remarquerez que l'intervention des agents du domaine n'est indispensable que pour le mobilier mis par l'État à la disposition des fonctionnaires logés.

Je vous prie de vous assurer personnellement de l'état actuel des choses, et de m'adresser un rapport distinct en ce qui concerne chacune des Facultés ou Écoles supérieures de pharmacie de votre ressort. Vous voudrez bien m'indiquer, en même temps, l'époque qui aura été choisie pour le récolement annuel.

Recevez, etc.

JULES FERRY.

XXI.

Circulaire relative a la disposition du budget pour achats de livres dans les Facultés. — Achats anticipés.

20 janvier 1881.

Monsieur le Recteur, les rapports qui me sont adressés sur les bibliothèques universitaires me prouvent que ce service fait de rapides progrès. Je crois qu'il est possible de prendre cette année plusieurs mesures nouvelles dont nous devons attendre de bons résultats.

J'ai décidé qu'il n'y aurait pas, en 1881, de crédits extraordinaires; le crédit qui est inscrit au budget pour achat de livres et abonnements aux périodiques, sera distribué au début de l'exercice entre les diverses Académies. Vous avez reçu avis de la somme qui est mise, pour 1881, à la disposition de la bibliothèque universitaires de votre ressort.

La répartition de cette somme se fera de la façon suivante : chaque Faculté, sous la présidence du doyen, discutera le montant de la dépense probable qu'elle croit être nécessaire. Tous les membres de la Faculté, professeurs, agrégés, maîtres de conférence, chargés de cours et suppléants, assisteront à la réunion et présenteront leur liste d'acquisitions en faisant valoir les raisons qui la justifient. La commission de la bibliothèque vous adressera des propositions motivées pour ramener les dépenses totales des Facultés au chiffre qui vous est alloué, et vous statuerez ensuite en conseil de perfectionnement sur ces propositions. Vous savez l'état des collections, vous connaissez les besoins des divers enseignements, les nécessités des cours et des conférences, l'usage que chaque professeur fera pour lui et ses élèves des livres qu'il sollicite ; je suis donc certain que vous n'accepterez pas de propositions qui soient contraires à l'intérêt général ; il est aussi entendu que, pour des raisons graves, il sera toujours possible de revenir sur le partage provisoire fait entre les différentes Facultés. Ma circulaire du 23 avril 1880 vous autorise à employer un quart du crédit sans soumettre les listes d'achat à mon approbation. Ce quart, pour l'année

1881, est porté à la moitié. Vous me ferez connaître dans la dernière semaine de chaque trimestre les acquisitions faites sur cette moitié de crédit total. Vous joindrez à cet état récapitulatif un rapport du bibliothécaire, accompagné de vos observations.

Pour l'autre moitié du crédit, vous m'enverrez des listes qui seront soumises à la direction centrale des bibliothèques. Vous aurez soin qu'elles m'arrivent assez tôt pour éviter les retards que nous avons regretté l'an dernier. Les professeurs doivent se rappeler que la Commission ne se réunit pas pendant les vacances.

Sur la partie du budget qui est dépensée sans autorisation, il importe de faire une réserve pour profiter des occasions de librairie ou satisfaire aux exigences imprévues, en particulier aux enseignements nouveaux qui seraient confiés dans le courant de l'année à des titulaires ou à des maîtres de conférences. Faute de prendre cette précaution, la Faculté, à un moment donné, se trouverait dans l'impossibilité d'acquérir les ouvrages qui lui seraient nécessaires. Elle solliciterait en vain un crédit exceptionnel que je n'aurais aucun moyen de lui accorder.

L'initiative laissée au bibliothécaire sous votre direction doit être étendu, autant que possible, dans l'intérêt du service. Un bibliothécaire qui aime ses fonctions, qui connaît les lacunes des collections, qui s'applique à les combler, qui sait quelles séries sont complètes et quelles séries ne le sont pas, en s'inspirant des vues et des besoins de la Faculté, peut rendre de très grands services, s'il lui est assuré une liberté suffisante. Vous vous entendrez à cet égard avec MM. les Doyens et les membres de la Commission de la bibliothèque.

Vous ferez connaître l'ensemble de ces dispositions aux professeurs, aux agrégés et aux maîtres de conférences ; vous leur montrerez que, bien appliquées, elles doivent faire disparaître la plupart des abus dont ils se sont plaints, et qu'en somme la bonne administration de la bibliothèque dépend, désormais, en grande partie d'eux-mêmes.

Dans la manière dont ce service va être organisé, vous verrez une nouvelle preuve de mon désir d'assurer aux Facultés une plus grande part d'initiative et de responsabilité, de rapprocher aussi les membres de diverses Facultés pour qu'ils discutent et règlent ensemble des questions qui leur sont communes. Si vous constatez au début quelque incertitude, quelque défaut d'entente, tout le monde comprendra que l'intérêt des professeurs est d'assurer l'exercice facile de cette nouvelle organisation, de manière à ne nécessiter que dans des cas qui, je l'espère, deviendront de jour en jour plus rares, l'intervention ministérielle.

Recevez, etc.

JULES FERRY.

XXII.

SERVICES DES THÈSES

ÉCHANGES UNIVERSITAIRES

ARRÊTÉS, CIRCULAIRES ET INSTRUCTIONS

I.

ARRÊTÉ CONCERNANT L'ÉCHANGE DES THÈSES AVEC LES UNIVERSITÉS ÉTRANGÈRES.

LE MINISTRE DE L'INSTRUCTION PUBLIQUE ET DES BEAUX-ARTS,
Vu l'avis de la commission centrale des Bibliothèques universitaires, en date du 3 avril 1882,

ARRÊTE :

ARTICLE UNIQUE. Il sera prélevé dans chaque Faculté, sur le nombre de thèses exigé des candidats, trente exemplaires destinés au service des échanges de thèses et publications académiques avec les Universités étrangères.

Cette mesure sera exécutoire à partir du 1er mai 1882.

Fait à Paris, le 30 avril 1882.

JULES FERRY.

II.

CIRCULAIRE RELATIVE A L'ORGANISATION DU SERVICE DES ÉCHANGES AVEC LES UNIVERSITÉS ÉTRANGÈRES.

Paris, le 17 mai 1882.

Monsieur le Recteur,

Vous trouverez ci-joint un arrêté que j'ai pris à la date du 30 avril dernier, et aux termes duquel il devra être prélevé, sur le nombre de thèses exigé des candidats dans les diverses Facultés, trente exemplaires destinés au service des échanges de thèses et publications académiques avec les Universités étrangères. J'attache une haute importance à ce que cette mesure soit ponctuellement exécutée, et permette ainsi le fonctionnement régulier d'un service dont je vais rapidement vous exposer l'économie.

Depuis longtemps, les principales universités européennes échangent entre elles, au grand profit de leurs bibliothèques respectives, toutes leurs thèses et écrits ayant un caractère académique. Ces relations, inaugurées en 1817 sur l'initiative de l'université de Marbourg, s'étendent maintenant à près de cinquante universités allemandes, anglaises, hollandaises, suédoises, suisses, etc., qui ont ainsi constitué ce qu'elles appellent une Union d'échange (*Tausch-Verein*). Chacune d'elles reçoit annuellement de ce chef pour sa bibliothèque environ 2.000 thèses ou dissertations académiques, dont beaucoup ne peuvent être obtenues par la voie ordinaire du commerce.

Mon administration, convaincue de l'utilité et du profit qu'il y aurait pour nos diverses Facultés à entrer comme parties contractantes dans cette *Union*, a entamé des négociations qui viennent d'aboutir à un heureux résultat. Dès aujourd'hui nous pouvons regarder nos bibliothèques universitaires comme jouissant de tous les avantages que *l'Union d'échange* assure depuis plus de soixante ans aux bibliothèques d'un grand nombre d'universités étrangères. Il me paraît que nos Facultés devront en retirer un double bénéfice : d'abord leurs moyens de travail se trouveront accrus dans une proportion notable par l'enrichissement des bibliothèques ; ensuite elles seront mieux connues et plus favorablement appréciées hors de nos frontières, les savants étrangers étant mis à même de constater les progrès, de jour en jour plus sensibles, de notre enseignement supérieur. Il arrive trop souvent en effet que les plus remarquables de nos thèses universitaires tombent dans un oubli immérité, parce qu'elles ne sortent guère du milieu où elles ont été soutenues.

Vous apprécierez, Monsieur le recteur, toute la valeur de ces considérations, et je suis assuré que vous ferez personnellement tous vos efforts pour obtenir la stricte exécution du contrat d'échange que mon administration vient de conclure et que je porte aujourd'hui à votre connaissance.

Nos bibliothèques universitaires recevront des universités étrangères, outre les thèses académiques, tout ce qui sera imprimé par leurs soins et leurs frais : programmes, discours de recteurs, dissertations de professeurs publiées à l'occasion d'une fête ou d'un anniversaire, etc. Il sera donc juste que, de notre part, nous envoyions en échange nos thèses de doctorat et d'agrégation, celles de licence et de baccalauréat pour les Facultés où elles seront exigées, et en général tous les écrits académiques, comme discours de rentrée, comptes rendus de concours, etc. Les recueils de mémoires publiés sous les auspices de quelques Facultés ne doivent pas, pour le moment, figurer sur la liste d'échange.

Les envois de l'étranger parviendront à nos bibliothèques universitaires chaque année et en une seule fois. Nos expéditions devront se faire de la même manière, par les soins et sous la responsabilité du bibliothécaire de la bibliothèque universitaire. Une dépêche ultérieure vous fera connaître dans peu de jours, sous la forme d'une instruction pour les bibliothécaires, le mode de ces envois et le mécanisme qui a été étudié par mon administration pour assurer la régularité du service. Mais il s'agit, dès aujourd'hui, de commencer à recueillir les thèses et écrits académiques qui, de notre côté, constitueront la matière d'échange, et, en communiquant à MM. les doyens l'arrêté ci-joint, vous voudrez bien leur donner les instructions suivantes.

Au fur et à mesure des soutenances, le secrétaire de chaque Faculté fera déposer à la bibliothèque universitaire de l'académie les trente exemplaires de chaque thèse nécessaires pour le service des échanges. Le bibliothécaire en donnera reçu, inscrira sur un carnet spécial la date de l'entrée, et prendra en charge ces exemplaires, dont il sera responsable jusqu'à justification de leur envoi à destination. Sous aucun prétexte, il ne devra autoriser la distraction d'un seul des exemplaires ainsi remis à sa garde.

Pour l'académie de Paris, il y aura lieu de procéder un peu différemment : l'administrateur de la bibliothèque de l'Université recevra et prendra en charge les thèses des Facultés des lettres, des sciences et de théologie (catholique et protestante) ; les thèses des Facultés de droit et de médecine seront conservées par les bibliothécaires de ces deux facultés [1].

Ces dispositions sont également applicables aux écrits académiques visés ci-dessus.

Si le nombre des thèses demandées jusqu'à présent aux candidats ne suffisait pas pour permettre de réserver trente exemplaires, je vous autorise, Monsieur le Recteur, en attendant un règlement définitif de la question qui vous sera bientôt transmis [2], à élever le chiffre actuel jusqu'à concurrence de ce qui sera absolument nécessaire.

J'espère, Monsieur le Recteur, que MM. les doyens, auxquels vous voudrez bien communiquer ces instructions, veilleront à ce qu'elles soient strictement exécutées par les secrétaires de leurs Facultés. Il vous appartient d'en donner connaissance à MM. les bibliothécaires universitaires ; ceux-ci accepteront facilement le surcroît de travail et de responsabilité qui en résultera pour eux, et seront les premiers à reconnaître tous les avantages, au point de vue de l'établissement confié à leurs soins, de la mesure que je viens de décider.

Vous voudrez bien, Monsieur le Recteur, me faire savoir le plus tôt qu'il vous sera possible, les dispositions qui auront été prises dans votre académie pour l'organisation du service des échanges de thèses et publications académiques.

Recevez, Monsieur le Recteur, l'assurance de ma considération très distinguée.

Le Ministre de l'Instruction publique et des Beaux-Arts,
Jules FERRY.

---

1. Il en sera de même pour les thèses de l'École supérieure de pharmacie.
2. Arrêtés du 21 juillet 1882 et instructions jointes.

III.

CIRCULAIRE RELATIVE AU MÊME OBJET.

Paris, le 31 mai 1881.

Monsieur le Recteur, j'ai l'honneur de vous adresser, en vous priant de vouloir bien la transmettre à MM. les bibliothécaires et sous-bibliothécaires des Bibliothèques universitaires, l'instruction sur le service des échanges de thèses et publications académiques annoncée dans ma circulaire du 16 mai courant.

Si, dans le ressort de votre académie, la Bibliothèque universitaire comprend plusieurs sections, il vous appartiendra d'en désigner une où le service sera centralisé. Celle des lettres, qui se trouve toujours au chef-lieu du rectorat, me paraît devoir être choisie de préférence. Le fonctionnaire préposé à cette section de la Bibliothèque recevra et prendra en charge toutes les thèses soutenues dans le ressort de l'académie, jusqu'au moment de l'envoi à l'étranger, qui aura lieu par ses soins ; il présidera de même à la répartition des dissertations académiques obtenues par voie d'échange, si un partage entre les diverses sections est reconnu nécessaire. En un mot, il aura la direction et la responsabilité du service.

A Paris, les bibliothécaires désignés dans ma circulaire du 17 mai courant restent chargés de recueillir et d'envoyer les thèses de leurs Facultés respectives. Ils se concerteront ensemble pour le partage des dissertations académiques venant de l'étranger, celles-ci devant être adressées en bloc à la Bibliothèque de l'Université.

Je vous prie, Monsieur le Recteur, de vouloir bien appeler toute l'attention de MM. les bibliothécaires des Bibliothèques universitaires sur la nécessité d'observer strictement les diverses prescriptions contenues dans l'instruction ci-jointe, surtout en ce qui concerne la *date des envois*. Le retard d'une seule Bibliothèque suffirait pour compromettre la régularité du service ; et s'il arrivait, par impossible, qu'une académie n'eût rien à envoyer, l'état n° 1, joint à l'instruction, n'en devrait pas moins être adressé, à la date fixée, sous la forme d'un état *néant*, au libraire de Paris chargé de l'expédition à l'étranger[1].

Dans le cas où l'organisation du service des échanges vous paraîtrait rendre indispensable quelques dépenses de matériel, vous voudrez bien, Monsieur le recteur, me soumettre dans un bref délai des propositions à cet effet.

Recevez, Monsieur le Recteur, l'assurance de ma considération très distinguée.

Le Ministre de l'Instruction publique et des Beaux-Arts,
Jules FERRY.

IV.

INSTRUCTION POUR LES BIBLIOTHÉCAIRES DES BIBLIOTHÈQUES UNIVERSITAIRES SUR LE SERVICE DES ÉCHANGES AVEC LES UNIVERSITÉS ÉTRANGÈRES.

L'échange de toutes les thèses et écrits académiques publiés dans le ressort d'une académie avec les publications similaires de trente Universités étrangères semble au premier abord devoir être une opération difficile et compliquée. Ce service fonctionne pourtant depuis plus de soixante ans avec une grande régularité dans la plupart des grandes Universités européennes. Les bibliothécaires qui vont en être chargés trouveront le moyen de s'en acquitter aisément et avec exactitude, en se conformant aux prescriptions suivantes :

I. — AVANT L'ENVOI A L'ÉTRANGER.

Les exemplaires de thèses et écrits académiques destinés aux échanges étant remis à la Bibliothèque universitaire par les soins des secrétaires des Facultés, le bibliothécaire en délivrera reçu et inscrira sur un carnet *ad hoc* la réception et la date d'entrée ; il demeurera responsable de ces exemplaires jusqu'au moment de l'envoi. C'est donc à lui qu'il appartiendra de prendre des mesures pour assurer la sécurité de ce dépôt. Toute latitude lui est laissée à cet égard ; il appréciera si le moyen le plus simple et le plus pra-

---

[1]. L'état n° 2 devra également être adressé sous la même forme à M. le Président de la Commission centrale des Bibliothèques universitaires.

tique ne serait pas d'avoir une armoire ou un placard fermé, avec autant de cases qu'il y aura d'Universités échangeantes ; la répartition des thèses pourrait se faire ainsi dès leur arrivée à la Bibliothèque, et, au jour de l'envoi, il ne resterait plus au bibliothécaire qu'à fermer les paquets et à y mettre l'adresse. Dans le cas où le bibliothécaire ferait établir un placard de cette nature, il devra se souvenir que le chiffre *trente*, fixé provisoirement par l'arrêté du 30 avril dernier, sera, selon toute probabilité, bientôt dépassé.

II. — Envoi a l'étranger.

Les thèses d'une année scolaire devront être envoyées aux bibliothèques des Universités étrangères dans la *première quinzaine de novembre* de l'année scolaire suivante.

Après avoir fait préparer autant de paquets qu'il y aura d'Universités échangeantes, le bibliothécaire les réunira en un seul, qu'il expédiera en port dû, par la voie des messageries, à MM. Hachette et Cie, libraires à Paris, 79, boulevard Saint-Germain, chargés de faire parvenir à destination les divers envois.

Chacun des paquets spéciaux devra être solidement enveloppé et ficelé [1], renfermer un état sommaire du contenu, signé du bibliothécaire (modèle n° 1), et porter une adresse très lisible d'après le modèle suivant :

ENVOI DE LA BIBLIOTHÈQUE UNIVERSITAIRE DE LYON
A LA BIBLIOTHÈQUE UNIVERSITAIRE DE
LEIPZIG.

Immédiatement après l'envoi, le bibliothécaire en avisera M. le Président de la Commission des Bibliothèques universitaires, en lui adressant, après l'avoir remplie, la formule n° 2, qui n'est, sous une autre forme, qu'un double de l'état n° 1 [2].

III. — Réception des envois de l'étranger.

Les dissertations et écrits académiques provenant des Universités étrangères parviendront à chaque Bibliothèque universitaire en un

---

1. La mise sous bandes est insuffisante, lors même que l'envoi ne se composerait que d'un seul article.
2. Le bibliothécaire devra également aviser MM. Hachette et Cie.

seul envoi, contenant autant de paquets séparés qu'il y aura d'Universités échangeantes.

Chacun de ces paquets renfermera un état sommaire du contenu, que le bibliothécaire, après vérification, aura à transcrire immédiatement sur un état général dont le modèle est ci-joint (n° 3). Cet état devra être envoyé à M. le Président de la Commission centrale des bibliothèques universitaires, dans la *première quinzaine de mai* de chaque année. Le bibliothécaire y joindra, s'il y a lieu, ses observations sur la manière dont le service aura fonctionné et sur les améliorations qui pourraient y être apportées. Il indiquera la date d'arrivée de l'envoi collectif des Universités étrangères, et fera savoir si, outre l'envoi principal, un certain nombre d'articles (*Indices scholarum*, etc.) ont été adressés directement par la poste [1] à la Bibliothèque universitaire.

Les Universités étrangères avec lesquelles une convention d'échange a été définitivement conclue sont jusqu'à présent les suivantes : Breslau, Copenhague, Dorpat, Erlangen, Fribourg, Giessen, Gœttingen, Greifswald, Halle, Heidelberg, Iéna, Kœnigsberg, Leipzig, Lund, Marbourg, Munich, Munster, Rostock, Tübingen et Wurzbourg [2]. Le nombre trente sera atteint avant la fin de l'année scolaire, et MM. les bibliothécaires universitaires seront prévenus à temps des additions qu'il y aura lieu de faire à cette liste. Des feuilles conformes aux trois modèles ci-joints leur seront adressées incessamment par l'administration centrale en nombre suffisant pour assurer le service de la présente année.

---

1. Il est expressément recommandé à MM. les bibliothécaires de faire connaître, au bureau de poste de leur résidence l'adresse exacte de la *Bibliothèque universitaire*, de manière à éviter toute fausse direction des envois qui lui seraient destinés.

2. Ajouter à cette liste les noms des Universités de Bâle, Berlin, Bonn, Gand, Genève, Leyde, Liège, Strasbourg, Upsal et Zurich.

Modèle n° 1.   Académie d
BIBLIOTHÈQUE UNIVERSITAIRE
d

Le Bibliothécaire universitaire d
a l'honneur d'adresser ci-joint à la Bibliothèque de l'Université d
en exécution des conventions d'échange, toutes les thèses et publications académiques imprimées dans le ressort de l'académie d
pendant l'année scolaire 188 -188

Publications académiques................................			
Thèses..... { Théologie................................ Droit.................................... Médecine et pharmacie.............. Sciences................................ Lettres..................................			
Total des articles envoyés.................			

Tous les envois faits directement à notre Bibliothèque devront porter la suscription suivante : *A la Bibliothèque universitaire d*
A   , le   novembre 188
                            Le Bibliothécaire,

Modèle n°2.   Académie d
BIBLIOTHÈQUE UNIVERSITAIRE
d

SERVICE DES ÉCHANGES AVEC LES UNIVERSITÉS ÉTRANGÈRES.

Le bibliothécaire de la Bibliothèque universitaire d
déclare avoir fait le   novembre courant, en exécution des conventions d'échange, l'envoi dont le détail suit à chacune des   Universités étrangères désignées dans la lettre ministérielle du

Publications académiques			
Thèses..... { Théologie................................ Droit.................................... Médecine et pharmacie.............. Sciences................................ Lettres..................................			
Total des articles envoyés.................			

A   , le novembre 188 .
                    Le Bibliothécaire,

Monsieur le Président de la Commission centrale des Bibliothèques universitaires (sous le couvert de M. le Ministre de l'Instruction publique et des Beaux-Arts).

Modèle n° 3.   Académie d

BIBLIOTHÈQUE UNIVERSITAIRE
d

A   , le   mai 188

Le Bibliothécaire de la Bibliothèque universitaire d
a reçu des Université étrangères ci-après désignées en exécution des conventions d'échange, les écrits académiques et dissertations se rapportant à l'année scolaire 188 -188 , savoir :

UNIVERSITÉS.	ÉCRITS académiques	DISSER-TATIONS.	TOTAL.
1 Breslau			
2 Copenhague			
3 Dorpat			
4 Erlangen.............................			
5 Fribourg			
6 Giessen...............................			
7 Gœttingen			
8 Greifswald..........................			
9 Halle...................................			
10 Heidelberg..........................			
11 Iéna.....................................			
12 Kœnigsberg........................			
13 Leipzig................................			
14 Lund....................................			
15 Marbourg			
A reporter................			

Monsieur le Président de la Commission centrale des Bibliothèques universitaires (sous le couvert de M. le Ministre de l'Instruction publique et des Beaux-Arts).

UNIVERSITÉS.	ÉCRITS académiques.	DISSERTATIONS.	TOTAL.
Report...............			
16 Munich.....................			
17 Munster (Académie de)..................			
18 Rostock.....................			
19 Tübingen.....................			
20 Wurzbourg.....................			
21 Bale.....................			
22 Berlin.....................			
23 Bonn.....................			
24 Gand.....................			
25 Genève.....................			
26 Leyde.....................			
27 Liège.....................			
28 Strasbourg.....................			
29 Upsal.....................			
30 Zurich[1].....................			
Total des articles reçus........			

1. Les dix derniers noms ont été ajoutés après le **31 mai 1882**.

OBSERVATIONS.

Certifié le présent état :
Le Bibliothécaire,

V.

ARRÊTÉ PORTANT RÈGLEMENT DU SERVICE DES THÈSES.

Le ministre de l'Instruction publique et des Beaux-Arts,
  Arrête :

Art. 1er. Les aspirants au doctorat ou à tout autre grade ou titre pour l'obtention duquel la soutenance d'une thèse est exigée sont tenus d'en déposer un certain nombre d'exemplaires, au secrétariat de la Faculté ou École devant laquelle la thèse devra être soutenue.

Ce nombre sera annuellement déterminé par arrêté ministériel pour chaque Faculté ou École.

Art. 2. Les exemplaires dont le dépôt par le candidat est obligatoire sont destinés à pourvoir aux besoins de différents services, savoir :

1º Service de l'administration ;

2º Service de l'enseignement et de la Faculté (membres du corps enseignant, bibliothèque universitaire, laboratoires, etc.) ;

3º Échanges avec les Facultés françaises ;

4º Échanges avec les Universités étrangères ;

5º Concessions diverses.

6º Réserves et exemplaires à la disposition du doyen ou directeur.

Le chiffre des exemplaires affectés à chacun de ces services est déterminé par le Ministre.

Art. 3. Les deux premiers des services ci-dessus spécifiés seront faits, immédiatement après la réception des exemplaires, par les soins des secrétaires, sous la responsabilité des doyens et des directeurs.

Art. 4. Le service des échanges, aussi bien avec les Facultés françaises qu'avec les Universités étrangères, incombe au bibliothécaire de la Bibliothèque universitaire, qui, après avoir reçu de la Faculté le nombre d'exemplaires fixé par le Ministre, procèdera conformément aux instructions données pour les échanges avec les Universités étrangères. (Circulaire du 31 mai 1882 et instruction jointe.)

Ce service se fera *une fois par an*, au commencement du mois de novembre, et il ne sera dérogé à la règle sous aucun prétexte.

Art. 5. Le bibliothécaire de la Bibliothèque universitaire établira chaque année d'après un modèle qui lui sera adressé et fera parvenir au Ministère de l'Instruction publique un état numératif des exemplaires de thèses envoyés par lui, ainsi que des publications similaires reçues en échange, soit des Facultés françaises, soit des Universités étrangères.

Art. 6. Les exemplaires concédés par décision spéciale seront distribués par les soins des secrétaires, sous la responsabilité des doyens et directeurs, en une seule fois, toutes les thèses soutenues dans le courant de l'année scolaire étant comprises dans un seul envoi. A chaque collection envoyée sera joint un reçu, que le destinataire devra remplir et réexpédier, sous peine de déchéance de la concession.

Art. 7. Les exemplaires de réserve et à la disposition du doyen seront conservés au secrétariat. Il en sera tenu registre, et le doyen devra apposer sa signature en marge de chaque concession.

Art. 8. Le présent règlement demeurera affiché dans la salle de lecture de chaque Bibliothèque universitaire et dans un des bureaux ouverts au public du secrétariat de chaque Faculté ou Ecole, ainsi que le tableau de répartition des thèses tel qu'il aura été fixé par le Ministre.

Fait à Paris, le 21 juillet 1882.

Jules FERRY.

VI.

Arrêté fixant la répartition des thèses pour l'année scolaire 1882-1883.

Le Ministre de l'Instruction publique et des Beaux-arts.

Vu l'arrêté du 21 juillet 1882, portant règlement du service des thèses,

Arrête :

Art. 1ᵉʳ. Le nombre des exemplaires de thèses dont le dépôt par le candidat est obligatoire reste fixé comme suit, pour la durée de l'année scolaire 1882-1883 :

Facultés de théologie catholique....	60 exemplaires.
Facultés de théologie protestante...	70
Faculté de droit (Paris)...........	100
Facultés de droit (départements)...	80
Faculté de médecine (Paris).......	160
Facultés de médecine (départements).	125 [1]
Faculté des sciences (Paris)........	136
Facultés des sciences (départements).	92
Faculté des lettres (Paris)..........	114
Facultés des lettres (départements)..	94 [2]

Art. 2. La répartition des exemplaires déposés aura lieu conformément aux tableaux annexés au présent arrêté, et qui seront affichés selon les prescriptions de l'arrêté du 21 juillet courant.

Fait à Paris, le 21 juillet 1882.

Jules FERRY.

[1]. Porté à 137 exemplaires pour la Faculté de médecine de Lyon (Décision du 8 septembre 1882.)

[2]. Ajouter : Ecoles supérieures de pharmacie... 100 exemplaires. (Arrêté du 31 décembre 1882.)

UNIVERSITÉ DE FRANCE

ACADÉMIE D

FACULTÉ DE THÉOLOGIE CATHOLIQUE

TABLEAU DE RÉPARTITION DES THÈSES
(Arrêté ministériel du 21 juillet 1882.)

1. Service de l'administration.

Ministère de l'Instruction publique	1	
Recteur	1	2

2. Service de l'enseignement et de la Faculté.

Personnel de la Faculté	7	
Archives de la Faculté et Bibliothèque universitaire	2	10
Bibliothèque de l'Université (Paris)	1	

3. Service des échanges avec les Facultés de théologie françaises.

Facultés catholiques	4	
Facultés protestantes	2	6

4. Service des échanges avec les universités étrangères.

Bâle, Berlin, Bonn, Breslau, Copenhague, Dorpat, Erlangen, Fribourg, Gand, Genève, Giessen, Gœttingen, Greifswald, Halle, Heidelberg, Iéna, Kœnigsberg, Leipzig, Leyde, Liège, Lund, Marbourg, Munich, Munster, Rostock, Strasbourg, Tübingen, Upsal, Wursbourg, Zurich,	30

5. Concessions diverses.

Bibliothèque nationale	1	
Bibliothèque royale de Bruxelles	1	2

6. Réserve et exemplaires a la disposition du doyen 10

Total du nombre d'exemplaires	60

UNIVERSITÉ DE FRANCE

ACADÉMIE D

FACULTÉ DE THÉOLOGIE PROTESTANTE

TABLEAU DE RÉPARTITION DES THÈSES
(Arrêté ministériel du 21 juillet 1882.)

1. Service de l'administration

Ministère de l'Instruction publique	1	
Recteur	1	2

2. Service de l'enseignement et de la Faculté.

Personnel de la Faculté	12	
Bibliothèque de la Faculté	2	15
Bibliothèque de l'Université (Paris)	1	

3. Service des échanges avec les Facultés de théologie françaises.

Facultés catholiques	5	6
Facultés protestantes	1	

4. Service des échanges avec les universités étrangères.

Bâle, Berlin, Bonn, Breslau, Copenhague, Dorpat, Erlangen, Fribourg, Gand, Genève, Giessen, Gœttingen, Greiswald, Halle, Heidelberg, Iéna, Kœnigsberg, Leipzig, Leyde, Liège, Lund, Marbourg, Munich, Munster, Rostock, Strasbourg, Tübingen, Upsal, Wurzbourg, Zurich. } 30

5. Concessions diverses.

Bibliothèque nationale	1	2
Bibliothèque royale de Bruxelles	1	

6. Réserve et exemplaires a la disposition du doyen.......... 15

Total du nombre d'exemplaires............ 70

M. le doyen de la Faculté de théologie protestante de Paris sera autorisé à élever jusqu'à 45 le chiffre des exemplaires à sa disposition, pour pourvoir aux besoins particuliers de cette Faculté. Il pourra donc demander un dépôt de 100 exemplaires.

UNIVERSITÉ DE FRANCE

ACADÉMIE DE PARIS

FACULTÉ DE DROIT

TABLEAU DE RÉPARTITION DES THÈSES
(Arrêté ministériel du 21 juillet 1882.)

1. Service de l'Administration.

Ministère de l'Instruction publique	1	
Vice-Recteur	1	2

2. Service de l'enseignement et de la Faculté.

Personnel de la Faculté	33	
Bibliothèque de l'Université	1	
Bibliothèque de la Faculté	3	39
Secrétaire	1	
Commission des prix de thèses	1	

3. Service des échanges avec les Facultés de Droit françaises (Alger compris) 13

4. Service des échanges avec les Universités étrangères.

Bâle, Berlin, Bonn, Breslau, Copenhague, Dorpat, Erlangen, Fribourg, Gand, Genève, Giessen, Gœttingen, Greifswald, Halle, Heidelberg, Iéna, Kœnigsberg, Leipzig, Leyde, Liège, Lund, Marbourg, Munich, Munster, Rostock, Strasbourg, Tübingen, Upsal, Wurzbourg, Zurich. } 30

5. Concessions diverses.

Bibliothèque nationale	1	
Bibliothèque royale de Bruxelles	1	2

6. Réserve et exemplaires a la disposition du doyen 14

Total du nombre d'exemplaires............ 100

UNIVERSITÉ DE FRANCE

ACADÉMIE D

FACULTÉ DE DROIT

TABLEAU DE RÉPARTITION DES THÈSES
(Arrêté ministériel du 21 juillet 1882.)

1. Service de l'administration.

Ministère de l'Instruction publique.....................	2	3
Recteur...	1	

2. Service de l'enseignement et de la Faculté.

Personnel de la Faculté................................	14	
Bibliothèque universitaire.............................	2	17
Bibliothèque de l'Université...........................	1	

3. Service des échanges avec les facultés de droit françaises (Alger compris)... 13

3. Service des échanges avec les universités étrangères.

Bâle, Berlin, Bonn, Breslau, Copenhague, Dorpat, Erlangen, Fribourg, Gand, Genève, Giessen, Gœttingen, Greifswald, Halle, Heidelberg, Iéna, Kœnigsberg, Leipzig, Leyde, Liège, Lund, Marbourg, Munich, Munster, Rostock, Strasbourg, Tübingen, Upsal, Wurzbourg, Zurich. } 30

5. Concessions diverses

Bibliothèque nationale................................	1	2
Bibliothèque royale de Bruxelles......................	1	

6. Réserve et exemplaires a la disposition du doyen............. 15

Total du nombre d'exemplaires............ 80

UNIVERSITÉ DE FRANCE

ACADÉMIE DE PARIS

FACULTÉ DE MÉDECINE

TABLEAU DE RÉPARTITION DES THÈSES
(Arrêté ministériel du 21 juillet 1882.)

1. Service de l'administration.		
Ministère de l'Instruction publique	2	3
Vice-Recteur	1	
2. Service de l'enseignement et de la Faculté.		
Personnel de la Faculté	70	
Secrétaire	1	76
Bibliothèque de la Faculté	4	
Bibliothèque de l'Université (Paris)	1	
3. Service des échanges avec les Facultés françaises Alger compris.		6
4. Service des échanges avec les universités étrangères.		
Bâle, Berlin, Bonn, Breslau, Copenhague, Dorpat, Erlangen, Fribourg, Gand, Genève, Giessen, Gœttingen, Greifswald, Halle, Heidelberg, Iéna, Kœnigsberg, Leipzig, Leyde, Liège, Lund, Marbourg, Munich, Munster, Rostock, Strasbourg, Tübingen, Upsal, Wurzbourg, Zurich.		30
5. Concessions diverses.		
Écoles secondaires de médecine	18	
Écoles de santé navales	3	
École d'application du Val-de-Grâce	1	
Académie nationale de médecine	1	26
Conseil de santé de l'armée	1	
Bibliothèque nationale	1	
Bibliothèque royale de Bruxelles	1	
6. Réserve et exemplaires a la disposition du Doyen		19
Total du nombre d'exemplaires		160

UNIVERSITÉ DE FRANCE

ACADÉMIE D

FACULTÉ DE MÉDECINE

TABLEAU DE RÉPARTITION DES THÈSES
(Arrêté ministériel du 21 juillet 1882.)

1. Service de l'administration.

Ministère de l'Instruction publique	2	3
Recteur	1	

2. Service de l'enseignement et de la faculté.

Personnel de la Faculté	40	
Secrétariat	1	44
Bibliothèque universitaire	2	
Bibliothèque de l'Université (Paris)	1	

3. Service des échanges avec les facultés françaises (Alger compris).   6

4. Service des échanges avec les universités étrangères.

Bâle, Berlin, Bonn, Breslau, Copenhague, Dorpat, Erlangen, Fribourg, Gand, Genève, Giessen, Gœttingen, Greifswald, Halle, Heidelberg, Iéna, Kœnigsberg, Leipzig, Liège, Leyde, Lund, Marbourg, Munich, Munster, Rostock, Strasbourg, Tübingen, Upsal, Wurzbourg, Zurich.   30

5. Concessions diverses.

Écoles secondaires de médecine	18	
Écoles de santé navales	3	
École d'application du Val-de-Grâce	1	
Académie nationale de médecine	1	26
Conseil de santé de l'armée	1	
Bibliothèque nationale	1	
Bibliothèque royale de Bruxelles	1	

6. Réserve et exemplaires a la disposition du doyen   16

Total du nombre d'exemplaires [1]   125

---

1. Porté à 137 pour la Faculté de médecine de Lyon (décision du 8 septembre 1882).

UNIVERSITÉ DE FRANCE

ACADÉMIE DE PARIS

FACULTÉ DES SCIENCES

TABLEAU DE RÉPARTITION DES THÈSES
(Arrêté ministériel du 21 juillet 1882.)

1. Service de l'administration.		
Ministère de l'Instruction publique....................	6	
Vice-Recteur..	1	8
Inspecteur d'académie délégué.........................	1	
2. Service de l'enseignement et de la Faculté.		
Personnel de la Faculté................................	38	
Laboratoires...	12	52
Archives de la Faculté.................................	1	
Bibliothèque de l'Université...........................	1	
3. Service des échanges avec les Facultés françaises (Alger compris).		15
4. Service des échanges avec les universités étrangères.		
Bâle, Berlin, Bonn, Breslau, Copenhague, Dorpat, Erlangen, Fribourg, Gand, Genève, Giessen, Gœttingen, Greifswald, Halle, Heidelberg, Iéna, Kœnigsberg, Leipzig, Leyde, Liège, Lund, Marbourg, Munich, Munster, Rostock, Strasbourg, Tübingen, Upsal, Wursbourg, Zurich.		30
5. Concessions diverses.		
Bibliothèque nationale.................................	1	
— royale de Bruxelles.................................	1	
— de l'École normale supérieure......................	1	5
— du Muséum..	1	
— du Conseil de santé de l'armée.....................	1	
6. Réserve et exemplaires a la disposition du doyen.............		26
Total du nombre d'exemplaires............		136

UNIVERSITÉ DE FRANCE

ACADÉMIE D

FACULTÉ DES SCIENCES

TABLEAU DE RÉPARTITION DES THÈSES
(Arrêté ministériel du 21 juillet 1882.)

1. Service de l'administration

Ministère de l'Instruction publique............................	6	7
Recteur..	1	

2. Service de l'enseignement et de la Faculté.

Personnel de la Faculté.......................................	12	14
Bibliothèque universitaire....................................	2	

3. Service des échanges avec les facultés françaises (Alger compris).   15

4. Service des échanges avec les universités étrangères.

Bâle, Berlin, Bonn, Breslau, Copenhague, Dorpat, Erlangen, Fribourg, Gand, Genève, Giessen, Gœttingen, Greifswald, Halle, Heidelberg, Iéna, Kœnigsberg, Leipzig, Leyde, Liège, Lund, Marbourg, Munich, Munster, Rostock, Strasbourg, Tübingen, Upsal, Wurzbourg, Zurich.   30

5. Concessions diverses.

Bibliothèque nationale..	1	
— royale de Bruxelles..	1	
— de l'École normale supérieure.............................	1	5
— du Muséum...	1	
— du Conseil de santé de l'armée............................	1	

6. Réserve et exemplaires a la disposition du doyen.............   21

Total du nombre d'exemplaires............   92

UNIVERSITÉ DE FRANCE

ACADÉMIE DE PARIS

FACULTÉ DES LETTRES

TABLEAU DE RÉPARTITION DES THÈSES
(Arrêté ministériel du 21 juillet 1882.)

1. Service de l'administration.		
Ministère de l'Instruction publique............................	10	11
Vice-Recteur..	1	
2. Service de l'enseignement et de la Faculté.		
Personnel de la Faculté.......................................	33	
Archives de la Faculté..	1	36
Bibliothèque de l'Université...................................	2	
3. Service des échanges avec les facultés des lettres françaises (Alger compris)..		15
4. Service des échanges avec les universités étrangères.		
Bâle, Berlin, Bonn, Breslau, Copenhague, Dorpat, Erlangen, Fribourg, Gand, Genève, Giessen, Gœttingen, Greifswald, Halle, Heidelberg, Iéna, Kœnigsberg, Leipzig, Leyde, Liège, Lund, Marbourg, Munich, Munster, Rostock, Strasbourg, Tübingen, Upsal, Wurzbourg, Zurich.		30
5. Concessions diverses.		
Bibliothèque nationale..	1	
— royale de Bruxelles...........................	1	
— de l'École normale supérieure.....................	1	5
— de l'École d'Athènes............................	1	
— de l'École de Rome.............................	1	
6. Réserve et exemplaires a la disposition du doyen...............		17
Total du nombre des exemplaires...........		114

UNIVERSITÉ DE FRANCE

ACADÉMIE D

FACULTÉ DES LETTRES

TABLEAU DE RÉPARTITION DES THÈSES
(Arrêté ministériel du 21 juillet 1882.)

1. Service de l'administration.

Ministère de l'Instruction publique.......................... 10 ⎫ 11
Recteur.. 1 ⎭

2. Service de l'enseignement et de la Faculté.

Personnel de la Faculté..................................... 12 ⎫ 14
Bibliothèque universitaire.................................. 2 ⎭

3. Service des échanges avec la Faculté des lettres françaises
(Alger compris)... 15

4. Service des échanges avec les universités étrangères.

Bâle, Berlin, Bonn, Breslau, Copenhague, Dorpat, Erlangen, Fribourg, Gand, Genève, Giessen, Gœttingen, Greifswald, Halle, Heidelberg, Iéna, Kœnigsberg, Leipzig, Leyde, Liège, Lund, Marbourg, Munich, Munster, Rostock, Strasbourg, Tübingen, Upsal, Wurzbourg, Zurich. ⎱ 30

5. Concessions diverses.

Bibliothèque nationale...................................... 1 ⎫
— royale de Bruxelles....................................... 1 ⎪
— de l'École normale supérieure............................. 1 ⎬ 5
— de l'École d'Athènes...................................... 1 ⎪
— de l'École de Rome.. 1 ⎭

6. Réserve et exemplaires a la disposition du doyen............ 19

Total du nombre d'exemplaires............ 94

UNIVERSITÉ DE FRANCE

ACADÉMIE DE

ÉCOLE SUPÉRIEURE DE PHARMACIE
OU FACULTÉ MIXTE

TABLEAU DE RÉPARTITION DES THÈSES
(Arrêté ministériel du 24 juillet 1882.)

1. SERVICE DE L'ADMINISTRATION.

Ministère de l'Instruction publique.............................	2	
Recteur...	1	3

2. SERVICE DE L'ENSEIGNEMENT DE L'ÉCOLE.

Personnel de l'École..	20	
Secrétariat..	1	
Bibliothèque de l'École..	2	25
Bibliothèque de l'Université (Paris).............................	1	
Bibliothèque de la Faculté de médecine (Paris)................	1	

3. SERVICE DES ÉCHANGES AVEC LES ÉCOLES SUPÉRIEURES DE PHARMACIE ET FACULTÉS MIXTES (Alger compris).................... 6

4. SERVICE DES ÉCHANGES AVEC LES UNIVERSITÉS ÉTRANGÈRES.

Bâle, Berlin, Bonn, Breslau, Copenhague, Dorpat, Erlangen, Fribourg, Gand, Genève, Giessen, Gœttingen, Greifswald, Halle, Heidelberg, Iéna, Kœnigsberg, Leipzig, Leyde, Liège, Lund, Marbourg, Munich, Munster, Rostock, Strasbourg, Tübingen, Upsal, Wurzbourg, Zurich. } 30

5. CONCESSIONS DIVERSES.

Écoles de plein exercice et préparatoires.......................	13	
Académie de médecine...	1	16
Bibliothèque nationale...	1	
Bibliothèque royale de Bruxelles.................................	1	

6. RÉSERVE ET EXEMPLAIRES A LA DISPOSITION DU DIRECTEUR (ou doyen).. 20

TOTAL du nombre d'exemplaires............ 100

VII.

CIRCULAIRE RELATIVE A L'ORGANISATION DU SERVICE DES THÈSES.

Paris, le 11 août 1882.

Monsieur le Recteur,

Je vous faisais savoir, dans ma circulaire du 17 mai dernier, que les diverses questions relatives au dépôt par les candidats d'un certain nombre d'exemplaires de thèses et à la répartition de ces exemplaires avaient été mises à l'étude et seraient bientôt l'objet d'une réglementation spéciale. Vous trouverez ci-joints :

1° Un arrêté portant règlement de ce service ;

2° Un arrêté fixant pour chaque ordre de Facultés le nombre d'exemplaires de thèses exigible pendant l'année scolaire 1882-1883 ;

3° Une instruction destinée à renseigner les secrétaires des Facultés et les bibliothécaires des Bibliothèques universitaires sur la part d'action et de responsabilité qui revient à chacun d'eux dans le fonctionnement du service.

Il m'a semblé nécessaire pour plusieurs motifs de procéder à une réorganisation complète du service des thèses. Les diverses décisions ministérielles qui l'ont régi jusqu'à présent sont trop nombreuses et parfois d'une date trop ancienne pour que leur application ne soit pas difficile. C'est ainsi que l'échange des thèses de docteur entre Facultés françaises du même ordre, déjà prescrit par l'arrêté du 7 décembre 1841 et la circulaire du 12 avril 1844, a toujours fonctionné d'une manière imparfaite et donné lieu à de multiples réclamations. Les conventions d'échange qui viennent d'être conclues avec les Universités étrangères nous prendront pendant l'année scolaire 1882-1883 trente exemplaires de chaque thèse, et ce chiffre ne fera que s'accroître ; nous sommes donc obligés d'avoir recours à une sévère économie et de n'accorder des concessions à titre gracieux que dans des circonstances tout à fait exceptionnelles. Enfin il s'est produit dans quelques Facultés des abus sur lesquels je ne veux pas insister aujourd'hui, mais qui ont été portés à la connaissance de mon administration ; il vaut mieux les prévenir par une stricte réglementation que d'avoir à les réprimer.

Vous reconnaîtrez facilement, Monsieur le Recteur, les principes qui ont inspiré la rédaction du nouveau règlement. J'ai voulu réduire autant que possible le nombre des exemplaires de thèses demandés aux candidats, en supprimant toutes les concessions qui n'étaient point affectées à un service public ; simplifier le travail des échanges, en introduisant la pratique de l'envoi direct de bibliothécaire à bibliothécaire ; assurer en même temps la régularité des expéditions ; organiser un système de contrôle qui permette à l'administration centrale de voir si ses prescriptions ont été suivies.

Pour obtenir ces résultats, il m'a paru convenable de répartir le travail entre les secrétaires de Facultés et les bibliothécaires des Bibliothèques universitaires : les premiers restant chargés surtout de la distribution administrative et de la distribution locale ; les seconds, du service des échanges avec les Facultés nationales et l'étranger. L'instruction ci-jointe donne tous les détails nécessaires sur le mode d'application du règlement. Il vous appartiendra de veiller à ce que les dispositions en soient fidèlement exécutées.

L'arrêté du 21 juillet détermine, conformément à l'article 1er du règlement, le nombre d'exemplaires de thèses dont le dépôt par les candidats sera obligatoire pendant l'année scolaire 1882-1883. En le transmettant à MM. les doyens avec les tableaux de répartition qui y sont annexés, vous voudrez bien leur faire remarquer qu'un nombre suffisant d'exemplaires est laissé à leur libre disposition. Ils en useront au mieux des intérêts de la science et de leur Faculté. Vous pourrez leur recommander de continuer le service à quelques établissements ou sociétés savantes qui, pour des raisons diverses, ne figurent pas sur les tableaux de répartition. Les besoins locaux (bibliothèques municipales, bibliothèques des tribunaux, etc.) pourront également être satisfaits avec les exemplaires dits de réserve. Mais il reste entendu que ces concessions seront faites au nom des Facultés et par les doyens, sans que l'administration centrale ait à intervenir.

Le chiffre des exemplaires exigibles varie sensiblement entre les Facultés de Paris et celles des départements. Un simple coup d'œil jeté sur les tableaux vous montrera que cette différence provient uniquement du nombre des membres du personnel enseignant, plus élevé à Paris que partout ailleurs.

Tels sont, Monsieur le Recteur, les grands traits de la nouvelle organisation du service des thèses. Vous voudrez bien communiquer le plus tôt possible à MM. les doyens les pièces ci-jointes, en y joignant les recommandations qui vous paraîtraient utiles et en leur faisant savoir tout le prix que j'attache au bon fonctionnement et à la régularité de ce service. J'ajoute que des instructions spéciales seront données à ce sujet à MM. les inspecteurs généraux de l'enseignement supérieur, qui devront s'assurer, dans les diverses Facultés, que les prescriptions du règlement ont été observées.

Les écrits académiques, tels que discours de rentrée, compte rendus de concours, etc., devront être joints à l'envoi annuel fait aux Bibliothèques universitaires, à moins qu'il ne semble préférable à MM. les doyens de les faire parvenir directement par la poste. Dans ce dernier cas, l'adresse sera ainsi libellée :

A la Bibliothèque universitaire d

Recevez, Monsieur le Recteur, l'assurance de ma considération très distinguée.

Le Ministre de l'Instruction publique et des Beaux-Arts,
Jules FERRY.

VIII.

INSTRUCTION POUR LES SECRÉTAIRES DES FACULTÉS ET LES BIBLIOTHÉCAIRES DES BIBLIOTHÈQUES UNIVERSITAIRES SUR LE SERVICE DES THÈSES.

Le nouveau règlement du 21 juillet, exécutoire à dater du 1er octobre suivant, introduit dans le régime des thèses tel qu'il a été pratiqué jusqu'ici quelques modifications importantes, entre autres l'attribution aux secrétaires des Facultés et aux bibliothécaires des Bibliothèques universitaires de plusieurs services dont étaient précédemment chargés les bureaux du rectorat et de l'administration centrale. Il a donc semblé utile de développer dans une instruction spéciale un certain nombre de points indiqués seulement par le règlement, de donner quelques directions sur le mode d'application des divers articles, et de renseigner ainsi les secrétaires et bibliothécaires sur la part d'action et de responsabilité qui incombe à chacun d'eux. Sachant exactement ce qu'ils auront à faire et comment il leur faudra procéder, ces fonctionnaires agiront sans hésitation, et le service qui vient d'être organisé fonctionnera sûrement et sans difficulté.

La présente instruction est basée sur les tableaux annexés à l'arrêté du 21 juillet et sur les articles du règlement qui répartissent entre les secrétaires et les bibliothécaires le travail de la distribution des thèses.

I. — SECRÉTAIRES DES FACULTÉS.

Les secrétaires restent chargés de recevoir le nombre d'exemplaires de thèses dont le dépôt par les candidats est obligatoire.

Ils feront remettre le plus tôt possible à la Bibliothèque universitaire les exemplaires destinés au service des échanges avec les Facultés françaises et les Universités étrangères (§§ 3 et 4 du tableau, art. 2 et 4 du règlement) et n'auront plus à s'en occuper.

Il leur restera à pourvoir aux nécessités des services énoncés sous les n°s 1, 2, 5 et 6 du tableau, dont ils ont la charge et la responsabilité devant le doyen de leur Faculté.

Le *service de l'administration* (§ 1er) devra être fait aussitôt après le dépôt des exemplaires et par la voie du recteur.

La distribution des exemplaires nécessaires au *service de l'enseignement et de la Faculté* (§ 2) se fera aussi sans retard, sur une liste de distribution qui aura été dressée par les soins du doyen et signée par lui. Toutes les précautions devront être prises pour que les exemplaires destinés au personnel enseignant de la Faculté soient fidèlement transmis à leur adresse. Un certain nombre de Facultés auront à prélever sur ce service un exemplaire de chaque thèse destiné à la Bibliothèque de l'Université (Paris) : les secrétaires s'entendront à ce sujet avec les Bibliothécaires universitaires, soit qu'ils forment eux-mêmes la collection, qui devra être remise aux bibliothécaires au commencement de novembre pour être expédiée à Paris, soient qu'ils fournissent à ces derniers les moyens de la constituer en ajoutant un exemplaire de chaque thèse au nombre fixé pour le service des échanges. Toute liberté leur est laissée sur ce point. Si le chiffre fixé par le Ministre pour les besoins de la Faculté se trouve être trop fort et qu'il reste des exemplaires disponibles, ces exemplaires seront versés à la *réserve* (§ 6) ; si au contraire il était trop faible, le déficit serait couvert par des exemplaires prélevés sur ce dernier service.

Le nombre des *concessions diverses* (§ 5) a été diminué dans une large mesure par l'extension donnée aux échanges. Elles seront servies annuellement, selon les prescriptions de l'article 6 du règlement. Le paquet destiné à la Bibliothèque nationale pourra être joint à l'envoi collectif du bibliothécaire ; les autres seront expédiés *franco* par les messageries ou par la poste. Si les reçus contenus dans chaque paquet ne reviennent pas régularisés, le secrétaire en préviendra le doyen et prendra ses ordres. Les destinataires devront être avisés la première année des conséquences que pourrait entraîner leur négligence à cet égard.

Les exemplaires désignés comme *réserve et exemplaires à la disposition du doyen* restent confiés à la garde du secrétaire. Le doyen de chaque Faculté peut leur assigner telle destination qui lui paraîtra utile ou opportune ; mais lui seul a droit d'en disposer, soit en faveur d'établissements publics, soit en faveur de particuliers. Le secrétaire procédera comme il est dit à l'article 7 du règlement.

II. — BIBLIOTHÉCAIRES.

Aux bibliothécaires des Bibliothèques universitaires incombera le service des échanges avec les Facultés françaises et les Universités étrangères (§§ 3 et 4 du tableau, art. 5 du règlement). Ils procéderont d'après les instructions déjà données pour l'échange avec les Universités étrangères, et, après avoir préparé autant de paquets qu'il y aura de Bibliothèques universitaires destinataires, joindront ces paquets à l'envoi général qui doit être adressé chaque année, au commencement de novembre, à la librairie Hachette et Cie. Celle-ci les fera parvenir à destination. Les thèses des autres académies seront transmises par la même voie à chaque Bibliothèque universitaire, en même temps que les dissertations des Universités étrangères.

Les envois devront toujours être adressés de Bibliothèque universitaire à Bibliothèque universitaire. S'il y a lieu de procéder à une répartition entre les différentes sections d'une Bibliothèque, cette répartition sera faite, conformément aux prescriptions de la circulaire du 31 mai 1882, par le bibliothécaire chargé de centraliser le service dans le ressort de chaque académie. Cette règle ne souffrira d'exception que pour l'académie de Paris : les thèses de droit, de médecine et de théologie des Facultés des départements formeront des paquets spéciaux à l'adresse des bibliothèques particulières de ces trois Facultés à Paris [1] ; une seconde collection de ces thèses destinée à la Bibliothèque de l'Université sera préparée, soit par les secrétaires des Facultés (§ 2 du tableau de répartition), qui la remettront au bibliothécaire pour être jointe à l'envoi collectif, soit par les bibliothécaires eux-mêmes, qui, dans ce cas, recevront du secrétariat, au fur et à mesure des dépôts, un exemplaire en sus du chiffre porté aux paragraphes 3 et 4 des tableaux de répartition. Les thèses de sciences et de lettres à destination de Paris seront toujours adressées à la Bibliothèque de l'Université.

Chacun des paquets envoyés devra renfermer un état numératif du contenu d'après le modèle ci-joint n° 1.

Pour assurer la régularité du service et permettre à l'administration centrale d'exercer un contrôle efficace, les bibliothécaires devront remettre au recteur, pour être envoyé au Ministère de l'Instruction publique, un relevé des différents envois faits par eux, établi d'après le modèle ci-joint n° 2.

De même, au cours du mois de mai, dans un délai qui paraît suffisant pour que les envois des autres académies soient arrivés et catalogués, ils rempliront et feront parvenir au Ministère, par la même voie, un état des thèses reçues conforme au modèle ci-joint n° 3. Un examen comparatif de ces deux pièces envoyées par les diverses académies permettra de juger immédiatement du bon fonctionnement du service et de découvrir les points où il serait resté en souffrance.

---

[1]. Les thèses de pharmacie seront adressées de même à la Bibliothèque de l'Ecole supérieure de pharmacie, à Paris.

MODÈLE N° 1.

BIBLIOTHÈQUE UNIVERSITAIRE D

ÉCHANGE AVEC LES FACULTÉS FRANÇAISES.

Le bibliothécaire de la Bibliothèque universitaire d
a l'honneur d'adresser ci-jointes à la Bibliothèque universitaire d
toutes les thèses et publications académiques imprimées dans le ressort de
l'académie d   pendant
l'année scolaire 188 -188 .

PUBLICATIONS ACADÉMIQUES.........................		
THÈSES .... { Théologie...........................		
Droit...............................		
Médecine et pharmacie..............		
Sciences...........................		
Total des articles envoyés............		

Tous les envois faits directement à notre Bibliothèque devront porter la suscription suivante : *A la Bibliothèque universitaire d*

A   , le   novembre 178 .

Le Bibliothécaire,

APPENDICE

MODÈLE N° 2.

ACADÉMIE D

BIBLIOTHÈQUE UNIVERSITAIRE D

A   , le   novembre 188 ,
Le bibliothécaire de la Bibliothèque universitaire d
a envoyé aux Bibliothèques universitaires ci-après désignées les écrits académiques et thèses se rapportant à l'année scolaire 188 -188 , savoir :

BIBLIOTHÈQUES universitaires.	ÉCRITS académiques.	THÈSES					TOTAL.
		de théologie.	de droit.	de médecine et de pharmacie.	de sciences.	de lettres.	
Aix.................................							
Alger...............................							
Besançon..........................							
Bordeaux..........................							
Caen...............................							
Clermont..........................							
Dijon..............................							
Douai..............................							
Grenoble...........................							
Lyon...............................							
Montpellier........................							
Nancy..............................							
Paris { Bibliothèque de l'Université...........							
Bibliothèque de la Faculté de médecine..							
Bibliothèque de la Faculté de droit......							
Bibliothèque de la Faculté de théologie protestante [1]......							
Poitiers............................							
Rennes.............................							
Toulouse...........................							
Total des articles envoyés.							

1. Ajouter : Bibliothèque de l'Ecole supérieure de pharmacie.

OBSERVATIONS.

CERTIFIÉ le présent état :
Le Bibliothécaire,

APPENDICE

Modèle n° 3.

ACADÉMIE D

BIBLIOTHÈQUE UNIVERSITAIRE D

A   , le   mai 188 .

Le bibliothécaire de la Bibliothèque universitaire d
a reçu des académies françaises ci-après désignées les écrits académiques et thèses se rapportant à l'année scolaire 188 -188 , savoir :

BIBLIOTHÈQUES universitaires.	ÉCRITS académiques.	THÈSES					TOTAL.
		de théologie.	de droit.	de médecine et de pharmacie.	de sciences.	de lettres.	
Aix..........................							
Alger........							
Besançon....................							
Bordeaux....................							
Caen.........................							
Clermont................ ...							
Dijon........................							
Douai........................							
Grenoble.....................							
Lyon.........................							
Montpellier..................							
Nancy							
Paris........................							
Poitiers.....................							
Rennes							
Toulouse.....................							
Total des articles reçus....							

OBSERVATIONS.

Certifié le présent état :
Le Bibliothécaire,

IX.

ARRÊTÉ FIXANT POUR LES ÉCOLES SUPÉRIEURES DE PHARMACIE LE NOMBRE DES EXEMPLAIRES DE THÈSES DONT LE DÉPOT PAR LE CANDIDAT EST OBLIGATOIRE.

Le Ministre de l'Instruction publique et des Beaux-Arts,

Vu l'arrêté du 21 juillet 1882, portant règlement du service des thèses ;

Vu la proposition de M. le Vice-Recteur de l'académie de Paris.

Arrête :

Art. 1er. Est fixé à cent pour les écoles supérieures de pharmacie le nombre des exemplaires de thèses dont le dépôt par le candidat est obligatoire.

Art. 2. La répartition des exemplaires déposés aura lieu conformément au tableau annexé au présent arrêté.

Fait à Paris, le 21 décembre 1882.

Signé : DUVAUX.

X.

Annexe à la circulaire du 17 mai 1882

RÈGLEMENT POUR L'EXÉCUTION DU SERVICE DES ÉCHANGES DE THÈSES ET PUBLICATIONS ACADÉMIQUES ENTRE LES FACULTÉS FRANÇAISES ET LES UNIVERSITÉS ÉTRANGÈRES.

Art. 1er. — L'envoi des thèses et publications académiques aura lieu, de part et d'autre, une fois par an et au commencement du mois de novembre.

Art. 2. — Les envois des Universités non françaises seront adressés franco à MM. Hachette et Cie, libraires à Paris, boulevard Saint-Germain, n° 79, qui les feront parvenir aux Bibliothèques destinataires.

Pour faciliter l'exécution du service, les 18 collections destinées aux Bibliothèques françaises, formeront 18 paquets séparés portant les adresses suivantes :

1. Bibliothèque universitaire d'Aix.
2. — — d'Alger.
3. — — de Besançon.
4. — — de Bordeaux.
5. — — de Caen.
6. — — de Clermont.
7. — — de Dijon.
8. — — de Douai.
9. — — de Grenoble.
10. — — de Lyon.
11. — — de Montpellier.
12. — — de Nancy.
13. — — de Paris.
14. — — de Poitiers.
15. — — de Rennes.
16. — — de Toulouse.
17. Bibliothèque nationale, à Paris.
18. Ministère de l'Instruction publique, à Paris.

Ces divers paquets feront l'objet d'un seul envoi au libraire désigné ci-dessus. Dans chacun d'eux se trouvera un état sommaire du contenu, selon le modèle employé jusqu'à présent par les Universités allemandes.

Art. 3. — Les Universités non françaises recevront de même, en un seul envoi et franc de port, à l'adresse du correspondant qu'elles désigneront à Leipzig [1], toutes les thèses soutenues en France dans le courant de l'année scolaire (1er octobre — 30 septembre).

Art. 4. — Si l'exécution du service donne lieu à quelques réclamations, elles devront être adressées à M. le Président de la Commission centrale des Bibliothèques universitaires, au Ministère de l'Instruction publique, à Paris.

---

1. Cette clause du règlement a subi de notre part une modification qui ne pouvait manquer d'être approuvée par les Universités échangeantes. Au lieu d'être dirigée par la voie de Leipzig, les thèses des Facultés françaises ont été adressées directement et franc de port à la Bibliothèque de chacune de ces Universités.

RAPPORT SUR L'ÉCHANGE DES THÈSES ENTRE LES FACULTÉS FRANÇAISES ET LES UNIVERSITÉS ÉTRANGÈRES, PAR M. MICHEL BRÉAL, INSPECTEUR GÉNÉRAL.

Monsieur le Ministre,

Les professeurs français ont souvent exprimé le regret de ne pas trouver dans nos Bibliothèques la série complète des thèses ou dissertations académiques publiées à l'étranger. Une pareille collection devait présenter des avantages précieux par la richesse des informations et par les moyens de contrôle qu'elle mettait à la disposition des travailleurs. Ceux qui avaient pu consulter les grandes Bibliothèques des pays voisins sentaient encore plus vivement l'absence de ces écrits dans les nôtres.

Il n'était point possible de combler cette lacune à prix d'argent ; la dépense eût été trop onéreuse, et, même en se décidant à la faire, on n'eût pas obtenu le résultat désiré, car beaucoup de dissertations académiques ne se vendent point. Un seul moyen s'offrait à nous : l'échange. Il fallait organiser entre les Facultés françaises et les Universités étrangères un système régulier d'échange en vertu duquel les thèses françaises seraient adressées aux principaux établissements de l'étranger, lesquels, par réciprocité, enverraient leurs dissertations et écrits académiques à toutes nos Facultés.

Quelques essais avaient été tentés dans ce sens depuis plusieurs années, mais isolés, sans coordination suffisante. Le peu qui avait été obtenu était néanmoins de nature à faire désirer davantage.

Les Universités allemandes sont en possession depuis plus de soixante ans d'un système d'échange qui fonctionne sans difficulté. Les principales Universités des autres pays ont pris part l'une après l'autre à cette organisation, au grand bénéfice de leurs Bibliothèques. L'un de vos prédécesseurs, Monsieur le Ministre, a pensé que notre enseignement supérieur n'avait aucune raison de se tenir à l'écart, et qu'il trouverait au contraire avantage à entrer dans la même voie. Par une décision du 23 décembre 1881, prise à la suite d'un rapport de la Commission centrale des Bibliothèques académiques, vous m'avez chargé d'engager des négociations avec les recteurs des Universités étrangères, et vous m'avez donné pour collaborateurs dans cette tâche délicate MM. Carrière et de Chantepie, l'un secrétaire de l'École des langues orientales, l'autre bibliothécaire de l'École normale supérieure, tous deux fort au courant de la matière.

J'ai l'honneur de venir aujourd'hui, Monsieur le Ministre, vous rendre compte de la manière dont nous avons pu remplir la mission qui nous était confiée. Vous apprendrez, j'en suis sûr, avec satisfaction qu'elle a été couronnée d'un entier succès.

Les bases sur lesquelles nous devions traiter avaient été étudiées par la Commission centrale et approuvées par le Ministre. Elles peuvent se formuler ainsi :

1º Obtenir de chaque Université étrangère contractante dix-huit collections de toutes ses publications académiques, destinées aux Bibliothèques universitaires d'Aix, Alger, Besançon, Bordeaux, Caen, Clermont, Dijon, Douai, Grenoble, Lyon, Montpellier, Nancy, Paris, Poitiers, Rennes, Toulouse, à la Bibliothèque nationale et au Ministère de l'Instruction publique ;

2º Offrir en retour à la Bibliothèque de chacune de ces Universités une collection complète de toutes les thèses qui seraient soutenues devant les diverses Facultés françaises.

Quant aux voies et moyens, ils se résument dans les deux points suivants :

1º Envoi de part et d'autre, une fois l'an, au commencement de l'année scolaire, de toutes les publications académiques se rapportant à l'année scolaire précédente ;

2º Les frais de transport à la charge de l'expéditeur.

Ces propositions, transmises dans le courant des mois de janvier et février 1882 aux recteurs des principales Universités de l'étranger, reçurent l'accueil le plus empressé. Au commencement d'avril, nous avions l'adhésion de vingt et une Universités, qui déclaraient avoir pris les mesures nécessaires pour inaugurer les opérations d'échange dès le mois de novembre suivant. Ce succès nous imposait un devoir. Il y avait pour nous une question de dignité à ne pas nous laisser devancer. Dans un premier rapport daté du 3 avril, je vous priais, Monsieur le Ministre, de vouloir bien ratifier les conventions déjà conclues, et d'inviter en même temps nos Facultés à préparer un envoi qui comprendrait les thèses soutenues pendant le semestre d'été. Ce fut l'objet de l'arrêté du 30 avril 1882, portant qu'à dater du 1ᵉʳ mai, il serait prélevé dans chaque Faculté, sur le nombre de thèses exigé des candidats, trente exemplaires destinés au service des échanges avec les Universités étrangères. Les circulaires ministérielles des 17 et 31 mai transmirent aux secrétaires des Facultés et aux bibliothécaires des Bibliothèques universitaires toutes les instructions et indications nécessaires pour assurer le fonctionnement régulier du nouveau service. Les arrêtés du 21 juillet 1882 et la circulaire du 11 août suivant vinrent donner une dernière consécration à l'organisation des échanges, en remplaçant, par un règlement définitif, des dispositions dont quelques-unes avaient été prises à titre transitoire et pour parer aux besoins du moment.

Cependant les négociations avec les Universités étrangères étaient continuées, les conditions matérielles de l'exécution du service réglées dans leurs détails, la date des envois de part et d'autre arrêtée. Au milieu de juillet, la liste suivante des Universités contractantes, — an nombre de trente, chiffre qu'il avait paru bon de ne pas dépasser la première année, — était communiquée à l'administration centrale : Bâle, Berlin, Bonn, Breslau, Copenhague, Dorpat, Erlangen, Fribourg, Gand, Genève, Giessen, Gœttingen, Greifswald, Halle, Heidelberg, Iéna, Kœnigsberg, Leipzig, Leyde, Liège, Lund, Marbourg, Munich, Munster, Rostock, Strasbourg, Tûbingen, Upsal, Wurzbourg et Zurich ; soit : vingt Universités allemandes, trois suisses, deux belges, deux suédoises, une hollandaise, une danoise et une russe. C'étaient les plus importantes des Universités européennes parmi celles qui publient des dissertations académiques. D'autres établissements d'enseignement supérieur, non moins renommés, n'ont pu être compris dans cette liste, parce qu'ils n'avaient rien d'analogue à nos thèses à nous offrir.

Une fois le tableau des Universités échangeantes dressé et approuvé par le Ministre, l'organisation du service était tracée. Il ne restait plus qu'à attendre les deux derniers mois de l'année pour voir comment cette organisation fonctionnerait. C'était en effet une opération assez compliquée que l'expédition des thèses de toutes nos Facultés à trente Universités étrangères et la répartition des dissertations académiques de ces mêmes Universités entre nos diverses Bibliothèques universitaires. J'ai le plaisir, Monsieur le Ministre, de porter aujourd'hui à votre connaissance que, dès la première année, la réussite de l'opération a dépassé notre attente.

Dans le courant du mois de novembre, les envois des Facultés de

Paris et des départements, composés d'autant de paquets séparés qu'il y avait d'Universités échangeantes, sont parvenus à la librairie Hachette et Cie, désignée par l'administration centrale pour les recevoir. Là ils ont été répartis suivant les adresses inscrites sur chaque paquet, et, le 29 décembre 1882, trente caisses contenant chacune environ 350 thèses ont été expédiées directement aux Universités ci-dessus désignées.

En même temps, commençaient à arriver à Paris, à la même adresse, les envois des Universités étrangères avec les dix-huit collections demandées par nous. Une première répartition a pu avoir lieu dès le commencement de décembre, et les dissertations de douze Universités étrangères ont été expédiées aux bibliothèques destinataires. Un second et dernier envoi aura lieu incessamment. On peut estimer au moins à un millier le nombre des dissertations qui viendront cette année, du chef des échanges, enrichir chacune de nos Bibliothèques universitaires, et à 20.000, en chiffre rond, les écrits reçus.

Dès l'année prochaine, les chiffres que je viens de citer se trouveront augmentés dans une proportion notable ; il faut tenir compte, en effet, de cette circonstance que l'affaire avait été engagée dans le courant de l'année scolaire. L'an prochain, les collections envoyées de l'étranger s'élèveront au moins à 1.500 dissertations, ce qui donnera, pour nos dix-huit Bibliothèques, un total de 27.000 articles ; d'après les statistiques fournies par les bureaux de l'Enseignement supérieur, notre envoi à chaque Université étrangère devra atteindre le chiffre de 900 thèses, ce qui donne également, pour trente Universités, un total de 27.000 articles. L'opération dont la librairie Hachette et Cie a bien voulu se charger, et dont elle s'est acquittée avec beaucoup de zèle, comportera donc l'année prochaine un mouvement de 54.000 articles, à répartir entre dix-huit Bibliothèques françaises et trente Bibliothèques étrangères.

Ces chiffres, Monsieur le Ministre, permettent d'apprécier l'importance des relations que nous venons d'inaugurer. Mais le profit matériel, consistant dans l'accroissement des moyens de travail, ne semble pas devoir être le seul résultat avantageux de nos conventions d'échange. Le bénéfice moral devra être plus grand encore. Les dissertations académiques sont une des bases les plus sûres pour apprécier la force des études dans un pays. Si, par le moyen des échanges universitaires, nous apprenons à mieux connaître l'état de la science et de l'enseignement à l'étranger, si, par suite, une émulation salutaire se manifeste chez nous, d'autre part plus d'un préjugé disparaîtra hors de nos frontières, lorsqu'on sera mis à même de constater le travail sérieux dont nos Facultés sont le foyer. Je parle moins ici de Paris, qui a toujours gardé sa place dans le mouvement scientifique, que de nos Facultés de province, trop longtemps isolées et sacrifiées. En renouant des relations suivies avec les Universités de l'Europe les plus illustres, elles reprendront une tradition interrompue depuis trois siècles.

L'élévation d'esprit que nous avons rencontrée chez les recteurs et dans les conseils des Universités étrangères, et dont les dépêches que nous avons reçues portent la marque, a beaucoup contribué à aplanir les difficultés. Plusieurs Universités ont hautement exprimé la joie qu'elles éprouvent à entrer en contact régulier avec les Facultés françaises.

Je me reprocherais de terminer ce rapport sans vous signaler, Monsieur le Ministre, la part essentielle prise à ces négociations par mon collègue M. A. Carrière, qui les avait préparées au moyen de deux voyages à l'étranger, et qui en a surveillé les différentes phases avec autant de coup d'œil pratique et de fermeté, que de dévouement éclairé aux intérêts de l'Université et de la science.

Veuillez agréer, Monsieur le Ministre, l'hommage de mon profond respect.

Michel BRÉAL.

Paris, le 15 janvier 1883.

XXIII.

Instructions pour MM. les Bibliothécaires des Bibliothèques universitaires.

I. — *Répartition des dissertations, lorsque la Bibliothèque est sectionnée.*

28 décembre 1882.

Messieurs les Bibliothécaires sont priés de surseoir jusqu'à nouvel avis à l'inscription, à l'inventaire et aux catalogues des thèses et dissertations provenant des échanges universitaires. Une instruction donnant les directions nécessaires pour faciliter leur tâche est actuellement en préparation et leur sera envoyée dans un très bref délai.

En attendant, ils pourront procéder à la répartition, là où la bibliothèque se trouve sectionnée, en se conformant aux règles suivantes :

1° La répartition devra avoir lieu, non pas d'après les sujets traités, mais d'après les facultés auxquelles chaque dissertation aura été présentée. Les dissertations des docteurs en philosophie iront toutes à la section des sciences et lettres, quelque soit le sujet traité.

2° La section des sciences et lettres recevra tous les écrits académiques (indices, lectionum, etc.).

II. — *Inscription au registre d'entrée-inventaire. — Classement.*

17 février 1883.

Pour mettre le plus tôt possible les thèses étrangères à la disposition des lecteurs, sans en compromettre la conservation, MM. les Bibliothécaires devront les assimiler aux périodiques.

Chacun de ceux-ci est représenté au registre d'entrée inventaire par un numéro unique, et les livraisons au fur à mesure de leur entrée sont pointées sur un registre où chaque revue a sa feuille.

On considérera chacune des Universités échangeantes comme un périodique à publicité irrégulière ; chacune aura son numéro au registre d'entrée inventaire et une ou plusieurs feuilles dans un registre *ad hoc*.

A l'ouverture du paquet annuel, et après répartition faite, s'il y a lieu, entre les différentes bibliothèques copartageantes, toutes les brochures seront timbrées (de préférence dans l'ordre alphabétique de noms d'auteurs) de 1 à... et ces numéros seront reportés sur le registre annexe. Cela suffira déjà pour donner à chaque pièce une cote individuelle qui, dans toute la Bibliothèque, n'appartiendra qu'à elle. Cela n'allongera pas sensiblement le travail de faire suivre ce chiffre du nom de l'auteur. Une page du registre annexe ainsi conçue présentera l'aspect suivant :

Bone (10.051)

1882.	1883
1. Schwarz	1. Scheler
2. V. Delden	2. Deenik
3. Rosenthad	3. Palmblad
....	....
Loewe	Trauer etc.

Ces numéros sont destinés à être reportés sur les fiches quand elles seront faites, conformément à la pratique habituelle, et les thèses cherchées se trouveront aussi facilement que les livres.

On fera, suivant les usages de la Bibliothèque, relier ou mettre dans des cartons dans l'ordre numérique indiqué ci-dessus. Volumes et cartons porteront le numéro du registre [inventaire, le nom de l'Université, la tomaison et le millésime.

Il n'est pas question dans ce qui précède du catalogue proprement dit avec titres *in extenso*, dont l'exécution fera l'objet d'une communication ultérieure. Il ne s'agit aujourd'hui que d'assurer l'entrée régulière et la mise en service immédiate.

III. — *Catalogue alphabétique et catalogue méthodique.*

1er juin 1883.

La note du 28 décembre 1882 a indiqué les bases de la répartition à faire entre les sections de la Bibliothèque universitaire, lorsqu'elles sont dans les locaux séparés ; la note du 17 février a déterminé le mode d'inscription à l'inventaire et de classement. La question des catalogues a été absolument réservée.

Pour faciliter la tâche des Bibliothécaires, l'Administration vient de traiter avec un éditeur qui est chargé, sous la surveillance de M. l'Administrateur général de la Bibliothèque nationale, d'imprimer chaque année la liste des dissertations envoyées par les Universités étrangères. Cette liste sera tirée sur papier *pelure* d'un seul côté, de manière que chaque article puisse être découpé et collé sur fiche. Les articles en langue étrangère seront accompagnés d'une traduction abrégée en français. Deux exemplaires des feuilles tirées dans ces conditions seront envoyés à chaque bibliothèque universitaire (ou section dans le cas de séparation), l'une pour établir le catalogue alphabétique, l'autre pour le catalogue méthodique. Les Bibliothécaires aurontsoin de reporter sur les fiches ainsi préparées la cote individuelle donnée à chaque publication sur le registre inventaire spécial indiquée dans la note 17 février 1883.

Le nombre des articles qui entreront annuellement dans les bibliothèques, par suite de la convention d'échange, étant évalué au chiffre minimum de 1500, les Bibliothécaires trouveront un grand avantage à placer les cartes des deux catalogues relatifs à ce service dans des boîtes distinctes et à ranger sur des rayons à part les volumes ou cartons étiquetés, conformément aux prescriptions de la note précitée.

Il sera procédé pour les thèses des Facultés françaises comme pour les dissertations venant de l'étranger, sauf cette différence que les fiches des catalogues des thèses françaises seront établies par chaque Bibliothécaire.

XXIV.

Paris, le 22 novembre 1883.

Monsieur le Recteur, le budget dont disposent les Bibliothèques universitaires étant assez limité, il serait à désirer qu'elles ne fussent point obligées de se procurer à prix d'argent les publications dont l'État fait les frais.

Je vous prie d'attirer sur ce point l'attention de M. le Bibliothécaire. Il ne devra négliger aucune occasion d'obtenir à titre gratuit les ouvrages publiés ou subventionnés par les différents Ministères et par les corps officiels.

Je vous signale, pour commencer, une première demande à faire.

Si la Bibliothèque universitaire de votre ressort ne reçoit pas les publications de l'Académie des Inscriptions et Belles-Lettres, M. le Bibliothécaire devra sans retard faire une démarche à cet effet. La demande devra être adressée à M. le Secrétaire de l'Académie des Inscriptions et Belles-Lettres (au Palais de l'Institut). — Elle visera les publications que l'Académie fera paraître à partir de ce jour. Mais en même temps elle pourra ajouter la prière de concéder à la

Bibliothèque les collections ou parties de collections précédemment publiées dont il y aurait des exemplaires disponibles.

Au cas où, dans votre ville, la Bibliothèque des Lettres et la Bibliothèque du droit seraient séparées, les mêmes ouvrages ne pourraient être accordés deux fois.

M. le Bibliothécaire devra charger une personne de confiance à Paris de retirer annuellement du Secrétariat de l'Institut les volumes publiés, faute de quoi la bibliothèque s'exposerait à être rayée de la liste des concessionnaires.

Recevez, Monsieur le Recteur, l'assurance de ma considération très distinguée.

Le ministre de l'Instruction publique et des Beaux-Arts.
Pour le Ministre et par autorisation :
Le Conseiller d'Etat,
Directeur de l'Enseignement supérieur.

XXV.

Paris, le 17 avril 1885.

La circulaire du 11 août 1882, relative à l'organisation du service des Thèses, porte que « les écrits académiques, tels que discours de rentrée, comptes rendus de concours, etc., devront être joints à l'envoi annuel fait aux bibliothèques universitaires, à moins qu'il ne semble préférable à MM. les doyens de les faire parvenir directement par la poste ».

L'expérience a démontré que cette prescription avait besoin d'être légèrement modifiée. Plusieurs bibliothécaires, en effet, se plaignent avec raison de ne pas recevoir régulièrement les comptes rendus des séances de rentrée, qui sont, le plus souvent, imprimés trop tard pour pouvoir figurer dans l'envoi annuel mais dont il importe cependant de ne pas ajourner l'envoi jusqu'à l'année suivante.

Il m'a paru, Monsieur le Recteur, qu'un bon fonctionnement du service serait assuré, et en même temps des lacunes regrettables dans les collections de nos bibliothèques universitaires évitées, si le mode de procéder indiqué dans la circulaire du 11 août 1882 était défini avec précision.

J'ai donc décidé que les comptes rendus continueraient d'être joints à l'envoi annuel, s'ils étaient imprimés à temps, c'est-à-dire avant le 15 novembre. Dans le cas contraire, vous voudrez bien veiller à ce qu'un nombre suffisant d'exemplaires soient remis au bibliothécaire de la Bibliothèque universitaire, immédiatement après l'impression.

Ce fonctionnaire les adressera sans retard, par la poste, à chacune des bibliothèques françaises auxquelles il fait un envoi annuel. Les destinataires mentionneront la réception des articles qui leur parviendront ainsi, à la colonne des observations de l'Etat n° 3 (Instruction du 11 mai 1882).

La présente décision aura son effet à dater de ce jour.

Tous les comptes rendus des séances de rentrée, rapports des doyens, etc., imprimés au commencement de l'année scolaire 1884-1885, et non encore envoyés, seront immédiatement transmis par les soins des bibliothèques.

Le principe d'un envoi unique est maintenu pour les bibliothèques universitaires étrangères.

XXVI.

Paris, 6 avril 1886.

Monsieur le Bibliothécaire :

Les règlements du 20 novembre dernier autorisent les prêts de bibliothèque universitaire à bibliothèque universitaire. Monsieur le Ministre s'est préoccupé des difficultés d'exécution que pourrait présenter la mise en pratique de cette disposition. Sans doute les frais d'envoi des ouvrages empruntés doivent être à la charge de l'établissement emprunteur. Il eût été regrettable que ces frais, si peu élevés d'ailleurs, eussent pour conséquence la diminution du nombre des emprunts, en raison des ressources modestes dont disposent les bibliothèques universitaires.

Mais, le Ministre de l'Instruction publique a demandé, en conséquence, à M. le Ministre des Postes d'autoriser la circulation en franchise, des ouvrages empruntés. M. le Ministre des Postes a pris, à la date du 22 mars, la décision suivante :

« Sont admis à circuler en franchise, sous le couvert et le contreseing des Recteurs d'Académie, les ouvrages expédiés par une bibliothèque universitaire à une autre bibliothèque universitaire.

Les paquets ne devront pas dépasser le poids de CINQ KILOGRAMMES, et il ne devra pas être expédié plus d'un paquet par jour ».

Je vous prie d'assurer, en ce qui vous concerne, l'exécution de cette décision, qui a été prise surtout en vue des ouvrages rares, dont le prix est élevé et dont l'usage n'est pas fréquent.

Veuillez agréer, etc.

XXVII.

CIRCULAIRE RELATIVE AUX RÈGLEMENTS DES BIBLIOTHÈQUES UNIVERSITAIRES.

Paris, le 28 novembre 1886.

MONSIEUR LE RECTEUR, j'ai l'honneur de vous adresser le règlement de la bibliothèque universitaire de votre Académie. Les propositions faites à ce sujet par le Conseil général des Facultés ont été examinées avec le plus grand soin ; si j'ai reconnu qu'il était difficile de les revêtir toutes de mon approbation, du moins les modifications apportées au projet de règlement présenté ont-elles été conçues dans l'esprit le plus large, avec la volonté bien arrêtée de faciliter l'accès et l'usage de la bibliothèque et de faire disparaître tout ce qui était de nature à entraver le libre fonctionnement du service. Je vous disais dans ma circulaire du 31 décembre 1885 : « Il est un certain « nombre de principes dont je suis décidé à ne pas me départir. La « bibliothèque universitaire, même quand elle a des sections diffé- « rentes, est une, sauf certains cas tout à fait exceptionnels ; elle « n'est pas moins faite pour les étudiants que pour les professeurs ; « elle doit être réglementée et administrée uniquement en vue du « progrès des études. » J'ai été amené, par l'examen des divers projets de règlements qui m'ont été soumis, à formuler ces principes et à introduire par conséquent, dans chacun de ces règlements, un certain nombre d'articles communs que je voudrais développer et expliquer dans la présente circulaire. Ces articles concernent le budget de la bibliothèque, la Commission de la bibliothèque, le mode d'acquisition des livres, le service de lecture, le prêt au dehors, le prêt de bibliothèque à bibliothèque et la question des vacances.

Dispositions générales. — La bibliothèque universitaire étant un établissement affecté aux besoins communs de l'ensemble des Facultés, doit nécessairement se trouver placée sous votre autorité immédiate. Le personnel de la bibliothèque vous est directement subordonné ; de vous relève tout ce qui touche à l'administration, à la comptabilité, à la discipline intérieure. Toutefois, plusieurs des attributions qui vous avaient été conférées par le règlement du 23 août 1879 sont maintenant du ressort du Conseil général des Facultés et de la Commission de la bibliothèque. C'est ainsi que le Conseil général dressera et me soumettra chaque année le projet de budget de la bibliothèque, et que la Commission dirigera en toute liberté les acquisitions de livres qui seront faites sans autorisation préalable.

Budget de la Bibliothèque. — Aux termes du décret du 28 décembre 1885, article 10, et de la circulaire explicative du 31 décembre, même année, le Conseil général me propose la répartition des fonds alloués en bloc pour les services communs des Facultés. En ce qui concerne la bibliothèque universitaire, il lui appartiendra également de déterminer l'emploi du crédit accordé en dressant, au commencement de l'année scolaire, un projet de budget où seront prévues les dépenses afférentes aux divers services de la bibliothèque (acquisitions de livres, abonnements aux journaux et revues, reliures, ports de livres, frais de bureau du bibliothécaire, etc.). La constitution d'une réserve est prescrite par le règlement en vue des besoins qui se font généralement sentir au commencement de l'année scolaire, et pour lesquels il ne sera plus consenti d'allocations extraordinaires. La bibliothèque devra pouvoir atteindre la fin de l'année avec les seules ressources de son budget. Il n'est pas toujours possible de prévoir avec exactitude quel sera le montant des frais généraux et des dépenses diverses ; d'autre part, une insuffisance de ce chef pourrait entraver ou même arrêter tout à fait le fonctionnement de services obligatoires. J'attire particulièrement sur ce point l'attention du Conseil général, qui établira ses propositions de manière à obvier aux inconvénients que je viens de signaler.

Commission de la Bibliothèque. Acquisitions. — Vous gardez dans vos attributions, Monsieur le Recteur, tout ce qui touche à l'administration de la bibliothèque ; le Conseil général en dresse le budget annuel et le soumet à mon approbation ; mais la direction scientifique de l'établissement, c'est-à-dire la faculté d'acquérir des livres, de prendre des abonnements aux journaux et revues, de délibérer sur les questions ayant trait à l'usage de la bibliothèque, est remise à une Commission composée de membres du corps enseignant et du bibliothécaire. Toute liberté est accordée à cette Commission, dans les limites du budget approuvé par le Ministre. Elle sera éclairée sur les besoins du public spécial de la bibliothèque par le *Registre des demandes d'acquisitions*, établi conformément au modèle annexé au règlement ci-joint ; mais elle ne devra pas se tenir pour obligée de satisfaire à toutes les demandes qui lui seront ainsi adressées. Jamais la Commission ne perdra de vue l'intérêt général de la bibliothèque, et cette seule considération suffira pour faire écarter un certain nombre de vœux. Les achats d'une bibliothèque universitaire ne doivent point être dirigés d'après les mêmes règles que les acquisitions personnelles d'un particulier, ou même celles d'une bibliothèque destinée au grand public. Les ouvrages qui ne présenteront pas un caractère de valeur permanente, les livres destinés à être oubliés quelques mois après leur publication, la plupart des travaux de vulgarisation, n'ont point droit à une place dans nos collections scientifiques. L'objectif de la commission devra être l'enrichissement réel de la bibliothèque, l'augmentation du nombre des instruments de travail, et non pas le moyen de donner satisfaction à la curiosité passagère de quelques-uns en entassant sur les rayons des livres que personne ne demandera plus l'année suivante. Elle n'oubliera pas qu'une bibliothèque est réputée riche avec un nombre relativement restreint de volumes, si elle peut mettre à la disposition des lecteurs tous les bons ouvrages relatifs à chaque science, pendant que telle autre bibliothèque, très belle en apparence, est en réalité pauvre et incomplète si le choix des livres n'a point été judicieusement fait. Une bonne direction scientifique donnée aux acquisitions sera du reste auprès de l'administration la meilleure recommandation pour obtenir une augmentation des ressources de la bibliothèque.

La Commission disposera de l'intégralité du crédit alloué pour acquisitions et abonnements. Sauf certains cas tout à fait spéciaux, sur lesquels je me réserve de prononcer, elle n'en fera aucune répartition entre les Facultés, à plus forte raison entre les divers enseignements d'une même Faculté. Toute dépense sera imputée sur le crédit total. La commission conservera ainsi une liberté d'action plus grande et sera toujours à même, soit de profiter des occasions qui peuvent se présenter, soit de parer aux besoins du moment. Comme elle aura uniquement en vue l'intérêt bien entendu de la bibliothèque et des études, il n'est point à craindre qu'avec cette manière de procéder une ou plusieurs spécialités soient sacrifiées ou seulement négligées. Mais il sera plus facile d'écarter des demandes peu justifiées, et surtout, lorsque la bibliothèque sera encore divisée en plusieurs sections, d'éviter les doubles emplois qui entraînent des dépenses presque toujours superflues.

Le *Registre des demandes d'acquisitions* n'aura pas seulement pour but de porter à la commission les désirs et les besoins des professeurs et des lecteurs de la bibliothèque ; il répondra en même temps au vœu, maintes fois exprimé par les membres du corps enseignant, d'être informés des nouvelles acquisitions. Comme il sera toujours tenu au courant par le bibliothécaire, et que la date de réception de tout ouvrage dont l'acquisition aura été décidée par la Commission y sera soigneusement notée, les intéressés n'auront qu'à parcourir les dernières pages du registre pour satisfaire leur légitime curiosité. Il est inutile d'ajouter que les abonnements aux journaux et revues, demandés ou effectués d'office par la Commission, devront être transcrits annuellement sur le registre au même titre que les acquisitions de livres. Les désabonnements y seront l'objet d'une mention spéciale. Les lecteurs auront ainsi à leur disposition un véritable journal de la Bibliothèque.

Service de lecture. — J'ai fixé à six heures par jour la durée des séances de lecture. Avec le personnel restreint dont nous disposons et les travaux qui incombent au bibliothécaire en dehors des heures d'ouverture, exiger davantage serait préjudiciable au bon fonctionnement du service. Vous aurez à décider, Monsieur le Recteur, d'accord avec la Commission de la bibliothèque, si les deux séances réglementaires doivent avoir lieu dans la journée, ou s'il serait préférable de continuer à ouvrir le soir la salle de lecture Dans le cas où les circonstances rendraient nécessaire une mesure exceptionnelle, et si une prolongation de la durée des séances paraissait indispensable, vous voudriez bien m'adresser un rapport motivé sur les besoins à satisfaire et les ressources de la Bilbiothèque en personnel.

Prêt au dehors. — La limitation de la durée des séances de lecture entraîne nécessairement une plus large extension donnée au service du prêt à l'extérieur. Aussi bien, les motifs sérieux qui, lors de l'organisation des bibliothèques universitaires, avaient fait soumettre le prêt à une réglementation assez rigoureuse ont pour la plupart cessé d'exister. L'habitude a été prise de se servir d'une bibliothèque régulièrement organisée, et, d'autre part, nos collections de livres se sont considérablement accrues depuis plusieurs années. Rien n'empêche donc d'augmenter les facilités déjà accordées à MM. les professeurs de l'enseignement supérieur et d'admettre les étudiants régulièrement inscrits et les membres de l'enseignement secondaire à en bénéficier. Ces derniers se recrutent de plus en plus parmi les élèves que forme l'enseignement supérieur ; la bibliothèque, qu'ils fréquentaient déjà en qualité d'étudiants, deviendra un des liens qui les rattacheront d'une manière permanente à leurs anciens maîtres et aux Facultés près desquelles ils auront conquis leurs grades académiques. Comme fonctionnaires de l'État, ils auront droit au prêt, dans les limites fixées par le règlement, sans autre formalité à remplir que la déclaration de leur qualité.

Il ne peut en être tout à fait de même en ce qui concerne les étudiants. Leur droit au prêt des livres est absolu. Sans parler des avantages qu'ils pourront retirer de cette facilité au point de vue de leurs études, ce qui serait déjà une considération suffisante, les Facultés ne doivent pas oublier, Monsieur le Recteur, qu'une partie notable des fonds alloués pour l'entretien des bibliothèques universitaires provient du *droit de bibliothèque* payé par les étudiants. Les nouvelles ressources que le Parlement, j'en ai la ferme assurance, mettra bientôt à ma disposition pour donner une plus grande extension au service des bibliothèques, seront prélevées sur les droits d'inscription. Dans ces conditions, il me semblerait souverainement injuste de refuser aux étudiants la faculté d'user de la bibliothèque universitaire dans une mesure aussi large que possible. Mais, d'autre part, nous ne devons négliger aucune précaution pour mettre nos collections à l'abri de tout risque de perte ou de détérioration. Il ne faudrait pas qu'un étudiant puisse quitter la Faculté sans avoir rendu les ouvrages empruntés à la bibliothèque ou réparé les dommages qu'ils pourrait avoir causés. Le prêt aux étudiants me paraît donc devoir être subordonné à quelques formalités indispensables. N'auront droit au prêt que les étudiants régulièrement inscrits, c'est-à-dire ceux qui auront déposé au secrétariat de la Faculté dont ils suivent les cours les pièces prescrites par l'article 3 du décret du 30 juillet 1883. En recevant ces pièces et en constituant le dossier individuel de l'étudiant, le secrétaire remplira un *certificat d'inscription* dont le modèle est ci-joint et le joindra au dossier. Si l'étudiant désire bénéficier du prêt, il réclamera cette feuille au secrétariat et en effectuera le dépôt à la bibliothèque. Le bibliothécaire pourra alors prêter à l'étudiant, dans les limites du règlement, tous les ouvrages dont il aura besoin pour ses études. Mais le certificat ne sera remis à l'étudiant, pour être rendu par lui au secrétariat, que lorsqu'il sera quitte de toute obligation vis-à-vis de la bibliothèque universitaire. En attendant, tout dossier où manquera cette pièce sera réputé incomplet et le secrétaire de la Faculté ne devra s'en dessaisir sous aucun motif. Je vous adresse un nombre suffisant d'exemplaires du nouveau certificat, pour que MM. les secrétaires soient en mesure de compléter sans retard les dossiers des étudiants déjà inscrits.

Quant au mode de prêt, il vous appartient, Monsieur le Recteur, de concert avec la Commission de la bibliothèque, de déterminer les conditions qui vous paraîtront les mieux appropriées aux besoins et aux usages locaux. L'emploi du *bulletin de demande* écrit et signé de la main de l'emprunteur peut remplacer avantageusement la signature apposée sur le *registre de prêt* ; on évitera ainsi à MM. les professeurs la peine de se déplacer personnellement aux heures d'ouverture de la bibliothèque.

Prêt de bibliothèque à bibliothèque. — J'attire toute votre attention, Monsieur le Recteur, sur l'article du règlement qui autorise le prêt de bibliothèque universitaire à bibliothèque universitaire, c'est-à-dire le déplacement des ouvrages de nos collections qui pourront passer temporairement d'un dépôt dans un autre dépôt, sans jamais cesser d'être placés sous la responsabilité d'un bibliothécaire. Il est souvent arrivé qu'un professeur, transféré dans une autre Académie, n'a plus trouvé dans la bibliothèque universitaire les instruments de travail qu'il avait précédemment à sa disposition et que parfois il avait fait acquérir en vue des recherches spéciales. Les inconvénients résultant de cette situation m'ont souvent été signalés. Il y sera obvié dans la mesure de ce qui est possible par le prêt de bibliothèque à bibliothèque. Le nouveau service présentera encore bien d'autres avantages, et en particulier celui d'établir des communications suivies entre nos diverses bibliothèques universitaires, restées jusqu'à présent beaucoup trop isolées l'une de l'autre.

Vacances. — J'ai fixé à deux mois la durée des vacances de la bibliothèque. D'accord avec la Commission, vous arrêterez le jour de fermeture et le jour de réouverture, et porterez à ma connaissance la décision que vous aurez prise. Vous aurez sans doute à tenir compte des usages et des besoins locaux, mais vous jugerez certainement utile que la bibliothèque soit réouverte une quinzaine de jours avant la reprise des cours d'enseignement supérieur.

Mon intention, Monsieur le Recteur, est que le présent règlement soit immédiatement appliqué. Vous voudrez bien prendre les mesures nécessaires pour que la Commission de la bibliothèque dont les attributions seront beaucoup plus étendues que celles de l'ancienne Commission de surveillance, soit bientôt constituée ; vous m'informerez des choix qui auront été faits par les Facultés. Le règlement sera affiché dans la salle de lecture de la bibliothèque ; je vous en adresse un certain nombre d'exemplaires pour être distribués aux intéressés. Il sera également utile de porter à la connaissance des étudiants les conditions qu'ils devront remplir pour avoir droit au prêt. L'exemplaire du *Registre des demandes d'acquisitions* que je vous envoie sera folioté double par le bibliothécaire et parafé par vous ou par votre délégué. Je vous prie de vouloir bien veiller à ce qu'il soit déposé le plus tôt possible à la bibliothèque et mis à la disposition de MM. les professeurs et des étudiants.

Je n'ai pu, Monsieur le Recteur, entrer dans tous les détails d'application du nouveau règlement. Bien des cas peuvent se présenter sur lesquels vous aurez à vous prononcer, d'accord avec la Commission de la bibliothèque. Vous m'en référerez toutefois s'ils présentaient un caractère particulier d'importance.

Recevez, Monsieur le Recteur, l'assurance de ma considération très distinguée,

Le ministre de l'Instruction publique, des Beaux-Arts et des Cultes,

René GOBLET.

MODÈLE DU CERTIFICAT D'INSCRIPTION.

ACADÉMIE DE RENNES.

FACULTÉ DE DROIT.

CERTIFICAT D'INSCRIPTION.

Le secrétaire de la Faculté certifie que M.
est inscrit régulièrement à la Faculté de droit, et qu'il a déposé au Secrétariat les pièces prescrites par l'article 3 du décret du 30 juillet 1883.

Ces pièces ne seront rendues au déposant, envoyées à une autre Faculté ou transmises au Ministère de l'Instruction publique à l'appui d'une proposition de diplôme que sur le vu de l'attestation ci-dessous signée du bibliothécaire.

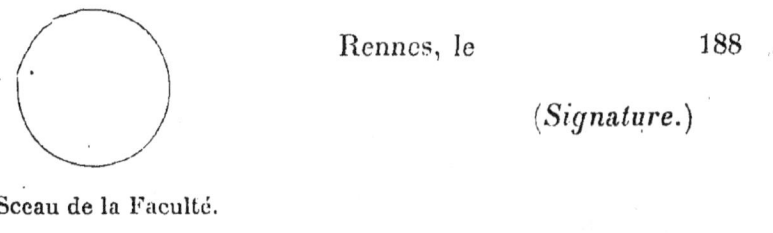

Rennes, le   188 .

(*Signature.*)

Sceau de la Faculté.

BIBLIOTHÈQUE UNIVERSITAIRE DE RENNES.

Le bibliothécaire certifie que M.
est quitte de toute obligation vis-à-vis de la Bibliothèque universitaire, et que le dernier ouvrage emprunté par lui a été rendu le
                  188 .

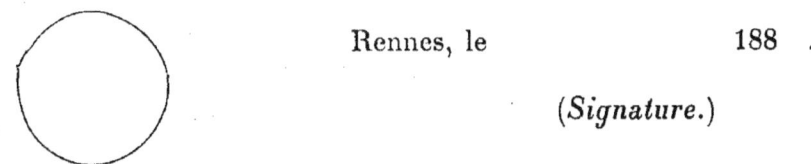

Rennes, le   188 .

(*Signature.*)

Timbre de la Bibliothèque.

ACADÉMIE DE LYON

Bibliothèque universitaire

Prêt des livres.

M.   , étudiant à la Faculté de
de Lyon, en suite du dépôt de son CERTIFICAT D'INSCRIPTION à la
Bibliothèque universitaire, section de   a droit à
un prêt supplémentaire de DEUX VOLUMES à la section de
Il ne pourra retirer le certificat d'inscription qu'après avoir remis
la présente pièce dûment acquittée par la section de
(Décision rectorale du 25 février 1888).
           Lyon, le   188 .
                              Le bibliothécaire,

M.   a rendu tous les ouvrages empruntés par lui à la Bibliothèque universitaire, section de
           Lyon, le   188 .
                              Le bibliothécaire,

XXVIII.

Paris, le 4 août 1888.

Monsieur le Recteur,

Les procès-verbaux de récolement des bibliothèques universitaires, que j'ai reçus des différentes académies, montrent que la nature et l'utilité de cette opération ne sont pas encore généralement comprises. Je crois devoir appeler votre attention sur les conditions dans lesquelles ce travail annuel doit être fait, pour produire le résultat qu'on a le droit d'en attendre. — Destiné à constater la présence des volumes sur les rayons et à donner ainsi périodiquement l'état de conservation de la bibliothèque, un récolement doit être continu : c'est-à-dire que les numéros du registre-inventaire doivent être appelés les uns à la suite des autres sans lacune ; c'est peut-être dans les numéros omis que se rencontreront les absences. A plus forte raison n'est-il pas admissible que l'on prenne simplement au hasard un certain nombre, quelquefois insignifiant, de numéros qu'on trouve le récolement fini quand ils ont été appelés, et satisfaisant quand on les a tous trouvés présents. Avec cette manière de procéder, il peut arriver plusieurs années de suite que les numéros absents ne tombent pas au sort et que les pertes restent ignorées jusqu'à ce qu'un hasard qui peut se faire attendre indéfiniment viennent le révéler. — Le système de casement adopté par les bibliothèques universitaires rend facile et rapide l'opération du récolement qui, autrement, ne laisse pas d'être compliquée et laborieuse. Les livres inscrits sur le registre inventaire et casés sur les rayons selon la même série numérique, peuvent être appelés l'un après l'autre, et leur présence vérifiée sur les tablettes, d'une façon continue, sans aucune de ces interruptions ou de ces retards, occasionnés dans les autres systèmes de classification par l'entrée dans de nouvelles sections, où le chiffrage change, ainsi que par le variété et la multiplicité des cases. — Aussi a-t-il été possible de le faire tous les ans et complètement dans un grand nombre de bibliothèques, s'il n'en a pas été de même dans les autres, ce n'est donc pas une question de possibilité, mais d'interprétation. Pour qu'il ne s'en produise plus d'erronée, je crois utile, Monsieur le Recteur, de spécifier la manière dont le récolement annuel doit être désormais fait. — On appellera tous les numéros depuis un jusqu'au dernier ; dans nos bibliothèques universitaires de création nouvelle, il n'y en a pas encore une dont l'effectif soit assez considérable pour que cette opération soit impossible ; celle qui compte le plus grand nombre de volumes a été récolée complètement depuis l'origine. — Mais dans le cas où des circonstances particulières paraîtraient rendre cette tâche trop lourde, on pourrait faire le récolement en deux fois : on commencerait la deuxième année au numéro récolé dans la précédente, en rappelant cette circonstance et ce chiffre dans le procès-verbal qui constaterait en même temps que l'opération est terminée.

Ce n'est qu'en remplissant ces conditions que les récolements annuels permettront de se rendre compte de l'état des collections, des rapports qu'il peut y avoir entre la conservation et l'usage, de l'influence que peuvent exercer sur la première les dispositions actuellement en vigueur et fourniront des indications utiles au sujet de diverses questions sur lesquelles il importe que je sois exactement et régulièrement renseigné.

XXIX.

COMPTABILITÉ DES DÉPENSES DE MATÉRIEL.

Paris, le 11 décembre 1888.

Monsieur le Recteur, je suis informé que, dans plusieurs bibliothèques universitaires, les mandats de payement sont délivrés au nom des bibliothécaires au lieu de l'être au nom des créanciers réels.

J'ai l'honneur de vous faire remarquer que cette manière de procéder est contraire au règlement général de comptabilité du 16 octobre 1867, et peut entraîner de graves inconvénients.

Les prescriptions de ce règlement ont été rappelées dans une circulaire de mon prédécesseur, en date du 29 décembre 1875. Je crois devoir les remettre sous vos yeux. L'article 98 du règlement de comptabilité du 16 octobre 1867 porte que : « les ordonnances de payement et les mandats doivent désigner le titulaire de la créance par son nom. » L'article 125 ajoute : « Aucun payement ne peut être effectué qu'au véritable créancier justifiant de ses droits, et pour l'aquittement d'un service fait ». Enfin, dans la nomenclature générale des pièces à produire (Dispositions générales), il est dit § 9 : « La partie prenante dénommée dans une ordonnance ou dans un mandat de payement doit toujours être le créancier réel c'est-à-dire la personne qui a fait le service, effectué les fournitures ou travaux ; et § 11 : « Toute quittance doit être datée et signée par la partie prenante devant l'agent du Trésor au moment même du payement. »

Je vous prie de refuser votre visa sur toute facture portant l'acquit du fournisseur, et de vous entendre avec M. le Préfet et M. le Trésorier-Payeur général pour que les mandats soient toujours payés entre les mains du créancier réel. Vous voudrez bien donner connaissance de ces instructions à M. le Bibliothécaire et m'accuser réception de la présente circulaire.

Recevez, Monsieur le Recteur, l'assurance de ma considération très distinguée.

Le ministre de l'Instruction publique et des Beaux-Arts.
Signé : E. Lockroy.

XXX.

Paris, le 5 février 1889.

Monsieur le Recteur, la loi du 25 janvier 1889 relative à l'**exercice financier** modifie sur certains points le règlement général sur la comptabilité publique en date du 31 mai 1862. — Les dispositions essentielles de cette loi, et qui intéressent tout particulièrement les établissements et administrations dont les dépenses figurent au budget de l'Etat, sont les suivantes :

Art. 3. — La période d'exécution des services d'un budget embrasse, outre l'année même à laquelle il s'applique, des délais complémentaires accordés, sur l'année suivante, pour achever les opérations relatives au recouvrement des produits, à la constatation des droits acquis, à la liquidation, à l'ordonnancement et au payement des dépenses.

A l'expiration de ces délais, l'exercice est clos.

Art. 4. En ce qui concerne le budget de l'Etat, ces délais s'étendent pendant la seconde année : 1º Jusqu'au 31 mars, pour la liquidation et l'ordonnancement des sommes dues aux créanciers ; 2º jusqu'au 30 avril, pour le payement des dépenses, la liquidation et le recouvrement des droits acquis à l'État pendant l'année du budget.

Art. 9. — Les dispositions de la présente loi sont applicables à partir du budget de l'exercice 1888. Toutefois, à titre transitoire, pour les exercices 1888, 1889 et 1890, les délais prévus à l'article 4 seront prolongés de deux mois.

Afin d'entrer dans le mode de comptabilité qui résulte de la loi du 25 janvier 1889, il importe, Monsieur le Recteur, que les dispositions nécessaires soient prises par l'administration académique et par les Facultés de votre ressort, pour que désormais l'apurement et la liquidation des dépenses de personnel et de matériel imputées sur le budget de l'État, et dont l'ordonnancement n'aura pu être effectué avant le 31 décembre, soient complètement achevées dans le courant du premier trimestre de l'année suivante, la loi fixant pour la clôture des opérations un terme (31 mars) qui ne pourrait être dépassé en aucun cas. — Vous remarquerez toutefois qu'en ce qui concerne les exercices 1888, 1889 et 1890, une disposition spéciale de la loi du 25 janvier stipule (art. 9, § 2) que les délais prescrits à l'art. 4 (§ 1 et 2) seront prolongés de deux mois. Comme conséquence, les dates de clôture des opérations de chacun de ces trois exercices se trouvent fixées ainsi qu'il suit :

Exercice 1888. — 1º Jusqu'au 31 mai, pour la liquidation et l'ordonnancement des sommes dues aux créanciers.

2º Jusqu'au 30 juin, pour le payement des dépenses par le Trésor public.

Exercices 1889 et 1890, même délais. — Veuillez veiller à ce que ces prescriptions soient strictement observées. — Je vous envoie un nombre suffisant d'exemplaires de la présente instruction pour que vous puissiez en adresser aux Doyens des Facultés, aux bibliothécaires universitaires et aux inspecteurs d'académie de votre ressort.

Recevez, Monsieur le Recteur, l'assurance de ma considération très-distinguée.

Le Ministre de l'Instruction publique,
Et pour le Ministre et par autorisation,
Le directeur de l'enseignement supérieur.

XXXI.

ARRÊTÉ DÉTERMINANT LES CLASSES ET LES TRAITEMENTS DES BIBLIOTHÉ-
CAIRES ET SOUS-BIBLIOTHÉCAIRES UNIVERSITAIRES.

Du 13 mai 1893

Le Ministre de l'Instruction publique, des Beaux-Arts et des Cultes,

Vu le règlement pour les bibliothèques universitaires, en date du 23 août 1879 ;

Vu l'arrêté en date du 4 décembre 1882 ;

Arrête :

Art. 1er. Les classes et les traitements des bibliothécaires et sous-bibliothécaires des bibliothèques universitaires sont fixés ainsi qu'il suit :

1° Bibliothécaires

Quatre classes.

1e classe	4.500 fr.
2e classe	4.000
3e classe	3.500
4e classe	3.000

2° Sous-bibliothécaires

Deux classes

1e classe	2.800 fr.
2e classe	2.400

Art. 2. Il est procédé chaque année, au mois de décembre, aux promotions de classes. Elles ont lieu au choix et dans la limite des crédits disponibles.

Art. 3. Nul ne peut être promu à la classe supérieure qu'après trois ans d'exercice dans la classe immédiatement inférieure.

La durée de l'exercice dans une classe est calculée à partir du jour de la nomination à cette classe.

Art. 4. Les bibliothécaires et sous-bibliothécaires, qui ont actuellement les traitements attribués aux classes déterminées par l'article

1ᵉʳ, prendront rang dans cette classe, à dater de leur dernière promotion.

Art. 5. Sont abrogées les dispositions antérieures contraires à celles du présent arrêté.

R. Poincaré.

XXXII.

Ministère de l'Instruction publique, des Beaux-Arts et des Cultes.

ARRÊTÉ.

Le ministre de l'Instruction publique, des Beaux-Arts et des Cultes,

Vu l'arrêté du 4 décembre 1882 relatif au certificat d'aptitude pour les fonctions de bibliothécaire universitaire ;

La Commission centrale des bibliothèques universitaires entendue,

Arrête ;

Inscriptions, pièces à produire, informations.

Art. 1ᵉʳ. Les candidats au certificat d'aptitude pour les fonctions de bibliothécaire universitaire doivent se faire inscrire au secrétariat de l'Académie dans laquelle ils résident.

L'inscription n'est pas reçue au cas où le candidat aurait plus de trente-cinq ans ou moins de vingt et un ans révolus, au 31 décembre de l'année qui précède l'inscription ;

Art. 2. Ils déposent à cet effet :

1º Leur acte de naissance ;

2º Le diplôme de bachelier ès lettres ou de bachelier de l'enseignement secondaire classique ;

3º Un certificat constatant que le candidat a fait une année de stage comme surnuméraire dans une bibliothèque universitaire.

La durée du stage est réduite à six mois pour les licenciés ès lettres ou les licenciés ès sciences, les docteurs en droit ou en médecine, les archivistes paléographes et les élèves diplômés de l'École des hautes études.

Sont dispensés de la condition de stage les fonctionnaires des bibliothèques dépendant de l'État ou des communes pouvant justifier de trois ans de service actif ;

4° Un *curriculum vitœ* écrit en entier et signé par eux, dans lequel ils font connaître les situations qu'ils ont occupées, la nature de leurs travaux et de leurs services, les divers diplômes et brevets de capacité qu'ils ont obtenus ;

5° Une note indicative des langues anciennes et des langues vivantes qu'ils déclarent connaître ;

6° Le certificat d'un médecin délégué par le Recteur constatant leur état de santé et leur aptitude physique.

Art. 3. Les candidats sont informés de leur admissibilité aux examens quinze jours au moins avant l'ouverture des épreuves.

Examen.

Art. 4. L'examen comprend deux épreuves, l'une écrite, l'autre orale.

Art. 5. *Epreuve écrite.* — L'épreuve écrite comprend :

1° Une composition sur une question de bibliographie générale ou sur une question d'administration appliquée au service d'une bibliothèque universitaire, tirée du programme ci-annexé ;

2° Le classement de quinze ouvrages traitant de matières diverses et appartenant aux différentes époques de l'imprimerie. Ce travail implique les opérations déterminées par l'Instruction générale du 4 mai 1878, savoir :

Le numérotage ;

L'inscription au registre d'entrée-inventaire ;

L'inscription au catalogue méthodique ;

L'inscription au catalogue alphabétique ;

Le candidat devra justifier dans ce travail d'une écriture serrée et parfaitement lisible.

Art. 6. *Epreuve orale.* — L'épreuve orale se compose :

1° De questions sur la bibliographie et le service d'une bibliothèque universitaire ;

2° D'interrogations sur les langues vivantes inscrites à la note indicative mentionnée à l'article 2.

Le candidat devra justifier, en tout cas, d'une connaissance suffisante de la langue allemande, par l'explication, à livre ouvert, d'un passage tiré de Graesel, *Grundzüge der Bibliothekslehre* (Leipzig, Weber, 1890).

Jugement des épreuves.

Art. 7. Les épreuves sont subies devant la Commission centrale des bibliothèques universitaires. Pour être valable, le jugement devra être rendu par cinq de ses membres présents à toutes les opérations. Il est soumis à la ratification du Ministre, qui délivrera un *certificat d'aptitude* aux candidats qui en seront jugés dignes.

Le résultat de l'examen et le rapport du président sont consignés au registre des procès-verbaux de la Commission centrale des bibliothèques universitaires.

Sessions d'examen.

Art. 8. Les sessions d'examen ont lieu à Paris. Elles sont ouvertes par un arrêté du Ministre qui indiquera les dates d'ouverture et de clôture du registre d'inscription, le lieu, le jour et l'heure des épreuves.

Art. 9. Les dispositions contraires au présent arrêté sont et demeurent rapportées.

Fait à Paris, le 20 décembre 1893.

E. Spuller

XXXIII.

PROGRAMME

DE BIBLIOGRAPHIE GÉNÉRALE ET D'ADMINISTRATION DES BIBLIOTHÈQUES UNIVERSITAIRES [1].

1re PARTIE — BIBLIOGRAPHIE GÉNÉRALE.

I. — *Les Éléments matériels du livre.*

1° Le papier (matières diverses; fabrication à la forme, vergeures, pontuseaux, filigranes ou marques d'eau; fabrication mécanique; papier vélin, de Chine, du Japon, de Hollande, etc.,).

2° Les caractères et l'encre d'imprimerie (caractères gothiques, romains, de civilité; lettres capitales, chiffres romains; encre noire et de couleur, rubriques, etc.).

3° La composition typographique (justification, placards, pages, recto, verso, colonnes; marges, impression sur grand papier, fausses marges, gloses marginales, manchettes; lettrines, titre courant, foliotage et pagination, réglure, etc.).

4° Le pliement et l'assemblage des feuilles (diverses sortes d'impositions et de formats; signatures, réclames).

5° Les parties accessoires du texte (titre, adresse bibliographique, préface, introduction, notice, notes, appendice, table, index, errata, privilège ou permission, etc.).

6° Les illustrations (figures dans le texte et hors texte, planches en noir et en couleurs; capitales ornées, vignettes, culs-de-lampe, encadrements; frontispice, titre gravé, marques de libraire, portrait; cartes, plans, tableaux graphiques, airs notés; atlas séparé du texte, portefeuille, etc.).

7° La forme de la publication (volume, tome, série, collection, périodique, ouvrage en cours; fascicule, livraison, extrait ou tirage à part, tirage à petit nombre, plaquette, etc.).

8° La reliure (différentes sortes de peaux et de toiles; cartonnage, emboîtage; reliure pleine, demi-reliure, reliure sur onglets;

---

1. Le lecteur trouvera dans le lexique les détails suffisants sur les connaissances exigées sur les diverses matières dont il est ici question.

titre, ornements des tranches, du dos et des plats ; termes techniques de la reliure).

9° Les particularités distinctives des exemplaires (ex-libris, dédicace, notes manuscrites : papier de luxe, reliure aux armes, reliure signée ; carton ; détériorations matérielles : taches, déchirures, piqûres, etc.).

II. — *L'Histoire du livre.*

1° Notions générales sur les origines de l'imprimerie, sur son introduction et son développement en France.

2° Caractères distinctifs des incunables : leurs rapports avec les manuscrits et les xylographes.

3° Impressions des Alde, des Estienne, des Plantin, des Elzevier, des Didots, etc.

4° Caractère du livre moderne (confusion des formats, nouveaux procédés d'illustration, multiplication des périodiques et des ouvrages d'érudition, etc.).

III. — *Les Répertoires bibliographiques.*

1° Bibliographies universelles, telles que BRUNET, *Manuel du libraire* ; EBERT, *Allgemeines bibliographisches Lexikon* ; GRAESSE, *Trésor des livres rares*.

2° Bibliographies spéciales à la France, telles que QUÉRARD, *La France littéraire, les Supercheries littéraires* ; BARBIER, *Dictionnaire des anonymes* ; LORENZ, *Catalogue de la librairie française* ; le *Journal général de l'imprimerie et de la librairie* ; — répertoires analogues, publiés en Allemagne, en Angleterre, en Italie, en Espagne, en Portugal, aux États-Unis d'Amérique, etc.

3° Bibliographies spéciales à une matière déterminée ; par exemple, pour l'histoire du moyen âge : POTTHAST, *Bibliotheca historica medii œvi* ; UL. CHEVALIER, *Répertoire des sources historiques du moyen-âge* ; pour la philologie classique : ENGELMANN ET PREUSS, *Bibliotheca scriptorum classicorum* ; et ainsi de suite pour les principales branches de l'histoire, du droit, de la linguistique, de la littérature, des sciences mathématiques, physiques, naturelles, médicales, etc.

IV. — *Bibliographie appliquée à l'usage des bibliothèques*

1° Rédaction des titres qui doivent figurer dans un catalogue de bibliothèque : règles générales, cas particuliers (anonymes, pseudonymes, noms composés, etc...), règles spéciales à la rédaction des titres d'incunables.

2° Classement des titres suivant la nature du catalogue où ils doivent figurer :

a) Catalogue alphabétique, soit des noms d'auteurs, soit des titres anonymes ; règles générales du classement alphabétique ;

b) Catalogue méthodique ; différents systèmes de classification ; avantages du système de Brunet, perfectionnements dont il est susceptible ;

c) Catalogue alphabétique des matières ; utilité et difficultés particulières de ce répertoire.

3° Disposition matérielle des catalogues : registres, cartes ou folios mobiles ; avantages et inconvénients de chaque système.

2° PARTIE. — ADMINISTRATION DES BIBLIOTHÈQUES UNIVERSITAIRES.

I. — *Le Personnel.*

Le bibliothécaire, les sous-bibliothécaires, les garçons de salle ; leurs attributions, leurs devoirs, leur responsabilité ; — la Commission de la bibliothèque ; — unité administrative du dépôt et du service, malgré la pluralité des sections.

II. — *Le Local.*

Application aux bibliothèques universitaires des principes généraux de la construction et de l'aménagement des bibliothèques publiques : conditions les plus favorables à la préservation des livres et à la facilité du service ; principales dispositions adoptées en France et à l'étranger pour le chauffage, l'aération, l'éclairage, l'aménagement des salles de travail, des galeries et des dépôts.

III. — *Le mobilier.*

Étagères en bois ou en métal, travées, rayons fixes, rayons à crémaillères ou à clavettes ; armoires pour les livres de réserve, comptoirs pour les formats atlantiques, casiers pour les périodiques en fascicules ; boîtes à cartes, meubles pour catalogues ; monte-charge, échelles ; tables et pupitres de travail ; portefeuilles, cartons pour les brochures, reliures mobiles, sangles de bureau, fiches de déplacement, planchettes indicatrices, etc.

IV. — *Les livres.*

1° Provenance. — *a*) Dons de l'État et des particuliers.

b) Acquisitions : budget de la bibliothèque, registre des demandes d'acquisition, part respective de la Commission de la bibliothèque et du bibliothécaire dans les acquisitions ; usages de la librairie française et de la librairie étrangère, prix fort, prix net, achat de livres d'occasion ou en ventes publiques, abonnements aux périodiques, souscription aux ouvrages en cours, achat des suites, complément des collections ; vérification de l'état des livres achetés.

c) Échange des thèses et publications académiques entre les facultés françaises et avec les universités étrangères ; formalités prescrites par les circulaires et arrêtés ministériels.

2° Classement. — *a*) Principes généraux : ordre d'entrée appliqué au rangement des ouvrages sur les rayons ; comparaison avec l'ordre méthodique et le système d'intercalation usités dans d'autres bibliothèques ; — série unique de numéros, divisée en trois sections correspondant aux trois principaux formats ; — numérotage continu dans chaque section.

b) Opérations de classement prescrites par l'Instruction générale du 4 mai 1878 : timbrage, numérotage, inscription au registre d'entrée-inventaire, inscription au catalogue alphabétique, inscription au catalogue méthodique, intercalation des cartes à leurs catalogues respectifs, placement des ouvrages sur les rayons.

c) Cas particuliers : classement provisoire et inscription sur des registres spéciaux des périodiques, des ouvrages en cours de publication ou provenant des échanges universitaires ; traitement des brochures et des doubles ; constitution d'une réserve pour les livres précieux ; groupement à part des livres usuels et des volumes de très grand format ; règles spéciales au classement des manuscrits ;

3° Mesures de conservation. — *a*) Reliure : préparation des ouvrages et des périodiques à relier, recueils factices, reliures provisoires, tenue du registre des reliures, vérification des volumes reliés ;

b) Réparation des volumes tachés, déchirés ou piqués ;

c) Aération, nettoyage et battage des volumes ;

d) Récolement annuel : formalités prescrites pour l'appel des volumes et la constatation des absences ; — récolements extraordinaires, en cas de mutation du fonctionnaire responsable.

V. — *Les Services de la bibliothèque.*

1º Service à l'intérieur. — Conditions d'admission dans la salle de lecture, bulletin de demande, communication des livres, surveillance, catalogues et livres usuels.

2º Service au dehors. — Personnes admises à emprunter, livres exceptés du prêt, tenue du registre de prêt, modes de réclamation, responsabilité des emprunteurs ; prêt de bibliothèque à bibliothèque.

VI. — *La comptabilité financière et administrative.*

1º Tenue des comptes de libraires, relieurs et autres fournisseurs, préparation des factures, règlement des comptes.

2º États de situation, compte rendu des dépenses budgétaires, procès-verbaux de récolement.

XXIV.

RÈGLEMENTS
RELATIFS AUX FACULTÉS DE PARIS

RÈGLEMENT POUR LE SERVICE DE LA BIBLIOTHÈQUE DE LA FACULTÉ DE DROIT DE PARIS.

TITRE PREMIER. — *Dispositions générales.*

ART. 1er. La bibliothèque de la Faculté est placée sous l'autorité du doyen et la surveillance d'une commission spéciale.

ART. 2. Le bibliothécaire a, sous l'autorité du doyen, la direction du service.

Il est chargé de l'acquisition des livres et collections, et de l'abonnement aux périodiques ; il a la police intérieure de la bibliothèque et de ses annexes.

Les sous-bibliothécaires, employés ou garçons employés à la bibliothèque, lui sont subordonnés ; ils doivent, pour tout ce qui concerne le service, se conformer à ses prescriptions.

ART. 3. Tous achats, traités, abonnements et commandes se rapportant au service de la bibliothèque, seront faits sur la proposition du bibliothécaire, au moyen de bons approuvés par le doyen, et visés par le secrétaire agent comptable de la faculté.

ART. 4. Au commencement de chaque année scolaire, le doyen adresse au recteur un rapport sur la situation de la bibliothèque, les progrès réalisés pendant l'année précédente et les améliorations à introduire.

Ce rapport est préalablement soumis à la faculté.

TITRE II. — *Commission de surveillance.*

ART. 5. La commission de surveillance est composée du doyen, président, de trois professeurs titulaires et de deux agrégés, élus chaque année par la faculté, au scrutin de liste, dans sa première assemblée de janvier, et du bibliothécaire.

Elle se réunit au moins une fois par mois, à une date qu'elle fixe elle-même.

La présence de quatre au moins de ses membres sera nécessaire pour qu'elle délibère.

Art. 6 La commission statue sur les achats de livres et collections, sur les abonnements aux périodiques, et généralement sur l'emploi des crédits inscrits au budget de la faculté pour le service de la bibliothèque.

Elle règle l'ordre à suivre dans les achats.

Elle donne son avis sur l'acceptation des dons et legs.

Art. 7. Dans l'intervalle des séances de la commission, les acquisitions urgentes seront faites sur l'autorisation spéciale du doyen.

Elles seront soumises à la ratification de la commission de surveillance lors de sa prochaine séance.

Elles ne peuvent, au cours d'un exercice, excéder la portion du crédit alloué pour achats de livres que la commission déterminera chaque année.

Art. 8. — Les demandes d'achats faites par les membres de la faculté ou par les étudiants seront remises au bibliothécaire ; elles sont par lui transmises au doyen avec ses observations et ses propositions personnelles, pour qu'il soit statué conformément à l'article 5 ou à l'article 6.

Titre III. — *Personnel.*

Art. 9. Ne peuvent être nommés aux fonctions de bibliothécaire de la faculté que les personnes réunissant les conditions exigées par l'article 11 du règlement général du 23 août 1879, et étant munies en outre du diplôme de licencié en droit.

Titre IV. — *Service de lecture à l'intérieur.*

Art. 10. La bibliothèque est ouverte tous les jours, sauf les dimanches et jours de fêtes légales, de 9 heures et demie du matin à 5 heures du soir, et, en outre, de 7 heures à 10 heures du soir.

Elle est fermée pendant les vacances et pendant les congés de la faculté ; toutefois, pendant la semaine de la Pentecôte, elle est ouverte, à partir du mardi, de 9 heures et demie à 2 heures.

Art. 11. Sont admis de droit dans les salles de lecture :

1° Les membres en exercice et les membres honoraires des facultés de droit de l'État, ainsi que le secrétaire de la faculté de droit de Paris ;

2° Les étudiants de la faculté de droit de Paris, sur la présentation de leur carte d'étudiant ;

3° Les candidats à l'agrégation pendant la durée du concours. Seront admises, en outre, les personnes munies d'une autorisation délivrée par le doyen.

Art. 12. Les mesures d'ordre relatives au service de lecture font l'objet d'un règlement spécial qui doit être affiché dans chacune des salles de la bibliothèque.

Art. 13. — Les manuscrits communiqués ne peuvent être copiés qu'en vertu d'une autorisation délivrée par la commission de surveillance.

Titre V. — *Prêt*.

Art. 14. Sont admis au prêt :

1° Les membres en exercice et les membres honoraires de la faculté de droit de Paris ;

2° Le secrétaire, le bibliothécaire et les sous-bibliothécaires de la même faculté ;

3° Les candidats à l'agrégation pendant la durée du concours pour la préparation des leçons. Les ouvrages empruntés par eux doivent être rapportés à la bibliothèque aussitôt que chaque épreuve est subie. Aucun ouvrage ne sera prêté pour la préparation des sujets d'argumentation ;

4° Les personnes munies d'une autorisation délivrée par la commission de surveillance. L'autorisation ne peut être que spéciale à un ou plusieurs ouvrages déterminés ; elle fixe les conditions et la durée du prêt ; elle est toujours révocable.

Art. 15. Sont exceptés du prêt.

1° Les ouvrages rares ou de grand prix que désignera la commission de surveillance ;

2° Les dictionnaires ;

3° Les estampes, cartes et plans ;

Art. 16. Les manuscrits et les incunables ne seront prêtés que sur une autorisation spéciale de la commission de surveillance, pour le temps et aux conditions qu'elle prescrira.

Art. 17. Le prêt est personnel ; il est expressément interdit à l'emprunteur de se dessaisir des livres qui lui seront confiés.

Art. 18. Tout ouvrage prêté doit être remplacé sur les rayons par une planchette indicative, contenant la fiche signée de l'emprunteur.

Il est, en outre, inscrit sur un registre spécial établi par ordre alphabétique des noms des emprunteurs, contenant la date du prêt et celle de la restitution.

La fiche signée sera immédiatement remise à l'emprunteur lors de la rentrée de l'ouvrage à la bibliothèque ; il est immédiatement fait mention de la rentrée sur le registre du prêt.

Art. 19. Les professeurs et agrégés de la faculté et le bibliothécaire ne pourront, à moins d'une autorisation de la commission de surveillance, avoir plus de dix volumes à leur nom.

Les autres personnes admises au prêt ne pourront en avoir plus de cinq.

Art. 20. Tout ouvrage ou volume prêté qui sera demandé en communication à la bibliothèque sera, par les soins du bibliothécaire, réintégré sur-le-champ ; il sera rendu à l'emprunteur, s'il le demande, après un délai de deux jours francs.

Art. 21. La durée du prêt n'excédera pas un mois pour les livres et quinze jours pour les périodiques, soit en fascicules, soit en volumes.

Le même emprunteur ne pourra emprunter de nouveau le même ouvrage ou le même périodique que huit jours après la réintégration.

Art. 22. Pour rendre régulière et assurer, en cas de besoin, la rentrée des ouvrages prêtés, il sera procédé comme il suit :

Une feuille indiquant la date à laquelle le volume devra être réintégré sera remise à chaque emprunteur en même temps que le volume emprunté.

Si l'emprunteur n'a pas remis le volume à la date de la réintégration, le bibliothécaire lui enverra le lendemain une lettre d'avis pour l'inviter à réintégrer le volume.

Si, dans la quinzaine qui suivra cette lettre d'avis, le livre n'a pas été rapporté, le bibliothécaire transmettra au doyen le nom de l'emprunteur en retard ; le doyen lui adressera une lettre de rappel ; un mois après, faute de réintégration, les volumes non rentrés seront remplacés sans autre avertissement, par les soins du recteur, aux frais de l'emprunteur.

Art. 23. Il n'y aura pas de lettre d'avis pour les périodiques en fascicules ou en volumes.

Il sera, quant à ces ouvrages, faute de réintégration au terme du prêt, procédé de suite conformément au dernier alinéa de l'article précédent.

Art. 24. La privation du droit au prêt peut être prononcée par le ministre de l'instruction publique sur le rapport de la commission de surveillance.

Art. 25. Les emprunteurs qui ne peuvent rendre les ouvrages prêtés ou qui les rendent soit en mauvais état, soit incomplets, sont tenus de les remplacer à leurs frais. Si le remplacement n'est pas possible, ils doivent réparer le préjudice causé à la bibliothèque, suivant estimation faite par expert.

Titre VI. — *Service administratif.*

Art. 26. Les registres dont la tenue est obligatoire sont :
1° Le registre d'entrée ;
2° Le registre de prêt ;
3° Le registre de récolement ;
Deux catalogues sur fiches seront constamment tenus au courant :
1° Le catalogue alphabétique ;
2° Le catalogue méthodique.

Art. 27. Les livres, brochures, cartes, etc., entrant à la bibliothèque, seront immédiatement estampillés et inscrits sur le registre d'entrée et sur les divers catalogues.

Art. 28. Chaque volume porte au dos et à l'intérieur le numéro de son inscription au registre de récolement.

Art. 29. Le récolement est fait tous les ans par un délégué spécial du recteur, en présence du bibliothécaire.

Disposition spéciale.

Art. 30. Le présent règlement, adopté en assemblée de la faculté, dans les séances du 22 novembre 1879 et du 18 mars 1880, sera exécuté à dater du jour où il aura été approuvé par M. le Ministre de l'Instruction publique.

Le doyen,
Ch. Beudant.

Vu et approuvé, conformément aux dispositions de l'article 40 de l'arrêté ministériel du 23 août 1879.

Paris, le 22 avril 1880.

Le ministre de l'Instruction publique et des Beaux-Arts,
Jules Ferry.

XXXV.

Mesures d'ordre relatives au service de lecture a la bibliothèque de la Faculté de droit de Paris.

1. Le catalogue alphabétique sur fiches est à la disposition du public.

2. Le silence est obligatoire. Il est interdit de fumer dans la bibliothèque et ses dépendances.

3. Les lecteurs peuvent consulter librement tous les volumes placés au rez-de-chaussée de la bibliothèque. Ils ne doivent pas les replacer eux-mêmes sur les rayons. Ils ne doivent pas monter dans les galeries.

4. Ils sont invités à signaler au bibliothécaire les ouvrages dont ils désireraient que la bibliothèque fît l'acquisition.

5. Les lecteurs qui prennent des notes ne doivent pas placer leur papier sur le livre communiqué. Il est interdit d'écrire sur les marges des livres, et de s'en servir comme d'un pupitre. Les lecteurs sont tenus, quand les ouvrages demandés en communication sont rares et précieux, de se conformer aux prescriptions que le bibliothécaire estime nécessaires.

6. On ne peut retenir de place aux tables de travail. Les personnes qui s'absentent plus d'un quart d'heure ne pourront à leur retour réclamer la place qu'elles occupaient ou les livres qui leur avaient été communiqués.

7. Toute contravention aux mesures d'ordre prescrites par le présent règlement entraînera l'exclusion à temps ou définitive de la bibliothèque, sans préjudice des peines disciplinaires, s'il y a lieu.

La peine de l'exclusion sera prononcée par la commission de surveillance, qui en fixera la durée.

Tout lecteur emportant sans autorisation un livre de la bibliothèque sera poursuivi pour détournement.

8. Toute dégradation sera réparée aux frais de celui qui l'aura causée.

9. Un quart d'heure avant la clôture, aucune demande de livre ne sera reçue.

10. Tout lecteur devra, en sortant, présenter à l'employé de service son portefeuille ouvert ou les livres lui appartenant.

Le doyen,
Ch. Beudant.

Vu et approuvé, conformément aux dispositions de l'article 40 de l'arrêté ministériel du 23 août 1879.

Paris, le 22 avril 1880.

Le ministre de l'Instruction publique et des Beaux-Arts,
Jules Ferry,

XXXVI.

Règlement pour le service de la bibliothèque de médecine de Paris.

Titre premier. — *Des devoirs du bibliothécaire et des agents sous ses ordres.*

Art. 1er. Le bibliothécaire a, sous l'autorité du doyen, la direction de tous les services.

Il est pécuniairement responsable de l'exécution des règlements, de la tenue du catalogue et des registres de comptabilité qui sont prescrits (art. 6.)

Il est le chef de tous les agents attachés à la bibliothèque.

Il veille à l'exécution des mesures relatives au bon ordre et à la police de la salle.

Art. 2. Le bibliothécaire doit assister à toutes les séances du jour et du soir.

Il peut se faire suppléer par l'un des deux bibliothécaires adjoints à tour de rôle.

Art. 3. Les bibliothécaires adjoints et les sous-bibliothécaires exercent la surveillance sur la distribution des ouvrages prêtés aux lecteurs, le rangement de ces ouvrages, et ils prennent une part directe à ces services lorsque cela est nécessaire.

Ils sont chargés spécialement, sous l'autorité du bibliothécaire, de la rédaction du catalogue.

Ils donnent aux lecteurs tous les renseignements dont ceux-ci peuvent avoir besoin et les dirigent dans leurs recherches.

Ils assistent aux séances d'après un mode de roulement établi de manière qu'il y ait à chaque séance du jour et du soir un bibliothécaire-adjoint et un sous-bibliothécaire.

Les bibliothécaires souscrivent, avant d'entrer en exercice, l'engagement de n'accepter aucune fonction rétribuée, et spécialement de ne pas faire de clientèle.

Art. 4. Le surveillant a autorité sur les garçons. Il doit assister à toutes les séances du jour et du soir.

Il veille à l'exécution de toutes les mesures de propreté, tant dans la salle de lecture que dans les diverses dépendances de la bibliothèque.

Il s'assure que les mesures prescrites pour le chauffage et l'éclairage sont régulièrement exécutées.

Il veille à ce qu'aucun lecteur n'emporte de livres provenant de la bibliothèque, sauf les cas prévus à l'article 11.

Il rend compte au bibliothécaire de toutes les infractions qu'il constate ou qui lui sont signalées par les garçons.

Il fait chaque jour le relevé du nombre des lecteurs. Ce relevé est inscrit sur un registre spécial, qui est visé par le bibliothécaire.

Il veille à ce que les livres prêtés soient rangés à la clôture de chaque séance, et il ne quitte la salle, ainsi que les garçons qui sont sous ses ordres, qu'après l'accomplissement de ces prescriptions.

Art. 5. Les garçons sont chargés, tous et au même titre, soit conjointement, soit à tour de rôle :

1º Des soins de propreté, qui doivent être exécutés tous les jours de 8 à 10 heures du matin ;

2º De tout ce qui concerne l'allumage et l'entretien des poêles, ainsi que de l'éclairage ;

3º De donner aux lecteurs les livres qu'ils réclament, de ranger ces livres au fur et à mesure qu'ils sont rendus ;

4º De veiller à ce que les livres ne soient ni détériorés, ni maculés, ni emportés, etc. ;

5º De ranger dans les rayons ou les cases, après chaque séance de lecture, les livres qui ont été prêtés aux lecteurs;

6° Ils ne doivent quitter la bibliothèque qu'après l'accomplissement de tous ces devoirs.

Art. 6. Les registres dont la tenue est prescrite sont les suivants :

1° Catalogue par ordre alphabétique et par ordre de matières ;

2° Registre des acquisitions ;

3° Registre des dons ;

4° Registre des publications périodiques ;

5° Registre des prêts.

Les modèles de ces registres seront déterminés par l'administration de la faculté.

Art. 7. Ces registres devront être tenus constamment au courant,

Art. 8. La bibliothèque est ouverte tous les jours de la semaine, les dimanches exceptés, de 11 heures du matin à 4 heures de l'après-midi, et de 5 heures et demie à 10 heures du soir.

Pendant les vacances, la bibliothèque est ouverte trois jours par semaine, de 11 heures à 4 heures, les mardis, jeudis et samedis.

Art. 9. La présence d'un bibliothécaire adjoint et d'un sous-bibliothécaire, d'un surveillant et de trois garçons est indispensable à chaque séance.

Art. 11. Il n'est mis qu'un volume à la fois à la disposition de chaque lecteur, sauf dans des cas particuliers dont le bibliothécaire est juge.

Art. 12. Les livres prêtés sont inscrits sur un registre spécial portant la date du prêt, la signature de l'emprunteur et la date de la restitution.

Tous les mois, une lettre de rappel est adressée aux emprunteurs n'ayant pas remis les livres qui leur auront été prêtés.

Les livres ne peuvent être emportés au dehors sans une autorisation accordée par le doyen ou le bibliothécaire.

Cette autorisation est accordée, de plein droit, par le fait de leurs fonctions, aux professeurs, agrégés, prosecteurs, aides d'anatomie et chefs de clinique, sous la condition toutefois de se conformer aux prescriptions des deux premiers paragraphes du présent article.

Art. 13. Les achats de livres et les abonnements aux journaux et publications périodiques ont lieu dans la mesure des crédits budgétaires, soit sur une liste dressée par le bibliothécaire et approuvée par la commission de surveillance, soit en cas d'urgence, directement, à condition d'en référer immédiatement au doyen.

Cette proposition devra être arrêtée par le doyen et visée par le secrétaire de la faculté, conformément aux prescriptions du règlement de la comptabilité générale.

Toute dépense faite en dehors de ces conditions sera nulle de droit.

Art. 14. Les mêmes formalités devront être remplies pour les reliures. La liste des livres à relier sera dressée par le bibliothécaire, approuvée par le doyen et visée par le secrétaire.

Titre II. — *Commission permanente.*

Art. 15. Une commission nommée par l'assemblée de la faculté est chargée de veiller au fonctionnement des divers services.

Art. 16. Cette commission est composée de trois membres choisis parmi les professeurs et nommés pour trois ans. Elle est assistée du secrétaire agent comptable de la faculté.

Elle se réunit tous les trois mois, dans la première quinzaine de chaque trimestre. Elle présente au doyen, dans un rapport, les observations qui résultent de l'examen des registres et des différents services de la bibliothèque.

Le doyen en est le président de droit.

Art. 17. A l'époque de la rentrée de la faculté, elle soumet à la faculté un rapport sur la situation de la bibliothèque, sur les progrès réalisés et les améliorations à introduire.

Art. 18. Tous les trois mois, le doyen vise les différents registres dont la tenue est prescrite par l'article 6.

Le présent règlement, approuvé en assemblée de la faculté, dans les séances des 13 novembre 1876 et 27 novembre 1879, sera exécuté à dater du jour où il aura été approuvé par M. le Ministre de l'instruction publique.

Le doyen,
Vulpian.

Vu et approuvé, conformément aux dispositions de l'article 40 de l'arrêté ministériel du 23 août 1879.

Paris, le 23 avril 1880.

Le ministre de l'Instruction publique et des Beaux-Arts,
Jules Ferry.

XXXVII.

Règlement pour la bibliothèque de la Faculté de théologie protestante

1ᵉʳ août 1885.

Art. 1ᵉʳ. — La Bibliothèque est ouverte aux élèves de la Faculté tous les jours, le jeudi excepté, de neuf heures à midi et de une heure à quatre heures.

Art. 2. — Les personnes autorisées spécialement par M. le Doyen peuvent y être admises par mesure exceptionnelle.

Art. 3. — Le prêt des livres pourra être accordé aux élèves, pour un temps déterminé, à condition que le livre demandé ne soit pas nécessaire à l'enseignement. Les livres rares et précieux sont exceptés du prêt.

Art. 4. — La durée du prêt n'excèdera pas un mois. Pour qu'il soit renouvelable, il faudra que l'ouvrage soit rapporté et réinscrit sur le registre.

Art. 5. — Les professeurs de la Faculté, les chargés de cours et maîtres de conférences peuvent emprunter de plein droit les ouvrages qui ne sont exceptés du prêt. Le délai d'un mois fixé ci dessus sera pour eux étendu à un semestre ; si un livre ainsi prêté est demandé dans l'intervalle par un autre professeur ou par un étudiant, il devra être rendu par le détenteur, sur réclamation du bibliothécaire, immédiatement si le délai d'un mois est expiré, à l'expiration du mois si la date de l'emprunt est moins ancienne.

Art. 6. — Les professeurs, chargés de cours et maîtres de conférences des établissements d'enseignement supérieur situés dans le ressort de l'Académie de Paris jouiront, sous le rapport du prêt, des mêmes droits que les professeurs de la Faculté ; mais, sauf exception consentie par le doyen, la durée du prêt ne pourra dépasser un mois.

Art. 7. Le secrétaire de la Faculté est chargé des fonctions de bibliothécaire. La discipline, la surveillance et l'entretien de la bibliothèque lui sont confiés, sous l'autorité du doyen. Il est responsable de la conservation de tous les ouvrages contenus dans la bibliothèque.

Art. 8. — L'appariteur est chargé, provisoirement, des fonctions de surveillant.

Art. 9. — La surveillance générale de la Bibliothèque est exercée par le Conseil des professeurs. Le Conseil prend toutes les dispositions générales relatives au bon ordre et à l'entretien de la Bibliothèque, ainsi qu'à son accroissement [1].

Art. 10. — Tout volume, à son entrée, est inscrit sur le registre d'inventaire.

Art. 11. — Il est dressé un catalogue alphabétique, par fiches, de tous les ouvrages contenus dans la Bibliothèque. Ce catalogue est rédigé à la fois par noms d'auteurs et par matière.

Art. 12. — Il est adopté, pour le classement, une seule série de numéros.

Art. 13. — Il est également tenu un registre sommaire de récolement.

Art. 14. — Les dispositions de l'Instruction générale du 4 mai 1878, relative aux bibliothèques universitaires, serviront de guide pour la direction de la Bibliothèque, sous la réserve des modifications exigées par le caractère spécial de la bibliothèque de la Faculté.

Art. 15. — Le présent règlement sera affiché dans la salle de la Bibliothèque.

Vu et approuvé,
Le 1er août 1885.

Le ministre de l'Instruction publique, des Cultes et des Beaux-Arts.

René Goblet.

---

[1]. Une commission de trois membres est désignée pour assister le bibliothécaire dans l'achat des livres.

MODÈLES

DES BULLETINS DE LECTURE DES PRINCIPALES BIBLIOTHÈQUES DE PARIS

---

(1)   BIBLIOTHÈQUE NATIONALE

Place occupée par le lecteur : N°..................

A REMETTRE AU BUREAU.

BIBLIOTHÈQUE NATIONALE.	BULLETIN PERSONNEL	Dép. des imprimés. SALLE DE TRAVAIL.
(Nom)	M	
(Adresse)	*Rue*	
	Le lecteur ne doit rien écrire ci-dessous.	

OUVRAGES COMMUNIQUÉS.	NOMBRE de volumes.	FORMAT.	

(2)

43,790	BIBLIOTHÈQUE NATIONALE.
Bulletin de déplacement	DÉPARTEMENT DES MANUSCRITS. 43,790
DÉSIGNATION DU MANUSCRIT.	Cabinet des titres.
	BULLETIN DE DEMANDE.

BIBLIOTHÈQUE NATIONALE

Numéro de la place occupée par le lecteur :

Paris, le_____

M._____

demeurant à_____

demande communication :_____

(Le lecteur est instamment prié de ne demander sur chaque bulletin qu'un manuscrit ou que des manuscrits dont les numéros se suivent).

Communication autorisée :

175,847	BIBLIOTHÈQUE NATIONALE.
Bulletin de déplacement.	DÉPARTEMENT DES MANUSCRITS. 175,847
DÉSIGNATION DU MANUSCRIT.	**BULLETIN DE DEMANDE.**

BIBLIOTHÈQUE NATIONALE

Numéro de la place occupée par le lecteur :

Paris, le_____

M._____

demeurant à_____

demande_____

(Le lecteur est instamment prié de ne demander sur chaque bulletin qu'un manuscrit ou que des manuscrits dont les numéros se suivent).

APPENDICE

(3) RECTO DU BULLETIN

PLACE OCCUPÉE PAR LE LECTEUR : N°

NOM ET ADRESSE du LECTEUR. { M
{ Rue

OUVRAGE DEMANDÉ.
AUTEUR :
TITRE :

Lieu de publication :

Date de publication. } ———— Format :

POUR ACCÉLÉRER LA RECHERCHE
indiquer autant que possible
la cote d'inventaire ou de catalogue.

VERSO DU BULLETIN

RECHERCHES FAITES.	OBSERVATIONS.
Au catalogue :	
En place :	
A la réserve :	

(4)

BIBLIOTHÈQUE NATIONALE

SECTION DES CARTES ET COLLECTIONS GÉOGRAPHIQUES

Ce   *188* .

N° D'ORDRE :   N° DE LA CARTE :

M.
demeurant
demande :

Bulletin à remettre au bureau.

(5)

BIBLIOTHÈQUE DE L'ARSENAL.

Bulletin de demande à conserver et à représenter à la sortie de la Salle.

Indiquer exactement le nom des auteurs, le titre et le format des ouvrages demandés.

Nom et adresse du lecteur............

Paris, le _____ 18 __ .

(6)

BIBLIOTHÈQUE DE L'UNIVERSITÉ

BULLETIN DE DEMANDE

Aucun ouvrage ne sera communiqué sans un bulletin régulièrement rempli.

NOM DE L'AUTEUR	TITRE DE L'OUVRAGE[1]

Demandé par M[2] _____

Demeurant _____

Date : _____

1. N'inscrire qu'un ouvrage à la fois et en donner le titre exact.
2. Ecrire bien lisiblement.

---

(7)

BIBLIOTHÈQUE
DE LA
FACULTÉ DE MÉDECINE DE PARIS.

Séance du _____

Numéro de la place occupée _____

Ouvrage demandé : _____

_____

_____

Signature : _____

Nom et adresse : _____

OBSERVATION. — Le lecteur est tenu de rendre au bibliothécaire de service les ouvrages consultés par lui et de remettre, à la sortie, au garçon placé près de la porte, le bulletin oblitéré par le bibliothécaire. Il reste responsable de tout volume non effacé.

(8)

BIBLIOTHÈQUE DE L'ÉCOLE SUPÉRIEURE DE PHARMACIE DE PARIS.	BIBLIOTHÈQUE DE L'ÉCOLE SUPÉRIEURE DE PHARMACIE DE PARIS.
NUMÉRO DE L'OUVRAGE.	**NUMÉRO DE L'OUVRAGE.** / **NOM DE L'AUTEUR ET TITRE DE L'OUVRAGE.**
Il est absolument interdit de toucher aux ouvrages sur les rayons : ils devront être demandés au personnel du service. *Tout ouvrage détérioré par un lecteur sera remplacé à ses frais* (Art. 16 du Règlement). *Rendre ce bulletin en rapportant l'ouvrage.*	Séance du_____ Signature : (Signer lisiblement).

(9)

BIBLIOTHÈQUE DU MUSÉUM D'HISTOIRE NATURELLE.	BIBLIOTHÈQUE DU MUSÉUM D'HISTOIRE NATURELLE.
NUMÉRO DE L'OUVRAGE.	**NUMÉRO DE L'OUVRAGE.** / **NOM DE L'AUTEUR ET TITRE DE L'OUVRAGE.**
Il est absolument interdit de toucher aux ouvrages sur les rayons : ils devront être demandés au personnel du service. *Rendre ce bulletin en rapportant l'ouvrage.*	Séance du_____ Signature : (Signer lisiblement).

(10)

| Marque du gardien qui a reçu le laissez-passer. | **BIBLIOTHÈQUE MAZARINE.**
(Armes de Mazarin dans un cartouche avec exergue : Bibliothèque Mazarine.) | |

Séance du _____

OUVRAGES REÇUS EN COMMUNICATION

PAR

M _____

demeurant _____

Marque du gardien qui a donné les volumes.	TITRE DES OUVRAGES COMMUNIQUÉS.	COTE.
1		
2		

Écrire TRÈS LISIBLEMENT son nom et son adresse. Toute indication reconnue fausse entraînera l'exclusion de la bibliothèque.

REMETTRE ce bulletin à l'un des bibliothécaires, entre les mains de qui il restera.

Avant de QUITTER LA SALLE, réclamer ce bulletin à l'un des bibliothécaires, en lui présentant les ouvrages qui y sont inscrits, et faire frapper sur le bulletin la mention : RENDU.

Tout lecteur est RESPONSABLE des ouvrages inscrits sur son bulletin jusqu'au moment où ceux-ci portent la mention : RENDU.

Pour obtenir un laissez-passer, les portefeuilles devront être PRÉSENTÉS OUVERTS.

(11)

BIBLIOTHÈQUE SAINTE-GENEVIÈVE.

BULLETIN PERSONNEL.

Nom : _____

Adresse : _____

Le lecteur est prié d'inscrire dans la colonne 2 le titre des ouvrages et de ne rien écrire dans les autres colonnes.

Ce bulletin devra être remis, à la sortie, au surveillant de la porte, après avoir reçu l'estampille RENDU apposée par un des fonctionnaires placés au centre.

1	2	3	4
VISA ET COTE.	OUVRAGES DEMANDÉS.	COMMUNIQUÉ.	RENDU.

TABLE ANALYTIQUE ET SYSTÉMATIQUE [1]

A

Abbaye de Notre-Dame de Port-Royal (Bibl.), 9 *n.*
Abbeville (Bibl.), 11 *n.* 5, 13.
Abonnements à renouveler, 84.
Académie d'architecture (Bibl.), 9 *n.* — de Paris (Bibl.), 19, 20. — des Sciences (Bibl.), 9 *n.* — française (Bibl.), 8 *n. 1.*
Achats anticipés *(doc.)*, 469-471. — *de livres destinés aux bibliothèques circulantes*, 465, 466.
Acquisitions de livres, 82, 83.
ADELINE : *Lexique des termes d'art* (lex.).
Administration centrale, 30.
Adoption des échanges par divers États, 88.
Adressbuch des deutschen Buchhandels... 178 *n. 3.*
Aération des Magasins, 95, 96. — des Salles de lecture, 96.
Afrique, 3.
Agen (Bibl.), 13.
Agent comptable des bibliothèques, 264.
AGINCOURT (D') : *Architecture..* 57 *n. 1.*
Air (l') utile aux livres, 90.
Aides (Bibl. du Collège des), 8 *n. 1.*
Aix-en-Provence (Bibl.), 11 *n.* 5, 13.
Ajaccio (Bibl.), 13.
ALAIN DE LA RUE, 13.
Albi (Bibl.), 13.

Aldehyde formique, 91 *n.*
Alençon (Bibl.), 13.
ALEXANDRE, évêque de Jérusalem, 3.
Alexandrie (Bibl.), 2.
Alger (Bibl. nat.), 15 *n.*, 31. — (Bibl. univ.), 13.
Allemagne, 21.
ALLIBONE (S.-A.) : *A critical dictionary of english literature....* 139 *n.*, 217, 218.
Allonymes, 157.
AMBOISE (G. D'), 22.
AMEILHON, 17.
Amiens (Bibl.), 13.
AMPÈRE (A.-M.) : *Essai sur la philosophie des Sciences...* 181 *n.*
AMYOT (JACQ.), 24.
Anagramme, 157.
ANDRIEU (J.) : *La censure et la police des livres en France...* (lex.).
Angers (Bibl.), 13, 21.
Angleterre, 21.
ANGLICI (MICHEL), 13.
Angoulême (Bibl.), 13.
Annonciat des Célestes (Bibl.), 9 *n.*
Annuaire des bibliothèques et des Archives... 44 *n. 2.*
Annual american catalogue... 180.
Anobium eruditum, 94. — paniceum, 94. — pertinax, 94.
Anonymes [leur place dans le cata-

---

1. Voici l'ordre de composition adopté pour la table :
1º Les notes sont indiquées en italiques ; 2º Les titres d'ouvrages, les documents le sont aussi ; 3º les caractères gras indiquent un mot vedette ; 4º le double tiret désigne une séparation ; 5º le tiret simple remplace le premier mot ; 6º deux tirets se suivant remplacent deux mots.

logue], 152.
Antoine, 2.
Ἁπλά, 2.
Apocryphes, 157.
Ἀποθήκη Βιβλίων, 1.
Application du règlement pour l'organisation des Bibliothèques universitaires, 451-453.
Appui-livre, 79, 80.
Archives de l'hôpital Sainte-Marthe d'Avignon, 92 *n*.
Archives des missions scientifiques et littéraires.., 4 *n.* 7, 5 *n. 1*.
Arcueil (Carrière d'), 98.
Ardoise [Emploi de l' — pour les montants], 58, 59.
ARISTARQUE, 23.
ARISTOPHANE de Bysance, 23.
ARISTOTE, 2 et *n.* 5.
Arles (Bibl.), 13.
Armaria, 1.
Armarius, 24.
Arras (Bibl.), 13.
Arrêté déterminant les classes et les traitements des bibliothécaires et des sous-bibliothécaires universitaires, 530, 531. — *fixant la répartition des thèses*, 483, 484. — *fixant pour les écoles supérieures de pharmacie le nombre des exemplaires des thèses à déposer par le candidat*, 505. — *portant règlement du service des thèses*, 482, 483. — *relatif au certificat d'aptitude*, 531, 532, 533.
Arrondir le dos du livre, 100.
Arsenal (Bibl. de l'), 11, 17, 31.
Arundel Society, 58 *n. 1*.
Aspergillus glaucus, 92.
Assemblée nationale, 17.
Assomption de Notre Dame [Religieuse de l'] (Bibl.), 9 *n*.
Assurance de la Bibliothèque [Importance de l'], 268.
ASSUR-BANI-PAL, 2, 23.
ATHÉNÉE, 2.
Athènes (Bibl.), 2.
ATTALE, 2.
AUGUSTIN (Saint) *De heraesibus ad quodvultdeum...* 3 *n.* 8.
Augustins dechaussés (Bibl.), 8 *n. 1*.
AULU-GELLE *Noct. attic.* 2 et *n. 4*.
AUMALE (duc d'), 22.
AURELIEN, 23 *n.* 5.
Autographes, 172.
Autographie du catalogue, 446.
Autriche, 40.
Autun (Collège d'), 8 *n. 1*.
Auxerre (Bibl.), 13.
Avignon (Bibl.), 5, 13.
Avranches (Bibl.), 13.

B

BACON (FR.) : *Tractatus de dignitate...* 181 et *n*.
Baguettes appliquées sur les bords des montants, 64.
BALUZE (E.), 24.
Bandes sur les bords des montants [Défectuosités des], 64.
BARBIER (F.). *Bibliothèque choisie d'un homme de goût...* (lex.). — *Diction. des ouvr. anonymes....* (lex.).
Barèmes du Bibliothécaire, 270-275.
— rayonnage de bibliothèque, 270, 271. — Prix des papiers, 273-275. — Prix des reliures, 272.
BARLETTI DE SAINT-PAUL (DON FR.) : *Nouveau système typographique...* (lex.).
Barnabites (Bibl.), 8 *n. 1*.
Basane [reliure] préparation de la — 105, 106. = avantages, de la — 105, 106. = inconvénients de la — 105, 106.
Battage des cahiers des livres [reliure], 90, 98. — des livres [nettoyage], 261, 262.

Bayeux (Bibl. du Collège de) 8 *n. 1*.
Beaune (Bibl.), 13.
Bec Auer [Son emploi et son usage], 95.
BECKER *Catalogi bibliothecarum antiqui...* 5 *n. 3*.
BEDFORT (Duc de), 7.
BELARMIN [Cardinal ROBERT DE], 22.
Belgique, 6 *n. 2*.
Bénédictines anglaises (Bibl.), 8 *n. 1*. — de l'Adoration perpétuelle (Bibl.), 9 *n*. — de la Présentation Notre-Dame (Bibl.), 9 *n*. — de Notre-Dame de Grâce (Bibl.), 9 *n*. — de Notre-Dame de Bon Secours (Bibl.), 9 *n*. — du Val de Grâce (Bibl.), 9 *n*. — réformées [Prieuré des] (Bibl.), 9 *n*.
Bénédictins anglais (Bibl.), 8, *n. 1*.
BERGER (PH.) : *Hist. de l'écriture dans l'antiquité...* (lex.).
BERNARD (AUG.) : *Hist. de l'impr. roy. du Louvre...* (lex.).
Bernardins (Bibl. du Collège des), 8 *n. 1*.
BERRY (Duc de), 21.
BERTRAND : *Description des arts et métiers...* (lex.).
Besançon (Bibl.), 11 *n.* 5, 13, 15 *n. 1*, 22.
Beuchot = *Mercure de France...* (lex.).
BEUGHEM = *Incunabula typographica...* (lex.).
BIAGI (G.-B), 26 *n*., 42.
Bible, 1 *n.* 8, 3.
Βιβλιοφύλαξ, 23.
Bibliografia italiana..., 179.
Bibliographie anatomique, 190.
Bibliographie de la Belgique, 210.
Bibliographia gallica universalis., 196, 197.
Bibliographie de la France..., 179, 211.
Bibliographie u. literar. Chronik der Schweiz..., 180.
Bibliotheca, 1, 23.
Biblioteca dell', Accademia storico-guiridica..., 160 *n. 1*.

Bibliothécaire de bibliothèque municipale, 27. — d'une bibliothèque particulière, 28. — universitaire, 26.
Bibliothecarius, 23, 24.
Βιβλιοθήκη, 1.
Bibliothèque de l'Ecole des Chartes..., 21 *n.* 4, 5.
Bibliothèque : Construction, 52-56. — Éclairage, 53. — Orientation, 52. — Façade, 52. — Salle de lecture, 52. — Salle des incunables, 53. — Salle des raretés, 53. — Salle des thèses, 53. — Salle des périodiques, 53. — circulante, 47. — (doc.), 464, 465, 466.
Bibliothèques françaises [leur division], 44-45. — privées, 21. — tournantes, 67. — universitaires [leur composition], 47-48. — [les locaux] 48, 49.
Bibliothèques diverses : de l'Abbaye de Notre-Dame de Port-Royal, 9 *n*. — de l'Abbaye de Saint-André des Arts, 9 *n*. — de l'Abbaye de Sainte-Geneviève, 8 *n. 1*, 9, 16, — de l'Abbaye de Saint-Germain des Prés, 8 *n. 1*, 9. — de l'Abbaye de Saint-Victor, 8 *n. 1*, 10. — de l'Académie, 19. — de l'Académie d'Architecture, 9 *n*. — de l'Académie des Sciences, 9 *n*. — de l'Académie de Paris, 20. — de l'Académie française, 8 *n. 1*. — administrative de la Ville de Paris, 233, 234. — d'Aix-en-Provence, 11 *n.* 5, 83. — d'Albi, 13. — d'Alençon, 13. — d'Alger, 15 *n. 1*, 13, 31. — d'Amiens, 13. — d'Angers, 13. — d'Angoulême, 13. — de l'Annonciat des Célestes, 9 *n*. — d'Arles, 13. — d'Arras, 13. — de l'Arsenal, 11, 17, 31, 252. — des Augustins déchaussés, 8 *n. 1*. — d'Auxerre, 13. — d'Avignon, 13, 83. — d'Avranches, 13. — des Barnabites, 8 *n. 1*. — de Beaune, 13. — des Bénédictines anglaises, 9 *n*. — des Bénédictines de l'Adoration perpétuelle, 9 *n*. — des Bénédictines de la Présentation Notre-

Dame, 9 *n*. — des Bénédictines de Notre-Dame de Bon Secours, 9 *n*. — des Bénédictines de Notre-Dame de Grâce, 9 *n*. — des Bénédictines du Val de Grâce, 9 *n*. — des Bénédictines réformées (Prieuré des), 9 *n*. — des Bénédictins anglais, 8 *n*. *1*. — du duc de Berry, 21. — de Besançon, 11 *n*. 5, 13, 15 *n*. *1*, 22. — des Blancs-Manteaux, 8 *n*. *1*. — de Blois, 7, 13, 22. — de Bordeaux, 13, 15 *n*. *1*, 49. — de Boulogne-sur-Mer, 13. — de Bourg, 13. — de Bourges, 13. — de Brest, 13. — du British Museum, 22, 44 *n*. *1*. — du Bruchium, 2. — de Caen, 13, 15 *n*. *1*. — de Cambrai, 13. — de Cambridge, 41. — des Capucines, 9 *n*. — des Capucins de la rue Saint-Jacques, 8 *n*. *1*. — des Capucins de la rue Saint-Honoré, 8 *n*. *1*. — des Capucins du Marais, 8 *n*. *1*. — de Carcassonne, 13. — Cardinal, 248. — des Carmélites de la rue d'Enfer, 9 *n*. — des Carmélites de la Sainte Mère de Dieu, 9 *n*. — des Carmes déchaussés, 8 *n*. *1*. — des Carmes déchaussés de Charenton, 8 *n*. *1*. — des Carmes de la place Maubert, 8 *n*. *1*. — des Carmes de la rue des Billettes, 8 *n*. *1*. — de Carpentras, 13. — de la Cathédrale de Notre-Dame, 9. — des Célestins, 8 *n*. *1*. — de Châlons-sur-Marne, 13. — de Chalon-sur-Saône, 13. — de Chambéry, 13. — de la Chambre des Députés, 11. — des Chanoinesses de Notre-Dame de la Victoire de Lépante, 9 *n*. — des Chanoinesses du Saint-Sépulcre de Jérusalem, 9 *n*. — de Chantilly, 22. — de Charleville, 13. — de Chartres, 13. — des Chartreux [monastère], 8 *n*. *1*, 10. — du Chatelet, 8 *n*. *1*. — de Chaumont, 13. — de Chicago, 44 *n*. *1*. — des Cisterciennes de Notre-Dame aux Bois, 9 *n*. — de Clermont-Ferrand, 13, 15 *n*. *1*, 58, 83. = *des Collèges* : — des Aides, 8 *n*. *1*. — — de Bayeux, 8 *n*. *1*. — — des Bernardins, 8 *n*. *1*. — — de Boissy, 8 *n*. *1*. — — du Cardinal Lemoine, 8 *n*. *1*. — — de Chanac ou Saint-Michel, 8 *n*. *1*. — — des Cholets, 8 *n*. *1*. — — de Cluny, 8 *n*. *1*. — — de Cornouailles, 8 *n*. *1*. — — de Dainville 8 *n*. *1*. — — de Dorman-Beauvais, 8 *n*. *1*. — — des Ecossais, 8 *n*. *1*. — — de Fortet, 8 *n*. *1*. — — des Grassins, 8 *n*. *1*. — — d'Harcourt, 8 *n*. *1*. — — de Justice, 8 *n*. *1*. — — de la Marche, 8 *n*. *1*. — — de la Merci, 8 *n*. *1*. — — de Laon, 8 *n*. *1*. — — de Lisieux, 8 *n*. *1*. — — des Lombards, 8 *n*. *1*. — — de Louis-le-Grand, 8 *n*. *1*. — — de maître Gervais, 8 *n*. *1*. — — de Marmoutiers, 8 *n*. *1*. — — du Collège Mazarin, 8 *n*. *1*. — — de Montaigu, 8 *n*. *1*. — — de Narbonne, 8 *n*. *1*. — — de Navarre, 8 *n*. *1*. — — du Plessis, 8 *n*. *1*. — — des Prémontrés, 8 *n*. *1*. — — de Presles, 8 *n*. *1*. — — de Sainte-Barbe, 8 *n*. *1*. — — de Seez, 8 *n*. *1*. — — de Sorbonne, 8 *n*. *1*, 10. 250 *n*. — — royal de Toulouse, 16. — — de Tours, 8 *n*. *1*. — — du Trésorier, 8 *n*. *1*. — Columbia Collège (N.-Y.), 41. — Communales, 11. — de Sainte-Aure, 9 *n*. — de la Congrégation de la Doctrine chrétienne, 8 *n*. *1*. — de la Congrégation de la Merci, 8 *n*. *1*. — de la Propagation de la Foi, 8 *n*. *1*. — du Conseil d'Etat, 11. — du Conservatoire des Arts et Métiers, 18. — des Cordelières, 9 *n*. — des Cordeliers, 8 *n*. *1*. — du Corps législatif, 18. — Victor Cousin, 82. — de Dijon, 13, 15 *n*. *1*. — du Directoire, 18. — de Dôle, 13. — de Douai, 13. — des Ecoles centrales, 18. — de l'Ecole des Chartes, 11. — de l'Ecole des langues orientales vivantes, 11. — de l'Ecole normale supérieure, 11. — de l'Ecole royale militaire, 9 *n*. — de l'Ecole supérieure de Pharmacie, 10. — de l'Eglise cathédrale de Notre-Dame, 8 *n*. *1*, 9. — de l'église de Saint-André-des-Arts, 8 *n*. *1*. — de l'église de Saint-Eustache, 8 *n*. *1*. — de l'église de Saint-Laurent, 8 *n*. *1*. — de l'église de Sainte-Marguerite, 2 *n*. *1*, 16. — de l'Enseignement secondaire, 246-248. — d'Epernay, 13. — d'Epinal, 14. — des Eudistes, 9 *n*. — de la Faculté de droit, 10. — de la Faculté de Médecine, 8 *n*. *1*, 10, 16. — de la Faculté de théologie protestante, 10. — des Feuillantines, 9 *n*. — des Feuillants de la rue d'Enfer, 8 *n*. *1*. — des Feuillants de la rue Saint-Honoré, 8 *n*. *1*. — des Filles de la Congrégation de Notre-Dame, 9 *n*. — des Filles de l'Enfant Jésus, 9 *n*. — des Filles de l'Union chrétienne, 9 *n*. — des Filles de Notre-Dame de la Miséricorde, 9 *n*. — des Filles de la Croix 9 *n*. — des Filles de Saint-Joseph, 9 *n*. — des Filles de Saint-Thomas-d'Aquin, 9 *n*. — des Filles de Sainte-Cécile, 9 *n*. — des Filles de Sainte-Geneviève, 9 *n*. — des Filles-Dieu, 9 *n*. — des Filles du Bon-Pasteur, 9 *n*. — des Filles du Calvaire, 9 *n*. — des Filles du Calvaire (au Marais), 9 *n*. — des Filles pénitentes de Sainte-Valère, 9 *n*. — Filles pénitentes du Sauveur, 9 *n*. — de Florence, 42, 44, *n*. *1*. — de Fontainebleau, 7. — des Frères de l'Enfant-Jésus, 9 *n*. — des Frères de la Charité, 8 *n*. *1*. — du Garde-Meuble, 8 *n*. *1*. — du Grand-Conseil, 8 *n*. *1*. — des Grands-Augustins, 8 *n*. *1*. — de Grenoble, 14. — de Halle (université), 44 *n*. *1*. — de l'Hôpital Sainte-Catherine, 9 *n*. — des Hospitalières de la Charité Notre-Dame, 9 *n*. — des Hospitalières de la Miséricorde de Jésus, 9 *n*. — des Hospitalières de Saint-Gervais, 9 *n*. — des Hospitalières de Saint-Thomas de Villeneuve, 9 *n*. — de l'Hospice des Incurables, 9 *n*. — de l'Hôtel-de-Ville, 8 *n*. *1*, 16. — de l'Institut, 11, 18, 229, 230. — de l'Institution de l'Oratoire, 8 *n*. *1*. — des Jacobins de la rue Saint-Jacques, 8 *n*. *1*, 10. — des Jacobins de la rue Saint-Honoré, 8 *n*. *1*. — de la maison professe des Jésuites, 8 *n*. *1*. — de Laon, 14. — de La Rochelle, 14. — de Laval, 14. — des Lazaristes, 8 *n*. *1*. — du Havre, 14. — de Leipzig, 44 *n*. *1*. — du Mans, 14, 15 *n*. *1*. — de Leyde, 58. — de Lille, 14, 15 *n*. *1*. — de Limoges, 14. — de Londres, 41. — du Louvre, 6 *n*. 5. — de Lyon, 14, 15 *n*. *1*, 83. — de Marseille, 14, 15 *n*. *1*. — Marucelliana, 42. — Mazarine, 11, 17, 31, 165, 166, 252. — de Meaux, 9 *n*. *1*. — des Minimes de la Place Royale, 8 *n*. *1*. — des Minimes de Passy et de Vincennes, 8 *n*. *1*. — de Montpellier, 14, 15, *n*. *1*. — de Montauban, 14. — du Mont-Valérien, 8 *n*. *1*. — de Munich, 44 *n*. *1*. — du Musée pédagogique, 11. — du Muséum, 11, 18, 231-233. — de Nancy, 14. — de Nantes, 14. — nationale, 10, 30, 31, 34 et *n*., 48 *n*. *1*, 49 *n*. *1*, 73, 89, 119 *n*. *1*, 2, 120, 167, 174, 223, 251, de Nevers, 14. — de Nice, 14. — de Nimes, 14. — de Ninive, 23 *n*. *1*. — de Niort, 14. — des Nouvelles-Catholiques, 9 *n*. — du Noviciat des Jacobins, 8 *n*. *1*. — du Noviciat des Jésuites, 8 *n*. *1*. — Octavienne, 3, 24. — de l'Oratoire, 8 *n*. *1*. — de l'Ordre des Avocats, 8 *n*. *1*. — d'Orléans, 14. — d'Oxford, 41. — des Pairs de France, 8 *n*. *1*. — Palatine, 3, 24. — de la Ville de Paris (Carnavalet), 11, 235, 244. — de la ville de Paris (populaires) 245, 246. — de Pau, 14. — des Pénitents de Belleville, 9 *n*. — des Pénitents de Nazareth, 8 *n*. *1*. — des

Pénitents de Picpus, 8 n. 1. — de Perpignan, 14. — des Petits-Augustins, 8 n. 1. — de Philadelphie, 44 n. 1. — de Poitiers, 14, 15 n. 1. — des Prémontrés réformés, 8 n. 1. — des Prêtres de Saint-François de Sales, 9 n. — du Prieuré des Bénédictines réformées, 9 n. — du Prieuré Sainte-Croix de la Bretonnerie, 8 n. 1. — du Prieuré de Saint-Denis de la Chartres, 8 n. 1. — du Prieuré de Saint-Martin des Champs, 8 n. 1, 9. — de Quimper, 14. — royale, 7 n. 3, 8 n. 1, 16. — des Récollets, 8 n. 1. — des Récollettes de Sainte-Claire, 9 n. — de Reims, 14. — des Religieuses de l'Assomption de Notre-Dame, 9 n. — des Religieuses de la Conception de Notre-Dame, 9 n. — des Religieuses de Sainte-Elizabeth, 9 n. — de Rennes, 14, 19. — de Rome, 42. — de Rouen, 14. — de Saint-Brieuc, 14. — de Sainte-Catherine du Val des Ecoliers, 8 n. 1. — de la Sainte-Chapelle, 6, 8 n. 1. — de Saint-Etienne, 14. — de Sainte-Geneviève, 9, 11, 31, 230, 231. — de Saint-Germain-des-Prés, 16. — de Saint-Omer, 14. — de Saint-Victor, 16. — du Séminaire de l'Oratoire, 8 n. 1. — du Séminaire des Missions étrangères, 8 n. 1. — du Séminaire du Saint-Esprit, 9 n. — du Séminaire de Saint-Nicolas du Chardonneret, 8 n. 1. — du Séminaire des Trente-Trois, 9 n. — du Séminaire Saint-Charles, 9 n. — du Séminaire de Saint-Firmin, 8 n. 1. — du Séminaire Saint-Louis, 9 n. — du Séminaire Saint-Marcel, 8 n. 1. — du Séminaire de Saint-Sulpice, 8 n. 1. — du Sénat, 11. — des Sœurs de la Charité de la paroisse de Saint-André-des-Arts, 9 n. — de Soissons, 14. — de Strasbourg, 44 n. 1. — des Théatins, 8 n. 1. — de Toulouse, 14. — de Tournon, 14 n. 5. — de Tours, 14. — de Troyes, 14. — de l'Université, 8 n. 1. — de l'Université de France, 10, 16, 224-225. — des Ursulines de la rue Sainte-Avoye, 9 n. — des Ursulines de la rue Saint-Jacques, 9 n. — de Valenciennes, 14. — de Verdun, 14. — de Versailles, 14. — de la Visitation de Sainte-Marie, 9 n. — de Wolfenbüttel, 44 n. 1.

BIGNON (ARMAND-JÉROME), 24.
BION (RENÉ), 14.
BIRT (TH.) : *Das antike Buchwesen in seinem Verhältniss z. Literatur..*, 23, n. 4.
BLADES : *Les livres et leurs ennemis, trad...* (lex.).
Blancs-Manteaux (Bibl.), 8 n. 1.
BLANDFORD (LORD), 21.
Blatta germanica, 94.
Blois, 7, 22.
BOCCACE, 21.
Börsenblatt F. das deutschen Buchhandel..., 179, 212-213.
BOISOT (l'abbé J.-B.), 11 n. 5, 13, 22.
Boissy (Bibl. du Collège de), 8 n. 1.
Boites à catalogues, 70. — avec tringle intérieure, 70, 71. — avec tringle rabattue, 70. — Système Bonnange, 70. — mobiles logées dans les casiers d'un meuble, 73. — en carton, 78.
Boletin de la libreria..., 180.
BOLTON (H.-C.), : *A catalogue of scientific and technical periodicals*, 135 n. 1, 139 n. 1.
BONGARS (Jacq.), 22.
BONNANGE (Boites, système), 70. n. 1.
Bookseller, : *A newspapers of british a. foreign Literatur*, 213-214.
Bordeaux (Bibl.), 15 n. 1, 13, 49.
BOSQUET (EM.). *Traité théorique et pratique de l'art du relieur...*, 97 n. 1. (lex.).
BOSSUET, 9 n. 1.
BOTFIELD, 38 n. 3.
BOUCHOT (H.) : *Le cabinet des estampes..*

(lex.).
    id. : *La lithographie...* (lex.).
BOUILLAUD (ISMAÏL) : *Catalogus bibliothecae Thuanae...*, 183 et *n. 4*.
Boulogne-sur-Mer (Bibl.), 13.
BOUQUET (dom.), 5 *n. 7*.
Bourg (Bibl.), 13.
Bourges (Bibl.), 13.
BOUVET (le P.), 88.
Brest (Bibl.), 13.
BRETON (V.) : *Les vignettes typographiques...* (lex.).
BRIÇONNET (G.), 9.
BRIENNE (Archev. de), 14.
BRIQUET : *Premiers papiers en Occident et en Orient...* (lex.).
British Museum, 22, 44 *n. 1*.
Brochures dans une bibliothèque particulière, 149. — Mode de classement, 144.
Bruchium (Bibl.), 2.
BRUNET (GUSTAVE) : *Dictionnaire de bibliologie catholique...*, 21 *n. 2*.
    id. : *Manuel du libraire...*, 163, 184, 186-190, 198-208.

BRUNN, 139.
Brunoy, 22.
Buch-und-Kunst Katalog..., von AD. RUSSEL, *178 n. 1*.
BUDÉ (GUILL.), 7, 14.
Budget. Division du — 83, 84, 263 sq.— Sa division, 264. — les divers chapitres, 264. — des bibliothèques universitaires, 267. — Sa division et ses chapitres, 267.
Bureau des échanges internationaux créé par l'Etat, 88.
BULLET : *Recherches hist. sur les cartes à jouer...* (lex.).
Bulletin de l'Instruction publique..., 21 *n. 1*.
Bulletin des Bibliothèques et des Archives..., 139 *n. 2*.
Bulletin du Bibliophile..., 22 *n. 1, 2*.
BURE (G.-F. DE) : *Catalogue des livres de feu M. le Duc de La Vallière...*, 184 et *n. 1*.
BURY (RICH. DE) : *Philobiblion...* (lex.).
Byzance, 23.

C

Cabinet des Estampes de la Bibliothèque nationale, 57.
Cadre de classement des Bibliothèques [Instructions p. M. L. Delisle], 220, 223. — de la Bibliothèque administrative de la Ville de Paris (Hôtel de Ville), 233-234). — de la Bibliothèque de la Ville de Paris (Musée Carnavalet), 235-244. — de la Bibliothèque de l'Enseignement secondaire, 246-248. — de la Bibliothèque de l'Institut, 229-230. — de la Bibliothèque du Museum d'histoire naturelle, 231, 232, 233. — de la Bibliothèque nationale, 223. — proposé pour les Bibliothèques populaires de la Ville de Paris, 245-246. — de la Bibliothèque Sainte-Geneviève, 230-231. — de la Bibliothèque de l'Université (Sorbonne), 224-229.
Cadre de l'Etat des Catalogues — tableau, 467.
Caen (Bibl.), 15 *n. 1*. — Bibl. univ. 13.
Calendrier du bibliothécaire universitaire, 262, 263.
Calicot, 104 *n.*
CALLIMAQUE, 2 *n. 9*, 23 et *n. 2*.
CALVET (Esprit), 13.
Cambrai (Bibl.), 13.
Cambridge (Bibl.), 41.
CAMPBELL, 139.
CANEVARIUS, 22.
Cantorbery, 15.
Capucines (Bibl. des), 9 *n.*

Capucins de la rue Saint-Jacques (Bibl.), 8 *n. 1*. — de la rue Saint-Honoré (Bibl.), 8 *n. 1*, 17. — du Marais (Bibl.), 8 *n. 1*.
Carbonisation des livres sous l'influence de la chaleur, 94.
Carcassonne (Bibl.), 13.
CARDINAL LEMOINE (Bibl. du Collège du), 8 *n. 1*.
Cardinal (Bibl.), 248.
Carmélites de la rue d'Enfer (Bibl. des), 9 *n*. — de la Sainte-Mère de Dieu (Bibl.), 9 *n*.
Carmes déchaussés (Bibl.), 8 *n. 1*. — Carmes déchaussés de Charenton (Bibl.), 8 *n. 1*. — Carmes de la place Maubert (Bibl.), 8 *n. 1*. — Carmes de la rue des Billettes (Bibl.), 8 *n. 1*.
CARPACCIO (VITTORE), 58.
CARPENTIER : *Alphabetum tironianum...* (lex.).
Carpentras (Bibl.), 13.
Cartes ou fiches. Rédaction des, — 38. — de renvoi ou de rappel, 135, 136. — spécimens du catalogue analytique, 166. — vedettes, 164.
Cartes géographiques, 173-175. — montées sur baguette, 69. — pliées après collage sur toile, 69.
CARTIER : *De la décoration extér. du livre*, 98 *n.* 2, 99 *n*.
Cartonnage Bradel, 103.
Cartons dans la reliure, 101.
Casiers à catalogues posés sur table. Avantages, inconvénients des —, 71. — pour périodiques, 67, 69.
Catalogue général des manuscrits des bibliothèques publiques de France..., 31.
Catalogue of scientific papers..., 139 *n. 1*.
Catalogues. 117 sq. — sur cartes, 117. — sur registre, 117-118. — sur feuillets mobiles, 118. — alphabétique [rédaction des cartes], 38, 118, 119. — analytique, 165-167. — des autographes, 172, 173. — de la Bibliothèque du Collège de Sorbonne dressé en 1290, 182 *n*. — de la Bibliothèque nationale, à l'usage du public, 72. — d'une Bibliothèque particulière, 148, 149. — *des Bibliothèques des Académies*, 421. — *des Bibliothèques universitaires*, 417-418. — des doubles, 147, 148. — des Incunables, 139. — méthodique [rédaction des cartes du], 38, 162, 163, 164, 165. — méthodique sur cartes ou fiches, 163. méthodique sur feuillets mobiles, 163. — méthodique sur registre, 163. — méthodique et raisonné de la bibliothèque Cardinal, 248. — de libraires, 86, 176, 177, 178, 179. — d'ouvrages d'occasion, 86, 87. — sommaire des manuscrits, 169.
Catégories des ouvrages à relier, 96.
Cathédrale de Notre-Dame (Bibl.), 9.
CAUMARTIN (J. F. P.), évêque de Blois, 22.
CAYLUS : *Dissertation sur le papyrus...* (lex.).
Celesia (Em). *La biblioteca universitaria di Genova...* 6 *n.* 2.
Célestins (Bibl. des), 8 *n. 1*.
Centralblatt für Bibliothekswesen..., 40 *n.* 2, 42 *n.* 2.
CERTAIN (DE) : *Rapport*, 5 *n. 1*.
Certificat d'aptitude aux fonctions de bibliothécaire universitaire, 461, 462.
CÉSAR, 2, 3.
Césarée, 3.
Chætomium, 22.
Chagrin, 105, 106. = Préparation du — pour la reliure, 106.
Chaises, 78.
Chaldée, 2.
Chalon-sur-Saône (Bibl.), 13.
Châlons-sur-Marne (Bibl.), 13.
Chambéry (Bibl.), 13.
Chambre des Députés (Bibl.), 11.
CHAMPIER (V.) : *Les anciens almanachs illustrés...* (lex.).
Chanac ou Saint-Michel (Bibl. du Col-

lège de), 8 n. *1.*
Chanoinesses de Notre-Dame de la Victoire de Lépante, 9 n. — du Saint-Sépulcre de Jérusalem, 9 n.
Chantilly (Bibl.), 22.
CHARLEMAGNE, 5.
CHARLES LE CHAUVE, 5, 24. — V. 6. — VIII, 7. — IX, 7.
Charleville (Bibl.), 13.
Chartres (Bibl.), 13.
Chartreux (Bibl. du Monastère des), 8 n. *1*, 10.
CHASSANT (ALP.) *Paléographie des chartes et des manuscrits...* (lex.).
CHASTELAIN (PIERRE de), 24.
CHATEAUGIRON (DE), 21.
CHATELAIN (EMILE) : *Quelques épaves de la bibliothèque de Kenelm Digby...*, 22 n. *3.*
Chatelet (Bibl.), 8 n. *1.*
Chaumont, 13.
Chicago (Bibl. de), 44 n. *1.*
Cholet (Bibl. du Collège des), 8 n. *1.*
CHRISTINE DE PISAN : *Le livre des fais du sage roy Charles*, 6 n. *3*, 22.
CICÉRON, 5. — Œuvres complètes, 153, 154. — parties et fragments, pièces détachées, 154, 155, 156. — Traductions des œuvres complètes, 157.
Cinq-Cents (Bibl. du Conseil des), 17.
Circulaire *à propos de l'Instruction générale relative au service des bibliothèques universitaires*, 425, 426. — *relative à l'envoi des catalogues des bibliothèques universitaires*, 417, 418. — *relative aux droits de bibliothèque*, 450. — *relative à l'envoi des écrits académiques*, 515, 516. — *relative à la manière de procéder au récolement*, 526, 527. — *relative à la clôture de l'exercice financier*, 528, 529. — *relative aux dépenses du matériel*, 527, 528. — *relative à l'organisation du service des thèses*, 496, 497, 498. — *relative aux prêts de bibliothèque à bibliothèque*, 516-517. — *relative aux publications de l'Institut de France*, 514, 515. — *relative aux règlements des bibliothèques universitaires*, 517-523.
Cirtha, 3.
Cisterciennes de Notre-Dame-aux-Bois : (Bibl.), 9 n.
Classement des autographes, 172, 173. — des brochures, 144. — des cartes géographiques, 174, 175. — des Connaissances humaines par les philosophes, 181, 182. — des dissertations étrangères, 144, 145, 146. — des doubles, 147, 148. — des estampes, 175, 176. — des factums, 147. — des manuscrits, 167-172. — *des manuscrits*, 445, 446. — des œuvres complètes et des parties d'œuvres d'un même auteur, 153-155.
Classeur système Bonnange, 70 n.
Clavettes ; leur emploi, 62, 63. — leurs avantages, 63. — leurs inconvénients, 63. — coulées en bronze, 63. — en fer estampé, 63. — leurs inconvénients dans le marbre ou l'ardoise, 59 n. — leur utilisation dans les montants en tôle, 60.
CLÉMENT (PIERRE-CLAUDE) : *Musei sive bibliothecae... extructio...*, 183 et n. *3*, 195.
Clermont-Ferrand (Bibl.), 15 n. *1*, 58. — (Bibl. univ.), 13.
CLESS (JOH.) : *Unius sœculi eiusque, virorum literatorum...*, 182 n. *6.*
Clôture de l'exercice financier, 528, 529.
CLOUCQ (And. bibliop.). (Gravure signée par), 58 n. *1.*
Cluny (Bibl. du Monastère de), 5. — Bibl. du Collège de — 8 n. *1.*
Coiffe du livre (détérioration de la), 65.
COLBERT, 7 n. *3.*
COLINES (Simon de). Ses Catalogues, 182.
Collection d'estampes du Cabinet du Roi... (lex.).

Collections, 143. — littéraires, 44. — Panckoucke, Lemaire, Teubner, Weidmann, Migne, Leber, Guizot, de la Société de l'histoire de France, des documents inédits de l'histoire de France, 143. — Peccot, 82. — Le Clerc, 82. — propres aux bibliothèques universitaires, 47.
Collèges [Bibliothèques des anciens — de Paris. Voir à **Bibliothèque**.
Columbia College (New-York) (Bibl.), 41.
Comment se vendent les livres, 85, 86.
Commission centrale des bibliothèques universitaires, 31. — *id. (doc.)*, 450, 451. — des Bibliothèques, 30.
Comités-réunis, 17.
Communauté de Sainte-Aure, 9 *n.*
Compiègne, 6.
Comptabilité, 263, 264, 265. — règles pratiques, 269, 270. — de la bibliothèque [liberté laissée au bibliothécaire pour la —], 268, 269. — *des dépenses du matériel*, 527, 528.
Comptoirs pour les in-folio, 67.
Condé (le Grand), 22.
Confusion du système bibliographique employé dans le répertoire des Sciences mathématiques, 190, 191, 192.
Congrégation de la doctrine chrétienne (Bibl. de la), 8 *n. 1.* — de la Merci (Bibl.), 8 *n. 1.* — de la Propagation de la Foi (Bibl.), 8 *n. 1.*
Conseil d'Etat (Bibl.), 11.
Conservatoire des arts et métiers (Bibl.), 18.
Constantin, 4.
Constantinople (Bibl. de), 4.
Constituante, 16, 17.
Contamination du livre, 90, 91, 92.
Convention, 16.

Copie de lettres, 259.
Corbie (Bibl. du Monastère de), 4 et *n. 4.*
Corda (A.) : *Catalogue des factums...*, 147 *n. 1.*
Cordelières (Bibl.), 9 *n.*
Cordeliers (Bibl. du Cloître des), 7 *n. 3.* — Bibl. du Couvent des — 8 *n.*, 17. — Bibl. des — de Paris, 6.
Corniche ou saillie, 61 sq.
Cornouailles (Bibl. du Collège de), 8 *n. 1.*
Corps législatif (Bibl.), 18.
Cote des ouvrages sur les rayons, 108, 109.
Cotton des Houssayes (J.-B.) : *Oratio habita in Comitiis generalibus Soc. Sorbonicæ...*, 5 *n.* 2, 25.
Couderc, 7 *n. 4.*
Cousin (Victor), 22.
Coutures — sur grecques, 99, 100. — sur nerfs, 99, 100. — sur rubans, 99, 100. — sur parchemin, 100. — du livre avec fil métallique, 99 *n.*
Création des bibliothèques des Académies (*doc.*), 419, 420.
Crémaillières, description des, 62. — tablettes posées sur —, 62.
Critique du système bibliographique de G. Brunet, d'après M. Prieur, 186, 187.
Croton bug, 94.
Cryptogames du livre, 92.
Cucheval-Clarigny : *Hist. de la presse en Angleterre et aux États-Unis* (lex.).
Cuir [Emploi du — en reliure], 105, 106. — fendu, 105 et *n.* — de Russie, 105. — basane, 106. — chagrin, 105, 106. — maroquin du Levant, 105 et *n.* — peau de truie, 106 et *n.*

D

Dainville (Bibl. du Collège de), 8 *n. 1.*
d'Alembert : *Discours préliminaire de l'Encyclopédie*, 181 *n. 1.*

Danjou : *Exposé succinct d'un nouveau système d'organisation des bibliothèques publiques*, 185 *n. 1.*

Daremberg (Ch.) et Saglio (Edm.) : *Diction. des antiquités grecques et romaines*, 1 n. 5.
Débrochage, 98.
De Bure (G.-F.), *Catalogue des livres de feu M. le duc de La Vallière*, 184 n. 1.
Décomposition des diphtongues dans les mots étrangers, 152.
De Dieu (J.), 14.
Défectuosité du Catalogue méthodique sur registre, 163.
Définition du Catalogue méthodique, 162, 163.
Delaborde (H.) : *La gravure en Italie avant Marc-Antoine*... (lex.). — *La gravure* (lex.).
Delalain (P.) : *Les marques d'imprimeurs et de libraires du XV⁰ au XVIII⁰ siècle*... (lex).
Delisle (Léopold), 7 n. 4, 19, 109, 139, 158, 167 n. 2.
— : *Cabinet des manuscrits de la Bibliothèque nationale*... 1, 6 n. 4, 182 n. 1, 361.
— *Documents sur les livres et les bibliothèques au Moyen-Age*..., 5 et n.
— *Etude sur la condition de la classe agricole et l'état de l'Agriculture en Normandie au Moyen-Age*..., 86. — *Instructions élémentaires et techniques pour la mise et le maintien en ordre des livres d'une bibliothèque*..., 110 n. 1, 164 n. 1, 220, 221, 222, 223. — *Manuscrits latins et français ajoutés aux fonds des nouvelles acquisitions pendant les années 1875-1891. Inventaire alphabétique*..., 172 n. 1.
— *Notice sur les manuscrits disparus de la bibliothèque de Tours*.., 12 n. 2.
Démétrius de Phalère, 23.
Denis (Ferd.) : *Hist. de l'ornementation des manuscrits*... (lex.).
Denis (F.), Pinçon (P.), de Martonne : *Manuel de bibliographie universelle*, 185.

Denys d'Alexandrie, 23.
Dépôt légal, 82.
Dépôts littéraires, 17.
Desbarreaux-Bernard : *La chasse aux incunables*... (lex.).
Désinfection du livre, 91, 92 n.
Détérioration des livres par la chaleur, 94, 95.
Devoirs du bibliothécaire, 429, 430.
Dewey (Melvil) : *Decimal classification and relative index for arranging, cataloging and indexing public and private library*..., 218, 219.
Dictionnaire de l'Académie française (lex.). — *technologique* (lex.).
Dictionnaires, 47.
Didot (Ambr. Firm.) : *Essai typographique et bibliographique de la gravure sur bois*... (lex.).
Difficulté d'obtenir tous les ouvrages publiés à l'étranger, 87. — de dresser un catalogue analytique, 166.
Dijon (Bibl.), 13, 15 n. 1. — Bibl. univ., 13.
Dimensions des fiches adoptées dans les principales bibliothèques de Paris, 119.
Dinaux : *Coup d'œil rétrospectif sur les anciennes bibliothèques des châteaux*..., 22 n. 2.
Dioclétien, 3.
Diodore de Sicile, 1 et n. 1, 6.
Directoire (Bibliothécaire du), 18.
Disposition des cartons pour les dissertations, 146. — des dissertations dans les cartons, 146. — des livres sur deux rangs dans les rayons, 66. — des livres sur les rayons, 107, 108, 109. — du budget pour achats de livres dans les facultés, 469, 470, 471.
Dissertations étrangères, 144, 145, 146.
Diversité des systèmes bibliographiques, 185.
Division du catalogue méthodique, 163, 164. — des livres par formats ou par

hauteur, 111.
Documents relatifs aux bibliothèques universitaires, 417 sq.
Documents relatifs aux bibliothèques universitaires ou des Facultés, suivis de l'Instruction générale concernant le service de ces bibliothèques, 417, sq.
Dôle (Bibl.), 13.
Dôme [Salle de lecture en], 49. — à prohiber dans la construction des bibliothèques, 49.
Dons, 82.
Dorman-Beauvais (Bibl. du Collège de), 8 *n. 1*.
Dorure des plats et du dos des livres, 103. — des tranches, 102.
Douai (Bibl.), 13.
Double rangée de livres sur les rayons, 66.
Droits du bibliothécaire, 450.
Drujon : *Les livres à clé*... (lex.).
Du Boulay : *Historia Universitatis parisiensis*, 15 *n. 2*.

Duchesne aîné : *Essai sur les nielles* (lex.). — *Jeux de cartes tarots et de cartes numérales du XIV° au XVI° siècle...* (lex.).
Duduit : *Manuel de l'amateur d'estampes...* (lex.).
Duplessis : *Bibliographie des ouvrages relatifs à la gravure...* (lex.). — *Hist. de la gravure en France...* (lex.).
Dupont-Quantin : *Controverse des sexes masculins et féminins..* (lex.).
Duprat (Fr.) : *Hist. de l'imprimerie impériale de France...* (lex.).
Dupuy (les frères), 7.
Dureau de la Malle : *Mémoire sur le papyrus...* (lex.).
Duruy, 20.
Dziatzko (Dr C.) : *Instruction für die Ordnung der Titel im Alphabetischen Zettelkatalog....*, 109 *n. 1*.
— *Instruction für die Herstellung der Zettel des alphabetischen Katalogs...*, 109 *n. 1*, 110.

E

Ebbon, 24.
Ebert, 40 *n. 1*.
Échanges internationaux, 87, 88, 89. — universitaires, 89, 90. — Origine des échanges, 89. = Nombre d'universités échangeantes, 89. = Procédé d'échanges, — 90. — (doc.) 471.
Échelles, 67, 76.
Écoles (Bibl. de l' — des Chartes), 11, 29, 30. = Bibl. de l' — des langues orientales vivantes, 11. = Bibl. de l' — normale supérieure, 11. = Bibl. de l' — royale militaire, 9 *n.* = Bibl. de l'École supérieure de pharmacie, 10. = Bibl. des — centrales, 18.
Écrits académiques et programmes de cours, 146. = Leur mode de classement, 146.
Éditions diverses d'un même auteur [Manière de classer les —], 153.
Edwards (Edward) : *Libraries and forers of libraries...*, 6 *n. 2*. — *Memoir of libraries, including a hand book of library economy...*, 4 *n.* 5, 6 *n.* 2.
Effet de moisissure sur les livres, 92. — des vapeurs sulfureuses du gaz d'éclairage sur les livres, 94, 95.
Egger : *Callimaque et les origines de la bibliographie...*, 2 *n.* 9, 23 *n. 2*, 3.
Eginhard, 5 *n.* 8.
Église cathédrale de Notre-Dame (Bibl. de l' —) 8 *n. 1*. = Bibl. de l' — de Saint-André-des-Arts, 8 *n. 1*. = Bibl. de l' — de Saint-Eustache, 8 *n. 1*. = Bibl. de l' — de Saint-Laurent, 8 *n. 1*. = Bibl. de l' — de Sainte-Marguerite, 8 *n. 1*, 16.

Égypte, 24 n. 1.
EINSLE (ANTON) : *Die Incunabelbibliographie...*, 140, n. 1.
Élèves de la Patrie ou de la Pitié, 17. —
Emboitage, 103. = Procédé de l' —, 103.
Encriers, 79.
Encyclopédie méthodique de Diderot..., 2ᵉ edit., 105 n. 1.
Envois hebdomadaires des propositions faites par les libraires aux bibliothécaires, 85. = Manière de procéder pour ces —, 85.
Épernay (Bibl.), 13.
Éphèse, 23.
Épinal (Bibl.), 14.
Épreuves de l'examen professionnel, 461, 462.
ÉRATOSTHÈNE, 23.
ERIKSEN (W.) : *Les échanges internationaux, littéraires et scientifiques...*, 88 n. 1.
Escabeau, 67, 76. = Stabilité de l' —, 76. = Mode de construction de l' —, 76.
ESSARTS (Ant. des), 24.

Estampes [leur classement], 175, 176.
Estampillage des livres, 113.
ESTIENNE. = Catalogues des —, 182.
État des inventaires et catalogues [tableau], 422. — *des ouvrages disparus*, 448.
États-Unis, 21.
ÉTIENNE, archidiacre de Cantorbéry, 15.
—, chancelier de Melun, 22.
EUCLIDE, 2.
Eudistes (Bibl.), 9 n.
EUSÈBE : *Hist. ecclesiast...*, 3 et n. 5.
Examens des bibliothèques = En Allemagne, 40. = En Amérique (États-Unis), 41. = En Angleterre, 41. = En Autriche, 40. = En Italie, 42. = En France : Bibl. nat., 34. Bibl. universit., 36, 37, 38, 39. — professionnels, 33.
Exemples de classement de manuscrits 170, 171, 172.
Exposition universelle de 1889. Rapport du Jury international publié sous la direction de M. Alf. Picard. — Groupe II, 12ᵉ partie : Matériel et procédé des arts libéraux, classe 9 à 16... (lex.).

F

Factums (Classement des), 147.
Factures de fournisseurs [Établissement des], 264, 265. = Nombre de — à fournir, 265. = Sincérité des —, 265.
Faculté de droit de Paris (Bibl.), 10. — de médecine, 8 n. 1, 10, 15, 16. — de théologie protestante, 10.
FAUCON (MAURICE) : *La Bibliothèque des Papes d'Avignon...*, 5 n. 6.
Fauconnerie [Tour de la], 6.
Faux-nerfs, 102.
FÉLIX (JULIEN), 24.
FÉRET (Meubles), 77.
FERREOLUS, 3.
FERRET (Abbé J.) : *La photogravure facile et à bon marché* (lex.).
Ferté en Ponthieu [Bibl. du Château

de], 21.
Feuillantines (Bibl.), 9 n.
Feuillants de la rue d'Enfer (Bibl.), 8 n. 1. — de la rue Saint-Honoré, 8 n. 1.
FEVRET (P.), 13.
Fiches ou cartes pour catalogue, 118, 119. = Rédaction des —, 119, 120, 121, 122, 123, 124, 125, 126, 127.
Filles de la Congrégation de Notre-Dame (Bibl.), 9 n. — de l'Enfant-Jésus (Bibl.), 9 n. — de l'Union chrétienne (Bibl.), 9 n. — de Notre-Dame de la Miséricorde (Bibl.), 9 n. — de la Croix (Bibl.), 9 n. — de Saint-Joseph (Bibl.), 9 n. — de Saint-Thomas d'Aquin, 9 n. — de Sainte-

Cécile, 9 n. — de Sainte-Geneviève, 9 n. — Filles-Dieu (Bibl.), 9 n. — du bon Pasteur (Bibl.), 9 n. — du Calvaire (Bibl.), 9 n. — du Calvaire [au Marais] (Bibl.), 9 n. — pénitentes de Sainte-Valère (Bibl.), 9 n. — pénitentes du Sauveur (Bibl.), 9 n.

FISCHER : *Beschreibung typographischer Seltenheiten...* (lex.).

FLETCHER (W.-D.) : *Public libraries in America...*, 6 n. 2, 46.

Fleury-sur-Loire (Monastère de), 4, 5 n. 1.

Florence, 42, 44 n. 1.

FLORENTIUS, 3.

FLORUS (JULIUS), 5.

Foliotage des manuscrits, 168, 169. — des manuscrits en Suisse, 169. — Importance du —, 168.

Fontainebleau (Bibl.), 7.

Formaldehyde, 91.

Format, 109.

Formation et accroissement des bibliothèques, 81.

Formes des livres, 90.

Formol, 91 n.

Formules de factures, 266.

FORTIA D'URBAN, 181, — : *Nouveau système de bibliographie alphabétique...*, 197, 198.

FORTOUL, 20.

Fortschritte (die) *der Physik...*, 190 n. 1,

Foruli, 1.

FOUCAULT (Intendant), 13.

Franciade ou abbaye de Saint-Denis, 17.

FRANÇOIS Ier, 7.

FRANKLIN (ALFRED) : *Dictionnaire des noms, surnoms et pseudonymes latins de l'hist. littéraire du M. A...*, 131 n. 1.

— *Les anciennes Bibliothèques de Paris*, 6 n. 1, 8 n. 1, 10 n. 1, 15 et n. 3, 182 n. 4.

— *Précis de l'histoire de la bibliothèque du roi...*, 7 n. 4.

Fraudes employées par les libraires, 87.

Frères de l'Enfant Jésus, 9 n. — de la Charité, 8 n. 1.

FRICH (F.), 58 n. 2.

FRONTON : *Epist.*, 23 n. 5.

FUMAGALLI (G.), 26 n., 42 — : *Cataloghi di biblioteche e indice bibliografici...*, 110.

G

GAGUIN (Robert), 24.

GARBELLI (Filip.) — *Le biblioteche in Italia all epoca romana...*, 23 n. 1.

Garde-meuble (Bibl. du), 8 n. 1.

Gardes [reliure]. — blanches, 101. — de couleur, 107. = Manière de placer les —, 101. = Usage des —, 101.

GARIEL : *La bibliothèque de Grenoble (1772-1878). Origine, organisation...*, 12 n. 2.

GARNIER (LE P.) : *Systema bibliothecæ Collegii parisiensis Societatis Jesus...* 183 n. 6. — de Saint-Yon, 24.

GARNIER (J.-M.) : *Hist. de l'imagerie populaire et des cartes à jouer à Chartres...* (lex.).

GARWARD, 24.

Gauche [livres partant de la —], 112.

Gaz d'éclairage dans les bibliothèques, 94, 95. = Utilité du —, 56. = Inconvénients du —, 56, 94, 95.

Gazette des beaux-arts... (lex.).

GEORG (C.) und OST. : *Schlagwort Katalog...*, 167 n. 1.

GÉRAUD. : *Essai sur les livres dans l'antiquité...*, 2 n. 9, 3 (lex.).

GERGERÈS, *Hist. et descript. de la biblioth. publique de la ville de Bordeaux...*, 12 n. 2.

GESNER (CONRAD) : *Bibliotheca uni-*

versalis..., 183 et *n*. — *Pandectarum sive partitionum universalium*..., 183.
GEYMET : *Héliographie vitrifiable*..., (lex.).
Giornale della libreria, della tipografia..., 180.
Gœttingue (Université de), 40.
GOSSELIN, 7.
Gouttière [reliure]. Formation de la —, 101.
GRAESEL (Arn.) : *Grundzüge der Bibliothekslehre*..., 6 *n. 2*, 26 *n.*, 33, 37 et *n. 1*, 45 *n. 1*.
GRAND : *Grande Encyclopédie*, art. Bibliographie, 184 *n*.
Grand (Le) vocabulaire français, par une société de gens de lettres... (lex.)
Grand-Conseil (Bibl.), 8 *n. 1*.

Grande Encyclopédie..., 184 (*lex.*).
Grands-Augustins (Bibl. du Couvent des —), 8 *n. 1*.
GRATTEL-DUPLESSIS, 25 *n*. 2.
Gravure (La) sur pierre. Traité pratique à l'usage des écrivains... (lex.).
Grèce (Bibl.), 21, 23.
Grecquage [reliure]. Procédé du —, 99.
= Avantages du —, 99.
Grecs, 21 *n. 1*.
Grenoble (Bibl.), 14.
GROLIER, 22.
Groupement des brochures par ordre de sciences et mise en carton, 144.
— des cartes ou fiches, 151, 152.
GUENEBAUDT : *Diction. d'architecture*, 58 *n.* 2.
GUIGARD (J.) : *Nouvel armorial du bibliophile*..., 22 *n.* 4.

H

HADRIEN, 23.
HAIN : *Repertorium bibliographicum*..., 139 *n. 3*.
Halle [Bibl. de l'Université de —], 44 *n. 1*.
Harpe [rue de la], 7 *n. 3*.
HARTWELL, 184.
HATIN (EUG.) : *Bibliographie historique et critique de la presse périodique française*... (lex.).
— *Hist. du Journal en France*... (lex.).
— *Les Gazettes de Hollande et la presse clandestine au XVII et XVIII° s*... (lex.).
HATZFELD (A.), DARMESTETER (A.), THOMAS (ANT.) : *Dictionnaire général de la langue française*..., 277 (lex.).
HAWES (STÉPH.) : *Bibliography or a history of the Origin and progress of printing*,... (lex.).
HEINECKEN : *Idée générale d'une collection complète d'estampes*... (lex.).

HENNEQUIN, 14.
HENRI IV, 7 *n. 3*, 22.
HERTZBERG (W.) ; *Analyse et essais des papiers, suivis d'une étude sur les papiers*... (lex.).
HILDUIN, Abbé de Saint-Bertin, 24.
Hippone, 3.
HOFMANN : *Zur Bibliographie der Inkunabeln-Kunde*...
Hôpital Sainte-Catherine, 9 *n*. — Sainte-Marthe d'Avignon, 92 *n*.
HORN, 184.
Hospice des Incurables (Bibl.), 9 *n*.
Hospitalières de la Charité Notre-Dame (Bibl.), 9 *n*. — de la Miséricorde de Jésus (Bibl.), 9 *n*. — de Saint-Gervais (Bibl.), 9 *n*. — de Saint-Thomas de Villeneuve, 9 *n*.
Hôtel de Ville de Paris [anc. Bibl. de l' —], 8 *n. 1* = nouvelle bibl. de l' —, 16.
HYGINUS, 24.

I

Importance du registre d'entrée-inventaire, 116. — du service intérieur d'une bibliothèque, 249.
Inconvénients des divers systèmes bibliographiques, 185. — des fermetures à tringles rabattues sur les boîtes à catalogue, 70. — de la peau de veau pour les reliures, 104 n.
Incunables. Définition, 139. = Valeur des —, 139, 140. = Catalogage des —, 139 à 143. = Fiche abrégée des —, 140. = Fiches détaillées des —, 141 à 143.
Index-Catalogue of the library of the Surgon General Office, United States army..., 167 n. 1.
Index du répertoire bibliographique Sciences mathématiques, 191, 192 n.
Index librorum qui ex typographia Plantiniana prodierunt..., 182.
Index librorum qui ex officina ejusdem Henrici Stephani hactenus prodierunt..., 182.
Infériorité du budget des bibliothèques françaises, 263.
Influence de la chaleur sur les livres, 94, 95. — de la colle de farine dans la reliure, 94. — de l'humidité sur le papier et les reliures, 94. — des vapeurs sulfureuses du gaz d'éclairage sur les reliures et les dorures des livres, 94, 95.
Inscription au catalogue alphabétique, 435, 436, 437, 438. — au catalogue méthodique, 438, 439. — au registre d'entrée-inventaire, 434, 435. — sur registre des ouvrages donnés à la reliure, 260, 261. — des périodiques, 135. — du livre au registre inventaire, 113, 114.
Insectes des livres, 93, 94.
Institut (Bibl.), 11, 18. = Cadre de classement de la Bibl. de l' —, 229, 230.
Institution de l'Oratoire (Bibl.), 8 n. 1. — *des bibliothèques circulantes* 464.
Instruction *générale relative au service des bibliothèques universitaires*, 427-449. — pour classer les livres, 109, 110. — *pour les bibliothécaires, sur le service des échanges*, 476. — *pour les Secrétaires des facultés et les Bibliothécaires universitaires sur le service des thèses*, 498, 499, 500, 501. — *sur le classement des thèses et dissertations*, 511, 512, 513, 514.
Intercalation des cartes, 439.
Intermédiaire des chercheurs et curieux..., 9 n. 1.
Intervalle des rayons, 64, 65, 66.
Inventaire des écrits académiques, 259. — du matériel et du mobilier, 259. — *et catalogues*, 468. — *et catalogues des bibliothèques d'Académie*, 421. — pour les programmes de gymnase, 260.
ISABEAU DE BAVIÈRE (Bibl.), 21.
ISIDORE DE SÉVILLE, 3 et n. 1, 7. — *Gloss.*, 23 n. 5.
Italie, 7, 21.

J

JACOB (Louis), *Bibliographia gallica universalis...* 183 n. 5, 196.
JACOB (Paul Lacroix), bibliophile, 22.
Jacobins de Compiègne (Bibl.), 6. — de Paris (Bibl.), 6. — de la rue Saint-Jacques (Bibl.), 8 n. 1, 10. — de la rue Saint-Honoré (Bibl.), 8 n. 1.
Jahres-Verzeichniss der an den deutschen Universitäten erschienenen Schriften..., 119 n. 1.

Janin (J.) : *L'amour des livres...* (lex.).
Jarry (L.) : *La librairie de l'Université d'Orléans...,* 12 *n. 2.*
Jérôme (Saint) : *Epist.* 3 et *n. 6, 9.*
Jésuites [Maison professe des —] (Bibl.), 8 *n. 1.*
Jewet (Charles-C.) : *Smithsonian report. On the construction of catalogues of libraries and their publication by means of separate stereotyped titles...,* 109 *n. 1.*
Jomart : *Monuments de la géographie* (lex.).
Jordan, *Topographie d. Stadt Rom...,* 3 *n. 4.*
Jour dans les bibliothèques, 49, 53. Prise de —, 49, 53. — latéral, 53. — perpendiculaire, 49.
Journal de la Bibliothèque, 259.
Journal de pharmacie et de chimie..., 91 *n. 1.*
Journal officiel..., 256.
Journaux, 47: — étrangers, 135. — français, 135. = Inscription des —, 135. = Catalogage des —, 157, 158, 159, 160.
Journaux et revues bibliographiques, 179, 180.
Jugné (Hôtel de), 17.
Julia-Fontenelle et Melle : *Chamoiseur, maroquinier, mégissier...* (lex.).
Jute, 105 *n.*
Juvenal, *Sat.* 1 *n. 3.*

K

Kayser (Ch.-G.) : *Vollständiges Bücher-Lexicon...,* 139 *n. 1,* 214, 215, 216.
Kenelm Digby, 22.
Kirk (Joh. Forster), 139 *n.*
Klemming, 139.
Kukula und Trübner : *Minerva...,* 11 *n. 2,* 15 *n. 1.*

L

Labiche (J.-B.) : *Notice sur les dépôts littéraires et la révolution bibliographique de la fin du dernier siècle...,* 18 *n. 1.*
La Borderie, *Livres et bibliothèques de Bretagne...,* 12 *n. 2.*
Laboulaye : *Dictionnaire des arts et manufactures...* (lex.).
Labouret (E.) : *Notions de typographie orientale...* (lex.).
Lacroix (Paul), 22 : *L'origine des cartes à jouer...* (lex.).
La Croix du Maine, *Desseins ou projects du sieur — présentez au T. C. roi de France et de Pologne Henry III... pour dresser une bibliothèque parfaite et accomplie de tous points...,* 183 *n. 2,* 193.
Lacunes dans les bibliothèques, 44.
Lalanne (Lud.) : *Curiosités bibliographiques...,* 15 *n. 4* (lex.).
Lalanne (M.) : *Traité de la gravure à l'eau-forte...* (lex.).
Langlois (E. H.) : *Essai sur la calligraphie des manuscrits au Moyen-Age...* (lex.)
Laon (Bibl.), 14.
Lapierre : *Lettre sur les catalogues de la bibliothèque de la ville de Toulouse...,* 12 *n. 2.*
La Porte (Math. de), 13.
Lapparent (de) : *Traité de géologie..., 3e édit...,* 98 *n. 1.*
La Rochelle (Bibl.), 14.
La Serna-Santandez : *Mémoire sur l'origine et l'usage des signatures et*

des chiffres dans l'art typographique... (lex.).
Latitude laissée à l'amateur dans le classement de ses ouvrages, 148.
Laurentienne (Bibl.), 57.
Laval (Bibl.), 14.
Lazaristes (Bibl.), 8 n. 1.
LE BAS, Voyage archéologique..., 2 n. 9.
LEBER : Etudes historiques sur les cartes à jouer... (lex.). — Histoire de l'art. Des estampes et de leur étude depuis l'origine de la gravure jusqu'à nos jours... (lex.).
LE BLOND, 17.
LE CLERC (Victor), 22.
LECOY DE LA MARCHE : Les manuscrits et les miniatures... (lex.).
Lecture sur place, 251, 252, 253.
LEFÉVRE (Th.) : Guide pratique du compositeur et de l'imprimeur typographe... (lex.).
LE GALLOIS : Traité des plus belles bibliothèques de l'Europe.., 6 n. 2.
LE GLAY (Dr A.-G.) : Mémoire sur les bibliothèques publiques et les principales bibliothèques du département du Nord..., 12 n. 2.
Le Havre (Bibl.), 14.
LEIBNITZ : Nouvel essai de l'entendement humain..., 181 n. 1.
Leipzig (Bibl.), 44 n. 1.
Le Mans (Bibl.), 14, 15 n, 1.
LE NORMAND (L.-S.) : Nouveau manuel complet du fabricant de papiers... (lex.).
LENORMAND (S.) : Nouveau manuel complet du relieur... (lex.).
LÉON l'Isaurien, 4,
Lepisma, 94.
LE PRINCE : Essai historique sur la bibliothèque du roi..., 7 n. 4.
LEROUX DE LINCY : Bibliothèque de Condé..., 22 n. 1.
LESCURE (F.-A. DE) : Les autographes et le goût des autographes en France (lex.).
LETRONNE : Recherches pour servir à l'histoire de l'Egypte..., 24, n. 1.
Leyde (Bibl.), 58.
LHUILIER (Th.) : La Bibliothèque et les bibliothécaires du château de Fontainebleau..., 12 n. 2.
Liais [Pierre de —, calcaire], 98 n.
Libraires. [Catalogues des —], 176, 177, 178, 179.
Librarii, 23, 24.
Library Association Year book..., 41 n. 2. 3.
LIDDELL (H.-G.) and SCOTT — A greek english lexicon..., 23, n. 2,
Lille (Bibl.), 15 n. 1 = Bibl. univ. de —, 14.
Limoges (Bibl.), 14.
Liste de propositions d'ouvrages à acquérir, 84. — de quelques revues bibliographiques, 179, 180.
LITTRÉ : Diction. de la langue française... (lex.).
Livres attachés avec des chaînes, 57. — rares, 95. — sur les rayons, 64, 65.
Local de la bibliothèque, 43 sq.
Loculamenta, 1.
LOMEIERUS (Joh.) : De bibliothecis liber singularis..., 6 n. 2.
Londres (Bibl. de —), 41.
LORENZ (Otto), Catalogue général de la librairie française, 210, 211.
LOSTALOT (ALF. DE) : Les procédés de la gravure... (lex.).
LOTTIN (AUG.-M.) : Catalogue chronologique des libraires et des libraires imprimeurs de Paris... (lex.).
Louis le Débonnaire, 5, 24. — IX, 5. — XI, 15. — XII, 7. — XIII, 7 n. 3. — XIV, 7.
Louvre (Bibl.), 6 n. 5, 7.
LUCULLUS, 3.
LUPUS, évêque de Périgueux, 3.
Lyon (Bibl.), 15 n. 1, 83. Bibl. univ. de —, 14.

M

MABILLON : *Acta sanctorum*..., 5 *n. 2.*
MACCHABÉE (Judas), 1 et *n. 8.*
Magasin pittoresque..., 22 *n. 1.*
MAILLY (Maréchal de), 14.
MAINE (duchesse du), 22.
MAIOLI, 22.
Maladies contagieuses propagées par les livres, 90, 91, 92.
MALARTIC, 21.
MALET (Giles), 6, 24.
MALINGRE, bourgeois de Paris, 15.
Maniement des boîtes à catalogues, avec tringles rabattues, 70. —, avec tringles coulissantes, 71. — des meubles à catalogues, 70, 71, 72, 73. — des échelles, 76. — des escabeaux, 76.
Manière de conserver les livres, 90, 91. 92, 93.
MANUCE (Alde). [Ses catalogues], 182.
Manuels, 47.
Manuscrits, 167, 168, 169, 170, 171, 172.
Marbre. Emploi du — pour les montants, 58.
Marbrure des tranches des livres, 102.
MARC AURÈLE, 23 *n. 5.*
MARCHAND : *Hist. de l'origine et des premiers progrès de l'imprimerie...* (lex.).
MARCHAND (Prosper), 184.
MARMONTEL : *Les Incas*, 149 *n. 1.*
MAROLLES (abbé de), 7. — : *Recherches sur l'origine et le premier usage des signatures et réclames...* (lex.).
Maroquin du Levant [Préparation] 105 *n.* = Usage et emploi en reliure du — 105.
Marques typographiques, 58. — de Louis Spillebout d'Amsterdam, 58. — Utilité de connaître les —, 58. — des imprimeurs et libraires des Pays-Bas, 58 *n. 1.*
Marseille (Bibl.), 15 *n. 1.* = Bibl. univ. de —, 14.

MARTIAL : *Epigr.* 1 *n. 4*, 3 *n. 3.*
MARTIN (GABRIEL), *Bibliotheca bigotiana*..., 184 *n. 2.*
Marucelliana (Bibl.), 42.
MASSA (abbé), 14.
Matières propres à la reliure, 104, 105, 106. = Cuirs, 105, 106. = Papiers, 104. = Peaux diverses, 106. = Toiles et tissus, 104.
Mathurins (Bibl.), 8 *n. 1.*
MAULIN (JEAN), 24.
MAUMONT (JEAN DE), 39 *n.*
Mazarinades, 143.
Mazarine (Bibl.), 11, 16, 17, 31, 165.
MAZZATINTI (G.) : *Inventari dei manoscritti delle biblioteche d'Italia...* (lex.), 166.
Meaux, 9 *n. 1.*
MÉJANES, 11 *n. 5*, 13.
Mélanges, 143.
MELISSUS, 24.
MENANT, (J.) : *La bibliothèque du palais de Ninive...*, 2 et *n. 1*, 23 *n. 1.*
MÉNESTRIER (LE P.) : *Art des emblèmmes...* (lex.). — *Philosophie des images emblématiques...* (lex.).
MENTELIN, imprimeur à Strasbourg, 182 *n.*
MERLIN : *Catalogue de Silvestre de Sacy*, 184 *n. 4.*
MERSON (EM.) : *La liberté de la presse sous les divers régimes...* (lex.).
Mesures d'ordre et de conservation, 442, 443, 444, 445. — d'ordre relatives au service de lecture à la Bibliothèque de la faculté de droit de Paris, 544, 545. — relatives au services de lecture dans les bibliothèques universitaires, 460, 461.
Métal. Emploi du — pour les corps de rayonnages, 58, 59. = Emploi du — pour les meubles, 60.
Méthode pour la mise en place des

livres sur les rayons, 107, 108, 109, 110.
Meubles de bibliothèque : — pour catalogues : 70, 71, 72, 73, 74. — pour catalogues sur cartes, 70. = Boîtes à fiches, 70. = Boîtes avec tringle coulissante, 71. = Casiers à fiches, 71. = Casiers en forme de tiroirs dans meuble, 72. — à tiroirs mobiles pour catalogues, 71, 72. — avec tiroirs superposés et casiers pour registres, 71, 72. — pour estampes et cartes, 68. — pour in-folio, 67. — ou vitrines pour livres rares, 95.
MEYER (W.) : *Bücheranzeigen des XV Jahrhunderts*..., 182.
MICHELANT : *Catalogue de la librairie de François 1er*..., 7 n. 1.
MIDOUX ET MATTON : *Étude sur les filigranes des papiers employés en France aux XIVe et XVe siècles...* (lex.).
MIGNE (Collection de l'Abbé), 21, (lex.).
Minerva..., 15, Millarède (Abbé de), 13.
Minimes de Passy et de Vincennes (Bibl.), 8 n. 1. — de la place royale, 8 n. 1.
MIQUEL M., 91.
Mise en paquet [reliure], 101, 102. — en place des fiches, 151, 152, 153, 154, 155, 156, 157. — en place des livres par séries scientifiques, 108. — en place des livres par formats et par hauteur, 109, 110. — en presse des livres reliés, 103.
Mobilier accessoire, 67-80. — d'amateur, 66, 67. — d'anciennes bibliothèques, 58.
Mode d'accroissement des bibliothèques municipales, 263, 264. — d'achat des livres, 84, 85. — d'acquisitions, 83. — *d'acquisition de livres par les bibliothèques d'enseignement supérieur*, 423. — de classement des dissertations étrangères, 145.
Modèles *de bulletins de lecture dans les principales bibliothèques de Paris : Bibliothèque de l'Arsenal*, 554 ; *Bibliothèque Nationale*, 551, 554; *Ecole supérieure de pharmacie*, 556 ; *Mazarine*, 557 ; *Médecine*, 555 ; *Muséum*, 556 ; *Sainte-Geneviève*, 558 ; *Université*, 555, — de cartes de dépouillement, 137, 138. — de cartes de rappel, 136, 137. — de cartes pour une bibliothèque particulière, 149. — *de certificats d'inscription concernant le prêt des livres aux étudiants*, 524, 525. — d'états, 447. — de factures, 266. — de fiches pour emprunteurs, 255. — de livres d'entrée des ouvrages pour une bibliothèque municipale (tableau), 114. — *de procès verbal de recolement*, 449. — de titres abrégés d'incunables, 140. — de titres développés d'incunables, 141, 142, 143. — de registres de la Bibliothèque de l'Université, 159, 160, 161. — de registre de demandes d'acquisitions, 259. — de registre pour inscription des dissertations, 145. — de registre de reliure, 261.
Moisissure du livre, 92.
Moissac (Monastère de), 4 n. 4.
MOLINIER (A.) : *Les manuscrits*..., 160.
Montants de rayonnages, 61.
Montauban (Bibl. univ.), 14.
Mont Cassin (Bibl. du Monastère du —), 4.
Monte-Charges, 67, 75.
MONTFAUCON : *Dissertation sur la plante appelée papyrus*... (lex.). — *Palæographia græca*... (lex.).
Montpellier (Bibl.), 15 n. 1. — (Bibl. univ.), 14.
Mont-Valérien (Bibl.), 8 n. 1.
Monuments de la xylographie... reproduction PILINSKI... (lex.).
MOREAU : *Bibliographie des mazarinades*... (lex.).
MOREL-VINDÉ, 21.
MORTET (VICTOR) : *Les examens professionnels de bibliothécaire*, 42 n. 3. — *Le papier*... (lex.).

— *Le papier au moyen âge d'après les plus récentes recherches...* (lex.).
— *Note sur la nouvelle installation de la bibliothèque universitaire de Bordeaux...*, 48.
MORTET (VICTOR ET CHARLES), 42, 48 *n. 1*. *Le format des livres...* (lex.).
MOTTEROZ (CL.) : *Essai sur les gravures chimiques en relief...* (lex.).
Mouvement de la bibliothèque, 256.
Moyen-Age (Bibl. au), 21.

[MULSANT (ET.)] : *Les ennemis des livres...* (lex.).
Multiplicité des cotes de livres [inconvénients de la], 108, 109.
Munich (Bibl.), 44 *n. 1*.
MURR : *Bibliothèque de peinture, de sculpture, de gravure...* (lex.).
Musée d'Alexandrie, 23. — pédagogique (Bibl.), 11.
Muséum d'histoire naturelle (Bibl.), 11, 18.

N

NAMUR : *Bibliographie des ouvrages publiés sous le nom d'ana...* (lex.). — *Histoire des bibliothèques de Belgique...*, 6 *n. 2*. — *Manuel du bibliothécaire...*, 25 *n. 4*, 184.
Nancy (Bibl. univ.), 14.
Nantes (Bibl), 14.
Naples, 7.
NAUDÉ (GABRIEL) : *Advis pour dresser une bibliothèque...*, 24, 25 *n. 1*, 43, 183.
Nécessité d'adopter, pour toutes les bibliothèques, des fiches de grandeur uniforme, 118, 119. — de l'adoption d'un système bibliographique uniforme appliqué dans toutes les bibliothèques, 185, 186. — de collationner les ouvrages d'occasion achetés, 87.
Nederlandsche bibliographie lijst van nieuw verschenen Boeken, Kaarten..., 180.
NÉHÉMIAS, 1.
NÉRON, 23.
Nettoyage de la bibliothèque, 261.
Nevers (Bibl.), 14.
Nice (Bibl.), 14.
NICOCRATE de Cypre, 2.
NICOLAÏ (RUD.) : *Griechische Literaturgeschichte...*, 23 *n. 4*.
NICOLAS : *Bibliographie anatomique..*, 190.
NICOLAS, prévôt officiel d'Angers, 21.

NICOLLE : *Dissertation élémentaire sur la gravure à l'eau forte...* (lex.).
Nidi, 2.
NIEPCE (L.), *Les bibliothèques anciennes et modernes de Lyon...*, 12 *n. 2*.
Nîmes (Bibl.), 14.
Ninive (Bibl. du palais de —), 2, 23 *n. 1*
Niort (Bibl.), 14.
NISARD (CH.) : *Hist. des livres populaires ou de la littérature de colportage...* (lex.).
NISU-DUPPISATI, 23.
NODIER (CH.) : *De quelques livres satiriques et de leur clef...* (lex.).
Noms propres : à forme de prénoms, 131. — composés en langue française, 127, 128, — des papes, souverains, ecclésiastiques, 130, 131. — du Moyen-Age, 130. — anglais, 128. — étrangers, 128. — de femmes, 130. — précédés d'une particule nobiliaire, 128, 129, — précédés d'un article, 129. — de Saints, 129, 130.
Normands, 9.
Norsk Boghandlertidende udgivet af den norske Boghandlerforening..., 180.
Notre-Dame (Bibl. de l'église de), 9.
Nouvelles catholiques (Bibl.), 9 *n.*
(**Noviciat** des Jacobins (Bibl.), 8 *n. 1*.)
— des Jésuites (Bibl.), 8 *n. 1*.

Numérotage (doc.), 431, 432, 433.
Numérotation par ordre de formats dans les bibliothèques universitaires pour ouvrages complets et à suite, 111.

O

Objections aux divers classements des périodiques en cours, 157, 158.
OCTAVE, 3.
Octavienne (Bibl.), 3, 24.
Œcophora pseudo-spretella, 94.
Opérations de classement, 431-441. — successives de la reliure, 97.
OPPERT : *Rapport à M. le Ministre de l'Instruction publique*, 2 n. 2.
Oratoire (Bibl.); 8 n. 1.
ORBIGNY (D') : *Diction. universel d'histoire naturelle*... (lex.).
Ordre alphabétique. — rigoureux pour le groupement et le classement des fiches, 152. — son importance, 121. — dans les Salles, 249.
Ordre des Avocats (Bibl.), 8 n. 1.
Organisation *des bibliothèques des Académies*, 418, 419. — *du service des échanges avec les universités étrangères*, 472, 473, 474, 475, 476.

Origine de la reliure sur grecques, 100 n. — et précis des systèmes bibliographiques, 181, 182, 183, 184.
ORLANDI : *Notizie delle marche degli antichi e moderni impressione*... (lex.).
Orléans (Bibl.), 14.
ORLÉANS (duc d'), 7.
Ortographe des noms propres étrangers, 121.
OSYMANDYAS, 1.
OTTINO (G.): *Manuale di bibliografia*.., 158, 184 n. 5.
Ouvrages à consulter pour le classement des estampes, 176 n.— à suites, 47. — de références, 47. — du dépôt légal, 82. —élémentaires à l'usage des examens, 47. — étrangers difficiles à se procurer, 87. — souscrits par le Ministère, 82.
Oxford (Bibl.), 41.

P

PACÔME (SAINT) : *X et Vita*..., 4 n. 2.
Papeterie (la) [*Bulletin officiel de la chambre des papiers en gros et revue technique de l'industrie du papier*...] (lex.).
Papier. Prix du — par rame, 273, 274, 275.
Parchemin pour reliure, 104.
PARENT. *Essai sur la bibliographie et les talents du bibliothécaire*..., 25 n. 3, 197.
Parer la peau [reliure], 103.
PARIS (A.) : *Essai sur la bibliothèque du roi*... (lex.)
Paris (Bibl.), 6, 7, 8, 11, 15, 17.
PARTHEY : *Das Alexandrinische Museum*..., 2 n. 7.

PASCAL : *Les bibliothèques et les facultés de médecine en Angleterre*..., 45.
PASSAVANT (J.-D.) : *Le peintre graveur*... (lex.).
PASSERAT (A.-L.) : *Barême complet pour papeterie*... (lex.).
Pau. (Bibl.), 14.
PAULIN (Saint) : *Epist.*, 4 n. 1.
Pays-Bas. Marques typographiques des imprimeurs des — 58, n. 1.
Peaux diverses (reliure) — de chèvre ou maroquin, 105 — de mouton ou basane, 106 — de truie, 105, 106.
PECHEUR (L'ABBÉ L.-V.) : *Hist. des bibliothèques publiques du département de l'Ain*..., 12 n. 2.
PEIGNOT : *L'Histoire des dédicaces*

d'*Erasme racontée par lui-même*... (lex.). — *Répertoire de bibliographie spéciale* (lex.). — *Traité du choix des livres* (lex.).
Percale, 104 *n.*
Percaline, 104 *n.*
Perception du droit des bibliothèques des facultés, 423, 424, 425.
Penicillium glaucum, 92.
Pénitents de Belleville (Bibl.), 9 *n.* — de Nazareth (Bibl.) 8 *n. 1.* — de Picpus 8 *n. 1.*
Pères de l'Église, 3, 5.
Pergame (Bibl.) 2.
Périodiques, 47. — étrangers, 135. — français, 135. — Cartes et classement des —, 157, 158.— Inscription des —, 135. = Manière de disposer les — sur les rayons, 69.
Perpignan (Bibl.), 14.
Personnel. Recrutement du —, 29. — subalterne, 29.
Petits-Augustins (Bibl.), 8 *n. 1.*
Petzholdt, 37 *n. 1,* 40 *n., 1,* 42 *n. 1,* 45 *n. 1.* — *Bibliotheca bibliographica...*, 184, 185. — *Manuale del bibliotecario...*, trad. da Biagi e Fumagalli..., 26 *n.,*
Philadelphie (Bibl.), 44 *n. 1.*
Phillips (S. Th.), 4.
Phormium, 105 *n.*
Pichon (baron), 22.
Picot (Emile), 22, 140.
Pierre à battre (reliure), 98.
Pierret (E.) : *Essai d'une bibliographie de la bibliothèque nationale...*, 7 *n. 4.*
Πίνακες, 23.
Pisistrate, 2.
Pixerecourt, 21,
Place du timbre ou estampille de la bibliothèque sur la couverture et dans l'intérieur du livre, 113.
Placement des cartons (reliure), 101. — *des volumes sur les rayons*, 440.
Plan-modèle (description du —), 52.

Planchettes indicatrices, 67, 78.
Plantin (Catalogues de —), 182 *n. 5.*
Pline : *Epist.* 1 *n. 1.* —, *Hist. nat.* 2 *n. 3.*
Plinthe de rayonnage, 61.
Pluquet (F.) ; *Notice sur les livres d'heures...* (lex.)
Plutarque *Lucullus,* 2 et *n.* 6, 3 *n. 1.*
Point de départ du placement des livres dans une salle, 111, 112.
Poitiers (Bibl.) 14, 15 *n. 1.*
Polissage des livres reliés avec un fer chaud, 103.
Polybe : *Rel.*, 2 et *n. 8.*
Polybiblion (Tables des matières du —) 209.
Polycrate de Samos, 2.
Poole (W. P.) : *La construction des bibliothèques publiques...*, 48 *n. 1.*, 49.
Pont (Les rois de), 3.
Pose des gardes blanches (reliure), 99. — des gardes de couleur, 101.
Poussière sur les livres, 90.
Pouy (F.) : *Nouvelles recherches sur les almanachs et les calendriers à partir du XVIe siècle...* (lex.).
Præfationes et epistolæ editionibus principibus auctorum veterum præpositæ, curante Ber. Botfield... 39,
Prémontrés réformés (Bibl.), 8 *n. 1.*
Pressac : *Hist. de la bibliothèque de la ville de Poitiers...*, 12 *n. 2.*
Prêt des livres à domicile, 253, 254, 255, 256.— aux professeurs de faculté(*doc.*), 466. — aux étudiants, 466. — Condition du, —466. Durée du —, 466. — des manuscrits, 256. — des ouvrages de la bibliothèque circulante, 48.
Prêtres de Saint-François de Sales (Bibl.) 9 *n.*
Prieur M. 91, 186-189, 269.
Prieuré des Bénédictines réformées (Bibl.) 9 *n.* — Sainte Croix de la Bretonnerie (Bibl.), 8 *n. 1.* — Saint-Denis de la Chartre (Bibl.) 8 *n. 1.* — Saint-Martin des Champs (Bibl.), 8 *n. 1.* 9.

Prix du papier par rames, 273, 274, 275.
— des reliures, 272. — des rayonnages, 271, 272.
Procédés (Les), traité pratique de phototypie, impression aux encres grasses, report sur bois... (lex.).
Programme de bibliographie générale et d'administration des bibliothèques universitaires, 534-538.
Programmes des gymnases, 47, 144, 145, 146.
Prophylaxie du livre, 91.
PROU (MAURICE) : *Manuel de paléographie...*, 166 (lex.).
Provence (Comte de), 22.
Prudence à apporter dans le remaniement d'un système bibliographique, 190.
Pseudonymes, 157.
Pupitres, 57.

Q

Qualité du papier (mauvaise), 24.
Quercy, 4 *n. 4*.

Quimper (Bibl.), 14.

R

Ramie (La). Etoffe de — employée en reliure, 105 *n*.
Rapport sur l'échange des thèses, 507.
Rapports trimestriels sur l'état des catalogues, 467.
RASÉS, 15.
RAVAISSON (F.) : *Rapport au Ministre de l'Instruction publique sur les bibliothèques des départements de l'Ouest...*, 12 *n*, 2.
Rayonnage, 60. = Sa composition, 61. = Montants du —, 61, 62, 64, 65, 66. = Tablettes du —, 61, 62, 63, 64, 65, 66. = Plinthe du —, 61. = Corniche ou saillie du —, 61. = Choix du bois dans le —, 60. — fixé au mur, 60. — en épi, 61. = Prix du — de bibliothèque : en sapin, en chêne, 270-271.
— fixes, pour bibliothèque universitaire, 63, 64.
Récolement, 258, 443, 526. — Comment on doit le faire, 258, 444, 526. = Utilité du —, 258, 444, 526.
Récollets (Bibl. des) 8 *n. 1*.
Recollettes de Sainte-Claire (Bibl.) 9 *n*.
Recueils factices, 143, 144. = Classement des — 143, 144.
Recrutement du personnel, 89.

Rédaction des cartes ou fiches, 119, 120. — des cartes abrégées des titres d'incunables, 140. — des cartes développées des incunables, 141, 142, 143. — des cartes des ouvrages anonymes et pseudonymes, 120, 121. = Des difficultés de —, 127, 128. — des titres étrangers, 121. — des titres en langues orientales, 121.
Reference (the) catalogue of current Litterature..., 178 *n. 2*.
Registres nécessaires dans une bibliothèque, 258, 259, 260. — de comptabilité, 259. — de demandes d'acquisition, 83, 259. — d'entrée-inventaire, 111, 114, 115, 116, 430, 434. — d'inscription des dissertations étrangères, 145. — des ouvrages disparus, 253, 259. — des périodiques, 158, 159. — du prêt, 258. — *du prêt*, 448. — du prêt (système des bibliothèques universitaires), 254. — du prêt (simplifié), 255. — des procès-verbaux des séances de la Commission de la bibliothèque, 260. — de récolement, 258. — de la reliure, 259. — de statistique, 257, 260. — des suites, 259.
Règlements des bibliothèques, 249,

250. — de la bibliothèque de la Sorbonne, 250 n. — pour les bibliothèques universitaires, 454, 455, 456, 457, 458, 459. — pour l'exécution du service des échanges de thèses entre les facultés françaises et les universités étrangères, 505-506. — relatifs aux facultés de Paris: droit, 539-544; médecine, 545-548; théologie protestante, 549-550. — trimestriel des fournisseurs, 268.
Reichenau (Abbaye de), 4 et n. 6.
Reims (Bibl.) 14.
Religieuses de l'Assomption de N.-D. (Bibl.) 9 n. — de la Conception de N.-D. (Bibl.), 9 n. — de Sainte-Elisabeth (Bibl.) 9 n.
Reliure des livres de bibliothèque, 96 à 106. = Préparation à la —, 260. — cartonnages (demi —) des dictionnaires et ouvrages de référence, 96. — des collections et des périodiques, 96. — des ouvrages séparés, 96. — des plaquettes et brochures, 96. — mobile pour insertion de fiches, 74, 75. — en peaux diverses, 103 à 106. — en peau de truie gaufrée, 106. = Opérations diverses de la —, 98 à 106. — en percaline, toiles, etc., 104. — Prix des —, 272.
Remède contre l'humidité des livres, 92. — contre l'humidité de la salle où sont logés les livres, 92, 93. — contre les insectes des livres, 94. — contre la poussière, 90.
Rennes (Bibl.), 14. = : Bibl. univ. de —, 19.
Répartition des crédits votés pour le développement des bibliothèques universitaires, 463, 464.
Répertoire bibliographique des sciences mathématiques, 190, 191, 192 et n.
Reproduction chromolithographique du tableau de Carpaccio Vittorio, 52 n. 2.
Résistance des planchers d'une salle de bibliothèque avec les rayonnages disposés en épi, 60, 61.
Ressort (mouvement du — de la boîte à fiches), 70. — d'arrêt pour les gravures, 68.
REUME (DE) : *Variétés bibliographiques et littéraires*... (lex.).
REUSS : *Les bibliothèques publiques de Strasbourg incendiées dans la nuit du 24 août 1870*..., 12 n. 2.
REVILLOUD (C.-J.), *L'ancienne académie delphinale et la bibliothèque publique de Grenoble*. 12 n. 2.
Revue bibliographique belge..., 180.
Revues bibliographiques (liste des —), 179, 180.
RHEES.(W.-J.) *Manual of libraries Societies and institutions in the United States and british provinces of North America*..., 6 n. 2.
RICHOU : *Traité de l'administration des bibliothèques publiques*..., 11 n. 4.
RITSCHL : *Die Alexandrinischen Bibliothekens*..., 2 n. 7.
RIVE (l'abbé) : *Chasse aux bibliographes* (lex.).
Rivista delle biblioteche..., 75.
ROBERT (ULYSSE) : *Recueil des lois, décrets, ordonnances, arrêtés... concernant les bibliothèques publiques*..., 12 n. 1.
ROCHEGUDE (de) — amiral, 13. — Archevêque, 13.
Rognage des livres, 102.
Romains, 24 n. 1.
Rome, 2, 3, 5 n. 1. 21, 23, 42.
ROMME, député du Puy-de-Dôme à la Convention, 16.
ROTHSCHILD (baron de), 22.
ROUARD : *Notice sur la bibliothèque d'Aix dite de Mejanes*..., 12 n. 2.
Rouen (Bibl.), 5, 14.
ROUSSET (GUST.) : *Code général des lois sur la presse et autres moyens de publication*... (lex.).

Roxburghe (club), 21. — vente, 21.
Royaumont, 6.

Ruricus, évêque de Limoges, 3.

S

Sacconi (Guilia) : *Intorna a un nuovo sistema di legatura...*, 75 n. 1.
Saglio (Edm.), 1, n. 5.
Saint-Bernard (couvent de), 15. — Bertin (Abbaye de), 24. — Brieuc (Bibl.), 14. — Etienne (Bibl.), 14. — Gal (Monastère de), 4. — Germain des Prés, 16.. — Louis-la-Culture, 17. — Martin de Tours, 4. — Omer (Bibl.), 14. — Ouen (Abbaye de), 5, 15. — Riquier, 5. — Victor, 16. — Sainte-Barbe (Bibl. du Collège de), 8 *n. 1.* — Chapelle (Bibl.), 6, 8 *n. 1.* — Catherine du Val des Ecoliers (Bibl.), *8 n. 1.* — Geneviève (Bibl.), 9, 11. 31.
Salle de lecture, 48, 49, 50, 51. = Disposition générale d'une — dans une grande bibliothèque, 49, 50, 51, 52. — — — dans une bibliothèque universitaire..., 48.
Sanson (Ch.), 11 *n.* 5, 13.
Santarem (Vte de) : *Essai sur l'histoire de la cosmographie et de la cartographie pendant le moyen age...* (lex.)
Sauval : *Antiquités de Paris*, 22 *n. 1.*
Sauvegarde (reliure), 101.
Savigny (Christophe de), système de —, 183.
Sceaux, 22.
Scholzius (Roth.) : *Thesaurus symbolorum ac emblematum...* (lex.).
Schrettinger, 40 *n. 1.*
Schwenke (P.) : *Adressbuch der deutschen Bibliotheken* (lex.), 6 *n. 2.*
Secrétaire d'Académie, gardien de la bibliothèque circulante, 474. = Rôle du — dans le service des thèses, 499, 500.

Seez (Bibl. du Collège de), 8 *n. 1.*
Séguier (J. T.), 14.
Séignelay (Comte de), 7.
Séminaire de l'Oratoire (Bibl.), 8 *n. 1.* — des Missions-Etrangères (Bibl.), 8 *n. 1.* — du Saint-Esprit (Bibl.), 9 *n.* — de Saint-Nicolas du Chardonneret (Bibl.), 8 *n. 1.* — des Trente-trois (Bibl.), 9 *n.* — Saint-Charles (Bibl.), 9 *n.* — Saint-Firmin (Bibl.), 8 *n. 1.* — Saint-Louis (Bibl.), 9 *n.* — Saint-Marcel (Bibl.), 8 *n. 1.* — Saint-Sulpice (Bibl.), 2 *n. 1.*
Sénat (Bibl.), 11.
Sénèque, *Tranquil. anim.*, 1 *n. 2.*
Serapeum, 2.
Service de lecture sur place dans les Bibliothèques : nationale, de l'Arsenal, de Sainte-Geneviève, de la Mazarine et les Universitaires, 251. — des échanges internationaux suspendus, 88. — *des thèses* 471. — intérieur de la Bibliothèque, 249.
Sforze, 7.
Shaw (H.) : *Illuminated ornaments selected from missals and on manuscrits of the middle Age...* (lex.)
Sidoine Apollinaire, *Epist.* 1 *n. 1.* 3 *n,* 9.
Silvestre (S.-C.) : *Marques typographiques* (lex.).
Singer : *Researches in to history of playing cards...* (lex.)
Soboltschikoff. Système de classement de —, 109.
Sociétés bibliographiques, 21. — des bibliophiles français, 21. — des bibliophiles de Tournai, 21.
Sœurs de Charité de la paroisse de Saint-André-des-Arts, 9 *n.*

Soissons (Bibl.), 14.
Soleinne (de), 22.
Sommaire des documents officiels, 405 à 416.
Sonnenschein, *The best book...*, 167, 218.
Sorbonne (Bibl. du collège de —), 8 *n*. *1*, 10, 15, 22.
Sotheby : *Typography of the XVe Century...* (lex.).
Sous-bibliothécaire, 28.
Spanhein (Monastère de), 4.
Spécimen de fiches diverses : titres abrégés, 132, 133. — de fiches alphabétiques faites dans les bibliothèques universitaires, 134. — de fiches faites à la Bibliothèque de l'Université, 134. — de fiches avec titres très développés, 149, 150, 151. — d'inscription de périodiques sur registre, 159, 160, 161. — d'inscription sur le registre des suites, 161, 162. — de registre d'entrée-inventaire (tableau), 115, 116, 117. — *de registre d'entrée-inventaire* 447.
Spécimens typographiques de l'imprimerie royale... (lex.).
Spencer (Herb.), *Classification des Sciences... trad.* Rethoré..., 181. *n. 1.*
Spillebout (Louis). Marque de —, 50.
Statistica delle biblioteche. Parte 1^a : Biblioteche dello stato, delle provincie..., 6.
Suétone, *Illustr. gram...*, 3 *n. 2.*
Suidas, *Lexicon, edit.* Bernhardy..., 23 *n. 5.*
Suites d'ouvrages, 161, 162.

Sulpice Sévère, *Vita*, 4 *n 3.*
Surel (Jean), 5.
Surveillance dans les salles, 29, 262. = Nécessité de la — par le bibliothécaire, 262.
Stachybotris, 92.
Staderini, 75.
Stanislas, 14.
Statistique, 256, 257.
Strasbourg (Bibl.), 44 *n. 1.*
Sveriges offentliga bibliothek Stockholm..., 220.
Systèmes bibliographiques, 181 à 248. — de d'Alemberg, 181 *n.* — d'Ampère, 181 *n.* — de Bacon, 181 et *n.* — de Bouillaud, 183. — de Brunet, (G.), 184, 198 à 208. — de de Bure, 184. — de Clément, 195, 196. — de Cless (J.) 182 et *n. 6.* — de Danjou, 185 *n.* — de Dewey (M.), 218, 219. — d'Edwards, 184. — de Fortia d'Urban, 181, 197. — de Garnier, 183 —. de Conr. Gessner, 183. — de Hartwell, 184 — de Horn, 184. — de Jacob, 183, 196, 197. — de La Croix du Maine, 183, 193, 195. — de Leibnitz, 181 *n.* — de Marchand, 184. — de Martin, 184. — de Namur, 184. — de Naudé, 183. — de Parent, 197. — de Petzholdt 184. — de Savigny (Crist. de), 183. — de Spencer (H.), 181 et *n.* — de classement des livres dans les bibliothèques universitaires, 110, 111, 112. — de division des livres selon les formats, 110, 111. — de reliure mobile (Staderini), 75. — de prêt dans une grande bibliothèque, 254, 255.

T

Table à atlas, 67. — à plateau, 77. — de travail, 76, 77. — système Féret, 77.
Tableau de concordance de numérotation des manuscrits, 168. — *synoptique de la bibliothèque universitaire*, 449.

Tablette de rayonnages, 61, 62, 63, 64. — fixes, 61, 62, 64. — mobile, 61, 62, 63, 64, 65.
Tacite, 4 *n. 4.*
Tasseaux. Forme des —, 62. = Emploi des —, 62. = inconvénient des —, 62.

TELONI (Drs BRUTO), *Compte rendu de l'ouvrage de* GARBELLI (FILIP) : *Le biblioteche in Italia all'epoca romana...* 23 *n. 1.*
Tendance des bibliographes à créer un système, 184, 185.
TERQUEM. Meuble système —, 67.
Testament. Ancien et nouveau —, 5.
TEUBNER, 216, 217.
Théatins (Bibl.), 8 *n. 1.*
Thèbes, 1.
THEMINES (de), 13.
THÉODOSE, 2.
Thèses étrangères, 47, 89, 90, 144, 145, 146, 471, 516. — françaises, 47, 89, 90. =Échange des — 89, 90.
THIAUCOURT : *Les bibliothèques de Strasbourg et de Nancy...*, 12 *n. 2.*
THOINAN (EM.) : *Les relieurs français...* (lex.).
THOMPSON : *Handbook of greek and latin palaeography...*
THOU (J.-A. de), 24.
Timbrage, 431.
TISSANDIER (G.) : *Histoire de la gravure photographique...* (lex.).
TISSERAND : *La première bibliothèque de l'Hôtel de Ville de Paris...,* 11, *n. 1.*
Titres d'ouvrages. Comment cataloguer les —, 120-157. Fiches alphabétiques des —, 122-127, 132-134. Fiches méthodiques des —, 165. — de grande longueur, 122, 123. Exemple de —, 122, 123, 124, 125, 126, 127. — à pousser sur les dos des livres, 103. — sur les dos des cartons renfermant des brochures, 149. — et inscriptions des Cent-Buffets de la Croix du Maine, 193, 194, 195.
Toiles pour reliure, 104.
Tôle de fer. Emploi de la — pour le mobilier des bibliothèques, 59, 60. — pour les montants du rayonnage, 59, 60.
Toulouse, Bibl. univ. de —, 14.
Tournon (Bibl.), 11 *n.* 5, 13.
Tours (Bibl.), 14.
TRAJAN, 23.
Tranchefile. Pose de la —, 102.
Tringle pour casiers à catalogue, 71.
Trioxyméthylène, 91 *n.*
Troyes (Bibl.), 14.
TRÜBNER, 11 *n.* 2. — *Record. A Journal devoted to the literature of the East...,* 180.
Types de cartes du catalogue alphabétique, 132-134 — de cartes du catalogue analytique, 149, 166. — de cartes du catalogue méthodique, 165.
TZETZES, 23 *n.* 2.

U

Universités. Bibl. de l' —, 8 *n. 1,* 76. — de France, 10. — étrangères adhérentes au service des échanges, 89 et *n.*, 90, — de Berlin, 40 *n.* — de Gœttingue, 40. — de Vienne, 40.
Urgence de l'instruction relative au service des bibliothèques universitaires, 428, 429.
Ursulines de la rue Saint-Avoye, (Bibl.), 9 *n.* — de la rue Saint-Jacques (Bibl.), 9 *n.*
Utilisation des bibliographies imprimées, 143. — des catalogues sur papier pelure, 118, 119. — des foyers de calorifère pour la production de l'éclairage et de l'électricité, 95.
Utilité du catalogue analytique, 165.

V

Valenciennes (Bibl.), 14.
VALLET DE VIRIVILLE : *Note pour servir à l'histoire du papier...* (lex.)
VAN DER HAEGHEN, 139.

Vascosan. Catalogues de —, 182.
Vattemare, 88.
Vatteville (de), 88.
Vedettes. Cartes —, 164. Usage des —, 164.
Verdun (Bibl.), 14.
Verzeichniss d. deutschen Buchhandel., 212.
Verzeichniss der Handschriften im preussischen Staate... (lex.). — *der Programme, welche im Jahre... von den höheren Schülen Deutschlands.., verhöffentlicht werden...*, 146.
Versailles (Bibl.), 14.
Vestinus (Lucius Julius), 23.

Vienne. Université de —, 40.
Vidal (L.) : *Des progrès de la gravure typographique...* (lex.).
Villemain, 29.
Villeroi. Cardinal de —, 14.
Visconti, 7.
Visitation de Sainte-Marie. (Bibl. des religieuses de la —), 9 n.
Vitrine pour ouvrages rares, 75.
Vogel : *Die Bibliothek d. Benedictiner-Abtei Reichenau...*, 4 n. 6.
Voisin : *Documents pour servir à l'histoire des bibliothèques en Belgique...*, 6 n. 2.
Voltaire. Pseudonymes de —, 157.

W

Wachsmuth : *Beiträge zur griechischen National Grammatiken...*, 23 n. 4.
Wailly (Nat. de) : *Eléments de paléographie...* (lex.).
Washington. Bibl. du Congrès à —, 44 n. 1.
Wattenbach : *Anleitung zur lateinischen Paleographie...* (lex.).
Wechel Catalogues de —, 182.

Wiener (Luc.) : *Etude sur les filigranes des papiers lorrains...* (lex.).
Wiessner : *Die mikroskopische Untersuchungen des Papiers...* (lex.).
Wilkinson, *Manners and Customs of the ancient Egyptian...*, 1 n. 7.
Wolfenbüttel (Bibl.), 44 n. 1.
Wondanus (J.-C.), gravure signée par —, 58 n. 2.

Z

Zani (Pietro) : *Materiali per servire alla storia dell' origine e de' progressi dell' incisione in rame e in legno...* (lex.).
Zenodote d'Ephèse, 23.

Zonare, *Les histoires et chroniques du monde tirées toutes du gros volume de Jan Zonara... et mises en langage français... par* Ian de Maumont..., 39 n.

TABLE DES FIGURES

Fig. 1. — Plan modèle, p, 50 ; légende, 51.
Fig. 2. — Un livre enchaîné, d'après un fragment de la Laurentienne, 57.
Fig. 3. — Ensemble de rayonnage monté tout en tôle, 59.
Fig. 4. — Vue en profil du haut des plaques d'assemblage et des fers à T, ainsi que d'une tablette, 59.
Fig. 5. — Vue en profil du bas des plaques d'assemblage, ainsi que de la plinthe, 59.
Fig. 6. — Plan sectionné, avant-arrière, d'un montant en tôle, les pièces toutes assemblées, 60.
Fig. 7. — Plan d'une bibliothèque où les rayonnages sont posés en épis, 60.
Fig. 8. — a Corps de rayonnage avec galerie. — b Corps de rayonnage placé en épi, 61.
Fig. 9. — Composition du corps de rayonnage, 61.
Fig. 10. — Tablettes établies sur crémaillères, 62.
Fig. 11. — Crémaillère avec l'encastrement du tasseau, 62.
Fig. 12. — Tasseau, 62.
Fig. 13. — Section de rayonnage dont les tablettes sont soutenues par des clavettes, 63.
Fig. 14. — Section d'angle de tablette vue de profil et en dessous pour montrer l'évidement ménagé pour l'appui de la tête de la clavette, 63.
Fig. 15. — Clavette en cuivre, 63.
Fig. 16. — Clavette en fer estampé, 63.
Fig. 17. — Coupe d'un montant et de deux tablettes pour montrer la position des clavettes, 64.
Fig. 18. — Fragment de rayonnage fixe où les montants intérieurs ne servent qu'à consolider les tablettes formées de planches d'une seule pièce. — Baguette en partie brisée pour montrer le raccord, 64.
Fig. 19. — Baguette affleurant les montants et permettant de retirer les livres sans difficulté, 65.
Fig. 20. — Section de rayonnage avec planchette mince clouée sur le montant et dissimulant un livre du fond. — Système défectueux, 65.
Fig. 21. — Tablette mobile, sur charnière, pouvant s'élever et s'abaisser au moyen de la tige rigide qui s'encastre dans une crémaillère appliquée en plein panneau d'un montant de rayonnage, 65.
Fig. 22-23. — Détail de la crémaillère, ainsi que de l'anneau de la tige se rapportant à la tablette mobile, vus de profil et en plan, 65.

Fig. 24. — Manière de prendre un livre sur un rayon avec le doigt, 66.
Fig. 25. — Espacement des rayons, 66.
Fig. 26. — Coupe de rayonnage pour montrer la disposition à prendre pour un deuxième rang de livres à caser dans le fond, 66.
Fig. 27. — Modèle de meuble pour loger les très grands in-folio, 67.
Fig. 28. — Modèle de meuble pour les estampes, planches et cartes séparées, 68.
Fig. 29. — Section de tiroir du meuble précédent pour montrer les ressorts placés sous les rebords et destinés à maintenir rigides les planches en feuilles, 68.
Fig. 30. — Casiers pour périodiques (section) avec cartons mobiles indicateurs 69.
Fig. 31. — Boîte à fiches avec tringles se rabattant à l'extérieur, 70.
Fig. 32. — Boîte à fiches avec tringle, fermeture rabattue, 71,
Fig. 33. — Table sur laquelle sont posées les boîtes à compartiments pour catalogues, 71.
Fig. 34. — Meuble pour catalogue sur fiches, 72.
Fig. 35. — Compartiment séparé avec tringle, pour montrer son insertion dans le bas des fiches, 72.
Fig. 36. — Meuble à loger les tiroirs à fiches, avec volets à lattes mobiles, 73.
Fig. 37. — Meuble à tiroirs mobiles pour loger les catalogues sur fiches, 73.
Fig. 38. — Système de reliure mobile pour fiches de grande dimension, 74.
Fig. 39. — Le même vu de dos pour montrer les tiges transversales terminées d'une part en rivet et recouvertes de l'écrou, de l'autre, 74.
Fig. 40. — Grande fiches avec échancrures pour loger les 2 tiges, 74.
Fig. 41. — Section de monte-charge à double boîte, 75.
Fig. 42. — Le même, vu de profil pour montrer la gorge de la poulie sur laquelle s'engrène la roue, 75.
Fig. 43. — Echelle crochetée contre la barre d'un rayonnage, 76.
Fig. 44. — Escabeau avec pieds à angle sortant, 76.
Fig. 45. — Vue en coupe d'une table de la Bibliothèque nationale pour montrer les deux tubes conducteurs de la chaleur, 77.
Fig. 46. — Table avec plateau à charnière pouvant servir de pupitre, 77
Fig. 47, 48, 49. — Planchettes indicatrices ou fantômes, 78.
Fig. 50, 51, 52. — Modèles de cartons, 78.
Fig. 53. — Modèle d'encrier en tôle vernissée, vissé sur la table, avec couvercle en tôle, et godet en verre ou émail, s'enlevant librement, 79.
Fig. 54. — Encrier fixé entre deux barres de fer servant de séparation médiane des tables.
Fig. 55. — Détail de l'encrier ci-dessus, 79.
Fig. 55 bis. — Schème de la couture sur grecque, 99.
Fig. 56 bis. — Schème de la couture sur simple nerf, 99.
Fig. 57 bis. — Schème de la couture sur double nerf, 99.
Fig. 58 bis. — Schème de la couture sur parchemin, 99.
Fig. 56. — Position des livres dans une tablette avec appui-livre et sans appui-livre, 79.
Fig. 57. — Etat d'un livre abîmé par les insectes, 93.
Fig. 58. — Le même ouvert pour montrer les piqûres des feuillets, 93.

Fig. 59. — Apparence extérieure des livres qui ont souffert d'une chaleur intense et continue, 194.
Fig. 59. bis — Un livre sortant de la couture vu de dos, 100.
Fig. 60. — Les cartons mis en place, l'un d'eux ouvert pour montrer la manière de placer les ficelles, 101.
Fig. 61. — Livre relié vu de profil et par les plats pour l'explication des divers termes, 103.
Fig. 61 bis. — Plan d'un magasin pour montrer l'ordre de disposition des livres dans les rayonnages et les épis, 112.
Fig. 62. — Vue d'un rayonnage à 4 travées indiquant la disposition des livres par travées et rayons, 112.
Fig. 63. — Pancarte mobile placée au milieu d'une travée, 113.
Fig. 64. — Disposition des cartes vedettes dans le catalogue méthodique, 164.

EXTRAIT

DE NOS

CATALOGUES DE LIVRES D'OCCASION

LIVRES

HISTORIQUES, ARCHÉOLOGIQUES, PHILOLOGIQUES
ET LITTÉRAIRES

Que nous avons en magasin à la disposition de
MM. les Bibliothécaires

La plupart sont indispensables dans les bibliothèques d'érudition.

Académie des Inscriptions et Belles-Lettres. — Comptes rendus des séances, publiés par les membres de l'Académie et le secrétaire perpétuel, de l'origine 1857 à 1894, 36 vol, in-8°, d.-r. 150 fr.

Académie des sciences morales et politiques. — Séances et travaux de l'Académie, publiés par Ch. Vergé, H. Vergé et de Boutarel, de 1841 à 1894, et table, 142 vol. in-8°. 650 fr.

Achery (D. Luc d'). — Spicilegium sive collectio veterum aliquot scriptorum qui in Galliae bibliothecis delituerunt. nov. ed. cum lectionibus Baluzii et Marteni expurgata a. L. de La Barre. Paris, Montalant, 1723, 3 vol. in-fol. 120 fr.

Acta Sanctorum quotquot toto orbe coluntur collegit digessit notis. illust. Bollandus. Paris et Bruxelles, 1863-1895, comprenant de janvier au 22 de novembre, 65 vol. in-f°, br. 1.500 fr.

Album paléographique, ou recueil de documents importants relatifs à l'histoire et à la littérature nationales, reproduits en héliogravure d'après les originaux des bibliothèques et des archives de France, avec notices explicatives par des professeurs de l'Ecole des Chartes, et introduction par Léop. Delisle, 1887, 50 pl. et texte en un cart., in-f°. 110 fr.

Analecta Bollandiana, edd. C. De Smedt, De Backer, Van Ortroy, Van den Gheyn et H. Delahaye, tomes I-XIV. Bruxelles, 1882-1895, 14 vol. in-8°. 150 fr.

Annales archéologiques, publ. p. Didron aîné et Ed. Didron. Collec-

lithuanien, etc., trad. avec introduction par Mich. Bréal. Paris, Imp. Imp. 1886, 5 vol. in-8°, d.-r. 30 fr.

Borghesi (B.). — OEuvres complètes, publiées par les soins de l'Académie des Inscriptions et Belles-Lettres. Numismatique, épigraphie, etc. Paris, 1862-1884, 8 vol. in-4°, d.-r. 130 fr.

Bouquet (Dom Martin). — Recueil des historiens des Gaules et de la France, continué par les membres de l'Académie des inscriptions et belles-lettres. Paris, 1738-1876, 23 vol. in-f°, rel. v. 1.000 fr.

— Le même, nouvelle édition réimprimée par Palmé, et la suite en édition originale, 1869-1876, 23 vol. in-f°, brochés. 500 fr.

Bourdot de Richebourg (Ch.). — Nouveau coutumier général ou corps des coutumes générales et particulières de France et des provinces connues sous le nom des Gaules. Paris, 1724, 4 vol. in-f°, rel. v. 30 fr.

Précieux pour l'étude du droit coutumier.

Bréquigny. — Table chronologique des diplômes, chartes, titres et actes imprimés, concernant l'histoire de France, continuée par Pardessus et Laboulaye. Paris, Imp. Roy et Nat., 1769-1876, 8 vol., in-f° d.-rel. 600 fr.

Brunet. — Manuel du libraire et de l'amateur de livres, 5e édition avec table méthodique. Paris, 1860-1865, 6 vol. in-8°, d.-r. 250 fr.
— Avec les deux suppléments 1878-1880, 8 vol. in-8°, d.-r. 275 fr.

Brussel. — Nouvel examen de l'usage général des fiefs en France, pendant les XIe, XIIe, XIIIe et XIVe siècles, pour servir à l'intelligence des plus anciens titres du domaine de la couronne et de l'histoire. Paris, 1739, 2 vol. in-4°, rel. v. 55 fr.

Un des plus remarquables travaux sur le droit féodal publiés en France.

Buchon. — Collection des chroniques nationales françaises écrites en langue vulgaire du XIIIe au XVIe siècle. Paris, 1824-1829, 47 vol. in-8°, d.-r. 150 fr.

Bulletin monumental publié sous les auspices de la Société française d'archéologie, par MM. de Caumont, Cougny, Palustre et de Marsy, de l'origine 1834 à 1894, 59 vol. et tables formant 4 vol. Ensemble 63 vol. in-8°, d.-r. (pl. et fig.) 550 fr.

Bulletin de correspondance hellénique, de l'origine 1877 à 1894, avec tables, 1877-1886 et 1886-1891, 19 vol. 350 fr.

Bulletin épigraphique de la Gaule, publ. par H. Vallentin et R. Mowat. Vienne, 1881-1886, 6 vol. in-8°, d.-r. 60 fr.

Cabinet historique (Le) commencé par Louis Paris et continué par Ulysse Robert, 1855-1881, et Moniteur des bibliothèques et des archives, par U. Robert, 1881-1883. Ensemble 29 vol. in-8°, d.-r. 140 fr.

Cahier et Martin. — Mélanges d'archéologie, d'histoire et de littérature, rédigés ou recueillis. Paris, 1847-1856, 4 vol. in-4°, d.-rel. (153 pl.). 350 fr.
— Nouveaux mélanges d'archéologie, 1873-1876, 4 vol. in-4°. 100 fr.
— Caractéristiques des saints dans l'art populaire, 1867, 2 vol. in-f°. 75 fr.
— Monographie de la cathédrale de Bourges, vitraux du xiiie siècle, 1841-1844, 2 vol. in-f°, d.-rel. 500 fr.

Calmet (D. A.). — Histoire ecclésiastique et civile de la Lorraine, jusqu'à la cession arrivée en 1737, avec les pièces justificatives. Nancy, A. Leseure, 1745-1757, 7 vol. in-f°. 350 fr.
— Dictionnaire historique, critique, chronologique, géographique et littéral de la Bible. Paris, 1730, 4 vol. in-f°, rel. v. f. (fig.). 35 fr.

Canciani. — Barbarorum leges antiquæ cum notis glossariis accedunt formularum fasciculi et selectæ constitutiones medii ævi. Venetiis, apud Seb. Coletium, 1781-1789, 5 vol. in-f°, d.-rel. 75 fr.

Cartulaires. — Demander nos catalogues spéciaux contenant des listes importantes de ces précieux documents.
Catalogue LXXIV, LXXVII et LXXXII.

Catalogue général des manuscrits des bibliothèques publiques de France. Paris, Arsenal, 1 à 6 et 9. Ste-Geneviève, t. 1. Mazarine, 1 à 4; Archives nationales, 1 vol.; Archives Départ. et communales, 1 vol. ; manuscrits grecs du Départ., 1 vol.; Départements, t. 1 à 25, 27 et 28. Ensemble 44 vol. in-8°, br. 375 fr.

Caumont (De). — Abécédaire ou rudiment d'archéologie, ère gallo-romaine. Architecture religieuse, architecture civile et militaire. Caen, 1869-1870, 3 vol. 45 fr.

Ceillier (D. Rémy). — Histoire générale des auteurs sacrés et ecclésiastiques, nouv. éd., revue, complétée et terminée par une table des matières, par l'abbé Bauzon, 1858-1864, 17 vol. gr. in-8°, d.-r. 100 fr.

Centralblatt für Bibliothekswesen hrsg v. O. Hartwig u. K. Schulz, depuis l'origine 1884, 11 années en fasc. 150 fr.

Chartularium Universitatis Parisiensis collegit et contulit, H. Denifle, auxiliante C. Chatelain, 1200-1394. Parisiis, 1889-1893. 3 vol. in-4°, br. 75 fr.

Chevalier (L'abbé Ul.). — Répertoire des sources historiques du moyen âge. *Bio-bibliographie* avec *supplément*. Paris, 1877-1888, 1 vol. gr. in-8°, d.-r. 100 fr.

Chronicles (The) and memorials of Great Britain and Ireland during the middle ages, 1858-1891, 212 vol. in-8°. 2.000 fr.

Clarac (Cte de). — Musée de sculpture antique et moderne ou description historique et graphique du Louvre et de toutes ses parties, etc. Paris, Imp. Roy et Imp., 1826-1853, 6 vol. in-8°, texte et 6 atlas in-f°, oblong, de planches. 200 fr.

Cimber et Danjou. — Archives curieuses de l'histoire de France, depuis Louis XI jusqu'à Louis XVIII. Paris, 1834-1840, 27 vol. in-8°, d.-r. 80 fr.

Codex Theodosianus cum perpetuis commentariis I. Gothofredi editio nova curante J. Ritter. Lipsiæ, 1736, 6 vol. in-f°. 50 fr.

Codices Gregorianus, Hermogenianus, Theodosianus edidit Haene avec supplément, 1832-1844, 1 vol. in-4°, d.-r. 30 fr.

Colbert. — Lettres, instructions et mémoires publ. p. P. Clément, avec la table par Pierre de Brotonne. Paris, Imp. Imp. et N., 1861-1882, 8 tomes en 10 gr. in-8°, d.-r. 70 fr.

Collection de documents inédits sur l'Histoire de France. Ex. complet de tout ce qui a paru jusqu'à 1893, composé de 214 vol. in-4° et de 52 vol. ou liv. d'Atlas in-f°. Au lieu de 3848 fr. pour **2000 fr.**

MM. les bibliothécaires sont priés de bien vouloir nous signaler les lacunes de leur exemplaire. Nous avons toujours en magasin les volumes séparés dont la liste suit :

Abélard. Œuvres inédites. 1836. 1 vol. 7 fr.
Alphonse de Poitiers. Corresp. administrat. T. I. 1893. 12 fr.
Archives de l'Hôtel Dieu. 1894. 12 fr.
Archives de la ville de Reims. 10 vol. (100 fr.) 35 fr.
Architecture monastique. 2 vol. 1852-56. 30 fr.
Architecture milit. en Syrie, p. Rey. 12 fr.
Beugnot. Les Olim. 4 vol. 1639-48. 40 fr.
Captivité de François 1er, p. Champoll.-Figeac. 1847. 7 fr.
Cartulaire de l'Eglise Notre-Dame de Paris. 4 vol. 1850. 25 fr.
Cartulaire de l'Egl. Cathédr. de Grenoble. 10 fr.
— de Savigny et d'Ainay. 2 v. 1853. 15 fr.
— de l'Abbaye de St-Père de Chartres. 2 vol. 1840. 20 fr.
Cartulaire de l'Abbaye de St-Bertin. 2 vol. 12 fr.
Cartulaire de l'Abbaye de St-Victor de Marseille. 2 vol. 18 fr.
Cartulaire de l'Abbaye de Redon. 1863. 12 fr.
— de l'Abbaye de Beaulieu. 1859. 9 fr.
Catalogue gén. des manusc. des bibl. publ. des départements. 7 vol. 30 fr.
Chartes de Cluny. 5 vol. 45 fr.
Chronique d'Amadi. Tome I, II. 1893. 15 fr.
Chronique de Bertrand Du Guesclin. 2 vol 1869. 14 fr.
Chronique des ducs de Normandie. 3 vol. 1836-44. 20 fr.
Chronique du religieux de St-Denys. 6 vol. 1839-52. 35 fr.
Claude Haton. Mémoires. 2 vol. 1857. 10 fr.
Le Comité des travaux histor., p. G. Charmes. 3 vol. 15 fr.
Comptes des bâtiments du Roi. Tome I, II et III. 20 fr.
Comptes des dépenses de la construct. du château de Gaillon. 1 vol., texte et atlas in-f°. 25 fr.
Correspondance de Sourdis. 3 vol. 1839. 15 fr.
— admin. sous le règne de Louis XIV. 4 vol. 1850-55. 20 fr.
Didron. Iconographie chrétienne. 18 fr.
Documents histor. tirés des Coll. de Mss. de la Bibl. Nat. 4 vol. et table. 1843-48. 15 fr.
Du Cange. Les familles d'Outre-Mer. 1869. 10 fr.

Foucault. Mémoires. 1862. 6 fr.
Henri IV. Recueil des lettres. 9 vol. 1843-72. 40 fr.
Hist. de la Croisade contre les Albigeois. 10 fr.
Hist. de la guerre de Navarre, p. G. Anelier. 1856. 7 fr.
Inscript. de la France. 5 vol. 50 fr.
Inventaire des meubles et joyaux de Ch. V. 1878. 6 fr.
Invent. des sceaux de la coll. Clairambault. 2 vol. 1885-86. 20 fr.
Itinéraire de Philippe le Hardi. 1889. 10 fr.
Journal des Etats-Gén. sous Charles VIII. 1883. 6 fr.
Journal d'Ormesson. 2 vol. 1868 10 fr.
Le Blant. Etude sur les sarcophages de la ville d'Arles. In-fol. 18 fr.
Le Blant. Etudes sur les sarcophages chrétiens de la Gaule. 35 fr.
Lettres de rois et de reines. 2 vol. 1839-47. 12 fr.
Lettres, mandements et actes divers de Charles V. 1874. 9 fr.
Lettres de Catherine de Médicis. 5 vol. 30 fr.
Lettres de Jean Chapelain. 2 vol. 1879-83. 15 fr.
Livre des psaumes de Cambridge 6 fr.
Le livre des métiers, d'Etienne Boileau. 1837. 15 fr.
Li Livres dou Trésor, par Brunetto Latini. 1863. 10 fr.
i Livres de jostice et de plet. 1850. 9 fr.
Mazarin. Lettres. 8 vol. 60 fr.
Mélanges historiques. 5 vol. 1873-86. 25 fr.
Mém. relat. à la succession d'Espagne. 11 vol. et atlas. 150 fr.
Mém. des Intendants sur l'état des génér. T. 1er. 7 fr.
Mistère du siège d'Orléans. 1868. 10 fr.
Monographie de la Cathédrale de Chartres, p. Lassus, Duval et Durand. Texte in-4° et 9 livr. de pl. in-fol. 1836-65. 130 fr.
Monog. de l'Eglise de N.-Dame de Noyon, par Vitet et Ramée. 1 vol. in-4° et 1 atlas in-fol. 1845. 45 fr.

Monuments du Tiers-Etat. 4 v. 1850-70. 20 fr.
Négoc. de la France dans le Levant. 4 vol. 1848-60. 25 fr.
Négoc. de la France avec la Toscane. 6 vol. 1859-85. 25 fr.
Négociations rel. au règne de François II. 1841. 6 fr.
Négociations entre la France et l'Autriche. 2 vol. 1845. 14 fr.
Négociations relatives à la succession d'Espagne. 4 vol. 1835-42. 25 fr.
Négociations relatives à la conférence de Loudun. 1862. 6 fr.
Palsgrave. Eclaircissement de la langue française. 1832. 15 fr.
Pap. d'Etat du Card. Granvelle. 9 v. 1841-52. 35 fr.
Paris sous Philippe le Bel. 1827. 9 fr.
Peintures de l'Eglise de Saint-Savin, p. Mérimée. In-fol. 1845. 30 fr.
Peiresc. Lettres. 5 vol. 45 fr.
Privilèges du Saint-Siège. 1855. 3 fr.
Procès des Templiers. 2 vol. 1841-51. 18 fr.
Procédure polit. du règne de Louis XII, par de Maulde. 10 fr.
Procès-verbaux des Etats Gén. de 1593-1842. 7 fr.
Procès-verbaux du Conseil de Charles VIII. 1836. 5 fr.
Les Quatre livres des Rois. 1841 9 fr.
Recueil de diplômes mil. romains, p. L. Renier. 5 fr.
Relations des ambassadeurs vénitiens. 2 vol. 1838. 15 fr.
Remontrances au Parlement de Paris. Tome I. 9 fr.
Richelieu. Lettres. 8 vol. 1853-74. 55 fr.
Rôles Gascons, publ. p. Fr. Michel. T. I seul paru. 8 fr.
De Saulcy. Doc. rel. à l'hist. des monnaies. 4 vol. 130 fr.
Statistique monumentale de Paris. 1 vol. in-4° texte et 36 livr. de pl. in-fol. 120 fr.
Statistique monumentale de Toul et de Nancy. 1 vol. in-4° texte et 3 livr. de pl. in-fol. 1838. 40 fr.
Wailly. Elém. de paléographie. 2 vol. in-fol. 75 fr.

Collection des poètes Champenois, antérieurs au xvie siècle, édités par Tarbé. Reims, 1847-1864, 26 vol. in-8°. 200 fr.

Collection des chroniqueurs et trouvères Belges, publiée p. l'Académie de Bruxelles. Bruxelles, Louvain, 1863-1872, 66 vol. in-8°.
200 fr.

Collection grecque-latine, publiée par Didot, 69 vol. gr. in-8°.
700 fr.

Collection des chroniques Belges inédites, publ. par ordre du Gouvernement. Bruxelles, 1856-1891, 79 vol. in-4°. 450 fr.

Comptes rendus de l'Académie des sciences, de l'origine (juillet 1835) à 1894, 119 tomes. — 2 volumes de supplément et 3 tables in-4°. 500 fr.

Corpus scriptorum historiæ Byzantinæ, editio emendatior et copiosior, cons. Niebuhrii instituta. Bonn, 1828-1878, 49 vol. in-8°, d.-r.
350 fr.

Corpus inscriptionum latinarum cons. et aucp. litt. Reg. Boruss, editum curantibus, Th. Mommsen, etc. Berlin, 1862-1893, 27 vol. in-f° et fasc. cart. 1.400 fr.

Corpus inscriptionum atticarum cons. et ausp. acad. litt. reg. Bôr, editum curantibus Kirchhoff, Kohler, etc. Tôme I, 2, fasc., 1 à 4 3, fasc. 1 à 2, 4, fasc. 1 à 3, 7 vol. in-f° et fasc. 275 fr.

Corpus inscriptionum semiticarum publié par les soins de l'Académie des inscriptions et belles lettres. 1re partie, tome I, fasc. 1 à 4; tome II, fasc. 1. 2e partie, tome I, fasc. 1 et 2. 4e partie, tome I, fasc. 1 et 2. Paris, 1881-1893, 9 vol. in-4° et 9 atlas in-f°. 250 fr.

Corpus scriptorum ecclesiasticorum Latinorum ed. cons. et imp. Acad. Litt. Cæsar. Vindobonensis I-XXVII. Vindobonæ, 1866-1893, 27 vol. 250 fr.

Coussemaker (E. de). — Scriptorum de musica medii ævi novam seriem a Gerbertina alteram collegit nuncque primum edidit. Parisiis, 1864-1876, 4 vol. in-4°. 350 fr.

Creuzer. — Religions de l'antiquité trad. de l'allemand, refondue en partie, complétée et développée p. Guigniault. Paris, 1825-1851, 4 tomes en 10 vol. in-8° (nombr. pl.). 180 fr.

Crevier. — Histoire de l'Université de Paris, depuis son origine jusqu'en l'année 1600. Paris, 1761, 7 vol. in-12, d.-r. 15 fr.

Daunou. — Cours d'études historiques. Paris, 1842-1849, 20 vol. in-8°, d.-r. 70 fr.

Delisle (Léop.). — Le cabinet des manuscrits de la Bibliothèque Nationale, étude sur la formation de ce dépôt comprenant les éléments d'une histoire de la calligraphie, de la miniature, de la reliure et du commerce des livres à Paris avant l'invention de l'imprimerie. Paris, 1868-1881, 3 vol. in-f° et 1 album. 110 fr.

Delpit (J.). — Collection générale des documents français qui se

trouvent en Angleterre I : archives de la mairie de Londres, duché de Lancastre, de la Bibliothèque des avocats et la 1re partie de l'Echiquier. Paris, 1847, 1 vol. in-4°. 25 fr.
<small>Seul volume paru de cette très intéressante publication.</small>

Desjardins (Ern.). — La table de Peutinger, publ. d'après l'original de Vienne, avec introduction historique et critique, etc. Paris, 1869, 14 livraisons in-f°. 60 fr.

Devic (D.) et **Vaissette** (D.). — Histoire générale de Languedoc, nouv. éd. par Dulaurier, Mabille, Molinier, Robert. 1872-1893, 15 vol. in-4°. 250 fr.

— Id. Paris, 1730-1745, 5 vol. in-f°, fig. 80 fr.

Dictionnaire archéologique de la Gaule, époque celtique. Paris, Imp. Nat., tomes I et II, fasc. 1. Ensemble. 30 fr.

Dictionnaire de Trévoux, ou dictionnaire universel français-latin, 1771, 8 vol. in-f°, rel. 30 fr.

Diez (Fréd.). — Grammaire des langues romanes, trad. p. A. Brachet, G. Paris et Morel-Fatio. Paris, 1873-1877, 3 vol. in-8°. 50 fr.

Du Boulay. — Historia universitatis Parisiensis authore Coes. Egass. Bulaeo. Paris, 1665-1673, 6 vol. in-f°. 600 fr.

Du Cange (Car. du Fresne). — Glossarium mediæ et infimæ latinitatis auctum a monachis ord. S. B. cum supplemento Carpentarii. suisque digessit *Henschel*. Paris, Didot, 1640-1850, 7 vol. in-4°, d.-r. 200 fr.

— Id. editio nova curante, L. Favre. Niort, 1883-1887, 10 vol. in-4°, d.-r. 240 fr.

Dumont et Rousset. — Corps universel diplomatique contenant un recueil des traités d'alliance, paix, etc., faits en Europe depuis le règne de Charlemagne jusqu'à présent avec supplément de 1726-1739, 13 vol. Histoire des traités de paix du xviie siècle par de Saint-Priest. Amsterdam, 1725, 2 vol. Négociations secrètes touchant la paix de Munster et d'Osnabruck, par Leclerc, Lahaye, 1724. 2 vol. Ensemble 19 vol. in-f°. 250 fr.

Estienne (Henri). — Thesaurus Græcae linguae tertio ediderunt C. B. Hase, G. Dindorf et Lud. Dindorf. Paris. 1829-1863, 9 vol, in-f°, d.-r. 325 fr.

Expilly (L'abbé). — Dictionnaire géographique, historique et politique des Gaules et de la France. Paris, 1762-1798, 6 vol. in-f°, d.-r. 100 fr.

Fabricii (J.-A.). — Bibliotheca Græca sive notitia scriptorum veterum Græcorum quorumcumque monumenta aut fragmenta exstant, editio 4ta cur. *J. C. Harles*. Hamburgi, 1790-1838, 13 vol. in-4°, d.-r. 120 fr.

— Bibliotheca latina mediæ et infimæ aetatis ed. Mansi. Florentiæ, 1858, 6 tomes en 3 volumes gr. in-8°. 20 fr.

Facciolati et **Forcellini**. — Totius latinitatis lexicon auctum et emendatum a Furlaneto cura et studio, V. Devit. Prati. 1858-1875, 6 vol. in-f°, d.-r. 130 fr.

Florez. — España sagrada. Vol. 1 à 51. Madrid, 1747-1886. 51 vol. in-4° reliés. 350 fr.

Fournier (Marcel). — Les statuts et les privilèges des Universités françaises depuis leur fondation jusqu'en 1789, moyen âge et xvi° siècle, tomes I à IV, 1re pie. Paris, 1891-1894, 4 vol. in-4°. 75 fr.

Freund. — Grand dictionnaire de la langue latine traduit en français par Theil, avec la grammaire latine de Madvig trad. par Theil. Paris, 1862-1880, 3 vol. in-4°. 50 fr.

Gallia Christiana. — In provincias ecclesiasticas distributa, qua series et historia archiepiscoporum episcoporum, etc... Opera et studio ff. Sammarthanorum et Hauréau. Lutetiae Parisiorum, 1715-1865, 16 vol. in-f°, rel. v. 1.200 fr.

Gams. — Series episcoporum ecclesiae catholicæ quotquot innotuerunt cum supplemento. Ratisbonne, 1873-1886, 1 vol. in-4°, d.-r. 50 fr.

Gazette archéologique. — Recueil de monuments pour servir à la connaissance et à l'histoire de l'art dans l'antiquité et le moyen âge par de Witte, Lenormant, de Lasteyrie, E. Molinier, 1875-1893, 14 vol. in-4°, d.-r. 400 fr.

Gazette des Beaux-Arts depuis l'origine 1859 jusqu'à 1894 avec les tables, d.-rel. 850 fr.

Godefroy. — Dictionnaire de l'ancienne langue française et de tous ses dialectes, du ix° au xv° siècle, 8 vol. in-4°, d.-r. 290 fr.

Graesse. — Trésor de livres précieux ou nouveau dictionnaire bibliographique. Dresde, 1858-1869, 8 vol. in-4°. 275 fr.

Graevius, Gronovius, Poleno, Gruteri, Petiscus. — Thesaurus antiquitatum graecarum, romanarum, italiae, siciliae. Lugd. Prato, 1697-1725, 84 vol. in-f°. 1.200 fr.

Guichenon (Samuel). — Histoire de Bresse et de Bugey. Lyon, 1650, 1 vol. in-f°. 200 fr.

— Histoire généalogique de la royale maison de Savoie, nouv. édition avec suppléments. Turin, 1778, 5 vol. in-f°. 100 fr.

Guizot. — Collection de mémoires relatifs à l'histoire de France depuis la fondation de la monarchie jusqu'au xiii° siècle. Paris, 1824-1835, 31 vol. in-8°, d.-r. 140 fr.

Guizot. — Collection de mémoires relatifs à la révolution d'Angleterre. Paris, 1824, 25 vol. in-8°, br. 30 fr.

Guyot (A.). — Répertoire universel et raisonné de jurisprudence civile, criminelle, canonique et bénéficiale. Paris, 1784-1785, 17 vol. in-4°. 40 fr.

Haag (Eug. et Em.). — La France protestante ou vie des protestants français qui se sont fait un nom dans l'histoire. Paris, 1846-1858, 10 vol. in-8°, d.-r. 100 fr.

Harduini (J.). — Collectio Regia maxima conciliorum ab anno 34 ad ann. 1714. Parisiis ex typ. Regia, 1715, 12 vol. in-f°. 450 fr.

Héfélé (C.-J.). — Histoire des conciles d'après les documents originaux, trad. de l'Allemand par l'abbé Goschler et Delarc. Paris, 1869-1878, 12 vol. in-8°, d.-r. 120 fr.

Histoire et mémoires de l'Académie des Inscriptions et Belles-Lettres, depuis son établissement jusqu'à présent. Paris, Imp. Roy., 1736-1786, 50 vol. in-4°, rel. 120 fr.

Honnorat. — Dictionnaire provençal-français, ou dictionnaire de la langue d'oc ancienne et moderne. Digne, 1846-1847, 3 vol. in-4°. 50 fr.

Houard. — Traité sur les coutumes anglo-normandes publiées en Angleterre, depuis le xie siècle jusqu'au xive siècle. Rouen, 1776, 4 vol. in-4°, rel. v. 40 fr.

— Anciennes lois des Français conservées dans les coutumes anglaises, recueillies par Littleton. Rouen, 1766, 2 vol., in-4°, rel. v. 12 fr.

Huillard-Bréholles. — Frédéric II Romanorum imperatoris, Jerusalem et Siciliae regis historia diplomatica. Paris, 1859-1861, 12 vol. in-4°. 140 fr.

Isambert, Decrusy, Taillandier et Jourdan. — Recueil général des anciennes lois françaises, depuis l'an 420 jusqu'à la révolution de 1789. Paris, 30 vol. in-8°. 70 fr.

Jaffé. — Regesta pontificum Romanorum ab condita ecclesia ad annum *1198* ed. correctam et auctam ausp. Wattenbach curaverunt Lœwenfeld, Kaltenbrunner, Ewald. Lipsiae, 1885-1888, 2 vol. in-4°, d.-r. 100 fr.

Jal (A). — Dictionnaire critique de biographie et d'histoire, 2e édition. Paris, 1872, 1 vol. in-8°, d.-r. (fac-similes). 50 fr.
Excellent complément des dictionnaires les plus usités, donnant une foule de renseignements documentaires du plus piquant intérêt.

— Archéologie navale. Paris, 1840, 2 vol. gr. in-8°, d.-rel. (fig.). 30 fr.

— Glossaire nautique, répertoire polyglotte des termes de marine, anciens et modernes. Paris, 1848, 1 vol. in-4°, d.-rel. (fig.). 45 fr.

Journal Asiatique. — Collection complète depuis l'origine, 1822, jusqu'en 1894, d.-r. 700 fr.

Journal des Savants depuis l'origine, 1816 à 1864, et table méthodique et analytique, par H. Cocheris. Paris, Imp. Roy. et Nat., 1816-1894, 80 vol. in-4°, d.-r. 500 fr.

Labbe. — Nova bibliotheca manuscriptorum librorum, aut collectio variorum historiae ecclesiasticae monumentorum ex mss eruta. Parisis, 1657, 2 vol. in-f°, rel. bas. 150 fr.

Labbe et Cossart. — Sacrosancta concilia ad. reg. edit. exacta cum duobus apparatibus. Lutetiae Parisiorum, 1671-1672, 17 tomes en 18 vol. in-f°. 250 fr.

La Croix du Maine et du Verdier. — Bibliothèques françaises, nouv. éd., par Rigoley de Juvigny. Paris, 1772-1773, 6 vol. in-4°, rel. v. 60 fr.

Lacurne de Ste-Palaye. — Dictionnaire historique de l'ancien langage français. Niort, 1876-1881, 10 vol. in-4°, br. 60 fr.

Lalanne. — Dictionnaire historique de la France, 2e édition. Paris, 1877, 1 vol. gr. in-8°, d.-r. 22 fr.

Lasteyrie (R. de) et **Lefèvre Pontalis** (E.). — Bibliographie générale des travaux historiques et archéologiques publiés par les sociétés savantes de la France. Paris, 1885-1892, 2 vol. in-4°. 24 fr.

Lebeau. — Histoire du Bas-Empire, nouv. édit. augmentée d'après les historiens orientaux, par de Saint-Martin. Paris, 1824-1836, 21 vol. in-8°, d.-r. 45 fr.

Leber. — Collection des meilleures dissertations, notices et traités particuliers relatifs à l'histoire de France, composée en grande partie de pièces rares ou qui n'ont jamais été publiées séparément. Paris, 1838, 20 vol. in-8°, d.-r. 60 fr.

Le Blant (Edm.). — Inscriptions chrétiennes de la Gaule, antérieures au viiie siècle, et nouveau recueil d'inscriptions chrétiennes au viiie siècle. Paris, 1856-1892, 3 vol. in-4°, d.-r. 130 fr.

Legrand (Emile). — Bibliographie hellénique, ou description raisonnée des ouvrages publiés par des Grecs au xviie siècle, *accompagnée de notices biographiques et de documents inédits*. Paris, 1894-1896, 4 vol. in-8°. 100 fr.

— Id. pour les xve et xvie siècles, 1885, 2 vol. in-8°. 40 fr.

Lelewel (Joachim). Géographie du moyen âge accompagnée de cartes et *épilogue*. Breslau, 1852-1857, 4 vol. in-8° et atlas. 40 fr.

Lelong (J.). — Bibliothèque historique de la France, nouv. édition revue, corrigée et augmentée par Fevret de Fontette. Paris, 1768, 5 vol. in-f°. 150 fr.

Lenain de Tillemont. — Histoire des empereurs et des autres princes qui ont régné durant les six premiers siècles de l'Eglise, justifiée par les citations des auteurs originaux. Paris, 1690-1738, 6 vol. in-4°, d.-rel. v. 40 fr.

— Mémoires pour servir à l'histoire ecclésiastique des six premiers siècles. Paris, 1701-1712, 16 vol. in-4°, rel. 80 fr.

Lenoir (A.). — Statistique monumentale de Paris. Paris, Imp. Imp., 1867, 2 vol. gr. in-f° de planches et 1 vol. in-4° de texte. d.-r. 150 fr.

Lenormant. — Histoire ancienne des peuples de l'Orient, 6 vol. gr. in-8° (grav.). 90 fr.

Le Quien. — Oriens christianus quo exhibentur ecclesiae patriarchae de totius orientis. Parisiis, 1740, 3 vol. in-f°, rel. 500 fr.

Lezardière (Mlle de). — Théorie des lois politiques de la monarchie française, nouv. édition augmentée par le vicomte de Lezardière. Paris, 1844, 4 vol. in-8°, d.-r. 25 fr.

Lichtenberger (F). — Encyclopédie des sciences religieuses. Paris, 1877-1882, 13 vol. in-8°, d.-r. 150 fr.

Littré. — Dictionnaire de la langue française avec supplément. Paris, 1863-1872, 5 vol. in-4°, d.-r. 75 fr.

Lobineau (D.-A.). — Histoire de Bretagne composée sur les titres et les auteurs originaux. Paris, 1707, 2 vol. in-f°, rel. v. br. (grav.). 140 fr.

Longuerue (L'abbé de). — Description historique et géographique de la France ancienne et moderne. Paris, 1719, 2 parties en 1 vol. in-f°, r. v. (cartes). 12 fr.

Lorenz et Jordell. — Catalogue général de la librairie française, 1840-1890, avec tables systématiques, 1840-1885, 12 vol. in-8°. 350 fr.

Lowndes (W. I. H.). — The bibliographer's manual of english litterature new edition with appendice. London, 1857-1864, 11 vol. in-12, cart., n. rog. 40 fr.

Mabillon (Massuet, Martène). — Annales Ordinis S. Benedicti (ad annum 1857), Lut. Parisiorum, 1703-1709, 6 vol. in-f°, rel. v. 250 fr.

Mabillon et Ruinart. — Acta Sanctorum ordinis St-Benedicti, in sæculorum classes distributa (sex priora ordinis sæcula, ann. 500-1100) collegit d'Achery. Lutetiae Parisiorum. Billaine, 1668-1701, 9 vol. in-f°, rel. v. 400 fr.

Mabillon (D.-J.). — De re diplomatica libri VI in quibus quidquid ad veterum instrumentorum antiquitatem pertinet, explicatur et accedunt commentarius de antiquis regum Francorum palatiis...

et supplementum. Lutetiae Parisorum, 1681-1704, 2 vol. in-f°. 35 fr.

— Neapoli, 1789, 2 vol. 25 fr.

Martène et Durand. — Thesaurus novus anecdotorum. Paris, 1717, 5 vol. in-f°, rel. v. 120 fr.

— Veterum scriptorum et monumentorum ecclesiasticorum amplissima collectio. Paris, 1724-1733, 9 vol. in-f°, rel. v. 170 fr.

Mémoires publiés par la Société archéologique de Touraine de 1842 à 1893, 41 vol. in-8°, br. 300 fr.

Mémoires de l'Académie des Inscriptions et Belles-Lettres. — 1re collection, de 1701-1793, avec la table publiée par Laverdy, 51 vol. in-4°, rel. v. 150 fr.

— 2e série, depuis 1815 à 1893. Tome 1 à 35. 1re partie, 47 vol. in-4°. 350 fr.

Mémoires présentés par divers savants à l'Académie des Inscriptions et Belles-Lettres. 1° Sujets divers d'érudition, tome 1 à 10 en 14 vol. 125 fr.

— 2e série, antiquités de la France, tome 1 à 6 en 10 vol., in-4°. 90 fr.

Mémoires et bulletins publiés par la Société des antiquaires de l'Ouest, de 1835 à 1893, 73 vol. gr. in-8°. 300 fr.

Mémoires publiés par la Société des antiquaires de Normandie. 1re série, tome 1 à 10, in-8° et atlas. 2e série, tome 11 à 30, 31 vol. in-4° et in-8°. 400 fr.

Ménage. — Dictionnaire étymologique. Paris, 1750, 2 vol. in-f°, rel. 20 fr.

Ménard (R.). — La vie privée des anciens, les peuples, la famille, le travail, les institutions dans l'antiquité avec dessins d'après les monuments antiques par Sauvageot. Paris, 1880-1883, 4 vol. in-8° (fig.). 50 fr.

Michaud. — Biographie universelle, ancienne et moderne, deuxième édition, dans laquelle sont refondus tous les articles du supplément de la première édition. Paris, 1842-1865, 45 vol. in-8°, d.-r. 250 fr.

Michaud et Poujoulat. — Nouvelles collections de mémoires relatifs à l'histoire de France depuis le xiiie jusqu'à la fin du xviiie siècle précédée de notices biographiques. Paris, 1857, 34 vol. gr. in-8°, d.-r. 150 fr.

Migne. — Patrologie latine, 222 vol. gr. in-8°. 2.280 fr.

— Patrologie gréco-latine, 166 vol. gr. in-8°. 4.000 fr.

— Patrologie Grecque en latin seulement, 85 vol. gr. in-8°. 850 fr.

Mistral. — Lou tresor dou Felibrige ou Dictionnaire français-provençal embrassant les divers dialectes de la langue d'Oc moderne. Aix, 1879-1886, 2 vol. in-4°, d.-r. 120 fr.

Monfaucon (D. B. de). Palæographia græca sive de ortu et progressu literarum græcarum et additis figuris et schematibus ad fidem mss codd. Paris, 1708, 1 vol. in-f°, rel. v. br. (front. pl.). 80 fr.

Montfaucon. — L'Antiquité expliquée et représentée en figures et supplément. Paris, 1719-1724, 15 vol. in-f°, rel. v. (nomb. pl.). 180 fr.

— Les monuments de la monarchie française avec les fig. de chaque règne que l'injure du temps a épargnés. Paris, Gandouin, 1729-1733, 5 vol. in-f°, rel. v. (fig.). 250 fr.

Monumenta Germaniae historica ed. Pertz, édition in-f°. Scriptores, 29 vol. Leges, 5 vol. Diplomata, 1 vol. Hanovre, 1830-1892, 35 vol. in-f°. 3.500 fr.

— Collection in-4°, *Scriptores* rerum Langobardicarum et Italicarum, 1 vol. — *Scriptores* rerum Merovingicarum, 2 vol. Deutsche chroniquen, 5 vol. Leges capitularia. Concilia, constitutiones et formulae, 7 vol. Diplomata regum et imperatorum germaniae, 2 vol. Libelli de lite imperatorum, 2 vol. Hanovre, 1878-1893, 19 vol. in-4°. Epistolae Gregorii I, Merovingici ævi sæculi XIII, 7 vol. Antiquitates : poetae latini ævi Carolini, 3 vol. Libri confraternitatum, 1 vol. Necrologia Germaniae, 2 vol. Indices, 1 vol. Berlin, 14 vol. Ensemble 33 vol. 900 fr.

Monumenta historiae Patriae. — Augustae Taurinorum 1836-1884, 17 vol in-f°. 600 fr.

Moréri. — Grand dictionnaire historique, nouvelle édition, avec les suppléments de l'abbé Goujet, refondues et notes de Drouet. Paris, 1759, 10 vol. in-f°, rel. v. 90 fr.

Morice (D.) et **Taillandier** (D.). — Histoire ecclésiastique et civile de Bretagne et mémoires pour servir de preuves à l'histoire de la Bretagne. Paris, 1742-1756, 5 vol. in-f°, rel. v. 300 fr.

Muratori. — Rerum italicarum scriptores. Mediolani, 1723-1751, 25 tomes en 28 vol. in-f°, rel. 600 fr.

Musée des archives départementales. — Recueil de fac-similes héliographiques de documents tirés des archives des préfectures, mairies et hospices. Paris, 1878, 1 vol. in-4° et tables in-f°, rel. 90 fr.

Notices et extraits des manuscrits de la Bibliothèque Nationale et autres bibliothèques. Tomes 1 à 34. Paris, 1789-1893, 54 vol. et 3 atlas. 400 fr.

Nouveau traité de diplomatique où l'on examine les fondemens de cet art, ses règles, etc., par D. Tassin et D. Toustain, rel. bénéd. de la cong. St-M. Paris, 1750-1765, 6 vol. in-4° (nombr. pl.). 100 fr.

Oettinger. — Bibliographie biographique universelle, dictionnaire des ouvrages relatifs à l'histoire de la vie publique et privée des personnages célèbres de tous les temps et de toutes les nations. Bruxelles et Paris, 1866, 2 vol., gr. 20 fr.

Ordonnances des roys de France de la troisième race recueillies par ordre chronologique, avec des renvoys les unes aux autres du sommaire des observations sur le texte des tables, par Secousse, Laurière, Pardessus, etc. Paris, 1723-1847, 22 vol. in-f°, rel. 1.200 fr.

Orelli. — Inscriptionum latinarum selectarum ampliss. collectio cum ineditis Hagenbuchii et emendationibus ab Henzen. Turici, 1828-1856, 3 vol. in-8°, d.-r. 25 fr.

Pardessus. — Collection de lois maritimes antérieures aux XVIIIe siècle. Paris, Imp. Roy., 1828-1845, 6 vol. in-4°. 225 fr.

Parfaict (F. et C.). Histoire du théâtre français depuis son origine jusqu'à présent, avec la vie des plus célèbres poètes dramatiques, un catalogue exact de leurs pièces et des notes historiques et critiques. Paris, 1734-1749, 15 vol. in-12, rel. v. 65 fr.

Petitot et Monmerqué. — Collection complète des mémoires relatifs à l'histoire de France, depuis le règne de Philippe Auguste jusqu'à la paix de Paris, conclue en 1763. Paris, 1819-1839, 131 vol. in-8°, d.-r. 350 fr.

Plancher (D.) et **Merle** (D.). — Histoire générale et particulière de *Bourgogne*. Dijon, 1739-1781, 4 vol. in-f°, rel. v. 250 fr.

Polybiblion. — Revue bibliographique universelle publiée par la Société bibliographique. Paris, 1868-1894, in-8° 150 fr.

Potthast. — Regesta pontificum Romanorum inde anno p. Chr. Nat. 1198 ad annum 1304. 2 vol. in-4°, d.-r. 50 fr.

— Bibliotheca historica medii ævi, Wegweiser durch die Geschichtswerthe des Europæischen Mittelalters von 375 bis 1500. Berlin, 2e édition 1re fascicule 15 fr.
L'ouvrage en aura 4.

Quaresmius (Fr.). — Elucidatio terrae sanctae historica. Antuerpiae, 1639, 2 vol. in-f°, v. (planches et figures). 200 fr.

Quérard. — La France littéraire ou Dictionnaire bibliographique des savants, historiens ou gens de lettres de la France, du XVIIIe et XIXe siècle. Paris, 1827-1839, 12 vol. in-8°. 70 fr.

Quétif et Echard. — Scriptores ordinis praedicatorum. Parisiis, 1719-1721, 2 vol. in-f°, rel. 300 fr.

Raynouard. — Lexique roman ou Dictionnaire de la langue des troubadours comparée avec les autres langues de l'Europe latine. Paris, 1844, 6 vol. in-8º, d.-r. 90 fr.
— Choix des poésies originales des troubadours, 1816-1821, 6 vol. in-8º, d.-r. 200 fr.
Reclus (E.). — Nouvelle géographie universelle, la terre et les hommes. Paris, 1876-1894, 19 vol. in-8º, d.-r. (cartes et fig.). 260 fr.
Recueil des historiens des croisades, publié par MM. les membres de l'Académie des Inscriptions et Belles-Lettres, comprenant : lois ou assises de Jérusalem, 2 vol. ; — historiens occidentaux, tomes 1 à 5, — historiens orientaux, 3 vol. ; — historiens arméniens, tome 1er ; — historiens grecs, tomes 1 et 2. Ensemble 13 vol. in-fº, br. 400 fr.
Renan (Ern.). — Mission de Phénicie. Paris, Imp. Nat., 1874, 1 vol. in-4º et 1 atlas in-fº, d.-r. 200 fr.
Revue de l'art chrétien, dirigée par le chanoine Corblet, depuis l'origine, 1857, jusqu'à 1894, in-8º et in-4º, d.-r. 450 fr.
Revue archéologique, depuis l'origine, 1844, jusqu'en 1894, 1re, 2e et 3e série, d.-rel. 700 fr.
Revue de philologie, de littérature et d'histoire ancienne, par Tournier, Havet, Riemann, Chatelain, de l'origine, 1877-1894, 17 années, d.-r. 180 fr.
Revue de géographie, dirigée par Lud. Drapeyron, de 1877 à 1894, 35 vol. in-8º, d.-r. (cartes). 200 fr.
Revue historique, publiée par Monod et Fagniez, de l'origine, 1876-1894, et tables, in-8º, d.-r. 300 fr.
Revue philosophique de la France et de l'étranger, dirigée par Ch. Ribot, de l'origine, 1876 à 1894, avec tables, 38 vol. in-8º, d.-r. 430 fr.
Revue critique d'histoire et de littérature, publiée sous la direction de MM. P. Meyer, G. Paris, Chuquet, de l'origine, 1866 à 1894, 56 vol. in-8º, d.-r. 175 fr.
Revue des langues romanes, publiée par la Société, pour l'étude des langues romanes de 1870 à 1893, 37 vol. in-8º. 300 fr.
Revue de l'histoire des religions, publiée par J. Réville, Vernes, Barth, Bouché-Leclercq, Decharme, Guyard, etc. Paris, 1880-1893, 14 années. 180 fr.
Revue de la numismatique française dirigée par Cartier, de la Saussaye, 1re série et tables, 1836-1856, 21 vol. ; 2e série, par de Witte et Longpérier, 1856-1877, 15 vol. ; mélanges de numismatique, par de Saulcy, A. de Barthélemy et Hucher, 1874-1883, 3 vol. ;

3ᵉ série, 1883-1893, 10 vol. in-8⁰. Ensemble 49 vol. in-8⁰ (nombr. pl.). 580 fr.

Revue internationale de l'enseignement, publiée par la Société de l'enseignement supérieur, 1881-1894, 28 vol. in-8⁰. 75 fr.

Revue des questions historiques, publiée sous la direction de M. le marquis de Beaucourt, de l'origine, 1866 à 1894, et tables, 58 vol., d.-r. 290 fr.

Revue d'histoire diplomatique, publiée par les soins de la Société d'histoire diplomatique, de l'origine, 1887-1894, 8 années. 85 fr.

Rietstap. — Armorial général précédé d'un dictionnaire des termes du blason, 1884-1887, 2 vol. gr. in-8⁰, br. 80 fr.

Ritter (H.). — Histoire de la philosophie. 1ʳᵉ partie : Histoire de la philosophie ancienne trad. de l'allemand par C. J. Tissot, 1835-1837, 4 vol. 2ᵉ partie : Histoire de la philosophie chrétienne trad. par Trullard. 1844, 2 vol. ; histoire de la philosophie moderne trad. par Challemel-Lacour, 1861, 3 vol. Ensemble 9 vol. in-8⁰, d.-r. 75 fr.

Romania. — Recueil consacré à l'étude des langues et des littératures romanes, publ. par P. Meyer et Gast. Paris, de l'origine, 1872 à 1894, avec tables, 26 vol. in-8⁰, d.-r. 600 fr.

Roquefort. — Glossaire de la langue romane, contenant l'étymologie et la signification des mots usités dans les xıᵉ, xııᵉ siècles, etc., avec de nombreux exemples, etc. Paris, 1808-1820, 2 vol. in-8⁰, et plaquette de supplément, d.-r. 45 fr.

Rossi. — Roma soterranea cristiana. Roma, 1864-1877, 3 vol. in-f⁰ et 3 atlas br. 575 fr.

— Inscriptiones christianae urbis Romae septimo sœculo antiquiores, I et II, 1ʳᵉ partie. Romaé, 1857-1888, 2 vol. in-f⁰. 150 fr.

Société de l'histoire de France. Publications parues depuis la fondation de la Société en 1834 jusqu'à 1894 inclus. Format gr. in-8. Publications **201 vol.** in-8. Annuaires et annuaires-bulletins **48 vol.** in-8 et in-16. En tout **250 volumes**. Collection rare. 1300 fr.

Agrippa d'Aubigné. Hist. universelle. 8 vol. 1886-93. 55 fr.
Aimé du Mont Cassin. L'Ystoire de Li Normant. 1835. 20 fr.
Antoine de Bourbon. Lettres. 1877. 5 fr.
Argenson (d'). Journal. 9 vol. 1859-67. 70 fr.
Auteurs grecs concern. la géogr. des Gaules. 6 vol. 1878-1886. 35 fr.
Barbier. Journ. du règne de Louis XV. 4 vol. 1847-56. 45 fr.
Basin. Hist. de Charles VII. 4 vol. 1855-59. 40 fr.
Bassompierre. Mémoires. 4 vol. 1870-77. 20 fr.
Bayard (Hist. du gentil seigneur de), par le loyal serviteur. 1878. 5 fr.
Baye (Nicolas de). Journal. 2 vol. 1885-88. 12 fr.
Beaumanoir. Coutumes de Beauvoisis. 2 vol. 1842. 40 fr.
Beauvais-Nangis. Mémoires. 1862. 5 fr.
Bordenave. Histoire du Béarn. 1873. 5 fr.
Brantôme. Œuvres. 11 vol. 1864-82. 65 fr.

Bueil (Jean de). Le Jouvencel. 2 vol. 1887-89. 10 fr.
Chanson de la Croisade. 2 vol. 1875-79. 10 fr.
Chroniques des comtes d'Anjou. 1851. 10 fr.
— Introduction. 1872. 4 fr.
— des Eglises d'Anjou. 1869. 6 fr.
— du bon duc Loys de Bourbon. 1876. 5 fr.
— normande du 14e siècle. 1882. 5 fr.
Chronographia Regum Francorum. 1890-94. 2 vol. 8 fr.
Coligny-Saligny (Le Comte) et marquis de Villette. Mém. 1844. 8 fr.
Commynes (Ph. de). Mémoires. 3 v. 1840-47. 50 fr.
Comptes de l'argent., p. Douët d'Arcq. 1857. 15 fr.
— nouveau recueil. 1874. 6 fr.
Comptes de l'Hôtel des rois de France. 1865. 6 fr.
Cosnac (Daniel de). Mém. 2 vol. 1852. 20 fr.
Duplessis-Besançon. 1892. 5 fr.
Eginhard. Œuvres. 2 vol. 1840-43. 15 fr.
Ernould et Bernard le trésorier. Chroniques. 1871. 4 fr.
Escouchy (Mathieu). Chroniques. 3 v. 1863-64. 10 fr.
Etablissement de S-Louis, p. Viollet. 4 vol. 1881-86. 24 fr.
Etienne de Bourbon. Anecdotes hist. 1877. 6 fr.
Fenin. (P. de). Mémoires 1837. 6 fr.
Froissart. Chroniques. Tomes I à IX en 11 vol. 1869-87. Ed. originale. 75 fr.
Gaston IV de Foix. Tome I. 1894. 7 fr.
Gestes des Evêques de Cambrai. 1880. 3 fr.
Goulas (Nicolas). Mémoires. 3 vol. 1879-82. 10 fr.
Gourville. Mémoires. 1894. 7 fr.
Grégoire de Tours. Livre des Miracles. 4 vol. 1857-65. 28 fr.
Grégoire de Tours. Hist. des Francs. 4 vol. 1836-37. 45 fr.
Guillaume le Maréchal. 2 vol. 1893-94. 14 fr.
Guillaume de Nangis. Chronique latine. 2 vol. 1843. 16 fr.

Hist. des Ducs de Normandie, p. p. Fr. Michel. 1840. 12 fr.
Huguerye (Michel de la). Mém. 3 vol. 1877-80. 12 fr.
Joinville. Hist. de Saint-Louis. 1868. 7 fr.
Journal d'un bourgeois de Paris sous François 1er. 1854. 25 fr.
Le Fèvre (Jean). Chroniques. 2 vol. 1876-81. 10 fr.
Le Nain de Tillemont. Vie de Saint-Louis. 6 vol. 1847-51. 35 fr.
Louis XI. Lettres. 4 vol. 1883-90. 25 fr.
Louis XII. Chroniques. 4 vol. 1889-94. 27 fr.
Marguerite de Valois. Lettres. 1842. 8 fr.
Marguerite d'Angoulême, reine de Navarre. Lettres. 1841. 7 fr.
— Nouv. lettres adres. à François 1er 1842. 6 fr.
Mazarin. Lettres à la Reine, à la Princesse Palatine, etc. 1896. 9 fr.
Maximilien 1er Corresp. av. sa fille, de 1507-1519. 2 vol. 14 fr.
Mazarinades (Bibliographie des), p. Moreau. 3 vol. 1840-51. 25 fr.
Mazarinades (Choix de), p. p. Moreau. 2 vol. 1853. 15 fr.
Miracles de Saint-Benoît. 1858. 7 fr.
Molé (Mathieu). Mém. 4 vol. 1855-57. 20 fr.
Monstrelet. Chroniques. 6 vol. 1857-52. 50 fr.
Montluc. Commentaires et Lettres. 5 vol. 1864-72. 45 fr.
Mornay (Mme de). Mém. 2 vol. 1868-69. 10 fr.
Notices et docum. publ. pour la Soc. de l'Hist. de France à l'occas. de son 50e anniversaire. 1884. 3 fr.
Olivier de la Marche. Mém. 4 vol. 1883-88. 20 fr.
Ordericí Vitalis. Histor. eccles. 5 v. 1838-55. 35 fr.
Procès de Jeanne d'Arc, p. p. Quicherat. 5 vol. 1841-49. 100 fr.
Récits d un Ménestrel de Reims. 1876. 4 fr.
Registres de l'Hôtel de Ville pendant la Fronde. 3 vol. 1847-48. 15 fr.
Règne de Charles VI. (Choix de pièces inédites). 2 vol. 1863-64. 8 fr.
Règle du Temple, p. p. de Curzon. 1886. 7 fr

Richemont (Chroniques de). 1890. 7 fr.
Richer. Hist. de son temps. 2 vol. 1845. 10 fr.
Rigord et Guillaume le Breton. 2 v. 1882-86. 10 fr.
Rouleaux des Morts du 9e au 15e s. 1866. 6 fr.
Saint-Bertin et Saint-Vaast. Annales. 1871. 5 fr.
Saint-Martial de Limoges. Chroniques. 1874. 5 fr.
Suger. Œuvres. 1867. 8 fr.
Spanheim. Relation de la cour de France. 1882. 5 fr.
Valois (Chronique des 4 premiers). 1862. 7 fr.
Villars, (Maréchal de). Mémoires. 5 vol. 1884-1893. 30 fr.
Villehardouin. Conquête de Constant. 1836. 8 fr.
Wavrin. Anchiennes chroniques d'Angleterre. 3 vol. 1858-64. 20 fr.
Journal de Jean de Roye, t. I. 7 fr.
Annuaires. 1837-63. 27 vol. in-18. Rares. 35 fr.
Annuaires-bulletins, 1863-1893. 28 vol. in-8. 60 fr.

Ruelle. — Bibliographie générale des Gaules. Répertoire systématique et alphabétique des ouvrages, mémoires et notices concernant l'histoire, la topographie, etc. de la Gaule, jusqu'à la fin du ve siècle. Paris, 1886, 1 vol. gr. in-8°, d.-r. 20 fr.

Rymer et Sanderson. — Fœdera, conventiones, literae et cujuscumque generis, acta publica, inter reges Angliae et alios quosvis imperatores, etc. ab ineunte sæculo duodecimo 1101 ad nostra tempora studio, G. Holmes. Hagae comitis, 1739-1745, 20 tomes en 10 vol. in-f°, rel. v. 200 fr.

Scapulae. — Lexicon graeco-latinum e probatis auctoribus locupletatum cum indicibus auctis, etc. Oxonii, 1820, 1 vol. in-8°, rel. 20 fr.

Sathas. — Documents inédits relatifs à l'histoire de la Grèce au moyen âge, tirés des archives de Venise, 1400-1500. Paris, 1880-1890, 9 vol. gr. in-8° (pl. et fac-similes). 125 fr.

Société de l'histoire de Paris et de l'Ile-de-France. — Mémoires, bulletin et volumes publiés par la Société de 1874-1894, 51 vol. in-8° et atlas. 170 fr.

Société des anciens textes français. Paris, 1875 à 1894, 55 vol. in-8° et album in-f°. 375 fr.

Société des antiquaires de France comprenant : Académie celtique, 1807 à 1810, 5 vol. ; Société des antiquaires de France, 1817-1894, avec le bulletin, 54 vol. in-8°. 250 fr.

Thèses de doctorat ès lettres de Paris et des facultés de provinces ; *demander notre répertoire spécial (cat. LXXVIII et LXXIX).*

Thou (de). — Histoire universelle depuis 1534 jusqu'en 1607, traduite sur l'édition latine de Londres. Londres, 1734, 16 vol. in-4°, rel. v. 35 fr.

Ughelli. — Italia sacra, Venitiis, 1717-1722, 10 vol. in-f°, rel. 180 fr.

Vaines (D. de). — Dictionnaire raisonné de diplomatique contenant les règles principales et essentielles pour servir à déchiffrer les anciens titres, diplômes, etc. 2ᵉ édition par Bonnetty. Paris, 1884, 2 vol. in-8°, d.-r. (pl.). 15 fr.

Valesii (Had.), **Valois** (Adrien de). — Notitia galliarum ordine litterarum digesta. Parisiis, 1675, 1 vol. in-f°. 50 fr.

Viollet (le Duc). — Dictionnaire de l'architecture française du xiᵉ au xviᵉ siècle. Paris, 1858-1868, 10 vol. in-8°, d.-rel. 200 fr.

— Dictionnaire raisonné du mobilier français, de l'époque carlovingienne à la renaissance, 1858-1868, 6 vol. in-8°. 200 fr.

Wailly (Nat. de). — Eléments de paléographie. Paris, 1835, 2 vol. in-4° (nomb. pl.). 60 fr.

Ouvrage capital pour tous ceux qui veulent approfondir les questions de paléographie, rempli de renseignements nombreux.

COLLECTION DE TEXTES

POUR SERVIR A L'ÉTUDE ET A L'ENSEIGNEMENT DE L'HISTOIRE

Publiée sous les auspices de la Société historique

Fasc. 1. RAOUL GLABER. **Les cinq livres de ses histoires** (900-1044), publiés par M. Maurice Prou, ancien membre de l'Ecole française de Rome. 1 vol. in-8 (xv-143 p.). Ne se vend plus séparément.

Fasc. 2. GRÉGOIRE DE TOURS. **Histoire des Francs**, tome I, livres I-VI ; texte du manuscrit de Corbie, accompagné d'un fac-similé, publié par M. H. Omont, conservateur à la Bibliothèque Nationale, 1 vol. in-8 (xxxii-235 p.). 7 fr.
Pour les souscripteurs. 5 fr.

Fasc. 3. **Textes relatifs aux institutions *privées* aux époques mérovingienne et carlovingienne**, publiés par MM. Thévenin. 1 vol. in-8 (iv-270 p.). 6 fr. 50
Pour les souscripteurs. 4 fr. 50

Fasc. 4. **Vie de Louis le Gros**, par Suger, suivie de la **Vie du roi Louis VII**, publiées par M. Aug. Molinier, 1 vol. in-8 (l-195 p.). 5 fr. 50
Pour les souscripteurs. 4 fr. »

Fasc. 5. **Textes relatifs à l'histoire du Parlement depuis les origines jusqu'en 1314**, publiés par M. Ch.-V. Langlois, chargé de cours à la Faculté des lettres de Paris. 1 vol. in-8 (xxxvi-248 p.). 6 fr. 50
Pour les souscripteurs. 4 fr. 50

Fasc. 6. **Lettres de Gerbert** (983-997) avec introduction, publiées par Julien Havet. 1 vol. in-8 (lxxxvii-255 p.). 8 fr. »
Pour les souscripteurs. 5 fr. 50

Fasc. 7. **Les traités de la guerre de Cent ans**, publiés par M. E. Cosneau, professeur au Lycée Henri IV. 1 vol. in-8 (vii-187 p.). 4 fr. 50
Pour les souscripteurs. 3 fr. 25

Fasc. 8. **L'ordonnance Cabochienne** (Mai 1413), publiée avec une introduction et des notes, par M. A. Coville, chargé de cours à la Faculté des lettres de Lyon, 1 vol. in-8, br. (xii-202 p.). 5 fr. »
Pour les souscripteurs. 3 fr. 50

Fasc. 9. Pierre DUBOIS, avocat des causes ecclésiastiques au bailliage de Contances, sous Philippe le Bel. **De Recuperatione terræ sanctæ**, traité de politique générale, publié d'après le manuscrit du Vatican, par Ch.-V. Langlois, chargé de cours à la Faculté des lettres de Paris. 1 vol. in-8 (xxiv-144 p.). 4 fr. »
Pour les souscripteurs. 2 fr. 75

Fasc. 10. GALBERT DE BRUGES. **Histoire du meurtre de Charles le Bon, comte de Flandre** (1127-1128), suivies de Poésies contemporaines sur cet événement, publiée avec introduction et notes, par H. Pirenne, professeur à l'Université de Gand. 1 vol. in-8 (pl.) (cxl-204 p.). 6 fr. »
Pour les souscripteurs. 4 fr. 25

Fasc. 11. **Documents relatifs à l'administration financière en France, de Charles VII à François 1er** (1443-1523), avec introduction, publiés par G. Jacqueton. Paris, 1 vol. in-8 (xxxii-324 p.). 8 fr. 50
Pour les souscripteurs. 5 fr. 75

Fasc. 12. BÉMONT (Ch.). **Chartes des libertés anglaises** (1100-1305), publiées avec une introduction et des notes. 1 vol. in-8, br. 4 fr. 50
Pour les souscripteurs. 3 fr. 25

Fasc. 13. EUDES DE SAINT-MAUR. **Vie de Bouchard le Vénérable, comte de Vendôme, de Corbeil, de Melun et de Paris** (X^e et XIe siècle), publiée avec introduction par Ch. Bourel de la Roncière. 1 vol. in-8 (xxxi-45 p.). 2 fr. 25
Pour les souscripteurs. 1 fr. 25

Fasc. 14. **Documents relatifs aux rapports du clergé avec la royauté, de 1682 à 1705**, publiés par L. Mention, docteur ès lettres, *La Régale, l'affaire des franchises, l'édit de 1695, les Maximes des Saints, le Jansénisme de 1705*. 1 vol. in-8 (v-186 p.). 4 fr. 50
Pour les souscripteurs. 3 fr. 25

Fasc. 15. **Les grands traités du règne de Louis XIV**, publiés par Henri Vast, docteur ès lettres. Traité de Munster, ligue du Rhin, traité des Pyrénées (1648-1659). 1 vol. In-8 (xiv-187 p.).   4 fr. 50
Pour les souscripteurs.   3 fr. 25

Fasc. 16. GRÉGOIRE DE TOURS. **Histoire des Francs**, livres VII-X, texte du manuscrit de Bruxelles. Bib.-Roy. de Bruxelles 9403, *avec un index alphabétique* publié par Gaston Collon, élève de l'Ecole des Hautes-Études. In-8 (vii-241 p.).   5 fr. 50
Pour les souscripteurs.   4 fr. »

Fasc. 17. HARIULF. **Chronique de l'Abbaye de Saint-Riquier** (ve siècle, 1104), publiée par Fernand Lot, ancien élève de l'École des Chartes et de l'École des Hautes-Études. 1 vol. In-8 (lxxiii-362 p.).   10 fr.
Pour les souscripteurs à la collection.   7 fr.

Fasc. 18. **Annales Gandenses**, nouvelle édition publiée par Frantz Funck-Brentano, archiviste-paléographe. In-8° (xlviii-132 p.).
  4 fr. 25
Pour les souscripteurs à la collection.   3 fr.

PUBLICATIONS PÉRIODIQUES

Académie des Inscriptions et Belles-Lettres. Compte rendu des séances, publié par M. le Secrétaire perpétuel de l'Académie. 1891, quatrième série. Tome XXII. Prix d'abonnement : 8 francs ; étranger, 10 fr. Quatrième série, de 1873 à 1893, 21 volumes à 10 francs chacun.

Ce recueil, imprimé à l'Imprimerie Nationale, paraît tous les 2 mois par fascicule de 5 ou 6 feuilles avec planches et figures, et forme tous les ans 1 vol. in-8°, d'environ 500 pages.

Chaque fascicule comprend : 1° Un extrait des procès-verbaux des séances des mois précédents ; 2° La reproduction textuelle ou l'analyse des mémoires, notes et rapports lus devant l'Académie ; 3° La liste des ouvrages offerts.

Séances et travaux de l'Académie des sciences morales et politiques (Institut de France). *Compte rendu* fondé en 1842 par M. Ch. Vergé et continué depuis 1890 par MM. Henry Vergé et P. de Boutarel, sous la direction de M. Jules Simon, secrétaire perpétuel de l'Académie.

Une livraison mensuelle d'environ 10 feuilles in-8°. 2 forts volumes par an. — Prix : 20 francs pour Paris ; 25 francs pour les départements ; 30 francs pour l'étranger.

Les années 1874 à 1893 et la table des cent premiers volumes forment une collection complète (*nouvelle série*, 40 vol. in-8° et table), pris ensemble. 250 fr.

Chaque année séparée, 2 vol. in-8°. 20 fr.

— Table générale alphabétique et par ordre de matières des 130 vol. de la collection (1842-1889). 1 vol. in-8°, br. 5 fr.

Années 1840 et 1841. — Comptes rendus publiés dans le *Moniteur universel*, par Ch. VERGÉ et LOISEAU, formant la tête de la collection. Paris, 1893, 1 vol. in-8°, br. (ix-650 p.). 12 fr.

Bibliothèque de l'École des Chartes. Revue d'érudition consacrée spécialement à l'étude du moyen âge. Ce recueil paraît tous les deux mois, par livraison de 6 à 7 feuilles, et forme tous les ans un volume compact grand in-8° de plus de 40 feuilles. 1895. — Cinquante-sixième année.

Le prix de l'abonnement est de 10 francs par an pour Paris, 12 francs pour les départements et 15 francs pour l'étranger.

On peut se procurer tous les volumes de la collection qui ne sont pas épuisés au prix de 10 francs.

Paléographie musicale. Recueil de fac-similés phototypiques des principaux manuscrits de chant liturgique, grégorien, ambrosien, mozarabe, gallican, publié par les RR. PP. Bénédictins de Solesmes. 1895. Septième année. Conditions et mode de souscription : Le prix de la souscription est fixé pour la France à 20 francs par an ; — pour la Belgique et la Suisse, à 22 francs ; — pour les autres pays, à 25 francs.

Bulletin monumental, publié sous les auspices de la Société française d'archéologie pour la conservation des Monuments historiques, et dirigé par M. le comte de MARSY, fondé en 1834.

Paraissant tous les deux mois par livraison de 6 à 7 feuilles avec planches et gravures.

Prix : 15 francs pour la France, 18 francs pour l'étranger.

Revue hispanique. Recueil consacré à l'étude des langues, des littératures et de l'histoire des pays castillans, catalans et portugais, publié par M. R. FOUCHÉ-DELBOSCQ. (2ᵉ année 1895).

Recueil paraissant trois fois par an, par livraison de plus de 100 pages, 15 fr.

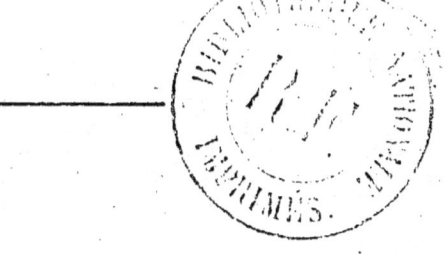

BIBLIOTHEKSWISSENSCHAFTLICHER VERLAG

Centralblatt für Bibliothekswesen. Herausgegeben von O. Hartwig. Jahrgang 1—12. Leipzig 1884—95. gr. 8°.

Cette revue, publiée avec le concours de nombreux érudits spécialistes, paraît chaque année dans ma librairie en douze fascicules. — L'abonnement est de 15 francs. La 12e année est en cours de publication : les premières années ne sont plus fournies séparément.

Beihefte zum Centralblatt für Bibliothekswesen. Heft 1—14.

Voyez le catalogue spécial à l'autre page.

Anzeiger Neuer, für Bibliographie und Bibliothekswissenschaft. Herausgegeben von J. Petzholdt. Complet : Jahrgang 1856—86. (= 31 Bde.) Dresden und Stuttgart 1856—86. 8°. (300 ℳ.) ℳ 150. (187 fr. 50).

Collecton complète rare. La plupart des années sont épuisées. — Elle forme sous ce titre : *Neuer Anzeiger* la seconde série des Anzeiger parus de 1840-1855. Cette collection ne sera pas continuée.

Je fournis les années séparées à des prix variant suivant le nombre des exemplaires en magasin. Tout ce qui reste de l'édition est ma propriété.

Gény, Jos. und **Gust. Knod.** Festschrift zur Einweihung des neuen Bibliotheksgebaeudes in Schlettstadt. Leipzig 1889. 8°. Mit Portræt des Beatus Rhenanus ℳ 4 (5 fr.).

Contient : Histoire de la Bibliothèque de la ville de Schlestadt par Jos Gény. — La Bibliothèque de Beatus Rhenanus par G. Knod.

Gottlieb, Th. Ueber mittelalterliche Bibliotheken. Leipzig 1890. gr. 8°. 520 SS. ℳ 14 (17 fr. 50).

Le but de ce livre est de donner un aperçu des renseignements innombrables que la connaissance des bibliothèques du Moyen-Age jusqu'en 1500 fournit au sujet de l'histoire du livre et de l'écriture.

L'ouvrage est paru sous le patronage de l'Académie des Sciences de Vienne.

Ex. auf holl. Büttenpapier, wovon nur 4 Exx. gedruckt wurden. ℳ 28 (35 fr.).

Liber regum. Nach dem in der k. k. Univ.-Bibliothek zu Innsbruck befindlichen Exemplar zum ersten Male herausgegeben mit einer historisch-kritischen und bibliographischen Einleitung und Erlæuterungen von R. Hochegger. Leipzig 1892. (20 Tafeln mit IV, 6 S. Text.) Imp.-4°. ℳ 30 (37 fr. 50).

Le tirage de ce livre est limité et sera promptement épuisé.

Monumenta Germaniae et Italiae typographica : Deutsche und ital. Incunabeln in getreuen Nachbildungen. Herausgegeben von der Direktion der Reichsdruckerei. Auswahl und Text von K. Burger. Lief. 1—4. Leipzig, Otto Harrassowitz, 1892—93. Imp.-fol. à ℳ 20 (25 fr.).

Cette intéressante publication présente par une suite de reproductions bien choisies le développement de l'imprimerie en Allemagne et en Italie, de l'origine à 1500. L'ouvrage formera 12 livraisons de 25 feuilles au prix de 25 francs chacune. Le 5e paraîtra dans le courant de l'année ; l'ouvrage sera terminé en 2 ou 3 ans. Les acheteurs des premières livraisons s'engagent pour tout l'ouvrage ; un prospectus luxueux avec facsimilés est à la disposition de ceux qui le désirent. L'impression, qui est de toute beauté, est l'œuvre de l'imprimerie nationale de Berlin.

Leipzig.   **Otto Harrassowitz.**

Suppléments au Centralblatt für Bibliothekswesen

Heft I : **Personalverzeichniss der Pariser Universitæt von 1464** und die darin aufgeführten Handschriften- und Pergamenthændler, von Dr. Max Spirgatis. 51 Seiten mit 1 Facsimile-Tafel. Preis ℳ. 2 (2 fr. 50).

„ II : 1. **Die Reichenauer Sængerschule.** Beitræge zur Geschichte der Gelehrsamkeit und zur Kenntniss mittelalterlicher Musikhandschriften, von Wilhelm Brambach. 42 Seiten mit 1 Facsimile-Tafel.
2. **Zur Bibliographie des Henricus Hembuche de Hassia dictus de Langenstein**, von F. W. E. Roth. 22 Seiten. Preis ℳ. 3 (3 fr. 75).

„ III : **Schema des Realcatalogs der kœniglichen Universitætsbibliothek zu Halle a. S.** 345 Seiten. Preis ℳ. 9 (11 fr. 25).

„ IV : 1. **Die Buchdruckerei des Jacob Kœbel und ihre Erzeugnisse (1503—1572).** Ein Beitrag zur Bibliographie des XVI. Jahrhunderts, von F. W. E. Roth. 35 Seiten.
2. **Zwei Bücherverzeichnisse des 14. Jahrhunderts in der Admonter Stiftsbibliothek** von P. J. Wichner. 37 Seiten. Preis ℳ. 2.80 (3 fr. 50).

„ V : 1. **Dritte Nachlese zu Weller's deutschen Zeitungen.** Mit Anhang : Deutsche Zeitungen des XVII. Jahrhunderts aus der Kgl. und Universitæts-Bibliothek und der Stadtbibliothek zu Breslau, von A. Heyer. 47 Seiten.
2. **Die arabischen Uebersetzungen aus dem Griechischen**, von M. Steinschneider. 32 Seiten. Preis ℳ. 2.80 (3 fr. 50).
Forme l'introduction du texte paru en 1893 comme fasc. XII.

„ VI : **Beitræge zur Geschichte der Universitætsbibliothek Giessen**, von Emil Heuser. 72 Seiten. Preis ℳ. 2.80 (3 fr. 50).

„*VII : **Ueber die Entstehung und Bedeutung der Blockbücher** mit besonderer Rücksicht auf den Liber Regum seu Historia Davidis. Eine bibliographisch-kunstgeschichtliche Studie. Zugleich ein Beitrag zur Geschichte des Unterrichtswesens, von Dr. Rudolf Hochegger. 67 Seiten. Mit 1 Facsimile-Tafel. Preis ℳ. 3.60 (4 fr. 50).

„*VIII : **Druckerregister zu Hain's Repertorium bibliographicum**, bearbeitet von K. Burger, Custos am Buchgewerbe-Museum zu Leipzig. 428 Seiten. Preis ℳ. 12 (15 fr.).

„ IX : **Die Mainzer Buchdruckerfamilie Schœffer wæhrend des XVI. Jahrhunderts** und deren Erzeugnisse zu Mainz, Worms, Strassburg und Venedig, enthaltend die Drucke des Johann Schœffer 1503—1531, des Peter Schœffer des Jüngeren 1508—1542 und des Ivo Schœffer 1531—1555, zusammengestellt von F. W. E. Roth. 250 Seiten. Preis ℳ. 9 (11 fr. 25).

„ X : **Adressbuch der Deutschen Bibliotheken**, bearbeitet von Dr. Paul Schwenke, Bibliothekar an der Kgl. Universitæts-Bibliothek in Gœttingen. 411 Seiten. Preis ℳ. 10 (12 fr. 50).

„ XI : **Die Disputationen und Promotionen an den deutschen Universitæten seit dem XVI. Jahrhundert.** Mit einem Anhang : Verzeichnis aller ehemaligen und gegenwærtigen deutschen Universitæten, von Dr. Ewald Horn. 128 Seiten. Preis ℳ. 5 (6 fr. 25).

„ XII : **Die arabischen Uebersetzungen aus dem Griechischen**, von M. Steinschneider. 111 Seiten. Preis ℳ. 5 (6 fr. 25).
L'introduction forme le fasc. V, 2.

„ XIII : **Die Incunabeln der Kœnigl. Universitæts-Bibliothek in Bonn**, von Dr. E. Voulliéme. 262 Seiten. Preis ℳ. 11 (13 fr. 75).

„ XIV : **Beitræge zur Incunabelnkunde**, von P. Gottfried Reichhart, O. S. B. 464 Seiten. Preis ℳ. 18. (22 fr. 50).

* Aucun fascicule ne se vend séparément.

Leipzig. **Otto Harrassowitz.**

MAISON fondée en 1785 — LIBRAIRIE ANCIENNE ET MODERNE — MAISON fondée en 1785

JOSEPH BAER & Co

COMMISSIONNAIRES PRINCIPAUX
DE LA BIBLIOTHÈQUE IMPÉRIALE PUBLIQUE DE ST.-PÉTERSBOURG,
DES MUSÉES PUBLIC ET ROUMIANTZOF DE MOSCOU, ETC., ETC.

FRANCFORT s. MAIN (Allemagne).

ASSORTIMENT

DE PLUS DE QUATRE CENT MILLE OUVRAGES

anciens et modernes

en toutes langues, dans toutes les branches
des sciences et des arts.

ORGANISATION SPÉCIALE

POUR LE

SERVICE DES BIBLIOTHÈQUES PUBLIQUES,

DES INSTITUTIONS SCIENTIFIQUES ET DES ÉTABLISSEMENTS
D'INSTRUCTION

ORGANISATION SPÉCIALE

POUR LA

RECHERCHE DES DESIDERATA

PUBLICATION RÉGULIÈRE

DE

CATALOGUES MÉTHODIQUES ENVOYÉS GRATIS
ET FRANCO

RENSEIGNEMENTS BIBLIOGRAPHIQUES

ACHAT DE BIBLIOTHÈQUES AU COMPTANT

LIBRAIRIE		MAISON
ancienne	JOSEPH BAER & Co	
et moderne		fondée en 1785

COMMISSIONNAIRES PRINCIPAUX
DE LA BIBLIOTHÈQUE IMPÉRIALE PUBLIQUE DE ST.-PÉTERSBOURG,
DES MUSÉES PUBLIC ET ROUMIANTZOF DE MOSCOU, ETC., ETC.

FRANCFORT s. MAIN (Allemagne).

LIVRES DE FONDS ET EN NOMBRE

ANDRESEN, A., Der deutsche Peintre-Graveur. Leipzig, 1872-78, 5 vol. in-8, br. (Publié à frcs 66). frcs 50. »

ARCHIV für die zeichnenden Künste. Série complète, 16 années. Leipzig, 1855-70. In-8, planches, toile, n. r. (frcs 160). frcs 94. »

BARTSCH, A., Le peintre-graveur. Nouv. éd. Leipzig, 1866-75, 21 vol. in-12 avec 76 pl. et atlas in-fol. obl. de 16 pl., br. frcs 150. »

BRINCKMEIER, E., Glossarium diplomaticum. Wolfenb., 1850-63, 2 vol. gr. in-4, br. (frcs 150). frcs 80. »

CHMEL, J., Regesta chronologico-diplomatica Friderici III Romanor. Imperatoris. Wien, 1859. In-4, br. frcs 25. »

CIHAC, A. de, Dictionnaire d'étymologie daco-romaine. Francf., 1870-79. 2 vol. in-8, br. frcs 35. »

DIEFENBACH, L., Lexicon comparativum linguarum indo-germanicar. Frankf., 1851, 2 vol. in-8, br. (frcs 34).
frcs 22.50

DIEFENBACH, L., Glossarium Latino-Germanicum mediae et infimae aetatis. Supplementum Lexici a Du Cange conditi. Francof., 1857. In-4, br. (frcs 45). frcs 30. »

EWALD, P., et G. LOEWE, Exempla scripturae visigothicae XL tabulis expressa. Heidelb., 1883. In-folio. En portefeuille (frcs 62.50). frcs 30 »

| LIBRAIRIE | **JOSEPH BAER & Co** | MAISON |
| ancienne et moderne | | fondée en 1785 |

COMMISSIONNAIRES PRINCIPAUX

DE LA BIBLIOTHÈQUE IMPÉRIALE PUBLIQUE DE ST.-PÉTERSBOURG,

DES MUSÉES PUBLIC ET ROUMIANTZOF DE MOSCOU, ETC., ETC.

FRANCFORT s. MAIN (Allemagne).

FABRICIUS, J.-A., Bibliotheca Graeca. Ed. IV. cur. G. C. Harles. Lips., 1790-1838. 12 vols. et index. In-4 (frcs 263). 112.50 »

FORCELLINI, *Totius latinitatis lexicon*. Ed. nova aucta cura V. de Vit. Prato, 1858-80. 6 vols. gr. in-4 (200 frcs). frcs 100. »
  Nous venons d'acquérir de l'éditeur les derniers exemplaires qui lui restaient de cet excellent ouvrage, qui n'a encore jamais été offert à prix réduit.

GUALANDI, M., Nuova raccolta di lettere sulla pittura, scultura ed architettura scritte da' più celebri personaggi dei sec. XV-XIX. Bol., 1844-56, 3 vol. in-12, br. (frcs 15). frcs 5. »

HAIN, L., Repertorium bibliographicum in quo libri omnes ad annum 1500 typis expressi. Stuttg., 1826-38. 2 tomes en 4 vols. in-8 br. (tome I en reprod. anastatique). frcs 112.50

KOPP, N. F., Palaeographia critica. Mannh., 1817-19. 4 vols. in-4, nombreuses planches, cart. n. r. (frcs 310). frcs 90. »

LANCKORONSKI, K., Stædte Pamphyliens u. Pisidiens, unter Mitwirkung v. G. Niemann u. E. Petersen. Wien, 1890. 2 vols. gr. in-4, avec planches, cart. n. r. (frcs 250). frcs 150. »

LIBRAIRIE ancienne et moderne   **JOSEPH BAER & Co**   **MAISON** fondée en 1785

COMMISSIONNAIRES PRINCIPAUX
DE LA BIBLIOTHÈQUE IMPÉRIALE PUBLIQUE DE ST.-PÉTERSBOURG,
DES MUSÉES PUBLIC ET ROUMIANTZOF DE MOSCOU, ETC., ETC.

FRANCFORT s. MAIN (Allemagne).

LASSEN, C., Indische Alterthumskunde. Leipz., 1858-73, 4 vols. gr. in-8, et supplém. br. (frcs 127.50).
frcs 60. »

LE HOUX, J., Vaux de Vire. Ed. and transl. by J. P. Muirhead. Lond., 1875, gr. in-8, toile n. r. (£ 1.1 sh.).
frcs

MEYER, H. v., Zur Fauna der Vorwelt. Francf., 1845-59. 4 vols. in-fol., avec 112 planches, br. (frcs 275).
frcs 112.50

ORATORES ATTICI, Recogn., adnot. etc. J. G. Baiterus et H. Sauppius. Turici, 1838-50. 2 vols. in-4, cart. n. r. (frcs 49).
frcs 30. »

PASSAVANT, J. D., Le peintre-graveur. Leipzig, 1860-64. 6 vols. in-8, br. (frcs 67.50).
frcs 45. »

QUESNAY, F., Œuvres économiques et philos. Publ. avec introd. et notes par A. Oncken. Francf., 1888. Gr. in-8, br.
frcs 25. »

RENAUDOT, E., Liturgiarum Orientalium collectio. II ed. Francof., 1847, 2 vols. in-4., br. (frcs 52.50).
frcs 30. »

WHEATLEY, B., Les reliures les plus remarquables du Musée Britannique. Paris, 1889, avec 62 pl. In-4, br. (frcs 80).
frcs 50. »

Em. TERQUEM

19, rue Scribe, 19

PARIS

ARTICLES SPÉCIAUX A L'USAGE DES BIBLIOTHÉCAIRES

POUR LA MANIPULATION DU LIVRE

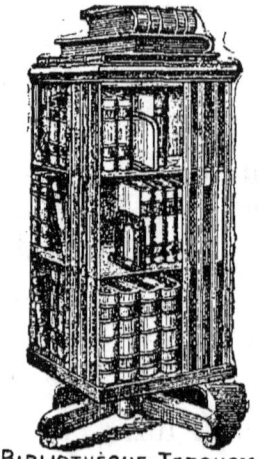

BIBLIOTHÈQUE-TERQUEM

APPUI-LIVRES MÉTAL

APPUI-LIVRES BOIS

BIBLIOTHÈQUE TOURNANTE TERQUEM

Complément indispensable du mobilier de toute bibliothèque publique et privée, permettant d'avoir sous la main les livres de référence et de travail courant.

Appui-Livres mobiles en métal

Adoptés par la Bibliothèque Nationale et toutes les grandes Bibliothèques de France et de l'étranger.

Appui-Livres en bois, à coulisses

Porte-Dictionnaire

Chevalets, etc., etc.

Envoi franco du Catalogue et Renseignements fournis sur demande

Em. TERQUEM

LIBRAIRE-COMMISSIONNAIRE

PARIS, 31 bis, boulevard Haussmann, PARIS

EN VENTE :

Léon VALLÉE

LA BIBLIOTHÈQUE NATIONALE

CHOIX DE DOCUMENTS

pour servir à l'histoire de l'établissement et de ses collections.

Un fort vol. gr. in-8° de 525 pages, d'un texte compact, analysant 1343 ouvrages relatifs à l'histoire de la Bibliothèque Nationale.

Prix.................... **15 fr. net.**

(ENVOI FRANCO EN TOUS PAYS CONTRE MANDAT-POSTE.)

Léon VALLÉE

BIBLIOGRAPHIE DES BIBLIOGRAPHIES
et SUPPLÉMENT

Ensemble 2 vol. gr. in-8° cavalier.

Prix.............. **40 fr. net.**

(ENVOI FRANCO CONTRE MANDAT-POSTE.)

N. B. Le Supplément ne se vend plus séparément de l'ouvrage.

La maison Em. TERQUEM remplit tous les ordres d'achat en librairie pour les Bibliothèques et Universités, principalement pour les États-Unis et les pays de langue anglaise.

RENSEIGNEMENTS ET RÉFÉRENCES SUR DEMANDE

C. REINWALD & CIE

LIBRAIRES-ÉDITEURS

DES

ARCHIVES DE ZOOLOGIE EXPÉRIMENTALE

Publiées sous la direction de M. H. de Lacaze-Duthiers

ET DE LA

BIBLIOTHÈQUE DES SCIENCES CONTEMPORAINES

ETC., ETC.

Commissionnaires pour l'Étranger

15, rue des Saints-Pères, 15

PARIS

MAISON FONDÉE EN 1849.

Maison tout spécialement installée pour le Service de la Commission en Librairie.

Se recommande pour l'exécution prompte et rapide de tous ordres et se charge des expéditions par toutes les voies en usage.

De nombreuses et importantes Librairies d'Europe et d'Amérique l'honorent depuis de longues années de leur confiance en la chargeant de leurs commissions.

En dehors de ces Maisons de commerce, des Bibliothèques et des Établissements publics de premier ordre, principalement dans les **États-Unis de l'Amérique du Nord**, ont confié à MM. C. Reinwald Cie leurs intérêts en les nommant leurs *agents* pour la France.

La maison fait très sérieusement les recherches de livres d'occasion, assiste aux ventes publiques et se charge aussi de l'exécution de bonnes reliures pour Bibliothèques.

Agents de la Smithsonian Institution de Washington.

La Librairie publie également depuis 1858 :

Le Bulletin mensuel de la Librairie française

(Actuellement dans sa 37e année)

Ce *Bulletin* paraît à la fin de chaque mois et donne les titres et les prix des principales nouvelles publications de France, ainsi que celles en langue française éditées en Belgique, en Suisse, en Allemagne, etc., et est envoyé gratuitement et franc de port à toute Bibliothèque ou Établissement d'instruction publique qui veut bien en faire la demande.

*

ÉDOUARD ROUVEYRE, Éditeur, 76, rue de Seine, PARIS

VIENT DE PARAITRE : PUBLICATION TERMINÉE

RÉIMPRESSION FAC-SIMILE

LA VRAIE ET PARFAITE

SCIENCE DES ARMOIRIES

OU

L'INDICE ARMORIAL

De feu Maistre LOWAN GELIOT

Apprenant et expliquant les Mots et Figures dont on se sert au Blason des Armoiries et l'origine d'icelles.

Augmenté de nombre de termes et enrichy de grande multitude d'exemples des Armes des Familles tant Françaises qu'Étrangères, des Institutions des Ordres et de leurs Colliers, des Marques des dignités et Charges, des Ornemens des Escus, de l'Office des Roys, Hérauds et des Poursuivans d'Armes et autres Curiosités despendantes des Armoiries.

par PIERRE PALLIOT

Nommer PALLIOT au public Érudit ou Curieux de Recherches Armoriales, c'est donner le dernier mot de la *Science Héraldique*, raisonnée et méthodique, traitée en Dictionnaire. — PALLIOT, c'est le vocabulaire le plus considérable et le plus autorisé des Termes du Blason, appuyés de *Cinq Mille* figures ou blasons gravés et d'une utilité pratique.

Au moyen de deux tables précieuses des *Noms de Famille* et des *Termes d'Art Héraldique*, il est le plus sûr moyen de résoudre deux inconnues si fréquentes :

1° *Étant donné un Blason, trouver la famille à qui il appartient* ;

2° *Connaissant le nom de Famille, trouver son Blason.*

En présence d'une marque sans indication de possesseur, sans devise, mais décorée d'un blason, on a recours à ce *Dictionnaire Héraldique*. PALLIOT a relevé les noms de chaque partie d'un écu et les a rangés alphabétiquement. Les armes à identifier portent-elles un lion rampant, il y aura deux termes du Dictionnaire à consulter : le mot *Lion* et le mot *Rampant*. Sinon à l'un, du moins à l'autre, on découvre l'écusson anonyme, gravé dans une planche d'armoiries, longuement blasonné et identifié ensuite dans la notice jointe aux dessins. PALLIOT peut servir jusqu'à nous, car les armoiries changent peu dans les familles, et son avantage est de ne pas s'en tenir aux illustres rencontrés partout, mais aussi aux modestes, aux magistrats, aux bourgeois, français ou étrangers.

Ce livre, d'une utilité incontestable, est appelé à rendre de grands services aux Savants, Archivistes et Bibliothécaires, Archéologues, Généalogistes et Experts, Artistes, Peintres, Graveurs, Sculpteurs, Architectes, Dessinateurs, Céramistes, Orfèvres, Brodeurs, Héraldistes, Amateurs d'objet d'art, Numismates et Antiquaires, Collectionneurs de Reliures Armoriées et d'Ex-Libris, Reproducteurs de documents anciens, etc.

Il est de beaucoup supérieur à tous les ouvrages qui ont été publiés sur le même sujet et surpasse en importance Wulson de la Colombière, Chevillard, le P. Petra Santa, etc.

Le Dictionnaire est de Lowan Géliot, dijonnais, qui le laissa incomplet et que PIERRE PALLIOT augmenta d'un nombre considérable de pièces nouvelles. Pour conserver intact le caractère officiel de ce précieux travail devenu classique, dont la grande autorité en fait un document très recherché par les nombreuses familles dont les noms et les armes y sont cités, décrits ou reproduits, ainsi que par les Bibliothèques publiques de la France et de l'Étranger, qui pour la plupart, n'en possèdent pas d'exemplaire, ou tout au moins n'en ont qu'un exemplaire défectueux, nous avons résolu de le reproduire en FAC-SIMILE, au moyen des procédés de gravure les plus exacts et les plus fidèles ; aussi, est-ce la première fois que paraît ainsi complètement reconstitué un ouvrage d'une telle importance et d'un si grand intérêt.

Ce document original, qui constitue l'état officiel de la noblesse des membres des nombreuses familles dont il y est fait mention et peut remplacer les titres originaux de leur filiation noble, forme *Deux volumes* (760 pages) imprimés sur papier vergé (titres rouge et noir) et recouverts d'une couverture, avec fers gravés dans le style de l'époque.

Nous prions les personnes que cette publication doit intéresser, de vouloir bien faire la demande directe à M. Rouveyre, éditeur, rue de Seine, 76, Paris, du prospectus contenant le titre et deux pages spécimens en fac-simile (avec 24 blasons), ainsi que le prix et conditions de payement.

Ces spécimens et renseignements sont adressés gratis et franco.

POLYBIBLION

REVUE BIBLIOGRAPHIQUE UNIVERSELLE

PARIS, 5, *rue Saint-Simon*, 5, *PARIS*

29ᵉ ANNÉE.

Comme son nom l'indique, le POLYBIBLION ne parle que de livres. Il contient deux parties distinctes :

La première (*Partie littéraire*) paraît par fascicules de six feuilles d'impression et forme, à elle seule, deux volumes semestriels de près de six cents pages. Elle comprend : 1° Des *Articles d'ensemble* sur les différentes branches de la science et de la littérature : théologie, philosophie, droit, médecine, sciences, romans, poésie, géographie, etc., ce qui permet de connaître tous les ouvrages qu'on n'a pas le temps de lire ; — 2° Des *Comptes rendus* des principaux ouvrages publiés en France et à l'étranger ; — 3° Un *Bulletin* analysant les ouvrages récents et de moindre importance ; — 4° Des *Mélanges* littéraires, historiques, bibliographiques ; — 5° Une *Chronique* résumant tous les faits se rattachant à la spécialité du Recueil. C'est une source abondamment fournie où viennent puiser toutes les revues savantes. De nombreux correspondants l'alimentent sans cesse de la façon la plus sûre ; — 6° Des *Questions et Réponses* sur divers points d'histoire, de littérature, de bibliographie, etc.

La seconde (*Partie technique*) contient : 1° Une *Bibliographie méthodique* des ouvrages publiés en France et à l'étranger, *avec indication de prix*, ce qui ne se rencontre dans aucune autre revue ; — 2° Les *Sommaires* des principales revues françaises et étrangères ainsi que des articles littéraires des grands journaux de Paris : soit plus de cinq cents publications avec lesquelles le *Polybiblion* fait échange et dont il fait connaître le contenu à ses lecteurs. — La partie technique forme, par mois, une livraison de deux à quatre feuilles d'impression, et au bout de l'année, un volume de cinq cents à six cents pages. Cette partie est indispensable aux savants et aux libraires qui veulent se tenir au courant de tout ce qui se publie dans le monde entier.

Chaque volume se termine par d'amples tables, à savoir : pour la partie littéraire, deux tables, l'une méthodique, l'autre des auteurs dont les ouvrages ont été analysés, et une table alphabétique des matières et des noms contenus dans les *Mélanges*, dans la *Chronique* et dans les *Questions et Réponses* ; pour la partie technique, une table alphabétique des noms d'auteurs, une table des ouvrages anonymes, enfin une table des revues rangées par contrées.

Les prix d'abonnement sont ainsi fixés :
Partie littéraire, pour la France, 15 fr. par an ; pour les pays faisant partie de l'union des postes, 16 fr.
Partie technique, France, 10 fr. ; autres pays, 11 fr.
Les deux parties réunies, France, 20 fr. ; autres pays, 22 fr.
Pour les pays en dehors de l'union postale, le port en sus.
Une livraison prise séparément, prix : 1 fr. 50.
Abonnement À VIE aux *deux Parties*, France : 250 fr. Étranger : 280 fr.
— à la *partie littéraire seule*, 180 fr. — 200 fr.
— à la *partie technique seule*, 120 fr. — 140 fr.
L'abonnement se prend pour un an, à partir du 1ᵉʳ janvier.

Georges BRUNOX

Sr de Daffis (Bt en 1857)

LIBRAIRIE DU BIBLIOPHILE

Rue Guénégaud, 7, près le Pont-Neuf et la Monnaie, PARIS

BEAUX LIVRES, GRAVURES, PUBLICATIONS DE LUXE EN SOLDE
ACHAT DE BIBLIOTHÈQUES

Extrait du Catalogue de beaux Livres en solde ou en nombre :

MADDEN, LETTRES D'UN BIBLIOGRAPHE, 1886, 6 vol. in-8° et 2 atlas (59 fr. 50) **39 fr. 50**. — On vends ép. les derniers vol. : T. III, Gutenberg et Schoiffer (6 fr.) **3 fr. 50**. — T. IV. École typographique de Cologne, 6 pl. et fs. (15 fr.) **9 fr.** — T. V. Origines de l'imprimerie de Paris. Prem. tables logar. Atelier souterrain de Gutenberg. Orig. impr. Languedoc. Atlas, 6 pl., 3 t. (15 fr.) **9 fr.** — T. VI. Origine de l'Imitation. Orig. imprim. Tours, Toulouse. Inv. presse mécanique. Système duodécimal. Etc. Table des 6 vol. Avec Atlas (15 fr.) **7 fr.**

Les Psaumes de David et les Cantiques, d'ap. un man. français, du XVe siècle, par Madden. 1872 (12 fr.) **5 fr.**

Causeries d'un Ami des livres, 2 vol. acc. de 10 portr. (40 fr.) **17 fr. 50.**

Dessins de Raphaël, fs. gravés au burin et en tons d'imit. présentés par le duc de Luynes, Membre de l'Institut. In-folio (60 fr.) **36 fr.**

Monuments xylographiques, précieuses reprod. des plus anciens livres imprimés avec gravures : Pater Noster (15 fr.) **6 fr. 70**. — Ars B. M. (20 fr.) **8 fr. 90.**

Eaux-fortes de Goncourt, texte sur Hollande, gr. Japon (200 fr.) **45 fr.**

Goncourt. Art du XVIIIe siècle, 2 vol. (30 fr.) **11 fr.**

Conti. Hist. philosophie (10 fr.) **3 fr. 45**. — *Roman de la Rose*, fs. rar. éd. 1490. Chine (80 fr.) **39 fr. 50**. — Petite encyclopédie (10 fr.) **2 fr. 45**. — *Victorial*, traité de chevalerie (10 fr.) **5 fr. 45**. — Médit. du du Maine (10 fr.) **3 fr. 45**. — Lançon, les *Animaux*, (90 fr.) **27 fr. 50**. — Voy. de *Paris à Saint Cloud par mer* (100 fr.) **12 fr.** — *Odes* de Magny (25 fr.) **4 fr. 25**. — *Les grands Conteurs français*, éd. Jouaust, 10 vol. (100 fr.) **22 fr. 50**, etc.

Archives de l'Art français. Documents inédits relatifs à l'Histoire des Arts en France. Les 12 vol. (120 fr.) **36 fr.**

Le Livre et l'Image. Revue documentaire illustrée, 1893-94, de Bibliophilie et Iconophilie, arc. de 650 illustrations, 3 vol. petit in-4° en 16 livr. (60 fr.) **19 fr. 50.**

Publications de Bibliophiles : Maître de Forges (57 fr.) **18 fr. 50**. — Grande Diablerie (50 fr.) **16 fr.** — Les Poètes du XVIIIe siècle, 12 vol. (300 fr.) **78 fr.** ; Chansonnier historique du XVIIIe, 10 vol. (250 fr.) **78 fr.**

Beaux portraits gravés à 1 fr. : Musset, Hugo, Gautier, Daudet, Maupassant, Dumas fils, Ohnet, les Goncourt, Michelet, l'Amateur de livres par Gavarni, etc.

Congrès bibliographique international. In-8° de 576 p. (8 fr.). **2 fr. 90**

Afrique, Madagascar, etc. Bibliographie de 6000 ouv. français étr. (20 fr.) **4 fr. 45**

GRANDS OUVRAGES DE BIBLIOGRAPHIE, par Paul LACROIX et PICOT. In-8° sur papier vergé, avec portr.

Bibliographie Cornélienne (25 fr.). **4 fr. 45**

Bibliographie Moliéresque. Deux. éd. (25 fr.). **8 fr. 90**

Iconographie Moliéresque. Deux. éd. (25 fr.). **4 fr. 45**

Bibliographie, et Iconographie de Restif de la Bretonne (25 fr.). **8 fr. 90**

K. J. Trübner, libraire-éditeur, à Strasbourg (Alsace)

MINERVA

Jahrbuch der gelehrten Welt

(Annuaire du Monde savant)

publié par

Dr R. KUKULA et K. TRÜBNER

1re année 1891—1892, 16°, VI, 359 pages, relié en parchemin ℳ. 4.—
2e » 1892—1893 (avec portrait de M. Theodor Mommsen gravé à l'eau forte par W. Krauskopf) 16°, VI, 827 pages, dem.-rel. ℳ. 7.—

    NB. Ce volume donne des renseignements sur l'histoire, la constitution, etc., des institutions savantes et forme, par conséquent, la base de tous les volumes suivants.

3e » 1893—94 (avec portrait de M. L. Pasteur, eau-forte par H. Manesse) 16°, XVI, 861 pages, dem.-rel. ℳ. 7.—
4e » 1894—95 (avec portrait de Lord Kelvin, eau-forte par Hubert Herkomer) 16°, XVI, 930 pages, dem.-rel. ℳ. 8.—
5e » 1895—96 (avec portrait de M. G. V. Schiaparelli, paraîtra en novembre 1895).

« Voici le troisième volume de cette publication qui rend de si grands services aux bibliothécaires et aux savants. Il est encore supérieur aux précédents, parce qu'il contient davantage. Pour gagner de la place, les éditeurs ont laissé de côté l'introduction du deuxième volume qui contenait des notices historiques et un exposé des constitutions universitaires. Ils ont admis dans leur recueil de nouveaux établissements scientifiques ; les archives d'Allemagne et d'Autriche, les bibliothèques des départements de France. Partout, chez nous, en Italie, en Angleterre, en Hollande, en Suède, etc., ils ont trouvé des collaborateurs empressés qui leur ont permis de rectifier et de compléter un grand nombre d'indications. On remarquera, par exemple, la liste des établissements des Indes due à M. Rost, et la description intéressante, fournie par M. Vollers, de l'enseignement du Caire. Notons aussi la nouvelle méthode de transcription des noms russes (communications et corrections de MM. Zielinski et Minzes). En tête du volume, figure une liste sommaire des « instituts savants » par ordre alphabétique des pays ; cette liste ou vue d'ensemble (geographische Uebersicht) sera utile. Le portrait de M. Pasteur orne le volume, comme le portrait de M. Mommsen ornait le précédent. »

Revue critique 1894 12. März.

Verlag von A. HOFMANN & Comp. in Berlin

MONUMENTA GERMANIAE PAEDAGOGICA

Band I: *Braunschweigische Schulordnungen* von den ältesten Zeiten bis zum Jahre 1828. Mit Einleitung, Anmerkungen, Glossar und Register herausgegeben von Prof. D. Dr. Friedr. Koldewey. Band. 1. 51 Bog. Preis 24 Mark.

Band II: *Ratio studiorum et Institutiones scholasticae Societatis Jesu* per Germaniam olim vigentes. Collectae, concinnatae, dilucidatae a G. M. Pachtler S. J. Tomus I. 32 Bog. Preis 15 Mark.

Band III: *Geschichte des mathematischen Unterrichts im deutschen Mittelalter* (bis 1525) von Prof. Dr. S. Günther in München. 26 Bogen. Preis 12 Mark.

Band IV: *Die deutschen Katechismen der böhmischen Brüder.* Kritische Textausgabe mit kirchen- und dogmengeschichtlichen Untersuchungen und einer Abhandlung über das Schulwesen der böhmischen Brüder v. Joseph Müller, Diakonus in Herrnhut. 28 Bog. Preis 12 Mark.

Band V: *Ratio studiorum et Institutiones scholasticae Societatis Jesu* etc. Pachtler S. J. Tomus II: 33 Bogen. Preis 15 Mark.

Band VI: *Die siebenbürgisch-sächsischen Schulordnungen* von Professor Dr. Fr. Teutsch in Hermannstadt. Band 1. 35 Bogen. Preis 15 Mark.

Band VII: *Philipp Melanchthon als Praeceptor Germaniae* von Professor Dr. Karl Hartfelder in Heidelberg. 45 Bogen. Preis 20 Mark.

Band VIII: *Braunschweigische Schulordnungen* etc. von Prof. D. Dr. Friedr. Koldewey in Braunschweig, Band 2. 51 Bogen. Preis 24 Mk.

Band IX: *Ratio studiorum et Institutiones scholasticae Societatis Jesu* etc. a G. M. Pachtler S. J. Tomus III. 30 Bogen. Preis 15 Mark.

Band X: *Geschichte des Militär-Erziehungs- und Bildungswesens in den Landen deutscher Zunge* von B. Poten, Oberst z. D. Band 1: Baden, Bayern, Braunschweig, Colmar. 23 Bogen. Preis 14 Mark.

Band XI: *Geschichte des Militär-Erziehungs- und Bildungswesens* etc. von B. Poten, Oberst z. D. Band 2: Hannover, Oldenburg. 26 Bogen. Preis 14 Mark.

Band XII: *Das doctrinale des Alexander de Villa-Dei.* Kritisch-exegetische Ausgabe mit Einleitung, Verzeichniss der Handschriften und Drucke nebst Registern, herausg. von Prof. Dr. D. Reichling in Heiligenstadt. 34 Bogen. Preis 18 Mark.

Band XIII: *Die sieberbürgisch-sächsischen Schulordnungen* von Professor Dr. F. Teutsch in Hermannstadt. Band 2. 45 Bogen. Preis 20 Mark.

Band XIV: *Geschichte der Erziehung der Bayerischen Wittelsbacher* von den frühesten Zeiten bis 1750 von Prof. Dr. Friedr. Schmidt in München. 36 Bogen. Preis 15 Mark.

Band XV: *Geschichte des Militär-Erziehungs- und Bildungswesens* etc. von B. Poten, Oberst a D. Bd. 3: Osterreich. 30 Bogen. Preis 15 Mk.

Band XVI: *Ratio studiorum et Institutiones scholasticae Societatis Jesu* etc. a G. M. Pachtler S. J. Tomus IV. ed. Bernhard Durh. S. J. 40 Bogen. Preis 15 Mark.

Band XVII: *Geschichte des Militär-Erziehungs- und Bidungswesens* etc. von B. Poten. Band IV: Pressen. 30 Bogen. Preis 15 Mark.

VERLAG DER WEIDMANNSCHEN BUCHHANDLUNG IN BERLIN

MONUMENTA GERMANIAE HISTORICA

Inde Ab Anno Christi Quingentesimo Usque Ad Annum Millesimum Et Quingentesimum

EDIDIT

SOCIETAS APERIENDIS FONTIBUS RERUM GERMANICARUM MEDII AEVI

AUCTORES ANTIQUISSIMI

Tomi I Pars I. *Salviani Presbyteri Massiliensis Libri Qui Supersunt*, Recensuit Carolus Halm. (VII et 176 S.) 4°. Ed. I Fr. 9 25, Ed. II Fr. 6 25.

Tomi I Pars II. *Eugippii Vita Sancti Severini*, Recensuit et Adnotavit Hermannus Sauppe. (XVII et 36 S.) 4°. Ed. I Fr. 3, Ed. II Fr. 2.

Tomus II. *Eutropi Breviarium Ab Urbe Condita Cum Versionibus Graecis Et Pauli Landolfique Additamentis*, Rec. et Adnotavit H. Droysen. (LXXII et 430 S.) 4°. Ed. I Fr. 30, Ed. II Fr. 20.

Tomi III Pars I. *Victoris Vitensis Historia Persecutionis Africanae Provinciae Sub Geiserico Et Hunirico Regibus Wandalorum*, Rec. Carolus Halm. (X et 90 S.) 4°. Ed. I Fr. 5 75, Ed. II Fr. 3 75.

Tomi III Pars II. *Corippi Africani Grammatici Libri Qui Supersunt*, Rec. Josephus Partsch. Adiecta Est Tabula. (LXII et 195 S.) 4°. Ed. I Fr. 15, Ed. II Fr. 10.

Tomus IV. *Venanti Honori Clementiani Fortunati Presbyteri Italici Opera*. Pars I *Opera Poetica*, Rec. Fridericus Leo. (XXVIII et 427 S.) 4°. Ed. I Fr. 22 50, Ed. II Fr. 15. Pars II *Opera Pedestria*, Rec. Bruno Krusch (XXIV et 144 S.) 4°. Ed. I Fr. 11 25, Ed. II Fr. 7 50.

Tomi V Pars I. *Jordanis Romana Et Getica*. Rec. Theodorus Mommsen. (LXXIV et 200 S.) 4°. Ed. I Fr. 15, Ed. II Fr. 10.

Tomi V Pars II. *D. Magni Ausonii Opuscula*, Rec. Carolus Schenkl. Adiecta Est Tabula (LXIV et 302 S.) 4°. Ed. I Fr. 18 75, Ed. II Fr. 12 50.

Tomi VI Pars I. *Q. Aurelii Symmachi Quae Supersunt*, Edidit Otto Seeck (CCXII et 355 S.) 4°. Ed. I 27 50, Ed. II Fr. 18 75.

Tomi VI Pars II. *Alcimi Ecdicii Aviti Viennensis Episcopi Opera Quae Supersunt*, Rec. Rudolphus Peiper (LXXVI et 376 S.) 4°. Ed. I Fr. 22 50, Ed. II Fr. 15.

Tomus VII. *Magni Felicis Ennodi Opera*, Rec. Fridericus Vogel (LXII et 419 S.) 4°. Ed. I Fr. 25, Ed. II Fr. 16 25.

Tomus VIII. *Cai Sollii Apollinaris Sidonii Epistulae et Carmina*, Rec. Et Emendavit Christianus Luetjohann Accedunt Fausti Aliorumque Epistulae Ad Ruricium Aliosque Ruricii Epistulae Rec. Et Emendavit Bruno Krusch (LXXX et 484 S.) 4°. Ed I Fr. 30, Ed. II Fr. 20.

Tomus IX. *Chronica Minora Saec. IV. V. VI. VII*, Edidit Theodorus Mommsen. Vol. I (XII et 756 S.) 4° Ed. I Fr. 50, Ed. II Fr. 32 50.

Tomus X. *Claudii Claudiani Carmina*, Rec. Theodorus Birt (CCXXX et 612 S.) 4° Ed. I 56 25, Ed. II Fr. 37 50.

MONUMENTA GERMANIAE HISTORICA

AUCTORES ANTIQUISSIMI

Tomus XI. *Chronica Minora Saec. IV. V. VI. VII*, Edidit Theodorus Mommsen. Vol. II Accedunt Tabulae Duae. Fasc. I (239 S.) 4º Ed. I Fr. 15, Ed. II Fr. 10. Fasc. II (S. 240-506) 4º Ed. I Fr. 17 50, Ed. II Fr. 11 25.

Tomus XII. *Cassiodori Senatoris Variae*, Rec. Theodorus Mommsen (CLXXXIV et 598 S.) 4º Ed. I Fr. 52 50, Ed. II Fr. 35.

Tomi XIII Partes I et II. *Chronica Minora Saec. IV. V. VI. VII*, Edidit Theodorus Mommsen. Vol. III. Fasc. I et II (354 S.) 4º Ed. I Fr. 25, Ed. II Fr. 16.

EPISTOLAE

Tomi I Partes I. II. Tomi II Partes I. II. *Gregorii I. Papae Registrum Epistolarum*. Tomi I Pars I. Libri I-IV, Edidit Paulus Ewald (IV et 280 S.) 4º Ed. I Fr. 16 25, Ed. II. Fr. 11 25. Tomi I Pars II. Libri V-VII Post Pauli Ewaldi Obitum Edidit Ludovicus M. Hartmann (S. 281-491) 4º Ed. I Fr. 15, Ed. II Fr. 10. Tomi II Pars I. Libri VIII-IX, Edidit L. M. Hartmann (IV et 235 S.) 4º Ed. I Fr. 15, Ed. II Fr. 10. Tomi II Pars II. Libri X-XIV, Edidit L. M. Hartmann (S. 236-464) 4º Ed. I Fr. 15, Ed. II Fr. 10.

Tomus III. *Epistolae Merovingici Et Karolini Aevi I* (VIII et 764 S.) 4º Ed. I Fr. 47 50, Ed. II Fr. 31 25.

Tomus IV. *Karolini Aevi II*, Rec. E. Duemmler (VIII et 639 S.) 4º Ed. I Fr. 40, Ed. II Fr. 26 25.

Epistolae Saeculi XIII E Regestis Pontificum Romanorum Selectae Per G. H. Pertz Edidit Carolus Rodenberg. Tomus I (XVIII et 786 S.) 4º Ed. I Fr. 37 50, Ed. II Fr. 25. Tomus II (XIX et 626 S 4º Ed. I Fr. 33 75, Ed. II Fr. 22 50. Tomus III (XXVIII et 807 S.) 4º Ed. I Fr. 51 25, Ed. II 33 75.

ANTIQUITATES

Poetarum Latinorum Medii Aevi Tomus I-III Poetae Latini Aevi Carolini, Rec. E. Duemmler Et L. Traube. Tomus I (VIII et 652 S.) 4º Ed. I Fr. 32, Ed. II 21 25 Tomus II et (VII 721S.) 4º Ed. I 35 50, Ed. II Fr. 23 75. Tomi III Pars I (VII et 264 S.) 4º Ed. I Fr. 15, Ed. II Fr. 10. Tomi III Partis II Fasciculus I (VIII et 565-517 S.) 4º Ed. I Fr. 18 85, Ed. II Fr. 12 50.

Libri Confraternitatum Sancti Galli Augiensis Fabariensis Edidit Paulus Piper(IX et 550 S.) 4º Ed. I Fr. 30, Ed. II Fr. 20.

Necrologia Germaniae. Tomus I *Dioeceses Augustensis*, *Constantiensis*, *Curiensis*, Ed. Franciscus Ludovicus Baumann. Pars I (344 S.) 4º Ed. I Fr. 18 75, Ed. II Fr. 12 50. Pars II (VIII et 454 S.) 4º Ed. I Fr. 25, Ed. II Fr. 17 50.

Tomus II *Dioecesis Salisburgensis* Pars I (IV et 283 S.) 4º Ed. I Fr. 17 50, Ed. II Fr. 11 25.

Indices Eorum Quae Monumentorum Germaniae Historicorum Tomis Hucusque Editio Continentur. Scripserunt O. Holder-Egger Et K. Zeumer a. 1890 (XII et 254 S.) 4º Ed. I Fr. 22 50, Ed. II Fr. 15.

ÉDITION I = PAPIER A ÉCRIRE, ÉDITION II = PAPIER A IMPRIMER.

HAHN'SCHE BUCHHANDLUNG IN HANNOVER UND LEIPZIG

BEI UNS ERSCHIENEN:

MONUMENTA GERMANIAE HISTORICA

inde ab anno Chr. 500 usque ad annum 1500; edidit *Societas aperiendis fontibus rerum Germanicarum medii aevi.*

ÉDITION IN-FOLIO

Seuls les tomes XIII-XV, XXII-XXIX des *Scriptores* et le tome I des *Diplomata* de cette édition sont encore en vente.

NOUVELLE ÉDITION IN-QUARTO

Scriptorum rerum Langobardicarum et Italicarum sacc. VI—IX.
80 1/2 Bogen. Mit 5 Tafeln Handschriften-Proben. 1878. 25 fr.

Scriptorum rerum Merovingicarum.
Tom. I. Gregorii Turonensis opera (in 2 Heften). 112 1/4 Borgen. Mit 5 Tafeln Handschriften-Proben. 36 fr. 25.
  Pars I. Historia Francorum 1884 (17 fr. 50). —
  Pars II. Miracula et opera minora 1885 (18 fr. 75).
Tom. II. Fredegarii et aliorum Chronicon. 73 1/2 Bogen. Mit 1 Tafel Handschriften-Proben. 1888. 25 fr.

Deutsche Chroniken (Scriptorum qui vernacula lingua usi sunt).
Tom. I. Pars. I. Kaiserchronik. 55 1/2 Bogen. 1892. 22 fr. 50
Tom. II. (Fasc. I u. II.) 90 Bogen. Mit 3 Tafeln Handschriften-Proben. 1887. 27 fr. 50
  Fasc. I. Sæchsische Weltchronik. (15 fr.)
  Fasc. II. Eberhards Reimchronik von Gandersheim — Braunschweigische Reimchronik — Chronik d. Stiftes S. Simon u. Judas in Goslar — Holsteinische Reimchronik (12 fr. 50).
Tom. III. Pars I. Jansen Enikel's Werke. I. Die Weltchronik. 76 1/2 Bogen. 1891. 25 fr.
Tome IV. Pars I. Die Limburger Chronik des Tilemann Elhen von Wolfshagen. 23 Bogen. Mit 1 Tafel Handschriften-Proben. 1883. 6 fr. 75
Tom. V. Ottokars Oesterreichische Reimchronik. 197 3/4 Bogen. 1890—93. 65 fr.

Leges. Quarto.
Sectio I. *Legum nationum Germanicarum.* Tom. II. Pars I. Leges Burgundionum. 24 Bogen. Mit 1 Tafel Handschriften-Proben. 1892. 7 fr. 50
— Tom V. Pars I. Leges Alamanorum. 22 1/2 Bogen. 1888. 7 fr. 50
— Tom. I. (Pars I u. II.) 64 Bogen. 16 fr. 25
— Tom. II. Pars I. 25 1/4 Bogen. 1890. 8 fr. 75
— Tom. II. Pars II. 11 fr. 25

Sectio III. *Concilia*, ed. Maassen. Tom. I. Concilia aevi Merovingici. 37 1/4 Bogen. 1892. 12 fr. 50

Sectio IV. Constitutiones et acta publica imperator. et regum. Tom. I. Inde ab a. DCCCCXI. usque ad a. MCXCVII. Ed. L. Weiland 94 1/2 Bogen. 1893. 30 fr.

Sectio V. *Formulae Merovingici et Karolini aevi*, edidit K. Zeumer. Pars I und II. 101 3/4 Bogen. Mit 3 Handschriften-Proben. 31 fr. 25

Urkunden den deutschen Kœnige und Kaiser. (Diplomatum regum et imperatorum Germaniae).
Tom. I. (in 3 Heften). 97 3/4 Bogen. 27 fr. 50
  Pars I. Urkunden Konrad I. und Heinrich I. 1879. 3 fr.
  Pars II und III. Urkunden Kœnig Otto I. Pars II 1882. 8 fr. 75
  Pars III 1884. 15 fr. 75.
Tom. II. Pars I. 49 Bogen. 1888. Urkunden Otto II. 15 fr.
Tom. II. Pars II. 77 1/2 Bogen. 1893. Urkunden Otto III. 25 fr.

Libelli de lite imperatorum et pontificum saeculis XI et XII conscripti.
Tom. I. 84 1/4 Bogen. Mit 2 Tafeln Handschriften-Proben. 1891. 30 fr.
Tom. II. 94 Bogen. 1892. 31 fr. 25

J. C. HINRICHS, Leipzig, Allemagne

CATALOGUES DES LIVRES, CARTES, REVUES, paraissant chaque année en Allemagne, donnant l'indication du titre, du format, du nombre de pages, du prix, des éditeurs, et des renseignements sur le mode de publication.

Wœchentliches Verzeichniss... Catalogue hebdomadaire rédigé dans l'ordre méthodique, avec une table alphabétique des auteurs, des mots de référence et pour chaque N° et pour chaque mois. In-8°.
54me année : 1895. Chaque année, 52 nos. Prix, fr. 9.40.

Halbjahrs Verzeichniss... Catalogue semestriel rédigé dans l'ordre alphabétique d'auteurs ou de titres, et accompagné d'une table par ordre de matières pour chaque semestre. In-12.
Tome 192. 1894, 1er semestre. Prix, br., fr. 8.75 ; rel., 10 fr.
rel. en 2 parties : 10 fr. 65.
— 193. 1894, 2e semestre. Prix, br., fr. 8.75 ; rel., 10 fr.
rel. en 2 parties : 10 fr. 65.
— 194. 1895 1er semestre. Prix, br., fr. 8.75 ; rel., 10 fr.
rel. en 2 parties : 10 fr. 65.
La division de ce catalogue en deux semestres permet de se rendre compte des ouvrages parus dans la première partie de l'année, sans qu'on ait besoin d'attendre la fin de décembre.

Fünfjæhriger Katalog... Catalogue quinquennal. Tomes I à VIII, 1851-1890, gr. in-8°. Prix du tome VIIIme : fr. 82 50 ; rel. 86 90. La série complète à des prix modérés.
Chaque volume comprend le contenu de 5 années du Halbjahrs Verzeichniss ; l'ordre suivi dans la rédaction est le même que dans le Catalogue semestriel. De plus, à partir du tome VIII (1886-90), chaque volume contient *une table ou index de mots de référence*.

Ces excellents répertoires se recommandent par l'exactitude des renseignements qu'ils contiennent, par la facilité du classement par ordre alphabétique, avec adjonction de tables méthodique et idéologique, par la bonne disposition typographique, et enfin par leur bon marché.

☞ *Des feuilles-spécimens seront adressées aux personnes qui en feront la demande.*

J. C. HINRICHS, Leipzig, Allemagne.

OUVRAGES	LIBRAIRIE RENOUARD	Enseignement
illustrés		des
		BEAUX-ARTS
Grandes	**H. LAURENS, Éditeur**	
PUBLICATIONS		CURIOSITÉ
artistiques	Libraire de la Société de l'Histoire de France	
		HISTOIRE
	PARIS, 6, rue de Tournon, 6, PARIS	

Dictionnaire général des artistes de l'École française depuis les origines jusqu'au Salon de 1882 (architectes, peintres, sculpteurs, dessinateurs, graveurs et lithographes), par feu Émile BELLIER DE LA CHAVIGNERIE, continué par Louis AUVRAY, statuaire.

Cet ouvrage, honoré d'une souscription du Ministère de l'Instruction publique et des Beaux-Arts, renferme, outre des renseignements biographiques et bibliographiques, le catalogue presque toujours complet des œuvres de chaque artiste.

3 forts volumes in-8 jésus, y compris supplément et table topographique, sur 2 colonnes. Prix : broché, 82 fr. 50 ; relié demi-chagrin, 90 fr.

Dictionnaire encyclopédique des marques et monogrammes, chiffres, lettres initiales, signes figuratifs. etc., etc., contenant 12 156 marques, par RIS-PAQUOT.

Cet ouvrage contient les marques concernant les : aquafortistes, architectes, armuriers, bibliophiles, célébrités littéraires, céramistes, ciseleurs, damasquineurs, dessinateurs, dinandiers, ébénistes, émailleurs, fabricants de papier, fondeurs, graveurs sur bois, cuivre, pierres fines, métaux, horlogers, huchiers, imprimeurs, libraires, maîtres de monnaies, miniaturistes, modeleurs, nielleurs, numismatique, ordres de chevalerie, orfèvres, peintres, potiers d'étain, reliurs, sculpteurs sur bois, pierre, ivoire, albâtre, nacre, etc., tapissiers, tisserands, tourneurs, etc., etc.

2 beaux volumes in-4 carré avec 3 planches explicatives hors texte, 60 fr.

Dictionnaire des symboles, emblèmes et attributs à l'usage des artistes, archéologues, etc., par M.-P. VERNEUIL.

Au mot placé à son ordre alphabétique, on trouve : 1° L'idée qu'il symbolise ; 2° La liste des choses qui peuvent le symboliser.

1 vol. in-8 illustré.

Histoire des peintres de toutes les écoles, par [Charles BLANC, de l'Académie française et de l'Académie des Beaux-Arts, et divers écrivains spéciaux. 3 000 gravures, fac-similés, signatures, monogrammes, etc. 14 vol. in-4 jésus. Prix : 300 fr.

Le Modèle, recueil bimensuel de documents et idées artistiques faciles à appliquer ou à transformer et destinés aux amateurs, aux artistes et aux industriels. — Directeur : G. FRAIPONT, professeur à la Légion d'honneur.

Chaque numéro de cette publication, de format in-4 raisin, renferme quatre pages de compositions artistiques absolument inédites.

Le journal paraît le 1er et le 15 de chaque mois. — Les abonnements partent du 1er de chaque trimestre. — Paris et départements : Un an, 12 fr. ; six mois, 6 fr. ; trois mois, 3 fr. — Union postale : Un an, 14 fr. — Le Numéro : 60 centimes.

ENVOI FRANCO DE CATALOGUES SUR DEMANDE

PROTAT FRÈRES

IMPRIMEURS

A MACON

ATELIERS SPÉCIALEMENT INSTALLÉS

POUR L'EXÉCUTION

Des Périodiques, des Ouvrages d'Art,
des Travaux d'Archéologie, de Numismatique,
de Philologie et de Sciences

L'imprimerie PROTAT FRÈRES exécute
de nombreux travaux périodiques de Numismatique
pour la France et pour l'Étranger.

LABEURS

EN LANGUES ÉTRANGÈRES

ET

REPRODUCTION DE DOCUMENTS ANCIENS

FACSIMILÉS PALÉOGRAPHIQUES

LES ARCHIVES DE L'HISTOIRE DE FRANCE, par **Ch.-V. Langlois**, archiviste-paléographe, chargé de cours à la Faculté des Lettres de Paris, et **H. Stein**, archiviste-paléographe, archiviste aux Archives nationales. — Manuels de bibliographie historique (I). 1 vol. in-8° de xix-1000 p. 18 fr.
Reliure toile, n. r., *genre anglais*. 20 fr.

TABLE ANALYTIQUE. — PREMIÈRE PARTIE. Chap. prélim. — I. Archives nationales. — II. Archives des ministères. — III. Archives départementales. — IV. Archives municipales. — V. Archives hospitalières. — VI. Archives diverses. — DEUXIÈME PARTIE : *Les Archives de l'Histoire de France à l'étranger.* — I. Allemagne. — II. Autriche-Hongrie. — III. Belgique. — IV. Espagne-Portugal. — V. Grande-Bretagne. — VI. Italie. — VII. Principauté de Monaco. — VIII. Pays-Bas. — IX. Pays Scandinaves. — X. Pays Slaves, Grecs et Danubiens. — XI. Suisse. — XII. Pays d'outre-mer. — TROISIÈME PARTIE : *Les Archives de l'Histoire de France dans les Bibliothèques de manuscrits.* Chapitre préliminaire. — I. Bibliothèques de Paris. — II. Bibliothèques de Province. — III. Bibliothèques étrangères. — Table des noms. — Table des matières.

L'utilité de premier ordre de ce répertoire méthodique a été signalée dans toutes les revues d'érudition aussitôt la publication du premier fascicule. Le livre de MM. Langlois et Stein offre aux travailleurs et aux curieux un inventaire sommaire des archives de l'Histoire de France permettant de se guider à travers les établissements divers qui, en France et à l'étranger, contiennent les *documents d'archives* relatifs à l'Histoire de France. — Les pièces officielles : chartes, comptes, enquêtes, correspondances publiques et privées, etc., malgré les mutilations causées par la négligence et des accidents trop nombreux, ont encore une importance et une valeur considérable, mais sont dispersées soit en France, soit à l'étranger, dans plus de cinq cents établissements. Or, il n'est pas toujours facile de consulter les nombreux exemplaires publiés pour la France, et malgré les missions et les rapports publiés, on ne saurait trouver pour l'étranger une liste chronologique et méthodique des inventaires ; *ce livre comble cette lacune.* On y trouve énumérés tous les dépôts entre lesquels ces archives sont réparties, avec une notice sur chacun d'eux, contenant l'historique de leur formation brièvement esquissé, la nature et les dates extrêmes des fonds qui les composent et surtout la liste des catalogues, tant imprimés que manuscrits. Grâce à ces indications, un historien désireux d'épuiser toutes les sources relatives à une question saura où diriger ses recherches.

Certaines parties même sont absolument nouvelles : *les archives diverses*, par exemple, n'avaient jamais été l'objet d'un travail d'ensemble méthodique et le chapitre qui les concerne ouvre un champ de recherches plus fructueux. Les indications contenues dans la partie consacrée *aux pays étrangers* sont précieuses par leur nouveauté et leur précision. Elles ont été réunies, en effet, soit au cours des voyages personnels des auteurs, soit grâce à l'obligeance de savants ayant pratiqué eux-mêmes les dépôts dont il est question. La 3ᵉ partie concernant *les Bibliothèques de manuscrits* fera songer à utiliser davantage une source abondante de renseignements. Les Bibliothèques renferment en effet une grande quantité de *documents d'archives*. Enfin une table de noms aussi complète que possible permet de consulter rapidement le volume.

Prou (Maurice). Manuel de paléographie latine et française du XIᵉ et XVIIIᵉ siècle, suivi d'un dictionnaire des abréviations, avec 23 fac-similés en phototypie. Paris, 1892, 2ᵉ édition. 1 vol. in-8°, carré, br., planches. 12 fr.
— Nouveau Recueil de fac-similés d'écritures du XIIᵉ au XVIIᵉ siècle (Manuscrits latins et français) accompagnés de transcriptions 12 planches et transcriptions, in-4° dans un carton. 6 fr.

Valois (Noël), archiviste paléographe, docteur ès lettres. La France et le grand schisme d'Occident, I et II, 1895. 2 vol. in-8. 15 fr.

Adam de Saint-Victor. — Œuvres poétiques, 3ᵉ édition *définitive* revue et augmentée d'une *histoire des proses*, 1 vol. in-12, br. 4 fr.

Batiffol (L'abbé), docteur ès lettres. — Histoire du Bréviaire romain, 1893, 2ᵉ édit., 1 vol. in-12 (xiv-336 p.). 3 fr. 50

www.ingramcontent.com/pod-product-compliance
Lightning Source LLC
Chambersburg PA
CBHW050328240426
43673CB00042B/1566